城市公共交通出行分担率研究

汪光焘 等著

中国建筑工业出版社

图书在版编目（CIP）数据

城市公共交通出行分担率研究 / 汪光焘等著. —北京：中国建筑工业出版社，2018.3
ISBN 978-7-112-21712-0

Ⅰ.①城⋯ Ⅱ.①汪⋯ Ⅲ.①城市交通–交通运输管理–研究 Ⅳ.①U491.1

中国版本图书馆CIP数据核字（2017）第330523号

本书总结了城市公共交通出行分担率指标使用现状及存在问题，剖析了公共交通优先发展与交通拥堵、城市规划以及能源环境的关系，探讨了出租汽车的发展定位，并基于上述论证，提出了以通勤出行公交分担率为核心指标的公交优先发展评价体系，指出了实施公共交通优先发展目标的关键策略。本书对于综合衡量各级政府主管部门、营运企业、科研机构等在法律法规保障、政策与资金扶持、规划引导及落实、科技支撑，以及综合管理等方面的工作中给予公共交通优先发展的程度和政策效果，引导城市因地制宜、因势利导推进落实公共交通优先发展战略，这些均具有重大意义。本书还包含了国内外25座城市的公共交通发展与出行分担率案例，与城市公共交通出行分担率研究形成了有机的呼应和论据的补充完善。

本书可供城市管理、政策研究、标准制定、交通规划设计咨询、营运企业相关人员参考，也可作为高等院校师生的教学研究之用，同时可供广大关心城市交通事业的公众阅读。

责任编辑：毛士儒
版式设计：锋尚设计
责任校对：焦　乐

城市公共交通出行分担率研究
汪光焘　等著
*
中国建筑工业出版社出版、发行（北京海淀三里河路9号）
各地新华书店、建筑书店经销
北京锋尚制版有限公司制版
北京富诚彩色印刷有限公司印刷
*
开本：880×1230毫米　1/16　印张：29¼　字数：686千字
2018年3月第一版　　2018年3月第一次印刷
定价：268.00元
ISBN 978-7-112-21712-0
（30843）

版权所有　翻印必究
如有印装质量问题，可寄本社退换
（邮政编码100037）

引　言

进入21世纪以来，我国城市普遍进入了快速城镇化的发展阶段，城镇化与（小汽车）机动化、社会经济发展水平显著提升等产生共振，衍生的城市土地资源日渐稀缺、城市能源消耗巨大、环境污染形势日趋严峻、交通拥堵在时间与空间上不断延伸等问题对城市的可持续发展带来了挑战。传统的"大力发展公共交通"、"优先发展公共交通"的理念在历经了将近三十载的实践中，对于城市和城市交通的可持续发展起到过积极的促进作用，但进入21世纪以来，按照理念发展所衍生的一系列问题相继浮现：一方面，从行业管理的有限视角出发推动公共交通方式的优先发展并不能取得预期的效果，甚至相行渐远，百姓"用脚投票"的结果表明，公共交通方式在设施、运力上的规模扩充并不能真正引导绿色环保的生活模式、出行模式的建立；另一方面，在不考虑城市区位、经济发展水平与阶段、城市形态、规模、财政能力的情况下，不计代价的公共交通发展投入，缺乏因地制宜、因势利导的发展方式，特别是当前社会上普遍认可并作为引导城市发展重要指标的城市公共交通出行分担率。对于很多城市而言甚至会产生误导，

2012年1月，国家自然科学基金委员会特别设立了管理科学部主任基金应急科学研究专款项目《我国城市交通公交优先发展战略研究》。该研究通过对城镇化发展历程、公共交通发展历程的系统梳理，从立法、规划、运营管理等多个角度出发，分析了当前存在的问题及症结，进一步提升与深化认识，将城市公交优先发展作为实现国家城镇化健康、可持续发展的重要发展战略。充分认识公交优先发展在保障公民基本权利和引导城市可持续发展两个方面的重要作用，将公共交通明确纳入国家基本公共服务范畴。研究提出了与城镇化快速发展相适应的城市公共交通优先发展的概念（即在城市行政区域里，通过优先配置资源，构建适应市场机制、政府调控监管的、符合当地经济社会发展阶段、由多种类型企业等经营机构提供均等和高效的公共服务的公共交通体系，引导出行者优先选择，引导城市集约利用土地和节约能源、保护和改善人居环境），并明确指出：城市公共交通优先发展并非一般意义上城市内部公共交通工具运行的优先，而是大力倡导集约节约土地资源、节能减排、改善人居环境等要素于一体的科学的城市发展模式。要实现这一目标，就必须从城市的空间布局理念和经营理念两个角度出发，以有利于上述理念落实为目标统筹资源配置。而各项政策与措施的战略方向是否与城市的发展战略相一致，是否与城市自身区位、

经济发展特征、规模、形态以及百姓出行特征等相适配,都亟待建立一套科学的评估与监督考核方法,用恰到好处的评估指标,引导各项工作的积极推进。

2012年底国务院出台了《国务院关于城市优先发展公共交通的指导意见》(国发〔2012〕64号),(下文简称《意见》),量化明确了公共交通出行分担比例的发展目标(即大城市要基本实现中心城区公共交通占机动化出行比例的60%左右),这是否能够反映城市公共交通优先发展的目标,争议很大,行政部门甚至将其作为考核地方行政工作的指标,将会产生什么后果众说纷纭。鉴于此,2013年底,由国际欧亚科学院中国科学中心牵头,北京交通发展研究院(原北京交通发展研究中心)等中国城市交通发展论坛成员单位共同参与,专门针对上述问题开展了《城市公共交通出行分担率研究》(简称《研究》)。《研究》总结了"城市公共交通出行分担率"指标使用现状及存在问题,剖析了公共交通优先发展与交通拥堵、城市规划以及能源环境的关系,探讨了出租汽车的发展定位,并基于上述论证,提出了以通勤出行公交分担率为核心指标的公交优先发展评价体系,指出了实施公共交通优先发展目标的关键策略。与《研究》同步推进的是,中国城市交通发展论坛研究团队分别研究了29个国际主要城市/地区和我国148座城市的公共交通出行分担率及相关案例,对《研究》总体研究报告形成了有机的呼应和论据的补充完善。此外,结合研究成果,以中国城市交通发展论坛为依托,在2014年4月至2015年1月先后以《公交优先发展与缓解城市交通拥堵》、《关于加强打车软件综合管理的建议》、《关于贯彻〈国务院关于城市优先发展公共交通的指导意见〉的几点建议》、《公交优先发展与土地使用》、《公交优先与城市低碳发展》等为题,形成简报/研究共计五期,其中部分已上报国务院领导并批示到有关部门开展研究,取得了积极的效果。在《意见》的基础上,2016年2月16日中共中央国务院印发的《关于进一步加强城市规划建设管理工作的若干意见》中重新审视了公共交通出行分担率目标的差异化问题,根据最新的城市规模分类标准,将原本"一刀切"的目标进一步细化,力争做到因地制宜、因势利导,更有利于积极推动、科学引导地方城市落实公共交通优先发展战略的具体工作与措施。

综上,建立与我国国情、城镇化发展态势相适应的城市公共交通优先发展实施评估体系尤为重要,在充分体现公交优先发展的内涵、战略意义、目标框架体系的基础上,系统、全面地对公共交通优先发展战略的实施效果进行评估，综合衡量各级政府主管部门、营运企业、科研机构等在法律法规保障、政策与资金扶持、规划引导及落实、科技支撑，以及综合管理等方面工作中给予公共交通优先发展的程度和政策效果，是引导城市因地制宜，因势利导推进落实公共交通优先发展战略的前提条件。希望此研究的有关成果能够对于该评估体系的建立起到抛砖引玉的作用。

本课题团队对于能源基金会（中国）、北京市交通委员会等的大力支持表示感谢。合作分工当中，第一篇研究报告由国际欧亚科学院中国科学中心牵头、多家单位共同承担，执笔人：汪光焘、马林、陈小鸿、郭继孚、陆原、陆锡明、马小毅、安健、熊文。同时参与第二篇案例研究的单位和人员包括：中国城市规划设计研究院（黎晴、郝媛、陈莎、李潭峰、赵莉）、上海市城乡建设和交通发展研究院（李娜、王祥、陈非、顾煜、屠敏之）、广州市交通规划研究院（马小毅、陈先龙）、深圳市城市交通规划设计研究中心有限公司（林群、江捷、赵再先）、南京市城市与交通规划设计研究院股份有限公司（凌小静、杨涛）、杭州市综合交通研究中心（谭永朝、陈云、陈炼红）、宁波市规划设计研究院（张晓斌、洪锋、项玮）、天津市市政工程设计研究院（张志学）、重庆市交通规划研究院（周涛、翟长旭、唐小勇、张建华）等。在此感谢各家单位和人员的积极参与。

本书的出版受到国家自然科学基金管理科学部2016年第1期应急管理项目《新常态下城市交通理论创新与发展对策研究》的资助，总课题及各分课题名称、代码如下：总课题《新常态下城市交通理论创新与发展对策研究》（No.71641001）；分课题一《国内外城市交通理论和方法的研究分析》（No. 71641002）；分课题二《城市交通、城市群交通以及都市圈交通特征研究》（No.71641003）；分课题三《公共交通优先发展理论和TOD理念导向的城市规划实施综合评估研究》（No.71641004）；分课题四《以组织城市交通网络构建和运行为核心的城市交通学理论体系研究》（No. 71641005）；分课题五《基于大数据的城市交通需求管理政策研究》（71641006）；分课题六《基于不同规模和类型的典型城市案例分析及对策研究》（71641007）。

诚然，课题组在较短的时间内完成了项目研究，研究成果难免存在不足之处，敬请读者谅解与指正。

目 录

引　言	3
第一篇　城市公共交通出行分担率研究报告	**001**
第1章　项目背景及目的	001
1.1　**研究的提出**	001
1.2　**研究目标及内容**	002
第2章　"公交分担率"指标使用现状及存在问题	002
2.1　**我国公交分担率的使用情况**	002
2.2　**国内外现有公交分担率的概念**	004
2.2.1　国际面向不同口径的公交分担率指标	004
2.2.2　国内面向不同口径的公交分担率指标	005
2.2.3　国内外公交分担率数据获取及现行统计方法	005
2.3　**采用公交分担率评价公交优先发展存在的问题**	006
2.3.1　不能支撑对公交优先发展的全面、系统评价	006
2.3.2　指标的概念、范围、统计口径与城市公交优先发展的目标亟待统一	006
2.3.3　指标过于笼统	008
2.3.4　各交通方式发展的均衡性未得到合理体现	009
第3章　城市公交优先发展与其他要素的关系	009
3.1　**公交优先与交通拥堵**	010
3.1.1　公共交通对缓解拥堵的作用	010
3.1.2　公共交通如何引导出行者优先选择	011
3.1.3　北京案例	012
3.1.4　国际案例	013
3.1.5　小结	015
3.2　**公交优先与城市规划**	015
3.2.1　城市发展形态决定交通发展模式	015

3.2.2	交通模式引导城市结构发展	015
3.2.3	国际案例	017
3.2.4	公交优先对于城市规划的要求	017
3.2.5	小结	019

3.3 公交优先与能源和环境 … 019

3.3.1	低碳交通的基础理论	020
3.3.2	国内案例：上海市城市客运交通能耗与碳排放水平分析	022
3.3.3	国际案例	031
3.3.4	小结	037

3.4 出租汽车定位 … 038

3.4.1	国内出租车发展现状	038
3.4.2	出租车特征分析	045
3.4.3	出租汽车定位	047
3.4.4	出租车补贴机制研究	050
3.4.5	出租车既有问题改进建议	051

第4章 以通勤出行公交分担率为核心指标的公交优先发展评价体系研究 … 052

4.1 公交优先发展评价指标体系 … 052

4.1.1	现有指标综述	052
4.1.2	指标选取原则	055
4.1.3	构建的指标体系	056

4.2 核心指标参考值研究 … 061

4.2.1	国内经验	061
4.2.2	国际经验	062
4.2.3	国内外不同城市不同方式的出行分担率统计	064
4.2.4	小结	066

4.3 评价指标的基础数据要求、来源及采集方法 … 067

第5章 实施公交优先发展目标的关键策略 … 069

5.1 关键策略及建议 … 069

5.2 针对北京的相关政策建议 … 070

第6章 研究结论及展望 … 072

6.1 研究结论 … 072

6.2 研究展望 … 073

附表 国内外城市公交出行分担率统计值 … 074

第7章 纽约 080

7.1	城市基本介绍	080
7.2	公共交通发展过程	081
7.3	公共交通现状	082
7.3.1	出行结构	082
7.3.2	发展现状	082
7.3.3	运营机制	083
7.4	公共交通发展经验	084
7.4.1	大力发展市郊铁路并提高中心城区轨道网密度	084
7.4.2	人性化乘车服务	085
7.4.3	设置公共交通专用道保障路权	085
7.4.4	政府补贴政策	085
7.5	其他交通管理措施	086
7.5.1	需求管理措施	086
7.5.2	优化交通组织	086
7.5.3	注重非机动化交通的发展	087

第8章 芝加哥 087

8.1	基本概况	087
8.2	交通工具	088
8.2.1	通勤铁路	088
8.2.2	公共交通	091
8.3	交通特征	093
8.3.1	家庭交通支出等基本特征	093
8.3.2	交通结构特征规律	094
8.4	总结	099

第9章 伦敦 100

9.1	城市概况	100
9.2	交通概况	102
9.3	公共交通现状及战略	104
9.3.1	轨道交通	104
9.3.2	轻轨	105
9.3.3	市郊铁路	105

9.3.4	公共汽电车	105
9.3.5	公共交通经营情况	106
9.3.6	公共交通发展战略	107
9.4	**公交分担率分析**	**107**
9.4.1	进出伦敦的客流分析	108
9.4.2	大伦敦区内客流分析	108
9.4.3	伦敦各圈层内部客流	108

第10章 巴黎 110

10.1	**前言**	**110**
10.2	**公交分担率法律地位、获取方法与发布途径**	**110**
10.2.1	公交分担率的法律地位	110
10.2.2	获取方法	110
10.2.3	发布途径	111
10.3	**2010年综合调查报告主要内容**	**111**
10.3.1	调查基本情况	111
10.3.2	出行调查结果	112
10.4	**公交专门报告的主要内容**	**118**
10.4.1	公交供给的持续增长	118
10.4.2	多模式换乘，是城市公共交通系统的首要特征	118
10.4.3	多变的出行目的	119
10.4.4	非高峰出行的强劲增长	120
10.4.5	与用地强度相适应的客流流向	121
10.4.6	公交出行时耗	121
10.4.7	灵活的票制票价	122
10.5	**对公交分担率使用的几点总结**	**123**

第11章 巴塞罗那 124

11.1	**城市概况**	**124**
11.2	**公共交通概况**	**126**
11.3	**公交分担率**	**126**

第12章 大阪 127

12.1	**公共交通方式界定**	**127**
12.2	**居民出行调查概况**	**128**
12.2.1	调查范围界定	128
12.2.2	居民出行调查概况	130

12.3	**出行特征**		**131**
12.3.1	出行量与出行率		131
12.3.2	出行目的		131
12.3.3	出行方式		132
12.3.4	不同目的的出行方式		133
12.3.5	与轨道交通换乘的方式构成比例		135
12.3.6	不同年龄、性别的出行方式差异		135
12.3.7	不同方式的时间集中度		135
12.4	**结论**		**136**

第13章 东京   137

13.1	**城市概况**		**137**
13.2	**城市交通发展概况**		**140**
13.3	**公共交通发展概况**		**145**
13.3.1	轨道交通建设历程		145
13.3.2	轨道交通线网形态		146
13.4	**轨道交通引导城市发展**		**149**
13.4.1	轨道交通成为城市形态的脉络		149
13.4.2	轨道交通引导城市人口疏散		151
13.4.3	轨道交通引导多摩地区城镇体系发展		152
13.4.4	建设轨道交通新线促进新城开发		152
13.5	**东京公交分担率分析**		**154**
13.6	**公共交通管理机构与运营机制**		**156**
13.6.1	管理机构		156
13.6.2	运营机制		157
13.7	**公共交通发展经验**		**157**
13.7.1	明确优先发展公共交通是解决交通问题的必然选择		157
13.7.2	政府出台多项政策扶持		158
13.7.3	综合客运枢纽发挥重要支撑作用		159
13.7.4	辅以精细化地停车管理政策，优化出行结构		159

第14章 首尔   161

14.1	**急剧变动的交通模式**		**162**
14.2	**轨道交通系统分两阶段集中建设**		**165**
14.3	**巴士系统的全面改革**		**166**
14.3.1	公共汽车交通发展历史		166
14.3.2	大胆的公共交通改革		167

14.4 道路交通系统的阵痛与变革 　171
14.4.1 曾经偏重道路交通策略的失误 　171
14.4.2 清溪川修复工程 　173

第15章 新加坡 　173

15.1 持续优化的公交主导模式 　174
15.2 创造世界级的交通体系发展战略 　176
15.2.1 颁布背景 　176
15.2.2 新加坡交通发展白皮书 　177
15.3 用地布局和交通系统协调发展策略 　178
15.3.1 规划机制上的协调 　178
15.3.2 用地规划和交通发展紧密结合 　179
15.4 保持公交优势策略 　181
15.4.1 与用地联合发展的轨道交通 　182
15.4.2 不断提高服务水平的公共汽车 　183
15.4.3 保持低廉的、有吸引力的票价 　184

第16章 悉尼 　184

16.1 引言 　184
16.2 如何运行 　185
16.2.1 执行部门 　185
16.2.2 调查目的 　185
16.2.3 调查工作概述 　186
16.3 关于调查数据和结论 　186
16.3.1 范围 　186
16.3.2 调查结果 　186
16.4 为什么会影响出行特征？ 　191
16.4.1 分析区域的划分 　192
16.4.2 影响分担率的关键要素 　192
16.4.3 未来规划和展望 　198
16.5 结论 　198

第17章 墨尔本 　199

17.1 城市概况 　199
17.2 公共交通概况 　202
17.3 居民出行调查 　203
17.3.1 数据来源 　203

17.3.2	公共交通分担率	204
17.4	**通勤方式**	**207**
17.4.1	数据来源	207
17.4.2	分析思路	208
17.5	**主要结论**	**211**

第18章　马德里　　211

18.1	**城市概况**	**211**
18.1.1	社会经济	211
18.1.2	交通结构	212
18.2	**公交系统总体概况**	**214**
18.2.1	公交系统构成	214
18.2.2	客运需求概况	214
18.3	**公交系统子方式**	**215**
18.3.1	轨道交通	215
18.3.2	城市常规公交（EMT）	219
18.3.3	市郊公交	220
18.4	**小结**	**222**
18.4.1	未来的挑战	222
18.4.2	公交系统	222

第19章　孟买　　223

19.1	**概况**	**223**
19.1.1	人口与面积	223
19.1.2	社会经济发展	224
19.1.3	孟买交通规划回顾	226
19.2	**公交系统**	**227**
19.2.1	公交系统构成	227
19.2.2	市郊铁路	228
19.2.3	常规公交	231
19.2.4	出租汽车	232
19.2.5	三轮车	232
19.3	**交通结构**	**233**
19.4	**结论**	**234**

第20章　班加罗尔　　235

20.1	**城市概况**	**235**

20.1.1	社会经济	235
20.1.2	支柱产业	235
20.1.3	交通困境	236
20.2	**交通现状**	**236**
20.2.1	机动车发展	236
20.2.2	交通运作	237
20.2.3	交通结构	238
20.3	**公交系统**	**239**
20.3.1	轨道交通	239
20.3.2	常规公交	240
20.3.3	出租汽车和三轮车	243
20.4	**总结**	**244**
20.4.1	存在问题	244
20.4.2	取得成就	244
20.4.3	有待提高的地方	244

第21章　北京　　245

21.1	**城市背景**	**245**
21.1.1	经济发展	245
21.1.2	人口规模	245
21.2	**交通发展回顾**	**246**
21.2.1	第一阶段：公交优先2004～2007年	246
21.2.2	第二阶段：需求管理2008～2010年	247
21.2.3	第三阶段：综合治理2011年至今	247
21.3	**公共交通发展现状**	**248**
21.3.1	出行结构	248
21.3.2	轨道交通发展概况	248
21.3.3	公共汽（电）车发展概况	249
21.3.4	公共自行车发展概况	250
21.4	**综合缓堵措施概况**	**251**

第22章　天津　　252

22.1	**概述**	**252**
22.1.1	城市概况	252
22.1.2	范围概述	253
22.2	**人口概况**	**254**
22.2.1	常住人口	254

22.2.2	从业人员	257
22.2.3	流动人口	260
22.3	**车辆概况**	**261**
22.3.1	机动车拥有量	261
22.3.2	非机动车拥有量	263
22.4	**交通需求特征**	**263**
22.4.1	常住人口出行特征	263
22.4.2	流动人口出行特征	270
22.4.3	枢纽点出行特征	271
22.5	**公共交通**	**273**
22.5.1	轨道交通	273
22.5.2	常规公交	275
22.5.3	出租汽车	280
第23章	**重庆**	**281**
23.1	**主城基本概况**	**281**
23.1.1	主城简介	281
23.1.2	地形地貌	281
23.1.3	历史规划	281
23.2	**公共交通发展回顾**	**282**
23.2.1	底子薄弱的新中国成立初期	282
23.2.2	波折中前进的20世纪六七十年代	284
23.2.3	稳步发展的20世纪八九十年代	285
23.2.4	快速发展的直辖十年	287
23.2.5	高速发展的近七年	288
23.3	**公共交通运营体制回顾**	**288**
23.3.1	新中国成立前状况	288
23.3.2	新中国成立至直辖初期	289
23.3.3	直辖后	290
23.4	**公共交通现状**	**290**
23.4.1	轨道交通	291
23.4.2	常规公交	292
23.4.3	辅助公交	296
23.5	**公共交通优先实践**	**300**
23.5.1	实施公交国有化，整合各种公交资源，统一优化配置	300
23.5.2	实施换乘优惠政策	300
23.5.3	改善公交信息服务水平	300

23.5.4	在控规编制中引入公交优先理念	300
23.5.5	现代有轨电车规划研究	302
23.5.6	快速公交BRT实践	302
23.6	**结语**	305

第24章 广州　　306

24.1	**城市概况**	306
24.1.1	区位	306
24.1.2	人口	306
24.1.3	社会经济	306
24.2	**交通现状**	308
24.2.1	基础设施建设	308
24.2.2	机动车发展	309
24.2.3	客运需求	310
24.3	**公共交通系统构成**	312
24.4	**城市常规公交网络**	312
24.4.1	总体概况	312
24.4.2	重复系数	313
24.5	**公交需求时空特征**	314
24.5.1	时间特征	314
24.5.2	空间特征	315
24.6	**公交指标**	316
24.6.1	公交分担率	316
24.6.2	小汽车与公交车速比	316
24.6.3	停站时间	318
24.6.4	交叉口延误	318
24.6.5	行程时间构成分析	320
24.6.6	公交稳定性	320
24.6.7	公交覆盖率	322
24.7	**结语**	322

第25章 深圳　　323

25.1	**城市概况**	323
25.1.1	社会经济	323
25.1.2	人口与就业	324
25.1.3	机动车增长	324
25.2	**交通概况**	326

25.2.1	对外交通		326
25.2.2	城市交通		327
25.3	**公共交通**		**330**
25.3.1	总体情况		330
25.3.2	近年来发展变化		330
25.4	**城市与公共交通互动发展历程**		**332**
25.4.1	起步发展阶段（1980~1989年）		332
25.4.2	快速发展阶段（1990~1999年）		333
25.4.3	整合优化阶段（2000~2008年）		334
25.4.4	转型提升阶段（2008年~至今）		336
25.5	**案例总结**		**338**
第26章	南京		346
26.1	**城市概况**		**346**
26.1.1	地理区位		346
26.1.2	行政区划		347
26.1.3	经济与人口		347
26.1.4	城市建设		349
26.2	**交通发展成就与问题**		**350**
26.2.1	发展成就		350
26.2.2	存在问题		352
26.3	**居民出行需求发展趋势分析**		**354**
26.3.1	居民出行需求总量稳步增长		354
26.3.2	居民出行距离不断延长		355
26.3.3	居民出行时空分布特征显著变化		355
26.3.4	居民出行方式结构特征变化		356
26.4	**公交分担率分析**		**357**
26.5	**城市与交通规划简介（2011～2020年）**		**360**
26.5.1	城市性质定位与空间形态		360
26.5.2	交通响应与规划落实		360
26.5.3	综合交通体系规划概要		362
第27章	杭州		363
27.1	**城市社会发展水平**		**363**
27.1.1	城市概况		363
27.1.2	社会经济发展水平		364
27.1.3	城市人口		364

27.1.4	现状空间结构	365
27.1.5	城市机动车保有量	365

27.2 "五位一体"公共交通基本情况 366

27.2.1	轨道交通	366
27.2.2	快速公交	367
27.2.3	常规公交	367
27.2.4	水上巴士	368
27.2.5	出租汽车	369
27.2.6	公共自行车	369

27.3 交通发展形势 370

27.3.1	中心城道路建设已基本完成，拓展空间有限	370
27.3.2	机动车需求仍在快速增长	370
27.3.3	交通拥堵日益严重	371
27.3.4	机非、人非冲突严重	371

27.4 交通结构 372

27.4.1	交通出行调查方式划分	372
27.4.2	历年交通结构对比	372
27.4.3	数据来源情况	372
27.4.4	既有数据支持下的主要分担率指标	373

27.5 结论与建议 374

第28章 宁波 375

28.1 总则 375

28.1.1	研究目的与意义	375
28.1.2	研究主要内容	375
28.1.3	研究范围	375
28.1.4	技术路线	376
28.1.5	研究依据	377

28.2 城市概况 377

28.2.1	现状社会经济发展	377
28.2.2	现状城市空间分布	378
28.2.3	现状居民出行特征	379
28.2.4	公交发展现状	381

28.3 公交分担率与城市空间的关系 382

28.3.1	跨区出行的公交分担率	382
28.3.2	过江及跨铁路出行的公交分担率	386
28.3.3	跨高速出行的公交分担率	390

28.3.4	高速内各组团公交分担率	392
28.4	**公交分担率与城市经济人口的关系**	**396**
28.4.1	公交分担率与人口的关系	396
28.4.2	公交分担率与地区生产总值的关系	397
28.4.3	公交分担率与人均可支配收入的关系	398
28.4.4	公交分担率与城市经济和人口拓展分析	399
28.5	**公交分担率与城市交通的关系**	**402**
28.5.1	公交分担率与机动车保有量的关系	402
28.5.2	公交分担率与公交优先设施的关系	403
28.5.3	公交分担率与交通拥堵	404
28.6	**结论及建议**	**405**
28.6.1	公交分担率与城市空间结构的关系	406
28.6.2	公交分担率与城市经济和人口关系	407
28.6.3	公交分担率与城市交通关系	407
28.6.4	建议	407

第29章	**舟山**	**408**
29.1	**城市概况**	**408**
29.1.1	区位和行政划分	408
29.1.2	岸线资源	408
29.1.3	经济社会发展水平	408
29.1.4	城市建设用地规模与布局	409
29.1.5	人口与岗位	409
29.1.6	机动化水平	410
29.1.7	对外交通	412
29.1.8	道路网络的现状	413
29.1.9	公交系统现状	413
29.2	**研究目的与意义**	**415**
29.2.1	省政府提出具体公交分担率目标	415
29.2.2	代表中小城市代表解读城市交通可持续发展	416
29.2.3	为舟山新区发展提供城市交通可持续战略目标	417
29.3	**公交分担率在舟山的应用情况**	**417**
29.3.1	获取方法与发布途径	417
29.3.2	公交分担率的类型与计算方法	417
29.3.3	公交分担率的历史变动趋势	418
29.3.4	出行的特征（2010年）	418
29.4	**结语**	**419**

第30章　中国香港　420

30.1　城市与交通概况　420
30.1.1　城市概况　420
30.1.2　交通概况　421
30.2　城市与公共交通互动发展历程　421
30.2.1　第一阶段（20世纪50年代初至20世纪70年代末）　422
30.2.2　第二阶段（20世纪80年代初至1997年）　425
30.2.3　第三阶段（1997年至今）　434
30.3　案例总结　442

第31章　中国台北　443

31.1　城市概况　443
31.2　城市交通发展现状　443
31.2.1　现状和发展态势　443
31.2.2　发展目标和主要政策　444
31.3　居民出行结构　445
31.4　小结　446

第一篇　城市公共交通出行分担率研究报告

第1章　项目背景及目的

1.1 研究的提出

　　城市交通拥堵、能源消耗及环境污染在全国范围逐渐蔓延且呈逐年上升态势。为从根源上缓解由于城镇化快速发展带来的上述问题，从战略层面指导公交优先发展工作的深入开展，2012年1月，国家自然科学基金委员会特别设立了管理科学部主任基金应急科学研究专款项目《我国城市交通公交优先发展战略研究》。该研究通过对城镇化发展历程、公共交通发展历程的系统梳理，从立法、规划、运营管理等多个角度出发，分析了当前存在的问题及症结，进一步提升与深化认识，将城市公交优先发展作为实现国家城镇化健康、可持续发展的重要发展战略。充分认识公交优先发展在保障公民基本权利和引导城市可持续发展两个方面的重要作用，将公共交通明确纳入国家基本公共服务范畴。研究提出了与城镇化快速发展相适应的城市交通公交优先发展的概念（即在城市行政区域里，通过优先配置资源，构建适应市场机制、政府调控监管的、符合当地经济社会发展阶段、由多种类型企业等经营机构提供均等和高效的公共服务的公共交通体系，引导出行者优先选择，引导城市集约利用土地和节约能源、保护和改善人居环境），并明确指出：城市公共交通优先并非一般意义上城市内部公共交通工具运行的优先，而是大力倡导节约土地资源、节能减排、改善人居环境等要素于一体的科学的城市发展模式。要实现这一目标，就必须从城市规划、综合配套等角度出发，优先分配资源保障公共交通健康发展。而对各项工作推进是否积极稳妥，政策与措施方向是否与城市规模、形态、出行特征等情况相适应，都亟待需要建立一套科学的评估与监督考核方法，引导工作的积极推进。

　　截至目前，尚未建立起这样一套简洁的评估体系以对具体工作的开展形成有效的引导和效果评估。回顾历史，当我国处于以自行车为主要出行工具，汽车制造业尚在发展的初级阶段时，"万人公共汽电车拥有率"是城市公共交通水平发展的主要目标。近些年来，随着我国城镇化和城市的快速发展，公众的出行方式发生了重大变化，城市交通进入机动化时代，各城市在制定公共交通发展目标、衡量公共交通发展水平、评估公共交通发展政策时普遍采用"公共交通出行分担率"（以下简称"公交出行分担率"）指标。但事实上，不同城市、不同部门对其内涵的认识存在明显差别。评估指标应当综合、简洁、重视实效，但原有指标过于单一，不能体现系统评估的体系化、责任划分的精细化、城市发展的多样化，更难与公交优先发展的多维目标体系（包括用地、能源、环境等方面）形成科学呼应，在指导城市公交优先发展实践时必将存在局限，甚至存在误导隐患。2012年底，国务院出台了《国务院关于城市优先发展公共交通的指导意见》（国发〔2012〕64号），量化明确了公共交通出行分担比例的发展目标（即大城市要基本实现中心城区公共交通占机动化出行比例的60%左右），对于其是否能够反映城市公共交通优先发展的目标，社会争议很大，行政部门甚至将其作为考核地方行政工作的指标，对其将会产生什么后果也是众说纷纭。

因此，亟待建立与我国国情、城镇化发展态势相适应的城市交通公交优先发展实施评估体系。在充分体现公交优先发展的内涵、战略意义、目标框架体系的基础上，系统、全面地对公交优先发展战略的实施效果进行评估，综合衡量各级政府主管部门、营运企业、科研机构等在法律法规保障、政策与资金扶持、规划引导及落实、科技支撑，以及综合管理等方面的工作中给予公交优先发展的程度，以及取得的成效。

1.2 研究目标及内容

本研究旨在规范公交出行分担率指标统计口径及计算方法，为评价公交优先实施效果提出以公交出行分担率为核心指标、具备完善辅助指标的评估体系；同时，提出城市通勤出行公交分担率指标及差异化发展目标，并对实施公交优先发展目标的关键策略给出建议。重点研究内容包括：

（1）全面梳理国内外典型城市的公交分担率指标统计、计算方法及应用，汇总分析不同性质和规模城市对公交分担率的认识。分析当前我国公交分担率作为评估公交优先发展指标存在的问题。

（2）结合公交优先发展的内涵，深入研究公交优先发展与交通拥堵、城市规划、能源环境的关系，以及出租汽车的定位，进一步明确公交优先发展评价需要反映的核心问题。

（3）进一步清晰界定与我国城镇化相适应的、能反映差异化发展阶段与特征的公交出行分担率指标，并研究以公交分担率为核心且具备完善辅助指标的公交优先评价体系，并结合案例研究就公交分担率的参考区间给出相关建议。

（4）研究实现公交优先发展目标的策略，推动确切表述公交分担率来科学评价公交优先发展的具体实施。

第2章 "公交分担率"指标使用现状及存在问题

2.1 我国公交分担率的使用情况

关于公共交通出行分担率的争议由来已久，在2004年建设部38号文《关于优先发展城市公共交通的意见》中提出：特大城市公共交通在城市交通总出行中的比重要达到30%以上，大中城市公共交通在城市交通总出行中的比重要在20%以上。此后，诸多城市的公共交通系统规划目标以及地方政府出台的文件均以此为参照。该指标是立足全日全方式的计算口径，在提倡步行和自行车出行基础上形成，但却忽略了公交发展经济基础的差异性。

第2章 "公交分担率"指标使用现状及存在问题

2012年12月,《国务院关于城市优先发展公共交通的指导意见》(国发〔2012〕64号)提出:大城市公共交通占机动化出行比例达到60%左右,更多是针对城市交通状况,特别是机动车发展过程中中心区交通拥堵的提出,其实并不能从根本上反映城市公共交通优先发展目标。2013年6月,交通运输部发布了关于贯彻落实《国务院关于城市优先发展公共交通的指导意见》的实施意见(交运发〔2013〕368号),同时印发了交运发〔2013〕387号文《公交都市考核评价指标体系》,将公共交通机动化出行分担率作为硬性考核指标,将不含步行的公共交通出行分担率降为参考指标,并提出:"十二五"末,"公交都市"示范城市有轨道交通的城市公共交通出行分担率(不含步行)达到45%以上,该指标体系一出台即引起业内的广泛争议,核心问题在于将国际上对"都市"概念不当地转为行政区划的"城市"概念后提出发展目标要求,并且以"车"代"人"来评估城市公共交通优先发展。

以江苏省为例,《江苏基本实现现代化指标体系(2013年修订,试行)》中有一项关于城市居民公共交通出行分担率的指标,是指中等以上城市居民出行方式中选择公共交通的出行量占总出行量的比重,其中公共交通出行包括轨道交通、地面公交、出租车及城市轮渡等出行方式。该体系"一刀切"地将目标值设置为26%,缺乏科学性,因为即使是发达的苏南地区城市也难以实现这一目标(表2-1)。

2012年昆山市居民出行方式结构(%) 表2-1

步行	非机动车	公共交通	班车	摩托车	出租车	小汽车
17.23	35.01	9.48	2.97	2.59	0.72	32

以南京市为例,针对2011年主城区范围的数据进行分析,公共交通全方式出行分担率约为24.4%,距离建城〔2004〕38号文中30%的目标仍有一定差距;公共交通机动化出行分担率为63%,已高于交运发〔2013〕368号文中60%的目标;而不含步行的公共交通出行分担率约为32.8%,又远低于45%的目标(图2-1)。

图2-1 南京市主城区公共出行分担率变化

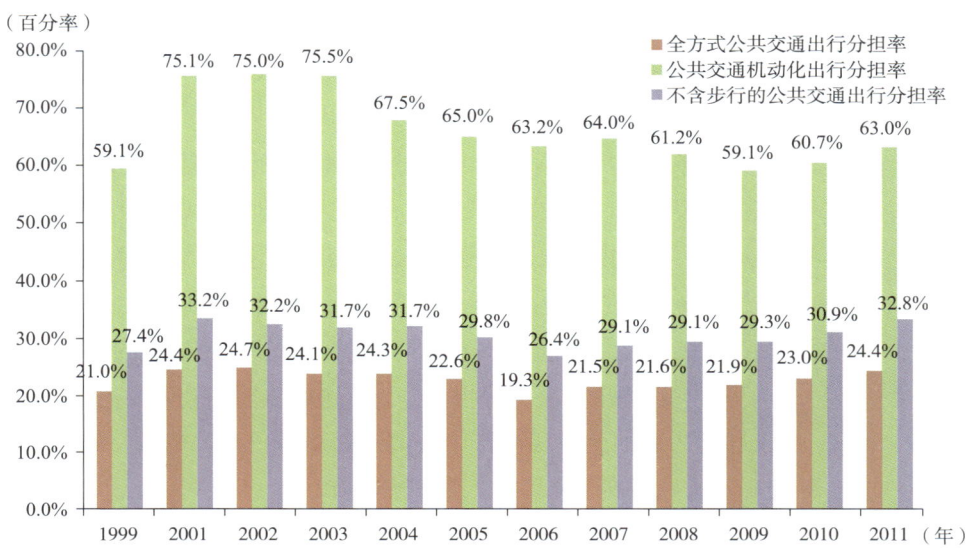

另外，不同城市的规模、形态、地理条件等方面都存在着差异，因而公共交通出行分担率指标很难直接对比。如南京、青岛城区的公共交通全方式出行分担率分别为24.4%和22.1%，相差无几，但公共交通机动化出行分担率分别为63%和41%，差别较大；而2012年深圳公共交通机动化出行分担率为55%，但不能就以此来断定南京公共交通服务水平高于深圳。

可见，各地区和相关部门在关于公共交通出行分担率的理解上仍存在着误区。"一刀切"或不切实际的目标数值反而使得各地主管部门盲信盲从，花费更多的精力应付指标检查，公共交通发展策略及具体措施均未得到应有的重视。

2.2 国内外现有公交分担率的概念

2.2.1 国际面向不同口径的公交分担率指标

国外对公交出行分担率的统计口径更为多样化，通常指某个统计期内，某特定范围内选择公共交通的出行量占总出行量的比例。统计口径包括出行量，还包括出行的空间范围（市域、市区、中心城等）、时间范围（全日、高峰小时等）、方式范围（全方式、不包括步行的方式、机动化方式），甚至根据特定要求，需要界定出行的方向（进城、出城）和目的（全目的、通勤）等。

（1）全日全方式出行公交分担率：该指标在国际上最为通用，东京、伦敦、香港、上海等世界级城市发布的官方年报中都会公布该指标。中国香港（2002年）、东京都市圈（2004年）、大伦敦（2006年）分别为45.5%、35%、30.1%。

全日机械化出行公交分担率：因各城市交通调查中对步行（通常仅计入400m、5min以上步行）的界定不同，调查结果中步行出行不具有可比性，因而该指标统计出行总量时不计入步行出行。中国香港（2002年）、东京区部（2004年）、上海中心城（2009年）、大伦敦（2006年）分别为65%、61%、47%、39.4%。

（2）全日机动化出行公交分担率：该指标可以更突出地反映各种机动化方式之间的相互竞争关系和定位，统计出行总量时不计入步行与自行车出行。首尔（2002年）、新加坡（2004年）、大伦敦（2006年）分别为58%、47%、40.4%。

（3）全日城市不同区域公交分担率：该指标有利于更为全面地揭示城市交通模式的特点。中央伦敦、内伦敦、外伦敦、外伦敦以外（2004年）四个从内到外不同的区域范围内，机动化方式比重递增，由慢行与公共交通主导转变为由个体机动主导，中央伦敦慢行出行率高达76%，外伦敦与中央伦敦之间公交出行率高达81%，外伦敦及大伦敦外小汽车出行比例高达81%；东京区部（2004年）为47%，远高于都市圈的32%。

（4）通勤出行公交分担率：为了进一步明确较为突出的交通矛盾问题，该指标仅计入以通勤为目的全方式出行中公共交通所占比率。伦敦（2006年）通勤公交出行分担率为44.6%，明显高于全目的公交分担率30.1%。

（5）早高峰进城公交出行分担率：该指标可以进一步聚焦于交通矛盾最为突出的时段和

方向上。伦敦、东京等大都市早高峰进入核心地区的公共交通出行分担率都高达80%以上，伦敦进入中央伦敦的公交分担率数值为89.4%，东京进入中心城、核心区的公交分担率数值分别为83%、85%。

2.2.2 国内面向不同口径的公交分担率指标

我国的公共交通出行分担率一般指城市居民出行方式中选择公共交通（包括常规公交和轨道交通）的出行量占总出行量的比率，依据统计口径不同常见的有三种类型。

（1）全日全方式出行公交分担率：全天所有出行（包括步行、自行车）中公交出行量占出行总量的比率。因其能够真正反映城市交通结构状态而应用最广，住房和城乡建设部政策文件和历来规划常采用该指标。

（2）全日机械化出行公交分担率：全天所有机械化出行（包括自行车，不包括步行）中公交出行量占出行总量的比率。伴随我国公交优先政策的实施，部分城市为了追求数字上的达标，在总出行次数统计中不计入步行。北京公布的公交出行率44%即为该指标。

（3）全日机动化出行公交分担率：全天所有机动化出行（不包括自行车、步行）中公交出行量占出行总量的比率。2012年《国务院关于城市优先发展公共交通的指导意见》提出大城市基本实现中心城区公交占机动化出行比例达到60%左右的发展目标即属该类指标。

2.2.3 国内外公交分担率数据获取及现行统计方法

（1）通过居民出行抽样调查获取

公交出行率计算的基础数据来源于居民出行调查，通过调查获取城市一日的居民出行总次数，以及采用不同交通方式出行的次数。由于居民出行调查一般为抽样调查，早期样本量通过统计学原理进行计算确定，现在一般采用借鉴的办法加以确定。我国住房和城乡建设部2010年发布的城市综合交通体系规划编制导则给出的建议是：抽样率需根据城市人口规模计算确定。

一般情况下，100万人口以上城市的最小抽样率不低于1%，50万~100万人口城市不低于2%，20万~50万人口城市不低于3%，20万人口以下城市不低于5%。公交出行率计算需要依据抽样调查扩样后的数据进行计算。扩样时需要考虑人口结构、居住与岗位分布等一些具体的要素。

（2）通过公交运量推算获取

没有开展或没有条件开展居民出行调查的城市，一般通过公交运量统计加以推算。城市居民一日公交出行次数用公交运量统计除以公交换乘系数得到，公交换乘系数则采用问卷调查和公交跟车调查获取，现在也可以用信息手段获得。城市一日居民出行总量用居民出行率进行估算，通常城市中人均出行次数变动幅度不大，相同类型城市比较接近，人均出行次数一般取2~3次左右。城市居民出行总量可用人口规模和相似城市人均出行次数相乘得到。用上述方法获得公交出行次数和居民出行总次数，可推算出公交出行率，但无法给出除公交外的其他方式出行率。

（3）通过现有数据信息的采集获取

国外发达城市和国内部分城市已开始探索通过位置信息采集的方式获取个体及区域公共交通客流移动数据，对各类公交出行信息进行实时分析，包括城市各区域人口的实时公交流量分析、公交出行情况分析、公交通勤出行情况分析、城际公交情况分析等，可以在一定程度上揭示公交分担率的实时、实地分布规律，但是在交通方式精确划分方面仍存在不足，需要公交IC卡数据、志愿者调查予以辅助校验。

2.3 采用公交分担率评价公交优先发展存在的问题

目前，国内已普遍将"公交出行分担率"作为评价公交优先发展水平的指标，但若仅以该指标进行评价，存在着诸多问题。

2.3.1 不能支撑对公交优先发展的全面、系统评价

城市公交优先发展的定义是：在城市行政区域里，通过优先配置资源，构建适应市场机制、政府调控监管的、符合当地经济社会发展阶段、由多种类型企业等经营机构提供均等和高效的公共服务的公共交通体系，引导出行者优先选择，引导城市集约利用土地和节约能源、保护和改善人居环境。公交优先发展是一种理念，是一种城市的组织模式，是一种战略思想。很多国家、城市也逐步认识到在评估公交发展水平的同时需对交通拥堵、土地资源、节能减排等问题深入关注。将忽略步行和自行车出行，不分区域、不分时段的公交分担率作为指标评价公交优先发展，难以与公交优先发展的多维目标体系（包括用地、能源、环境等方面）形成呼应，在指导城市公交优先发展实践时有局限性，甚至存在误导的隐患。

2.3.2 指标的概念、范围、统计口径与城市公交优先发展的目标亟待统一

目前，公共交通出行分担率的定义是指，某个统计期内，某特定范围内，选择公共交通的出行量占总出行量的比例。国际上对公共交通出行分担率的统计口径是多样的。统计口径包括将哪些出行量纳入计算，还包括出行的空间范围、时间范围、方式范围，甚至根据特定要求，需要界定出行的方向和目的等。

（1）方式范围：全方式、不包括步行的方式、机动化方式。

（2）空间范围：市域、市区、中心城区等。

（3）时间范围：全日、高峰小时等。

（4）出行方向：进城、出城等。

（5）出行目的：全目的、通勤出行等。

在全世界的统计和研究资料中，常常由于忽视统计口径，导致公共交通出行分担率在计算和比较过程中出现混淆的情况。比较常见的有以下几种。

（1）公共交通全方式出行分担率与公共交通机动化出行分担率的混淆。

（2）城市中心城与全市公共交通出行分担率的混淆。

（3）高峰时段公共交通出行分担率与全日公共交通出行分担率的混淆。

（4）向心公共交通出行分担率与全市公共交通出行分担率的混淆。

（5）通勤公共交通出行分担率与全目的公共交通出行分担率的混淆。

总的来讲，问题主要可以体现在以下几个方面：

（1）"分子"、"分母"的内容需进一步明确。不同口径的公交分担率计算公式中，分子和分母所包含的交通方式不尽相同。对于步行、自行车、出租车等方式到底该如何处理，尚没有一个统一的定论（表2-2）。

不同公交分担率的计算公式 表2-2

全日全方式出行公交分担率	$\dfrac{公共汽（电）车+城市轨道交通}{公共汽（电）车+城市轨道交通+小汽车+出租汽车+步行+自行车+其他}$
全日机械化出行公交分担率	$\dfrac{公共汽（电）车+城市轨道交通}{公共汽（电）车+城市轨道交通+小汽车+出租汽车+自行车+其他}$
全日机动化出行公交分担率	$\dfrac{公共汽（电）车+城市轨道交通}{公共汽（电）车+城市轨道交通+小汽车+出租汽车+其他}$

随着交通工具和营运方式的突破和创新，公共交通服务内容逐渐丰富，公共交通方式也呈现出多样化的发展态势（如北京的预订专座通勤快线、公共自行车等），到底哪些方式的出行量应当涵盖在公共交通出行量当中，仍需进一步明确。

（2）一条国际普适性的规律是：大部分的交通矛盾主要发生在早晚高峰时段，该时段内交通拥堵最为严重，导致的能源消耗和环境污染也尤为突出，因此公交优先发展首要面向的对象是通勤出行需求。作为衡量公交优先发展水平的重要指标，公交分担率在统计时段上应遵循什么标准并未得到明确声明。

另外，国际上对于公交分担率的统计口径更是多种多样。全日城市不同区域的公交分担率有利于更全面地揭示城市交通模式的特点；通勤出行公交分担率则进一步明确较为突出的交通矛盾问题，如伦敦2006年通勤公交出行分担率为44.6%，明显高于全目的的30.1%；早高峰进城公交出行分担率可进一步聚焦于交通矛盾最为突出的时段和方向的出行上，如伦敦、东京等大都市早高峰进入核心地区的公共交通出行分担率都高达80%以上（图2-2）。

（3）集约化的出行结构一定是和高密度的居住、岗位分布和高强度的土地开发相适应的，反之亦然。因此，即使"中心区"的公共交通分担率达到了机动化出行的60%，也并不能说明公共交通得到了优先发展。公交分担率须体现区域特征，特别应体现出其与土地开发强度、居住人口密度、就业岗位密度等的适应性。

（4）城市中心区概念并不清晰，且随着城镇化的快速发展和城市的扩张，即便存在所谓的"中心区"，进出中心区和过境出行的比例往往占据较高份额，如何统计也应进一步研究。

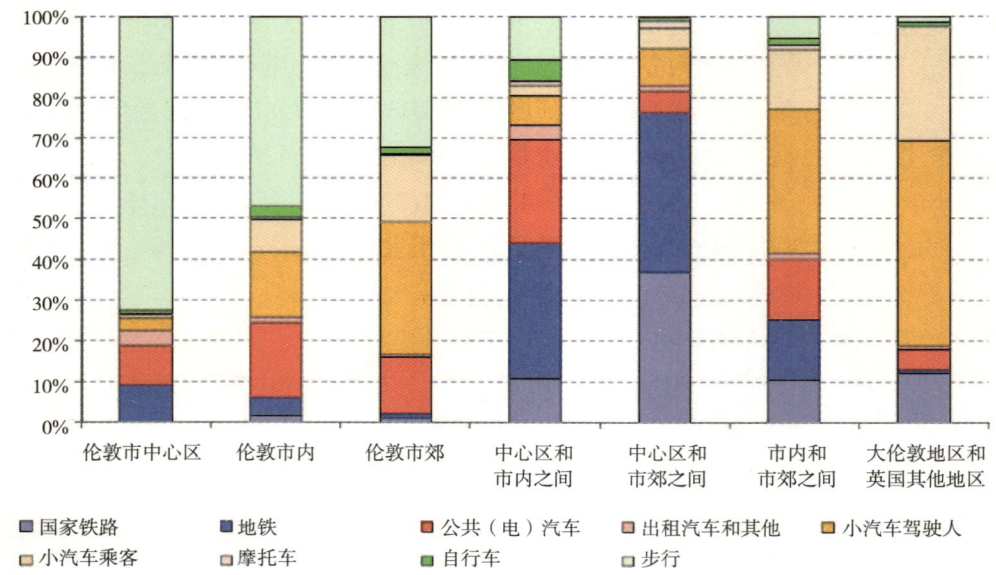

图2-2 伦敦不同区位的出行结构

2.3.3 指标过于笼统

（1）城市发展差异化体现不足。大城市的公交发展目标是相对明确的，但是对于矛盾更为突出的中小城市，目前缺乏国家层面的公交优先发展目标进行指引。

高公交分担率一定不是普适性的城市发展目标，特别要防止为了追求高公交分担率而通过不合理的政策引导迫使人们放弃步行、自行车而选择公共交通方式，导致城市交通发展走入误区。例如，哥本哈根面积97km^2，人口67.2万，相当于我国中等城市、小城市规模，其50%的市民日常通勤、通学出行均采用自行车。在哥本哈根市区工作的人（包括住在郊区或者相邻城镇的）当中，35%均使用自行车，其公共交通分担率仅为22%。

（2）对土地、能源、环境等因素反映不够充分，难以体现城市"公交优先"发展政策的根本性战略意义。

城市交通公交优先发展的根本性战略意义绝不仅局限于通过集约化的交通工具来解决城市的交通拥堵问题。目前"公交优先"政策落实依然停留在交通行业内部，未能上升到国家的城市发展战略层面。城市公交发展目标单一化、指标化、模式化，是导致城市公交优先片面等同于"公交行业优先"、"专用道建设优先"或"轨道建设优先"等的主要原因。

公共交通服务至今尚未明确纳入国家基本服务范畴。在新发布的《国家基本公共服务体系"十二五"规划》中，规定基本公共服务的范围，仅在广义的范围里提到了"交通"，并没有明确突出公共交通的地位。国外发达城市和地区普遍将发展公共交通纳入国家、城市发展的战略层面考虑，并将公共交通作为政府应当向民众提供的一项基本服务，为公交优先发展的法规制定、资源配置特别是财政保障提供依据。

公交优先发展是大力倡导集约节约土地资源、节能减排、改善人居环境等要素于一体的科学的城市发展模式，如果城市在交通系统发展中所付出的土地、能源、环境代价过于巨大，即使公交分担率达到《国务院关于城市优先发展公共交通的指导意见》（国发〔2012〕

64号）建议的60%，也不能够称作是公交优先发展的城市。因此，在对城市公交优先发展目标或考核指标进行量化时，有必要对公交优先发展在缓解土地资源紧张、城市交通节能减排等方面的贡献水平有所反映和体现。

2.3.4 各交通方式发展的均衡性未得到合理体现

公共交通优先发展是多种方式的均衡发展，以实现不同方式的核心作用。目前以北京为例，尽管公交分担率在稳步提升，但实际公共汽（电）车的发展仍严重滞后于百姓期望，并未与轨道交通形成齐头并进的发展形势，这种发展的不均衡性难以在当前普遍认可的公交分担率当中有所体现（图2-3）。

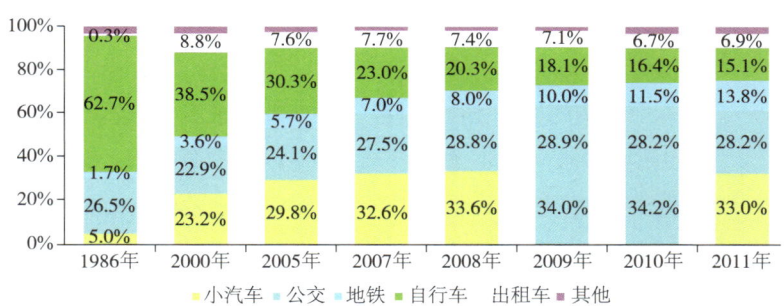

图2-3 北京市历年交通出行方式构成变化情况

综上，"公交出行分担率研究"的核心使命在于对公交优先发展进行科学评估，而仅将当前采用的公交分担率作为衡量公交优先发展的评估指标是远远不够的，需要建立与我国国情、城镇化发展态势相适应的城市交通公交优先发展实施评估体系，在充分体现公交优先发展的内涵、战略意义、目标框架体系的基础上，系统、全面地对公交优先发展战略的实施效果进行评估。

第3章 城市公交优先发展与其他要素的关系

城市公交优先不是公共交通行业的优先发展，也不等同于城市公共汽（电）车在道路上的优先通行，而是提供均等和高效的公共服务的公共交通体系，引导出行者优先选择，引导城市集约利用土地和节约能源、保护和改善人居环境的城市发展模式。因此，评判城市发展模式是否符合公交优先发展战略核心理念的关键，在于进一步明确公交优先发展和交通拥堵、城市规划、能源以及环境的关系。本章将重点对上述关系开展深入研究，同时进一步明确出租汽车在公交优先发展中的定位，进而为公交优先发展评价指标体系的构建提出相关建议。

3.1 公交优先与交通拥堵

3.1.1 公共交通对缓解拥堵的作用

交通拥堵是城市局部地面交通运行状况的反映,并不直接反映城市居民总体出行需求,公交优先发展这一城市发展模式的确立也并不意味着城市的交通拥堵问题能够得到根本性解决。但公交优先发展依然是有效控制交通拥堵程度及范围的重要前提之一,且关键在于降低全日全方式出行中的私人机动化出行比例。

随着国家汽车工业的飞速发展和人民生活水平的显著提高,小汽车以前所未有的速度涌入家庭。而基础设施及其承载能力在短期内难以明显的提升,土地资源、道路资源的稀缺与暴增的机动化需求形成巨大落差,"行"和"停"的矛盾日渐尖锐。在路权难以全面保障的情况下,局部的交通拥堵对公共交通的运行也会带来严重的负面影响。

缓解交通拥堵的关键在于平衡供需矛盾。纵然增加地面道路和地下空间的供给以满足居民出行需求是重要途径之一,但在空间资源稀缺,同时城镇化迅速发展的大背景下,忽略需求总量的控制而单纯增加供给也难以达到预期的效果,提高已有空间的使用效率是应对存量和增量最为有效的途径。近些年来,全国的城市道路交通基础设施建设呈现普遍放缓的态势,在城市道路空间不发生显著变化的情况下,只能通过最大限度地提高道路的使用效率和引导人们少开车来缓解交通拥堵,形成集约化的交通结构是基本前提。

从城市各种交通方式道路资源占用情况看,公共交通是一种高效率、集约化的出行方式,如图3-1和表3-1所示。公共交通方式以最小的道路占用运送大量的客流,与小汽车相比,优势明显,符合我国城市人口众多、土地资源紧缺的实际情况。

图3-1 不同交通方式占道路资源对比

不同交通方式道路资源占用一览　　　　表3-1

交通方式	人均占道面积(m²/人)	以轿车为1的比例
步行	0.75	0.025
自行车	8.00	0.27

续表

交通方式	人均占道面积（m²/人）	以轿车为1的比例
摩托车	18.00	0.60
轿车	30.00	1.00
有轨电车	1.50	0.05
公共汽车	4.50	0.15
地铁	0	0

3.1.2 公共交通如何引导出行者优先选择

交通的根本目的是实现人和物的流动，而不是车辆的移动。为了有效利用有限的城市道路时空资源，缓解城市交通拥堵的紧张局面，优先发展公共交通是全世界公认的一种解决大城市交通问题的基本途径，城市公共交通应该是城市客运交通的主体。但是，相比于小汽车，公共交通有着其不容忽视的劣势，使得出行者放弃乘坐公交而选择小汽车出行，造成城市交通拥堵不断加剧的局面。具体有如下几个方面。

（1）不能门到门，需要有良好的接驳系统

大运量公共交通的最大劣势在于不能实现门到门的服务，且城市多种公共交通方式之间，以及各方式内部并未形成与居民出行链相适配的服务网络，因此公共交通在可达性上存在很大缺陷。

（2）出行速度低

公共汽（电）车在没有独立路权的情况下受社会车辆干扰严重，交叉口和停站也是造成延误的重要原因。从全国范围看，公共汽（电）车的运行速度普遍较低，只有8~14km，难以形成与小汽车（包括私家车和出租车）的竞争优势。此外，城市公共交通内部结构不合理，多种交通方式之间以及同一方式的不同线路之间未能形成良好的衔接换乘，也进一步增加了换乘时间，最终导致接驳环节和车内环节时间延误的累计，降低了公交出行的速度（图3-2）。

图3-2 各个城市公交出行方式的平均运送速度（km/h）

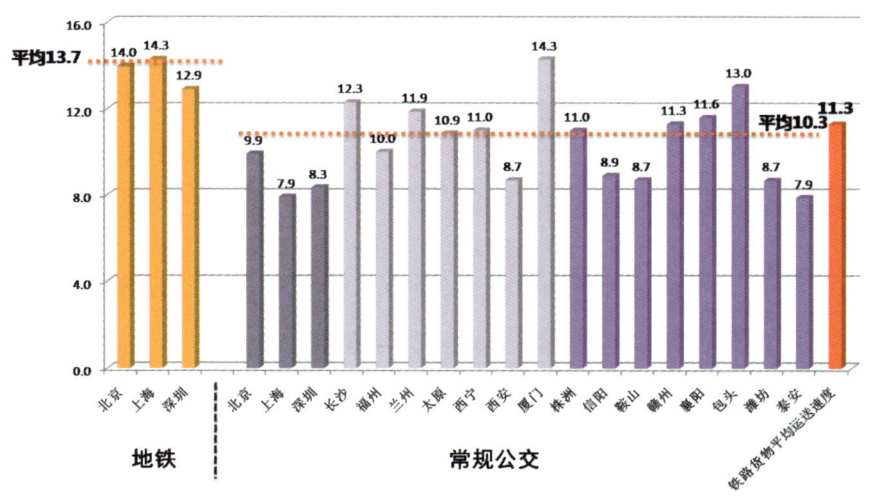

（3）舒适度差

随着人民生活水平的提高，人们不仅关注出行时间和票价，对出行舒适性的要求也越来越高。公共交通方式车厢内的拥挤环境、站台简陋的候车条件都已经成为人们放弃乘坐公共交通方式的重要原因。

综上，公共交通在可达性、快捷性、舒适性等方面难以形成与私人机动化方式竞争的态势。要引导出行者优先选择公共交通方式，进而对缓解交通拥堵起到实质性的作用，必须提升公交出行链中所有环节的综合服务水平和竞争力，包括：步行、自行车接驳环境、候车、衔接换乘条件、乘车环境及舒适程度等（图3-3）。

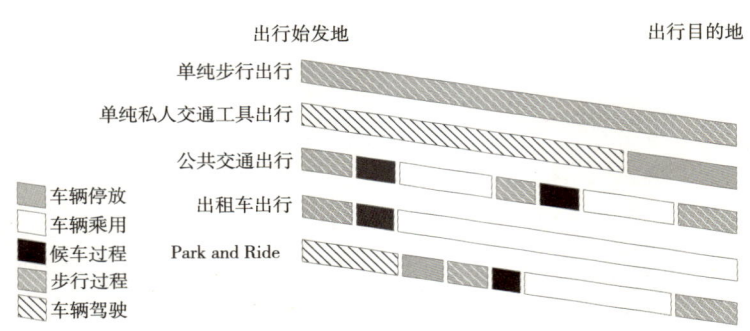

图3-3 不同方式出行链的环节构成

另外，还要通过科学的需求管理手段合理控制私人机动化出行，减少私人机动化出行方式对道路资源的占用，给公交发展争取空间。

3.1.3 北京案例

（1）北京市公交优先政策实施情况

近些年，北京市加大了对公共交通优先政策的实施力度，为公共交通发展提供了优先条件。

1）2005年《北京交通发展纲要》提出两个坚定不移：坚定不移地加快城市空间结构与功能布局调整，控制市区建成区土地开发强度与建设规模；坚定不移地加快城市交通结构优化调整，尽早确立公共客运在城市日常通勤出行中的主导地位。

2）2006年《关于优先发展公共交通的意见》提出"两定四优先"政策：确定发展公共交通在城市可持续发展中的重要战略地位，确定公共交通的社会公益性定位；并在设施用地、投资安排、路权分配和财税扶持等方面实施全方位优先。

3）2010年实施《北京市关于进一步推进首都交通科学发展加大力度缓解交通拥堵工作的意见》（俗称"28条综合缓堵措施"）明确提出提高公共交通出行比例，到2015年中心城公共交通出行比例达到50%左右，自行车出行比例保持在18%左右，小客车出行比例控制在25%以下，同时开始实施小汽车总量调控政策。

在优先发展公共交通的政策支持下，北京市公共交通发展取得了明显的成效。截至2013年底，北京市轨道交通线路17条，运营里程456km，车站260座，2013年完成客运量32.1亿人次，日均客运量876万人次/日；公共汽（电）车运营线路807条（其中已建立南中

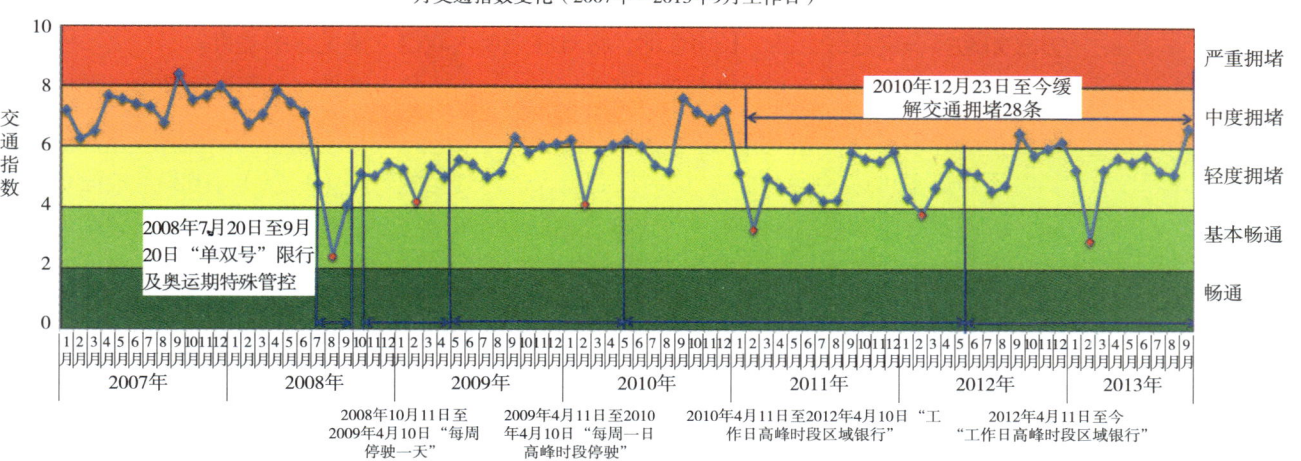

图3-4 北京市2007~2013年月交通指数对比

轴线快速公交、朝阳路快速公交、安立路快速公交、阜石路快速公交共计4条快速公交线路，形成了中心城区连接东、西、南、北四个方向的快速公交走廊），运营车辆22486辆，运营里程达到135631万km，完成客运量49.0亿人次，日均客运量1321万人次；出租汽车6.6万辆，年客运量7亿人次。公共交通出行比例明显提升，2013年底中心城公共交通出行比例已达到46%。

（2）治堵应当坚持公共交通优先发展等多方面综合性措施

几年来，北京交通运行受城市发展中各种矛盾与社会重大事件影响，有过较大起伏。2008年奥运会期间，北京市实施小汽车单双号限行政策，交通运行处于"基本畅通"状态；奥运会后，尽管北京市采取了发展轨道交通、优化调整公交线路等一系列优先发展公共交通的措施，但在人口和机动车都保持增长态势、交通需求不断膨胀的情况下，单纯的推行公交优先发展政策已经难以缓解交通拥堵。从2008年10月11起，北京开始施行小汽车尾号限行政策，即每日按机动车牌照尾号限行两个号，交通拥堵状况较上年明显缓解，但随着机动车保有量快速增长，交通指数迅速上升。2010年施行"28条综合缓堵措施"后，交通拥堵状况又有所缓解（图3-4）。

2008年以前，大力发展公共交通的政策一直在实行，公交分担率也是一直都在稳步上升中，但是拥堵指数居高不下——单纯的公交分担率的提高并不能起到缓解拥堵的作用。2010年以后，公交分担率虽然提升缓慢，但交通拥堵得到了明显缓解，控制小汽车的保有和使用在其中发挥了重要作用，也为公交提速争取了空间。

从北京的案例可以看出，公交优先为缓解交通拥堵提供了重要支撑条件，但仅靠公交优先还不够，必须加强交通需求管理，离开有效的需求管理，公交发展资源无法得到有效保障，公交优先战略是难以全面推进的。

3.1.4 国际案例

国际大城市机动化发展历程同样表明：城市高密度发展是道路资源紧张的根本诱因，严格控制机动车保有量和使用频率，是保护公交发展资源不受侵蚀的唯一出路。公交优先发展要想取得预期效果，就必须与交通需求管理同步推进，这一过程也是社会治理过程，其方式和途径一定是综合性、长期性的，很难在短期内取得立竿见影的效果。

莫斯科城市规模、人口与北京市城六区相当，千人机动车拥有量略高于北京。莫斯科拥有非常发达的公共交通系统，2010年莫斯科轨道里程301.2km，最小发车间隔达到90s，日均客运量最多可达900万人次，同时拥有庞大的市郊电气铁路（10条）、1629条地面公交线路。但由于缺乏有效的停车管理（市中心路边停车免费），小汽车使用不受任何限制，交通拥堵仍十分严重（表3-2）。

北京与莫斯科的人口密度、机动车保有量对比　　　　表3-2

	北京	莫斯科
面积（km²）	16410（1368）	1081
人口（万人）	1961（1172）	1151
每千人机动车保有量	245.2（258.7）	339

从莫斯科的案例可以看出，单纯依靠公共交通设施建设、运力供给的提升，不能起到缓解交通拥堵的作用，这也并不是真正意义上的公交优先发展。

而在新加坡，除了在公共交通发展方面给予优惠政策以外（如设置120km的公交专用道和7.6km的全天公交专用道、主要交叉路口设置巴士优先信号等），还实施了严格的交通需求管理政策——车辆配额制度和拥车证制度，同时在高速公路以及限制区（主要包括中央商务区）采用了公路电子收费制度。据统计，新加坡约60%的出行通过公共交通完成，85%的公共交通使用者在早高峰可于45min内完成出行，同时市中心区道路系统近30年始终保持在比较畅通的状态（图3-5～图3-7）。

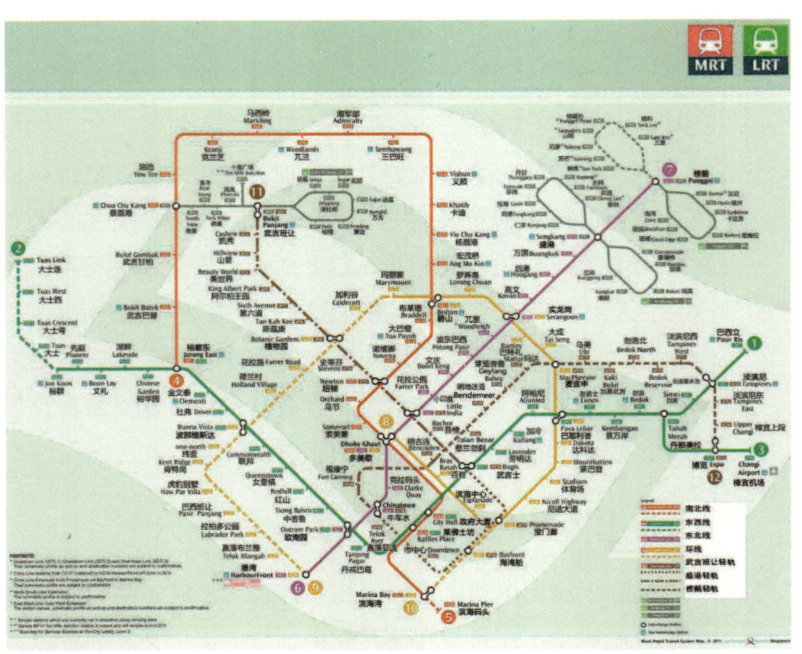

图3-5 新加坡轨道交通网络

图3-6 新加坡公路电子收费系统

图3-7 新加坡公交专用道

3.1.5 小结

公交优先发展并不能彻底消除交通拥堵，但缓解交通拥堵的基本前提一定是公交优先的城市发展模式。优先发展公共交通须与交通需求管理同步开展，在公交优先发展的评价体系当中，须设立指标反映出对小汽车保有和使用的管控效果。另外，从公交优先发展战略的内涵来看，核心问题是人的选择。能否引导出行者优先选择，公交在速度上的竞争力尤为重要，因此，评价公交优先发展的指标，需对公交速度的竞争力有所反映。此外，公共交通出行涉及的环节众多（与步行、自行车等多方式衔接换乘等），提升公交竞争力不应只关注车内环节，而须加强对公共交通出行过程中的所有环节，特别是接驳和衔接换乘便利性的重视，因此公交优先发展评价的指标，需对步行、自行车的设施和服务水平有所反映。

3.2 公交优先与城市规划

3.2.1 城市发展形态决定交通发展模式

大量的统计和研究表明，一个城市的发展形态决定了城市的交通模式。人口密度越高的地方，小汽车的拥有率和使用频率越低，而公共交通的拥有率和使用频率越高。例如，北美地区是人口低密度区域，出行方式以小汽车为主，亚特兰大、洛杉矶的人均拥有小汽车率均超过1，而纽约人口密度高，小汽车拥有率就相对较低；亚洲城市人口密度高，交通方式以公共交通为主，而小汽车拥有率和使用率相对较低；欧洲城市人口密度介于欧美和亚洲，交通属于小汽车、公共交通并行发展的混合模式（图3-8）。

城市不同人口密度的区域也符合这一规律。以东京为例，东京核心23区人口密度高，小汽车承担的比例较低（16.3%），而整个东京都市区的小汽车出行比例明显提高（31.0%），公共交通比例明显下降（图3-9）。

3.2.2 交通模式引导城市结构发展

除城市客运服务之外，公共交通的一个重要功能是引导城市空间、功能结构的合理布局。

图3-8 人口密度与交通模式关系
资料来源：Alain Bertaud的研究

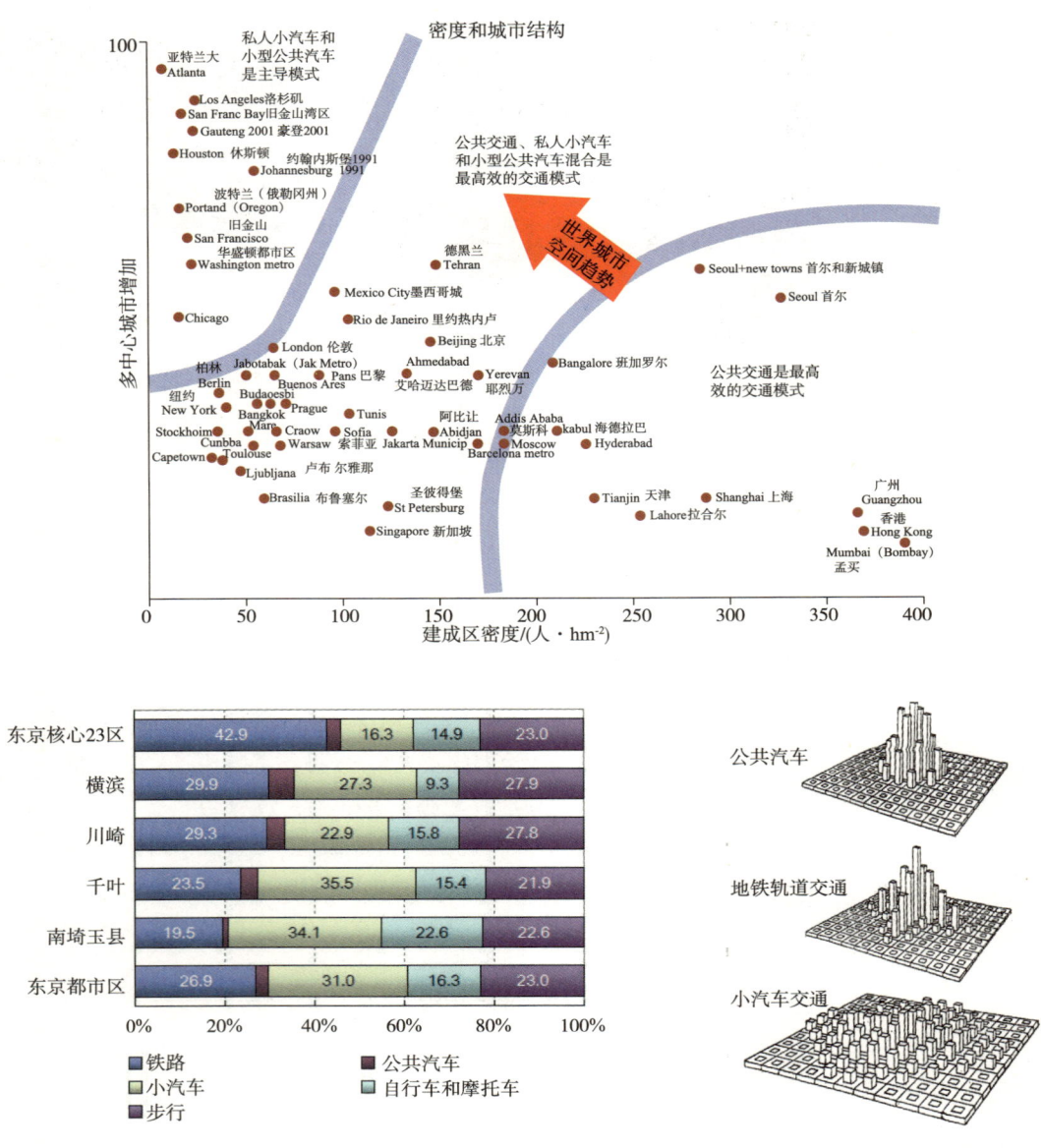

图3-9 日本东京不同区域范围交通方式（2001年）

图3-10 交通模式与城市结构的关系

以公共交通为导向的城市建设，有利于提高公交出行比例，可以在城市扩张的过程中，避免城市低密度蔓延，促进城市集约、紧凑发展。以公共交通为主的交通模式引导产生紧凑密集的城市结构，而以小汽车为主的交通模式则引导产生结构松散稀疏的城市形态（图3-10）。

公交优先发展是集约节约用地的有效措施，有助于从城市用地规划上实现资源优化配置。以公共交通为导向的城市交通系统可以支持城市布局走向集约型、紧凑型的发展之路。因此，必须以公共交通为导向，合理配置土地资源，引导城市发展模式转变，支撑城市紧凑发展。由此可见，公共交通发展不是单纯的公共交通系统问题，而是城市发展问题。城市公交优先发展理念和措施的根本目的是转变城市交通主导发展方式，建立与城市空间结构、用地配置相适应的交通系统。片面地强调公交出行比例，而不研究城市空间结构、布局结构、城市综合交通体系的合理构成，这样的公交优先发展就是一句空话。

3.2.3 国际案例

紧凑型、高密度的城市发展形态需要较高的公交分担率来支撑，而提高公交分担率又需要高水平的公交服务来实现，这就要求城市与交通协调发展，即公交对于城市主要的功能区具有高度的可达性。这一点在国际上很多大城市都有具体的体现：

（1）香港轨道交通沿线覆盖的人口占到全市人口的70%以上；

（2）库里蒂巴快速公交走廊覆盖了全市70%的人口与就业岗位；

（3）赫尔辛基依托快速轨道交通形成的城市发展走廊，集聚了都市区62%的人口和68%的就业岗位；

（4）多伦多市内有一半以上的高层住宅和90%的写字楼集中在地铁车站步行5分钟范围内；

"城市功能"与"交通系统"的协调发展，是引导出行者优先选择公交的基础，当需要"城市功能"和"交通系统"协调发展时，一定是以"一体化"的规划作为前提的（图3-11、图3-12）。

 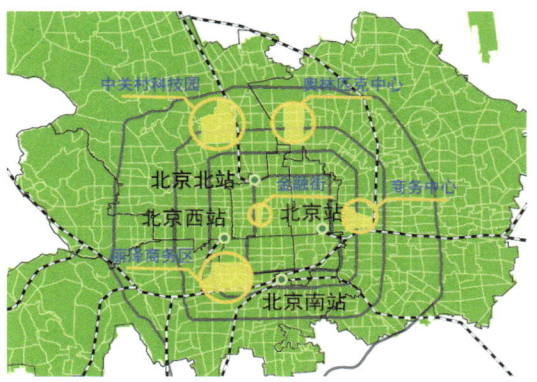

图3-11 东京综合交通枢纽与城市功能区布局图　　图3-12 北京综合交通枢纽与城市功能区布局图

澳大利亚维多利亚州的"公共交通——土地利用和发展导则"规定了土地利用与公交网络的设计原则，也充分体现了城市功能与交通系统的协调发展，导则规定：

（1）95%的居住用地在400m安全步行距离范围内可以到达公交站；

（2）老年设施、教育、医疗和社区设施在200m范围内可以到达公交站；

（3）城区家庭均有公交直达城市主要的活动中心，理想的情况是不用换乘且30min内到达；

（4）城市主要的活动中心都应该位于骨架公交网上（轨道、常规公交走廊）。

3.2.4 公交优先对于城市规划的要求

树立城市公交优先发展的理念，最直接、最有效的方法是在城市规划和实施细节中体现城市公交优先发展的思想，在城市规划和专项规划标准、准则的编制要求中体现城市公交优先发展原则，以城市规划推进和保障城市公交优先发展战略的实施。由于缺乏规划编制管理办法要求，公交规划编制组织、规划实施及监督均面临较大问题，特别是交通详细规划编制要求也未明确，轨道、交通枢纽及干线道路等重大设施缺乏详细规划环节，直接从专项规划到工程方案设计，导致工程设计方案与上层的规划功能要求不一致，不利于规划管理，亟待进一步明确。从我国经济社会可持续发展的角度看，仅仅关注大城市的公交优先是远远不够的，处于不同发展阶段、具有不同经济水平和基础设施水平的城镇，公共交通都同样承担提供基本公共服务、引导和支撑城镇及产业合理增长的责任。各类城市均具有城市公交优先发展的需求，但任务重点应有所差别，即公交优先的政策与实施对于不同城市、城市不同的发展阶段均具有差异性。

发达国家的经验表明，公交优先发展的关键是在公共交通服务和城市形态发展之间找寻和谐的关系，因此，在城市规划和实施细节中体现公交优先的思想，是确保公交优先发展得到有效落实的基础。然而，在我国目前的城市综合交通体系规划编制要求中，公共交通作为一个专项，其内容深度和要求均不足以贯彻公交优先发展战略，而由于缺乏规划编制管理办法要求，公共交通规划编制组织、规划实施及监督均面临较大问题，难以充分发挥规划的控制和引领作用。

在城市总体、分区和控制性详细规划的规划标准中要体现四个原则：

一是覆盖性。城市功能土地区划要采用公共交通走廊与换乘的方式来组织，由公共交通走廊+枢纽形成城市布局，确保公共交通走廊对居住中心和岗位分布中心的高覆盖率，提高公共交通的通勤出行率。

二是导向性。公共服务设施（医院、学校、邮局、图书馆、文娱场所等）的选址应该以公共交通走廊为导向，在规划中应尽可能确保相关性质用地紧密围绕在城市主要公共交通走廊周边（图3-13）。

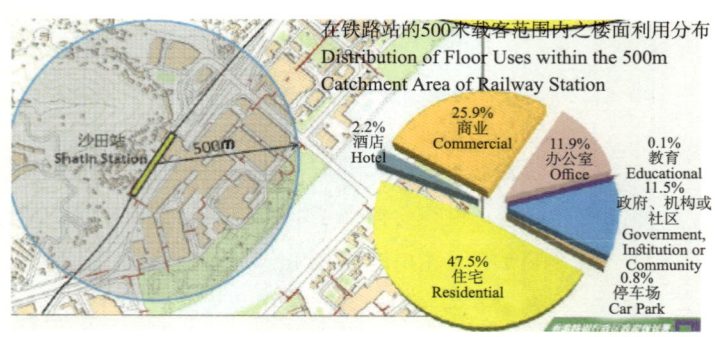

图3-13 沙田站500m覆盖范围内土地利用概况

三是整合性。公共交通内部城市轨道与公共汽（电）车节点（枢纽和换乘点）之间，公共交通节点与步行、自行车设施（如自行车停车处等）应整合规划，方便衔接换乘（图3-14）。

四是保障性。将公交优先发展所需的设施用地、专用路权等保障性设施和条件在规划中予以充分的保障和落实，并强化规划实施的督察和执法工作，确保TOD的城市开发规划方案、公共交通设施用地、专用路权等得以切实执行和落实，从规划层面确保公共交通用地和路权需求，推动公共交通为导向的城市发展模式。

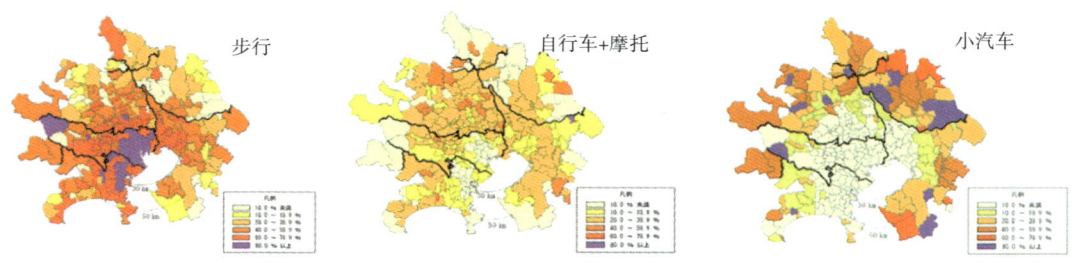

图3-14 东京圈轨道接驳各种交通方式分担率分布（进入）

3.2.5 小结

综上，城市公交优先发展需关注城市功能需求，以网络覆盖和方便程度方面的优势引导出行者放弃私人机动化出行而优先选择步行、自行车以及以公共汽（电）车和城市轨道交通为代表的集约化交通方式，才是规划要解决的核心问题和追求的目标，因此规划编制原则、编制办法和评价体系中应重点反映规划效果，判断是否充分体现了本研究中提到的"覆盖性"、"导向性"、"保障性"和"整合性"原则。此外，纵观国际国内的城市发展经验，要实现高品质公交服务对城市功能区的"覆盖"和"导向"，采用"交通追随需求"的方式将永远处于滞后和被动的局面，需要规划先行予以重点保障，且只有从规划阶段予以保障并严格执行才是提升通勤出行公交分担率、绿色出行公交分担率的必由之路。

3.3 公交优先与能源和环境

发展低碳经济是人类面临化石能源逐渐枯竭、大气环境日趋恶化等重大问题所达成的共识，从《联合国气候变化框架公约》到其补充条款《京都议定书》，再到巴厘岛路线图、《哥本哈根协议》，世界各国展开了广泛的合作。为应对环境、资源的问题，我国提出到2020年单位国内生产总值二氧化碳排放比2005年下降40%~50%的目标；"十二五"规划明确提出了"绿色发展，建设资源节约型、环境友好型社会"的目标；党的十八次全国代表大会更将生态文明建设写入党章。发展低碳经济已成为我国经济社会发展的重大战略选择。

交通行业是全球碳排放的主要领域之一，据国际能源署（IEA）2009年出版的《运输、能源与二氧化碳：迈向可持续发展》报告表明，目前交通行业的二氧化碳排放占全球与能源相关二氧化碳排放的23%，占所有温室气体排放的13%（IEA，2009年）。其中城市交通系统产生的碳排放占交通行业碳排放总量的一半以上（Zegras，2007年），已经成为城市大气污染的重要组成部分，因而城市交通的低碳化被视作发展低碳经济的重要部分。

既有理论研究和实践表明，交通低碳化发展的手段是多样的，包括：技术性减碳，即节能环保技术在汽车生产中的应用；结构性减碳，如通过优化网络结构、运力结构、运输方式结构，鼓励使用碳排放水平更低的运输方式；制度性减碳，如市场准入与退出机制。本次研究聚焦于城市的公交分担率，力图通过理论分析和案例实证，揭示城市客运方式结构与城市发展的相互影响，并建立科学合理的评价理论方法。本节将重点讨论基于城市客运交通方式的结构性减碳，研究发展哪种客运交通方式更有利于降低城市交通的碳排放水平，从节能环保的视角为合理制定公交分担率及公交发展评价指标提供理论指导和定量依据。

3.3.1 低碳交通的基础理论

（1）碳排放的概念

碳排放是温室气体排放的简称。所谓温室气体（Greenhouse Gas，简称GHG），是指任何会吸收和释放红外线辐射并存在大气中的气体，发挥类似温室截留太阳辐射、加热空气的作用。人类活动产生的温室气体主要来自煤、石油、天然气等传统化石燃料的燃烧。工业革命以来，世界经济发展依赖的能源主要是化石燃料，大规模化石燃料的消耗导致全球气候变暖，引发了酷暑、干旱、洪涝等一系列极端气候事件，严重损害了人类生命和财产安全，这也是低碳发展理念产生的根本原因。

按照国际气候变化政府间组织（Intergovernmental Panel on Climate Change，简称IPCC）的研究，地球温度上升不超过2℃是人类可以适应的气候极限水平，这相当于2050年地球大气中的温室气体排放量要减少到1990年排放水平的50%。《京都议定书》中提出控制的6种温室气体为：二氧化碳（CO_2）、甲烷（$CH4$）、氧化亚氮（N_2O）、氢氟碳化合物（HFCs）、全氟碳化合物（PFCs）、六氟化硫（SF_6）。由于人为温室气体中二氧化碳的所占比重最大（2004年全球二氧化碳排放量占温室气体排放总量的77%），因而一般研究均以CO_2排放量代表温室气体排放水平，简称碳排放。

（2）低碳交通的内涵及评价指标

低碳交通是低碳经济在交通领域的落实。低碳交通不是一种新的交通方式，而是一种新的发展理念，是以节约资源和减少排放、实现社会经济的可持续发展、遏制全球气候变暖、保护人类赖以生存的环境为根本出发点，实现交通运输方式结构及用能结构优化、交通需求合理控制、单种交通工具的能耗降低、交通运行效率提升等目标，最终建立一个通达、有序、安全、舒适、低能耗、低污染的城市交通体系，实现交通领域的全周期、全产业链的低碳发展，促进社会低碳经济发展的转型。

本节重点分析城市客运交通系统的碳排放水平，需要建立统一的评价指标对不同交通方式进行评价分析。由于城市客运交通系统是为市民出行的空间位移提供服务，其服务产品为客运周转量（单位：人次公里）。因此，简化的低碳交通的目标即：在完成城市客运交通服务任务的前提下，尽可能少的产生碳排放，即单位人次公里的碳排放量尽可能小。故本节提出以碳排放强度作为不同客运交通方式碳排放水平的评价指标，指标计算公式如下：

$$碳排放强度 = 碳排放量 / 客运周转量 \tag{1}$$

根据式（1），分析各种客运交通方式的碳排放强度，需要各种方式的碳排放量和客运周转量两个指标作为基础数据。

（3）客运周转量的量化方法

客运周转量是交通规划研究中的重要指标，计算公式如下：

$$客运周转量 = 客运量 \times 乘客平均乘距 \tag{2}$$

客运量是各种交通方式所承担的客运出行量，单位为乘次。对于特定的交通方式，乘客一次登车和一次下车便完成了对出行方式的一次使用，按一个乘次客运量统计。乘距则是乘客完成一个乘次的出行所经过的空间距离。

客运量和平均乘距一般都需要通过交通部门日常统计或专项交通调查获取。

（4）交通碳排放的量化方法

国际气候变化政府间组织（Intergovernmental Panel on Climate Change，简称IPCC）编制的《2006年IPCC国家温室气体清单指南》提供了国际认可的碳排放计算方法学，可供各国用来估算包括能源、工业、农林土地利用、废弃物等的温室气体清单，计算公示如下：

$$排放 = AD \times EF \quad (3)$$

式中　排放——不同温室气体的排放量，本次研究主要为碳排放量；

　　　AD——有关人类活动发生程度的信息，在城市客运交通系统中可视为能源消耗量；

　　　EF——排放因子，在城市客运交通系统中指单位燃料消耗所排放的二氧化碳的质量。

不同城市客运交通方式使用的能源类型不同，其中，轨道交通、电动自行车能源消耗为电力，公共汽电车、社会大客车主要为柴油，出租车、社会小客车、摩托车主要为汽油。IPCC已给出了详细的能源碳排放因子清单，可分析单位质量的不同燃料（包括煤、燃料油、燃料气等）的温室气体排放水平。要对交通碳排放进行量化分析，还需要对不同交通方式的能源消耗量进行统计和计算。

需要说明的是，与其他采用柴油、汽油等化石燃料的交通方式不同，轨道交通、电动自行车使用的是电力，而电力作为清洁能源在使用过程中并不直接产生碳排放。但从全生命周期的角度出发，电力在生产过程中会产生大量的碳排放，轨道交通、电动自行车的使用虽然没有直接对城市环境产生影响，却间接地对电力生产地区和区域整体环境产生了不良的影响。有必要在城市交通体系中考虑电力消耗产生的碳排放，为低碳交通的发展导向和政策制定提供依据。

（5）交通能耗的量化方法

影响交通能源消耗的因素较多。对于公共汽（电）车、社会小客车、社会大客车等地面机动化交通方式而言，交通工具的行驶里程、运输工具类型、使用年限、设备损耗、燃料类型、运行速度、加减速状况等都会影响交通能源的消耗水平。例如，快速路（连续流状态）的平均油耗一般高于地面道路（间断流状态），大排量轿车的平均油耗高于紧凑型轿车，频繁加减速驾驶的油耗高于匀速驾驶。不过，最主要的影响因素还是交通工具的使用量，可用行驶里程来表示。对于公共汽（电）车、社会小客车、大客车等道路交通方式来说，能源消耗量的计算可采用以下公式：

$$道路交通能耗 = 车辆行车里程 \times 单位车公里能耗 \quad (4)$$

轨道交通系统的构成较为复杂，其用能构成也与各种地面交通方式不同，包括牵引车辆用能和车站动力照明用能两部分：牵引车辆用能即列车牵引能耗，主要分为牵引运动用电和辅助设备用电两大类，主要与列车的运营里程成正比关系，与车型、设备容量、运营线路和模式、载客数量等也有一定的关系；车站动力照明用能即维持车站运营的能耗，主要包括车站空调、隧道风机等各类通风设施，自动扶梯、屏蔽门、垂直电梯等动力设备，各类照明、通信设备等，该能耗主要与车站规模和空间位置（地下、高架、地面）相关，用能变化相对比较固定，在同等运营时间下，能耗基本相同。

$$\text{轨道交通能耗} = \text{行车里程} \times \text{单位车公里牵引能耗} + \text{车站动力照明能耗} \quad (5)$$

根据式（2），由于碳排放量是利用排放因子从能源消耗量转化而来，也可先计算能耗强度进而转化为碳排放强度，即

$$\text{能耗强度} = \text{能源消耗量}/\text{客运周转量} \quad (6)$$

$$\text{碳排放强度} = \text{能耗强度} \cdot EF \quad (7)$$

3.3.2 国内案例：上海市城市客运交通能耗与碳排放水平分析

本节以上海市将作为案例，分析不同客运交通方式的能耗与碳排放水平。上海市位于长江入海口，地处长江三角洲的前缘，腹地广阔，地理位置优越，是我国的经济、金融、贸易、航运中心。上海以市中心人民广场为圆心，半径50km圈层覆盖了上海市行政区域，市域面积共6430km^2，半径15km圈层为上海外环以内区域的中心城区，面积为660km^2。

根据统计，2012年全市全方式出行方式结构中公共交通（含公共汽电车、轨道、出租车、轮渡）占22.9%，个体机动车（大客车、社会小客车、摩托车）占20.9%，非机动车28.2%（电动自行车、脚踏自行车），步行28.1%。步行和脚踏自行车不消耗能源，也不产生碳排放，是零碳的交通方式，而消耗燃料的交通方式主要包括轨道交通、公共汽电车、出租车、小客车、摩托车、电动自行车等交通方式，以下针对这几种客运交通方式的能耗及碳排放水平进行分析计算（表3-3）。

2012年全市交通全方式出行方式结构 表3-3

交通方式	出行量（万人次）	方式比重
轨道交通	377	6.9%
地面公交	569	10.5%
出租车	282	5.2%
轮渡	15	0.3%
公共交通小计	1242	22.9%
小客车	889	16.4%
大客车	154	2.8%
摩托车	90	1.7%
社会客车及摩托小计	1133	20.9%
非机动车	1533	28.2%
步行	1524	28.1%
慢行小计	3057	56.3%
合计	5432	100.0%

（1）城市客运交通能耗的统计与计算方法

上海已建立了针对不同行业和部门的能源统计报表制度，要求公共汽（电）车、轨道交通、出租车等城市公共交通的运营管理单位定期上报能耗统计数据，这为客运方式的能耗统计和能耗强度计算奠定了良好的基础。小客车、大客车、摩托车等社会机动化方式则无固定的统计制度，主要是通过各方式的车辆周转量的调查统计和平均能耗水平的估算，推算各社会机动化方式的能耗水平。具体方法如下。

1）轨道交通。上海轨道交通由申通集团负责运营，每月需将包括用电量在内的集团总体用能情况上报市统计局，由于每条轨道线路均安装电表，可真实反映每条轨道线路的能源消耗量。车辆周转量可根据申通集团的运营组织方案计算，客运周转量则可根据轨道交通的客流统计与清分系统获取。

2）公共汽（电）车。上海公交公司负责公共汽（电）车的运营，不仅掌握公交线路的运营里程和车辆周转量，每月还将企业的用能情况上报到区县或者市统计局，主要包括柴油等各类能源消耗统计。同时，市交港局会对行业用能总体情况做汇总分析，从专业角度判断所采集数据的准确性。客运周转量则需要实施专业调查，获取客运量和平均乘距等特征数据。

3）出租车。上海出租车由各出租车公司负责运营，出租车公司可掌握车辆的行驶里程和载客里程，每月需将企业的用能情况上报区县或市统计局，主要包括汽油等各类能源消耗统计。但出租车辆的加油管理都是由驾驶员个人完成，公司主要是依据不同车辆的百公里油耗特征以及车辆的实际行驶里程来推算，即式（4）的计算方法，然后上报。同时市交港局会对企业上报数据和行业用能情况做汇总分析，从专业角度来判断所推算数据的合理性。客运周转量则需要通过专业调查获取。

4）小客车。小客车交通方式主要是由私家车和公务车组成，且以私家车为主，目前没有相关手段或者途径来定期统计。本市小客车的能耗计算方法与出租车相同，其中百公里油耗主要参考当年出租车的能耗数据，车辆行驶里程、客运周转量则由专业研究单位根据调查的交通量、社会经济发展情况等综合因素进行推算。

5）大客车。与小客车的情况类似，目前尚无统计制度来限定，故也采用式（4）的计算方法，其中百公里油耗主要参考当年公共汽（电）车的数据，车辆行驶里程和客运周转量由专业研究机构基于调查进行推算。

6）摩托车。与小客车的情况类似，目前尚无统计制度来限定，故也采用式（4）进行计算，其中百公里油耗需要根据调查确定，车辆行驶里程和客运周转量则由专业研究机构基于调查与模型基础推算获得。

7）电动自行车。上海市尚未建立统计制度，采用式（4）进行计算。百公里能耗水平需根据调查获得，车辆行驶里程和客运周转量由专业研究机构推算获得。

此外，不同交通方式使用的能源种类有所差别，为了便于相互对比和在总量上进行研究，我国把每公斤含热7000kcal（29307.6kJ）的定为标准煤也称标煤。上海市交通能源标准化计算，主要依据市统计局发布的《能源统计报表制度》中的换算系数，如表3-4所示。

上海市能源标准化系数 表3-4

能源名称	计量单位	液体比重与重量换算	参考折标系数	参考发热量
原油	t	0.86kg/L	1.4286	约10000 kcal/kg
汽油	t	0.73kg/L	1.4714	约10300 kcal/kg
煤油	t	0.82kg/L	1.4714	约10300 kcal/kg
柴油	t	0.86 kg/L（轻） 0.92 kg/L（重）	1.4571	约10200 kcal/kg
燃料油	t	0.91 kg/L	1.4286	约10000 kcal/kg
液化石油气	t	—	1.7143	约12000 kcal/kg
其他石油制品	t	—	1.4	约9800 kcal/kg
热力	百万kJ		0.0341	—
电力	万kWh	—	1.229（当量） 3.0（等价）	860 kcal/kWh

（2）城市客运交通能耗总量与结构

各方式的能耗总量计算过程如下。需要说明的是，各公共交通运营管理部门在上报交通能耗水平时，已将不同能源的消耗量转换为标准煤单位。

1）轨道交通。根据上报数据，2012年上海市轨道交通能耗总量为449400.5吨标准煤/年，轨道交通车辆周转量达到34227万车公里/年，则单位车公里能耗达到13.13吨标准煤/万车公里。根据统计，2012年上海轨道交通的配车规模约3000辆，则每车厢平均行车里程约300公里/日。

2）公共汽（电）车。根据上报数据，2012年上海市公共汽（电）车能耗总量为477807.3吨标准煤/年，车辆周转量达到111377万车公里/年，则单位车公里能耗4.29吨标煤/万车公里。根据统计，2012年上海市公共汽（电）车配车规模为1.67万辆，每车平均行车里程183公里/日。

3）出租车。根据上报数据，上海市出租车2012年能耗总量为854570.3吨标煤/年，车辆周转量达到637739万车公里/年，单位车公里能耗为1.34吨标煤/万车公里。由于2012年上海市出租车配车规模为4.97万辆，平均行车里程为352km/日，其中约62%为载客里程。

4）社会小客车。2012年上海市所有社会小客车保有量为231.6万辆，包括沪牌、沪C牌和外地牌照。根据研究，车辆平均出行率为2.29次/日，车辆每次平均出行距离16.8km，全年车辆周转量达到3252192万车公里/年。单位车公里的能耗水平参考出租车，取1.36吨标煤/万车公里，则2012年全年社会小客车的能耗总量达到4422981.2吨标煤/年。

5）社会大客车。2012年上海市社会大客车保有量为5.18万辆，根据研究，车辆平均出行率为2.9次/日，车辆每次平均出行距离26.6 km，全年车辆周转量达到145848.6万车公里/年。单位车公里的能耗水平参考公共汽（电）车，取4.38吨标煤/万车公里，则2012年全年社会大客车的能耗总量达到638816.9吨标煤/年。

6）摩托车。2012年上海市摩托车保有量为43.5万辆，根据研究，车均出行率2.11次/日，车辆每次平均出行距离8.7 km，全年车辆周转量达到291463万车公里/年。单位车公

第3章 城市公交优先发展与其他要素的关系

里的能耗水平根据经验取0.32吨标煤/万车公里,则2012年全年社会摩托车的能耗总量达到93268.2吨标煤/年。

7)电动自行车。2012年上海市注册的电动自行车保有量达到294.4万辆,根据研究,实际使用的电动自行车总量约400~500万辆,平均出行距离为4.6km/次,按电动自行车日均出行次数约890万次计算,全年车辆周转量达1494310万车km/年,按百公里耗电2kW·h计算,按电力折算标准煤系数3吨标准煤/万kW·h计算,电动自行车能耗水平89658.6吨标煤/年。

根据上述方法推算获得,2012年上海城市客运交通能源消费量约702.7万吨标准煤,能耗量由高到低依次为:社会小客车 > 出租车 > 社会大客车 > 公共汽(电)车 > 轨道交通 > 摩托车 > 电动自行车。各类方式中,公共交通方式约占26.3%,其中公共汽(电)车和轨道交通分别占7%左右,出租车占12.6%;社会机动方式约占72.4%,其中小客车能耗为主占62.2%,大客车和摩托车合计10%;另有1.3%为电动自行车。可见,社会机动化方式已成为上海市客运交通系统中能耗的主体(表3-5,图3-15)。

2012年上海市客运交通方式能耗水平 表3-5

车辆类型	车辆保有量（万辆）	出行率（次/日）	平均出行距离（km/车次）	车辆周转量（万车公里/年）	单位车公里能耗（吨标煤/万车公里）	能耗总量吨标煤/年	能耗结构
轨道交通	0.3		313	34227	13.13	449401	6.4%
公共汽电车	1.67		183	111377	4.29	477807	6.8%
出租车	4.97		352	637739	1.34	854570	12.2%
小客车	231.6	2.29	16.8	3252192	1.36	4422981	62.9%
大客车	5.18	2.9	26.6	145849	4.38	638817	9.1%
摩托车	43.5	2.11	8.7	291463	0.32	93268	1.3%
电动自行车	445	2	4.6	1494310	0.06	89659	1.3%
合计						7026503	100.0%

从不同交通方式单位车公里的能耗水平来看,由于车体较大,公共交通每万车公里能耗水平较高,社会客车、摩托车、电动自行车则较低,其中:轨道交通每万车公里能耗约为社会小客车的9倍,公共汽电车约为社会客车的3倍,而摩托车、电动自行车每万车公里的能耗分别只有社会客车的1/2和1/4。

(3)城市客运交通能耗强度

根据式(6),各种客运交通方式的能耗强度应根据交通能耗量与客运周转量进行计算。

1)轨道交通。根据申通公司统计,2012年

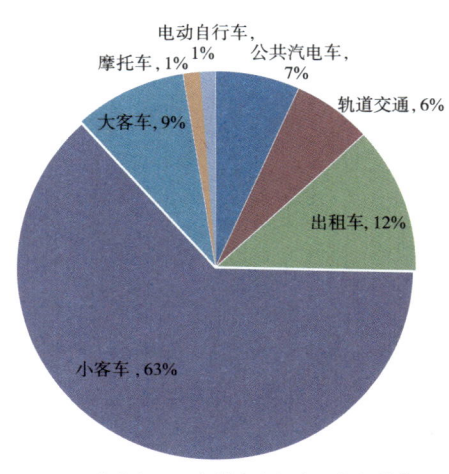

图3-15 上海市2012年城市客运交通能耗结构

上海市轨道交通客运量达到621万人次/日，平均乘距8.4km/次，则年客运周转量达到1903968万人公里/年。能耗强度为0.24吨标煤/万人公里。

2）公共汽（电）车。根据公交公司统计，2012年上海市公共汽（电）车客运量达到766万人/日，根据第四次综合交通大调查，平均乘距约6.7km/次，则年客运周转量达到1873253万人公里/年。能耗强度约0.26吨标煤/万人公里。

3）出租车。根据出租车公司统计，2012年上海市出租车车均载客出行车次32.7次/日，平均载客人数1.8人/车次，则客运量达到294万人/日。平均乘距约6.4km/次，则年客运周转量达到686784万人公里/年。能耗强度约1.24吨标煤/万人公里。

4）小客车。根据调查研究，2012年上海市小客车车均载客人次1.7人/车，客运量达到901万人/日。平均乘距约13.3km，则年客运周转量达到4373905万人km/年。能耗强度约1.01吨标煤/万人km。

5）大客车。根据调查研究，2012年上海市社会大客车车均载客人次10.8人/车，客运量达到162万人次/日。平均乘距约15.1km/次，则年客运周转量达到892863万人km/年。能耗强度约0.72吨标煤/万人km。

6）摩托车。根据调查研究，2012年上海市摩托车车均载客1.07人/车，则客运量达到98万人次/日，平均乘距约8.5km/次，则年客运周转量达到304045万人公里/年。能耗强度约0.31吨标煤/万人公里。

7）电动自行车。电动自行车车均载客取1人/车，则客运量达到890万人次/日，平均乘距为4.6km/次，则年客运周转量达到1494310万人公里/年。能耗强度约0.06吨标煤/万人公里。

能耗强度由高到低依次为：出租车＞小客车＞大客车＞摩托车＞公共汽（电）车＞轨道交通＞电动自行车，其中：出租车方式能耗强度最高，达到1.24吨标煤/万人公里，这主要是由于出租车存在近40%的空驶里程，导致单位客运周转量的能耗偏高；其次是社会小客车，为1.01吨标煤/万人公里；社会大客车能耗强度仅次于小客车，达到0.72吨标煤/万人公里；摩托车为0.31吨标煤/万人公里；公交汽（电）车和轨道交通为0.23~0.26吨标煤/万人公里，是小客车方式的1/4；电动自行车能耗强度最低，仅0.06吨标煤/万人公里（表3-6）。

上海市2012年城市客运交通能耗强度推算 表3-6

车辆类型	客运量（万人/日）	平均乘距（km/次）	年客运周转量（万人公里/年）	能耗强度（吨标煤/万人公里）
轨道交通	621	8.4	1903986	0.24
公共汽（电）车	766	6.7	1873253	0.26
出租	294	6.4	686784	1.24
小客车	901	13.3	4373905	1.01
大客车	162	15.1	892863	0.72
摩托车	98	8.5	304045	0.31
电动自行车	890	4.6	1494310	0.06

可见，尽管轨道、公共汽（电）车的单位车公里的能耗水平较高，但由于具有集约化的运输服务特点，其能耗强度却是机动化交通方式中最低的，约是出租车方式的1/5，小客车方式的1/4。

（4）城市客运交通碳排放总量与结构

基于城市客运交通系统的能源消耗水平和式（6），可以推算上海市城市客运交通碳排放的总量，以及单位人次公里的碳排放水平。碳排放强度系数在参考IPCC能源碳排放因子清单和上海本地研究成果的基础上确定，以2.2kg-CO_2/kg标准煤作为上海市城市客运交通系统的碳排放系数。

2012年上海市城市客运交通碳排放总量达到1546万t CO_2，不同客运方式碳排放量比重与能耗结构相同，碳排放量由高到低依次为：社会小客车＞出租车＞社会大客车＞公共汽（电）车＞轨道交通＞摩托车＞电动自行车，其中：小客车碳排放量比重最高，达62.9%；其次为出租车，占12.2%；大客车、公交、轨道交通比重分别为8.3%、7%、6.6%（表3-7）。

2012年上海市碳排放总量与结构 表3-7

年份	公交汽（电）车	轨道交通	出租车	小客车	大客车	摩托车	电动自行车	合计
碳排放量 万吨CO_2	105.1	98.9	188.0	973.1	140.5	20.5	19.7	1545.8
比重	6.4%	6.8%	12.2%	62.9%	9.1%	1.3%	1.3%	100%

碳排放强度与能耗强度相似，由高到低依次为：出租车＞小客车＞大客车＞摩托车＞公共汽（电）车＞轨道交通＞电动自行车，其中：出租车由于存在40%空驶里程，碳排放强度最高，达2.74t CO_2/万人公里；小客车达到2.22t CO_2/万人公里，体现了个体机动化交通能源效率低、碳排放水平高的特点；其次为公交汽（电）车和轨道交通，为0.52~0.56t CO_2/万人公里，是小客车的1/4倍；电动自行车碳排放强度最低，仅0.13tCO_2/万人公里（表3-8）。

2012年上海城市客运交通碳排放强度 表3-8

	轨道交通	地面公交	出租车	小客车	大客车	摩托车	电动自行车
碳排放水平（tCO_2/万人公里）	0.52	0.56	2.74	2.22	1.57	0.67	0.13

从分析结果来看，出租车的碳排放强度最高，但这并不能全面反映出租车对于交通低碳化发展所发挥的作用。出租车对于小汽车具有一定的替代作用，并且小汽车的碳排放水平仅次于出租车。根据运量统计，一辆出租车客运量相当于10辆社会小客车，若没有出租车提供服务，将导致城市小汽车保有量、使用量和对道路空间、停车空间资源占用的进一步提高，从城市发展整体来看，这些都将导致更高的碳排放水平。

而公共交通方式尽管每万车公里能耗水平较高（轨道交通每万车公里能耗约为社会小客车的9倍，公共汽（电）车约为社会客车的3倍），但能耗强度和碳排放强度仅为小客车方式的1/4。因此，从全市整体来看，公共交通系统是更为低碳的交通方式，应在城市交通体系中重点发展。

（5）城市客运交通能耗强度与碳排放强度的影响因素分析

根据式（4）和式（5），客运交通方式的能耗强度如下式：

$$道路交通能耗强度 = \frac{车辆周转量 \times 单位车公里能耗水平}{客运周转量} \tag{8}$$

$$= \frac{单位车公里能耗水平}{车辆客位数 \times 区段满载率}$$

式中　区段满载率=客运周转量/客位周转量；
　　　客位周转量=车辆周转量×车辆客位数。

通过公式转换发现，影响道路交通能耗强度的因素包括：单位车公里能耗水平、车辆客位数、区段满载率三个变量。公共交通方式正是由于车辆客位数大、可载运人数多，摊低了人均的能耗和碳排放水平，因而具有更低的碳排放水平。

对于特定客运交通方式，单位车公里能耗强度、车辆客位数都是基本固定的，因此，区段满载率成了影响各种客运交通方式能效的决定性因素。而区段满载率取决于客运周转量与客位周转量的比值，需要说明的是，公共汽（电）车、轨道交通、小客车、大客车由于车型不同存在客位数的差异。梳理上海市不同方式的区段满载率，公共汽（电）车、小客车、大客车都采用最常见的车型的客位数。轨道交通则是根据各条线路实际情况进行汇总后获得的平均客位数，具体如表3-9所示。其中：大客车平均满载率最低，仅15%，其能效水平达到0.64吨标煤/万人公里，是公共汽（电）车的2.5倍；轨道交通和公共汽（电）车平均满载率为20%~24%；出租车和小客车的平均满载率均为28%；摩托车和电动自行车个体化特征较显著，平均满载率54%和100%（表3-9）。

上海市各客运交通方式区段满载率　　表3-9

客运方式	车辆客位数（客位/车）	客位周转量（万客位公里/年）	客运周转量（万人次公里/年）	平均满载率
轨道交通	290	9925830	1903986	19%
公共汽电车	70	7796390	1873253	24%
出租	4	2550956	686784	27%
小客车	5	16260960	4373905	27%
大客车	45	6563187	892863	14%
摩托车	2	582927	304045	52%
电动自行车	1	1494310	1494310	100%

在实际运营过程中，公共交通系统的需求和供应水平都存在显著的时间和空间的波动性，比如上海轨道交通进站量高峰时段发生在8：00~9：00，约占全天客流的13%，高峰时段各放射线路的客流呈由外向内逐段累积的态势，与4号线环线相交的区段最拥挤；而轨

道交通高峰时段和平峰时段、不同区段的轨道发车间隔都有所差别。这导致公共交通在不同时段、不同区域的客流载运情况存在较大的差异（图3-16）。

以上海市各条轨道交通线路为例，进一步深化分析不同线路在不同时段、不同区段的能耗强度特征。从申通集团可获得上海市各条轨道线路的用能结构，如表3-10所示。表中数据为2011年各条轨道线路数据，总体来看轨道交通用能结构中牵引用能约占用能总量的一半左右。由于运营组织模式以及线路和车站形式的不同，各线路的能耗具有较大的差异，其中，由于车站设施服务水平较低，加上列车发车班次较密，轨道1号线的牵引用能占比最高，达63.2%。

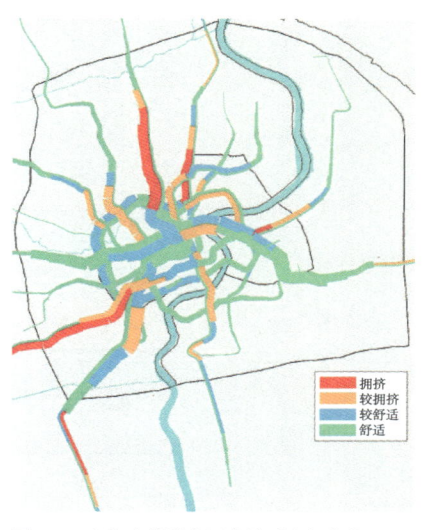

图3-16 上海市轨道交通高峰时段拥挤状况

2011年轨道交通各线路用能结构（kWh/d）　　　　表3-10

线路	总用能	牵引用能	牵引用能占比
1号线	566134	357616	63.2%
2号线	746130	384685	51.6%
3号线	322165	197452	61.3%
4号线	242875	102164	42.1%
5号线	57130	33616	58.8%
6号线	187760	66575	35.5%
7号线	419837	171068	40.7%
8号线	379419	168521	44.4%
9号线	354399	160986	45.4%
10号线	397680	146301	36.8%
11号线	236543	121808	51.5%
合计	3910072	1910795	48.9%

根据式（5）和式（6），便可得到轨道交通能耗强度计算公式。假定各条轨道线路的牵引能耗与列车运营里程成线性正比关系，且同一线路上的各车站动力照明用能相当。根据各条线路的运营组织方案，可获得各条线路不同时段、不同区段的车辆周转量，便可计算各条线路在不同时段或不同区段的能源消耗水平。根据申通集团的轨道客流统计数据，可获得各条线路不同时段、不同区段所承担的客运周转量，进而计算能耗强度和碳排放强度。

$$\begin{aligned}\text{轨道交通能耗强度} &= \frac{\text{车辆周转量} \times \text{单位车公里牵引能耗} + \text{车站动力照明能耗}}{\text{客运周转量}} \\ &= \frac{\text{单位车公里能耗水平}}{\text{区段满载率} \times \text{车辆客位数}} + \frac{\text{车站动力照明能耗}}{\text{客运周转量}}\end{aligned} \quad (9)$$

不同时段分为高峰1h和平峰1h，不同区段分为中心城和郊区，中心城指上海外环线以内区域，郊区为外环线以外区域，具体结果如表3-11和表3-12所示。

从不同时段来看：高峰时段轨道全网的区段满载率为40%，能耗强度为0.09吨标准煤/万人公里，平峰时段由于客流需求下降，区段满载率仅15%，能耗强度显著提高，达到0.29吨标煤/万人公里。也就是说，平峰时段区段满载率约为高峰时段的38%，但能耗强度达到

上海市轨道交通系统分时段的区段满载率与能耗强度　　　表3-11

线路	高峰1h		平峰1h	
	区段满载率	能耗强度（吨标准煤/万人公里）	区段满载率	能耗强度（吨标准煤/万人公里）
1号线	44%	0.08	20%	0.20
2号线	39%	0.10	14%	0.31
3号线	54%	0.08	17%	0.27
4号线	56%	0.05	18%	0.20
5号线	58%	0.05	17%	0.22
6号线	37%	0.13	17%	0.41
7号线	32%	0.12	9%	0.47
8号线	52%	0.11	20%	0.34
9号线	33%	0.08	16%	0.21
10号线	27%	0.19	9%	0.54
11号线	21%	0.14	9%	0.34
合计	40%	0.09	15%	0.29

上海市轨道交通系统分区域的区段满载率与能耗强度　　　表3-12

线路	中心城		郊区	
	区段满载率	能耗效率（吨标准煤/万人公里）	区段满载率	能耗效率（吨标准煤/万人公里）
1号线	25%	0.15	8%	0.56
2号线	21%	0.19	5%	1.07
3号线	24%	0.18	7%	0.81
4号线	24%	0.15	—	—
5号线	—	—	23%	0.15
6号线	20%	0.32	—	—
7号线	13%	0.32	3%	1.60
8号线	25%	0.25	14%	0.51
9号线	23%	0.17	14%	0.19
10号线	12%	0.42	5%	1.36
11号线	16%	0.22	8%	0.36
合计	20%	0.21	10%	0.39

注：4号、6号线全线位于中心城；5号线全线位于郊区。

高峰时段的3.1倍。

从不同区域来看：轨道系统在中心城范围内的区段满载率为20%，能耗强度为0.21吨标准煤/万人公里，郊区范围轨道区段满载率为10%，能耗强度上升至0.39吨标准煤/万人公里。也就是说，中心城区段满载率约为郊区的1倍，但能耗强度约为郊区的一半。同时，轨道交通2号线、7号线、10号线的郊区段满载率低，能耗强度达到1.07吨标煤/万人公里以上，甚至高于小客车，显然失去了作为集约化交通工具在节能减排方面所能发挥的优势。

由于不同线路采用车型、各车站规模及相应的照明空调等能耗水平都存在差异，能耗效率与区段满载率之间并非简单的线性关系，而是具有一定的离散性，如图3-17所示。根据表3-11，表3-12所示，轨道交通的满载率与能耗强度数据，建立轨道平均满载率和能耗效率的函数，如下所示：

$$轨道交通能耗强度=0.0349 \times 轨道区段满载率^{-1.11} \quad (10)$$

函数拟合度（R^2）达到0.9，能够较好地反映区段满载率和能耗强度的相关性。

图3-17 轨道交通区段满载率和能耗强度的关系曲线

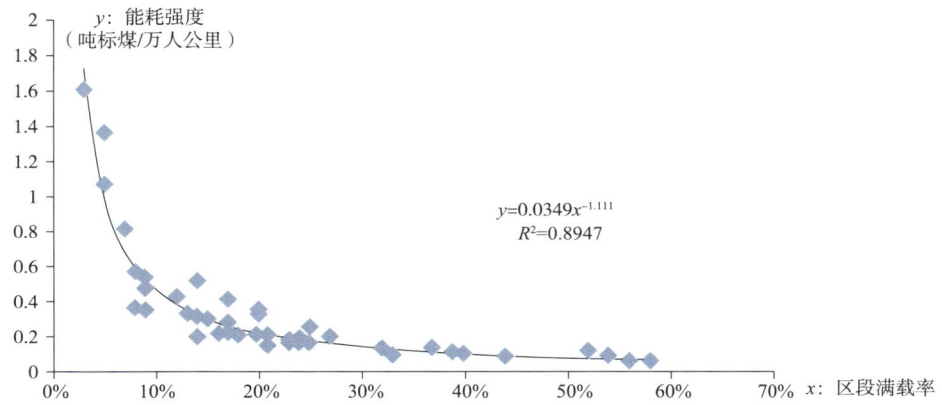

根据上海现状数据，小客车能耗强度约为1.0吨标煤/万人公里，代入函数得到轨道区段满载率为5%。也就是说，轨道交通的区段满载率若低于5%，其能耗效率和碳排放水平甚至高于小汽车。若小客车满载率提高一倍达到3.4人/车，则能耗强度约为0.5吨标煤/万人公里，带入函数得到轨道区段满载率为9.1%，也就是说，若小客车满载率也有所提高，则轨道交通满载率应达到9.1%才能保证系统的碳排放水平不高于小汽车。

因此，从低碳交通发展的视角来看，公共交通系统的规划运营管理应充分考虑线路服务区域的客流特征，对于夜宵线路、村村通公交线路等客流需求较小的线路，可以采用客位数较小、能源消耗更为节约的车型提供服务。

3.3.3 国际案例

（1）东京

东京是日本的首都，东京大都市人口超过3000万，辐射半径100km以上，是世界超大城市之一。东京都面积2187.05km²，2008年8月东京都人口达1269.8万人，人口密度为5679人/km²，其中区部人口密度达到了13531人/km²。

1）城市机动化与碳排放发展历史

东京都的机动化进程经历了平缓增长、加速集中增长和平稳扩散发展的不同阶段：20世纪50年代前，机动车年均增长率3%，增长平缓；20世纪50~70年代，机动车保有量保持30%的年增长率并于70年代突破200辆/千人；20世纪70~90年代末，机动车保持平稳扩散发展，年平均增长率6.2%，千人拥有量突破400辆；21世纪以来，机动车呈现平缓下降阶段，千人拥有量降至375辆（图3-18）。

根据东京都交通行业统计，碳排放的发展与机动车发展趋势基本吻合，即在20世纪90年代以前，由于机动车的持续发展，交通碳排放呈现持续增长态势。90年代机动车保有量发展到达顶峰，交通碳排放开始持平。进入21世纪，随着人口老龄化的加剧致使机动车保有量平缓下降，碳排放开始逐步下降（图3-19）。

2）低碳交通发展措施

东京都的低碳交通发展采取了从"结构减排"到"直接减排"的发展路线。在20世纪是围绕机动车的减排，通过公共交通优先发展等一系列的政策逐步控制机动车的增长，通过交通方式结构的优化实现结构减排。进入21世纪，在机动车总量得到控制的基础上，开始

图3-18 东京都机动车发展曲线

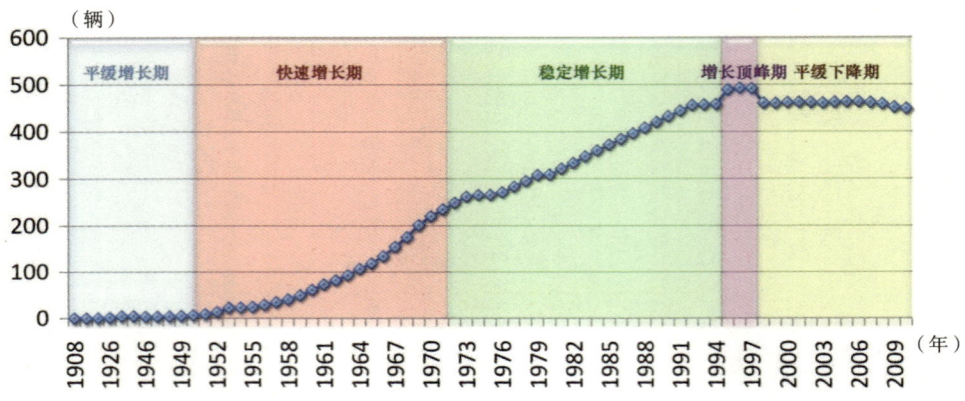

图3-19 东京交通部门碳排放发展情况

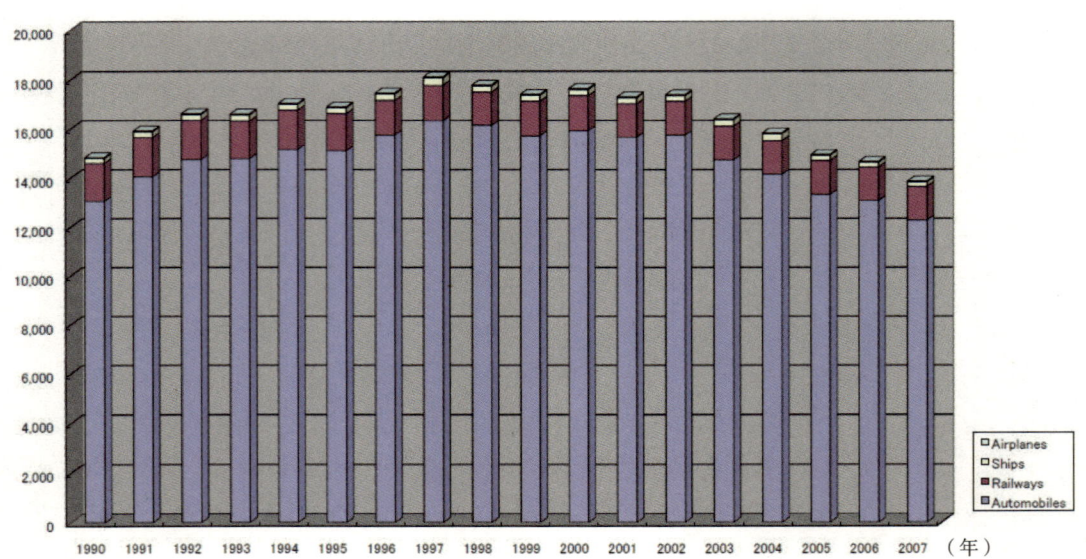

针对车辆自身的能源结构等方面制定政策,实现交通工具的直接减排。

①大力发展轨道交通

东京战后开始大规模建设城市地铁系统,20世纪50~70年代是东京地铁的快速发展期,年均轨道里程增加20km,此后进入平缓增长阶段。60年代后期开始大力发展私铁和JR系统,引导人口向外疏解。到1960年,城市地铁与郊区铁路承担了东京90%的居民出行,是小汽车的4倍。轨道发挥了大容量公交服务的优势,但过高的满载率造成了轨道舒适性和安全性的下降。特别是作为JR线路的山手线,由于客流运输功能日益集聚,西线涉谷站附近的部分区段拥挤程度过高。为了缓解该区段的运营压力,并为市区出行提供新的分流通道,东京规划建设了轨道交通12号线的地铁环线,形成了东京独特的双环相扣的轨道网络架构(图3-20)。

②加强公共交通发展与用地开发的紧密结合

大部分东京地铁公司同时也是主要开发商,轨道交通提高了沿线城市空间的可达性进而促进房产升值,沿线用地开发又保证了轨道交通的客流,实现了城市开发效益和轨道交通的收益互相促进,为以轨道交通为主的低碳出行模式的实现奠定了基础。

③慎重建设道路设施

20世纪70年代,民间对城市快速路建设有很强的反对声音。道路建设的阻力,以及决策人对于道路建设的慎重考虑,使东京没有像某些中国城市一样进行夸张的快速路建设。

④限制小汽车使用

在20世纪70年代,东京轨道交通系统已经基本完善,小汽车千人拥有量为100辆,政府部门提出了对小汽车使用的限制,限制措施主要是税收、相关收费。90年代间限制小汽车的主要措施包括了两年一度的车检,费用为900美元,以及每年1285美元的税收。在东京人口密度高的地区,购买小汽车需要先得到非路边停车位的停车许可。其余限制小汽车购买与使用的措施包括高汽油费、较高的道路收入、高收费停车等。另外,路网通行能力较低也是限制小汽车使用一个重要因素。

⑤重视慢行交通

东京重视交通宁静设计,提高慢行环境质量。1974年,全面的交通管理规章中对街巷机动车行驶速度实行了更低的限速。1980年起,为控制小汽车使用,社区街巷采取了弯曲设计、减速带以及增加交叉口等设计。从1920年起,自行车的使用开始受到重视,在1970年代中达到顶峰。1980年代,自行车出行比例为15%。由于道路拥堵引起地面公交服务水

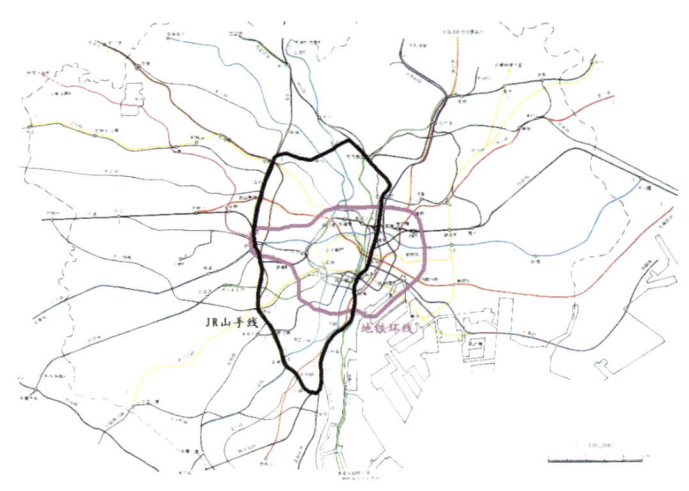

图3-20 东京轨道交通双环结构

平降低，因而自行车很大比例地取代了公交车，成为与地铁接驳的主要交通工具。1980年的自行车交通法中鼓励政府提供更多的自行车设施，包括自行车车道以及在轨道交通站点的停车设施。

（2）伦敦

伦敦是英国的政治、经济、文化和交通中心，大伦敦建成区区域面积为1580km^2，人口超过700万人。英格兰地区40%的交通拥挤都发生在伦敦，伦敦中心区交通拥挤更为严重。2000年伦敦市市长肯·利文斯通（Ken Livingstone）针对伦敦交通问题，从市长角度提出了市长交通发展战略（Mayor's Transport Strategy），并成立了直接隶属市长监管的伦敦交通署（Transport for London），负责执行市长的交通发展战略。

1）低碳交通政策现状

伦敦市自2003年2月17日起实施中心区拥堵收费政策（图3-21），区域面积约为21km^2，2007年2月19日实施范围扩大到西伦敦。拥堵收费是伦敦市长交通策略的重要组成部分，以降低道路交通拥堵、改善中心区空气质量为主要目标。

政策规定，任何在周一至周五（法定假日除外）7：00～18：00进入拥堵收费区的车辆必须缴纳8英镑的费用，未缴纳费用的车辆将被处以最高180英镑的罚款。通过拥堵收费政策的实施，进入伦敦市中心区的车辆数减少了20%，市区平均旅行时间减少了14%。区域内交通环境得到明显改善，其中NO_x排放下降了13.8%，PM10排放下降了15.7%；CO_2排放下降了15%。政策实施后每年有8200万英镑的收入用于交通建设投资，主要用于改善公交运营水平，降低常规公交票价，完善服务设施，增加公共交通服务中的残障设施等。

同时，为了降低道路交通排放造成的空气污染，伦敦市于2008年开始设置低排放区，全区面积为980km^2。规定凡进入该区域的12t以上、尾气排放未能达到欧Ⅲ标准的卡车，其驾驶员要交纳200英镑的排污费，违者将收到高达1000英镑的罚单，或在自己的车上增加一个价格约3000英镑的减排装置，以达到欧Ⅲ及以上排放水平。

2）发展战略

2011年，伦敦市长交通战略中专门设置了减少交通对气候变化的作用以及提高其应变能力的建议章节，其中减少二氧化碳排放量与低碳交通发展相关。并提出，2025年前将伦敦交通CO_2排放量较1990年减少60%的目标。

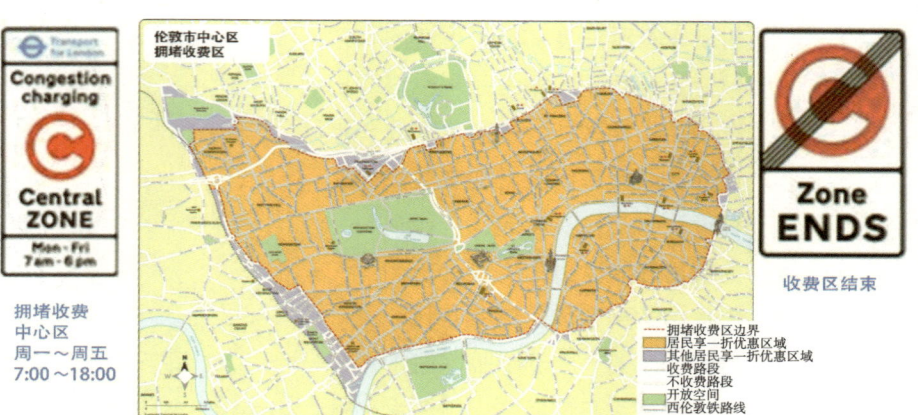

图3-21 伦敦拥堵收费区域

其核心战略包括三个方面：一是选择高碳效的交通模式，大力提高步行、骑车和公共交通的吸引力，并使水路和铁路货运得到实现。二是提高运营效率，最大限度减少不必要的二氧化碳排放量。三是支持开发和使用低碳车辆、技术以及能源，例如提高内燃机效率、混合动力化、氢动力化和电动化。从长远看来，电动化加上发电去碳化有可能有助于车辆使用的去碳化，同时也支持使用可持续的生物燃料（表3-13）。

主要政策行动 表3-13

行动分类	主要政策
高碳效出行行为	（1）鼓励更多地采用低碳交通模式、生态环保驾车习惯、更好的车辆保养和灵活的工作模式，进而减少二氧化碳排放量。 （2）推进和改善二氧化碳排放低的可持续交通方式（包括公共交通、骑车以及铁路和水运货运），并通过交通和土地使用一体化规划来减少出行需要。 （3）同支持汽车俱乐部的发展，并鼓励他们使用超低碳排放的车辆
提高公共交通驾车技巧	（1）在整个地铁网络中推行自动列车控制系统（一种可通过驾车方式优化能效的工具）。 （2）非自动铁路（如伦敦地上铁）车辆的司机将接收高能效驾车方式方面的培训，伦敦公交车司机也会如此
畅通交通流	加强对伦敦道路网络（包括重新安排交通信号的时间和推行采用最新技术的交通控制中心）和司机信息的管理将使交通流量更加平稳，并且最终减少二氧化碳排放量
发展和使用低碳车辆、能源	（1）在国家政府、地区政府和地方政府之间制定一揽子综合刺激措施，确保低碳道路车辆在价格上可与常规技术一争高下。 （2）通过提供配送替代交通燃料源所需的基础设施（包括电动车充电站）来实现并支持低碳道路车辆（包括电动车）的开发，以及为大众市场所接受。 （3）提高市长级机构控制或管理的车辆使用可持续生物燃料比例的可行性，并将鼓励各自治市和其他车辆运营公司进行同样的事情。 （4）铁路的电气化改造

（3）纽约

2007年4月，纽约颁布了2030年城市规划：更绿色更美好的纽约。2011年4月又对其进行了修编。其中制定了温室气体减排的规划，要至少实现30%的温室气体减排目标，主要对策包括4个方面：

1）避免城区的无序扩张，实现减排1560万t；

2）清洁能源，实现减排1060万t；

3）高效节能建筑，实现减排1640万t；

4）可持续性的交通运输，实现减排610万t。

交通方面的减排措施包括道路交通节能减排和其他交通工具的节能减排。

①减少交通拥堵

征收交通拥堵费，推广使用公共交通。

②交通工具的节能减排

提高私家车的燃料效率。推广双动力混合汽车和其他清洁能源车辆的使用，试点包括氢气和插电式混合动力车在内的新技术和燃料，对清洁能源车辆取消征收销售税。

实现出租车和租赁车的减排。减少出租车和豪华轿车停车空转，开发引擎空转技术，让汽车在引擎空转时仍可以取暖。在出租车、租赁车内推广使用节能和新能源车。

替换、改造柴油货车并为其更新燃料。重型柴油车提高发动机性能，引入生物质柴油。

实现校车的减排。

其他交通工具的节能减排。轮渡使用清洁能源，减少港口、海运交通工具、港口设施和机场的排放。

经验总结

1）关于低碳交通的发展路径

回顾东京都城市交通的发展历程，其低碳交通也经历了结构减排和直接减排两个阶段，在20世纪交通需求快速增长的阶段，主要通过交通结构优化、加强管理等来抑制机动化快速增长所造成的能源消费与排放量的过快增长。在总量稳住后，主要致力于交通工具和燃料的创新，实现直接减排。

2）关于低碳交通的发展目标

发达国家的交通发展已经处于成熟阶段，在低碳交通目标设定上强调总量的削减，且幅度非常大，从伦敦市长交通战略和纽约2030年城市规划中可以看到，未来伦敦、纽约无论在交通碳排放总量还是人均碳排放强度上均呈现明显的下降趋势，降幅都在50%左右（表3-14）。

部分国际大都市碳减排规划　　　　　表3-14

	年份	交通碳排放（万t）	人口（万人）	人均碳排放（kg/人）
大伦敦	2025	410	800	513
	2008	820	752	1090
下降幅度		-100%	6%	-112%
纽约市	2030	610	900	677
	2005	1340	820	1634
下降幅度		-54%	10%	-59%

注：碳排放的范畴是城市交通。

我国正处于城市化和机动化快速发展的阶段，城市人口和交通出行总量仍将保持一定的增幅，低碳交通发展目标设定应以能耗强度等单耗指标以及增量控制性指标为主，重点通过加强管理、交通方式结构优化来抑制机动化快速增长所造成的能源消费与排放量的过快增长。因此，大力发展公共交通等集约化、低碳化的交通方式是中国城市目前需要落实的关键策略。

3）关于低碳交通的主要策略

低碳交通的重点仍然是城市交通，特别是城市居民出行交通带来的碳排放的削减。具体内容大致可以归纳为四点：

一是强调通过发展紧凑型的城市，从源头削减交通出行。更好的用地规划、更紧凑的时空分布能够带来更少、更短的机动化出行以及更高的公交出行比例。

二是支持低碳化的交通模式。城市可以从方式选择方面对低碳城市交通进行考虑，例如鼓励更多步行、自行车和多模式公共交通的出行方式。这样的举措有利于吸引小汽车出行者转向乘坐公共交通方式，从而降低居民出行的碳排放量。

三是限制小汽车的保有和使用。如采取需求管理手段来减少机动化出行，既包括在机动车保有和使用上的非定价控制，也包括诸如燃油税、阶梯性停车费、恶化拥堵收费等定价控制。

四是交通工具技术节能。包括内燃机的效率提升和新能源技术的使用。

3.3.4 小结

（1）低碳交通是我国面临资源和环境约束做出的必然选择。步行和非机动车是零碳的交通方式，主要适合短距离交通出行；公共交通、小汽车、电动自行车等交通方式则需要消耗能源产生碳排放，适合中长距离的交通出行。低碳交通的发展不是盲目鼓励发展碳排放低的交通方式，而是应当针对各种交通方式的服务功能特点，提出合理的低碳交通发展对策（表3-15）。

上海市不同交通方式能耗　　　　　　表3-15

车辆类型	车辆保有量 万辆	车辆周转量 万车公里/日	客运周转量 万人公里/日	碳排放强度 吨标煤/万人公里	碳排放强度相对关系（以轨道、公交为1）	交通方式可达性
轨道交通	0.3	93.9	5216.4	0.53	1	一般
公共汽（电）车	1.7	305.6	5132.2	0.57	1	较好
出租车	5.0	1749.4	1881.6	2.73	5	好
小客车	231.6	8910.1	11983.3	2.22	4	好
大客车	5.2	399.6	2446.2	1.58	3	一般
摩托车	43.5	798.5	833.0	0.68	1	好
电动自行车	445.0	4094.0	4094.0	0.13	0.24	好

（2）在上海实例中，公共交通是碳排放强度最低的机动化交通方式。从上海案例来看，各种交通方式碳排放强度由高到低依次为：出租车＞小客车＞大客车＞摩托车＞公共汽（电）车＞轨道交通＞电动自行车。轨道交通、公交汽（电）车、社会大客车、小客车、出租车碳排放强度为1：1：3：4：5（表3-15），应当将公共汽（电）车和轨道交通作为城市低碳交通发展重点推进的交通方式。需要说明的是，各种方式的能耗、碳排放都基于标准煤来计算，因此轨道交通、电动自行车等使用电力这一"清洁能源"的交通方式也计算了碳排放。由于我国电力生产的过程中也产生碳排放，因而有必要从全生命周期的角度计入这些碳排放，为从区域整体角度研究城市交通对环境的影响提供依据。

（3）公共交通不是天然的低碳交通方式。根据对上海轨道交通线路不同时段、不同区段的能耗强度和碳排放强度分析可知，由于局部区段满载率低于5%，导致该区段轨道能耗强度甚至高于社会小客车，也就是说如果一列6A编组的轨道列车装载乘客人数少于93人，则这些乘客采用社会小客车方式出行的碳排放更低。因此,在公共交通系统发展过程中,应充分考虑客流需求的特征,通过合理的规划设计和运营组织提高系统客流组织效率,保证公交大运量、低能耗的服务特点得到发挥。

(4)为实现低碳交通目标,应尽可能鼓励市民采用碳排放强度较低的轨道、公共汽(电)车等公共交通方式出行。一方面根据区域特征采取差别化的公交发展模式,比如德国大城市在城市核心区以大容量地铁为主,在城市外围区和近郊区以轻轨、市郊铁路、BRT等公交系统为主,远郊以地面公交为主,乡村则依靠出租车服务;另一方面,通过完善换乘枢纽设施和公交换乘优惠票价机制,降低乘客在不同公交方式之间的转换成本,鼓励公交出行。

(5)采取各种政策措施,适度提高各种交通方式的满载率,降低能耗与碳排放强度,具体对策如下:

1)轨道交通。已建线路可根据客流分布特征在郊区路段合理开行大小交路,减少大交路列车发车班次(发车间隔仍应保持15min以内),提高客运效率。针对规划线路可在郊区段设置支线或采用市郊铁路模式,适应郊区人口密度较低区域的客流需求。然而,在市区内部应避免因满载率过高造成的服务水平降低、安全隐患增加和设备故障率提高等问题,需通过系统规划和管理降低车内人流集聚程度。

2)公共汽(电)车。常规公交线路可采用区间车、大小车型套跑等运营组织方式以提高客运效率,夜宵线、村村通公交线等客流较小的线路可采用座位数更少、能耗更小的车型,降低碳排放强度。

3)出租车。可通过发展调度、布设候客站点等多样化的运营模式,降低出租车空驶率和碳排放水平。

4)社会小客车。采取鼓励拼车、设置高载客率车道等措施,提高社会小客车车均载客人次,降低小客车碳排放强度。

5)大客车。社会大客车作为单位班车的服务对象有限,满载率偏低,可逐步推行大客车服务的社会化,通过定制班车等新的公交服务模式,为不同区域的通勤出行提供更优质的客运服务。

3.4 出租汽车定位

长期以来,关于出租汽车的定位问题各方各界争论不休,定位的不够清晰是导致出租车在经营方式和政府管理中存在若干问题的根源,往往引发社会争议,甚至影响社会稳定。进一步明确出租汽车的定位,即出租汽车是否属于公共交通,以及出租车在公交优先发展当中应当扮演什么样的角色,是引导城市交通系统可持续、和谐发展的重要议题,也是破解当前公交优先发展面临诸多问题的关键,亟待深入研究。

3.4.1 国内出租车发展现状

1. 基本情况

为了保障城市交通系统的正常运转,各大城市均投入运营上万辆的出租车,广州达到2

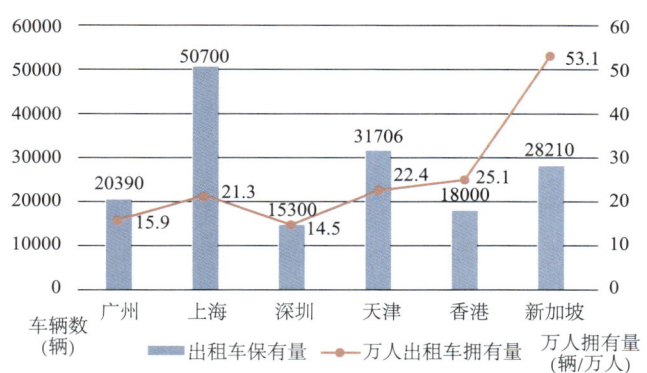

图3-22 出租车保有量和万人均拥有量

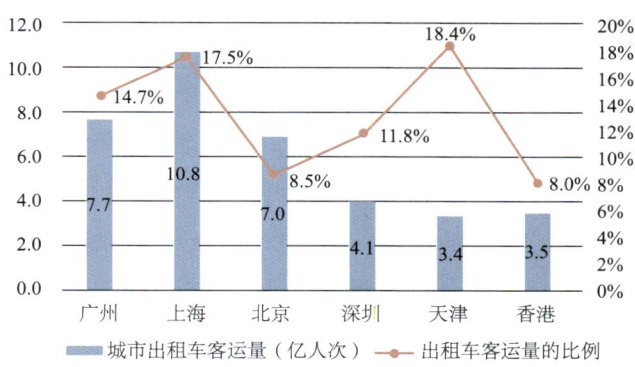

图3-23 出租车客运量

万辆，上海达到5万辆，北京超过6万辆。万人出租车保有量均超过14辆，北京、天津、香港超过20辆，新加坡甚至超过50辆（图3-22）。

大量运力的投入承载了大量的出行需求，大城市中出租汽车每年完成上亿人次的运量，每天承担了上百万的居民出行需求。广州、上海、北京等城市的出租车年客运量均超过7亿人次，日均约为200万人次。北京、上海、广州、深圳、天津、香港的出租车运量占公交总运量的比例均达到了8%，是城市客运的重要组成部分（图3-23）。

2. 服务模式

（1）扬召

出租扬召是指乘客通过路边招手获取出租车服务的模式，这种招手即停、上车问路的模式，相比借助通信工具的现代化方式而言较为传统，在国内外尤为普遍。扬召既包括巡游模式（即不存在固定扬召站，出租汽车应乘客需求随机路边停靠），同时也有管理更为规范化的扬召站模式（即乘客被要求在固定的地点打车，日本普遍采用）。扬召的优势在于操作方便简单，无额外成本。但对于巡游模式而言，随机路边停靠对交通秩序有一定的影响，存在安全隐患，且巡游必然造成大量空驶，与节能减排的理念相悖。

（2）电召

出租电召指乘客通过电话联系，电召服务平台进行预约并获取的士服务。出租车电召也是传统的服务模式，在方便群众出行、树立城市形象等方面发挥了重要作用。历史上出租电召是不需付额外费用的，但随着市场发展，乘客电召成功、到达目的地后，根据物价部门规定，除车费、燃料附加费外，每次仍要缴付额外的电召服务费（不同地区服务费用有差异）。电召的优点在于：1）促进了出租汽车市场管理的规范化；2）有利于降低空驶率、减少环境污染；3）通过电召门槛，对遏制黑车起到了积极的作用。当然，电召模式也存在着如下问题：1）在国内现行的出租电召模式下，乘客需要缴付额外的服务费用，增加了乘客的消费额度；2）由于企业管理机制失控，可供电召的出租车数量有限，电召成功率偏低；3）乘客和出租车驾驶员均有可能出现"爽约"的情况，导致该服务模式的吸引力面临严峻挑战。

3. 打车软件

（1）国内

国内目前最热门的打车软件是"快的打车"和"滴滴打车"。就打车软件本身而言，它代表的不仅是一种软件技术的创新，更是一种全新的O2O商业模式的崛起。国内打车软件行业从旷日持久的烧钱大战开始，至今已演变成由滴滴、快的二分天下的局面。实际上，目前，打车软件并无有效的盈利模式，阿里巴巴和腾讯两家公司疯狂烧钱，"请"全国人民打车的目的，不过是借助打车软件培养用户的移动支付习惯，争夺终端入口的支付客户。

1）叫车方式

打车软件可以说是扬召和电召的升级模式，为大家提供了一定的便利。滴滴、快的两种软件的叫车方式基本一样，都包括语音叫车和文字信息叫车两种。发送语音的功能，是乘客给出租车司机传递信息的便捷途径，同时也给出租车司机提供了很大的便利。

2）支付方式

快的打车的用户除了可以选择现金支付外，还可以选择支付宝支付，而滴滴打车的用户则可以选择用微信支付。其实所谓烧钱大战，也正是支付宝和微信这两种支付方式的大战，因为只有乘客选择相应的无线互联网支付方式才能获得优惠补贴，而打车软件持续发展的利润来源之一，可能也正是用户的支付方式以及未来形成的支付习惯。

3）优惠力度

就优惠力度和补贴程度而言，不同的打车软件可谓各出奇招吸引消费者。两款软件采用的优惠方式大同小异，一是返现给新注册的司机，二是减免乘客一定额度的打车费用，三是按单奖励司机。

（2）国外

1）Uber

成立时间：2009年。

融资总额：5700万美元。

业务模式：起初Uber只有高端叫车服务，后来在芝加哥也接入了价格较平民的传统出租车叫车服务。Uber软件正在探索"介于生活方式和物流之间"的服务，比如用户可以在手机的Uber应用中反馈称自己需要冰淇淋，随后冰淇淋车就会很快将冰淇淋送到用户手中。Uber试图建设一张覆盖在整个城市上空的巨大数字网络，让这张网在所有人的口袋中运转起来，并最终发展成为一个平台。

市场拓展：覆盖旧金山、洛杉矶、巴黎、柏林等全球29个城市，最近进入了新加坡，并且已在台北市场做内测。

2）Hailo

成立时间：2010年。

融资总额：5000万美元。

业务模式：Hailo也是以移动应用为载体的按需叫车服务。用户在地图上看到周围的出租车，可以选择向某特定范围（比如3min车程之内）的出租车发送打车请求并等待司机确认和接送。

市场拓展：Hailo由欧洲起家后进军美国，现瞄准日本和亚洲市场。覆盖伦敦、波士顿、东京等11个城市。

3）Zab—Cab

在美国纽约，Zab—Cab软件将街头的黄色出租车纳入到移动打车方式中。ZabCab最出彩的是，它严格遵守纽约市的交通法规，即司机在行驶过程中禁止使用手机。只要出租车处于行驶状态，该软件就会把手机屏幕变成灰色且无法查看，而车辆停靠时，司机可以方便、精确地看到附近订单请求的所在位置。

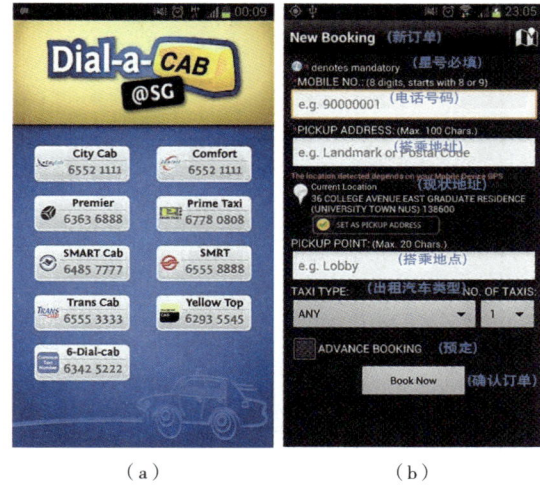

图3-24 新加坡打车软件手机App界面
（a）Dialcab@SG；（B）comforttax；booking

4）新加坡打车App

①多维度打车

新加坡所有的出租车公司都提供电话叫车服务，其中最大的4家公司提供手机App、短信和电话三种叫车方式。虽然新加坡智能手机普及率超过90%，但老年人群使用手机App订车并不是很方便，电话叫车无疑是更方便的。新加坡的打车类App基本分为两类。第一类如图3-24（a）所示，进入App之后就是所有公司的电话号码。你可以点击一个号码自动拨号，然后让客服帮你订车。第二类如图3-24（b）所示，与国内的打车软件类似。

②出租车中央控制系统

系统服务器会根据出租车所在的地点，推送在附近需要订车的顾客信息（包含电话号码，上车地点和目的地）给相应的司机。所有的信息都会显示在中控系统的触摸屏上，如果司机决定接这个订单的话，只需要点一下确定即可。该系统类似于国内打车软件的后台。

③标准化的打车流程

如果是通过短信或者App打车，信息会直接通过服务器传给附近的出租车司机，同时这辆车在一段时间内无法接收到新的打车信息，通过这样的方式可以避免司机的不正当抢单行为；如果是通过电话订车，客服专员手动输入相关信息，并由系统自动发送给附近的司机，顾客在订完这辆车后，一段时间之内无法在同一家公司下另外一个订单。此外，如果司机在一段时间内没有到达约定上车地点，顾客是可以投诉的。由于订车服务是由出租车公司自己提供，可以对司机进行调查和相应的处罚，进一步提高了服务质量。

（3）国内打车软件的优缺点

①缺点——放大"打车难"问题。对于不会使用手机软件的老年人来说，打车会更加困难；高峰时段，因为打车软件有加价的功能，会导致出现司机挑活儿的情况；影响行车安全。出租车司机在驾驶过程中既要开车又要使用手机接订单，分散注意力，对行车安全造成严重的影响。影响市场公平性。从运营模式来看，有些企业对使用手机打车软件的乘客和司机都给予一定奖励。

②优点——体现智慧交通，为乘客预约出租车提供便利；有助于提高出租车的行驶效

率；支付更方便。

③争议——对金融秩序产生影响。商家通过补贴司机和乘客，来培养消费者移动支付习惯，进而占领移动支付市场份额。因此，作为新型的融资平台，打车软件后台的支付宝和微支付是关键，也是其利润的来源，将对现有金融体系产生一定的冲击。

1）出租车合乘

出租车合乘，指在客运高峰时段或路段，乘客经协商同意共同乘坐同一辆出租车的自愿行为，是一种合法行为。

自2013年北京市出台相关规定后，兴起了以合乘为运营业务的优秀企业。合乘的形式以及种类多种多样，五花八门的拼车工具层出不穷，以无锡打的宝科技有限公司的自主合乘微信平台（dadibaokeji）等合乘成功率很高的工具为主。

随着中国城市化进程的飞速发展以及城市人口的密集增长，在很多大中型城市，尤其是以北京、上海、广州、深圳为代表的城市，均存在打车困难、上下班时间交通压力大的问题。2012年3月份，北京出台相关政策，鼓励乘客合乘出租车，并对合乘的分摊费用及发票做出了规定。特别是在早晚高峰时段，合乘者各付共同路段车费的60%，并可打印多份发票。

从性质上讲，"合乘"和"拼客"是完全不同的行为。"合乘"是乘客协商的结果；而"拼客"是指出租车司机为追求更高的利益多载客人，这侵害了乘客的权益，是违规行为。但发展"合乘"的难点在于：（1）计价器无"身份"，合乘车无法普及；（2）合乘尚有不少规则有待完善（如费用的清分、打票、以及安全问题等）；（3）"合乘"与"拼车"不仅在概念界定上没有依据，且在处理纠纷时也常常面临困境。因此，寄希望于通过鼓励"合乘"来缓解出租车运力不足问题、实现出租汽车节能减排等仍有待时日。

2）运价分析

出租车服务的对象是全社会，是公平服务的公共产品，应当采用政府管理的定价方式。但因其服务过程中是排他的，接受服务的乘客具有一定支配权（目的地、路线等），因此定价机制也应与大运量公共交通服务的价格机制有所区别。出租车服务高于一般水准的交通服务，决定了其成本和定价应当高于大运量的公共交通方式，其中出租车司机的收入作为成本的重要内容之一，理应由享受出租车服务的乘客来承担，因此定价机制是关键问题。运价涉及的因素很多，包括市场供需关系、经营成本、燃油价格、居民收入、外部成本以及其他交通方式的竞争等。

出租车经营成本包括固定成本和可变成本，固定成本包括经营权有偿使用费、营运牌照费、出租车公司管理费用、保险费用、车辆折旧、运管费车辆检测费、安装顶灯和计价器以及相应的投资设备等；变动成本则包括了车辆保养与修理费、驾驶员工资、过路（桥）费、燃油费、车辆修理费等。

燃油成本是与运营里程相关的，大约10L/100km，随着燃油价格上升，燃油成本也随之上升，是影响运价的重要因素。

居民收入决定了所能支付交通费用的能力，由于出租车不是日常的大运量公共交通方式，其定价应重点以中等及以上的居民收入水平为参考，通过定价，形成适度的壁垒，减少出租车的过度使用。

外部成本主要是指出租车所带来的环境、噪声、空气污染以及交通安全隐患等。随着国家对环保的重视程度越来越高，出租车的节能减排问题也将逐步受到更大程度的关注。

随着不同交通方式服务水平的变化，各种交通方式之间存在着客流的相互转移，但该因素对出租车运价的影响相对较小。

出租车的运价主要由起步价、里程价、低速行驶费用、空驶返程费、夜间附加费和燃油费组成。在国外，还有其他名目的出租车费用，如香港的过桥费。

表3-16是我国部分城市的出租车运价。从表中数据可见，各城市的出租车起步价位于10元左右，起步里程2~3km，里程价在2元左右，等候收费每分钟0.1~0.8元不等，返空费基本上都是50%（计算里程差异较大），夜间服务费为整体的20%左右，大部分城市均有燃油附加费，从0.5~3元不等，其中1元最多。

全国部分出租车运价（截至2013年） 表3-16

城市		起步价（元/km）	里程价（元/km）	等候收费（元/min）	返空费（+%或元）	夜间服务费（%）	燃油附加费（元）
北京		13/3	2.3	0.4	50%（15km以上）	整体+20%	1
上海		14/3	2.4	0.48	50%（10km以上）	整体+30%	
天津		8/3	1.7	0.34	50%（10km以上）		
重庆		8/3	1.8	0.1		里程价+0.8元	3
广州		10/2.5	2.6	1/2.18	50%（35km以上）		
深圳	红	12.5/3	2.4	0.8		整体+30%	1
	绿	12.5/3	2.4	0.8		整体+30%	2
	黄	8/2	1.6	0.5		整体+30%	1
珠海		10/3	2.4		30%（20km以上）	整体+30%	1
成都		8/3	1.9	0.2	50%（10km以上）	里程价+0.3元	
哈尔滨		8/3	2.0	0.38	50%（10km以上）	里程价+0.95元	1
郑州		8/3	1.5	0.3	50%（10km以上）	整体+20%	
沈阳		8/3	1.2	1/3	50%（15km以上）	起步价9/3 里程价1/0.5	
大连		8/3	2	0.4	50%（15km以上）	整体+30%	1
济南		8/3	1.2	0.2	50%（6km以上）		0.5
青岛		7/4	1.2	1/3	50%（6km以上）	整体+20%	1
南京		9/3	2.4			整体+20%	2
无锡		10/3	1.8		50%（8km以上）		
苏州		10/3	2	0.1	50%（5km以上）		1
杭州		11/3	2.5	0.2	50%（10km以上）		1
温州		10/4	1.4		50%（10km以上）	整体+20%	1
厦门		8/3	2	0.2	50%（8km以上）	整体+20%	1
合肥		8/2.5	1.2	0.1	50%（15km以上）	整体+20%	2
南昌		7/2	1.9	0.2	50%（8km以上）	整体+20%	

3）黑车问题

"黑车"通常是指没有经营资格的车辆提供载客服务并收费的行为，常以非法运营的出租汽车形式存在于城市交通系统当中。当前，国内的"黑车"已初具规模：北京官方估计约5万辆"黑车"，民间统计8万辆，武汉超过4千辆，长沙至少3千辆，兰州专项整治半年查扣2832辆。如此大量的"黑车"，对出租车的正常运行将产生不利影响：首先，"黑车"在城市中心区域内，尤其是火车站等地区与正规出租车争利，会扰乱正常的市场运行秩序；其次，相对于正规车，"黑车"司机的驾驶技术良莠不齐，安全事故频发，且没有相应的保障；第三，黑车运营缺乏约束，乘客的人身安全存在隐患，影响社会稳定。尽管黑车的存在是违法、不合理的，但其规模巨大恰恰证明了相关交通需求十分旺盛，同时反映了正规客运服务当中存在的诸多问题，因此有必要予以正视。

从现实来看，"黑车"是市场的产物，有需求就有供给。公共汽（电）车和出租车不能覆盖到城市的每个角落，尤其是客流需求不旺盛的城市边缘，如城郊地铁站，为"黑车"的存在提供了空间。

有观点认为：由于政府对出租汽车进行总量控制，类似于行业垄断，在这一前提下，正规出租车面临高额的基本营业额（份子钱），等同于成本的上升，相比而言"黑车"的运营成本低很多，在运价上具有竞争优势。因此，黑车是出租车行业垄断的产物，即出租车的"总量控制"制造了高额经营权，行业越垄断，司机的份子钱越高，运营压力越大，不引入市场机制，不适当放开"总量控制"，任何模式都是空谈。让"黑车变白"的做法在日本、美国、英国等国家都有类似先例，即放开出租车的总量控制以通过合理市场化推进服务水平的提升。尽管如此，国外经验适用于特定的国情和社会经济发展背景，完全照搬必定会面临"水土不服"的问题，但其中的思路值得深入思考和借鉴。

同时，另一种观点认为："黑车"的猖獗是政府公共服务不到位、行政管理责任不清晰的结果。出租汽车行业属于公共服务，是公共交通的组成部分，是大运量公共交通的重要补充，应采取政府主导服务的方式来解决现实需求，比如发展小巴接驳服务、建立出租车限行区域、组织公共自行车服务等。但对于无照无序经营的"黑车"必须严令禁止，特别是在已有公交服务的区域应严格打击。

我们的研究赞成后一种观点。社会上有需求，政府就有责任研究提供服务的方式，盲目增加出租汽车数量会引发总量过剩问题、新的交通和社会其他问题。要总结和分析采用过这类措施的地区所获得的利弊，结合国情市情认真对待。

4）关于"打车难"问题

在出租车每天的运营过程中，平均每车运营强度在不同的城市具有显著差别，如北京约为28人次/d，上海和香港接近60人次/d，深圳约73人次/d，广州甚至能够达到104人次/d。尽管如此，"打车难"问题并未因为这一强度的增加而有所缓解，而且已经成了当前国内不同规模城市的公众普遍议论、社会广泛关注的话题。在高峰时段，大城市一般需要20min左右才能打到出租车。如北京蒲黄榆、广渠门等6个地点，早晚高峰打车需半小时左右。尽管北京是国内出租车千人拥有量最高的城市，打车难问题却如此严重，其他城市可想而知。基于这样的情况，有观点认为有必要增加出租汽车的运力投放（或在高峰通勤时段增加运力投放），而相对地也有观点认为，高峰时段的运力过剩势必会造成非高峰时段的运力冗余，进而产生一系列社会问题（如难以保障出租汽车司机收入等），引发社会不稳定。无论实施哪种措施，关键在于明确两个层次的认识：第一个层次是如何看待打车难问题；第二个层次是如何看待出租汽车服务定位。即应当深入研究以大运量的公共交通方式、出租汽车是否可以作为满足通勤时段上下班出行需求的主要公共交通工具。

20世纪90年代初期，在城市快速扩张而公共交通发展相对滞后的条件下，出租车出行成本低且具有"门到门"服务的特点恰恰迎合了新兴的通勤出行需求。之后，随着出租汽车使用状况的改变，加之私人小汽车保有量大幅度增加，有一部分群体在通勤出行中逐步形成了对私人机动化方式的过度依赖。然而，在新的发展阶段，大运量公共交通也得到了长足的发展。在城市通勤出行交通结构发生根本性变化后，近期以及不远的未来阶段，针对出租汽车如何发展的问题，必须立足长远，从公共交通优先发展的战略高度谨慎研究（图3-25）。

图3-25 出租车日均载客量对比

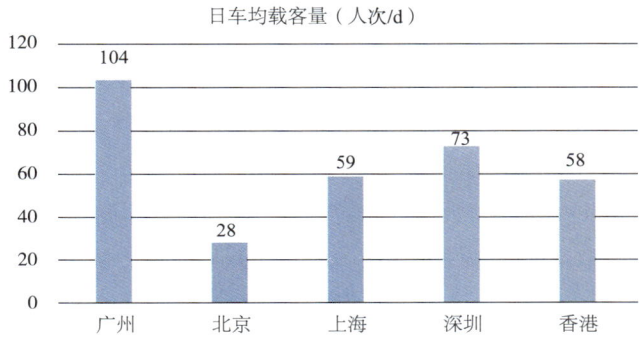

5）小结

近年来，出租车的发展取得了显著成就，出租车在城市客运中发挥着重要的作用，然而，在其发展过程中逐渐出现了一些问题，影响城市的稳定和发展。为了出租车行业的健康发展，有必要从新审视出租车的定位，健全管理机制和运营机制。

3.4.2 出租车特征分析

（1）出租车发展的阶段性

城市进化理论认为，交通出行属于城市发展的派生需求，交通需求在城市发展的不同阶段呈现不同特征，不同需求对应不同的公交体系与之相适应，出租汽车的发展也遵循此客观规律。

在城市发展初期，由于城市规模较小，人口发展处于规模聚集初期，此时对大容量公交的需求相对较少，公交发展处于起步阶段，因此可以利用出租汽车承担部分城市公共交通的职能，目前这种情况在我国一些中小城市及乡镇较为普遍。

随着城市规模的扩张，常规公交逐渐网络化，为了适应大规模城市的交通需求特点，不宜再由出租汽车承担城市公共交通的主要任务，而是应该将不断完善城市公共交通体系作为重点，将出租车作为服务一般人群特殊需求和特殊人群需求的公共交通的一部分。

当城市发展到成熟期后，轨道交通等大容量公共交通较为发达，常规地面公交体系也相对完善。出租汽车因为具有经济性差、占用道路资源多、能耗大、污染排放高等明显的负外部性，因此不宜作为重点发展的公交方式，而应侧重于满足人们特殊的出行需求。

（2）出租车属于公共服务

萨缪尔森将公共产品定义为：一个人的消费不会影响其他人消费的产品。可见，公共产品具有非排他性和非竞争性这两个基本特征。非排他性是指公共产品的消费是集体进行、共同消费的，其效用在不同消费者之间不能分割。非竞争性，是指任何消费者对公共产品的消费都不影响其他消费者的利益，也不会影响整个社会的利益。

出租汽车具有受益非排他性和消费非竞争性。出租汽车行业具有公共物品的属性，即非排他性，这意味着当甲乘客接受出租汽车服务的时候，并不排斥乙乘客接受其他出租汽车提供的服务。就出租汽车个体使用又具有一定的私人物品特征，主要是按照乘客的意愿提供相应服务，排除了其他未付费乘客同时享受该车服务的可能性，这一点与定线定点服务的城市公共交通工具有一定差别。尽管如此，对于出租汽车行业定位，既要二者在公共物品中所处位置有所不同，但也要注意到其与城市公共交通同属于公共物品这一特征。总体而言，出租汽车属于公共服务，但应区别于定线定点服务的公共交通方式，服务一般人群特殊需求，以及服务特殊人群需求的公共服务。

（3）出租车的外部负效应

出租车消费会使消费者以外的社会成员遭受损失，具有明显的外部负效应（Negative Externalities）现象。出租汽车具有方便、快捷、舒适等特点，能够提供"门到门"服务，可以满足人们的个性化出行需求。同时，在运行过程中，具有占用道路资源多、运行效率较低、加剧交通拥堵及能耗高等问题，对公共交通、私人小汽车出行的社会成员造成道路资源使用的损失。另外，需对出租汽车实施合理的总量调控，规避恶性竞争扰乱行业发展等问题。目前，我国出租汽车以巡游服务为主，驾驶员与乘客信息不对称，空驶率较高（约40%），从而在一定程度上加重了尾气排放和环境污染。因此，在考虑出租汽车行业定位，以及进行城市公交优先发展的评价时，需对出租汽车的外部负效应统筹考虑，引导其朝着低负外部性方向发展。

（4）出租汽车的服务对象

马斯洛在其需求层次理论中，将消费需求按照从低到高依次分为"生理需求、安全需求、情感和归宿需求、尊重需求以及自我实现需求"。

出租车提供差异化、多层次的客运服务，满足的需求包括两类：一般人群的特殊出行和特殊人群的一般出行需求。

城市居民出行需求也具有类似的层次性：从最基础的"走得了"，如通过价格相对低廉的城市公共交通、自行车甚至步行等方式完成出行；在基本需求得到满足后，人们会更倾向于选择车况较好、安全性较高的交通方式出行。当经济生活水平进一步提高，部分人群期盼"走得好"，即愿意付出更高价格，乘坐出租车、购买私人车辆或者选择豪华车辆，实现快捷、舒适、个性化出行；当经济生活水平发展到更高阶段后，"节能环保、绿色出行"理念使得部分人群回归公共交通出行，这属于最高层次的"自我实现需求"。当然，受出行紧迫性、时效性等因素影响，人们的交通出行也会产生部分特殊需求，如急症就医、外出商务活动或在夜间城市公共交通停止服务的时候需要乘车出行等。因此，应当通过多层次的供给来满足人们多样化的交通出行需求。此外，从服务性质上看，城市公共交通满足大多数人的基本出行需求，而出租汽车为满足一部分人的特殊出行需求提供了更优的选择。

因此，建议提高城市公共交通的服务质量和水平，增强城市公交的吸引力和竞争力，解决人们的基本出行需求；通过发展服务良好的大运量城市公共交通服务，并采取价格杠杆调节出行需求层次，适当降低出租汽车消费需求比重，特别要减少出租汽车通勤出行的需求。

3.4.3 出租汽车定位

（1）经验借鉴

1）东京

东京作为日本人口最稠密的地区，由城市轨道交通和公共汽（电）车等共同组成老百姓出行的最主要交通方式。东京是拥有世界上最复杂、最密集的铁道运输系统和车站群的城市之一，市区每天的客运量达1400万人次，有轨电车、地铁和轻轨等交通方式承担全部客运量的80%左右。公共汽车作为城市轨道交通的辅助工具，以服务于市中心的短途交通为主，与地铁衔接非常紧密。东京出租汽车则主要提供高档次、个性化的出行服务，车辆车型高档，驾驶员要求严格，服务态度优良，公司管理严谨规范、服务优质，车内配有许多人性化服务设施。但其收费也相对高昂，以从市中心乘坐出租汽车到成田机场为例，其费用相当于从成田机场到北京首都机场机票价格的一半，属于质优价高的"高端"服务。

2）新加坡

2006年，新加坡出租车数量为23334辆，出租车公司6家，个人出租车505辆，招呼站198处。日客运量达到95万人次，占机动化出行比重为14%。

在新加坡，出租车巡回揽客、固定招呼站、电招叫车三种方式相结合。为了降低小汽车对市区的影响，在市域范围内，普遍设置计程车招呼站，中心商业区内乘客不得在街道上任意揽车，必须至招呼站。出租车按区域运营，部分车辆不能进入市区，在高峰时刻，必须载满四人才能进入市区。除基本收费外，需要高峰时段附加费、中心区附加费、行李费、电招费、夜间运行费等。

政府根据人口增长、交通状况、司机收入、服务情形确定出租车规模，并公开抽签。车队管理制度健全，司机各项福利措施良好，包括退休金、保险、应急贷款等。

此外，相比于普通意义的公共交通方式，新加坡将出租车定位为准私人交通方式。

3）中国香港

中国香港的出租车数量从2008~2012年一直维持在1.8万辆的水平，日均运量维持在100万左右，占公交运量份额约为10%，是城市公共交通的重要组成部分。目前，出租车采用分区运营的方式，市区约15250辆，新界2838辆，大屿山50辆，区域收费标准不同（表3-17）。

香港出租车收费标准（港元） 表3-17

		每200m进阶/每min等候费		起步2km	电召服务费	行李及鸟兽费（按体积和只计算）
市区出租车	咪表收费在70.5元以下	折合为9km	1.5元	18.0元	5.0元	5.0元
	咪表收费在70.5元以上		1.0元			
新界出租车	咪表收费在53.5元以下	折合为8km	1.3元	14.5元	4.0元	4.0元
	咪表收费在53.5元以上		1.0元			
大屿山出租车	咪表收费在130元以上	折合为20km	1.3元	13.0元	5.0元	5.0元
	咪表收费在130元以上		1.2元			

注：1min等候时间相当于200m。

除上表所示的收费外，香港的出租汽车行经过海隧道时，乘客需付隧道费+回程费（一般为20元）。行经其他收费隧道时，乘客仅付隧道使用费；行经青屿干线时，不论方向，乘客都需付30元使用费。可见，在香港，出租车并不是廉价的交通方式，其定位为高端消费。

4）德国

在德国，主要采用招呼站候客的运营方式，其招呼站设置在路边，出租车则在招呼站排队等候。招呼站设有电话，附近市民需要叫车可打电话到招呼站，司机可上门服务。乘客不可以在街道上招揽出租车，必须去招呼站。配置的车辆也比较高档，一般是宾士或者宝马。

在世界其他国家，出租汽车主要满足人们相对特殊的出行需要，而不是作为大众日常的出行交通工具。在欧洲，除了传统出租汽车提供价格远高于城市公共交通的服务外，还有预约出租汽车，包括迷你轿车、高级轿车和豪华轿车等，通过预订方式为社会提供个性化出行服务。

（2）两种观点的对比分析

目前国内对出租车的定位包括两种观点：一种是将出租车定位为城市公共交通的组成部分，另一种将出租车定位为城市综合交通的组成部分。两者既有共性，也在一些方面存在差异。

1）观点一：与公共汽（电）车交通和城市轨道交通相似，出租汽车是为社会公众服务的，是公共交通的组成部分。出租汽车是介于大容量公共交通（比如公共汽车、地铁、轻轨等）和私人机动化方式之间的一种运输方式。相对于私人交通，出租汽车与传统的大容量公共交通方式相同，在使用上不具有排他性特征，是服务市民出行的一种公共交通工具，属于公共交通的范畴。特别在一些中小城市，由于大容量公共交通方式在网络覆盖上存在局限和盲区，部分市民的通勤出行难以通过公共服务的方式有效解决，而出租汽车恰在一定程度上弥补了这一不足，发挥了公共交通的作用。因此，出租汽车本质仍是公共交通的组成部分，只是与公共汽（电）车、地铁等大运量公共交通方式的分工不同。随着城市发展，公共汽（电）车、地铁等交通方式是城市客运的"主角"，处于主导地位；出租汽车主要为具有一定消费能力的人群及社会公众的特殊出行需求提供运输服务，处于次要地位。而且从历史渊源来看，出租汽车也一直被视为公共交通的一员。

2）观点二：出租车是城市综合交通的组成部分。这个定位包含两层含意：第一层含意强调它的不经济性。相对于公共交通，出租车不仅使用成本相对较高，对资源和环境造成的压力相对较大，而且在城市运营方面，占用的城市道路资源也相对较多，是一种便捷但不经济的交通方式。第二层含义强调它的不可替代性。一方面，在公共交通尚没有建立和完善之前，在许多城市特别是在小城市，出租汽车通常成为城市的重要交通工具，在满足居民特殊出行需求中发挥着重要作用。另一方面，即使在大容量公共交通发展较好的情况下，出租汽车仍然是满足居民一些特殊出行需要的交通工具。同时，公共交通在服务网络和营运时间方面存在局限性，也为出租汽车的存在提供了空间。因此，出租汽车虽然不宜作为一般性的公共交通运输方式，却具有不可替代性，宜作为综合交通的组成部分，以便与公共交通分离开来。

从上述观点对比分析来看，两种定位存在一定差异性，但并非完全对立（表3-18）。

两种定位的差异　　　　　　　　表3-18

定位	差异性	共性
公共交通的组成部分	（1）属于公共交通（根本原因在于企业提供服务，政府调控数量与价格）； （2）公共物品，大众均可消费，社会公益性行业； （3）政府价格指导，符合市场机制的价格管理	（1）城市客运的重要组成部分； （2）政府总体控制出租车规模； （3）政府监管出租车服务质量； （4）大众均可选择，出租车服务的非排他性，大众的特殊需求均可消费，满足特殊人群的一般需求和一般人群的特殊需求
综合交通的组成部分	（1）属于综合交通范畴，不属于公共交通方式； （2）经营性行业，市场定价，更多从运输方式来讲，强调出租车的负外部性	

出租车的两种定位均有合理性，共性中强调政府的作用和公共物品属性，所以两种定位并不相互排斥。

在出租车的发展过程中，要意识到出租车过度使用具有增加尾气排放、加剧交通拥堵等负外部效应，也要看到出租车是服务于一般人群特殊出行需求的公共产品，其服务不排斥合理需求。出租车的发展需要政府的总体把控和综合评估，无论是计划还是市场，保有总量控制是抑制负外部性的必要措施。出租车行业需要妥善处理政府、出租企业、出租司机三者的关系，必须将出租车作为城市公共交通总体格局的一部分来考虑，从社会总需求的必要性和政府统筹城市交通的公共服务能力与水平的角度出发，立足于市场经济体制和推动城市公共交通均等化服务的大背景下进行研究，才能推进出租汽车行业的健康发展。

（3）出租车定位

借鉴国外出租汽车定位，结合我国城市发展的特殊环境，可以看到：首先，出租车是公共物品，具有非排他性，全社会均可消费。其次，出租车运量很大，特别是在非集约化的机动化方式当中，出租汽车较私家车的效率高很多，是城市客运的重要组成部分。以北京为例，出租汽车（总量6.6万辆，占机动车保有量的1.2%）承担了机动化出行的16.8%，效率远高于私家车。第三，出租车应服务于一般人群的特殊需求（非通勤出行需求）以及特殊人群的一般需求，是公众的一种重要出行方式。

综上，出租汽车属于城市公共交通，与公共汽（电）车和轨道交通等集约化的公共交通方式相比，其集约化水平仍有较大差距。因此，应当具体结合城市发展特征、时段以及区域特点来研究如何将其纳入公交分担率当中。此外，应当根据评价目标，结合其运营效率和发展的健康状况，在城市公交优先发展的评价体系当中有所反映。

3.4.4 出租车补贴机制研究

当前，社会上针对出租车司机的收入问题议论纷纷，其实质是政府管理机制和企业经营机制的问题，具体关系到运价定价管理、油价形成机制和企业运营组织方式等。目前，社会各界舆论的导向简单归纳为两种：一是建议提高出租车运价，二是建议由财政部门来补贴出租车企业和司机。前者直接将运营成本转嫁给消费者，增加消费者出行成本；后者是增加财政负担，间接由全体纳税人买单，当然，这一奖惩是有局限性的。

从特征来看，出租车是具有市场调控本质的公共物品，是公共交通的组成部分。由于在我国油价形成机制改革过程中，一直采用油价补给的方式来解决运价问题，同时各地出租汽车的经营组织方式千差万别，出租汽车行业改革没能到位。为了维护出租车行业稳定，需要将油价变动与运价调整问题衔接起来，采用发放出租车补贴，或者称谓加价（燃油附加税）运营的方式。

目前采用的出租车补贴机制主要是通过燃油补贴，根据车辆的排量、行驶里程和油价变化来确定补贴额度，总体上维持司机除去燃油成本之外的营业额不变。另外，维持出租车司机的生活水平，在补贴中融入居民消费价格指数（CPI），得到补贴计算公式如下：

$$M = (1+r) \times L_{day} \times \Delta p_{oil} \times f \times 365 \tag{11}$$

式中　　M ——年补贴金额（元）；

　　　　r ——CPI指数变化；

　　　　L_{day} ——日均运营里程（km），可取值350km；

　　　　Δp_{oil} ——油价差（元/L）；

　　　　f ——车辆行驶油耗（L/km），可取值0.1L/km。

为了统一计算口径，油价差所用的基础油价与CPI指数的基年一致，取逢"5"逢"0"年份，如2013年，取2010年为基年。

以北京为例，2013年油价7.55元/L，2010年油价6.74元/L，油价差为0.81元/L，CPI指数变化取值3.5%，计算得2013年每车年补贴应为10710元。

理论补贴公式中所涉及的参数在全国各城市存在小幅变化，可以以北京作为参考。在实际补贴发放中，因财政资金短缺，补贴额度会受到一定影响。从表3-19可见，全国出租车年均补贴额度从3600~13000元不等，主要集中在6000元左右。

部分城市2013年出租车补贴额度　　　　表3-19

地点	补贴额度
辽宁锦州	排量（L）>1.6，5104.78元；排量（L）<1.6，4466.63元
江苏宿迁	5597.4元
贵州贵阳	6842.4元
新疆阿合奇县	13020元

续表

地点	补贴额度
重庆	3600元
山西太原	6400元
山西阳泉	约5700元
山东菏泽	11565元
山东临沂	8466元

3.4.5 出租车既有问题改进建议

出租汽车是城市综合服务能力的窗口和"名片",保持出租汽车行业健康有序地发展意义十分重大。然而我国城市出租汽车行业积聚的矛盾和问题已经严重制约了行业的发展。当前,整个出租汽车行业似乎陷入了一个发展怪圈:随着油价的不断上涨以及其他运营成本的不断增加,出租汽车驾驶员的劳动强度不断加大,而实际收入水平则并没有明显提高,甚至有下降趋势,驾驶员规范运营服务的积极性因此受到严重挫伤,也加剧了与出租汽车企业之间承包经营的矛盾;为改善驾驶员运营工作环境,行业管理部门不断要求出租汽车企业降低驾驶员承包费,企业的赢利能力降低,因而其经营管理的动力明显不足;面对不断滑坡的行业服务质量,政府作为平衡行业各方利益的决策者,政策调控的空间日益缩小,相关管理手段和措施的有效性呈递减趋势。

既有问题的原因:

(1)由于对出租汽车性质定位的认识存在分歧,并没有将其作为城市公共交通方式的一部分来综合考虑、统筹发展、引导合理使用以及建立健全定价机制。

(2)政府管理的指导思想存在问题,目前往往以管理出租汽车企业的内部行为作为主要内容,而忽略了对市场和企业的监督。

(3)企业管理失控,以包代管,没有形成适应市场和行业发展阶段的企业管理运营机制,特别是企业人员来源复杂、流动性大,企业的现代化管理模式尚未形成。

(4)各项改革进程之间存在时差,如油价、燃油税等,造成各种矛盾的交织,增加了问题的复杂性。

要扭转出租汽车行业目前这种恶性循环的发展困境,建议应尽快从以下不同方面采取改革措施:

(1)转变思路,以往以道路占用效率单方面因素评价为主的思路存在一定的偏差,应转变为关注城市发展的历程和现实,基于市场经济的原则,从社会服务均等化和政府服务社会的能力等视角出发,来正确定位出租汽车行业。

(2)要注重以人为本,并体现城市和城市群的可持续发展,确保出租汽车的发展方向更符合城市节能减排要求。

(3)要充分发挥出租汽车行业的市场属性。目前,我国不少城市已将出租汽车定位为满足居民特殊出行需求的城市客运方式,作为公共交通的组成部分,而这一定位的确立,必将有利于政府的市场调控手段的实施。

（4）加快转变和规范企业经营管理模式。当前关于出租汽车行业发展的若干矛盾，其原因集中归结为企业的承包制经营模式，驾驶员与企业之间本质上是雇佣关系和利益分配机制。政府主管部门应抓紧采取适当的扶持政策，推动企业主动探索有利于驾驶员与企业风险共担的、可持续的多种经营管理方式，这是出租汽车行业改革的关键之一，亟待认真研究。

（5）企业应加快转变传统的服务方式。传统出租车以巡游模式为主，空驶里程高，带来额外交通量的同时，引发能耗加大和环境污染等问题。应当探索建立信息化的集中调度平台，推动智慧城市发展，减少空驶里程，提高出租车的效率。另外，推进出租车招呼站的管理和建设，规范载客环境，减小出租车运营对社会交通的影响。

对于出租汽车这样一个传统的服务行业，唯有创新才是重新焕发行业生机和活力的出路。

第4章 以通勤出行公交分担率为核心指标的公交优先发展评价体系研究

从城市公交优先发展与其他要素的关系来看，仅采用没有定义和内涵的公交分担率这一单一指标来评估城市公交优先发展是片面的，易导致盲目追求高公交分担率而忽视城市发展基础的差异性，难以综合反映城市公交优先发展与城市规划、土地利用、能源、环境的有机互动。不应孤立、机械地看待和使用公交分担率的数值，应意识到公交分担率是一套具有丰富内容的技术体系，不同口径公交分担率的提法，具有不同的内涵和不同条件下的适用性。要坚持不同内涵的公交分担率与实际问题紧密结合，在此基础上开展研究并用以指导城市发展，才能最有效地发挥公交分担率指标的巨大效用。公交分担率只有在区分特定时段、特定区域、特定出行目的的情况下才是有意义的，否则不具备可比性，因此应建立一套以倡导绿色出行为目标、以通勤出行公交分担率为核心，同时具备完善辅助指标的评价体系，用以科学、全面地评估城市公交优先发展的效果。

4.1 公交优先发展评价指标体系

4.1.1 现有指标综述

指标选取建议考虑如下因素：

（1）国家战略层面评价公交优先发展

在城镇化快速发展的背景下，无论是从提高城镇化发展质量，还是从解决我国土地、能源、环境、交通等问题，或是从促进社会公平和谐的角度看，我国都必须将城市公交优先发展提升为国家的一项重要城市发展战略并加快推进实施，反映上述关键问题的指标包括：

1）单位运量土地资源占有量。公交优先是集约节约土地的有效措施。公共交通的集约化运输特征决定了它具备引导城市走向集约型布局、紧凑型发展的可持续发展之路，对实现土地供需的可持续性具有重要意义。公交评价指标关注土地资源合理利用情况，可引入单位运量土地资源占有量。

2）单位周转量的能耗值。公交优先是实现国家能源战略的必然要求。交通运输节能问题的关键是通过集约化运输降低运输工具的单位能耗水平，此外，公共交通是国家实施新能源战略的重要载体，公交节能是落实新能源战略的重要切入点。由此，评估公交优先对节能战略的贡献，可引入单位周转量能耗值。

3）单位周转量的碳排量。公交优先是实施国家环境保护国策的重要内容。机动车尾气中的PM2.5是引起灰霾的重要诱因，而集约化公共交通单位能耗低、单位碳排放低，有利于改善城市人居环境，从这一视角来看，单位周转量碳排量能有效诠释公交优先发展与环境保护之间的关系。

4）绿色交通方式出行分担率。很多城市盲目追求高的"公交分担率"而忽略了多种绿色交通出行方式的均衡发展（如北京），将该项指标纳入评价指标体系中，既可以体现差别化的发展目标，还可反映出人居环境的改善、交通拥堵的缓解等方面内容。

（2）规划层面评价公交优先发展

交通规划是城市规划的重要组成部分，是对国家战略解读的具体落实，是城市发展的基础保障。在交通规划层面落实公交优先发展战略，体现公交优先发展绩效，应重点考虑如下指标：

1）公交道路资源比重。引导城市道路资源在全社会的公平分配，对于集约化的公共交通方式应给予更公平的道路资源，加大公交专用道的规划建设力度，增加公交车占用的道路面积占城市道路总面积的比重，保障公交运行路权优先。

2）公交站点对就业岗位和居住人口的覆盖效率。是公交站点在特定服务半径内覆盖的某一特征的量占该特征总量的比率。该指标是解决最后一公里接驳的重要依据。此前研究采用公交设施的覆盖率指标，强调公交场站的建设情况。本研究强调公交场站的实施效果，关心周边区域的人是否自主选择乘坐了公共交通方式，统计周边区域乘坐公交人员的比重，是对公共服务水平的反映。

3）人均停车泊位面积与密度的适配性。国际大城市交通设施配给呈现一致的特征，高人口密度及就业岗位密度区域，空间资源分配上一定是向公共交通倾斜的，其中一条重要措施就是通过法律、经济、行政、管理等综合手段削减路权和停车泊位向小汽车的分配。相比而言，人口密度或就业岗位密度较低的区域内，过度发展公共交通以满足总量和频次均较低的出行需求，反而会降低系统的运行效率，前述研究也表明，低满载率反而会造成更加严重的能源浪费和环境污染，因此应合理发展与低密度相适应的交通出行结构。

4）公交车辆保有量。公交运力是由基础设施建设和投入运力两部分构成的，基础设施包括轨道交通里程（含有轨电车）、BRT里程，公交运力是公交车辆的配置数量总和。公交配车分为两类，一是集约化的公交配车，包括轨道配车和公交配车，通过载客能力将两者换算成标准车，便于公交发展的统一比较；二是出租车，因其特性更接近于私家车，仅作为是公交运力的辅助指标之一。

(3) 交通运行层面的公交优先发展评价指标

交通运作层面的公交优先评价指标更注重运行绩效度量，与公交服务水平直接相关，主要提出以下几项指标：

1) 小汽车与公共交通速度比。评价一项产品的重要方面，即对其代替产品有客观地评估，从而明确两者的产品质量落差。交通系统中两大竞争交通方式是小汽车和公共交通，两者在道路上的服务水平差异是其竞争力的综合体现，采用速度比来度量是最为直观、且易于采集评估的。这一评估可以从多个角度开展，可采用公交出行与小汽车出行两者出行链平均速度之比，亦可以选择小汽车与公共交通车速比，在特定的环境下也可忽略轨道交通而将小汽车与公共汽（电）车的车速比作为评价指标之一。

2) 出租车空驶率。该指标是指出租汽车空驶里程与出租汽车运营总里程的比值，反应出租汽车使用率，体现公交优先发展对于节能减排的要求。目前北京的每辆出租车平均日运行约400km，空驶率高达40%左右。这样高的空驶率带来的是能源的消耗和资源的浪费，这种低效率的驾驶使得无效劳动时间增加，也造成人力资源的严重浪费。

3) 公共交通运行稳定性。公共交通（特别是公共汽（电）车）运行时间的波动主要体现公交运行的可靠性，差的可靠性直接导致过多的出行时间预算，使得"在途时间"被迫延长，该指标是公交服务水平的重要组成部分，是运力配置、路权保障等是否到位的直接反映。

4) 公交满载率。乘客是否选择公交主要考虑的因素之一是舒适性，与舒适对应的是拥挤，这两方面均是乘客对公交满载率的主观感受，因而从公交系统的运力与公交需求匹配程度的综合考量，可选择满载率作为评价指标之一。

5) 责任伤亡率。安全性是交通系统运转的最基本布标，可引入责任伤亡率来评价公交运行的安全性。

(4) 乘客满意度与公交评价指标

公交的根本目的是服务乘客，而乘客是否选择公交作为出行方式取决于对其服务质量的感知和认可程度，即满意度。乘客对公交的满意度由五方面构成：方便、快捷、经济、舒适、可靠。

1) 方便性，指享受公共交通服务全过程的难易程度，包括搭乘距离、换乘距离、换乘次数、集散服务、公平服务。公交覆盖率可以量化公交车两端到达目的地的距离，与规划层面的可达性一致。

2) 快捷性，反映运送速度、出行时耗，是绝对量。时耗是距离和速度的函数，由于不同城市的差异性，很难用一个绝对值来量化和对比距离值，所以采用公交运行车速来表示快捷性。该指标与公交运作层面的小汽车与公交车速比相呼应，前者是绝对量，后者是相对量，在绝对量满足指标要求时，相对量才有意义。

3) 经济性，采用票价适应度体现经济性。公交车费属于日常性支出，关乎民生，公交票价的制定要考虑两方面：一是公交支出占居民可支配收入的比重应在合理范围；二是适当补充公交运营成本，以维持公交的可持续发展。

4) 舒适性，主要指乘客在公交车内的感受，包括拥挤度（满载率）、舒适度（空调、温馨)、整洁性。满载率在公交运作层面已采用,现在引入空调车比例来表征舒适度。

5)可靠性,指乘客关心的安全程度、准点率(可信度)、可知性(信息与指示)等。运作层面的责任伤亡率反映公交安全;国内大城市公交发车间隔小,一般不设置时刻表,所以准点率无从量化;可通过公交信息显示牌告知公交离本站的距离或车站数量,提高车辆运行的透明度,降低候车心理时间。因此可引入公交到站电子提示线路比例(包括通过电子站牌或手机终端等方式)这一指标。

4.1.2 指标选取原则

城市公交优先发展的内涵之一便是引导人们在出行决策过程中自行、主动选择集约化的公共交通方式,指标的选取应反映公众的要求和选择的结果,同时应遵循如下基本原则:

(1)选取指标具有实际意义

指标可解释,含义清晰明了,易于管理者理解,必须赋予指标以实际意义,旨在对提高公交服务水平起到促进作用。

(2)选取指标可量化

选取指标分为可测性指标和可算性指标,两类指标均可量化,利于公交优先评价的实施。可测性指标是经过测量可以直接得到的指标;可算性指标是以现有统计数据为基础,经过推算可得出的指标。

(3)选取指标具可操作性

指标与职能部门责任从行政推动看是要考虑的,更关键的是要如实反映社会公众需求,便于指标的落实推进,增强指标的可操作性,加速公交发展评价与建设的效率。

(4)选取指标应能够弹性适配城市发展的差异性

国际上在定期统计发布公共交通全方式出行分担率的同时,更加关注的是特定时段(早晚高峰)、特定地区(交通拥堵的核心区域)、特定目的(通勤出行)的公共交通出行分担率数据。我国在进行分担率统计时的基本思路仍有借鉴价值。当前快速城镇化、机动化环境下,不仅特大城市、大城市要树立公交优先发展的理念,交通、环境、能源等矛盾更为突出,形势更为严峻的中小城市更应当调整当前的发展模式,但并不意味盲目地追求像特大城市、大城市一样的高公共交通出行分担率,而是应该通过合理的策略和举措引导出行结构合理化和交通系统的可持续发展。

公交优先发展理念强调城市的发展目标的差异化性,国家自然科学基金课题《我国城市交通公交优先发展战略研究》中对差别化的城市公交优先发展进行了研究,认为:对于特大城市,要形成以轨道交通为骨干,大运量快速公交为主体,公共汽(电)车均衡发展,出租车等方式为补充的交通结构;对于大、中等城市,要构建以轨道和地面大运量快速公交为骨干,公共汽(电)车为主体,步行、自行车、出租汽车等方式为辅助和补充的交通结构;对于小城市及城镇,交通结构则应该以步行以及自行车为主体,以公共汽(电)车作为保障居民出行基本需求的交通方式,以出租车等方式为补充。因此,选取指标应能够弹性适配城市发展的差异性,反映出不同城市公交优先的差异化目标,避免盲目追求高的公交分担率而忽略了多种绿色交通出行方式的均衡发展。

4.1.3 构建的指标体系

纵观国际经验，全日公交分担率（无论是占全方式的、机械化的还是机动化的）的差异性较大，不仅取决于城市规模形态，与社会经济发展阶段等因素也密切相关。由于刚性出行需求通常集中产生于通勤时段，该时段内的交通供需矛盾最为突出，能够有效缓解该时段内的能源、环境、出行品质等面临的矛盾是解决全日交通供需矛盾的基本前提，通勤出行的公交分担率能够更为客观地反映城市发展模式是否符合公交优先发展战略的核心理念。因此，需建立一个以倡导绿色出行为目标、通勤出行公交分担率为核心、具备完善辅助指标的公交优先评价体系，从规划、交通运行、能源与环境、乘客感知等角度出发，综合反映城市的公交优先发展水平。

上面提到的几个层次各涵盖了多个不同的现有评价因素，考虑指标含义的覆盖性、指标数据源的可采集性等因素，遵循指标选取原则，建议以引导绿色交通出行为目标，建立三类八项指标如下：

一是以通勤出行公交分担率为核心，由全方式出行公交分担率、绿色交通出行分担率、出租车空驶率共同组成的公交优先发展评价体系。

二是针对我国城市发展的实践，补充研究公交站点对就业岗位和居住人口的覆盖效率、换乘便捷度以及公共交通内部结构合理性，辅助体现公交优先发展水平。

三是进一步关注停车系统和公共交通出行的关系，适时在公交优先发展评价体系中体现对停车系统的考核要求。

（1）通勤出行公交分担率

通行出行公交分担率

$$= \frac{由［公共汽（电）车+城市轨道交通］承担的通勤出行量}{通勤出行总量［公共汽（电）车+城市轨道交通+私人小汽车+出租汽车+步行+自行车+其他］}$$

（12）

通勤出行公交分担率，是指以通勤为目的出行中公交出行量占出行总量的比率。城镇化就是人就业和居住地的变化，核心是人口集聚就业，因此通勤出行是城市居民最基本和最重要的出行。相对于其他目的出行，通勤出行更为"刚性"，是"社会生产的第一道工序"，也是城市功能区域之间相互沟通形成的最基本需求，其在时间和空间分布上相对恒定，同时对于全日的出行结构起着重要的调节作用，应重点保障。

关于出租汽车计算的说明：出租汽车是城市公共交通的组成部分，是从其市场机制和服务人群的基本属性来讲，是从立法和政策调整范围的基本要求来讲，是从出租车与其他公共交通方式相互不可分割的互补性来讲，但是，就像无论是地铁，公共汽（电）车，还是轮渡都有自己的特点，组织运行方式、政府管理方式都有差异性一样，不应因这种差异而改变基本属性。在上述公式中，未将出租汽车作为分子的一部分内容，主要原因是由于：1）出租汽车的集约化水平较为有限，相比而言更加提倡大运力高集约化的公共交通方式；2）出租汽车定位之一在于"满足一般人群的特殊需求"，而通勤出行并非特殊需求而是一般需求，因此出租汽车不应作为通勤出行的主要交通方式，当然，并不否认其公共交通的基本属性。

（2）全日全方式公交分担率

全日全方式公交分担率

$$= \frac{由［公共汽（电）车+城市轨道交通］承担的一日出行量}{一日出行总量［公共汽（电）车+城市轨道交通+私人小汽车+出租汽车+步行+自行车+其他］}$$

（13）

全日全方式公交分担率（年平均全日全方式出行公交分担率），是一座城市公众对公交方式接受程度的重要体现，与城市人均年公交出行次数一致（城市人均年公交出行次数=全方式公交分担率×城市人日均出行次数×365天/年），属于公交影响力指标。指标高则表明一个城市有较好的公交出行传统（基础），公众能普遍接受以及使用公交方式出行，也意味着未来采取任何新的公交优先发展措施，都较容易取得支持。全方式公交分担率是规划的基础，是对城市所有出行统筹规划组织和交通资源配置的最基本的依据，而其他的公交分担率概念和计算方法，都只能是在全方式分担率基础上对某一具体问题分析的细化，而不是评价城市交通总体状况的标准。通勤出行公交分担率与全日全方式出行公交分担率的指标相对应，是其在出行目的上的细化。在全日全方式出行公交分担率的统计过程中，通过出行目的的识别，即能同时统计出通勤出行公交分担率。两者能够同时统计，同时公布。

（3）绿色交通方式出行分担率

上文在探讨公交优先与能源和环境关系的章节中提到，低碳交通是我国面临资源和环境约束做出的必然选择。步行和非机动车是零碳的交通方式，但主要适合短距离交通出行；公共交通、小汽车、电动自行车等交通方式则需要消耗能源产生碳排放，但更适合中长距离的交通出行。低碳交通的发展不是盲目鼓励发展碳排放低的交通方式，而是应当针对各种交通方式的服务功能特点，提出合理的低碳交通发展对策。从改善人居环境、缓解交通拥堵以及能源环境角度分析，该指标也应该作为辅助指标，体现上述要求。

绿色交通方式出行分担率

$$= \frac{由［公共汽（电）车+城市轨道交通+步行+自行车］等绿色交通方式承担的一日出行量}{一日出行总量［公共汽（电）车+城市轨道交通+私人小汽车+出租汽车+步行+自行车+其他］}$$

（14）

（4）出租车空驶率

当前，出租汽车的空驶率较高在全国范围内属普遍现象，在一定程度上反映了城市的交通运行情况，不合理的运营模式既加剧了城市交通拥堵，同时也构成了城市交通运行高能耗的原因之一。当前，北京的出租汽车保有量维持在6.66万辆左右（到2015年仍将维持在该水平），相比而言，一些国际大都市的出租车数量要少得可怜（比如，纽约出租车总量为1.5万辆，东京为1.2万辆，伦敦不足1万辆），但"打车难"的矛盾并不像我国那么突出。究其原因，在许多国际大都市，出租汽车并非定位为满足通勤出行的交通工具，非通勤出行需求在总量上并不占据整体出行的很高比例，同时需求时空分布相对均衡，加之有相对成熟的运营机制（预约乘车、在定点扬召站乘车），保证了车辆利用率较高。空驶率的下降实际上一定是是多措并举的后果，将该指标作为评价体系中的重要补充，体现资源的有效利用、节能减排和城市交通有效运行的要求。

以上四项指标，在于采用最新的信息化手段，丰富数据获取方法，规范计算标准，还有以下三项指标深受社会关注，但统计方法尚不成熟，需要进一步从理论概念走向统计概念。

（5）公交车站对就业岗位和居住人口的覆盖效率

这一指标是解决最后一公里接驳的重要依据。此前研究采用公交站点设施的覆盖率指标，强调公交场站的建设情况。本研究提出的这一指标着重覆盖效率，强调公交场站的实施效果，关心周边区域的人是否自主选择乘坐了公共交通方式，统计周边区域乘坐公交人员的比重，是对公共服务水平的反映。

"门口有线，不如有站"，公交、地铁是通过站点来衔接出行需求，站点覆盖率是公交可达性的关键指标。随着公交优先发展理念的传播、推广与普及，越来越多的城市意识到应通过提升公交站点覆盖率进而提升百姓使用公交服务的便捷性。但是这一点在大城市、特大城市公交网络逐渐发达的态势下，并不能够显著反映公交网络布设与城市格局的适配性。以北京为例，截至2013年年底，中心城公共交通站点500m覆盖率已经达到了78%，在国内居于较高水平。尽管如此，调查显示还有很高比例的市民认为北京的公交出行与预期还有差距。究其原因，问题出在公共交通干线和快线（包括轨道交通）的站点与就业岗位和居住缺乏深度的有机结合。

因此，建议采用公交站点对就业岗位和居住人口的覆盖效率代替传统的公交站点覆盖水平或线网密度来评估交通走廊和城市结构特征的协调发展水平，作为对于通勤出行公交分担率这一核心指标的补充。相比"500m半径覆盖率"而言，该指标的优势恰恰在于：1）可有效改善出行链两端接驳；2）形成与高密度适配的出行结构。同时，本研究认为，该项指标在具体实施过程中也应当体现差别化：对于公交线网不够密的城市而言，"公交站点"可以为公共汽（电）车站点；对于公交线网密度达到一定程度的城市而言，建议"公交站点"重点关注公共交通快线（包括大站快车、BRT、轨道交通等）站点，以体现高水平公交服务与就业岗位和居住的有机协调。

$$公交站点对就业岗位和居住人口的覆盖效率 = \frac{站点辐射区域内乘坐公交人数}{区域内就业岗位数和居住人口总数} \quad (15)$$

（6）换乘便捷度

不同交通方式之间的有效换乘，特别是公共交通系统内各方式和线路之间、步行自行车交通和公共交通之间，是乘客选用公共交通、提高公交分担率的保障。方便、灵活、廉价的接驳方式，换乘时间和换乘距离是影响出行者选择公共交通的重要因素。因体力、心理等原因，出行者对换乘的时间和距离存在一定容忍限度，超过此限度，其感受会发生变化从而影响出行行为。这与城市规划、城市综合交通和相关工程建设方面直接关联，是城市硬件和软件建设的结合。从换乘的时间和距离出发，本研究计划深入研究换乘便捷度指标。

（7）公共交通内部结构合理性

交通运输节能问题的关键是集约化运输，降低运输工具单位能耗水平。公共交通是国家实施新能源、降低排放的重要载体，该指标旨在评估公交优先对节能减排战略的贡献（图4-1）。

图4-1 各种交通方式单位周转量能耗/排放值

		公共汽（电）车	轨道交通	出租车	小客车	大客车	摩托车	电动自行车	
环境	碳排放量 万t CO_2	105.1	98.9	188.0	973.1	140.5	20.5	19.7	
	结构	6.4%	6.8%	12.2%	62.9%	9.1%	1.3%	1.3%	
	碳排放水平 t CO_2/万人公里	0.56	0.52	2.74	2.22	1.57	0.67	0.13	
能源	能耗总量 万吨标煤/年	47.8	44.9	85.5	442.3	63.9	9.3	9.0	702.7
	结构	6.4%	6.8%	12.2%	62.9%	9.1%	1.3%	1.3%	100%
	能耗强度（吨标煤/万人公里）	0.26	0.24	1.24	1.01	0.72	0.31	0.06	

我国正处于城市、城市群快速发展时期，城市人口增加，城市建成区范围扩大，城市组团式发展和城镇密集地区不断出现。城市交通面临的问题中包括公共交通工具的选用。本研究针对轨道交通、公交汽车、出租汽车等的运行能耗做出了比较，这是国内首次较为系统的研究，从城市布局、交通组织、投资需求、公众服务等角度对公共交通各种交通工具的选择进行比较是十分有意义的。本研究提出对公共交通内部交通工具和方式的合理评价，对编制与城市发展相适应的公共交通规划，提高公共交通建设投资效率等均是十分重要的。

初步研究表明，基于投资最少、用地最少、能耗排放最少的整体最优原则，为达到安全、方便、快捷、舒适、经济、可靠的整体服务效果，各种公共交通方式有着各自的适用性，具体如下：

城区地铁：适用于人口密集的大城市市区，作为城市公交系统的骨架线路。可采用地面、高架、地下的不同敷设方式保障专用路权，工程费用在4～5亿元/km。线路长度通常在35～40km，站点间距一般在1～1.5km，系统运营车速在35km/h左右，客流强度达到2万人次/km以上。高峰时段车厢内站立人均面积为$6m^2$，乘客平均乘距达到7～10km，平均票价不超过5元。由于路权专用而服务可靠。

市域快轨。适用于市域或更大的区域范围，通常在"一小时"内实现中心城区与外围城镇间的快速联系。可采用铁路或城市轨道市域线的不同制式，站点设置、停站运营模式也可结合实际发展状况灵活选择。线路长度一般在50km以上，站距在3～5km甚至更长，系统运营车速可达到50～100km/h。客流强度在0.5～1万人次/km。乘客的平均乘距可达到15～20km。有专用路权保障服务可靠。国内外运营比较成功的系统如法国巴黎的RER线、日本东京的TX线、英国伦敦的市郊铁路、美国纽约的通勤铁路。

区域轻轨。适用于人口密集的市区范围，可作为大城市公交骨架的补充或衔接系统，也可作为中小城市公交系统的主要骨架。轨道采用地面或高架的敷设方式并具有专用路权，工程费用在1.5～2.5亿元/km。线路长度在10～25km，运营车速在25～35km/h。客流强度在1～2万人次/km。有专用路权保障服务可靠。国内外运营比较成功的系统如新加坡的捷运线路（LRT）、英国伦敦的Docklands线等。

新型有轨电车。与轻轨功能接近，可作为大城市公交骨架的补充或衔接系统，也可作为中小城市公交系统的主要骨架。一般采用地面敷设方式,路权可与道路车辆共享,工程费用在0.8~1.8亿元/km。线路长度在10~25km,运营车速在15~25km/h,客流强度达到1~1.5万人次/km。由于与道路车辆共用车道可靠性有所降低。新型有轨电车在欧洲普遍应用,国内主要有中国香港的新界有轨电车、上海张江有轨电车、天津津滨轻轨等线路。

快速公交车(BRT)。可作为大城市公交骨架的补充与接驳系统,也可作为中小城市公交系统的主要骨架。需配备专用车道路权,工程费在5000万元/km。线路长度可达到25~35km,运营车速在15~25km/h。每小时单车道客运量达到0.8~1.2万人次/h,路权专用可靠性较好。

地面公共汽(电)车。城市公交系统的基础方式,合理的线路长度通常在10~15km,站点间距一般在500~800m,运营车速一般在10~20km/h。受社会客车影响可靠性不佳。

出租汽车。城市公交系统的辅助方式,乘客成本最高,服务车速取决于城市道路运行状况。由于我国普遍存在高峰时段、重点地区打车难情况,可靠性不佳。作为可提供个体化服务特征的公交模式,能够提供较为舒适的出行服务。

最后一公里接驳公交车。接驳城市公交骨架线路,为骨架线路乘客最后一公里出行提供服务。线路长度在2.5~5km,站点间距一般在500m左右,运营速度一般在15km/h左右。受社会客车影响较大,可靠性一般。

毗邻公交车。公交车跨越市界提供两城市相邻地区间的运输服务,部分替代了长途客运班车的功能。线路长度可能达到50km以上。

乡村公交车。为乡村地区与城市间的交通联系提供服务,出行强度偏低,一般采用小型公交车辆。

(8)停车系统与公共交通出行的关系

对于停车系统和城市公共交通的关系,是值得关注的问题。正如上文中所说,合理的空间资源的分配应该体现出与密度的适应性,但目前国内城市发展过程中,这一点往往被忽略(以北京为例,各区的人口与停车位面积情况如图4-2、图4-3所示,与东京等大城市恰恰相反,高人口密度的区域反而人均车位配给充足),因此亟待通过指标的构建和考核,改变这一普遍状况。

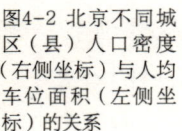
图4-2 北京不同城区(县)人口密度(右侧坐标)与人均车位面积(左侧坐标)的关系

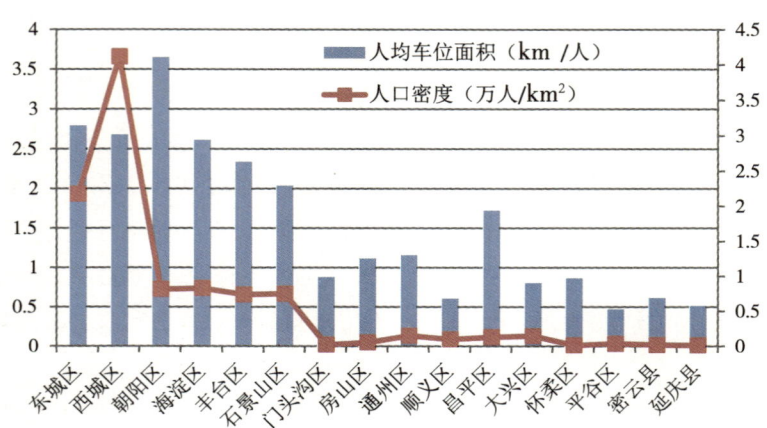

图4-3 北京不同城区（县）人均停车泊位面积与密度的适应性

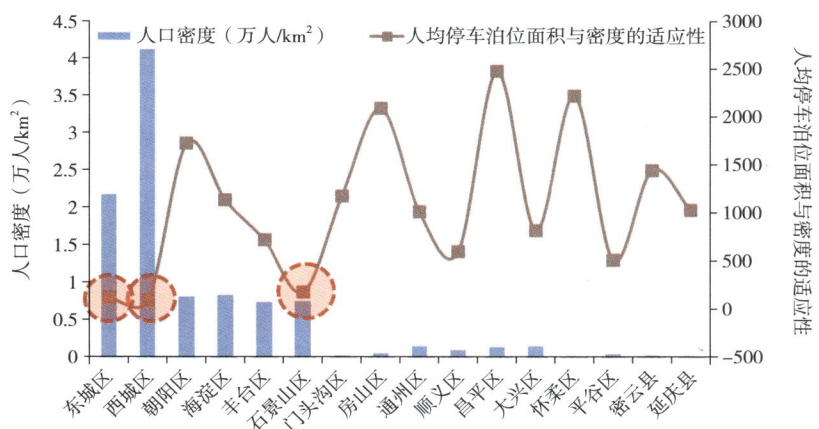

该指标主要是反映空间资源分配向公共交通倾斜的水平。本研究从概念层面提出该项指标的重要性及其内涵，具体的指标公式以及参考值仍需在后续研究中深入论证。

4.2 核心指标参考值研究

不同规模城市的公共交通发展基础存在明显差异，公交优先发展的方向和侧重点也应当有所不同，所以各个指标值的选取需要体现差异化。

4.2.1 国内经验

在不同规模城市中，实际的全方式公交分担率基本在25%以下，一些（特）大城市甚至仅为5%左右；按照公交出行量占机动车出行总量的比例来统计，大部分城市公交分担率在60%以下，甚至低于10%；按照公交出行量占机械化出行总量的比例来看，大部分城市公交分担率在40%以下（图4-4、图4-5）。

受自然条件影响，不同形态城市的公交分担率差异较大，组团或带状城市的公交出行量占机动化出行总量的比例约在60%左右，而团状城市的该指标数值分布更为离散（图4-6）。

图4-4 不同规模城市公交分担率（占全部出行）

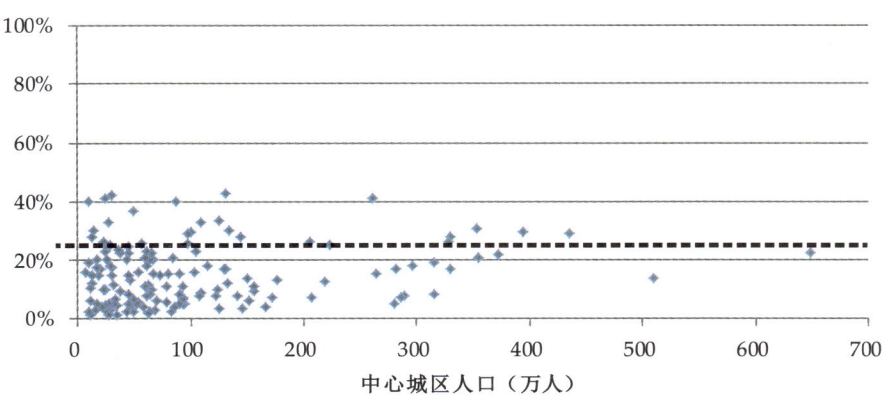

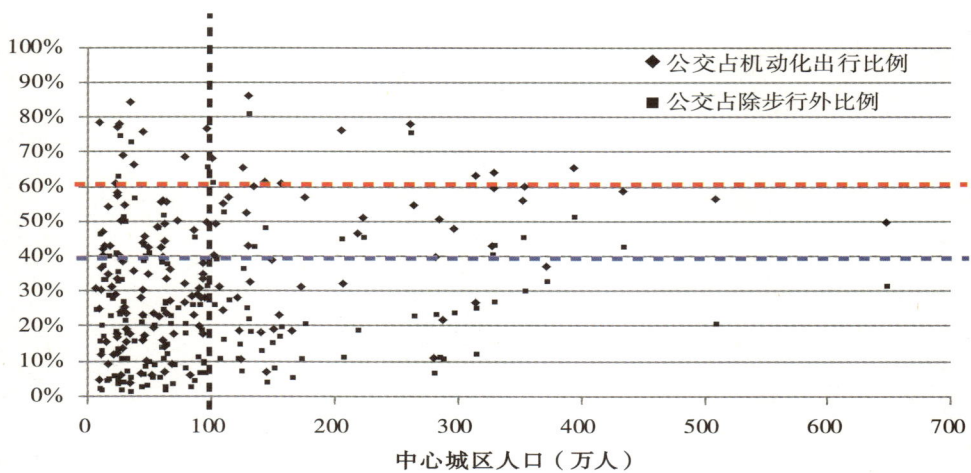

图4-5 不同规模城市公交比例
数据来源:《城市道路合理级配及相关控制指标研究》,中国城市规划设计研究院,全国148个城市数据。

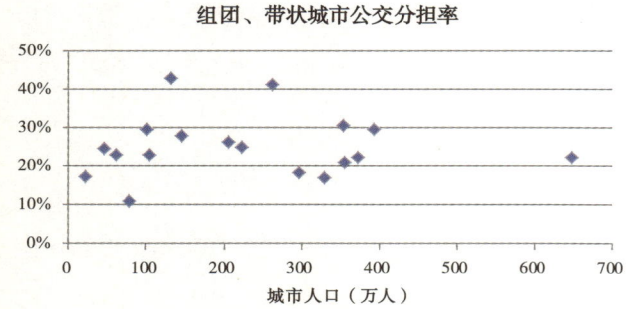
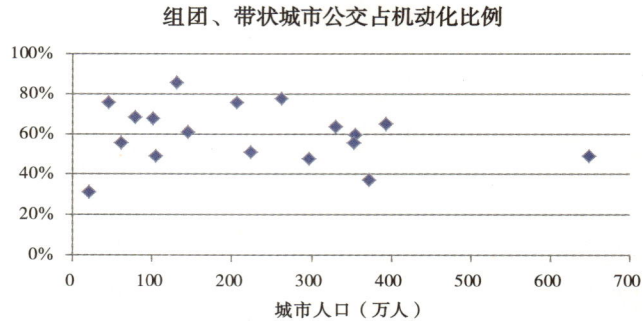
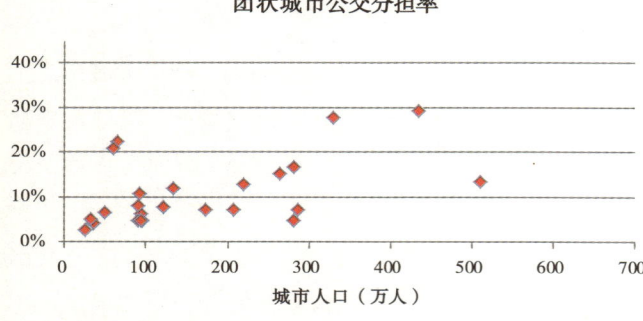
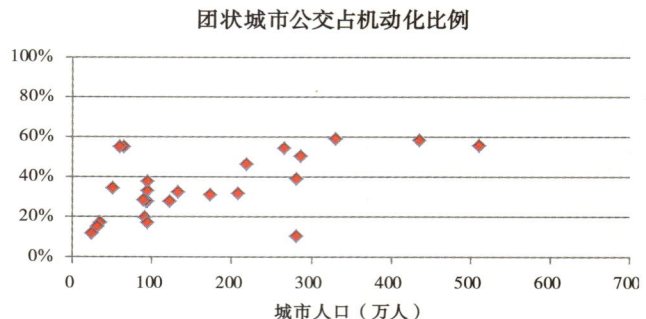

图4-6 不同形态城市的公交分担率

4.2.2 国际经验

从公共交通全方式出行分担率、公共交通机械化出行分担率、公共交通机动化出行分担率三项指标来看,伦敦、纽约、柏林、赫尔辛基、斯德哥尔摩、哥本哈根等世界闻名的"公交都市"指标值均低于我国30%、45%、60%的考核值。

除了哥本哈根,这些城市共同的特征是非机动车出行比例较低,个体机动化出行比例较高,但个体机动化出行主要分布在城市外围组团,在高峰期通勤出行以及向心交通出行中,公共交通占据绝对的主导地位(图4-7)。

(1)特大城市

以伦敦为例,伦敦的居住人口分散在整个城市的各个区域,而其就业岗位则高度集中于

图4-7 国际主要城市绿色出行方式比例

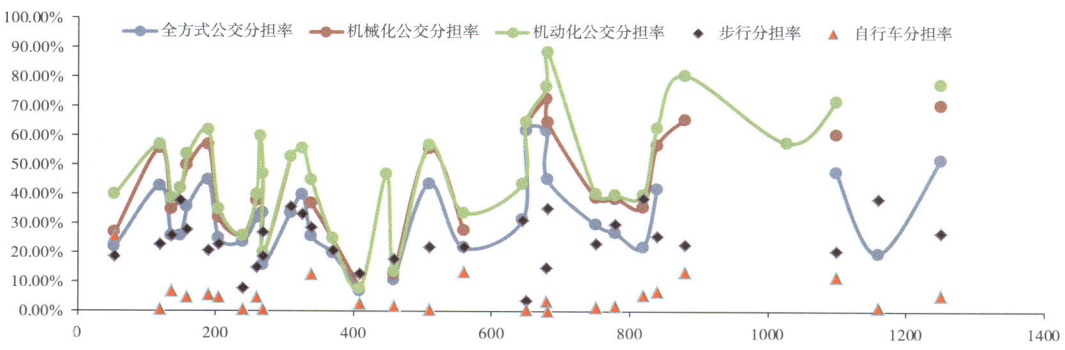

图4-8 伦敦就业岗位与居住分布
(a) 居住；
(b) 岗位

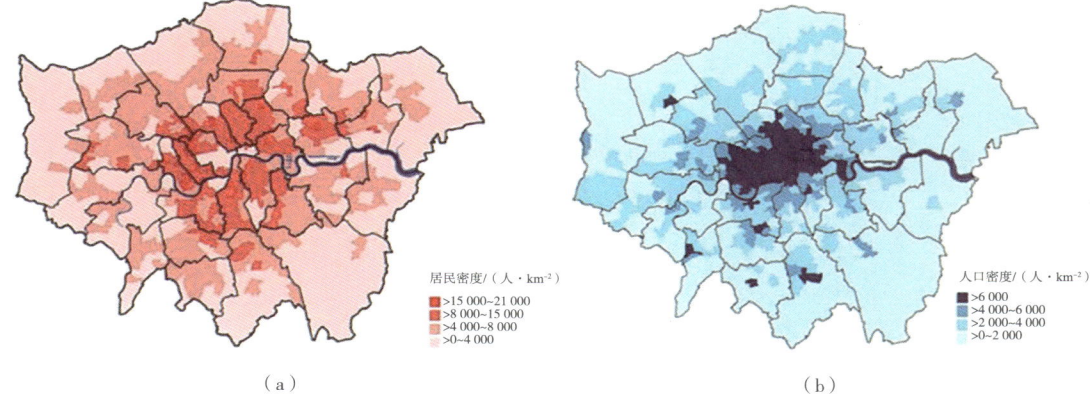

图4-9 伦敦不同区位的出行结构

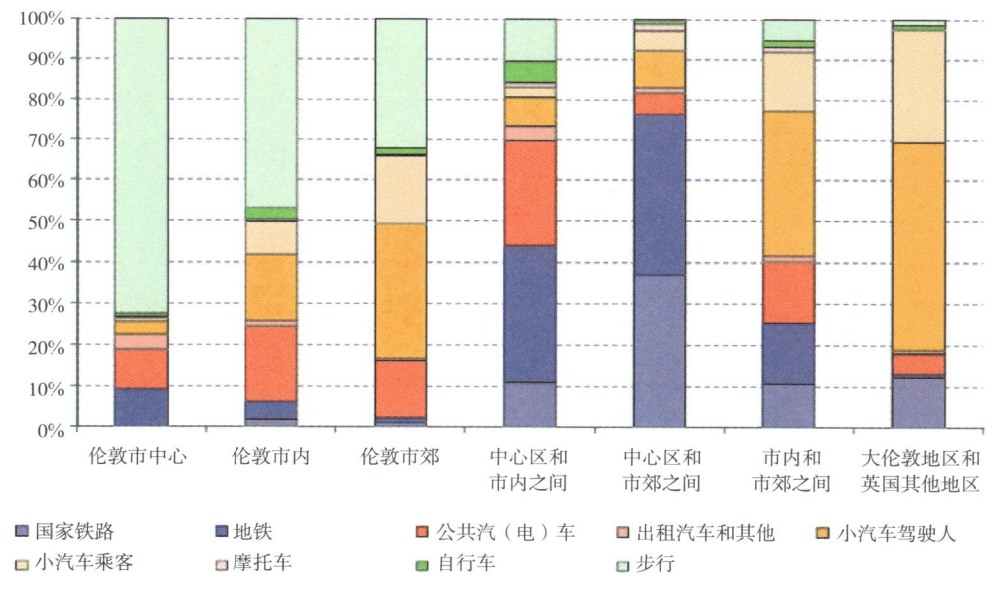

城市中心，高峰期通勤出行的公共交通服务，特别是进入中央伦敦的出行中公共交通比例超过80%（图4-8、图4-9）。

（2）大中城市——赫尔辛基

赫尔辛基的人口约136.6万，小汽车保有量24万辆，平均千人拥有率达403万辆。在赫

- 063 -

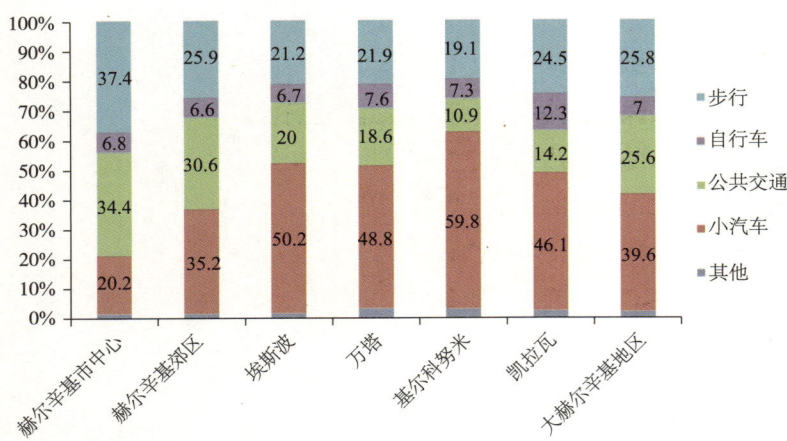

图4-10 赫尔辛基不同范围出行结构

图4-11 哥本哈根的自行车使用情况

尔辛基都市区范围轨道交通走廊沿线,早高峰公共交通出行分担率均在50%以上,但赫尔辛基市中心,乃至大赫尔辛基地区的公交分担率也不过处于25%~35%的水平(图4-10)。

(3)小城市——哥本哈根

哥本哈根的面积为97km², 人口67.2万,相当于我国中等城市、小城市。哥本哈根50%的市民日常通勤、通学出行采用自行车,在哥本哈根市区工作的人(包括住在郊区或者相邻城镇的)当中35%都使用自行车(图4-11)。

4.2.3 国内外不同城市不同方式的出行分担率统计

(1)全日全方式全目的公交出行分担率

国际常见并通用的公交出行分担率统计口径,伦敦等先进城市官方发布的年报中都公布这一口径的公交出行分担率。大伦敦公共交通(包括国铁、轨道交通、公共汽车)出行分担率为30.1%。上海全市公共交通(包括轨道、公共汽车)出行分担率为25.2%。东京都市圈公共交通(包括轨道、公共汽车)出行分担率为35%。香港公共交通(包括轨道、公共汽车)出行分担率为45.5%(表4-1~表4-4)。

大伦敦全方式出行方式构成(2006年)　　　　表4-1

方式	国铁	轨道交通	公共汽车	出租车	小汽车	摩托车	自行车	步行
出行量(万人次/日)	189.2	207.6	319.2	11.5	1026.4	20	43.6	562.6
比例(%)	7.9%	8.7%	13.4%	0.5%	43.1%	0.8%	1.8%	23.6%

上海全市全方式出行方式构成(2009年)　　　　表4-2

方式	公共交通	个体机动	非机动车	步行
比例(%)	25.2%	20.0%	28.6%	26.2%

东京都市圈全方式出行方式构成（2004年） 表4-3

方式	轨道	公共汽车	小汽车（含出租车）	两轮车（含摩托车）	步行
比例（%）	32%	3%	23%	18%	24%

香港全方式出行方式构成（2002年） 表4-4

方式	轨道	公共电汽车	出租车	轮渡	小汽车	自行车	步行
比例（%）	17.8%	27.7%	6.8%	1%	10.5%	0.6%	35.6%

（2）机械化公交出行分担率（不含步行）

由于各城市在交通调查中对步行出行的界定不同，调查结果中步行出行不具有可比性，如果只统计不含步行的交通方式，主要反映各种交通工具的使用情况。大伦敦公共交通（包括国铁、轨道交通、公共汽车）出行（不含步行）分担率为39.4%。香港、东京都市圈、东京区部公共交通（包括轨道、公共汽车）出行（不含步行）分担率分别为65%、46%、61%。上海全市公共交通（包括轨道、公共汽车）出行（不含步行）分担率为34.2%。北京六环内公共交通（包括轨道、公共汽车）出行（不含步行）分担率为39.7%（表4-5～表4-8）。

大伦敦出行方式（不含步行）构成（2006年） 表4-5

方式	国铁	轨道交通	公共汽车	出租车	小汽车	摩托车	自行车
出行量（万人次/日）	189.2	207.6	319.2	11.5	1026.4	20	43.6
比例（%）	10.4%	11.4%	17.6%	0.6%	56.5%	1.1%	2.4%

亚洲城市出行方式（不含步行）构成 表4-6

方式	轨道	公交	出租车	除去公共汽车的机动车	非机动车
香港	14%	51%	14%	19%	1%
东京都市圈	42%	4%	3%	27%	24%
东京区部	57%	4%	5%	14%	19%

上海全市/中心城出行方式（不含步行）构成（2009年） 表4-7

方式	公共交通	个体机动	电（助）动车	自行车
全市	34.2%	27.1%	20.5%	18.2%
中心城	47.0%	26.5%	12.9%	13.6%

北京六环内出行方式结构（不含步行）构成（2010年） 表4-8

方式	轨道	公交	小汽车	出租车	自行车	其他
比例（%）	11.5%	28.2%	34.2%	6.6%	16.4%	3.1%

（3）公交机动化出行分担率（不含步行、自行车）

如果只统计公共交通和个体机动等机动化交通方式，得到公交在机动化出行中的比重，更加突出反映了各种机动化方式之间的相互竞争关系和定位。大伦敦公共交通（包括国铁、轨道交通、公共汽车）机动化出行分担率为40.4%。首尔公共交通（包括轨道交通、公共汽车）机动化出行分担率为58%。新加坡公共交通（包括轨道交通、公共汽车）机动化出行分担率为47%（表4-9~表4-11）。

大伦敦机动化出行方式构成（2006年） 表4-9

方式	国铁	轨道交通	公共汽车	出租车	小汽车	摩托车
出行量（万人次/日）	189.2	207.6	319.2	11.5	1026.4	20
比例（%）	10.7%	11.7%	18.0%	0.6%	57.9%	1.1%

首尔机动化出行方式构成（2002年） 表4-10

方式	轨道	公交	出租车	个体机动
比例（%）	25%	33%	10%	32%

新加坡机动化出行方式构成（2004年） 表4-11

方式	轨道	公交	出租车	小汽车	摩托车
比例（%）	15%	32%	11%	38%	4%

4.2.4 小结

结合国内外公交分担率现状发展的经验值，本研究汇总出不同规模城市相关核心指标的发展参考值（图4-12，附表）。应当指出这些指标只能供各地研究自身情况时参考，而不能简单成为上级政府对城市政府的考核指标。

《国务院关于城市优先发展公共交通的指导意见》中明确提出"大城市要基本实现中心城区公共交通站点500m全覆盖，公共交通占机动车出行比例达到60%左右"的大城市公交发展目标要求。但随着经济社会与机动化的飞速发展，50万~100万人口甚至50万人口以下的城市在土地资源、能源消耗、环境质量、交通拥堵等方面的矛盾较大城市更为突出。分析这一要求，我们认为更多是从当前社会反映的交通拥堵出发提出的。事实上，公交优先发展一个更重要的角度是要从城市发展的能源、土地等资源节约和城市环境改善的角度考虑。城市拥堵、城市病的治理应当从规划、管理的综合措施着手，简单采用公交分担率这一指标，难于解决。从发达国家的案例和我们收集分析的资料看，应当就这一情况及时向有关部门建议。高公交分担率一定不是普适性的城市发展目标，而应当与城市规模、出行特征相适应。特别要防止为了盲目追求高公交分担率的目标，通过不合理的政策引导迫使人们放弃步行、自行车而选择公共交通方式，导致城市交通发展走入误区。

第4章 以通勤出行公交分担率为核心指标的公交优先发展评价体系研究

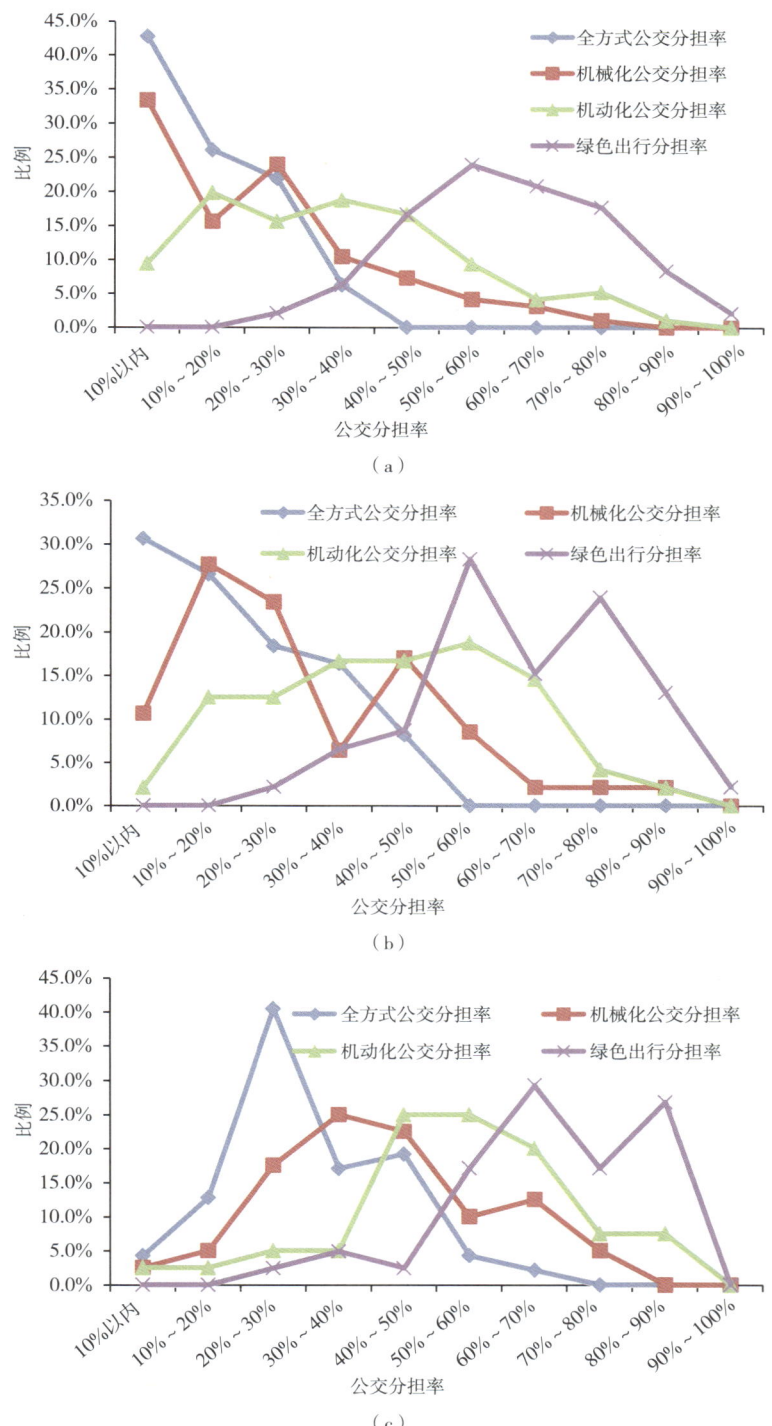

图4-12 不同人口规模，不同出行分担率的分布情况
（a）100万以内；
（b）100万～300万；
（c）300万以上

4.3 评价指标的基础数据要求、来源及采集方法

上述指标体系中涉及的相关数据获取途径如下：

（1）覆盖人口及就业岗位数据

居住人口数据应来源于城市统计部门，一般为统计范围内年末人口。流动人口数据可来源于城市公安或流动人口管理相关部门，也可通过相关调查推算获得，或结合手机数据进行昼间、夜间统计，以获得最精确的居住人口数据。

就业岗位数据应由物业配合提供，并由规划部门、建设部门、交通部门根据用地情况等进行推算获得。精确的就业岗位数据要结合手机数据进行昼间、夜间统计，并结合用地情况和物业所提供的数据进行校核。

（2）居民出行数据

1）步行出行量——抽样调查（可结合手机数据进行校核）；

2）自行车出行量——抽样调查（可结合手机数据进行校核）；

3）公共交通出行量——公交IC卡数据（建议实现公交IC卡的实名制功能，方便挂失的同时能够保证对出行特征的跟踪）；

4）出租车出行量——行业管理部门定期报送。

（3）周转量数据

1）地面公交周转量——IC卡刷卡记录提取及扩样；

2）轨道交通周转量——IC卡刷卡记录提取及扩样；

3）出租汽车周转量——出租汽车公司统计；

4）私家车周转量——根据调查获得小汽车平均每次出行的载客量（人次），后根据小汽车加油总量、车型结构、百公里油耗均值等推算里程（km），两者相乘获得周转量。

以上为最为理想的数据采集方式，短期内数据的精确度可能难以满足要求，但通过技术手段完全可实现。

（4）能耗数据

1）地面公交能耗——公交营运企业提供（燃油折合成标煤）；

2）轨道交通能耗——轨道交通营运企业提供（用电量折合成标煤）；

3）出租汽车能耗——出租汽车营运企业提供（燃油折合成标煤）；

4）私家车能耗——加油站数据。

（5）出租汽车空驶里程和营运里程

该数据来源于出租汽车营运企业上报的基础数据，应由出租汽车行业管理部门进行审核、统计（建议借助信息化手段获得，确保数据质量）。

（6）小汽车泊位数据

小汽车泊位按照每个车位30m²计算，相乘获得停车位占地面积，不同区域的泊位数量由不同部门提供：

1）路侧停车位数量——交管部门备案提供；

2）配建车位数量——建设主管部门提供；

3）停车楼的车位数量——业主提供建筑面积。

（7）交通运行状况数据

公交车的运行速度可通过GPS数据获取，而小汽车运行速度则可通过线圈或者浮动车系统获取。

第5章 实施公交优先发展目标的关键策略

综上，无论是从提高城镇化发展质量，还是应对我国城市土地、能源、环境、交通等方面面临的严峻挑战，抑或从促进社会公平和谐的角度看，我国都必须将城市公交优先发展提升为国家的一项重要城市发展战略并加快推进实施。以通勤出行公交分担率为核心的评价指标体系，是指城市居民选择采用公共交通工具出行方式所占的份额，是评价城市公共交通发展状况和服务水平的一项综合性重要指标，应根据城市规模和交通结构、按照时间和空间等不同需求和目的定义和运用。落实公交优先发展工作的关键问题之一，就是从立法、规划、综合投资、管理以及信息化建设等方面出发，采取有效的策略，引导整个城市系统朝着公交优先发展的目标迈进，但同时也亟待通过各项措施确保指标评价的科学性和客观性，给出普适性策略及针对北京的政策建议。

5.1 关键策略及建议

（1）建立以通勤出行公交分担率为核心的公交优先发展评价指标体系的构建，不同规模城市在指标选取、侧重以及使用中应因地制宜、因势利导

我国城镇化进程中不同区域、规模城市发展差异巨大，因此在公交优先发展评价指标的选用和目标制定上，应体现因地制宜、因势利导的原则，既要避免一味追求高的公交分担率而忽略了公共交通内部各种方式的均衡、可持续发展，又要综合考虑能源、环境与经济效益。

（2）修编规划编制办法，强制要求在规划方案中体现公交优先发展，深入贯彻公共交通和土地利用协调的思路

在我国目前的城市综合交通体系规划编制要求中，公共交通作为一个专项，其内容深度、要求均不足以贯彻公交优先发展战略，建议在规划方案中深入、明确体现城市公交优先发展的思路，在城市总体、分区和控制性详细规划的规划标准中体现覆盖性、导向性、整合性以及保障性原则，确保公共交通走廊对居住中心和岗位分布中心的高覆盖率，并应尽可能确保相关性质用地紧密围绕在城市主要公共交通走廊周围，同时将公交优先发展所需的设施用地、专用路权等保障性设施和条件在规划中予以充分的保障和落实，提高通勤出行当中的公交分担率。

（3）更加重视绿色出行环境建设及管理

绿色出行方式分担率是城市公交优先发展评价的重要指标，在新的历史阶段，绿色出行环境的建设及管理应被赋予新的使命和前所未有的重视。建议从规划、建设及管理三个层面全面入手解决绿色出行方式一"行"一"停"两大问题，具体包括以下几方面：

1）强化法规、规划引领作用，确保步行和自行车路权空间；

2）坚持平面为主、立体为辅的原则，科学设置行人过街设施，适当缩短过街设施间

距,在人流密集的大型商业中心、办公区、公共交通枢纽等地区,建设连续、贯通的、与建筑紧密联系的步行连廊等立体步行系统;

3)鼓励发展自行车驻车换乘,轨道交通车站、公共交通换乘枢纽必须设置自行车停车设施,居住区、公共设施要为自行车提供足够的停车空间和方便的停车设施;

4)结合旅游区、文保区、环境优质区等区域设置步行和自行车示范路线,扩大商业步行街数量和范围,利用广场和交通枢纽打造适合绿色出行的公共空间,提升特定区域绿色出行品质。

(4)引导公共交通内部各方式因地制宜协调发展

当前,一些大城市在地铁建设方面的积极性远大于其他公共交通方式,在推进地铁建设的过程中容易忽视地面公共汽(电)车的同步发展。虽然地铁已成为特大型城市解决交通问题的关键措施,但其是否适合作为一般大中城市的主体公共交通方式来发展和建设仍有待深入研究。对于部分大城市以及中等城市而言,相等投资条件下,采用BRT等中运量的公共交通服务干线走廊往往可以取得更为显著的规模化社会效益。因此建议应根据城市规模、区域特点、生产生活方式等的不同,研究适合自身特色的公共交通的方式构成,在投资安排中兼顾多种公共交通方式协调发展,确保投资效益最大化,以更为经济高效的综合公共交通出行方式支持城镇化进程和居民日常的出行需求,避免盲目照搬特大城市公交优先发展道路。

(5)加快出台公交专用道标准,为公交优先发展争取更为宽泛的路权保障

当前公交专用道施划所依据的标准编制时间较早,在道路等级、客流要求等方面过于拘束,在适用性上存在"一刀切"问题,且在细节方面缺少明确指导,难以满足公交提速、改善服务水平的要求。这样的专用道标准,难以满足新型城镇化条件下公交提高运行效率和服务水平的要求,建议尽快研究并出台新的公交专用车道施划标准(地标/国标),解决既有标准在道路等级范畴上的缺位等问题。

(6)依托信息化建设完善公交优先发展评价体系

当前,不同主管部门之间的数据缺少共享,不仅在各系统内部形成"数据孤岛",且易造成重复建设与资源浪费,同时大部分信息系统建设仍然停留在智能化的初级阶段,大数据背后隐含的规律和问题均缺少深度挖掘。为提升信息化建设对公交优先发展评价工作的支持和保障,建议加强数据共享,特别是城市规划部门、交通运输主管部门以及交通管理部门之间的数据交换与共享,并重视加大科研投入,开展大数据的深度挖潜,保障以通勤出行公交分担率为核心的公交优先发展评价得以顺利实施,以及提升公交规划、公交设施改善研究以及公交线网优化调整等工作的质量和公共交通行业的管理水平,真正做到政府替百姓购买服务。

5.2 针对北京的相关政策建议

(1)强化城市公共交通规划的研究和编制

1)在北京市城市总体规划修编工作以及北京市交通发展纲要(2014-2030年)中,贯

彻上述规划思想，体现用地开发与公交发展的紧密结合，落实道路资源分配向公共交通的倾斜，保障步行、自行车路权及设施和服务品质。

2）尽快开展市郊铁路的专项规划及前期研究工作，研究距离中心城30km以外范围，包括平谷、怀柔、密云以及环京的香河、大厂、涿州等地区长距离快速交通系统，主要解决新城与中心城联系通道的问题，提前预留通道资源。

3）加快编制北京市公共交通快速通勤网络规划。从规划层面初步解决公交专用道的施划问题。在城市综合交通规划或公共交通专项规划的编制中，明确要求结合道路设施规划与公交线网规划编制公交专用道（网络）规划方案。

（2）继续完善信息化建设，支持以通勤出行公交分担率为核心的公交优先发展评价工作

在城市交通管理相关部门的大力推进下，北京交通信息建设已取得阶段性成效，包括交通运行协调指挥平台、公安交通指挥调度集成系统等在内的一系列智能化平台，在城市交通运行管理当中发挥了重要作用。尽管如此，交通运行状况日趋复杂，对城市综合交通管理的一体化、协同化、全息化、智能化提出了新的要求，具体建议如下：

1）适时启动北京市智能交通体系规划编制工作，全面梳理交通信息化发展现状，总结问题及症结，勾绘北京交通管理信息化体系发展蓝图，就新形势下不同主管部门之间信息共享、各信息子系统的功能升级、基础数据采集的标准体系等方面提出新的发展目标和具体要求，引导城市综合交通管理向一体化、协同化、全息化、智能化方向发展并形成体系。

2）进一步提升北京市公交线网优化办的职能，升级成为市公交优先发展工作小组，统筹协调公交优先发展评价相关的各部门（发改委、规委、建委、交通委、交管局、国资委以及有关营运企业），实现必要的数据共享，建立起能够支撑和引导北京市公共交通优先发展的大数据体系，共同推进公交优先发展工作。

3）以TOCC为平台，推进综合信息化建设，除了交通运行相关数据以外，加大对就业岗位与居住人口基础数据、公共交通运营经济数据、交通能耗及排放数据等的集成化建设与实时跟踪，为公交优先发展评价和政府决策支持奠定良好基础。

（3）加快编制公交专用车道施划地方标准

当前，北京市公交专用道总里程虽已超过355km，但大部分施划在道路条件较好的主干路上，受到交叉口等因素影响，公交专用道的连续性、贯通性较差，对提升公交运行速度的作用有限。其次，放射线、环线快速路（高速公路）走廊虽然高峰时段公交客流十分集中，迫切需要保障公交快速通行，但上述路段反而没有施划公交专用道，制约了全市公交专用道的连续成网。再者，公交专用道施划工作推进过程中，往往更加强调如何应对施划后社会车辆受到的负面影响，导致部分拥堵道路、瓶颈路段未能有所突破。理念的落后和标准的缺失是导致上述问题的主要原因之一。因此，对于北京而言，加快编制公交专用车道施划地方标准是推动公交优先发展的一个重要措施。

第6章 研究结论及展望

6.1 研究结论

本研究从公交优先发展这一城市发展战略的角度出发，探讨了当前国内普遍采用的公交分担率存在的问题，探讨了公交优先发展与其他要素的关系，提出了公交优先评价指标体系，研究了差异化条件下公交分担率取值参考区间，并就实施公交优先发展目标的关键策略给出了建议，总结如下：

（1）运用公交分担率来评价需要明确具体的定义和内涵

公交出行分担率，是指城市居民选择采用公共交通工具出行方式所占的份额，是评价城市公共交通发展状况和服务水平的一项综合性重要指标，常用百分比表示。公交出行分担率应根据城市规模、交通结构特征、按照时间和空间等不同需求和目的来定义和运用。国内外常用指标包括全日全方式出行公交分担率、全日机械化出行公交分担率、全日机动化出行公交分担率、全日城市不同区域公交分担率、通勤出行公交分担率、早高峰进城公交出行分担率等。

（2）提出以通勤公交出行分担率为核心的指标体系

本研究提出了以倡导绿色交通出行为目标，以通勤出行公交分担率为核心，由全方式出行公交分担率、绿色交通出行分担率、出租车空驶率共同构成的公交优先评价体系。同时，针对我国城市发展的实践，补充研究关于公交站点对就业岗位和居住人口的覆盖效率、换乘便捷度指标、公共交通内部结构合理性评价。

（3）开展了公交分担率的案例研究

对29座国际主要城市、地区以及148座国内城市的公交分担率进行了梳理、比较研究，通过对不同人口规模城市的对应值分析发现，大、中、小城市的公交分担率均呈现较大的差异性，这些指标只能供各地研究自身情况时参考，而不能简单成为上位政府对城市政府的考核指标。

《国务院关于城市优先发展公共交通的指导意见》中明确提出"大城市要基本实现中心城区公共交通站点500m全覆盖，公共交通占机动车出行比例达到60%左右"的大城市公交发展目标要求。但随着经济社会与机动化的飞速发展，50万~100万人口甚至50万人口以下的城市在土地资源、能源消耗、环境质量、交通拥堵等方面的矛盾较大城市更为突出。分析这一要求，我们认为更多是从当前社会反映的交通拥堵出发提出的。事实上，公交优先发展一个更重要的角度是要从城市发展的能源、土地等资源节约和城市环境改善的角度考虑。城市拥堵、城市病的治理应当从规划、管理的综合措施着手，简单采用公交分担率这一指标，难以解决。从发达国家的案例和我们的收集分析的资料看，应当就这一情况及时向有关部门建议。高公交分担率一定不是普适性的城市发展目标，而应当与城市规模、出行特征相适应。特别要防止为了盲目追求高公交分担率的目标，通过不合理的政策引导迫使人们放弃步行、自行车而选择公共交通方式，导致城市交通发展走入误区。

（4）首次系统比较公共交通的能耗结构

论述了公交优先发展与交通拥堵、城市规划、能源以及环境的关系。本研究针对轨道交通、公交汽车、出租汽车等的运行能耗做出了比较，这是国内首次较为系统的研究，从城市布局、交通运行、投资需求、公众服务等角度对公共交通方式的选择进行了比较，提出对公共交通内部交通工具和方式的合理评价，为编制城市公共交通规划，提高公共交通建设投资效率奠定重要的基础。此外，基于投资最少、用地最少、能耗排放最少的整体最优原则，对地铁、公共汽（电）车、出租车等各种公共交通运行方式的适用性进行了比较。

（5）明确了出租汽车定位

出租汽车是公共交通的组成部分。从交通的运行方式和对资源占用的集约化角度看，出租汽车不应计入公交分担率的"分子"当中，但应将出租汽车的空驶率纳入公交优先发展评价指标体系。

（6）分别从立法、规划、综合投资、管理以及信息化等方面，提出利用公交分担率提高公交优先水平，在我国城市普适的，且在北京市地方适用的发展建议

一是建立以通勤出行公交分担率为核心的公交优先发展评价指标体系的构建，不同规模城市在指标选取、侧重以及使用中应因地制宜、因势利导。二是修编规划编制办法，强制要求在规划方案中体现公交优先发展，深入贯彻公共交通和土地利用协调的思路。三是更加重视绿色出行环境建设及管理。四是引导公共交通内部各方式因地制宜协调发展。五是加快出台公交专用道标准，为公交优先发展争取更为宽泛的路权保障。六是依托信息化建设完善公交优先发展评价体系。

6.2 研究展望

（1）开展深入研究，进一步明确公交站点对就业岗位和居住人口的覆盖效率、换乘便捷度指标、公共交通内部结构合理性评价等指标的统计方法、计算方式等。

（2）深入研究适于中小城市的公交分担率计算方法，推动公交优先发展这一城市发展模式在中小城市的落实。

（3）丰富评价数据采集的信息化手段。对本研究提出指标体系和参考区间的适用性、科学性进行更为深入的论证。出台满足公交优先发展评价的基础数据采集标准，研究建立信息共享机制，实现公交优先发展涉及的不同主管部门间的信息共享，为公交优先发展评价相关工作奠定良好的技术基础。

（4）进一步细化评价指标的使用方法，时机成熟的条件下建议纳入政府相关工作考核当中，以切实发挥引导作用。

附表 国内外城市公交出行分担率统计值

国内部分城市公交出行分担率统计值　　　　　　　　附表1

城市/地区	人口（万人）	全方式公交分担率	机械化公交分担率	机动化公交分担率	步行分担率	自行车分担率	绿色出行分担率	数据统计年份
根河	7.4	16.00%	24.62%	30.77%	35.00%	5.00%	56.00%	2012
铁力	10.0	40.00%	56.34%	78.43%	28.00%	15.00%	83.00%	2012
禹城	10.0	2.00%	2.33%	4.44%	9.00%	19.00%	30.00%	2012
邵武	11.3	10.33%	21.36%	36.55%	48.82%	10.97%	70.12%	2013
沙河	12.0	1.00%	1.65%	11.43%	34.25%	31.50%	66.75%	2011
南宫	12.0	6.20%	13.45%	29.95%	52.00%	10.40%	68.60%	2012
福泉	13.2	12.00%	35.29%	40.00%	60.00%	2.00%	74.00%	2011
北安	13.8	28.00%	38.36%	46.67%	25.00%	7.00%	60.00%	2012
乳山	13.8	15.00%	17.05%	41.67%	18.00%	12.00%	45.00%	2012
富锦	15.0	30.00%	33.33%	42.86%	10.00%	10.00%	50.00%	2012
中卫市	15.5	2.50%	5.02%	15.06%	43.20%	21.20%	66.90%	2012
海伦	17.0	20.00%	45.45%	54.05%	50.00%	2.00%	72.00%	2012
河池	17.6	17.67%	29.19%	34.43%	38.82%	1.59%	58.08%	2010
崇左	18.0	5.00%	5.38%	8.77%	12.00%	16.00%	33.00%	2012
东港	19.2	14.63%	23.19%	42.52%	34.05%	28.67%	77.35%	2005
醴陵	21.0	17.20%	28.76%	30.94%	37.90%	3.20%	58.30%	2011
珲春	22.1	4.00%	6.25%	11.76%	28.00%	15.00%	47.00%	2012
嘉峪关	22.9	26.37%	40.89%	60.90%	35.52%	8.47%	70.36%	2009
武夷山	23.4	10.00%	20.00%	28.57%	45.00%	10.00%	65.00%	2012
涿州	24.5	10.00%	14.93%	33.33%	25.00%	17.00%	52.00%	2013
固原市	24.8	25.00%	36.76%	58.14%	30.00%	10.00%	65.00%	2013
高碑店	25.0	22.85%	35.92%	56.95%	30.20%	10.15%	63.20%	2012
丹阳	25.0	2.58%	3.63%	12.16%	27.37%	21.30%	51.25%	2010
青州	25.0	4.20%	5.28%	17.65%	18.80%	19.40%	42.40%	2010
盐城大丰	25.3	3.00%	3.88%	16.39%	21.00%	16.00%	40.00%	2009
肇东	25.3	41.00%	63.57%	77.07%	35.00%	11.00%	87.00%	2011
酒泉	25.9	20.00%	25.00%	40.00%	15.00%	15.00%	50.00%	2010
都匀	27.0	33.00%	74.49%	78.01%	53.80%	1.50%	88.30%	2011
扬中	28.0	1.30%	1.68%	5.63%	21.50%	35.60%	58.40%	2013
张掖	28.6	25.00%	33.33%	50.00%	25.00%	15.00%	65.00%	2012
平凉	29.3	18.34%	52.28%	68.82%	64.34%	8.43%	91.11%	2009
莱州	29.5	2.64%	4.02%	13.50%	31.68%	39.16%	73.48%	2006

续表

城市/地区	人口（万人）	全方式公交分担率	机械化公交分担率	机动化公交分担率	步行分担率	自行车分担率	绿色出行分担率	数据统计年份
楚雄	30.0	17.62%	27.55%	38.37%	34.56%	5.89%	58.07%	2013
铜仁	30.8	42.00%	50.12%	54.62%	16.20%	0.20%	58.40%	2012
赤水	31.0	15.00%	21.43%	25.00%	30.00%	5.00%	50.00%	2012
昆山	32.0	5.10%	7.07%	15.09%	26.70%	14.30%	46.10%	2008
兴义	32.6	11.31%	19.71%	23.15%	37.30%	3.25%	51.86%	2012
宣城	33.0	6.50%	11.17%	18.84%	39.70%		46.20%	2012
青州	35.0	4.20%	5.28%	17.57%	18.80%	19.50%	42.50%	2010
如皋	35.1	1.14%	1.34%	3.59%	13.61%	14.98%	29.73%	2011
凯里	36.0	23.33%	82.61%	83.92%	68.06%	0.13%	91.52%	2012
安顺	38.0	22.70%	63.06%	65.99%	60.00%	1.20%	83.90%	2011
蒙自	38.2	9.41%	15.96%	35.30%	38.53%	10.28%	58.22%	2011
章丘	43.7	20.00%	21.74%	27.78%	5.00%	10.00%	35.00%	2012
寿光	44.2	2.00%	2.82%	6.45%	19.00%	11.00%	32.00%	2012
毕节	45.0	8.20%	22.71%	22.71%	63.90%		72.10%	2012
承德	45.0	24.52%	45.75%	75.61%	43.37%	20.11%	88.00%	2012
亳州	45.0	4.80%	6.51%	15.58%	22.60%	8.80%	36.20%	2012
佳木斯	45.2	22.50%	38.59%	43.69%	41.70%	5.20%	69.40%	2013
建瓯	45.3	15.00%	18.75%	30.00%	10.00%	10.00%	35.00%	2012
金昌	46.6	4.50%	8.98%	17.05%	44.50%	23.70%	72.70%	2010
清镇	47.4	13.00%	41.27%	45.61%	67.60%	1.50%	82.10%	2012
新泰	49.0	2.40%	3.02%	10.04%	19.57%	27.40%	49.37%	2008
临汾	50.0	6.69%	9.94%	34.65%	31.38%	40.35%	78.42%	2008
双鸭山	50.2	36.80%	41.58%	42.30%	11.30%	0.70%	48.80%	2013
景洪	52.7	5.00%	5.49%	5.95%	9.00%	2.00%	16.00%	2012
莆田	54.0	5.66%	9.50%	19.33%	37.09%	24.04%	66.79%	2009
龙岩	54.5	16.00%	21.33%	23.53%	21.00%	7.00%	44.00%	2008
七台河	57.2	26.00%	48.15%	48.15%	46.00%		72.00%	2011
邢台	58.3	4.00%	5.28%	22.60%	21.80%	58.00%	83.80%	2006
库尔勒	60.0	21.00%	38.89%	55.26%	45.00%	9.00%	75.00%	2011
聊城	60.0	10.80%	14.46%	42.19%	21.10%	41.30%	73.20%	2010
鄂尔多斯	61.2	7.90%	10.87%	15.58%	32.80%	3.30%	44.00%	2012
六盘水	62.0	23.00%	53.74%	55.96%	55.60%	0.40%	79.00%	2011
东营	62.0	17.80%	24.96%	39.38%	27.40%	15.50%	60.70%	2012
栖霞	62.6	11.30%	27.10%	49.13%	58.30%	17.50%	87.10%	2012
菏泽	63.3	1.40%	1.93%	6.80%	20.10%	52.10%	73.60%	2012

续表

城市/地区	人口（万人）	全方式公交分担率	机械化公交分担率	机动化公交分担率	步行分担率	自行车分担率	绿色出行分担率	数据统计年份
天长	63.5	20.22%	26.77%	44.04%	23.59%	29.62%	73.43%	2011
曲阜	63.9	2.27%	3.09%	13.87%	16.98%	29.20%	48.45%	2012
安庆	64.2	8.37%	12.23%	33.14%	30.70%	23.80%	62.87%	2010
九江	65.0	22.50%	38.20%	55.15%	40.10%	8.90%	71.50%	2011
玉林	65.0	10.00%	14.71%	23.26%	30.00%	5.00%	45.00%	2008
荣成	67.0	20.00%	20.62%	27.03%	3.00%	5.00%	28.00%	2011
盘锦	67.6	15.30%	24.89%	36.17%	31.79%	11.06%	58.15%	2012
靖江	68.5	2.73%	3.71%	8.90%	25.22%	26.39%	54.34%	2011
赣州	70.0	5.80%	9.02%	17.52%	34.40%	13.30%	53.50%	2011
讷河	73.4	15.00%	25.00%	50.00%	30.00%	20.00%	65.00%	2013
濮阳	78.9	5.60%	8.56%	31.82%	28.90%	6.60%	41.10%	
桂林	79.0	11.00%	18.55%	68.32%	39.50%	6.30%	56.80%	2011
东莞	80.0	15.18%	21.12%	26.71%	25.87%	15.03%	56.08%	2010
漳州	83.5	1.96%	2.75%	5.78%	26.33%	37.40%	65.69%	2004
九台	85.0	21.00%	26.25%	28.38%	35.00%	3.00%	59.00%	2012
枣庄	86.6	3.55%	4.89%	22.99%	23.24%	38.70%	65.49%	2010
鸡西	87.3	40.00%	45.45%	47.06%	12.00%		52.00%	2011
泰安	90.0	8.00%	11.94%	28.57%	27.00%	11.00%	46.00%	2009
威海	90.8	15.40%	25.93%	30.56%	40.60%	9.00%	65.00%	2013
通辽	91.0	4.80%	7.00%	19.67%	27.70%	9.60%	42.10%	2012
衡阳	93.0	10.70%	20.23%	28.01%	43.40%	8.50%	62.60%	2011
济宁	93.6	6.29%	10.00%	37.71%	31.84%	17.98%	56.11%	2011
济宁	94.0	6.30%	9.65%	33.16%	31.80%	18.00%	56.10%	2011
济宁	94.0	7.02%	10.21%	34.48%	29.69%	22.81%	59.52%	2010
南阳	94.0	4.90%	6.89%	17.63%	26.60%	28.60%	60.10%	2006
商丘	95.0	4.70%	6.77%	27.98%	28.80%	24.20%	57.70%	2010
鹤岗	97.6	29.31%	65.72%	76.29%	38.28%	6.18%	73.77%	2011
锦州	97.8	25.72%	32.47%	49.34%	18.11%	18.08%	61.91%	2012
泸州	101.0	29.7%	61.0%	68.0%	50.3%	4.0%	84.0%	2012
宝鸡	103.7	16.1%	26.5%	40.1%	33.0%	15.3%	64.4%	2010
株洲	105.0	23.0%	40.4%	49.0%	41.3%	4.6%	68.9%	2010
潍坊	108.0	7.7%	11.8%	31.0%	27.2%	20.9%	55.9%	2011
遵义	110.0	32.8%	53.6%	55.0%	37.8%	0.8%	71.4%	2012
邯郸	110.0	8.9%	16.6%	24.3%	45.7%	5.3%	59.8%	2012
伊春	114.8	18.3%	28.2%	56.5%	33.0%	32.5%	83.8%	2011

续表

城市/地区	人口（万人）	全方式公交分担率	机械化公交分担率	机动化公交分担率	步行分担率	自行车分担率	绿色出行分担率	数据统计年份
潍坊	122.0	7.7%	11.3%	27.7%	27.2%	20.9%	55.9%	2010
义乌	123.4	9.9%	16.3%	18.3%	32.6%	6.8%	49.2%	2011
柳州	125.0	3.4%	7.6%	10.3%	42.0%	11.7%	57.0%	2013
唐山	126.2	33.3%	45.7%	65.0%	7.4%	7.2%	47.9%	2008
银川市	130.0	17.1%	26.0%	52.3%	32.2%	16.8%	66.1%	2011
西宁	131.1	42.8%	82.8%	85.9%	47.2%	1.8%	91.8%	2009
莱芜	131.4	17.0%	23.0%	42.5%	22.0%	12.0%	51.0%	2010
保定	133.0	12.0%	18.5%	32.4%	35.0%	28.0%	75.0%	2012
洛阳	135.0	30.0%	42.9%	60.0%	30.0%	15.0%	75.0%	2006
钦州	142.0	7.7%	12.8%	18.2%	20.3%	17.8%	45.8%	2011
鞍山	145.0	28.0%	48.5%	61.2%	41.6%	7.1%	76.7%	2013
慈溪	146.2	3.5%	4.5%	6.9%	16.5%	6.7%	26.7%	
芜湖	150.7	13.5%	15.8%	38.6%	26.8%	26.8%	67.1%	2011
常熟	151.2	5.8%	7.9%	18.8%	19.0%	23.6%	48.4%	2011
珠海	156.0	11.2%	17.2%	22.8%	34.0%	11.9%	57.1%	2010
鹤壁	156.9	9.4%	21.7%	60.8%	52.2%	13.3%	74.9%	2013
巴彦淖尔	166.3	4.0%	5.6%	18.2%	23.0%	49.0%	76.0%	2011
包头	173.0	7.1%	11.1%	31.0%	35.0%	29.8%	71.9%	2010
阜阳	177.0	13.0%	21.0%	56.5%	33.0%	10.0%	56.0%	2011
兰州	206.0	26.4%	48.4%	75.9%	41.1%	17.7%	85.2%	2009
包头	207.9	7.1%	11.2%	31.7%	35.0%	29.8%	71.9%	2011
马鞍山	218.8	12.7%	19.7%	46.3%	32.7%	11.3%	56.7%	2011
三门峡	223.4	25.0%	45.5%	51.0%	45.0%	2.0%	72.0%	2010
中国台北	260.0	32.0%	38.0%	40.0%	15.0%	5.0%	52.0%	2010
贵阳	262.0	41.2%	76.9%	77.6%	42.9%	0.5%	84.6%	2012
太原	265.0	15.4%	23.0%	54.4%	32.0%	28.6%	76.0%	2009
中国台北	265.0				60.0%			2006
莆田	281.0	4.8%	7.1%	10.8%	29.1%	3.4%	37.3%	2012
福州	282.0	16.7%	23.6%	39.5%	28.3%	14.6%	59.6%	2008
石家庄	286.0	7.2%	11.7%	50.3%	26.8%	47.2%	81.2%	2011
日照	289.0	7.8%	12.4%	21.4%	28.7%	26.6%	63.1%	2011
福州	296.7	18.1%	24.3%	47.6%	23.5%	9.1%	50.8%	2011
淄博	315.1	8.2%	12.2%	26.3%	29.1%	26.6%	63.9%	2007
徐州	315.7	19.3%	26.3%	62.8%	23.9%	42.6%	85.8%	2011
长春	328.3	26.2%	40.3%	42.8%	32.7%	3.8%	62.7%	2012

续表

城市/地区	人口（万人）	全方式公交分担率	机械化公交分担率	机动化公交分担率	步行分担率	自行车分担率	绿色出行分担率	数据统计年份
长沙	330.0	27.9%	43.9%	59.5%	35.6%	2.8%	66.3%	2009
济南	330.0	16.8%	27.1%	64.0%	32.4%	35.8%	85.0%	2009
宁波（市六区）	351.0	13.3%			25.1%	9.1%	47.5%	2012
厦门	353.0	30.6%	46.3%	55.9%	32.4%	8.3%	71.3%	2009
合肥	355.0	20.8%	30.4%	59.9%	30.3%	22.0%	73.2%	2012
青岛	372.0	22.1%	34.7%	36.9%	32.5%	2.0%	56.6%	2010
哈尔滨	394.0	29.5%	59.1%	65.1%	42.5%	4.6%	76.6%	2009
西安	435.0	29.3%	43.3%	58.5%	31.6%	8.6%	69.5%	2011
天津（中心城内部）	504.6（总人口1413.15万）	16.1%			32.6%	22.3%	71.0%	2011
天津（中心城进出）	504.6（总人口1413.15万）	47.9%			4.6%	6.5%	59.0%	2011
郑州	510.0	13.6%	20.9%	56.2%	33.9%	17.3%	64.8%	2010
杭州	624.2	20.9%	28.6%	60.1%	30.4%	34.3%	85.6%	2010
昆明	648.6	22.4%	31.9%	49.4%	28.5%	4.9%	55.8%	2011
香港	681.6	45.5%	65.0%	89.0%	35.6%	0.6%	81.7%	2002
南京	758.9	22.1%	29.8%	59.1%				2010
南京	758.9	23.4%	31.9%	62.1%				2011
南京	758.9	25.3%	34.5%	60.2%				2012
深圳	1036.0	46.9%						2012
北京（六环内）	1227.7		39.7%			16.4%		2010
北京（六环内）	1227.7		42.0%			15.1%		2011
北京（六环内）	1227.7		44.0%			13.9%		2012
广州	1283.0			49.5%				2012
上海（全市）	1921.3	25.2%	34.2%		26.2%	28.6%	80.00%	2009
重庆	2945（主城985万）	33.4%			47.5%		80.90%	2010
上海（中心城）		34.6%	47.0%		26.5%	19.5%	80.60%	2009

国际部分城市公交出行分担率统计值 附表2

城市/地区	人口（万人）	全方式公交分担率	机械化公交分担率	机动化公交分担率	步行分担率	自行车分担率	绿色出行分担率	数据统计年份
大伦敦	750.0	32.0%	42.0%	43.0%	24.0%	2.0%	58.0%	2006
东京都市圈	3463.0	35.0%	46.0%		24.0%	18.0%	77.0%	2004
东京区部	857.8	47.0%	61.0%		23.0%	15.0%	85.0%	2004
东京区部	880.0		66.0%	81.0%	23.0%	14.0%	37.0%	2009

续表

城市/地区	人口（万人）	全方式公交分担率	机械化公交分担率	机动化公交分担率	步行分担率	自行车分担率	绿色出行分担率	数据统计年份
首尔	1029.0			58.0%				2002
新加坡	448.0			47.0%				2004
巴黎内环	650.0	62.0%	65.0%	65.0%	4.0%	1.0%	67.0%	2008
大巴黎	1160.0	20.1%			38.7%	1.6%	60.4%	2010
波哥大	680.0	62.0%	73.0%	77.0%	15.0%	4.0%	81.0%	2008
孟买		41.7%		88.0%	52.0%			2008
	1250.0	52.0%	71.0%	78.0%	27.0%	6.0%	85.0%	2011
新德里	1100.0	48.0%	61.0%	72.0%	21.0%	12.0%	81.0%	2011
库里蒂巴	190.0	45.0%	57.0%	62.0%	21.0%	6.0%	72.0%	2011
新加坡	510.0	44.0%	56.0%	57.0%	22.0%	1.0%	67.0%	2011
布拉格	120.0	43.0%	56.0%	57.0%	23.0%	1.0%	67.0%	2009
班加罗尔		35.0%		41.0%	14.0%	1.0%	50.0%	2008
	840.0	42.0%	57.0%	63.0%	26.0%	7.0%	75.0%	2011
维也纳	160.0	36.0%	50.0%	54.0%	28.0%	5.0%	69.0%	2010
大阪	270.0	34.0%	47.0%	47.0%	27.0%			2000
	300.0	37.7%			24.0%	23.5%	85.2%	2010
近畿圈	1988.1	20.9%			21.9%	17.6%	60.4%	2010
马德里	310.0	34.0%	53.0%	53.0%	36.0%			2006
马德里（都会区）	645.9	31.6%		44.0%	31.2%		62.8%	2009
马德里（主城区）	327.3	40.1%		56.0%	33.6%		73.7%	2009
伦敦	780.0	27.0%	39.0%	40.0%	30.0%	2.0%	59.0%	2011
巴塞罗那	150.0	26.0%	42.0%	42.0%	38.0%			2006
	175.0	33.8%						2011
柏林	340.0	26.0%	37.0%	45.0%	29.0%	13.0%	68.0%	2010
大赫尔辛基	137.0	26.0%	35.0%	39.0%	26.0%	7.0%	59.0%	2010
斯德哥尔摩郡	206.0	25.0%	32.0%	35.0%	23.0%	5.0%	53.0%	2010
多伦多	240.0	24.0%	26.0%	26.0%	8.0%	1.0%	33.0%	2006
哥本哈根	55.0	22.0%	27.0%	40.0%	19.0%	26.0%	67.0%	2010
艾哈迈达巴德	560.0	22.0%	28.0%	34.0%	22.0%	14.0%	58.0%	2011
纽约	820.0	22.0%	36.0%	40.0%	39.0%	6.0%	67.0%	2010
罗马	370.0	20.0%	25.0%	25.0%	21.0%			2006
芝加哥	270.0	16.0%	20.0%	20.0%	19.0%	1.0%	36.0%	2008
悉尼	460.0	11.0%	13.0%	14.0%	18.0%	2.0%	31.0%	2009
墨尔本	410.0	7.0%	8.0%	8.0%	13.0%	3.0%	23.0%	2007

第二篇　国内外主要城市研究案例

第7章　纽约

7.1 城市基本介绍

纽约是个通称，一般存在不同的空间范围界定，如纽约市、纽约州、纽约—北新泽西—长岛都市统计区、纽约大都市区等，但常用的是指纽约市、纽约大都市区。

纽约市（New York City，以下简称纽约）是美国第一大都市和第一大商港，世界金融中心之一。纽约市由曼哈顿（Manhattan）、布鲁克林（Brooklyn）、皇后（Queens）、布郎克斯（Bronxs）、斯泰滕岛（Staten Island）五个区组成，市区面积945km^2，其中水面168km^2。截至2007年7月1日，人口数超过827万，是美国人口最多的城市。纽约大都市区（New York Metropolitan Region，以下简称大纽约）除上述5个区外，还包括纽约州、新泽西州和康涅狄格州的26个县，面积达33670km^2，2007年大纽约人口达2190万。早在20世纪50年代，纽约大都市区就被学者认定为典型的"大都市连绵区"（Megalopolis）。纽约作为大都市带中的核心城市，其对周边地区社会经济影响和辐射范围远远超出了纽约市，甚至纽约州政府管辖的范围，其土地面积约占纽约大都市区2.8%左右，人口却占到了1/3以上（图7-1）。

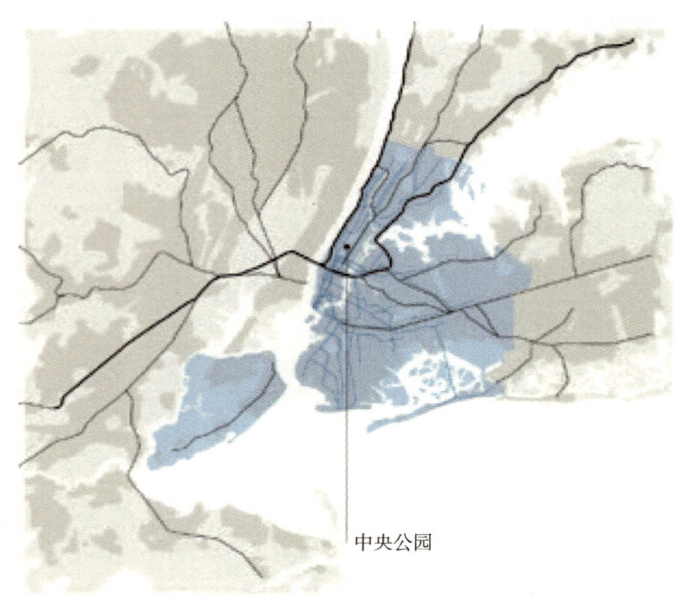

图7-1 纽约大都市圈示意图

纽约的城市交通由17世纪的水上运输演变到19世纪的铁路与水运方式，其后随着城市化速度的加快，城市交通问题逐渐突出。总体上说，纽约市解决城市交通问题大致可分为以下三个阶段。

（1）小汽车发展阶段：自20世纪20年代，针对快速发展的汽车工业，纽约市政府提出了普及小汽车的政策，尤其是20世纪四五十年代，纽约将交通基础设施大规模建设作为改善交通拥堵的法宝，加大了对城市道路基础设施的投入，建设了完善的公路网络，推动了汽车进入家庭。市区的人口开始向市郊扩散，城市发展也开始向外延伸。这一阶段纽约市的公共交通系统开始萎缩。

（2）公共交通发展阶段：20世纪60年代，面对诸多难以解决的城市交通、环境、社会及城市中心的振兴等问题，纽约市开始提倡发展公共交通，城市公共交通逐渐成为城市交通的主体，约占总客运量的75%左右（其中轨道交通占50%以上）。

（3）多种运输方式协调发展阶段：自20世纪80年代起，纽约开始强调各种运输方式的协调发展，提出了各种交通方式通用法案，注重城市交通与外部交通环境的协调统一。

7.2 公共交通发展过程

1904年，纽约第一条地铁开通。

1953年，组建纽约市捷运局（NYCTA），由其代表政府行使营运管理职责。

1964年，美国颁布《城市公共交通法》。承诺提供拨款资助各地区交通规划项目，最高数额达到总费用的2/3，目的是维护已有的公共交通系统，改善并扩大其服务。

1965年，成立纽约大都会运输署（MTA），统一管理纽约大都会区的公共交通。纽约大都会运输署的运作受公共机关法例（Public Authorities Law）规管，同时必须遵守联邦运输局（Federal Transit Authority）等颁布的规定。

1968年，纽约市捷运局及其附属机构成为大都会运输署的附属机构。

1970年，美国通过《城市公共交通扶持法》（UMTA），明确规定公共交通获得道路权，开辟公共汽车专用道或优先通行道。

1991年，美国通过《综合地面运输及效率法案》（又称"冰茶法案"，Intermodal Surface Transportation Efficiency Act），旨在协调多种交通方式之间的相互关系，整合和提升系统运营的整体效益，是全世界推行公共交通优先的重要标志。

1993年，纽约州通过《汽油消费税法案》（the state's business tax），规定购买汽油必须交税，所收税款用于补贴城市公共交通发展。

1994年，MTA推出"捷运卡"（MetroCard），大大方便了乘客进站。

1998年，颁布"续茶法案"（NEXTEA-National Economic Crossroad Transportation Efficiency Act），目标是实现高效、安全和利于环境的现代交通体系。

2003年，成立大都会交通基本建设公司（MTA Capital Construction Company），负责MTA部分项目的建设管理。

2004年，组建纽约大都会公共交通公司（MTA Bus Company），接管纽约7个公共交通企业。至2007年，该公司运营线路81条，线路里程883km，车辆1354辆，日均载客近37万人次。

7.3 公共交通现状

7.3.1 出行结构

在美国这个生活在汽车轮子上的国度中，纽约是少数几个没有私人汽车也能生活的城市。根据2000年美国人口调查局的统计，纽约是美国唯一一个一半以上家庭没有私人汽车的地区，在曼哈顿区这一比例高达75%，统计还显示纽约是美国公共交通利用率最高的城市，全美国1/3的公共交通使用者都在纽约，而铁路使用者比例则高达2/3。纽约市公共交通日均客运量700万人次，主要公共交通工具包括地铁、通勤铁路、公共汽（电）车、轮渡，各方式所占比例如图7-2所示。据统计，在曼哈顿中心商务区工作的人有4/5选择公共交通作为主要出行方式。

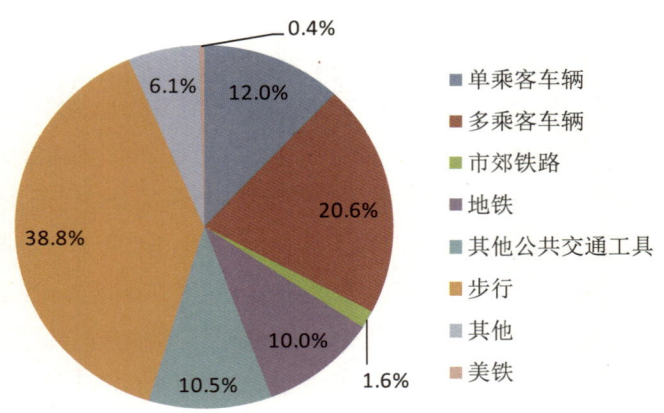

图7-2 纽约市各交通方式出行比例
数据来源：纽约市居民出行调查（2009年）

7.3.2 发展现状

纽约公共汽（电）车（简称公交车）线路240多条，车辆4763辆，线路总长3000多km，车站14000个，日均客运量250万人次。公交车主要由纽约市捷运局经营管理，车况较好，准时准点，且车内干净，有冷暖空调。纽约市的公交车车站密布纽约市的各个地区：纵向行驶的公交车几乎每隔2~3个街区就设有一个车站，横向的公交车每一条街都有一站，便于市民出行。为了加快行车时间，有些线路专门设立了"快车"，在主要的交通干道和主要景点停车。公交车运营分为区内运营和跨区运营，其中，区内运营的线路约200条；在曼哈顿、布鲁克林、布朗克斯、皇后区和斯泰腾岛之间跨区行驶的线路约40条。不同区域的车辆分别以该区区名的第一个英文字母标明，如曼哈顿标M、皇后区标Q、布鲁克林标B、布朗克斯区标BX、斯泰腾岛标S等。

纽约地铁也是世界上通车里程最长的城市轨道交通系统之一。该系统共有373km（232

英里）的列车服务线路，于1056km（656英里）的营运中路轨上使用，若加上其他未营运的路轨，则全长为1355km（842英里）。纽约目前有地铁线路28条，468个车站遍及全市各地，连接周边地区的通勤火车为人们提供经济快捷的服务。其特点是，大多数线路24h运营，全年无休，线路多、车站多，是世界地铁车厢拥有量最多的城市。为了满足不同人的需要，同一线路之中又设置了慢车和快车。在每天上午7:00~10:00的上班高峰时间里，进入曼哈顿中心商务区的客流有62.8%是搭乘地铁抵达的。纽约地铁各站均使用地铁卡，乘坐一次的票价为2美元，乘客可根据自己的需要选择不同面值、不同有效期限的地铁卡。地铁卡还可以在公共汽车上使用，划卡后两小时内可以免费乘坐一次公共汽车，极大地方便了地铁与公共汽车之间的换乘。据统计，在曼哈顿中央商业区工作的人中，有80%的人选择公共交通作为主要出行手段，以避开拥挤的交通和昂贵的停车费用。

7.3.3 运营机制

（1）公共汽车

纽约市公共汽车主要由纽约市捷运局及其附属机构曼哈顿和布朗克斯地面运输局（MABSTOA）负责运营和管理，其负责的公共交通线路总长3246km（2017英里），承担了纽约市公共交通地面运输80%的任务。

2004年9月纽约大都会运输署成立了大都会公共交通公司，兼并了其他公共交通企业，主要负责布朗克斯、布鲁克林和皇后区的公共交通运营，以及曼哈顿与皇后区、布鲁克林、布朗克斯等的跨区运营。纽约大都会运输署计划将其属下的所有公共交通企业，包括纽约市捷运局负责的公共交通运营均并入大都会公共交通公司旗下统一管理。

纽约市的公共交通车辆并非都由国营的捷运局经营。在纽约市的一些地区，尤其是捷运局的公共交通车辆不运行的地方，就由纽约市捷运局购买车辆，与七家私营公司签订营运合同，由他们负责经营。每年给予每辆车一定的补贴。如在1998年，市交通管理部门给予私营公共交通车辆公司的补贴为1.37美元。与纽约市捷运局签订这种私营合同的七家公司，总共拥有1265辆公共交通车辆，每天运送乘客29万人次。这些车行驶的路线都在居民不太集中的社区，它们的任务是将乘客从他们的居住地送往地铁车站，或是提供直达曼哈顿区的快车服务，普通票价为1.5美元，快车票价为3美元。在过去的几年里，乘坐私营公共交通车辆的乘客增加了22%，对国营的公共交通车辆起到了拾遗补缺的作用。

与捷运局经营的公共交通车辆相比，私营公共交通车辆在服务方面仍有许多欠缺。它们不能像捷运局的公共交通车辆那样买过票后可以免费换乘地铁或公共交通车辆。它们运行的准点率也较捷运局的公共交通车辆低得多（纽约市公共交通部门规定，公共交通车辆运行从始发到到站，前后误差不得超过5min，捷运局经营的车辆准点率为90%，而私营车只有71%）。私营公共交通车辆内的卫生状况也不理想，而且经常是人满为患，报站工作也做得不好。合同承包人认为，顾客提出的所有抱怨都是由于车辆和司机的短缺引起的。从1996年起，市交通部门已经花费了大约7100万美元购买了356辆新的汽车，使私营公共交通车辆的总数提高了11%。然而，乘客也提高了22%。除此以外，私营公共交通车辆的使用年龄都超过了捷运局的公共交通车辆。捷运局的公共交通车辆平均使用年龄为5.7年；而私营公共交通车辆有的都超过了12年。

（2）地铁

纽约地铁是大纽约地区的大众运输骨干，占公共交通客运量近70%，亦为全球最错综复杂，且历史悠久的公共地下铁路系统之一。现由纽约大都会运输署管理，纽约市捷运局负责营运。

纽约市地铁走过了一条从私营走向公营之路。早期地铁的管理是由市政府与两个私营公司签订承包合同，由它们管理，这期间政府积极参与地铁线路建设和维护。1932年，为了引入竞争机制和优化地铁网络，纽约市政府开始直接管理和运营一条新开通的地铁线路。1940年纽约市政府收购了两家私营地铁公司，实现了地铁公营化，并于1953年组建纽约市捷运局，行使运营和管理职能。1967年以后，纽约市捷运局纳入大都会运输署旗下。

7.4 公共交通发展经验

纽约是美国城市中人口密集程度最高的城市之一，纽约市坚持优先发展城市公共交通，尤其是发展城市轨道交通，提高客流量、降低车流量，来解决城市交通拥堵问题。具体做法如下

7.4.1 大力发展市郊铁路并提高中心城区轨道网密度

纽约大都市圈除370km的地铁外，还包括3000km左右的市郊铁路，主要服务于长岛、康涅狄格州及新泽西州的部分地区的通勤客流（图7-3、图7-4）。

纽约大都市圈曼哈顿地区的轨道线网密度约为2.5km/km^2，第一圈层内的轨道网络密度也很高，370km的地铁网络主要服务于第一圈层786 km^{2}的城市面积。

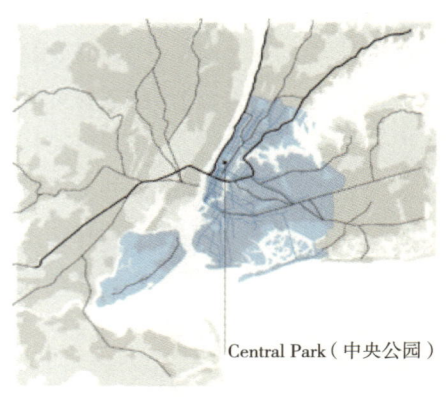

图7-3 纽约大都市圈轨道网示意图

图7-4 纽约地铁网络图

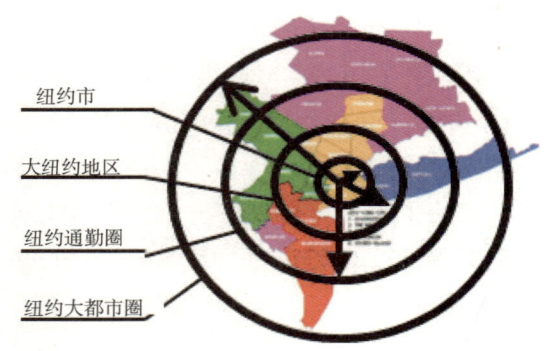

7.4.2 人性化乘车服务

公共交通车辆上下口均配有升降梯，以方便残疾人、老人以及手推婴儿车的妇女上下车。车内还专设轮椅车停放区，每遇残疾人上车乘客均自觉让座，驾驶员将座椅折起后，会帮忙将轮椅车固定好以防不测。老年人专座一般设在离车门最近的地方，即使没有明显标注，遇有老年人上车也必须让座。残疾人若不方便当时支付车费，可向司机索要由交通局预付邮资的信封，回去后将车费寄还即可。

7.4.3 设置公共交通专用道保障路权

纽约中心区主要大街和过河桥梁设置公共交通专用道，为没有轨道交通的区域提供公共交通可靠服务。公共交通专用道在规定时段未经许可，其他车辆不准占用。同时，在一些交通要道禁止公共交通车辆以外的车辆"左拐"或"右拐"。一般公共交通专用道在早上8：00至晚上7：00，由公共交通车辆专用。纽约交通部门自20世纪70年代以来，在曼哈顿中部地区的几条街道上，开展采用公共交通优先措施的研究。如在街道上设置优先公共汽车道，在高峰时只允许公共汽车和右转弯汽车通行，公共汽车运行速度明显提高。

纽约还在高速公路上设立公共交通专用道。公共汽车在高速公路专用道上行驶，一般是中途不设停靠站的直达线路，速度快、安全、准时并经济，许多市民因此放弃使用私人小汽车而改乘公共交通车辆。

7.4.4 政府补贴政策

（1）美国立法保障对公共交通的补贴

1964年，美国联邦政府通过了《城市公共交通法》，承诺提供拨款资助各地区交通规划项目，最高数额达到总费用的2/3，目的是维护已有的公共交通系统，改善并扩大其服务。1970年的《城市公共交通扶持法》，明确规定公共交通获得道路权，开辟公共汽车专用道或优先通行道。在1974年能源危机后，国会首次批准对公共交通实施财政拨款和经营性补贴。1998年，《21世纪交通平衡法》克林顿总统签署生效，该法增加了有利于城市公共交通发展的内容，鼓励轨道交通、公共汽车、城市地区低速磁浮技术的研发工作，并保证到2003年为公共交通提供360亿美元的公共交通基金，另有50亿美元可用于各种拨款。

（2）美国政府对公共交通的投资补贴

1996～2016年，美国联邦政府将为改善交通基础设施（包括新建路线、车辆购买等）补贴185.53亿美元，其中用于巴士公共交通43.3亿美元，用于城市铁路（包括地铁、城市铁路等）建设142.23亿美元。

（3）运营补贴

全国公共交通的资金来源37%是票价收入，5%是联邦政府补贴，21%是州政府补贴，34%是地方政府补贴，其余则通过减免营业税、消费税或发行债券补齐。如纽约市区间桥梁隧道管理局（TBTA）在东河和哈莱姆河的桥、隧道里收过桥、过路费，该费的收入用于高速公路的维修和地铁系统的维修。

（4）乘车补贴

美国国会在1992年通过"联邦雇员清洁空气奖励法"，规定联邦政府的雇员每日上下班如搭乘公共交通工具，联邦政府就为每一名雇员提供65美元的交通券，可用来乘坐公共汽车和地铁。此外，"联邦税法"也做了相应修改，允许私营企业主也为其雇员提供每月最多65美元的类似补贴，并允许将这笔钱作为可抵扣税款的营业费用。

（5）纽约公共交通补贴

从1993年开始，纽约州通过"汽油消费税法案"（the state's business tax），规定购买汽油必须交税，加收燃料税（Petroleum Business Tax），这些收缴上来的税款用于补贴城市公共交通的发展。据1995年数据，NYCTA负责的城市公共交通及地铁运营成本中，票款收入占48.5%、其他商业收入12.8%，其余38.7%来自于政府补贴（包括联邦政府、州政府以及地方政府补贴）。

7.5 其他交通管理措施

7.5.1 需求管理措施

（1）设HOV（High Occupancy Vehicle lane，简称HOV）大容量车辆车道，专用车道

鼓励上下班几人合伙开一辆车。在长岛高速公路，一出38口，你就会见到路牌上写有"多人乘坐的车辆"专用道（HOV lane）。这种车道只允许车内乘坐的人数3人以上（含3人）的车辆行驶。如果不到3人使用这一专用道，将被处以100美元以上的罚款。设HOV专用道，也与城里设公共交通专用道一样，是为了鼓励节约能源、减少公路交通拥挤，合伙搭车的人越多，车辆在道路上占有的面积也就越少，交通堵塞现象也就越少，也越节约能源。HOV道位于高速公路的内侧，是最安全、也是最快捷的一条线（内侧行驶的车辆最少受外侧行驶车辆的干扰）。

（2）停车政策

一是在繁华路段设立"拖车区"，某些地点明确规定任何时候都不得停车，一旦违反即遭重罚。二是商用货车和私家车分类管理。在规定时段，明确规定只允许商用货车路边计时停车，私家车除了停入昂贵的地下车库外别无选择。三是限时停车。在规定时段，路边停车一般少的只有1h，最多也不会超过2h，否则，可能遭到重罚。

7.5.2 优化交通组织

（1）设置通行有效的单行线

纽约的基础设施和城市布局早已定型，金融商业娱乐功能区布局早已形成且极难调整，许多道路狭窄，停车场地不足。面对现实，纽约市交通管理部门因地制宜，采取灵活的措施，最大限度地利用有限的路面，提高交通流量，减少交通瓶颈。纽约的街道大多为单行道，既有4车道的宽阔大道，也有狭窄的小街，以局部的限制保障全局的畅通。纽约的街道布局以网格状为主，为实行单向交通提供了便利。纽约相邻的两条单行线一般方向不

同，隔若干街道就在主要街道上设置双行线，为驾车人提供多种选择，避免长时间等候。

（2）灵活机动的疏导措施

纽约市的金融、商业、娱乐中心以及市政府的有关部门均集中在曼哈顿岛上，每天出入曼哈顿上下班、办事、旅游、购物的人构成了纽约交通的主体，而出入曼哈顿岛的几座桥梁和隧道也往往成为交通瓶颈。为了减少交通瓶颈，纽约交通管理部门采取了一系列措施确保出入曼哈顿的交通畅通，例如，为疏导早高峰期间大批进岛的车辆，将联结曼哈顿和周围几个区的桥梁和隧道的上下行车道都改为进岛的通道。同时，为鼓励市民搭车出行，减少车流量，规定这些通道仅供有两名或两名以上乘员的车辆使用，同时高峰时段禁止单人驾驶的车辆使用进岛的某些桥梁和隧道。这些措施最大限度地利用了现有的交通设施，加快了瓶颈地段的车辆流通，缓解了交通堵塞。

纽约交通管理部门还在一些主要路口限制车辆左右转弯，以减少车辆的等候时间，提高流通量，例如在交通繁忙的第五大道以东地区的许多路口都明确规定在高峰时段不得左转弯。为疏导穿城而过的车辆快速通过，交通管理部门还专门开辟出一些"通行大道"。这些街道上行驶的车辆在一定时段、一定区域内只许直行，不许转弯。

7.5.3 注重非机动化交通的发展

近几年来，伴随着全球气候变暖、空气污染和油价飙升等，纽约市骑自行车人数呈逐年上升趋势。为了改善自行车族的交通安全状况，减缓车辆堵塞和减少二氧化碳排放量，纽约市推出多项改善城市生活环境的新政策，取名为"纽约计划"（"PlanNY"）。该计划承诺要增加上百英里的自行车道，到2009年，纽约市新添321km（200英里）的自行车专用道，相当于过去20年增加的总数，到2030年，争取使自行车道与全部道路的比例由1∶15升至1∶10。同时，纽约市内将添加更多自行车停车架，鼓励市民以自行车代步。在"纽约计划"的推动下，2009年7月，美国交通部宣布一项历时3年的工程项目已经竣工，该项目包括修建321km（200英里）长的自行车道，在城镇周边安装6100个自行车停车架；重新设置交通灯时间，并对主要十字路口进行改造，以更好地适应自行车出行，还计划于2010年从汽车道中分离出更多的自行车道。此外，为保护骑车人的安全，纽约市还对骑车人作出了有关规定，如年龄在14岁以下的必须佩戴头盔；不得逆行骑车，不得闯红灯；不可载人（儿童除外，但要安装童椅并有安全带）等。

第8章 芝加哥

8.1 基本概况

芝加哥位于美国中西部，为美国最重要的铁路、航空枢纽。芝加哥同时也是美国主要的金融、文化、制造业、期货和商品交易中心之一。芝加哥市总面积为606.1km²，其中

588.3km² 为陆地，17.8km² 为水面。芝加哥是美国人口最密集的大城市之一，辖区内人口约270万；芝加哥及其郊区组成的大芝加哥地区，是美国仅次于纽约市和洛杉矶的第三大都会区，面积28163km²，2008年总人口超过950万，集聚了伊州（Illinois）超过一半的人口（图8-1）。

图8-1 芝加哥及芝加哥大都市会示意图
资料来源：维基百科、World Business Chicago

有美国第二大劳力市场之称，有12个全球500强的公司总部，以及17个财经500强的公司总部。从芝加哥历年的生产总值看，2007年以来，经济呈衰退趋势，2013年有所回升，但在美国经济总体萧条的背景下，芝加哥地区占美国整体经济的比例呈逐年上升趋势（图8-2）。

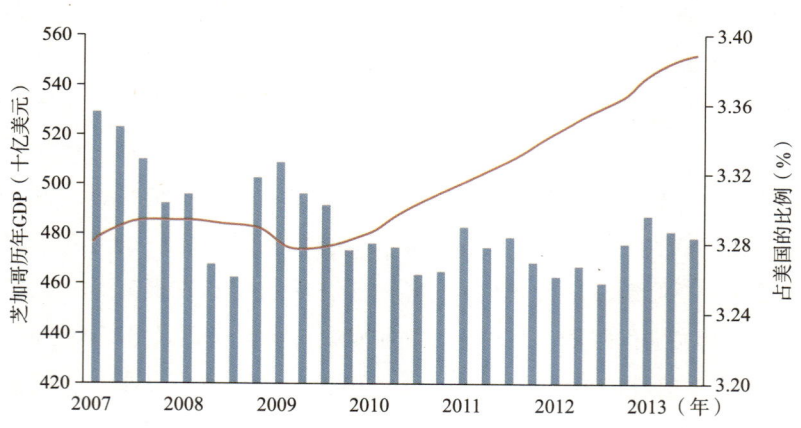

图8-2 芝加哥历年GDP及占美国比例变化图
（资料来源：World Business Chicago）

8.2 交通工具

8.2.1 通勤铁路

（1）发展历程

自19世纪起，芝加哥就成为美国中部地区铁路运输的中心，多个铁路公司将线路修筑到市区并形成了绵密放射状铁路网。同时，芝加哥的铁路工业也相当发达，成为机车、客车和火车的主要生产地。各货运铁路公司也同时提供客运区域通勤服务。1930年代，芝加哥已拥有世界上最庞大的公共交通系统。但区域铁路系统自1960年代中期起逐渐萎缩。至

1970年中期，芝加哥通勤铁路的提供商均面临入不敷出的窘境，客车设备也不断老化而无钱进行更新。为了提高公共运输的质量和品质，伊利诺伊州议会在1974年成立地区交通部门（Regional Transportation Authority，RTA），以投资并管理芝加哥地区的区域公共交通系统。RTA在十年不到的时间里，就深陷一系列的经济危机。1983年，伊利诺伊州议会改组RTA，赋予其管理芝加哥地区全部巴士系统、捷运、区域铁路系统，并且拥有制订服务等级和票价、线路规划、预算编制等权限。

由于RTA权限较广，"通勤铁路委员会"（Commuter Rail Service Board）在1984年决定将区域铁路系统重新命名为Metra。Metra将负责管理整合RTA下所有通勤铁路线路。同时，"东北伊利诺伊区域通勤铁路集团公司"成立，由Metra管辖，并负责经营Metra所拥有的路轨和7条线路。同时，Metra和联合太平洋铁路，BNSF铁路签订合同。由Metra提供车辆和大部分车站，后者提供路轨并负责运营其余4条线路，并挂靠在Metra名下。20世纪末至21世纪初，Metra的业务回升，并开设若干新线和新车站。2010年统计数据表明平均正点率为95%，客流量为历史第四，虽然该年芝加哥市内工作总量略有下降（图8-3）。

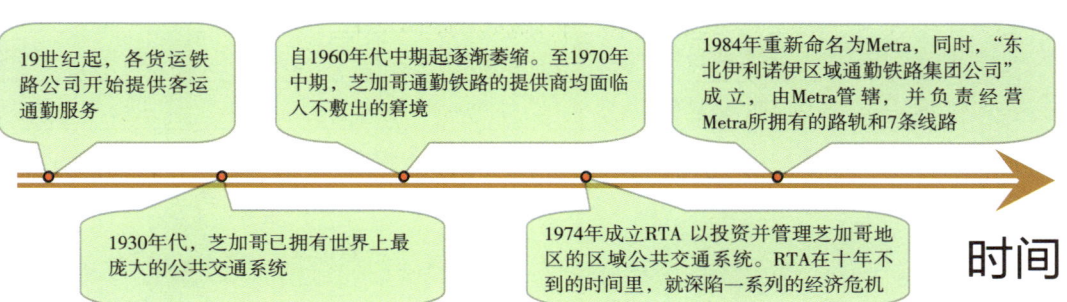

图8-3 芝加哥的Metra系统发展历程

（2）运能运量

芝加哥通勤铁路（Metra）担负芝加哥大都会地区通勤铁路客运业务。Metra共有11条线路，241个车站，长度达到487.1mile（783.9km），是全美第二繁忙的区域铁路系统。2012年年均乘客共8130万人次，工作日日均客运量30.5万人次，周末日均客运量11.6万人次。工作日开行703班次列车，周六开行296班次列车，周日开行163班次列车。高峰期运行速度31.5mile/h（50.7km/h），平峰期运行速度29.8mile/h（47.9 km/h）。

（3）客流分布

目前Metra主要服务于通勤人群，游客，逆向通勤者（居住在市区，工作于市郊）以及活动及体育赛事吸引的人流。Metra车站遍布芝加哥市区及市郊，每个车站均有标识牌指示"前往"或"离开"市区的方向，以方便乘客转乘。此外，虽然通勤铁路主要目的是服务于市区和市郊间的人流，但在市区也拥有多个停靠站以便于市内乘客的出行。Metra在核心区卢普附近有四大总站：联合车站、奥格尔维中心车站（原西北车站）、拉塞尔街车站和千禧车站（原朗道夫街车站）。各总站距离较近，转乘十分便利。

上午客流主要分布情况为：88%到芝加哥CBD地区，6%到芝加哥其他地区，然后还有6%为出芝加哥客流。另外，在主要的高速走廊上，Metra承担了大约50%的工作出行，而这些出行如果采用高速公路,需要29条高速车道才能容纳(表8-1,图8-4)。

铁路线路及运量一览表　　表8-1

序号	长度	车站数	工作日班次	工作日运量(人次)	周末班次	周末运量(人次)
BNSF铁路线	37.5mile(60km)	26	94	67400	46	24600
文物走廊线	37.2mile(59.6km)	6	6	2600	—	—
Metra电铁线	40.6mile(65km)	49	170	36400	164	14300
密尔沃基北线	49.5mile(80km)	22	60	23100	44	9500
密尔沃基西线	39.8mile(64km)	12	58	22800	42	9600
北方中心服务线	39.8mile(64km)	18	22	5800	—	—
岩岛线	46.8mile(75km)	26	69	30700	36	6800
西南服务线	40.8mile(66km)	13	30	9700	6	400
联合太平洋北线	51.6mile(83km)	27	70	35400	44	17300
联合太平洋西北线	70.5mile(113km)	23	65	41000	39	19500
联合太平洋西线	43.6mile(70km)	19	59	30300	38	14100
合计	487.1mile(784.9km)	241	703	305200	459	116100

图8-4 芝加哥的手指状Metra系统
资料来源:Metra官方网站

Metra可方便的与各种交通方式换乘。郊区Metra各车站通常提供P+R换乘停车场，停车资费由市政当局决定，但大部分停车场在周末和节假日免费开放。同时无论是市区还是郊区，Metra都有多条公交线路接驳，持月票者可以方便地进行换乘。Metra亦可方便换乘芝加哥捷运的地铁列车，始发的四大总站位于卢普区内或边缘；可经步行前往附近捷运车站，部分车站也提供同站换乘，捷运列车亦会提示某站可前往Metra总站。此外，在联合车站，Metra可转乘美国国铁长途列车前往美国各地。

8.2.2 公共交通

（1）常规公交及捷运系统

芝加哥运输管理局为芝加哥及周边35个郊区社区提供服务，2011年客运量达到62050万，比2010年增加3%，达到了20年来的最高水平。芝加哥的公共交通24小时服务，常规公交及芝加哥捷运平均每周日运送约170万客运量；其中常规公交包括1781辆巴士、129路线，线路总长度1959mile（3152km），11493个公交站，日均运量达到100万；芝加哥捷运包括1190节列车、8条线路，线路总长度224.1mile（360km），145个车站，日均运量75万。芝加哥捷运（Chicago 'L'，简称 The L）是美国伊利诺伊州芝加哥的城市轨道交通系统，由芝加哥交通局（简称CTA，Chicago Transit Authority）负责营运。该系统于1892年开始营运，自1993年起开始使用颜色区别，目前系统网络由八条高运量铁路构成，除了红线及蓝线在市区为地下路线外，其余路线皆为高架路线或地面路线。芝加哥捷运的一大特点，就是以环线方式环绕市中心（Loop），而红线和蓝线则与纽约地铁一样，年中无休（表8-2，图8-5）。

公共交通系统指标一览表　　　　表8-2

指标	数量
服务区域（CTA）	芝加哥及35个郊区（至2012.12）
服务人口	380万（2000年人口调查）
单日平均运量（公共汽车）	973,061（2010年）
单日平均运量（捷运地铁）	641,261（2010年）
全年平均运量（公共汽车）	30602万（2010年）
全年平均运量（捷运地铁）	21085万（2010年）
公共汽车线路长度	1959mile（3152km）
公交每天行驶里程	145832mile（234693km）
公交车辆数	1781
公交线路	129（2012.12）
公交车站	11493
捷运地铁线路数	8
捷运地铁长度	106.1mile（170km）
捷运地铁每天行驶里程	177490mile（285642km）
捷运地铁车站数	145（2012年夏）

图8-5 芝加哥捷运系统
资料来源：http://www.transitchicago.com/about/facts.aspx

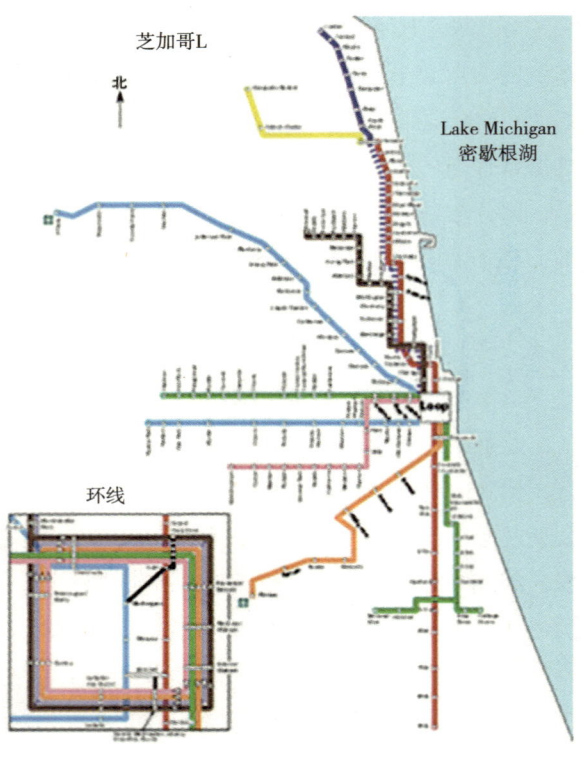

（2）郊区巴士Pace

在芝加哥市区外，Pace是主要的公共交通攻击。和Metra类似，在财务和服务上，Pace受伊利诺伊州区域交通局的管辖。Pace服务的区域面积达3688平方英里，为芝加哥市的15倍大，服务覆盖Cook、Lake、Will等六线284个社区的800多万居民。

Pace的服务模式有三种：固定线路固定时间的公交服务、预约公交服务（主要面向不能开车的乘客）和合乘车辆服务。至2012年为止，Pace共有209条固定线路、454条不固定线路和694台合乘车。此外，为了促进轨道交通、通勤铁路和Pace的换乘，Pace建设有32处换乘设施。2012年Pace的总客运量约3919万，其中合乘客运量219万。Pace每年的总支出大约为2亿美元，其中通过售票、广告、纪念品等创收5000万美元，其余部分靠伊州的税收、联邦政府补贴等来补贴（图8-6，图8-7）。

图8-6 至2011年9月的Pace指标
（a）所有线路的准点率；（b）包括所有交通方式的载客量
资料来源：http://www.transitchicago.com/about/facts.aspx

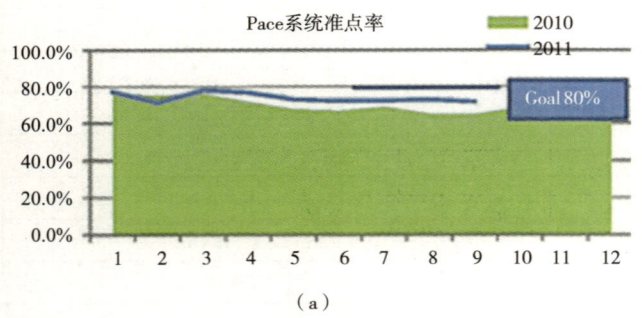
（a）

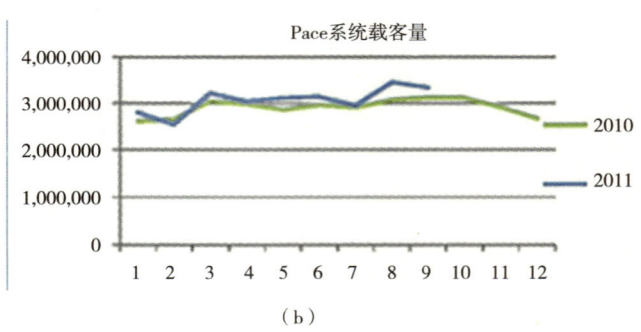
（b）

图8-7 Pace系统车辆
（a）固定线路车辆；
（b）辅助线路车辆；
（c）合乘车
资料来源：http://www.pacebus.com

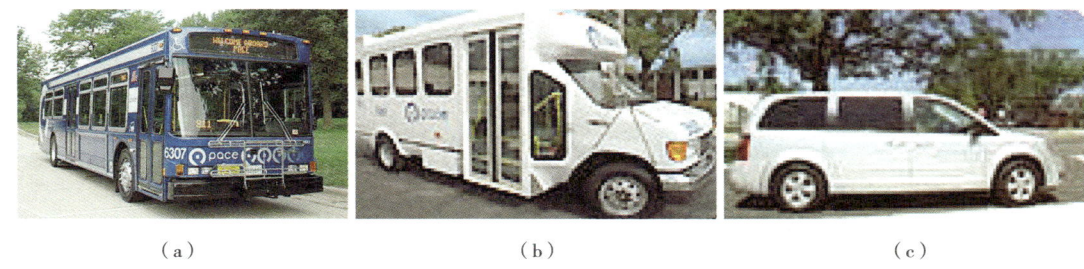

（a）　　　　　　　　（b）　　　　　　　　（c）

固定线路车辆车头处设有自行车架供骑自行车者方便的换乘。合乘车是Pace推出的应对小汽车冲击及节约能源的一个举措，并且Pace对自己的员工使用合乘车出行有一定的奖励，以此激励他们降低小汽车使用率。

8.3 交通特征

8.3.1 家庭交通支出等基本特征

芝加哥大都市区呈现出明显的区域交通特征，根据相关资料，芝加哥大都市区平均每个家庭拥有1.5辆小汽车，小汽车年行驶里程为14970mile（24091km），年使用公共交通工具出行为304次，按照典型家庭的平均年收入计算，交通支出占到家庭年收入的15%。

而在大都市区的核心芝加哥市，平均每个家庭拥有1.2辆小汽车，小汽车年行驶里程为12307英里，年使用公共交通工具出行为469次，交通支出占到家庭年收入的13%。在芝加哥市的核心地区loop，平均每个家庭拥有0.7辆小汽车，小汽车年行驶里程为7928mile（12758km），年使用公共交通工具出行为383次，交通支出占到家庭年收入的8%，这是由于loop区范围非常小，面积仅4.09km^2（图8-8，图8-9，表8-3）。

图8-8 芝加哥大都市区交通住房支出特征

图8-9 芝加哥核心区loop交通住房支出特征

不同区域交通特征一览表　　　　　　　　　　　　　　　表8-3

类别	大城市区	芝加哥市	核心区loop
小汽车拥有量（户）	1.5	1.2	0.7
小汽车年行驶里程（年）	14970	12307	7928
公共交通出行次数（年）	304	469	383
公交支出占收入比重	15%	13%	8%

资料来源：http://www.locationaffordability.info/lai.aspx

8.3.2 交通结构特征规律

（1）基本概况

芝加哥大都会规划局是以芝加哥为核心的库克县、莱克县等8个县的大都会规划组织，一个县往往有若干个城市，其中芝加哥市即属于库克县。大都会规划局负责制定集土地利用、人口、经济发展、交通和环境保护等为一体的综合规划。

芝加哥大都会规划局辖区自20世纪50年代起，大约每10年会进行一次大规模的出行调查。最近的芝加哥大都会规划局辖区出行调查是在2007年1月至2008年2月开展的。这次调查按照县份的抽样家庭数及所占比例的基本信息见表8-4。

芝加哥大都会2007~2008年出行调查抽样情况　　　　　　　　　　　表8-4

县	大都会规划局辖区家庭数		完成调研总数	
	家庭数	比例（%）	家庭数	比例（%）
库克县	1974181	61.4	6986	48.55
杜佩奇县	325601	10.1	994	6.91
格兰迪县	14293	0.4	67	0.47

续表

县	大都会规划局辖区家庭数		完成调研总数	
	家庭数	比例（%）	家庭数	比例（%）
凯恩县	133901	4.2	463	3.22
肯德尔县	18789	0.6	73	0.51
莱克县（印地安娜州）	216297	6.7	988	6.87
麦克亨利县	89403	2.8	369	2.57
威尔县	167542	5.2	612	4.26
莱克县（伊利诺伊州）	181589	5.7	2484	17.27
波特县	41086	1.3	549	3.82
拉波特县	54721	1.7	805	5.6
合计	3217403	100	14390	100

（2）用地特征

选取人口密度、岗位密度、公交可达性、公交便利性四个指标将用地特征分为5个等级，人口岗位密度越大，公交可达性便利性越好，等级越高。如图8-10所示，等级最高的区域基本在核心区及铁路走廊，这与预期是一致的。

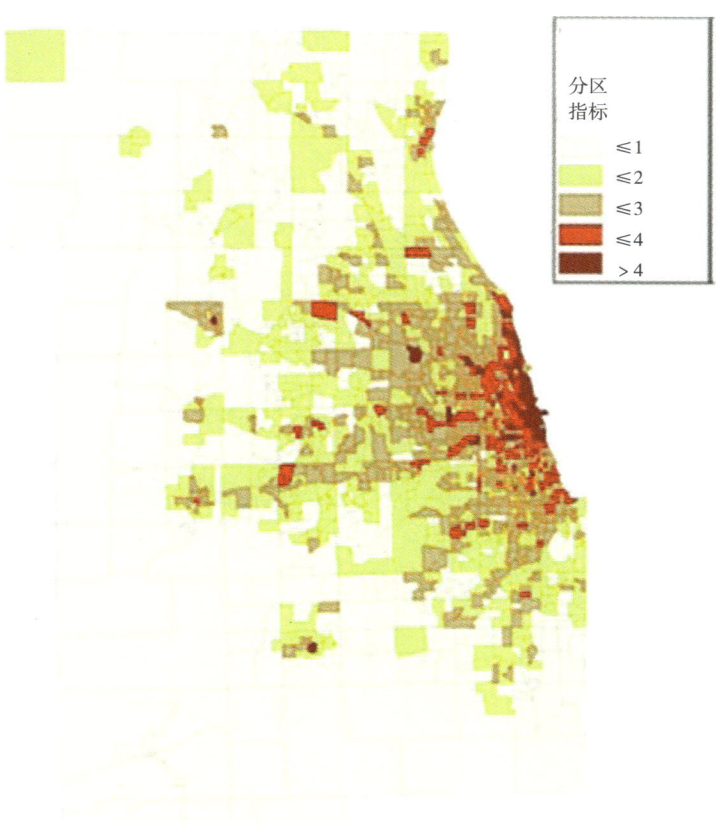

图8-10 大都市区各县用地特征情况

（3）人口演变特征

芝加哥大都市区人口持续向郊区拓展，1990年以来核心区域人口一直减少而临近的县市人口规模持续扩张（表8-5，图8-11）。

芝加哥大都会1990~2005年人口变化一览表　　　　表8-5

地区	1990年人口（人）	2005年7月预计人口（人）	人口变化率（%）	2008年人口比例（%）
芝加哥中心	1092743	1042360	-1.6	12.3
北芝加哥	820600	855451	4.2	10.1
南芝加哥	865477	842918	-2.6	9.9
北库克郡	975750	1066626	9.3	12.5
西库克郡	601307	651787	8.4	7.7
南库克郡	749190	829324	10.7	9.7
湖郡	516418	704102	36.3	8.3
杜佩奇郡	781666	927680	18.7	10.9
麦克亨利郡、肯德尔郡、西凯恩郡	248348	458851	84.8	5.4
东凯恩郡	291777	428207	46.8	5.0
威尔郡、格兰迪郡	389650	699997	79.6	8.2

资料来源：美国1990年人口普查10年数据和2005~2007年美国居民调查数据。

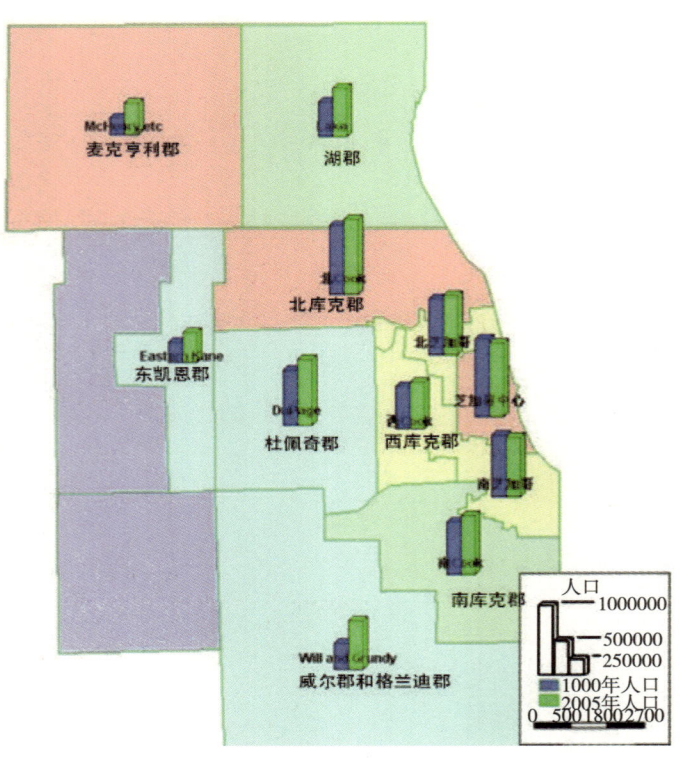

图8-11 芝加哥人口分布及变化示意图

（4）出行次数

调查有效样本共14390个家庭，调查总人数38745人，平均家庭人口2.71人，平均每个家庭拥有劳动力1.45人，其中城区为1.29人，郊区为1.74人，乡村为1.45人；共拥有车辆25746辆，平均家庭车辆拥有率1.74辆/户，且城区户均为1.49辆/户，郊区户均为2.15辆/户，乡村户均为2.02辆/户；自行车户均拥有量为1.06辆/户，其中城区1.0辆/户，郊区及乡村为1.16辆/户；调查中一日调查出行量133549次，二日调查 出行量50645次；以一天出行数据量计算家庭日出行次数9.28次，人均3.45次；以二天出行数据量计算家庭日出行次数7.59次，人均2.9次，出行次数呈现乡村＞郊区＞城区的规律，同时，出行次数与家庭车辆拥有率、家庭劳动力、家庭收入等也呈现正相关（表8-6）。

芝加哥大都会2007-2008年出行调查基本特征　　　　　　　　　　表8-6

	加权数据	扩样数据
调查户数（户）	14390	3218100
调查人数（人）	38745	8726717
小汽车数（辆）	25746	5588431
一天出行量（次）	133549	29278426
二天出行量（次）	50645	10678205
按一天计算平均家庭日出行率	9.28	
按一天计算平均人日出行率	3.45	
按二天计算平均家庭日出行率	7.59	
按二天计算平均人日出行率	2.9	

（5）出行结构

根据调查，芝加哥大都市区出行方式呈现明显的区域差别，郊区及乡村明显小汽车出行比例比城区更高；按县市来看，处于中心地位的Cook县小汽车出行比例低于其他县市水平而相应的公共交通出行比例更高（表8-7）。

芝加哥大都会2007～2008年出行调查——主要通勤交通方式（％）　　　表8-7

地区	小汽车	公共交通	出租车	其他	总计
CMAP（西北8县）	76.7	17.5	0.2	5.7	100
NIRPC（东部三县）	95.8	2.5	0.1	1.6	100
CooK县	72.9	21.0	—	6.1	100
城区	66.2	25.6	0.3	7.9	100
郊区	92.4	5.3	0	2.2	100
乡村	94.1	2.8	0	3.2	100
合计	78.3	16.2	0.2	5.3	100

备注：（1）小汽车包括司机及合乘；
　　　（2）公交包括常规公交、郊区pace、捷运地铁及Metra通勤铁路；
　　　（3）出租车包括私人穿梭巴士、电话预约叫车、辅助客运及出租车（以下同）。

小汽车是通勤出行的主要交通方式，将近1/4的人表明小汽车在工作中将要用到，具体的比例为城区为17%，郊区为26%，乡村为28%（表8-8～表8-12）。

学生交通方式（%） 表8-8

地区	步行及自行车	小汽车	公交	出租车	校车	其他	总计
CMAP（西北8县）	26.5	47.3	12.2	0.4	13.6	0.1	100
NIRPC（东部三县）	5.5	58.6	1.6	14.5	19.6	0.2	100
城区	30.3	46.9	13.2	0.4	9.1	0.1	100
郊区	13.4	51.3	7.6	4.9	22.7	0.1	100
乡村	9.3	50.6	1.1	0.3	38.6	0	100
合计	24.5	48.3	11.1	1.7	14.2	0.1	100

全目的交通方式（%） 表8-9

地区	步行及自行车	小汽车	公交	其他	总计
CMAP（西北8县）	14.1	76.9	8.0	1.0	100
NIRPC（东部三县）	3.0	94.2	2.5	0.3	100
芝加哥中心	28.4	53.3	16.3	1.8	100
北芝加哥	16.8	68.6	13.0	1.5	100
南芝加哥	13.3	68.6	16.1	1.9	100
北Cook	9.7	84.7	3.5	2.2	100
西Cook	11.9	80.0	5.9	2.1	100
南Cook	8.2	85.8	4.3	2.9	100
城区	18.1	70.6	9.9	1.4	100
郊区	6.0	89.8	3.9	0.3	100
乡村	4.0	91.1	4.6	0.3	100
合计	13.1	78.5	7.5	1.0	100

出行目的分布（%） 表8-10

地区	回家	上班	上学	交通运输	出差	其他	总计
CMAP（西北8县）	35.4	13.4	5.8	10.4	16.2	18.8	100
NIRPC（东部三县）	32	22.2	4.6	8.9	17.4	14.9	100
城区	35.1	12.2	6.9	11.1	16.7	18.0	100
郊区	35.2	17.3	3.9	9.2	15.7	18.8	100
乡村	33.5	15.9	4.8	8.2	17.5	20.2	100
合计	35.1	14.2	5.7	10.3	16.4	18.4	100

出行目的距离分布（英里） 表8-11

地区	回家	上班	上学	交通运输	出差	其他	总计
CMAP（西北8县）	5.42	7.17	5.35	4.29	3.97	4.82	4.84
NIRPC（东部三县）	5.11	8.14	4.95	6.3	3.43	4.83	5.58
城区	4.52	6.58	5.38	3.45	3.67	3.67	4.13
郊区	6.34	7.65	5.06	5.95	4.18	6.18	5.87
乡村	8.24	11.05	6.41	6.68	5.25	7.54	7.18
合计	5.39	7.31	5.33	4.45	3.92	4.82	4.91

出行方式距离分布（英里） 表8-12

地区	小汽车	公交	铁路	步行、自行车	其他	合计
CMAP（西北8县）	5.22	3.86	12.79	1.97	8.24	4.84
NIRPC（东部三县）	5.64	3.73	28.1	1.16	5.64	5.58
城区	4.49	3.63	8.83	2.15	7.46	4.13
郊区	5.99	4.71	28.91	1.09	13.14	5.87
乡村	7.27	4.21	48.19	1.04	9.42	7.18
合计	5.27	3.86	13.26	1.95	8.16	4.91

从时间发展的变化规律来看，自1990年以来，芝加哥大都市区已经是以小汽车为主要出行方式，外围县市小汽车分担率在普遍在90%以上，核心的Cook县小汽车分担率稍低，而公交分担率显著高于周边县市。总的来说，经过二十年的公交的建设发展，各县市公交分担率均有所提升（表8-13）。

1990年各县出行结构（%） 表8-13

	小汽车	公交	步行及自行车	其他
Cook	72.3	21.6	4.6	1.5
Dupage	91	7.7	1.0	0.4
Kane	96	2.4	1.2	0.4
Kendall	96.1	1.4	1.5	0.9
Lake	94.2	4.5	0.9	0.4
McHenry	94.7	3.5	0.8	1.0
Will	95.5	3.7	0.4	0.4

8.4 总结

综上，整个大芝加哥地区的交通出行特征可以总结为以下几点：

（1）交通工具，主要由小汽车、出租车、公交、地铁、铁路、自行车、步行等组成。公交包括常规公交、郊区pace[Pace的服务模式有三种：固定线路固定时间的公交服务、预约公交服务（主要面向不能开车的乘客）和合乘车辆服务]；出租车包括私人穿梭巴士、电话预约叫车、辅助客运及出租车。

（2）"公共交通系统"应包括常规公交、郊区pace、捷运地铁及通勤铁路。这四种交通方式在芝加哥公共交通系统中发挥着重要的作用。

（3）通勤铁路是一大特色

芝加哥通勤铁路至今已有100多年的历史，有着辉煌的过去，在芝加哥交通结构中，至今仍发挥着不可替代的作用，是芝加哥交通方式的重要组成部分。

（4）交通出行方式特征

1）时间演变规律

自1990年以来，芝加哥大都市区已经是以小汽车为主要出行方式，外围县市小汽车分担率在普遍在90%以上，但经过近二十年公交系统的大力发展，除芝加哥市所在的Cook县，其余县市公交分担率均有所提升。

2）空间出行特征

芝加哥是低密度开发的城市，以小汽车交通占交通方式的主体，中心区公交聚能力相对较强，外围公交走廊以芝加哥为中心呈放射状形态往外发展：

中心城区，平均出行距离小，外围则相反——城区出行距离4.13miles（6.64km），外围7.18miles（11.26km）。

中心城区，小汽车拥有率低、使用强度低、小汽车分担率也越低——城区小汽车分担率稍低（70.6%），核心城区最低（芝加哥中心地区为53.3%）；外围则相反。

中心城区，公共交通系统越发达，公交分担率越高，往外围则相反（例如，芝加哥中心区公交分担率16.3%，而东部三县仅2.5%）。

中心城区，步行和自行车出行比例高，外围则相反（例如，芝加哥中心区步行及自行车比例28.4%，而东部三县仅3.0%）。

第9章 伦敦

9.1 城市概况

伦敦是英国的政治、经济、文化中心和交通枢纽，国际金融中心。伦敦行政区划分为伦敦城和32个自治市，伦敦城外12个自治市称为内伦敦，其他20个自治市称为外伦敦。伦敦城、内伦敦、外伦敦构成了大伦敦市，整个大伦敦市面积为1580km^2，常住人口750多万，拥有33万家企业，就业人口470万，每年吸引3000万游客，每日产生2400万次出行，道路总长约13580km。伦敦大都市区则是包括大伦敦在内的东南地区，面积10385km^2，人口1195万（图9-1～图9-6）。

第9章 伦敦

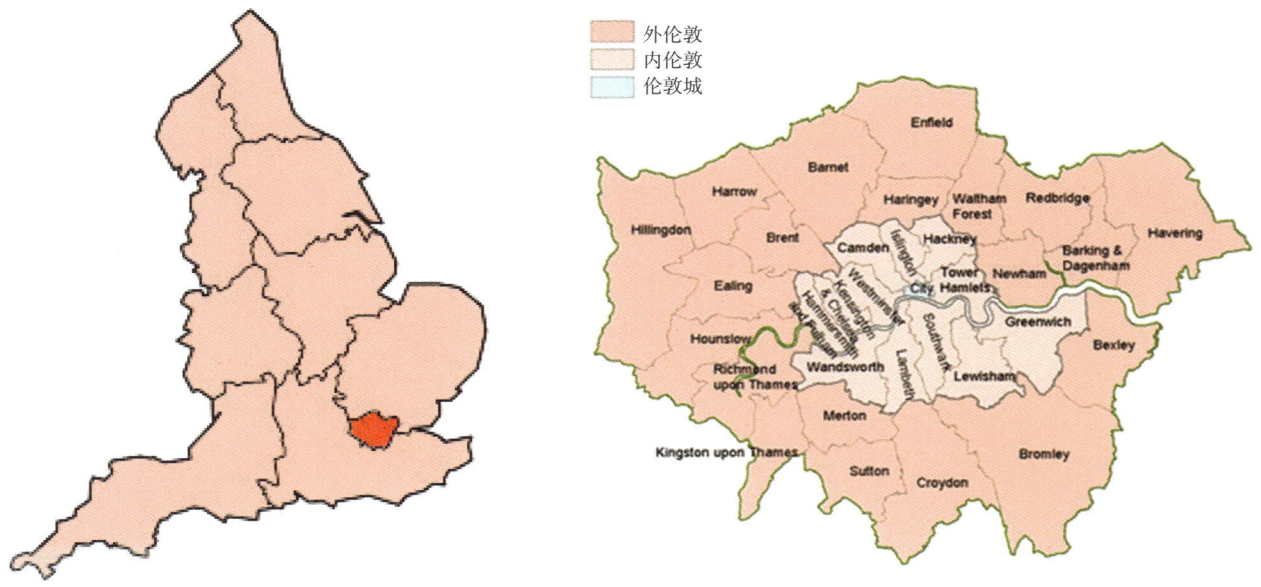

图9-1 伦敦在英国的位置

图9-2 伦敦城、内伦敦、外伦敦示意图

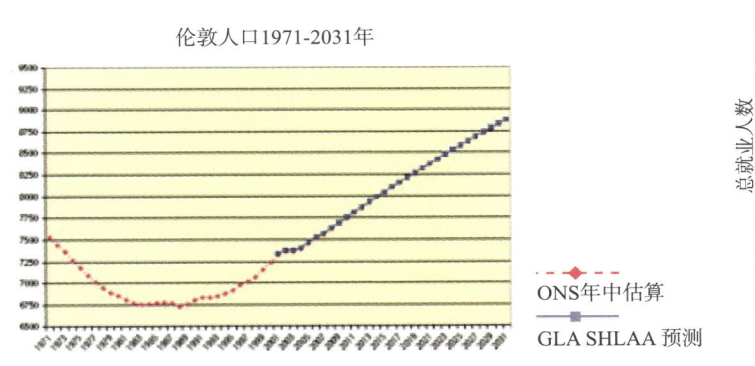

图9-3 伦敦常住人口（1971~2031年）

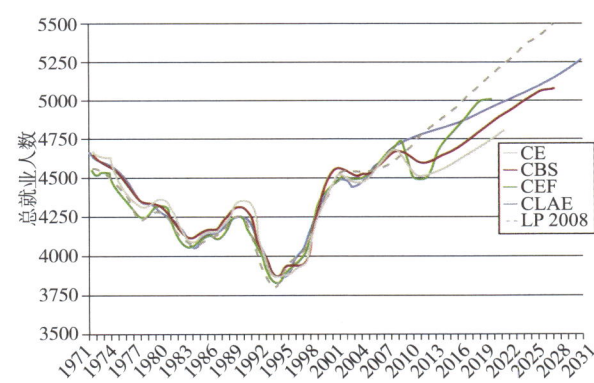

图9-4 伦敦就业人数（1971~2031年）

图9-5 伦敦城市一角

图9-6 伦敦道路交通图

- 101 -

9.2 交通概况

伦敦经过一个多世纪的发展，拥有世界上最早的城市地铁网、庞大的郊区铁路网和公共汽车线路网（表9-1）。

伦敦交通系统发展历史　　　　表9-1

时间	交通现状及问题	措施
19世纪30年代	伦敦城市半径小于5km，城市道路狭窄，货运、客运混合	（1）修建新的过境道路；（2）对外道路提供客运服务，服务范围扩展到20km处
1850年	伦敦中心城出现交通危机，道路交通流量不断增加	（1）修建环形铁路附线；（2）建设长途通勤客运铁路线；（3）建设4条跨泰晤士河的铁路线；（4）完成地铁内环线的建设
19世纪后半期	由于经济发展和伦敦不断外扩，伦敦出现第二次交通危机	（1）修建地铁；（2）将地铁系统与公共汽车客运系统连为整体
小结：从伦敦城市交通发展的几次危机可以看出，城市公共交通对城市发展的促进与制约作用非常明显，与城市发展密切相关		

伦敦城市道路系统为环形加放射状，围绕市中心的内环路主要任务是改善内伦敦地区的交通，一部分是路垫式，一部分是高架式；围绕外伦敦修建了二环路。放射状道路主要分为三类：干线道路（高速公路）、A级道路及地方代管道路。市中心区的道路面积率为24.8%，内伦敦范围的道路面积率为16.6%，大伦敦范围内的道路面积率为11.5%（1982年统计数字，图9-7，图9-8）。

2010年伦敦出台了市长交通战略，至2031年，伦敦人口预计增长130万人，预计增加75万个岗位，与2008年相比，总出行量将增加15%，其中公共交通出行增加30%。战略重点是支持经济发展和人口增长；改善所有伦敦人的生活质量；改善所有伦敦人的安全状况；改善所有伦敦人的交通状况；减少交通对气候的影响，增强气候恢复能力；支持2012年伦敦奥运会、残奥会及其遗产，如图9-9~图9-11所示。

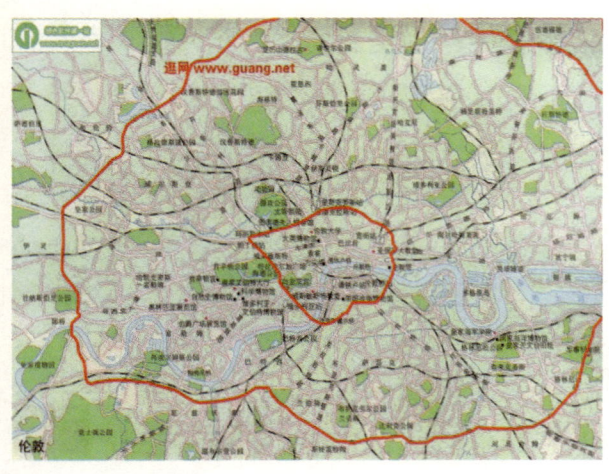

图9-7 伦敦市交通圈

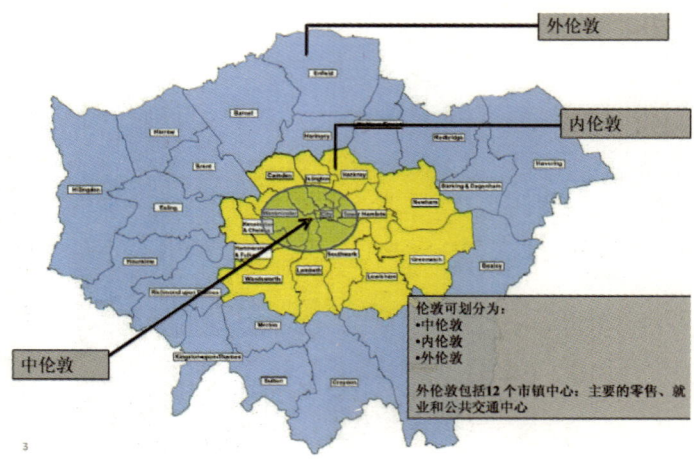

图9-8 伦敦三圈层

第9章 伦敦

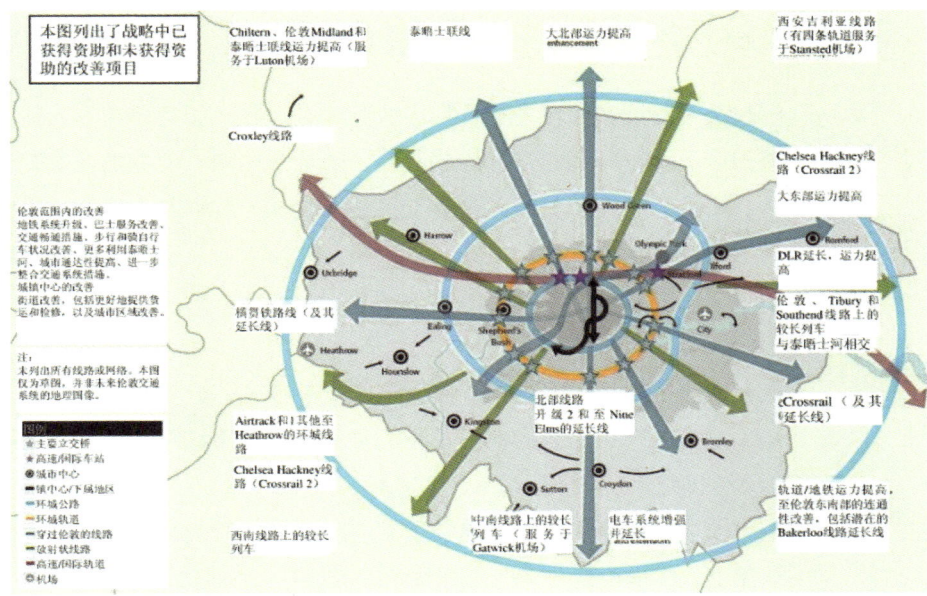

图9-9 伦敦市长交通战略

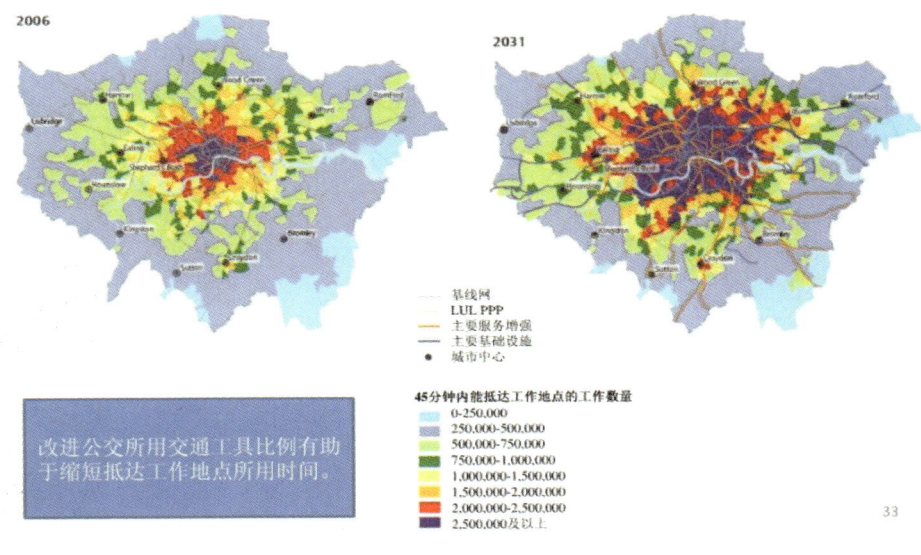

图9-10 交通战略实施前后可达性对比

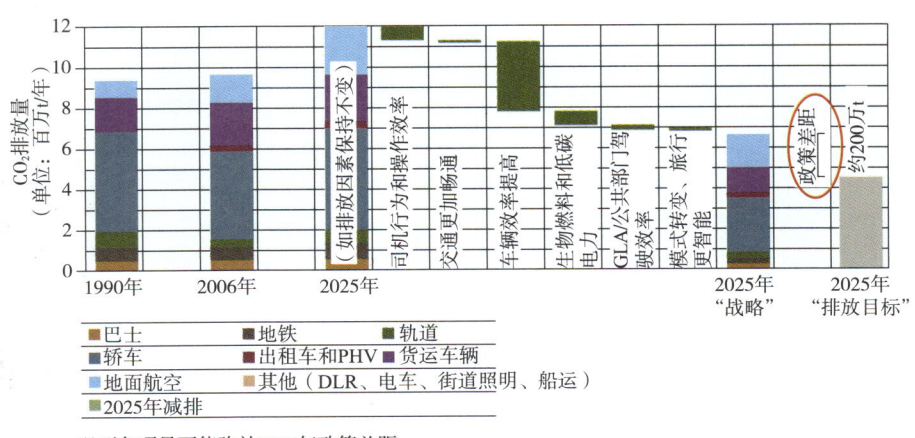

图9-11 改善后交通CO_2排放降低

以下各项最可能弥补2025年政策差距：
（1）公路使用者收费，鼓励使用低碳车辆；
（2）进一步提高道路车辆效率（目前预计，截至2025年，电动车使用率将达8%，但该使用率需50%以上方能实现目标，且不采取其他措施。

9.3 公共交通现状及战略

伦敦公共交通系统以轨道交通为骨架，公共汽车、有轨电车、轮渡为辅助。地铁、市郊铁路与公共汽电车线路之间纵横交错，形成了密集、便捷的公共交通网络。据伦敦交通局统计，平均每条地铁与10条公共交通线路交叉，地铁与市郊铁路换乘站点多达46个，各种交通工具换乘非常方便。

9.3.1 轨道交通

伦敦轨道交通采用多层次、多类型的发展模式，分为地铁、轻轨、市郊铁路和有轨电车。地铁是伦敦公共交通的核心，1863年伦敦第一条城市地铁投入运营，至今已拥有极为完善的地铁网络。

伦敦地铁公司是唯一一家地铁运营商，共运营12条线路、275个车站，地铁总长408公里。承担伦敦大都市区公共交通客运量的26.3%；地面轨道交通（包括火车和轻轨）集中在泰晤士河南岸地区，其客运量占伦敦大都市区公共交通客运总量的23.7%。在中心地区高峰时间发车间隔为2.5min，市郊区2～8min。每逢工作日输送乘客人数约为190万人次，年客运量约在4.9亿～6.5亿人次（图9-12，图9-13）。

图9-12 地铁和轻轨网

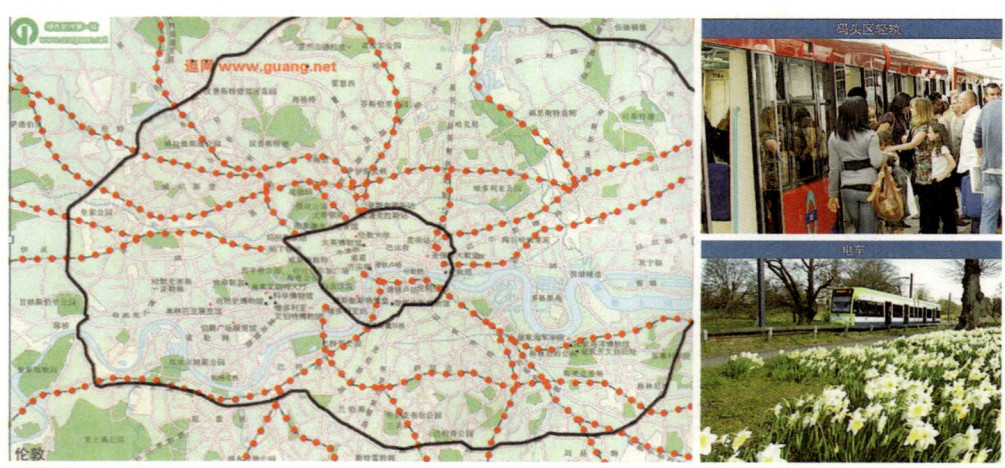

图9-13 市郊铁路网

9.3.2 轻轨

1984年在伦敦东部的码头地区兴建了第一条12km长的双线轻轨铁路。沿途设16个车站，平均发车间隔7.5min。目前正在研究在伦敦市内及其周围地区建造轻轨系统的可能性。

9.3.3 市郊铁路

伦敦市郊铁路网十分稠密，呈放射状，总长650km，有550个车站，市中心有15个终点站。1986年共有车辆5896辆，日均运量为140万人。全天在5：00～23：00运行，高峰发车间隔10min以内，非高峰发车间隔30min。

9.3.4 公共汽电车

伦敦公共汽电车作为地铁、轻轨系统的补充，服务中短距离出行，共有线路700多条，车辆6500多辆，日均客流量540万人次，运营企业38家，其客运量占伦敦大都市区公共交通客运总量的50%（图9-14～图9-16）。

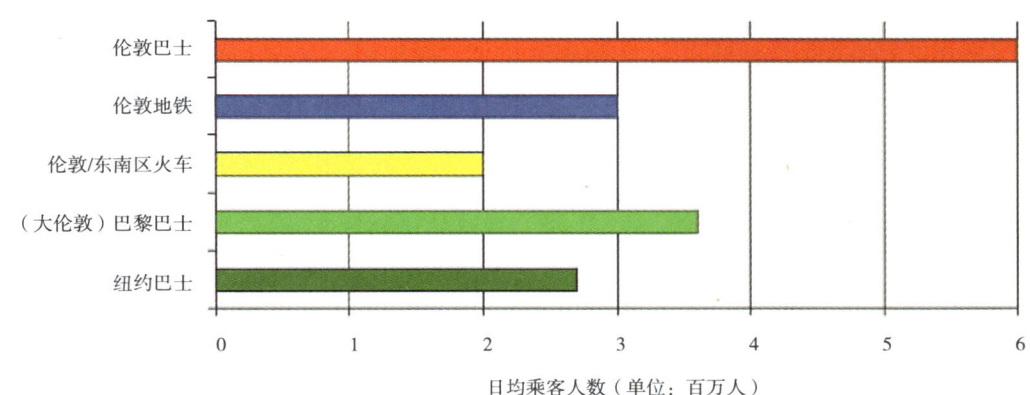

图9-14 伦敦巴士运力

图9-15 伦敦双层巴士1

图9-16 伦敦双层巴士2

9.3.5 公共交通经营情况

伦敦地铁公司是唯一一家地铁运营商,负责与地铁相关的所有事宜。伦敦公共汽电车运行由伦敦公共汽车公司统一经营管理,伦敦交通局为伦敦公共汽车公司提供资金支持。伦敦公共汽车公司的职责包括设计运行线路,确定公共汽电车服务等级,以及监督运行质量,管理车站和其他辅助交通设施等(表9-2,表9-3)。

管理机构发展一览表　　　　　　　　　　　　表9-2

时间	管理机构	职务
1933年以前	伦敦客运局	负责协调各种线路,统一调度管理各种交通工具的营运工作
1933年	乘客交通委员会	
1969年	伦敦运输执行委员会	负责整个伦敦地区的公共交通运输
1970年	隶属市政府的"伦敦交通署"	
1984年	伦敦区域交通局	全面负责伦敦区域交通局
2000年	交通服务顾客委员会	监督伦敦公共交通服务,成员由伦敦市议会任命

公共交通经营主体发展一览表　　　　　　　　表9-3

时间	经营管理主体	备注
1930年	政府全面管理	
20世纪60年代	国家或地方政府、国营的大公司	
20世纪70年代初	客运交通的行政管理部门,政府外部补贴	票价上升、客流下降、政府补贴直线上升
1984年	伦敦地区交通公司(国有),其他地区自由竞争	
1985年	企业	颁布《交通法》,公共汽车公司私有化,公共交通市场自由竞争
20世纪90年代	企业	继续推行公共交通市场只有竞争;公共交通占客运市场比例下降
2000年	企业、市政府	伦敦市市长提倡发展大运量交通的公共交通系统
2004年至今	企业、政府	出台政策鼓励居民出行选择公共交通工具

图9-17 进城费和交通管理区域

图9-18 交通拥堵收费区

9.3.6 公共交通发展战略

多年来，伦敦交通部门基本上采取限制交通的战略，其实质是有目的地对交通量加以限制，不是消极地转移交通混乱，而是采取积极的措施加强管理。

一方面是把城市的居住、工作、购物和文娱等活动规划好，将人们安排在可以充分利用公共交通的走廊地带，充分发挥公共交通的作用，减少不必要的交通；另一方面，以多种手段限制小汽车的使用（图9-17，图9-18）。

（1）优先发展公共交通的政策

1）努力探索解决交通财政问题；

2）良好的转乘系统；

3）公共汽车优先；

4）鼓励发展公共交通的其他措施。

（2）加强交通管理的政策

1）交通管理向自动化、现代化发展；

2）对道路的使用采取有效的限制措施；

3）停车管理；

4）交通拥堵收费。

2003年2月，伦敦开始实行交通拥堵收费政策，对进入市中心区的社会车辆征收拥堵费，与收取一次费用的"过路费"不同，伦敦按照进入区域进行收费，也被称为"区域许可证"。

9.4 公交分担率分析

伦敦交通方式分为：自行车、步行、公共交通和私人机动交通工具。其公交分担率的统计采用全方式公交分担率。

图9-19 2005~2008年伦敦旅客选用交通方式分析图

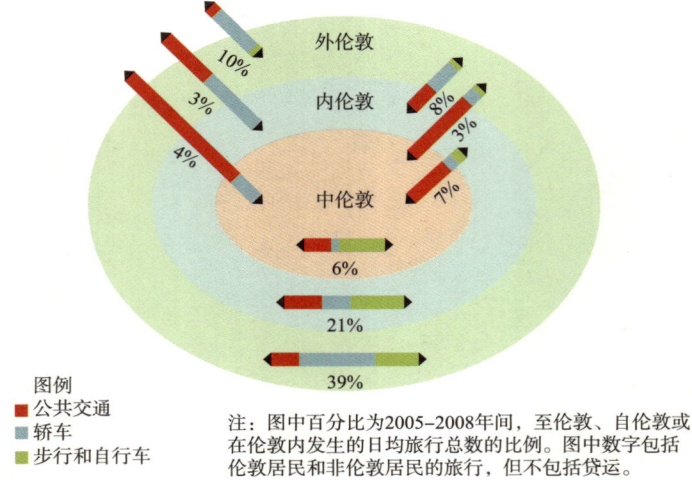

图例
- 公共交通
- 轿车
- 步行和自行车

注：图中百分比为2005-2008年间，至伦敦、自伦敦或在伦敦内发生的日均旅行总数的比例。图中数字包括伦敦居民和非伦敦居民的旅行，但不包括货运。

《伦敦市长交通战略》中对2005～2008年旅客出行方式进行了统计调查，并将客流分为三类进行统计分析，即进出伦敦的客流，大伦敦区内客流，伦敦各圈层内部客流。同时，将旅客所乘用交通工具分为三类：

1）公共汽车；
2）轿车；
3）步行和自行车。

具体统计结果，如图9-19所示。

9.4.1 进出伦敦的客流分析

从图中可以看出，进出伦敦客流因为到达圈层不同，其所乘交通方式也不相同。从伦敦市外进入伦敦内圈-中伦敦旅客的以公共交通为主要出行方式，小汽车占一小部分，因为距离较远，所以没有步行和自行车使用者。从伦敦市外进入伦敦中圈层-内伦敦的旅客采用公共交通和小汽车出行的比例几乎相等。从伦敦市外进入伦敦外圈层-外伦敦的旅客以采用小汽车出行为主，公交车、步行和自行车比例较低。这与伦敦三圈层的道路交通状况及交通拥堵收费管理目的相符合。

9.4.2 大伦敦区内客流分析

从图中可以看出，不同圈层间旅客出入所采用的交通方式比例也不相同。其中从内伦敦及外伦敦到中伦敦的客流以乘坐公共交通工具为主，小汽车、步行与自行车选用比例较小。而内伦敦与外伦敦之间旅客往来，出行方式选择上小汽车出行比例略多于公共交通方式，步行与自行车比例较小。

9.4.3 伦敦各圈层内部客流

从图9-19可知，各圈层内部出行因为出行距离短，所以步行和自行车出行比例与前两种客流相比明显增高。尤其是内伦敦和中伦敦，步行与自行车出行比例占到50%左右。外伦敦因为开发密度较低，小汽车出行比例在区内仍然占到一半左右，步行及自行车与公交车出行比例相当。

据《伦敦公共交通发展战略报告》显示，2006年自行车、步行、公共交通和私人机动交通工具的分担比例为2∶24∶32∶42，具体如图9-20所示。

经过计算可知，全方式公交出行比例为32%，机械化公交出行比例为42%，机动化公交出行比例为43%。具体如图9-21所示。

据《伦敦公共交通发展战略报告》显示，在伦敦交通战略实施之后到2031年自行车、步行、公共交通和私人机动交通工具的分担比例为5∶25∶34∶36。具体如图9-22所示。

经过计算可知，2031年伦敦市全方式公交出行比例为34%，机械化公交出行比例为45%，机动化公交出行比例为49%，如图9-23所示。

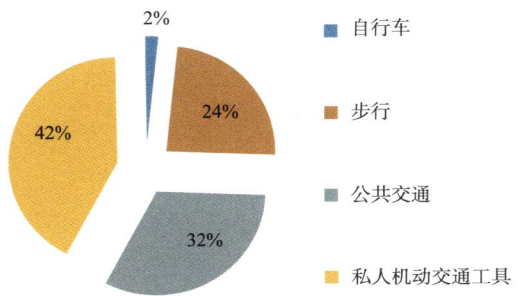

图9-20 2006年伦敦市各种交通方式分担率

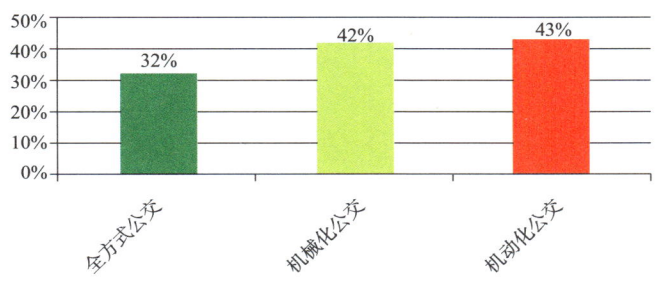

图9-21 2006年伦敦市公交分担率

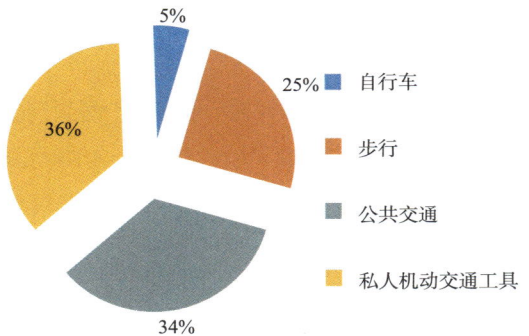

图9-22 2031年伦敦市各种交通方式分担率

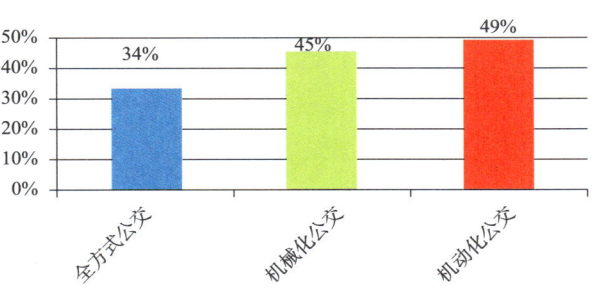

图9-23 2031年伦敦市公交分担率

第10章 巴黎

10.1 前言

巴黎的城市公共交通系统包括：
（1）地铁；
（2）RER系统；
（3）市郊铁路；
（4）有轨电车；
（5）巴士。

尽管是第一个建立公共自行车系统的城市，但"公共自行车"并没有计入城市公交系统。在巴黎的分类中，"公交系统"是机动化方式的一类，所以明确地把公共自行车系统归类于绿色出行中。

出租车系统没有被计入城市公共交通系统中。

10.2 公交分担率法律地位、获取方法与发布途径

10.2.1 公交分担率的法律地位

公交分担率等评价指标在《大巴黎地区综合交通调查报告》（以下简称《调查报告》）中权威发布。《调查报告》的发布机构是法国交通部（DRIEA）与大巴黎联合运输委员会（STIF）。

该报告的主要职能是评估《大巴黎地区出行计划》（PDUIDF）的实施效果的，其评估程序是被巴黎市议会所确认，具有相应的法律地位。

《大巴黎地区出行计划》（PDUIDF）是大巴黎地区为响应《清洁空气法案》而制定的在可持续城市交通领域中的行动计划。最新一版的PDUIDF是由大巴黎议会在2012年2月发布的。PDUIDF的目标是在大巴黎1160万人口日益增长的出行需求及货物运输需求和环境保护，生活质量保障及财务可持续之间维持平衡。

为了实现在2020年降低20%排放的目标，大巴黎地区在增长需求预计达到7%的情况下，需要实现以下目标：公交的出行总量增长20%，步行与自行车出行总量增加10%，小汽车出行降低2%。为此，需要采取9个方面共34个行动计划。囊括了提升公交吸引力，重新重视步行与自行车的交通功能，对小汽车使用行为的限制等等。

10.2.2 获取方法

公交分担率的获取方法是每10年一次的综合交通大调查，采用入户访问的形式获得。此外公交运量、道路流量等数据可作为校核方式辅助确定数据的准确性。

10.2.3 发布途径

调查数据是由法国大巴黎地区运输联合工会（STIF）通过其下属的交通数据整合平台（Omnil）在其网站发布的。网站与2013年1月建立，其发布的第一份报告即为2009年及2010年执行的居民出行大调查的相关数据与结论。

Omnil成立于2009年。STIF在执行大巴黎出行计划（PDUIDF）的过程中，需要过程性的评估。PDUIDF是对大巴黎地区在2020年前要实现在机动性改善与环境保护等方面达成协调的一个综合性规划，这其中提出了9个方面共34项具体的行动，以期望通过上述行动在2020年前可以大幅度削减个人下汽车的使用行为。

对PDUIDF的评估曾在2007年执行过一次，当时的评估效果并不好，由于数据来源与不同的省份及不同的运营商。因此在大巴黎地区很难有一个统一的评估结论。基于上述困难，STIF决定设立Omnil来负责整个大巴黎地区的数据采集与分析工作。

10.3 2010年综合调查报告主要内容

10.3.1 调查基本情况

（1）调查方法

采用面对面的入户访谈，在2009.10～2010.4及2010.10～2011.5两个时间段内访问了1.8万个家庭，共有43000位被访问者记录了140000个出行过程。

（2）基本定义

1）机动性与一次出行

个人机动性定义为除节假日和周末之外的个人每日出行次数。

一次出行定义为人在两点之间的移动，每次移动有一个目的，可以采用不同的交通方式来共同完成，如果一辆车子中有好几个乘客，那么要被计入不同的出行中。

2）出行方式

一次出行中可以采用不同的交通方式，根据使用顺序来排序。在出行方式中，为了不同的分析目的又分成三小类别：

①机动出行方式：包括公交，汽车和双轮机动车。

②个人机动出行方式：汽车和双轮机动车。

③绿色出行方式：步行与自行车。

3）出行目的

根据起点的差异，我们分成两个大的类别：基家出行与非基家出行。

①基家出行的分类：工作，学习，购物，个人事务，陪伴和娱乐。

②非基家出行简单地分为两类，基于工作地点的出行，及其他。

4）出行里程

统计中出现的出行里程值为"直线距离"。

图10-1 大巴黎的地理分区

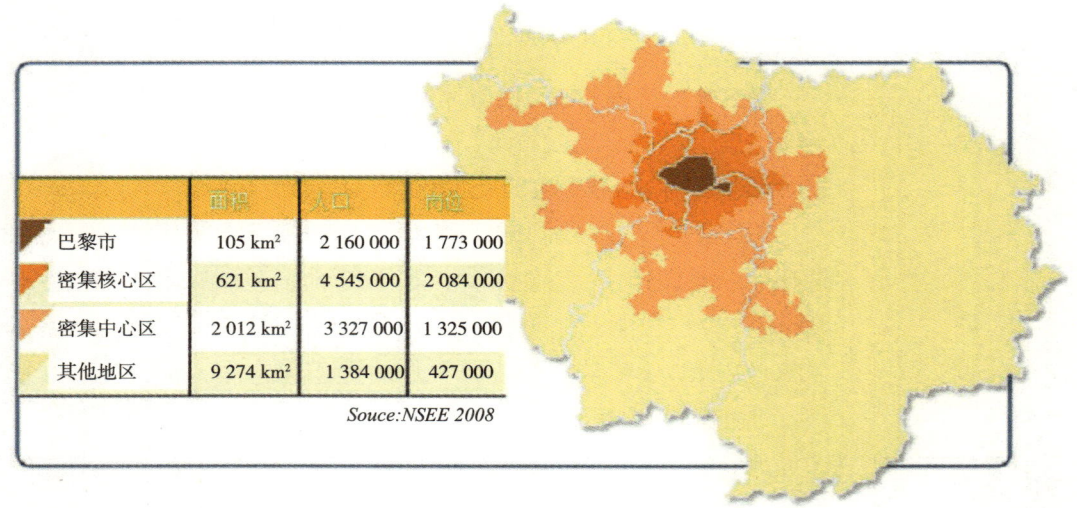

（3）地理划分

与以往几次地理划分不同，这次的分析分区打破了行政界线，以居住密度为主要划分依据。整个大巴黎地区以巴黎市为核心，分成4个圈层：巴黎市、密集核心区、密集中心区以及其他地区。

四个圈层的主要指标如图10-1所示。

10.3.2 出行调查结果

（1）个人机动性

报告最为关注的是大巴黎地区的居民个人机动性的提高。

个人机动性是由个人日均出行次数这个指标来表达的。

与2001年相比，2010年，大巴黎地区居民的平均出行次数由3.5提升至3.87。

从地区来看，以巴黎市内及密集中心区的出行次数为最高。但从出行的完成的交通方式来看，其表现继而不同：巴黎市内主要由公交系统及步行来完成，而密集中心区则主要有机动车来完成（图10-2）。

从对个人机动性的数据来看，在过去的十年中，公交系统及步行这两种交通方式都获得了大幅度的提升，与此同时，小汽车的出行行为得到有力的遏制。在整个大巴黎地区，过去的十年中首次观测到小汽车出行次数下降（图10-3）。

从职业的活跃度分析来看，退休人员及失业人员对公共交通的使用有所上升。这可能是公共交通运量大幅上升的主要客流来源。而对于活跃的就业人员来说，人均出行次数由3.76上升到4.2的前提下，公交出行比例仍然能上升1个百分点，是这十年来公交服务水平上升的佐证（图10-4）。

第10章 巴黎

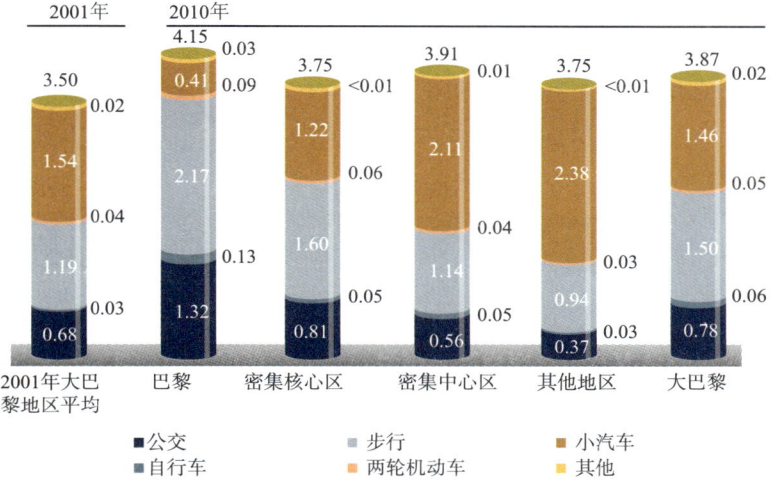

图10-2 居民一日出行次数（根据居住地划分）

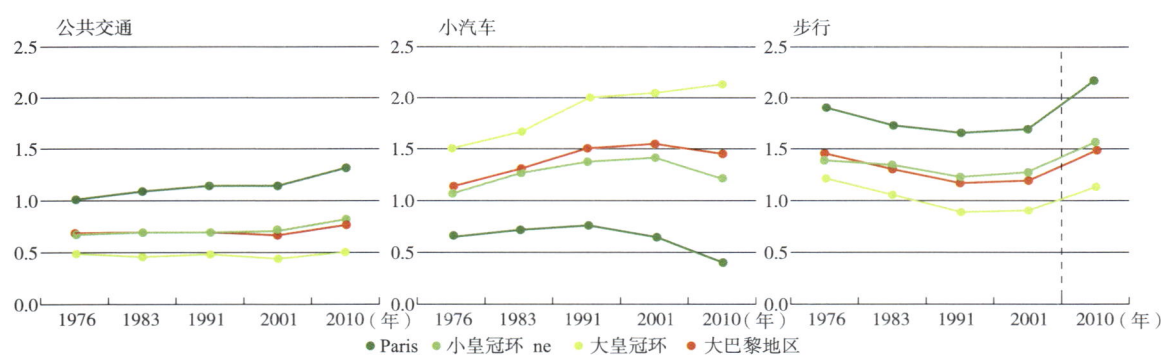

图10-3 个人机动性历史变化趋势（分方式）
数据来源：步行方式变化的报告

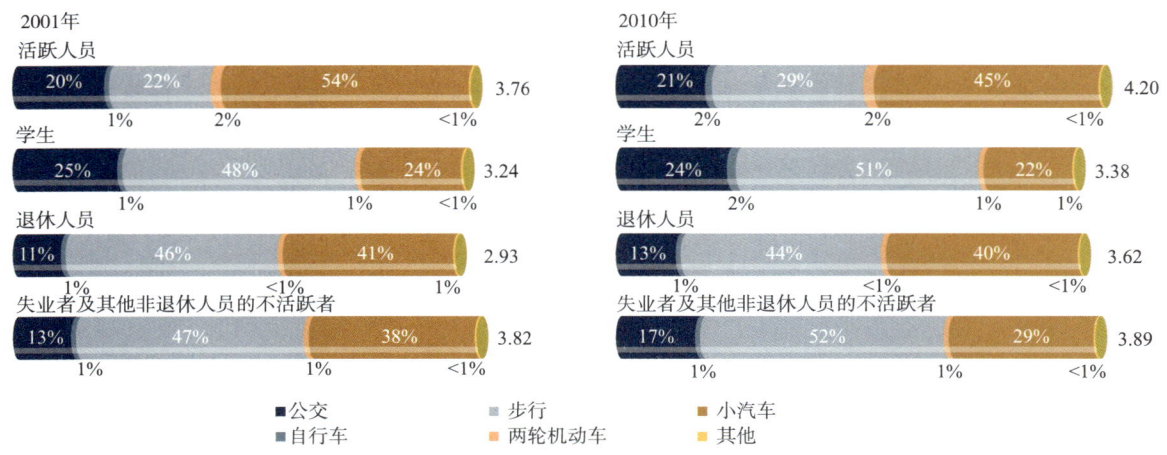

图10-4 按职业活跃度区分的方式分担率

- 113 -

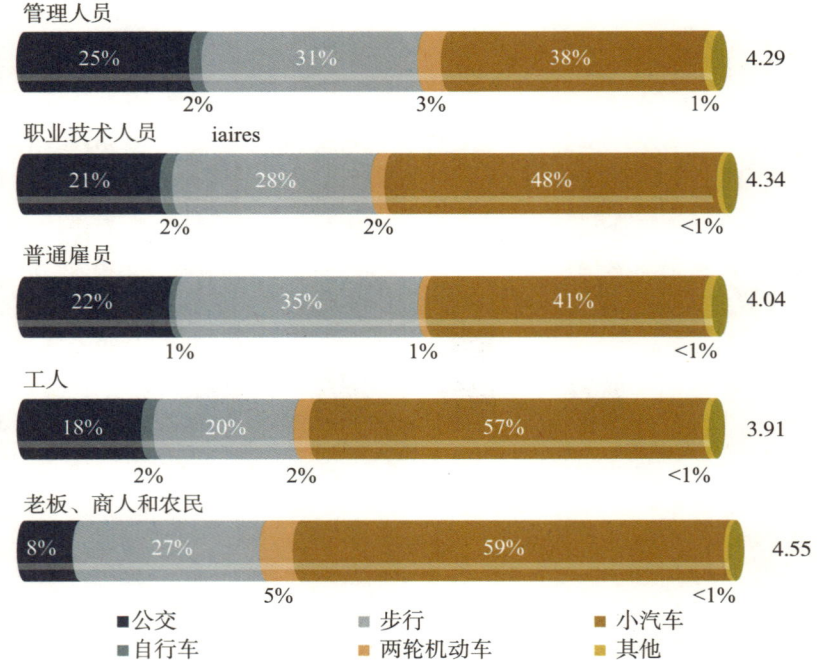

图10-5 按职业类别区分的出行方式分担率

从具体的职业来看,各类职业对出行方式的选择差异较为明显(图10-5):

商人是机动性最强的人群,他们使用小汽车最为频繁,这是由他们的职业特点决定的。

工人也偏好使用小汽车,这主要是由于他们的工作地点较为偏远,公共交通的服务往往覆盖不足造成的。

普通管理人员和职业技术人员是公共交通的主要使用者。通常他们的工作地点都拥有较好的公交可达性。

学生们的出行偏好接近老年人及失业者,他们最多使用的方式是步行。

而退休者的出行特征是与年龄直接相关的,65~75岁的退休者的出行特征与出行活跃人群的差别不大,75岁以上的退休者的出行次数就少得多(一日2.8次)。由于年龄的关系,他们比较偏好驾驶小汽车。

(2)出行的主要流向

每天,有1060万5周岁以上的出行者完成约4100万次出行,与2001年相比,大约增长了17%。出行总量的增长可以解释为:每位出行者的机动性增长了约11%,大巴黎地区的居民增长了约5%以及本次调查计入了0~5岁的孩子的出行(占比约1%)。

大巴黎地区出行的向心性是十分明显的,巴黎及密集核心区占到总量的57%。如果计入密集中心区,占到出行总量的87%(图10-6)。

与1976年相比,巴黎市内的出行在大巴黎地区所占的比重大为下降。1976年时,53%的出行发生在巴黎市内,2010年这一比例下降到30%。

进一步地分析表明,大约80%的出行发生在省内部。以巴黎市为例,大约市内出行为800万次,巴黎与周边地区的交流约为400万次(图10-7)。

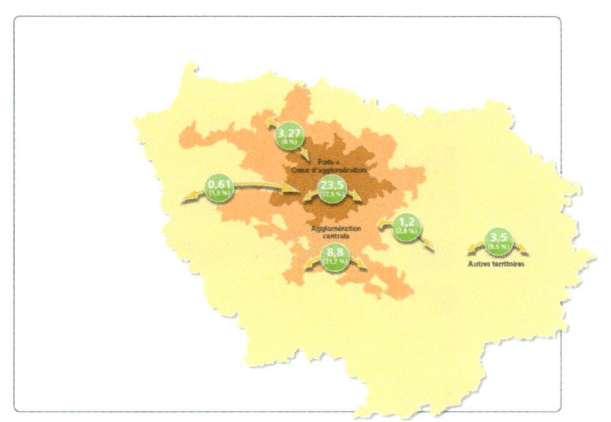

图10-6 大巴黎地区的出行流向（根据大区分）

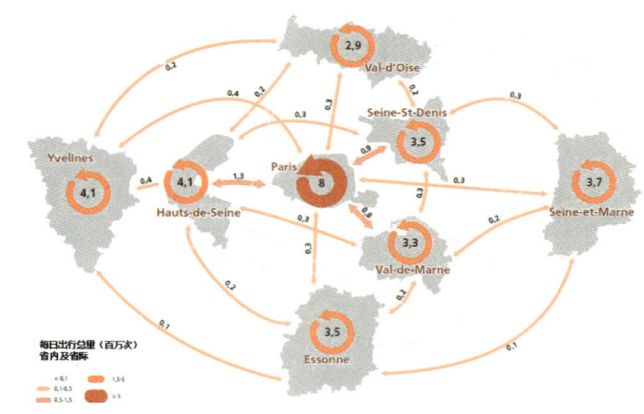

图10-7 大巴黎地区全方式出行空间分布

（3）出行距离

大约2/3的出行与少于3km的出行，这一类出行的比例高达65%。而大于10km的远距离出行所占的比例约为14%。这其中大部分为基家的工作出行。其中49%的出行距离大于10km。

整个大巴黎地区居民的出行平均距离为4.4km（图10-8）。

（4）出行结构的改善

近10年的交通政策促使过去的十年里大巴黎地区的出行方式结构发生了重大变化。2010年全地区4100万次出行中，39%是由步行实现的，38%由小汽车实现而20%由公共交通系统实现。

公交的增长主要是有密集核心区的出行流实现的。在巴黎市区，公交比例有所下降，而步行的比例得到大幅度提升（图10-9，图10-10）。

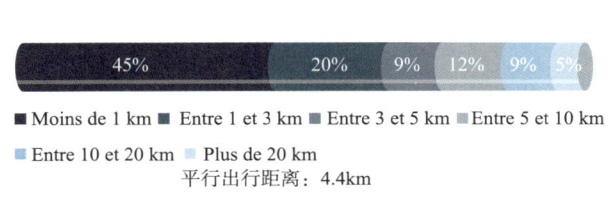

图10-8 大巴黎地区出行距离分布

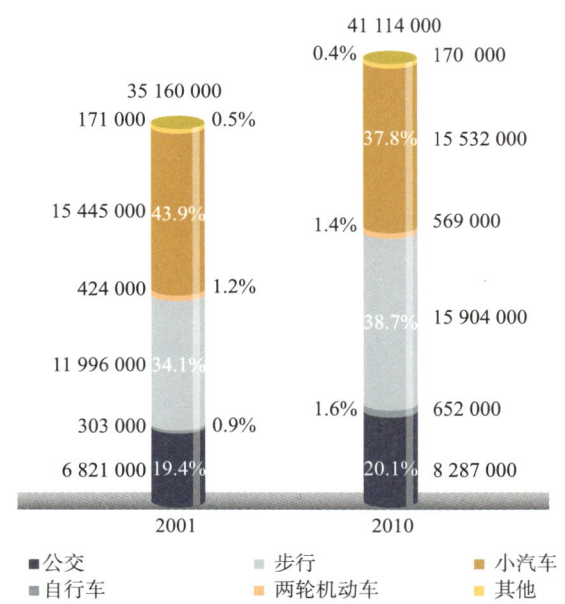

图10-9 居民出行结构（2001年与2010年）

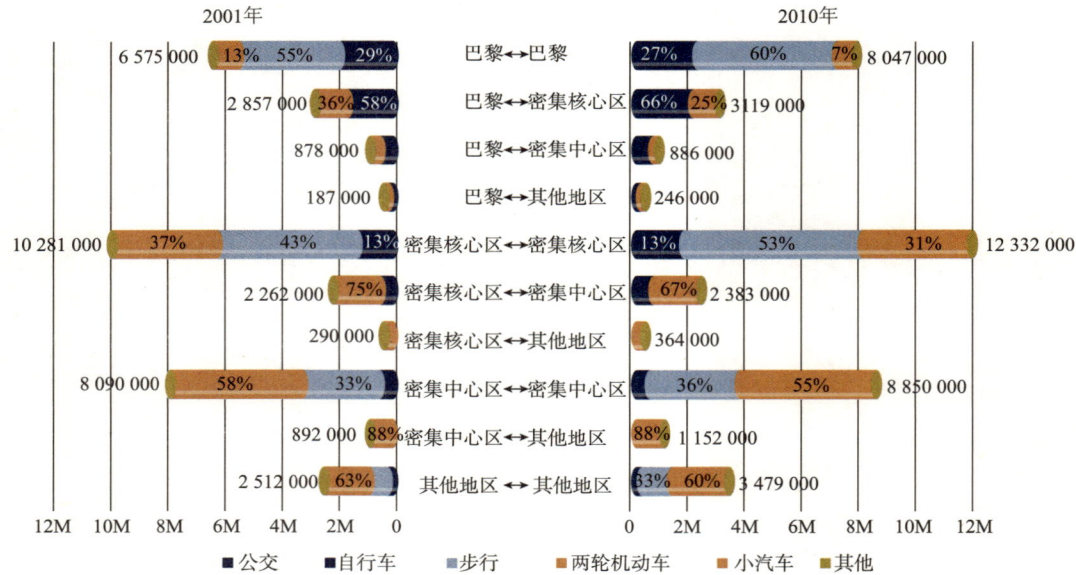

图10-10 不同出行流向中的居民出行结构（2001年与2010年）

2010年，大巴黎地区的公共交通每日实现830万人次的出行。比2001年增长约150万人次的出行，增长率达到21%。利用公交出行方式实现的出行的平均距离更长，自2001年到2010年从8.7km增加到9.0km。

每天，巴黎市内的公交出行次数达到220万次。与巴黎之间的向心出行达到290万次。

2010年，在巴黎与密集核心区之间的出行66%是由公共交通完成的（2001年为58%）。在巴黎与密集中心区之间的出行这一比例达到73%（2001年为60%）。

在巴黎市以外的地区，公交出行的增长差别较大，这与公家供给水平直接相关。其中增长最为明显的是密集核心区，增长幅度达到66%。

此外，公交获得的成功还包括利用公交的出行目的变得多样化：公交出行中，51%的目的为通勤与同学，仍然是公交出行的最大部分。但是，利用公交来实现娱乐出行及以工作地点为起点的二级出行在过去的时间增长了一倍。

公交网络在高峰时刻之外被使用得更多。与2001年相比，在高峰时刻的出行总量增长了4%，但平峰时刻的出行增长高达9%。

（5）出行目的的变化

2010年，刚性出行，即上班及返回仅占出行总量的29%。

但工作出行仍然是最重要的，它消耗的时间最多（42%），距离最长（54%）。而且大多发生在高峰时段，对网络的考验极大。

（6）更好的出行组织

2001年与2010年的出行中，工作与出行地之间的所占据比例下降是由基于工作地点的次级出行增长带来的。

娱乐，购物和个人事务出行的增长非常明显。这直接的解释是大巴黎地区的退休人口增多及人民的生活方式在发生积极的改变。

在工作出行中，大巴黎居民有87%会采用机动化方式，而这其中公交出行与小汽车出行

"平分秋色"。

步行是购物，上学和娱乐等出行目的的出行所采用的最常用的方式。而陪同出行中，步行和小汽车各占一半。

（7）对上述趋势的解释

在过去的10年中，已经城市化的地区，得益于公共交通系统服务水平的提升，其密度得到进一步提升。

大巴黎地区的人口结构发生了变化，退休人口的数量进一步增加，活跃度较高的人口也有大幅增加，这其中中层管理人员的增长最为明显（表10-1）。

过去10年中，抵抗小汽车出行的交通政策取得了明显成效：

1）公交的供给量大幅增加，尤其在高峰时段及夜晚时段的供给更为明显。

2）公共空间的可达性与质量大为提升（步行道系统，绿化行动及自行车道系统，30区域等）。

3）停车收费政策及暂缓实施路面更新计划在一定程度上限制了小汽车出行。

4）RER、火车和地铁系统的总运力提升了11%。巴士与有轨电车系统的总运力提升了21%。增加了30%补贴给新能源汽车及45%的补贴给天然气车辆（表10-1）。

人口和就业岗位变化趋势　　　　　表10-1

	人口			就业岗位		
	1999	2008		1999	2008	
巴黎	2077000	2160000	4%	1601000	1773000	11%
小环	3854000	4281000	8%	1772000	1997000	11%
大环	4693000	4974000	6%	5042000	5608000	11%
整个大区	10725000	11415000	6%	5042000	5608000	11%
根据职业来区分						
学生	3059000	3233000	6%			
就业者	4765000	5085000	7%			
就业者1 公司老板，艺术家，商人和农民	261000	239000	-8%			
就业者2 管理人员	1088000	1430000	31%			
就业者3 中层技术人员	1229000	1351000	10%			
就业者4 雇员	1410000	1353000	-4%			
就业者5 工人	777000	713000	-8%			
失业者	1229000	1242000	1%			
退休者	1657000	1885000	12%			

10.4 公交专门报告的主要内容

10.4.1 公交供给的持续增长

如表10-2所示,给出了10年间大巴黎的城市公共交通系统供给与需求的增长状况。

所有公共交通方式的供给都得到了增长:其中轨道交通方式的增长是最为明显的(轨道方式在大巴黎地区有三种,RER系统、国家铁路系统以及地铁系统);公共汽车的增长主要在巴黎市以外的地区;有轨电车是城市公共交通系统的新成员,丰富了大巴黎地区公共交通系统的种类。

大巴黎地区公共交通供需增长情况　　　　表10-2

交通方式	2001年	2010年	增长	同期供给增长
区域快递铁路	2.2	2.4	9%	8%
市郊通勤铁路	0.75	0.93	23%	9%
地铁	3.3	4.1	25%	14%
有轨电车	N.S	0.32	N.S	242%
巴黎公共汽车	0.91	0.98	7%	4%
市郊公共汽车	1.5	1.7	16%	8%
私人市郊公共汽车	0.67	0.85	27%	36%

10.4.2 多模式换乘,是城市公共交通系统的首要特征

RER这种系统被使用时,常常需要其他出行方式辅助。在利用RER完成的出行中,大约有2/3需要与地铁,有轨电车或巴士来共同完成。

与此同时,地铁、有轨电车及巴士相对可以独立完成一次出行,大约29%的公交出行时由地铁或者有轨电车独立完成的,由巴士独立完成的大约占28%(图10-11)。

大约有47%的公交出行是无需换乘的。复杂的出行链是非常少的,大约只有4%的出行需要3次或以上的换乘(图10-12)。

步行是公共交通不可缺少的组分;

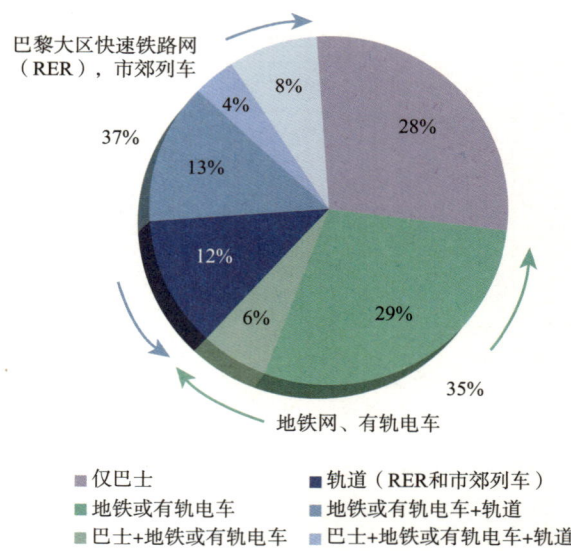

图10-11　830万人次使用公共交通

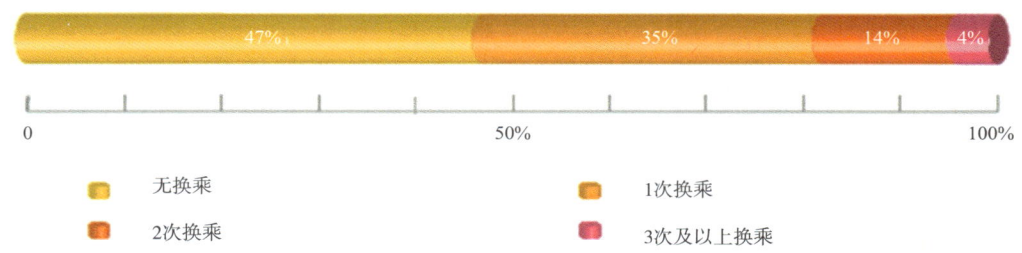

图10-12 公交出行行为的换乘次数根据实际发生的换乘量统计

公交出行者同时也是步行出行者。公交出行者在使用公交之前和公交之后都会采用步行方式，在换乘中也是。

小汽车被用作RER系统或郊区铁路系统的换乘工具。而采用自行车作为换乘工具的比例依然非常低（表10-3）。

公交接驳方式及比例　　　　　　　　　　　　　　　　　表10-3

	使用公交之前	使用公交之后
步行	93%	98.8%
小汽车	5%	0.6%
自行车	0.6%	0.2%
其他	0.4%	0.4%

10.4.3 多变的出行目的

尽管公交出行的主要目的仍然是通勤与就学，在这10年当中，使用公共交通系统进行其他目的的出行越来越多（图10-13）。

2010年，大约有51%的公交出行其目的为通勤及就学。其中通勤行为为公交出行总量的1/3强，而通勤行为在全方式中仅占18%。

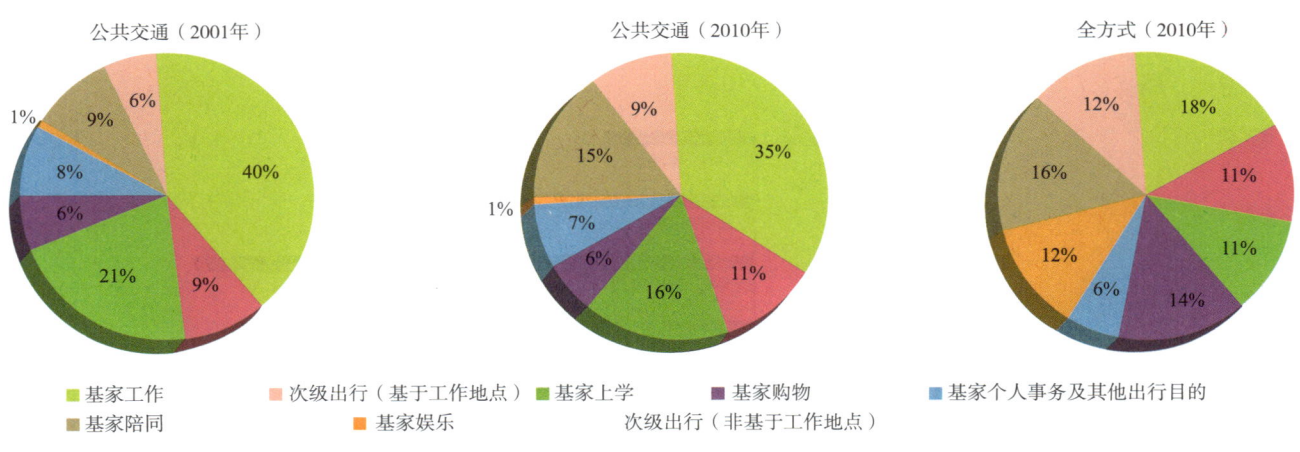

图10-13 按出行目的划分（一日出行）

图10-14 公交出行目的（按交通方式分）

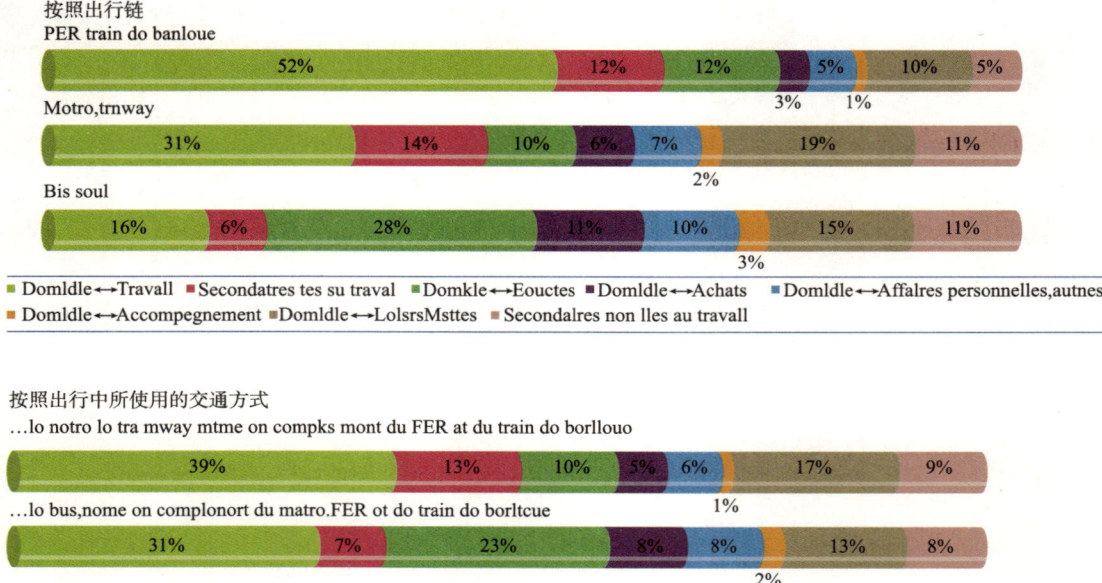

在其他两种目的的出行中，可以观测到公交出行的比例有所上升。基家的个人事务出行有2001年的21%上升到23%，基家的娱乐与访问出行由2001年的15%上升到19%。

从交通方式来看，RER及郊区火车主要的出行目的为通勤及就学。而对于只是用巴士的人来说，其主要的出行目的为个人事务。当巴士与其他交通方式配合完成出行时，其出行目的往往是刚性需求。

与上述两个交通方式相比，地铁和有轨电车的出行目的则相对多变一些（图10-14）。

10.4.4 非高峰出行的强劲增长

公交出行目的的变化导致公交网络被使用特征在时间上的变化。

如图10-15所示的地铁客流变化表明，其增长主要在平峰时段及晚上19:30分以后。而地铁的变化几乎可以代表大巴黎系统的变化，因为大约有2/3的公交出行是由地铁完成的。

图10-15 分时段出行增长情况（地铁）

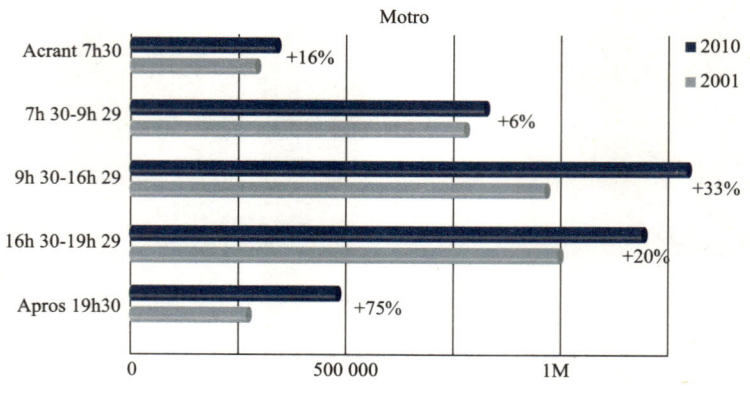

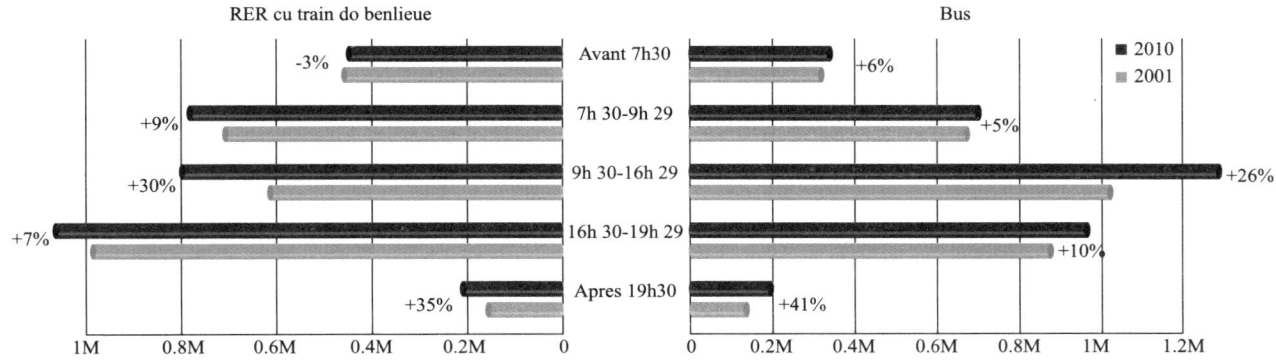

图10-16 分时段出行增长情况（RER市郊铁路和巴士）

对RER和市郊铁路两个系统，同样观测到平峰的客流增长，同时，高峰客流有3%的减少。

对巴士而言，晚上和平峰的增长同样明显（这有个前提，过去十年中，对巴士的夜间服务有很大提升，图10-16）。

10.4.5 与用地强度相适应的客流流向

（1）在巴黎市内

在巴黎市内，地铁是压倒性优势的公交出行方式。巴士的出行比例相对稳定。而有轨电车作为一种新型的交通方式逐渐加入系统。

（2）与巴黎市内的向心联系

在巴黎与密集中心区之间的出行中，RER系统是最常使用的公共交通方式，在高峰时段的比例更高。而在密集核心区与巴黎之间的出行中，地铁和有轨电车占的比例越来越高。这一类型的出行自2001年以来增长了21%。

（3）巴黎市外

在这一区域，巴士是最主要的公交出行方式。在密集核心区，约51%的公交出行是由巴士完成的。而在密集中心区，这一比例高达74%（图10-17）。

10.4.6 公交出行时耗

公交的出行时耗计算是"门到门"的，它包含接驳时间，等待时间以及换乘枢纽中的步行时间及上下车的时间。

大巴黎地区的公交出行平均时耗为48min。巴黎市内的公交出行时耗为33min（图10-18）。

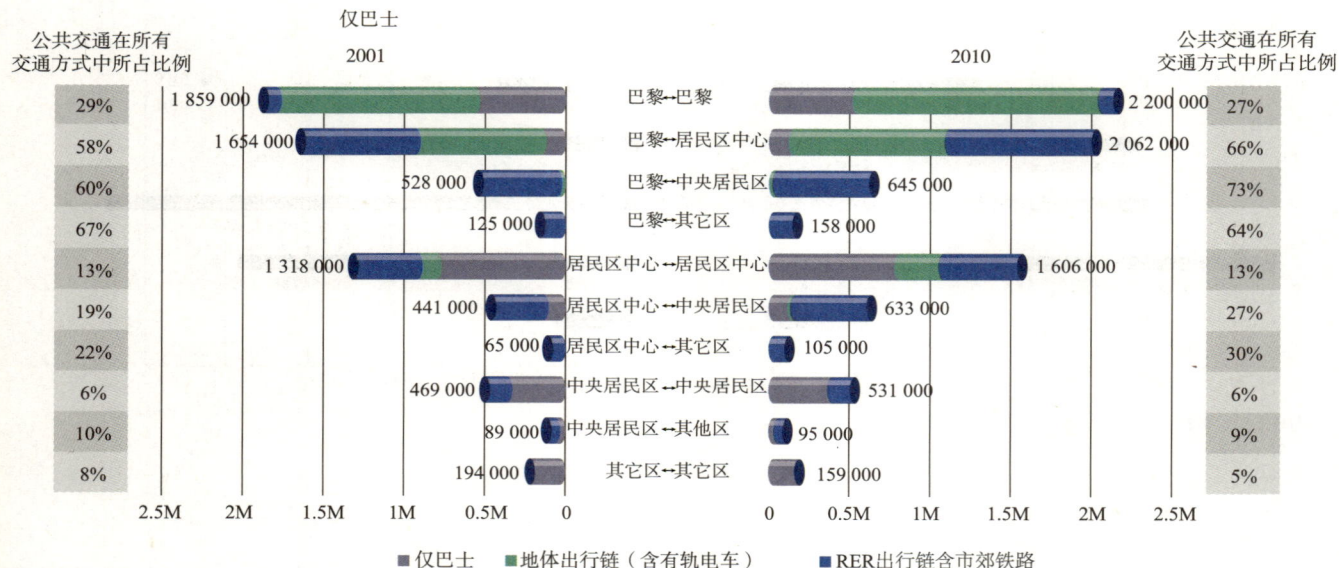

图10-17 公交出行中的方式细分比例（按出行流向分）

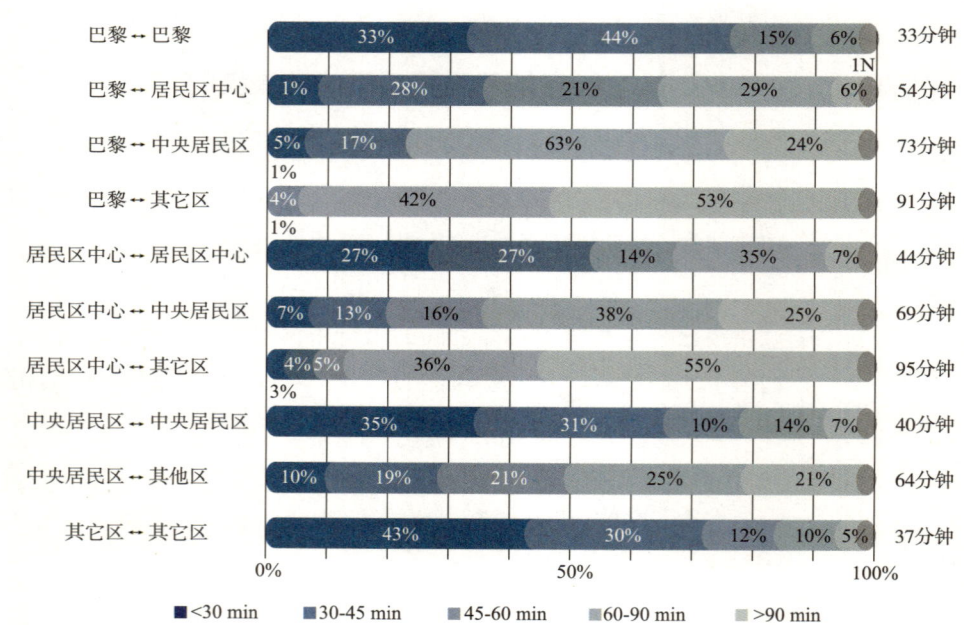

图10-18 公交出行时耗分布（按出行流向分）

10.4.7 灵活的票制票价

大约有75%的公交出行是由各种"月票"持有者完成的。

大巴黎地区的公交月票大约分成5大类：

（1）成人月票；

（2）学生月票；

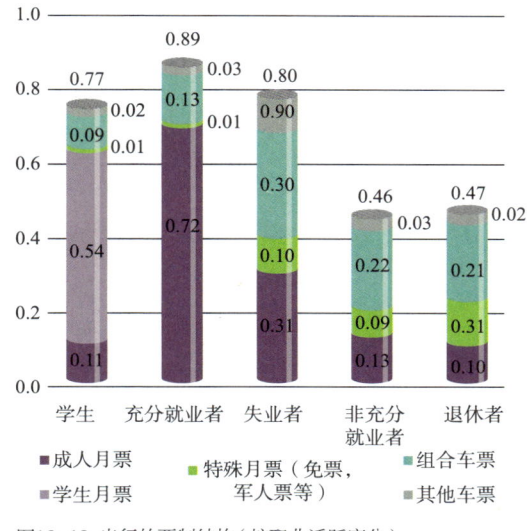
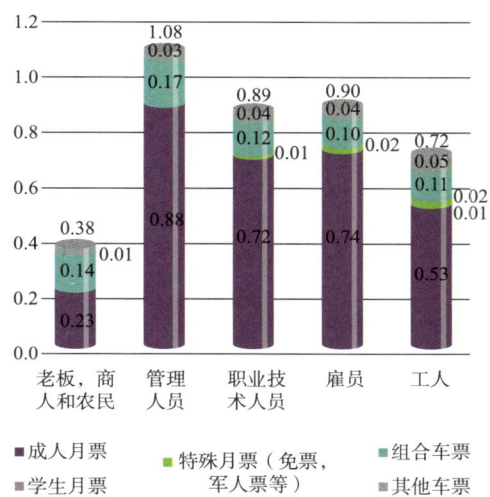

图10-19 出行的票制结构（按职业活跃度分）　　图10-20 出行的票制结构（按职业分）

（3）其他月票；

（4）组合车票；

（5）其他车票。

充分就业者大约80%会使用各种月票。而失业者，非充分就业者以及退休人员则倾向于使用单票（图10-19，图10-20）。

10.5 对公交分担率使用的几点总结

（1）公交分担率的发布及作用受到法律认可，是具有法律效应的行为。

（2）对巴黎这样的超级都市地区来说，过去10年中，尽管对公交系统投入非常多，但是公交的出行比例维持在20%左右。由此可见，公交分担率并不能科学评价巴黎地区的公交发展。

（3）过去10年中，巴黎的出行结构发生了很大的变化，其中公交发展的进步是非常大的。评价公交的发展，巴黎使用的指标是：公交出行总量的增长，公交出行目的的多样化，在特定流向上的公交比例增长。在公交增长到一定水平时，分担率不应该是评估城市公交是否优先的唯一指标。

（4）报告更重视人的使用感受而不是枯燥的数字。将出行分担率与人群相结合是这版报告的特点。居民出行调查报告的第一个指标是居民个人出行机动性的提高，而不是公共交通分担率的变更。之后的分析中，公交分担率更是被分解为不同人群的出行分担率，不同地区的出行分担率，以及不同流向的出行分担率。

第11章 巴塞罗那

11.1 城市概况

巴塞罗那位于西班牙东北部的地中海岸，是西班牙第二大城市、最大的工业中心，也是西班牙最富裕的加泰罗尼亚自治区首府。人口约175万，在西班牙具有重要的经济地位。这里气候宜人、风光旖旎、古迹遍布，素有"伊比利亚半岛的明珠"之称，是西班牙最著名的旅游胜地。它是西班牙的文化古城，有地中海曼哈顿之称。

巴塞罗那的旧城保护与新区发展模式成为城市发展的典范。巴塞罗那老城拥有颇多的哥特式建筑，是欧洲最著名的具有中世纪风格的城市中心之一。街巷道路布局呈十字棋盘格局分布。老城更新是在保持原有街区的肌理和尺度基础上，不改变建筑本身的风格形式对建筑物功能进行转换，适应时代要求的同时对周边基础设施和环境进行改造和美化。

1854年，巴塞罗那推倒了中世纪城墙城市向外扩张。由工程师赛尔特对向内陆扩张的新区进行规划，道路系统采用严整的120m见方的方格网。街道交叉口作切角处理，使得这里的建筑能俯瞰整个交叉口或放大的街头广场。城市里数以百计的这种街区称之为"赛尔特方块"也称为"黄金方块"。

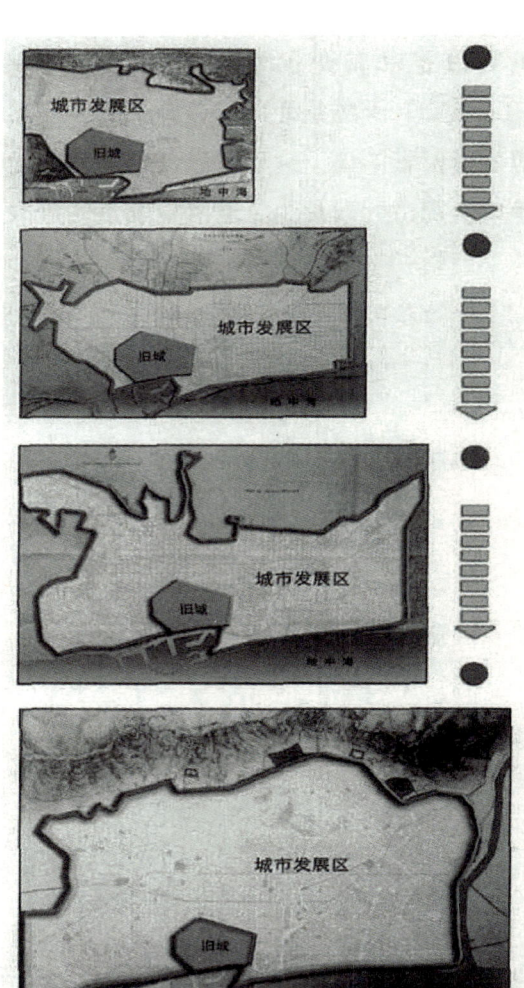

图11-1 巴塞罗那城市增长过程

随着城市增长，土地越来越紧张，郊区化运动使得富有阶层都离开中心城区向郊区迁移，城市向郊外山区蔓延。城郊居住区道路顺应自然地形成自由式布局。1992年奥运会期间，巴塞罗那成为举世瞩目的世界都市。发展了码头区和周围山地，改造了旧城，促进了观光。在国际上也受到重视，使得它的市政建设提前了30~50年，巴塞罗那城市发展达到空前的高潮（图11-1，图11-2，表11-1）。

图11-2 巴塞罗那著名的"塞尔特方块"街区

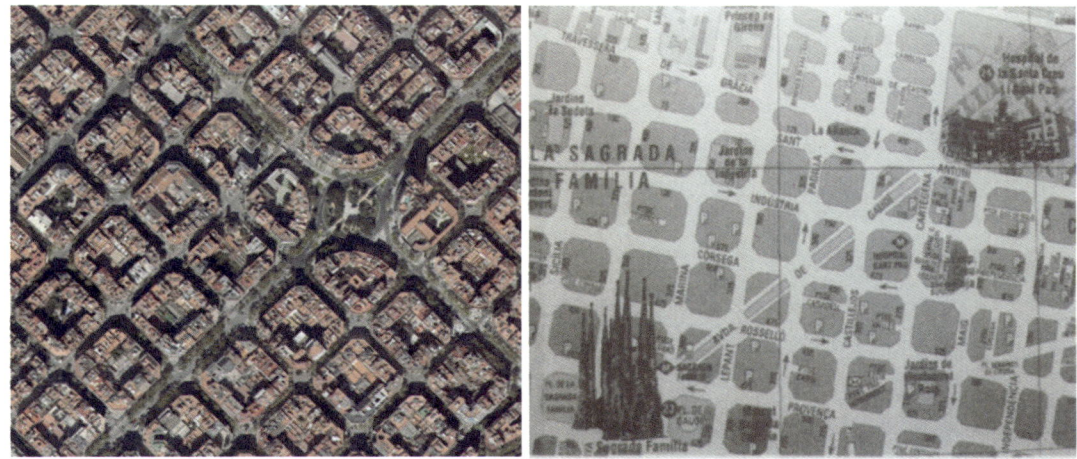

区域人口及面积　　　　　　　　　　　　　　　　　　　表11-1

名称	人口（万人）	面积（km²）	人口密度（人/km²）
巴塞罗那	161.5	102.2	15813
都市圈	477.7	3242	1473
加泰罗尼亚	754.0	32108	235
西班牙	4719.0	505986	93

数据来源：巴塞罗那数据统计（2012）

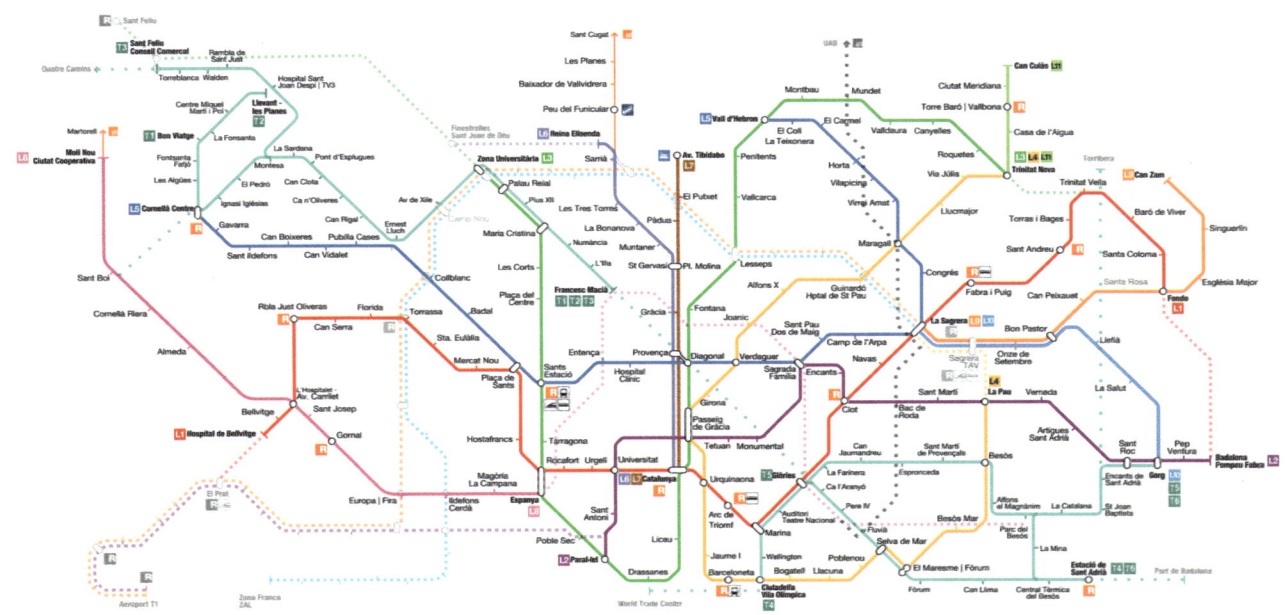

图11-3 巴塞罗那地铁线路图

11.2 公共交通概况

巴塞罗那地铁在城市中心区为地下线路，到郊区则是地上线路。包括现在在建的2条线路（9号线、10号线）在内，巴塞罗那地铁共有11条线路，209座车站，线路全长157.51km。现有线路总长102.6km。

巴塞罗那有轨电车共有6条线路（T1-T6），兼有公交车视野开阔和地铁准时、舒适的优点，车票与地铁通用，1区内单程票2.5欧元，往返4.5欧元，上车时用验票机验票。大部分线路运营时间为平日7:00~22:00，周末9:00~22:00（图11-4，图11-5）。

图11-4 巴塞罗那有轨电车

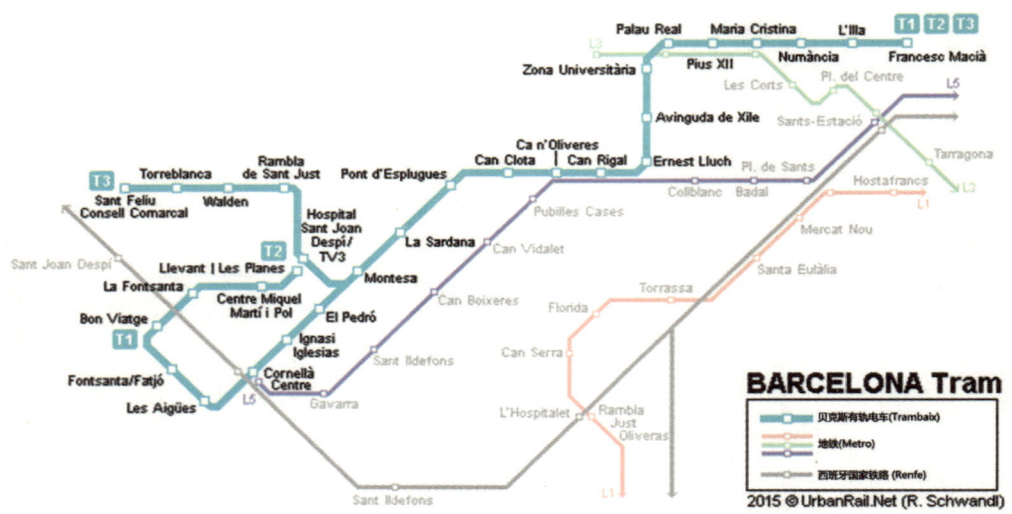

图11-5 巴塞罗那有轨电车线路图

11.3 公交分担率

2012年巴塞罗那公共交通系统客运量约9亿人次，与去年同期相比减少3.8%，约3580万人次。出行分担率方面，根据巴塞罗那数据统计（Barcelona Datasheet，2012年），2011年巴塞罗那市内出行中，公共交通比例为33.8%，非机动车出行占48.6%，私人机动化出行占17.6%。近年来，公共交通与私人机动交通的日出行量变化不明显，非机动化出行逐步上升（表11-2，图11-6）。

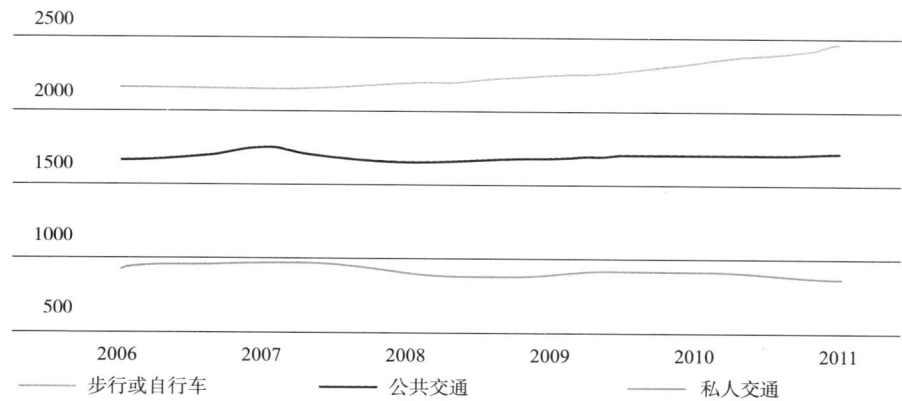

图11-6 巴塞罗那 2006～2011年日出行量（千人次）

巴塞罗那公共交通运行情况　　　　表11-2

公交方式	线路数	线路长度（km）	运行里程（亿·车公里）	2012年客运量（万人次）
地铁	7	1026	852	3735
公交（TMB）	102	8900	403	1800
私营地铁	2	1439	314	750
市郊铁路	6	4564	1067	1059
有轨电车	6	291	25	237
AMB巴士	107	1.3	367	734
DGTM	361	11.1	394	297
其他巴士	119	1.0	134	387

第12章　大阪

12.1　公共交通方式界定

大阪的公共交通系统非常发达，无论是市内交通还是相邻的城市间交通，都非常方便快捷。大阪的公共交通方式多样，主要有地铁、电车（列车）和巴士，此外还有出租车。目前还没有新的交通方式出现。

（1）地铁：大阪的地铁归大阪市交通局经营，共有9条线，遍布大阪市中心各处。

（2）电车（列车）：大阪市内铁道公司非常多，除了JR（Japan Railway）外，还有阪急、京阪、阪神、南海、近铁、阪堺等多家私营铁道公司，而且线路众多，网络发达，因此大阪也被称为"私铁王国"。

（3）巴士：大阪的巴士系统也很发达，除了市营巴士外，还有京阪、阪急、阪神、近铁等私铁公司经营的巴士。各种巴士线路贯穿大阪整个市区。

12.2 居民出行调查概况

至今为止大阪市经过了5次大范围的居民出行调查，在介绍公交分担率之前，首先明确调查范围。

12.2.1 调查范围界定

（1）近畿地区

近畿地区在日本本州中西部，是日本第二大重要工业区，日本西部的商业中心。面积2.7万多平方公里，人口1988.1万，城市人口占80%以上。包括京都府、大阪府、滋贺县、奈良县、三重县、和歌山县、兵库县等2府5县。有时加入福井县、三重县或德岛县（图12-1）。

近畿地区具有发达的铁路系统，包括新干线、JR线、地铁等，虽然建设和管理主体不同，但都承担着城市交通出行任务（图12-2）。

（2）大阪府

大阪府是日本国一级行政区里二府的其中之一，古名"难波"，位于近畿地方的中央，虽然其面积在日本全国的都道府县中最小，但人口与人口密度却仅次于首都东京，为日本第二位。三面被山地所围，西部面临呈弓形的大阪湾，靠近日本的古都京都和奈良县，水陆空交通发达。府内中、小企业集中，是日本重要的重工业密集区。下辖大阪市、堺市、

图12-1 近畿地区

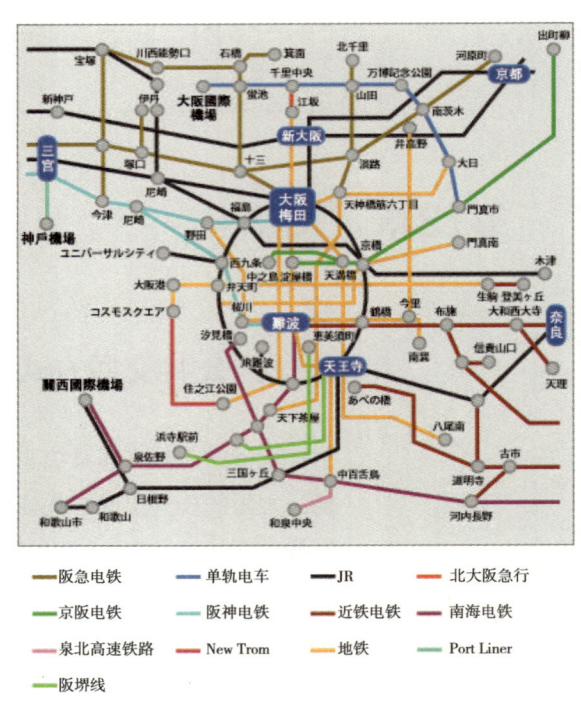

图12-2 近畿地方的铁路网

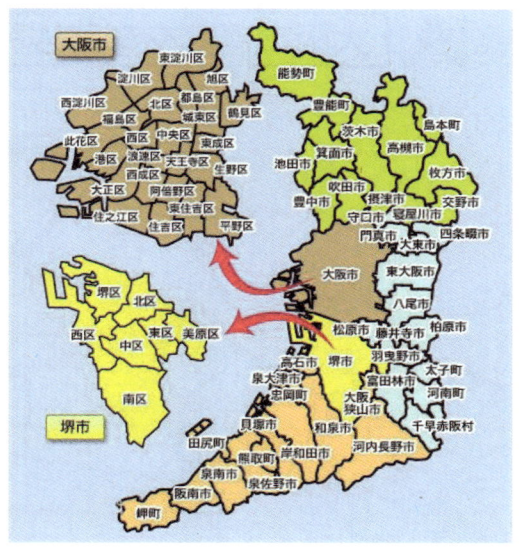

图12-3 大阪府

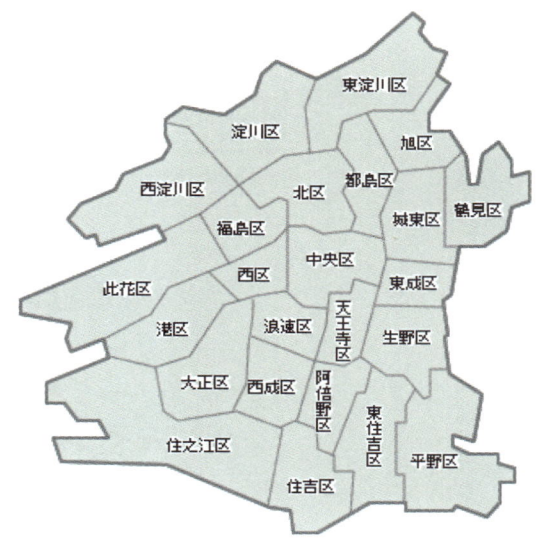

图12-4 大阪市

图12-5 大阪市交通图

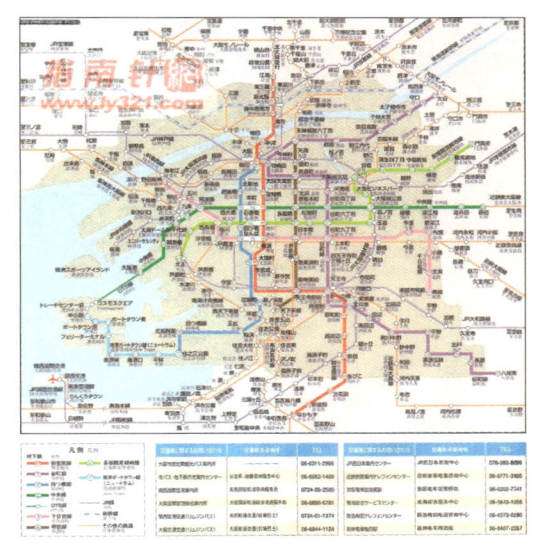

图12-6 大阪市营地铁路线图

池田市等33市、9町和1村。大阪府东西向长约26km，南北向长约86km（图12-3）。

（3）大阪市

大阪市是西日本、近畿地区、京阪神都市圈及大阪都市圈的行政、产业、文化、交通中心，也是大阪府府厅所在地。大阪是日本第三大城市、重要工商业城市、水陆交通中心、著名历史古城，面积208km²，人口300余万。东西向长约14km，南北向长约17km。大阪划分为26个行政区，城市布局呈方格状，东、西、南、北四区为市中心。政府机关多集中在东区和中之岛（图12-4～图12-7）。

图12-7 大阪市公交路线图

12.2.2 居民出行调查概况

近畿地区至2010年已经进行了五次居民出行调查，第3～5次调查分别是在1990年（平成2年）、2000年（平成12年）、2010年（平成22年）。历次调查范围略有不同，其中第5次调查范围更大，几乎涵盖了近畿地区全域。为了进行数据对比，第4、5次调查均以第3次调查范围为基准进行统计（图12-8）。

调查内容包括平日和休息日的出行情况（出行率、出行目的、出行方式等），按行政区划的各分区的出行情况，不同性别和不同年龄阶段人群的出行情况（目的、方式），地域之间的交通联系量，以及出行困难者的出行情况（出行目的、出行方式等）。同时，对历次交通调查结果进行了对比分析（图12-9）。

图12-8 大阪市组织的第五次近畿圈居民出行调查

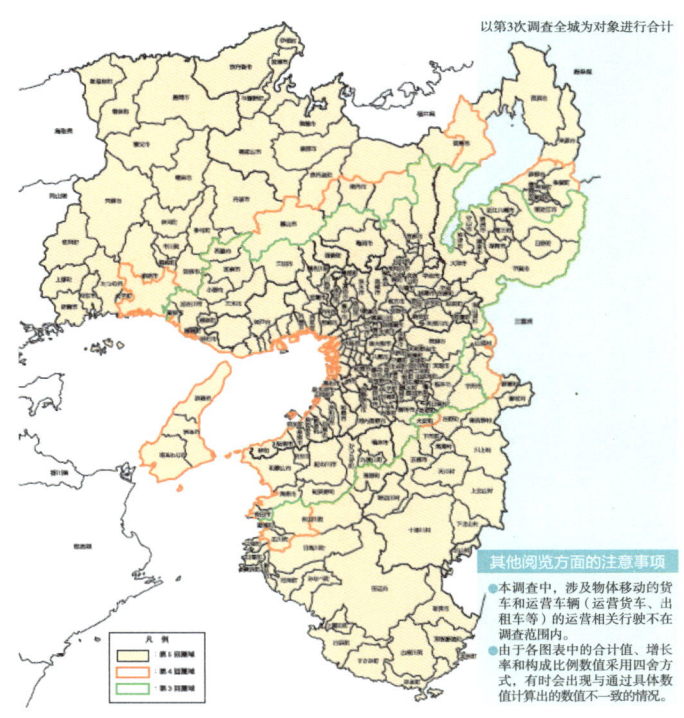

图12-9 第3~5次居民出行调查范围对比

12.3 出行特征

12.3.1 出行量与出行率

2010年大阪市调查的出行总量是1389.7万人次/日，占整个大阪府出行总量的36.3%；堺市日出行量为335.1万人次/日，占整个大阪府出行总量的8.8%；大阪府东部地区占18.3%；北部地区占20.7%；南部的南河内和泉州分别占6.2%和9.6%。

从历次调查来看，大阪市日出行量呈现降低趋势，2000年出行量是1990年出行量的91%，2010年出行量是2000年出行量的84%。

大阪市居民平均出行次数逐渐降低，1990年、2000年、2010年分别为2.62、2.45、2.20次/人日；居民出行比例也呈降低趋势，分别为82.4%、80.9%、78.6%。

12.3.2 出行目的

（1）工作日

2010年，大阪市主要出行目的构成：通勤18.1%，上学4.7%，自由出行25.8%，业务12.1%，回家39.3%。

2010年，近畿圈主要出行目的构成：通勤14.6%，上学6.4%，自由出行28.2%，业务9.6%，回家41.2%（表12-1）。

平日出行目的构成（%） 表12-1

	上班	上学	自由	业务	回家	不明
大阪市1990年	16.9	5.4	21.7	20.1	35.8	
大阪市2000年	17.1	4.7	24.9	17.0	36.3	
大阪市2010年	18.1	4.7	25.8	12.1	39.3	
近畿圈	14.6	6.4	28.2	9.6	41.2	

（2）休息日

2010年，大阪市主要出行目的构成：通勤4.8%，上学0.7%，自由出行49.9%，业务4.0%，回家40.5%。

2010年，近畿圈主要出行目的构成：通勤4.1%，上学1.0%，自由出行49.9%，业务4.1%，回家40.9%（表12-2）。

休息日出行目的构成（%） 表12-2

	上班	上学	自由	业务	回家	不明
大阪市2000年	5.4	0.6	50.7	2.6	40.6	
大阪市2010年	4.5	0.7	49.9	4.0	40.5	
近畿圈	4.1	1.0	49.9	4.1	40.9	

12.3.3 出行方式

（1）含义

一次出行中使用的各交通方式中距离最长的一种方式，作为一次出行的代表交通方式。调查报告中公共交通方式包括两种，轨道和公交车，并未提到出租车。

（2）工作日出行方式

2010年大阪市交通出行方式构成：轨道占35.8%，公交车占1.9%，机动车站12.8%，摩托车/轻骑占1.8%，自行车占23.5%，步行占24%，其他方式占0.1%。从历年变化来看，公共交通方式呈上升趋势，其中轨道比例增幅较大，机动车有所下降，步行有所下降，自行车比例上升。

2010年近畿圈交通出行方式构成：轨道占18.3%，公交车占2.6%，机动车占35.6%，摩托车/轻骑占3.6%，自行车占17.6%，步行占21.9%，其他方式占0.3%。

近畿圈的公共交通方式（轨道、公交车）所占比例低于大阪市，机动车比例高于大阪市。随着出行距离的增长和大阪市外围轨道密度的降低，机动车交通占据优势（表12-3）。

平日出行方式构成（%）　　　　　　　　　　表12-3

	轨道	公交车	机动车	摩托车/轻骑	自行车	步行	其他
大阪市1990年	32.2	2.0	16.8	2.0	17.2	29.8	
大阪市2000年	32.3	1.7	16.3	2.0	20.7	26.8	
大阪市2010年	35.8	1.9	12.8	1.8	23.5	24.0	
近畿圈	18.3	2.6	35.6	3.6	17.6	21.9	

（3）休息日出行方式

2010年大阪市交通出行方式构成：轨道占26%，公交车占1.9%，机动车占24.3%，摩托车占1.2%，自行车占22.6%，步行占23.6%，其他方式占0.3%。

2010年近畿圈交通出行方式构成：轨道占11.2%，公交车占2.0%，机动车占52.4%，摩托车占2.4%，自行车占14.3%，步行占17.0%，其他方式占0.6%（表12-4）。

平日出行方式构成（%）　　　　　　　　　　表12-4

	轨道	公交车	机动车	摩托车/轻骑	自行车	步行	其他
大阪市2000年	23.3	1.4	27.7	1.5	20.3	25.6	
大阪市2010年	26.0	1.9	24.3	1.2	22.6	23.6	
近畿圈	11.2	2.0	52.4	2.4	14.3	17.0	

（4）分地区的出行方式差异

调查统计了大阪市各区的交通方式构成。位于大阪市中心的北区、中央区、西区、天王寺区、朗速区、福岛区的轨道分担率都在30%以上，甚至达到57.4%。位于大阪市东南角的生野区、平野区、东住吉区轨道分担率较低，约在16%~19%左右。

12.3.4 不同目的的出行方式

（1）通勤

2010年通勤目的方式轨道分担率59.3%，占绝对优势；小汽车分担率10.3%，自行车分担率19.2%。从历年发展来看，公共交通方式比例上升，慢行交通方式上升，个体机动化方式下降（表12-5）。

平日通勤目的出行方式构成（%）　　　　　　　　　　表12-5

	轨道	公交车	机动车	摩托车/轻骑	自行车	步行	其他
大阪市1990年	57.2	2.0	17.7	2.9	13.0	7.1	
大阪市2000年	56.9	1.3	16.1	2.9	15.9	6.8	
大阪市2010年	59.3	1.2	10.3	2.5	19.2	7.4	
近畿圈	34.3	1.9	36.1	5.7	15.3	6.4	

（2）上学

从上学目的来看，大阪市2010年轨道分担率占33%，公交车分担率1.7%，步行占49%，自行车占14.2%。从历年变化来看，公共交通方式基本稳定，自行车比例上升（表12-6）。

平日上学目的出行方式构成（%）　　　　　　　　　　表12-6

	轨道	公交车	机动车	摩托车/轻骑	自行车	步行	其他
大阪市1990年	32.3	2.8	1.3	1.1	10.0	52.5	
大阪市2000年	32.5	2.2	1.4	1.1	12.2	50.7	
大阪市2010年	33.0	1.7	1.1	0.6	14.2	49.0	
近畿圈	24.1	3.5	4.6	1.3	15.1	50.8	

（3）自由

2010年大阪市自由出行中轨道比例20.8%，公交车比例2.5%，机动车11.2%，自行车29.3%，步行35.2%。从历年变化来看，公交比例、小汽车比例均有上升，慢行方式下降（表12-7）。

平日自由目的出行方式构成（%）　　　　　　　　　　表12-7

	轨道	公交车	机动车	摩托车/轻骑	自行车	步行	其他
大阪市1990年	18.0	2.2	8.9	0.9	24.0	45.9	
大阪市2000年	18.2	2.2	10.2	1.0	28.0	40.3	
大阪市2010年	20.8	2.5	11.2	0.8	29.3	35.2	
近畿圈	9.3	3.0	38.8	2.3	20.0	26.0	

（4）公务

2010年大阪市公务出行中，轨道分担率28.7%，公交车1.4%，机动车31.8%，自行车16.6%，步行18.2%。从历年变化来看，轨道、自行车分担率上升，小汽车、步行分担率下降（表12-8）。

平日公务目的出行方式构成（%）　　　　表12-8

	轨道	公交车	机动车	摩托车/轻骑	自行车	步行	其他
大阪市1990年	19.6	1.1	33.7	2.1	9.4	33.8	
大阪市2000年	21.4	1.0	36.2	2.6	11.0	27.5	
大阪市2010年	28.7	1.4	31.8	2.8	16.6	18.2	
近畿圈	13.6	1.8	55.4	4.8	12.0	11.4	

（5）小结

通勤目的中轨道方式占主体，上学目的步行、轨道方式占主体，自由出行中步行、自行车方式占主体，业务目的中机动车占主体。

在各类出行目的中，轨道方式比例都呈现明显增长趋势。

12.3.5 与轨道交通换乘的方式构成比例

一次出行中主要交通方式采用轨道的，在两端接驳可采用多种交通方式。最主要的接驳方式是步行，占到75%~88%；其次是自行车，约为10%~20%；换乘公交车的比例多在3%左右，个别地区较高，如大正区，为23.9%。

"轨道+步行"为主的接驳模式，充分说明了大阪轨道网络的发达，使大部分人通过短距离的步行即可进入到轨道网络中。

12.3.6 不同年龄、性别的出行方式差异

整体上来看，女性在利用轨道方式、自行车方式、步行方式出行的比例高于男性，男性利用机动车的比例高于女性。

年龄阶段在15~19岁、20~24岁的居民相对其他年龄段使用轨道方式的比例最高；10~24岁、大于65岁年龄层居民使用自驾车比例出行低于其他年龄层，5~9岁年龄层自驾车比例高可能是因为上学需要家长驾车送的原因；60岁以上居民采用步行方式比例相对其他年龄段高。

12.3.7 不同方式的时间集中度

工作日出行中，大阪市作为出发地和到达地的出行中，从不同时刻交通方式构成来看，轨道上班的高峰小时是7:00~8:00，下班的高峰小时是17:00~18:00；机动车7:00~18:00基本上一致。

大阪市交通发生中，18时轨道在各交通方式中所占的比例达到54.7%；17点机动车在各交通方式中所占的比例为10.3%；8点自行车在各交通方式中所占的比例为25.8%，公交车方式占2.1%，步行方式占31.9%。

大阪市交通吸引中，8点轨道方式占58.1%，公交车占1.1%，机动车占6.1%，摩托车占1.2%，自行车占14.1%，步行占19.3%（图12-10，图12-11）。

图12-10 大阪市出行发生各方式的时间分布

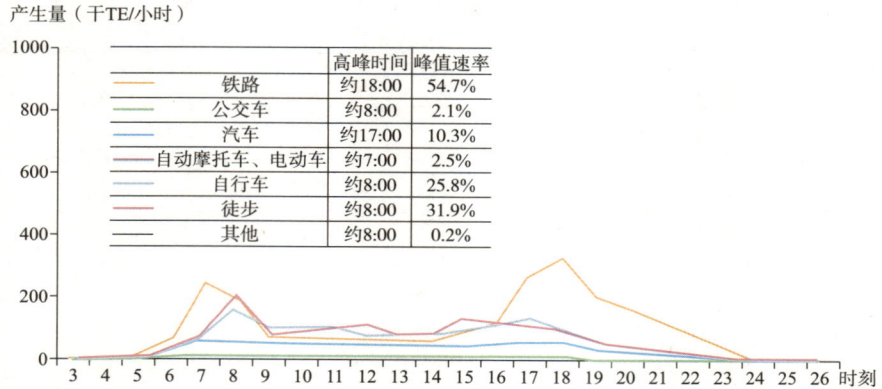

图12-11 大阪市出行吸引各方式的时间分布

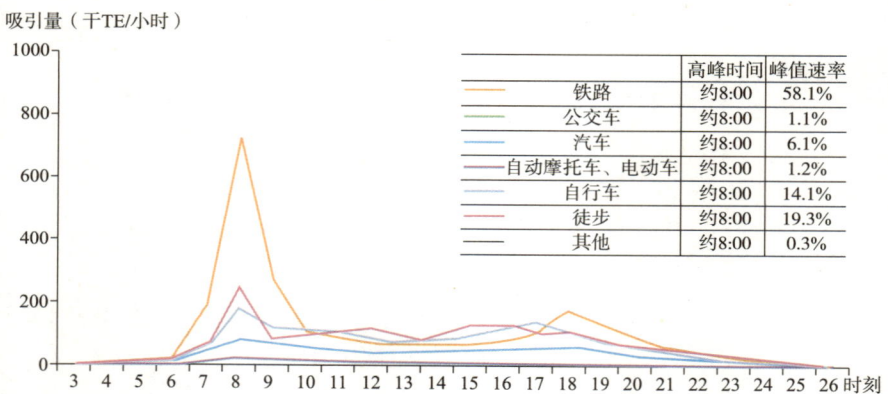

12.4 结论

公共交通方式（轨道交通和地面公交车）在出行中发挥了主导作用，其中轨道交通（包括地铁、电车）在公共交通中所占的比例约为95%。

公交车分担率较低的原因，一方面是轨道交通网络十分发达，与用地的结合非常紧密，轨道交通的两端大部分通过步行方式即可抵达目的地，使得通过轨道交通方式出行十分便捷；第二是由于大阪市道路资源有限，地面公交车运行效率受到交通拥堵影响较大；第三，近畿地区各市县之间联系密切，长距离出行方面轨道交通在速度、运量方面具有优势。

从历次调查来看，大阪市的出行总量呈下降趋势，但轨道交通的分担率仍呈现增长趋势，而机动车方式分担率呈下降趋势。

第13章　东京

13.1 城市概况

东京位于太平洋西岸日本关东地区，是日本政治、经济和文化活动中心，国际金融中心。东京都市圈根据行政区域和交通影响范围分为四部分，即东京区部、东京都、东京交通圈和东京首都圈（图13-1～图13-3）。

东京区部由23个区组成，是东京传统历史文化中心地区，是东京大都市圈的中心城

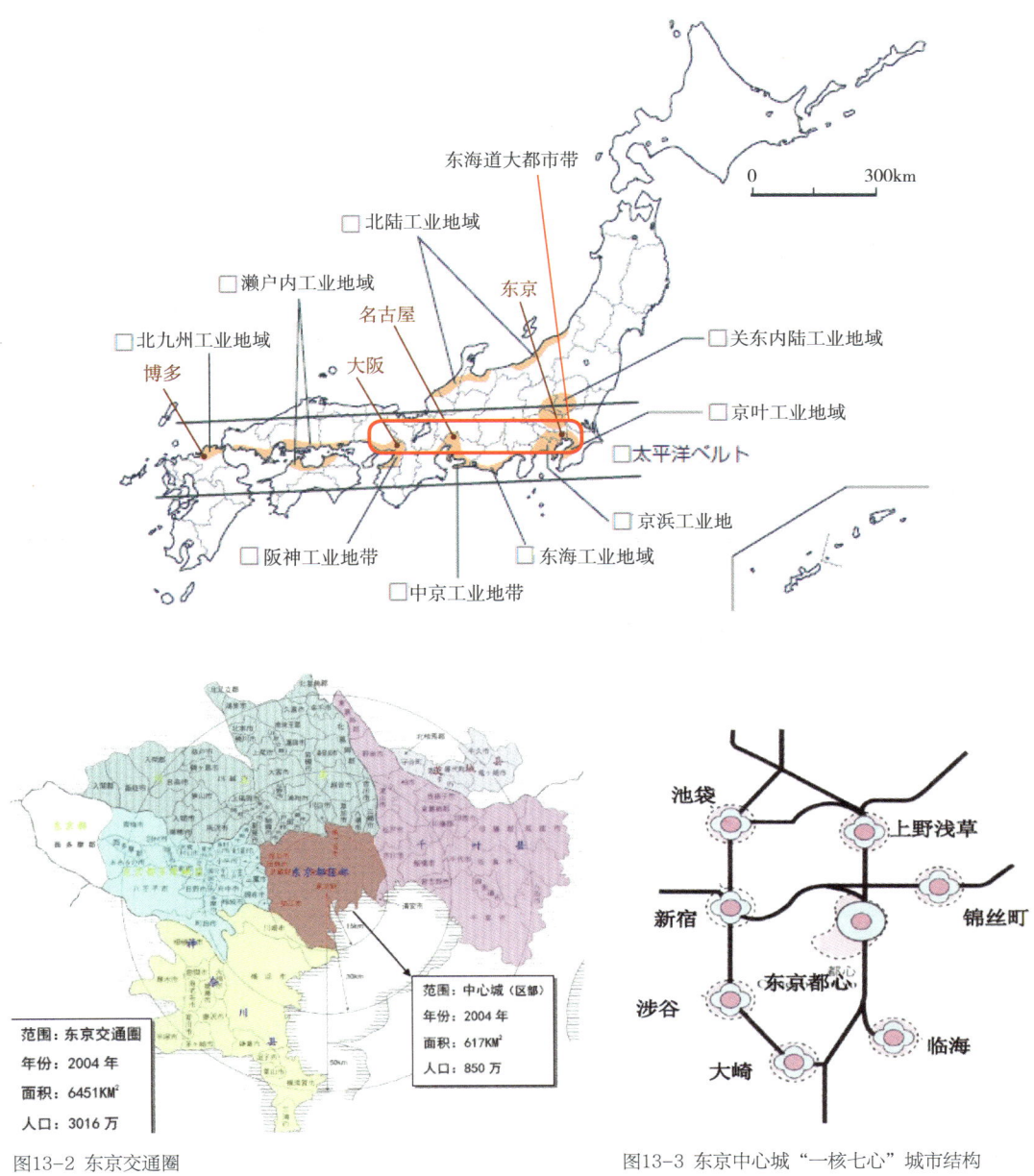

图13-1 东京地理位置

图13-2 东京交通圈

图13-3 东京中心城"一核七心"城市结构

市。区部以东京站为中心，半径约15km，区部面积612km²，2005年常住人口约850万人，但白天人口（含流动人口）高达1100万，每天有300多万人进入区部。反映了东京中心城区就业岗位的高度集中，以及其对周边地区的强大吸引力。东京中心区以城市铁路为骨架，形成了"一核多心"的城市结构，即以东京站附近地区为核心，在铁路山手环线上及其附近建立了7个副都心（图13-4）。

图13-4 东京都市圈

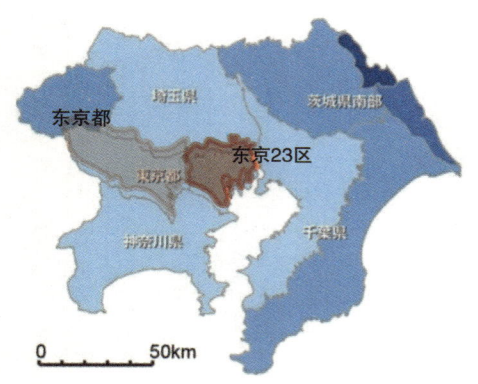

东京都市圈	东京都	东京23区
约1.5万km²	2189km²	623km²
2010年 3,460万人	2011年 1,319万人	2011年 897万人

城市结构：在东京都23区内商业办公设施集中，沿山手线（环线铁路全长为34.5km，半径大约为5.5km）形成了大规模铁路枢纽（东京、上野、池袋、新宿、涩谷、品川），沿该枢纽向外围呈放射状延伸的铁路线上，兴建了大型住宅区（图13-5）。

图13-5 首都圈铁路线网的扩大和城区的发展

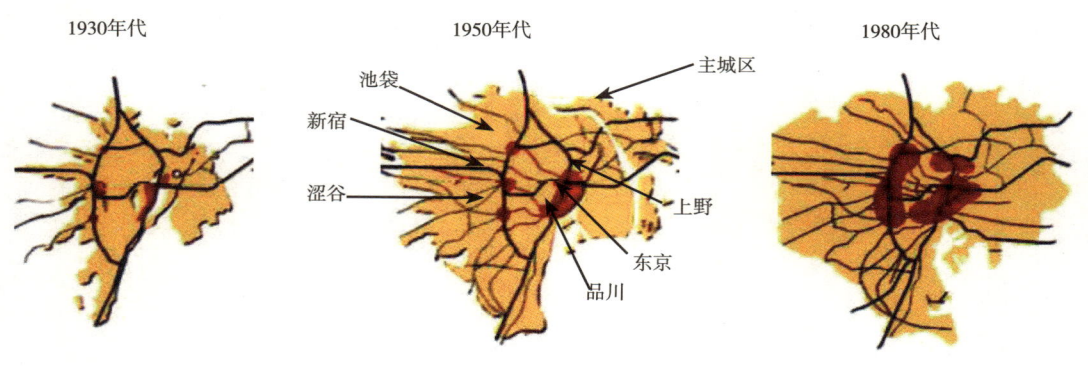

日本大都市圈的发展分以下三个阶段：

第一阶段：人口向城市集中时期（1955～1965年）

第二阶段：都市圈发展期（1965～1985年）；

第三阶段：都市圈成熟期（1985～至今）。

（1）东京人口演进过程。从三大都市圈（东京圈、名古屋圈、大阪圈）的人口流动情况来看，在1960～1970年经济高度成长期，大量人口从地方涌入大城市。过剩的迁入使三大都市圈的人口规模出现了膨胀。但在这之后，迁入人口过剩量急速下降，经济进入了稳定期。

（2）小汽车及相应的交通堵塞演进过程。从1960年代开始，小汽车保有量不断增加，交通堵塞时间也随之增加。到了1990年后，日本因泡沫经济崩溃，经济走入低迷，汽车保有量增加逐渐钝化，交通拥堵状况也有所缓和。

（3）铁路运输能力、客流量及拥挤率演进过程。通过加大运能，确保运输能力超过客流量，使拥挤得到彻底缓解。但拥挤率下降至180%以下是在客流量开始出现减少的1990年后（图13-6～图13-8）。

图13-6 日本三大都市圈人口迁入过剩的推移

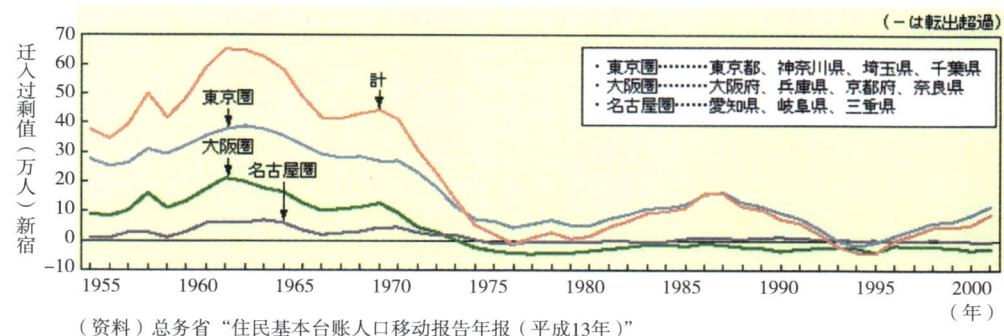

图13-7 日本三大都市圈人口迁入过剩的推移

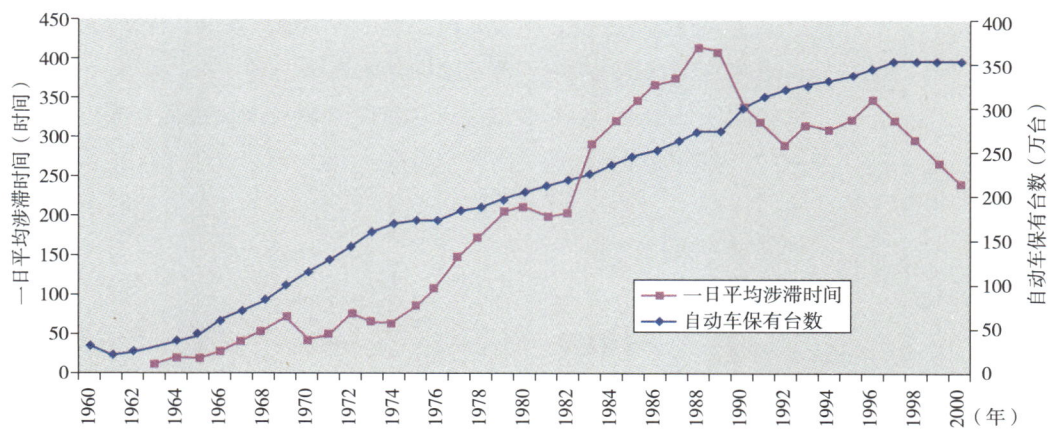

图13-8 铁路拥挤率、运输能力、客流量变化

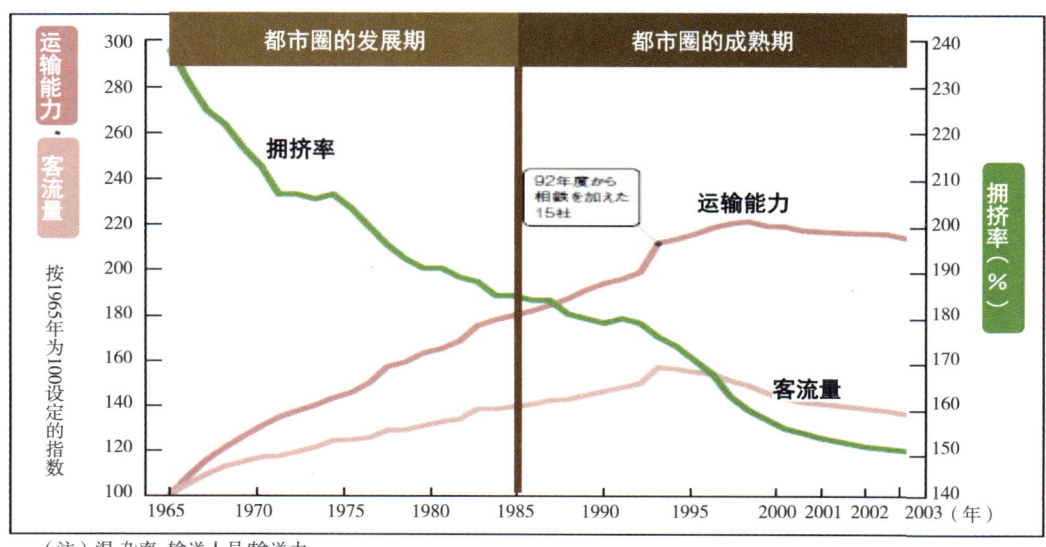

13.2 城市交通发展概况

东京是典型的以轨道交通为主体的公共交通模式,以轨道交通引导城市用地开发和人口变迁。

东京交通圈是指从以东京站为中心半径50km的区域,包括琦玉县东南部、千叶县西北部、神奈川县东部和茨城县南部的部分地区,面积6450km²,2002年人口3016万。尽管东京城市空间的拓展因铁路系统发展而成型,但东京新的城市空间结构规划中则强调城市环路和环形绿带的建设,通过环路和环形绿带构筑都市空间,整个东京交通圈形成以传统东京市中心为核心,北部、西部南部和东部分别形成琦玉、八王子多摩、横滨川崎、千叶四大新都心。

东京都市圈包括"一都七县",行政区域面积为36897km²,人口达4090万人(图13-9,图13-10)。

尽管东京大都市涉及的一都七县面积达3.7万km²,但从人口分布来看,整个东京都市圈的人口主要集中在距离东京市中心50km的半径范围内,即面积约6450km²的东京交通圈,除了中心城区部外,琦玉县东南部、多摩地区东部、神奈川县东部、千叶县西北部和茨城县南部的局部地区集中了都市圈的其他人口。

岗位分布与人口分布类似,近1600万个就业岗位主要分布在距离市中心50km的东京交通圈内,中心城区(区部)岗位密度高达8000个/km²(图13-11,图13-12)。

图13-9 东京交通圈城市空间交通结构

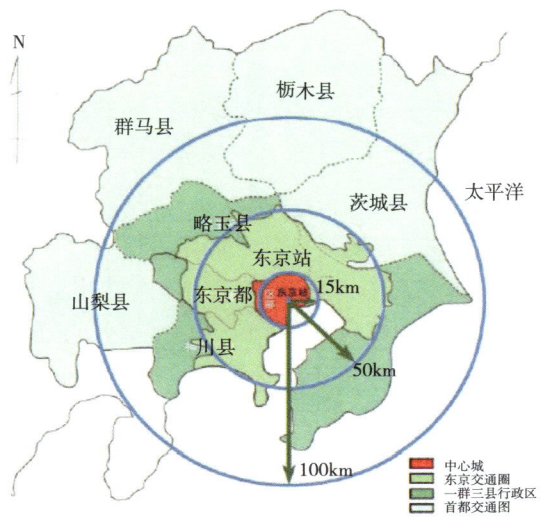

图13-10 东京区部、交通圈、都市圈范围

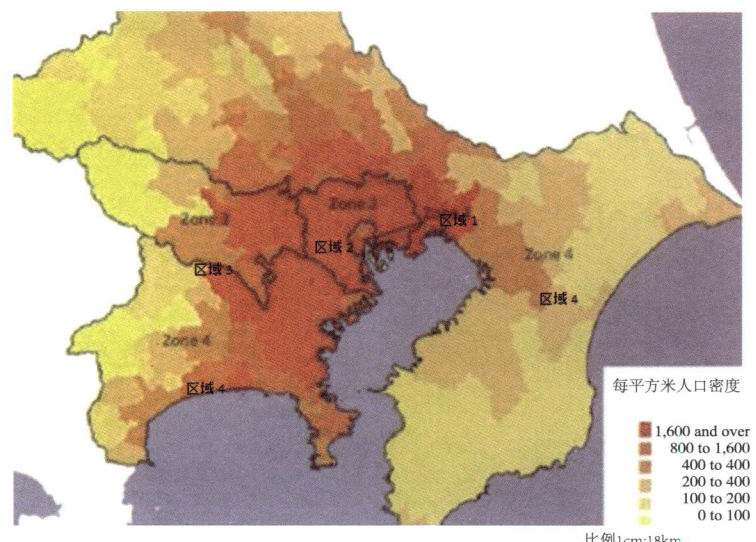

图13-11 东京一都三县人口密度分布

东京机动车拥有率分布与人口密度分布相反，人口密度越高的地区，机动车拥有率越低，反之则越高。2003年机动车拥有率最高的是远郊区四县，千人拥有率均超过700辆；近郊三县除神奈川县外，其余两县千人拥有率均超过500辆；东京都最低，仅为327辆/千人。

东京是国际上公共交通最为发达的大都市，也是轨

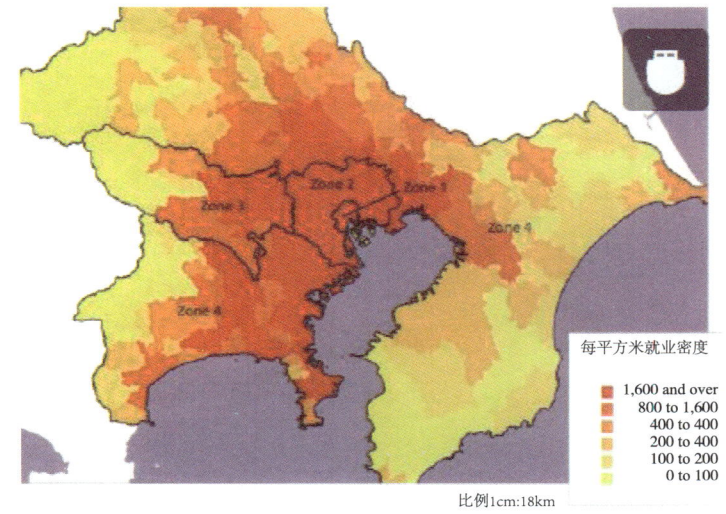

图13-12 东京一都三县就业岗位密度分布

道交通出行比重最高的城市，轨道交通是东京市民上班、上学通勤出行的主要交通方式。

2000年，东京中心城区（区部）居民出行总量约为2700万人次/日，其中公共交通约1260万人次，小汽车约420万人次；东京交通圈居民出行总量约7000万人次/日，其中公共交通约2460万人次，小汽车约1600万人次。

东京中心城（区部）机动化方式客运总量约为3257万乘次/日，其中公共交通2562万乘次，私人小汽车570万乘次；东京交通圈机动化客运量6520万乘次，其中公共交通4070万乘次，私人小汽车2250万乘次（表13-1，表13-2）。

1968~1993年，东京中心城区轨道交通出行比重保持上升趋势，小汽车出行则一直维持在16%~17%的水平，步行出行比重则显著下降，反映了机动化的增长以轨道交通为主导，公共汽车则一直是一种辅助的交通方式，主要承担至轨道交通车站的驳运任务。

包括摩托车和自行车在内的二轮车的出行比重虽然有所增长，但最后维持在15%的水平（表13-3）。

与中心城区相比，多摩地区轨道交通出行比重增长不大，小汽车则维持一定的增长水平，从1968年的18%上升至1993年的29%，步行比重也呈现下降趋势，最后与中心城区相

东京交通圈不同方式居民出行量推算（万人次/日）　　　　　　　　　　表13-1

方式＼区域	中心城（区部）	东京交通圈
轨道交通	1192	2240
公共汽电车	81	210
公共交通合计	1273	2450
小汽车（含出租车）	407	1610
二轮车（摩托车与自行车）	406	1260
步行2	624	1680
合计	2710	7000

注：出行量根据"the four world cities transport study"中东京一都三县出行分布提供的数据，结合东京区部、多摩地区出行方式结构调查推算，为2000年数据，表格中的数据均为估算值，其中区部和东京交通圈出行总量为总体近似推算。

东京交通圈日均客运量构成（2002年）（万乘次/日）　　　　　　　　表13-2

方式＼区域	中心城（区部）	东京交通圈
JR	957	1446
私铁	718	1358
地铁	725	801
轨道交通计	2400	3604
公共汽（电）车	162	430
公共交通小计	2562	4030
出租车	125	190
私人小汽车	570	2032
客车小计	695	2222
合计	3257	6256

注：除轨道交通外，其他方式客运量东京圈按郊区区域人口占都县域人口87%系数计算。

东京中心城（区部）居民出行方式结构变化（%）　　　　　　　　　　表13-3

年份	轨道	公交车	小汽车	二轮车	步行	其他	合计
1968	30	6.3	16.1	5.3	42.2	0.1	100
1978	33.6	3.5	17.8	11.5	33.6	0	100
1988	39.6	2.8	16.4	15.1	26.1	0	100
1993	42.9	2.9	16.3	14.9	23	0	100

资料来源：各年份数据来源于《东京都市规划（1997年）》，平成8年3月出版。

当，反映了多摩地区机动化的增长主要是小汽车。二轮车出行比重基本维持在20%左右的水平，公共汽车仍然是一种辅助方式。进出东京中心城区（区部）的机动化交通中，轨道交通占80%以上（表13-4，表13-5，图13-13～图13-15）。

东京都多摩地区居民出行方式结构变化（%）　　表13-4

年份	轨道	公交车	小汽车	二轮车	步行	其他	合计
1968	22.5	6.8	17.9	9	43.7	0.1	100
1978	20.1	4.1	23	18.7	34.1	0	100
1988	22.3	3.5	26.4	21.1	26.7	0	100
1993	24.6	3.1	29	19.7	23.6	0	100

资料来源：各年份数据来源于《东京都市规划（1997年）》，平成8年3月出版。

进出中心城（区部）及核心区的机动化方式结构（%）　　表13-5

方式	轨道	公交车	小汽车
进出中心城	82	1	17
进出核心区	82.2	2.2	15.6

资料来源："the four world cities transport study" edited by Caralampo Focas。

道路交通网络建设历程：

（1）人口向城市集中时期（1955～1965年）

实施了以道路拓宽、整修路面为重点的一般道路建设（目标是公交汽车可并肩行驶，无灰尘、无泥泞）；开始建设城际高速公路及市内高速道路。市内高速道路首都高速道路（京

图13-13 东京区部和交通圈出行方式构成（2000年）

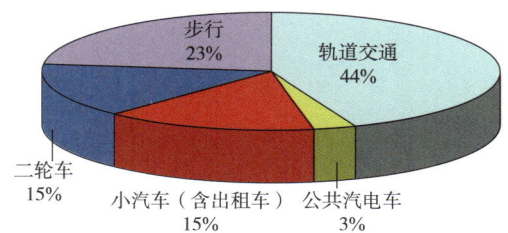
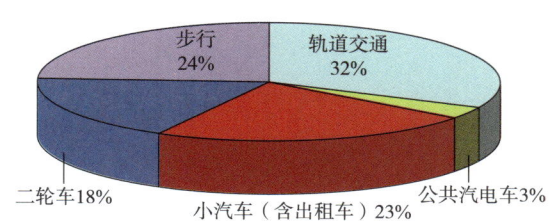

图13-14 东京区部和交通圈机动化客运方式构成（2000年）

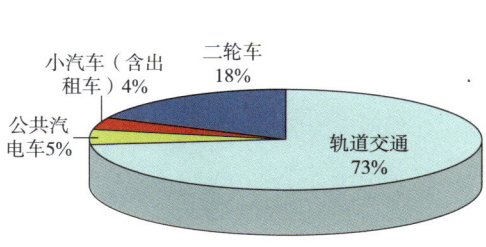
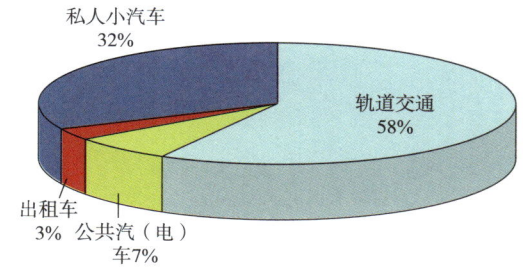

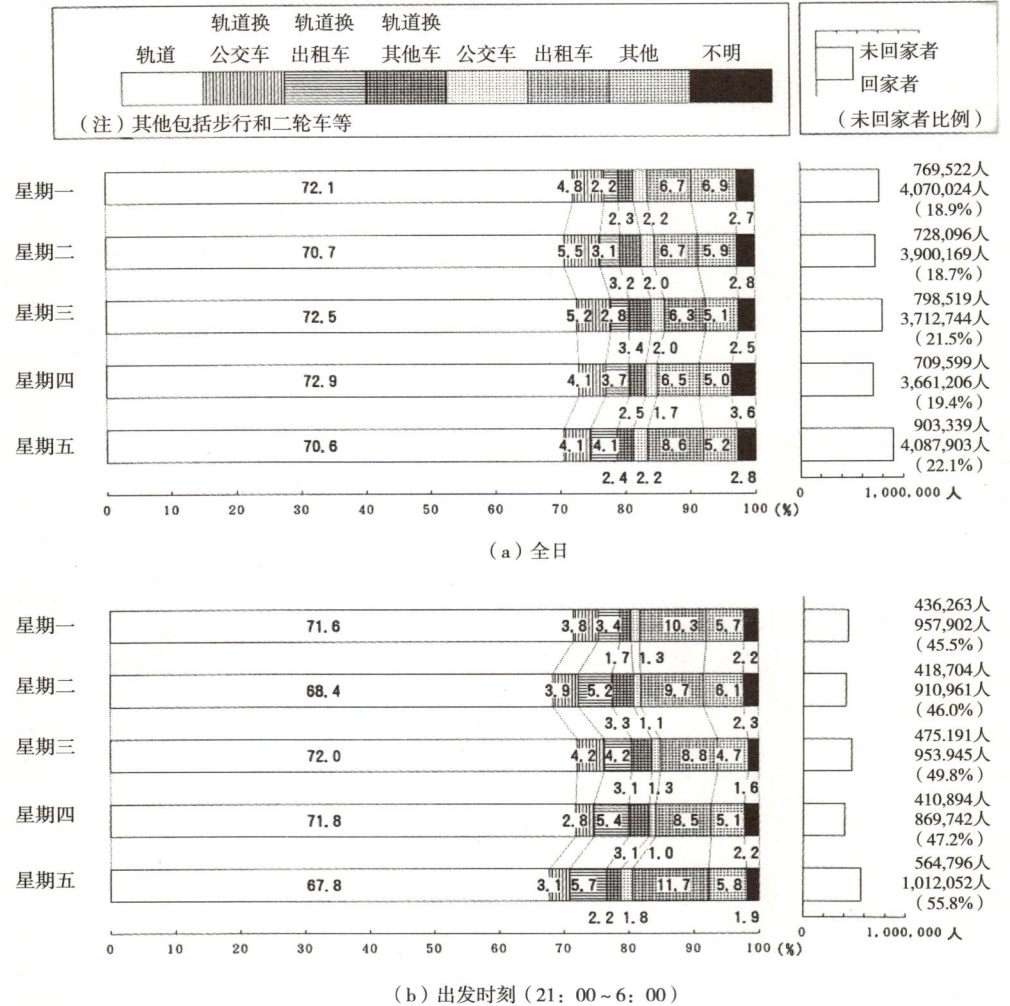

图13-15 工作日轨道交通出行及换乘分担率

（a）全日

（b）出发时刻（21：00～6：00）

桥～芝浦段：4.5km）1962年开通；城际高速道路名神高速道路（栗东～尼崎段：71km）1963年开通。小汽车普及化开始，道路堵塞等与机动车相关的城市问题频频发生。

（2）都市圈发展期（1965～1985年）

重点建设城际高速公路及市内高速道路。在大都市圈内，建成市内高速道路基本呈放射状。但由于环路一部分尚未建设，过境车辆进入城区内，成为导致发生堵车的主要原因。加上过境车辆中交通量相对较大的大型车也从市中心通过，给沿线带来了大气污染、振动、噪声等环境问题。交通事故多发，1970年交通事故死亡者数达1.67万人（图13-16）。

（3）都市圈成熟期（1985年～至今）

绝大部分城际高速公路及市内高速道路建成。但环路建设落后，至今尚未完成。市中心由于公共交通的便利性得到提升，小汽车分担率开始降低。在郊区，出现依靠小汽车出行的城市、小汽车出行高度便利的城市（郊外地区大力推进开发大型商业设施）。使得小汽车出行便利性相对较低的城区失去了魅力，空洞化现象日趋明显。尽管日本一贯致力于全面提高公共交通便利性，但小汽车分担率从1960年代至今依然呈增加趋势，而铁路分担率几乎无所增减。

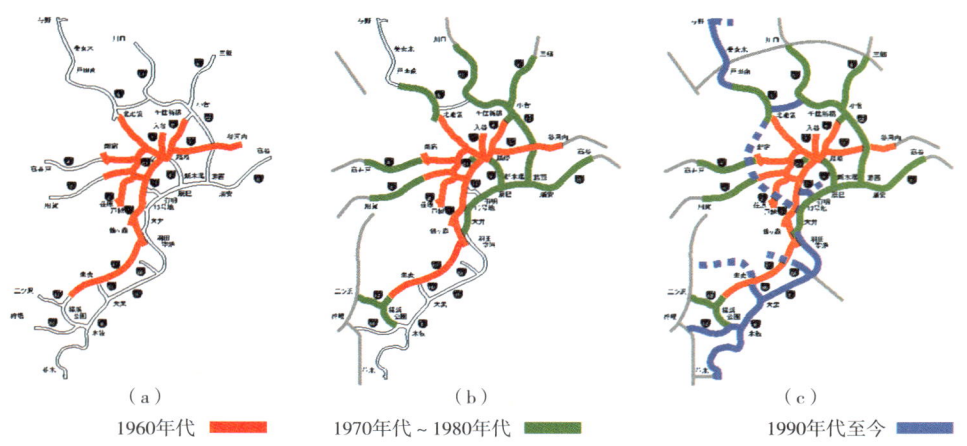

图13-16 城市高速路网变迁;(1960年代~2000年代首都圈)(a)1960年代市中心环线和放射线的建设;(b)1970年代~1980年代城市间与高速道路的连接;(c)1990年代至今通过中央环状线等完善路网的建设

13.3 公共交通发展概况

东京公共交通系统由JR、私铁、地铁、单轨、新交通、公共汽电车等组成。其特点是大容量、高运速的轨道交通异常发达,拥有国际上客流量最大的铁路线网。而且公共交通系统中不同交通工具运送旅客比例逐步变化,公共汽车逐年减少,轨道交通逐年增加。

东京地铁里程292.2km,线路13条,车站274个,日均客运量736万人次。JR线(不包括新干线)887km、私营铁路(包括单轨铁路)1126km。

东京平均每天客运总量为3500万人次(一都三县范围则达5000万人次),其中60%由市郊铁路承担。东京市内交通客运量构成中,JR和私铁比重最大,达49%;其次为地铁和新交通,占总运量的30%;公共汽车比重较小,为7.6%。市中心公共交通(不含出租汽车)占出行总量比例达到86%。

13.3.1 轨道交通建设历程

1872年,东京第一条铁路(也是日本第一条铁路)开通运营。1885年,山手线第一期开通运营,1925年山手线全线建成。20世纪60年代开始,私营铁路大发展。JR及私营铁路的建设先于地铁系统,地铁建设前东京交通圈已形成近1400km的区域铁路,铁路建设保持稳步增长,线网规模不断扩展,1927年第一条地铁银座线开通运营。

目前东京交通圈轨道交通主要包括JR、私营铁路和地铁,线网总长约2300km,中心城区线网总长约700km,线网密度约1.13km/km^2。郊区线网密度约0.27km/km^2。地铁系统总长接近300km,其中2/3的地铁线路与JR或私营铁路实现过轨运营,即通过运行组织实现不同系统之间的列车行驶到对方线路上,以减少或消除换乘。

第二次世界大战后,东京轨道交通进入快速发展时期,地铁和私营铁路开始大发展。1955~1995年的四十年间,地铁线网从二十几公里增长到二百多公里,增长了十倍,地铁年客流量则从1.5亿乘次(日均41万乘次)增长到27.7亿乘次(日均760万乘次),增长了17倍多。私营铁路和JR系统从1500km增长到近2000km,增长了近30%,与此同时,年客流从30亿乘次(日均830万乘次)增长到100亿乘次(日均2780万乘次),增长了一倍以上。

东京交通圈轨道交通系统构成　　　　　　表13-6

区域	线网长度（km）			
	JR	私铁	地铁	合计
区部1	408	292		700
东京交通圈2	877.2	1085.5	332.6	2305.3

资料来源：
1. 区部轨道交通长度在"the Four World Cities Transport Study"提供的资料基础上对地铁数据进行了重新修正。
2. 东京交通圈轨道长度来源于《都市交通年报》（平成16年）提供的平成12年（2000年）数据。

1925年，东京开始建设第一条地铁银座线，该线于1939年初建成运营，地铁发展至今已拥有12条线路，形成一条地铁环线和11条放射线。地铁的快速发展集中在第二次世界大战后的20年里，尤其是20世纪70年代。尽管拥有发达的铁路网，但地铁的建设仍在持续不断进行，线网不断扩展，并提出建设13号线缓解主要客流通道交通压力。（表13-6）

13.3.2 轨道交通线网形态

东京中心城区（区部）是国际上轨道交通最发达的地区，轨道交通以JR山手线（地面线路）和地铁大江户线（12号线）构成的双环为中心，地铁、私铁和JR形成十几条放射线。

JR系统以东京站为中心，在中心城区（区部）形成一个环线（即山手线），向周边地区呈放射状分布。主要包括东海道线、京滨东北线、横须贺线、中央本线、东北本线、琦京线、常总武线和京叶线等线路（图13-17～图13-21）。

东京私营铁路以山手线上的新宿、涉谷、池袋、日暮里等重要枢纽站为起点，连接东京周边新城与新市镇，干线加支线为主的放射状网络是东京私营铁路线网的重要特征。20世纪60年代是私营铁路的大发展时期。私铁线路通过与地铁系统实现过轨运营，私铁列车可以直接开到地铁线路上进入市中心，同样地铁列车也可以开到私铁上进入郊区，减少地铁与私铁不同系统之间的换乘，通过过轨运营组织实现了真正的"零"换乘（图13-22～图13-27）。

图13-17 东京交通圈轨道交通不同时期线网规模

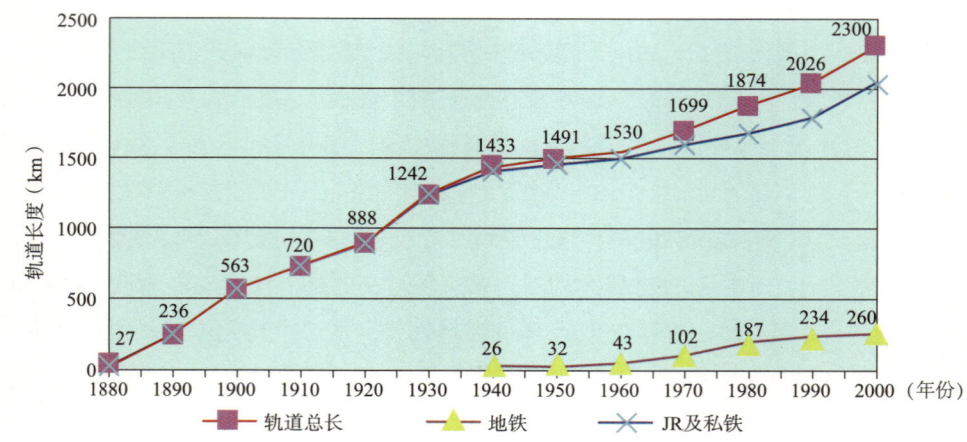

图13-18 东京交通圈轨道交通客流规模发展变化

客流量（亿乘次）
60.0
50.0
40.0
30.0
20.0
10.0
0.0
1955
1960
1965
1970
1975
1980
1985
1990
1995
2000（年）
18.6
26.6
34.7
37.7
40.7
41.7
42.8
51.1
53.9
52.5
11.7
18.7
25.6
30.8
35.9
39.3
42.7
48.8
51.4
49.0
1.5
4.5
7.5
12.6
17.6
20.7
23.7
27.7
27.7
27.9
JR
私铁
地铁

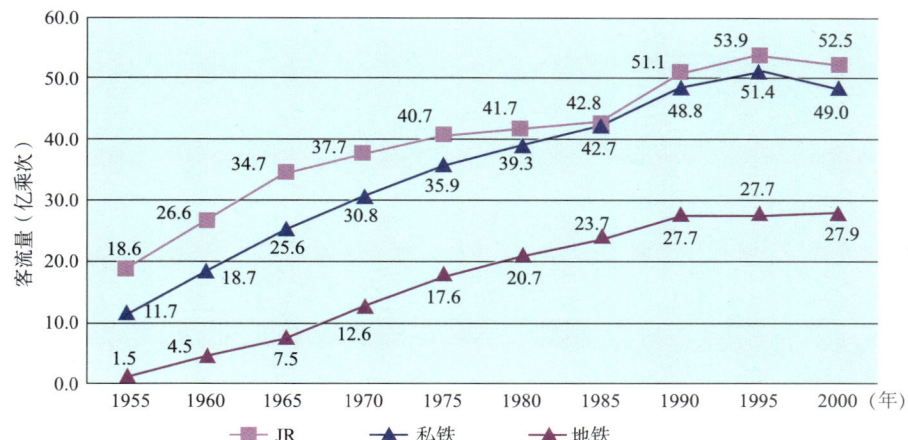

图13-19 东京地铁线网发展变化

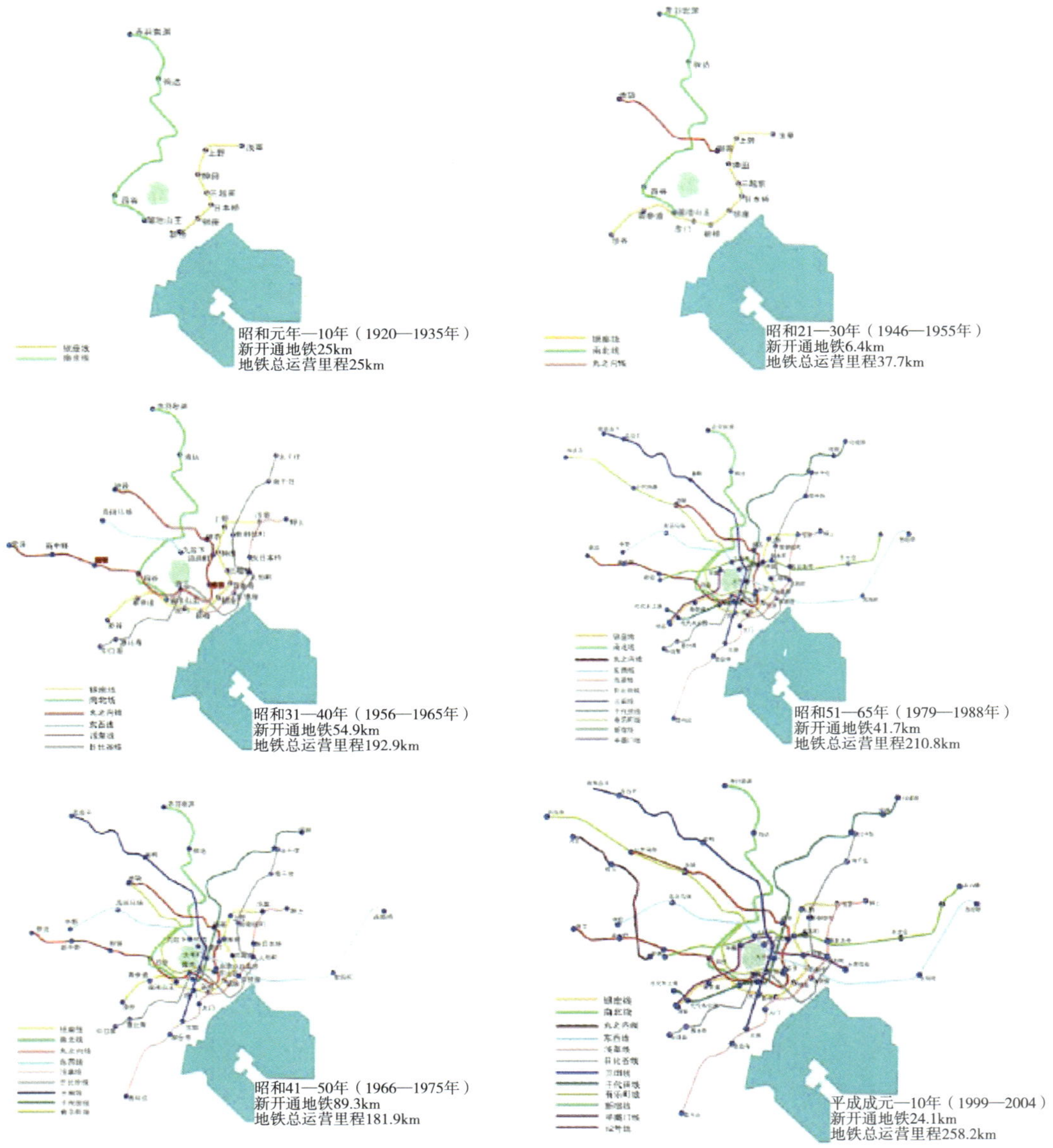

昭和元年—10年（1920—1935年）
新开通地铁25km
地铁总运营里程25km
昭和21—30年（1946—1955年）
新开通地铁6.4km
地铁总运营里程37.7km
昭和31—40年（1956—1965年）
新开通地铁54.9km
地铁总运营里程192.9km
昭和51—65年（1979—1988年）
新开通地铁41.7km
地铁总运营里程210.8km
昭和41—50年（1966—1975年）
新开通地铁89.3km
地铁总运营里程181.9km
平成成元—10年（1999—2004）
新开通地铁24.1km
地铁总运营里程258.2km

图13-20 东京地铁线网规模发展变化

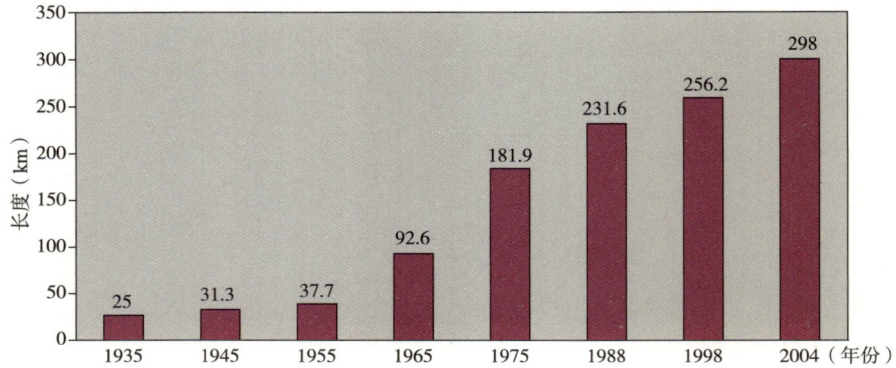

图13-21 现状东京地铁线网

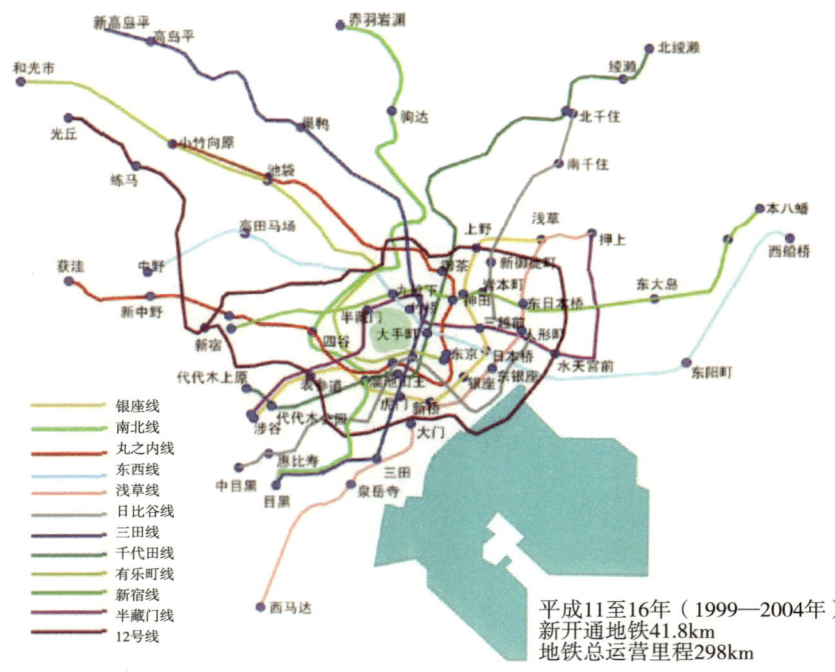

平成11至16年（1999—2004年）
新开通地铁41.8km
地铁总运营里程298km

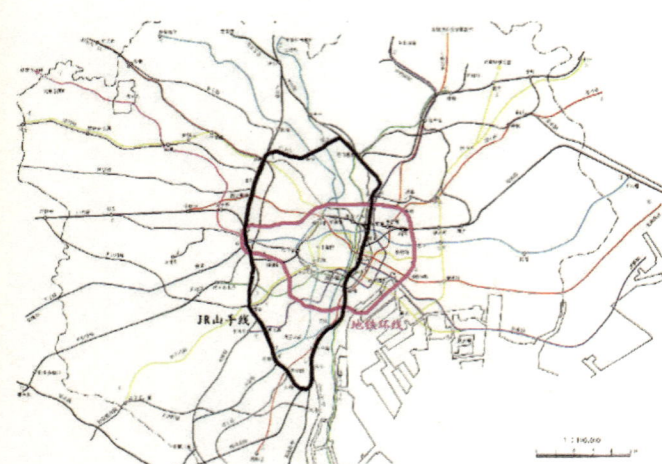

图13-22 东京中心城区（区部）双环多线合成式轨道线网

图13-23 以东京站和山手线为换乘中心的JR线网构成

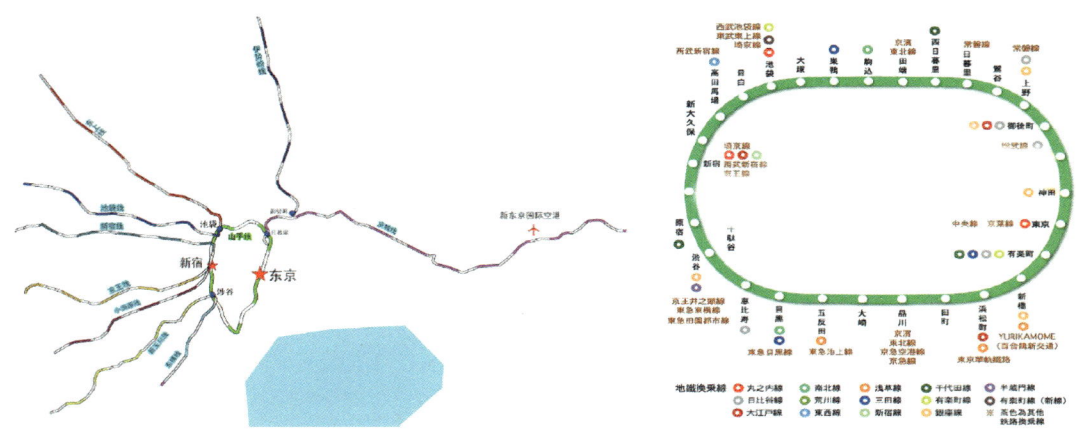

图13-24 以山手线为终点的放射状私铁线网　　　　图13-25 东京山手线换乘站点及换乘线路分布

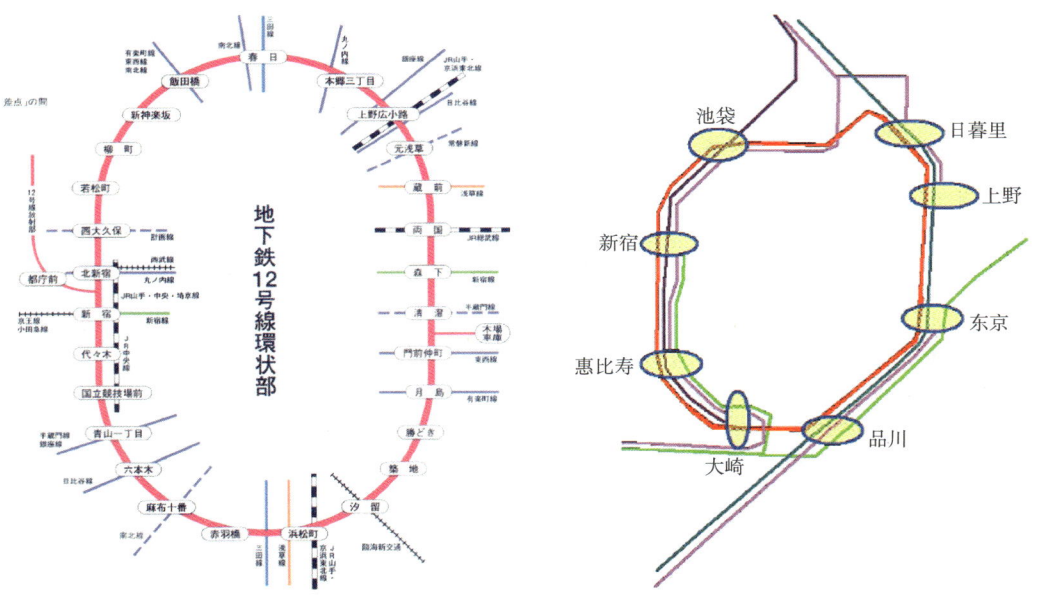

图13-26 东京地铁环线站点及换乘线路分布　　　　图13-27 山手线的运营组织

13.4 轨道交通引导城市发展

13.4.1 轨道交通成为城市形态的脉络

东京城市发展开始于19世纪70年代。1871年，东京县成立，同时东京第一条铁路（也是日本第一条铁路）开通运营。那时东京城市的范围基本上是现有的核心三区的区域，面积约40km²。随着铁路的发展，东京城市围绕着铁路不断拓展。

明治中期年间（即19世纪80年代末期）以中心三区为中心，城市继续向周边拓展，大正时代（20世纪初）城市已发展到现有山手线的范围。昭和初期，即20世纪30年代，城市开始突破山手环线区域向外拓展，20世纪60年代，城市发展突破了区部范围，20世纪70年代，随着多摩地区的发展及周边的融合，东京城市基本拓展到以东京站为中心50km的交通圈范围。20世纪末，随着日本人口和经济向首都的高度集中，东京交通圈向周边地区的辐射力进一步增强，20世纪90年代，东京城市规划开始突破传统的交通圈范围，城市建成区突破现有的区部范围，将西南部的川崎、横滨两市覆盖，建成区面积近960km²，建成区以外50km半径范围形成的东京交通圈为核心构成了东京的都市发展区，都市发展区面积达6734km²，而东京交通圈以外远郊城镇化地区面积则达5518km²，整个东京大都市圈城市化区域面积已达1.32万km²（图13-28，图13-29）。

图13-28 东京城市沿轨道网络拓展演变

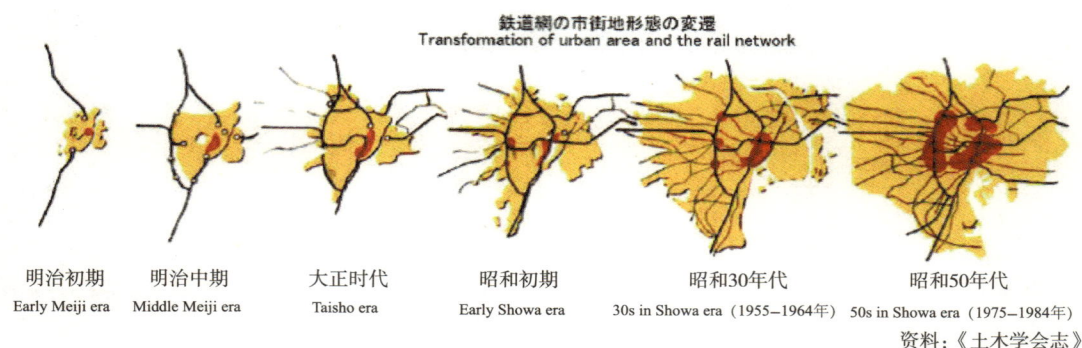

图13-29 围绕铁路的东京交通圈城市化用地拓展

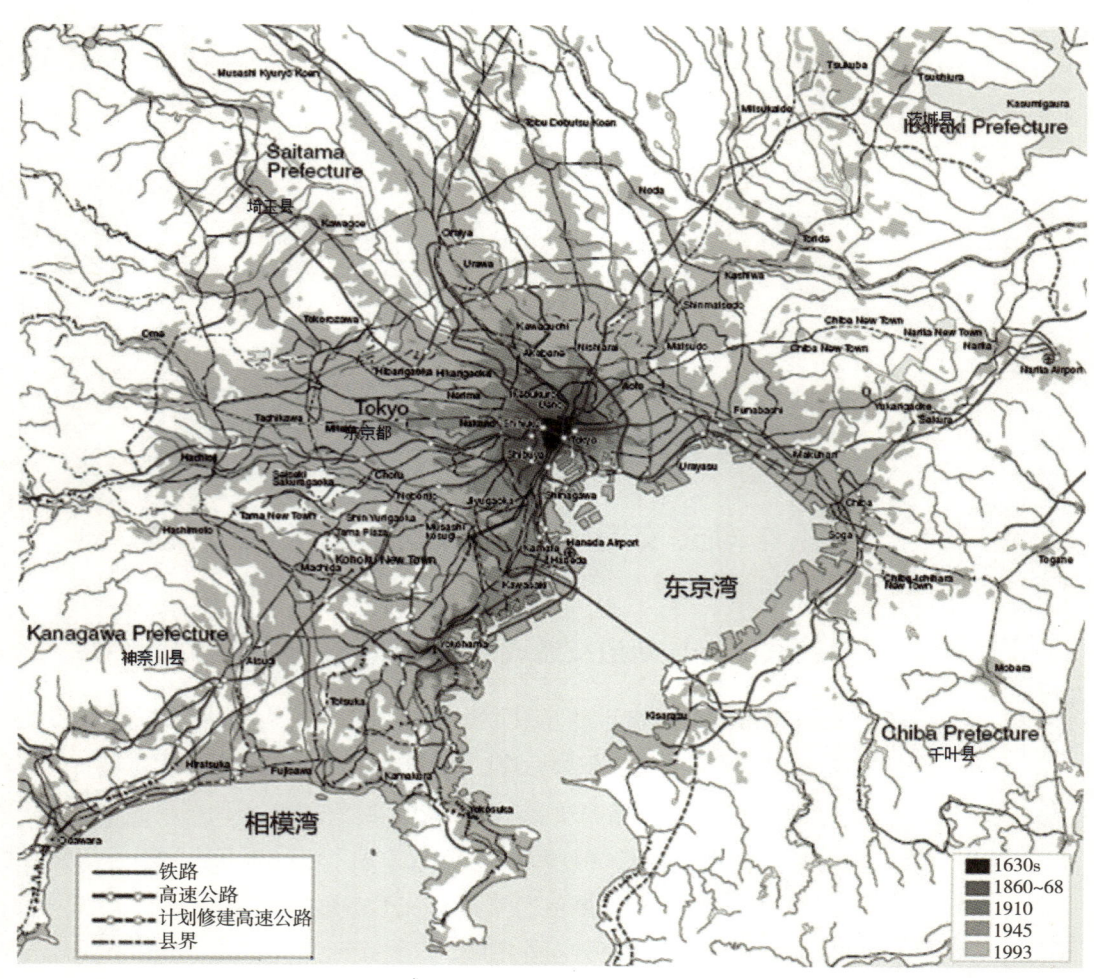

13.4.2 轨道交通引导城市人口疏散

东京的公共交通发展历程中的主角是轨道交通,轨道交通与城市用地发展的紧密结合成就了现在东京交通圈强中心的城市空间布局形态,从而引导了城市人口和就业岗位的分布,因此东京轨道交通的发展历程与城市化进程是紧密相连的。

（1）20世纪50年代到60年代中期

虽然东京政府早已意识到需要控制大城市无限制的发展和振兴小城市,从规划的角度进行交通改造。但是第二次世界大战后,东京社会经济的发展并没有按照原来的设计轨迹进行。第二次世界大战后复兴规划希望将东京中心城人口控制在350万,但是很快就面临了巨大的人口流入压力,1962年突破了1000万。这样的社会经济发展压力,迫使住宅和交通系统的改造不得不同时竭力进行。

为了适应高质量生活空间的社会需求,1963年东京政府制定了新住宅市街地开发法,在距离都心30～40km地带通过新城镇开发计划来缓解中心区的拥挤;同时在1957年以后日本国铁对首都圈通勤输送能力进行改造,20世纪60年代以后东京私营铁路进入大发展时期。特别是从1965年开始的第三次长期规划,开展了所谓的"通勤5方面作战"的大规模改造计划,大幅度地提高了输送能力和运行速度。

（2）20世纪60年代中期到80年代

通过新城镇开发计划和私营铁路的发展,东京中心城的人口得到有效疏解。1960年,区部人口高达830万人,是第二次世界大战前的2.9倍。而从20世纪70年代开始,中心城的人口开始缓慢减少,从80年代开始中心城人口基本稳定在800万～850万的规模。

为了适应新城镇居民通勤交通的需求,东京JR、私营铁路、地铁各类轨道交通处于长足发展时期,地铁从1960年的43km发展为1980年的187km,JR和私营铁路规模则从1500km发展到1700km。

（3）20世纪80年代以后

通过20世纪70年代以来轨道交通引导中心城人口的疏解,区部以外的广大郊区是东京交通圈新增人口的分布地,东京交通圈的总人口仍在上升。第二次世界大战结束后,东京交通圈的人口增加了近一倍,从战前的约1500万人增长至目前的超过3000万人（图13-30）。

中心城以外不断增加的人口为东京通勤交通提出了更高的要求,20世纪80年代以后东京轨道交通进入巩固发展时期,轨道线网规模仍在不断扩展。逐渐形成了与城市用地和空间布局相协调的环射状轨道交通网络。东京城市轨道交通网络以JR山手环线为基础,包括地铁、私营铁路和国铁JR三大系统及单轨、独轨等辅

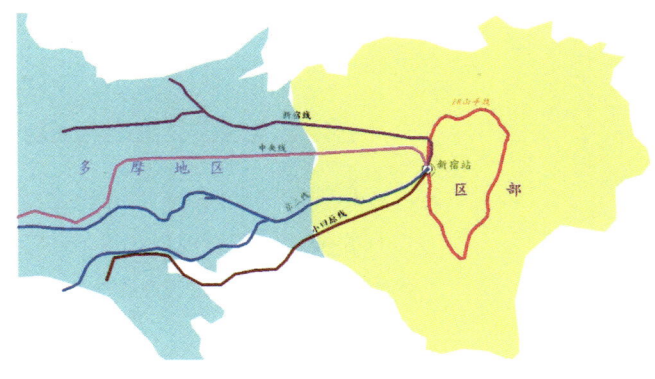

图13-30 多摩地区与区部的轨道交通衔接

助系统，地铁发展至今约60年已拥有12条线路，并正在建设地铁环线；由多个铁路公司经营的私营铁路线从山手环线向郊区轨道环线武藏野线辐射，具有13个主要放射方向；国铁JR则以东京站为中心向五个主要方向辐射。2/3的地铁线路与JR或私营铁路实现过轨运营，即通过运营组织实现不同系统之间的列车行驶到对方线路上，以减少或消除换乘。

以新宿交通枢纽为中心，东京多摩地区有五条轨道交通线路与市中心相衔接（私铁池袋线、私铁新宿线、私铁京王线、私铁小田原线、JR中央线），整个多摩地区有约350万居住人口。

13.4.3 轨道交通引导多摩地区城镇体系发展

轨道交通在新城镇的发展中发挥了主导作用。1964年东京都决定了建设多摩新城的基本方针，横跨多摩市、八王子市、稻城市、町田市，建立多摩新城，这是一项至今还在进行的大型规划。

在多摩新城建设过程中，最需要解决的是新城与中心区通勤交通的问题。1965年多摩新城的开发启动，政府与私人合资进行了轨道与物业的协同开发工作。1974年随着支持多摩新城发展的两条轨道干线——京王线和小田急线的开通，通勤交通问题得到了有效解决。现在多摩新城开发面积已达3000hm^2，拥有17万居民和3.5万个工作岗位，其发展的目标是37万人和13万个工作岗位。据1991年调查，该地区80%在新城之外工作的居民通勤方向前往东京中心区，通勤交通的70%采用轨道交通（图13-31）。

图13-31 私铁京王线引导的多摩居住新城规划

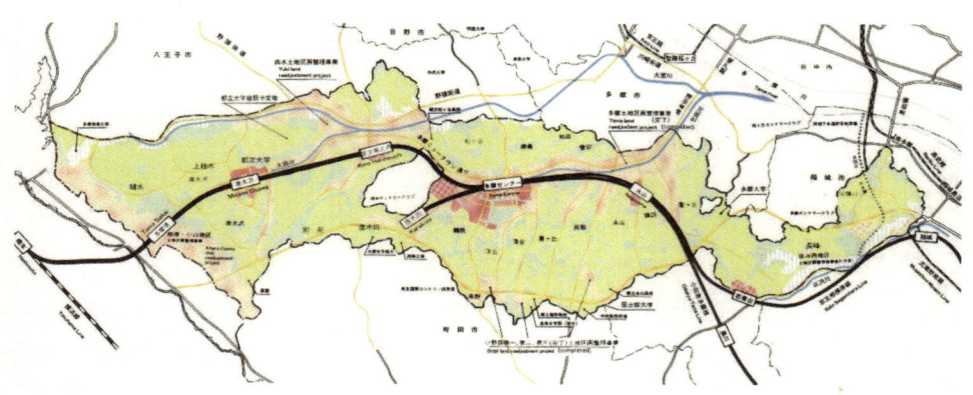

但是，同样是新城开发计划的千叶新城，虽然当时开通了北总开发铁路的部分路段，但是到1991年才开通了直达都心的常磐线，在这之前的13年前都必须通过换乘到达，因此入住人口增长速度非常缓慢。

13.4.4 建设轨道交通新线促进新城开发

尽管东京已拥有世界最发达的轨道交通网络和城镇体系，但东京仍然在加强轨道交通建设与交通圈的新城规划建设。位于东京交通圈东北区域的茨城县，为了强化与东京中心城区的联系，促进本地区的城镇发展，在21世纪初建设了连接东京市中心秋叶原的新型轨道交通，即筑波快线（TX）。

筑波研究学院都市是1961年后建立起全新的科学文化中心。距东京东北约60km，距成田国际机场约40km。总面积284km²,其中研究学院地区面积为27km²,是一个南北约18km,东西约6km的狭长区域。其中15km²为科研、文教机构用地,12km²为住宅建设用地。1980年年底东京及其他地方的46个科研单位已陆续迁入,成为世界最大的高技术研究基地之一。平成17年,研究学园地区人口达到约为7.3万人,周边开发地区人口达到约为12.5万人,合计19.8万人。考虑周边开发地区和TX(TSUKUBA EXPRESS)沿线开发将使人口增加,规划人口约25万人,合计35万人。

筑波研究学院都市市中心街道、居住地区、干线道路等系统均设置了步行者专用道路,以保证教育、商业、文化、公园等设施的步行者安全畅达。步行者专用道总长约50km。筑波TX站附近位于机动车道以上的人行街道使得机非彻底分离,大大提高了行人交通的安全性,同时步行系统与公交车站、轻轨站和停车场的有效衔接,做到了行人交通和其他交通方式设施的一体化。

筑波科技园区土地利用计划中,总用地规模为2700hm²,研究教育设施用地为1457 hm²,占总面积的54%,公共用地为450hm²,占总面积的16.7%,其中道路、步行者专用道路、停车场面积为337hm²,占总面积的12.5%(图13-32)。

图13-32 TX线沿线开发情况

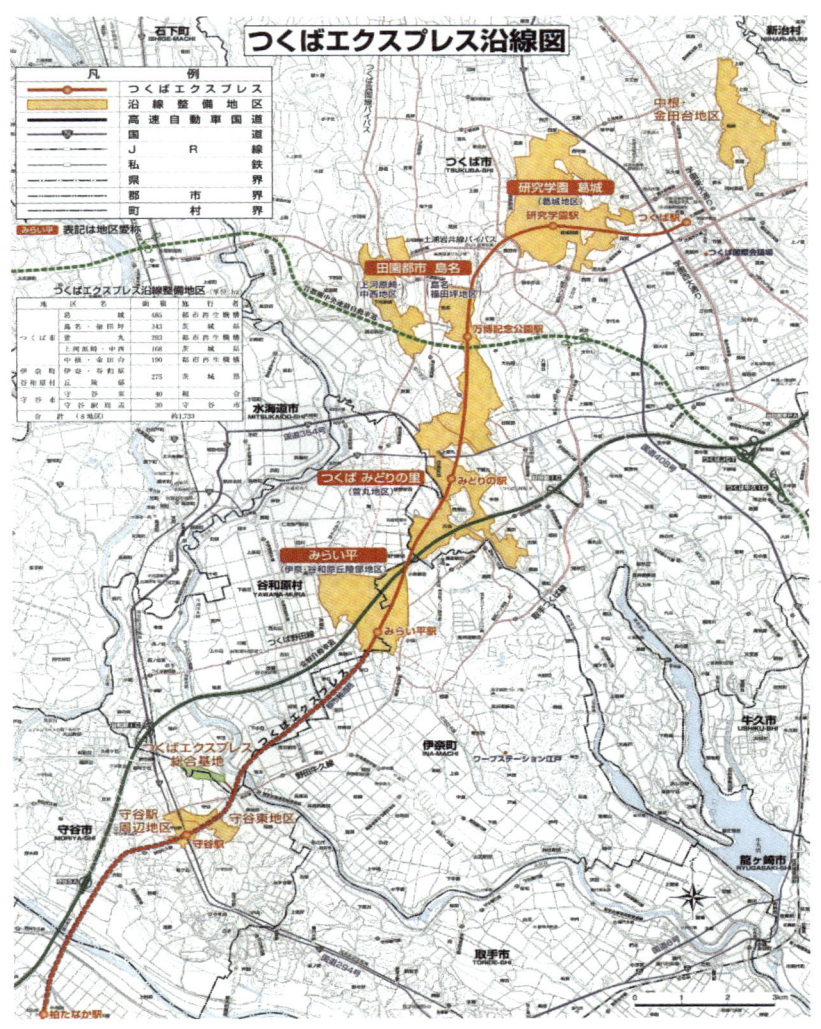

13.5 东京公交分担率分析

东京都市圈1968~1998年各种交通方式分担率如图13-33所示。

从东京都市圈的交通方式分担率来看，公交车和铁路分担率从31.8%到26.4%之间变化，步行出行比例由43%降至22.3%，自行车出行比例先由8.2%增加到15.1%，之后趋于平稳。小汽车出行比例一直处于增长趋势，增长比例基本与步行的减少比例相符。

2004年东京中心城与交通圈出行统计如表13-7~表13-9，图13-34~图13-37所示。

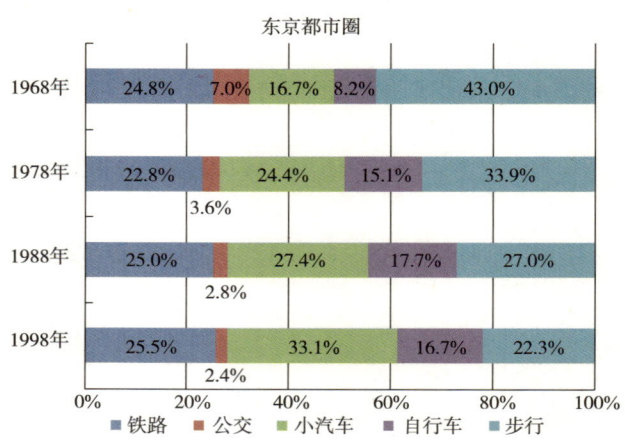

图13-33 1968~1998年各种交通方式分担率

东京中心城与交通圈对比表（2004年） 表13-7

类别		中心城	交通圈
年份		2004年	2004年
面积（km²）		617	6451
人口（万人）		850	3016
出行总量（万人次/日）		2710	7000
	公共交通	47%	35%
	个体交通	15%	23%
	慢行交通	38%	44%
公共交通运量（万乘次/日）		2700	4250
	轨道交通	89%	69%
	地面公交	6%	8%
	出租车	5%	3%

东京交通圈日均客运量构成（2002年）（万乘次/日） 表13-8

方式 \ 区域	中心城（区部）	东京交通圈
JR	957	1446
地铁	718	1358
轨道交通总计	725	801
公共	2400	3604

续表

方式\区域	中心城（区部）	东京交通圈
公共汽电车	162	430
公共交通合计	2562	4030
出租车	125	190
私人小汽车	570	2032
客车小计	695	2222
合计	3257	6256

注：除轨道交通外，其他方式客运量东京圈按郊区区域人口占都域人口87%系数计算。

东京交通圈不同方式居民出行量推算（2000年）（万人次/日） 表13-9

方式\区域	中心城（区部）	东京交通圈
轨道交通	1192	2240
公共汽电车	80	210
公共交通合计	1273	2450
小汽车（含出租车）	407	1610
二轮车（摩托车与自行车）	406	1260
步行	624	1680
合计	2710	7000

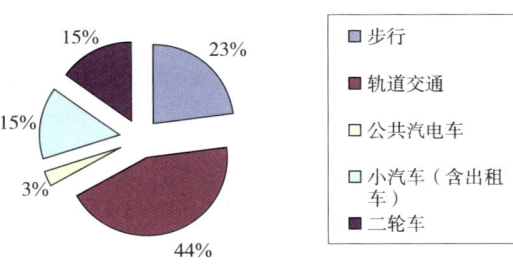
图13-34 东京区部交通方式构成（2000年）

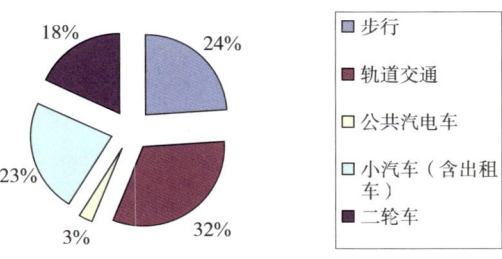
图13-35 东京交通圈交通方式构成（2000年）

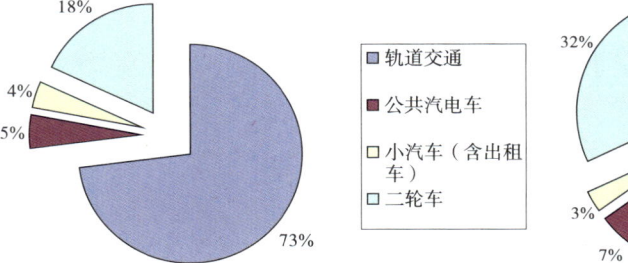
图13-36 东京区部机动化客运方式构成（2000年）

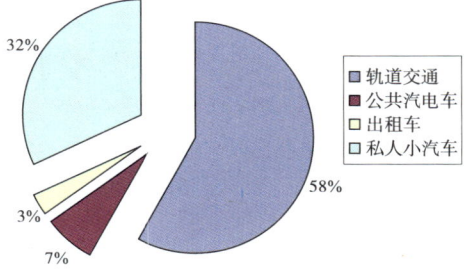
图13-37 东京交通圈机动化客运方式构成（2000年）

1968~1993年，东京中心城区轨道交通出行比重保持上升趋势，小汽车出行则一直维持在16%~17%的水平，步行出行比重则显著下降，反映了机动化的增长以轨道交通为主导，公共汽车则是辅助交通方式，主要承担至轨道交通车站的驳运任务。包括摩托车和自行车在内的二轮车出行比重虽然有所增长，但基本维持在15%的水平（表13-10）。

东京中心城（区部）居民出行方式结构变化（%）　　　表13-10

年份	轨道	公交车	小汽车	二轮车	步行	其他	合计
1968	30	6.3	16.1	5.3	42.2	0.1	100
1978	33.6	3.5	17.8	11.5	33.6	0	100
1988	39.6	2.8	16.4	15.1	26.1	0	100
1993	42.9	2.9	16.3	14.9	23	0	100

资料来源：各年份数据来源于《东京都市规划（1997年）》，平成8年3月出版。

与中心城区相比，多摩地区轨道交通出行比重增长不大，小汽车维持一定的增长水平，从1968年的18%上升至1993年的29%，步行比重也呈现下降趋势，与中心城区相当，反映了多摩地区机动化的增长主要是小汽车。二轮车出行比重基本维持在20%左右的水平，公共汽车仍然是辅助方式。进出东京中心城区（区部）的机动化交通中，轨道交通占80%以上（表13-11，表13-12）。

东京都多摩地区居民出行方式结构变化（%）　　　表13-11

年份	轨道	公交车	小汽车	二轮车	步行	其他	合计
1968	22.5	6.8	17.9	9	43.7	0.1	100
1978	20.1	4.1	23	18.7	34.1	0	100
1988	22.3	3.5	26.4	21.1	26.7	0	100
1993	24.6	3.1	29	19.7	23.6	0	100

资料来源：各年份数据来源于《东京都市规划》（1997年），平成8年3月出版

进出中心城（区部）及核心区的机动化方式结构（%）　　　表13-12

方式	轨道	公交车	小汽车
进出中心城	82	1	17
进出核心区	82.2	2.2	15.6

13.6 公共交通管理机构与运营机制

13.6.1 管理机构

（1）东京都交通局（Transportation Bureau of Tokyo Metropolitan Government）

负责公共汽车、电车及部分地铁服务的运营，由东京都政府管辖和经营的公营企业性质

的机构。管理4条都营地铁线和138条公共交通线路，以及路面电车线路和上野公园单轨电车，负责都营地铁线和电力工程建设，以及广告等事宜。由综合事务部、人事部、地铁与路面电车服务部、公共汽车服务部、电力部、建设维修部等部门组成。

（2）日本国土交通省

是日本政府主管城市轨道交通事业的部门，主要通过运用建设补贴、票价管制进行调控，并可随时对东京地铁运营安全进行巡视（都营地铁公司有所不同，其直接接受东京都交通局的管理，主要是票价和安全检查方面的监管）。

13.6.2 运营机制

（1）地铁运营主要由两家大的集团公司进行建设和运营，

一个是东京地铁公司，另一个是东京都交通局。两者是互补的关系，也是竞争的关系。

东京地铁公司，是以经营东京都会区地铁路线为主要业务的公司法人，目前负责经营9条地铁。东京都交通局从20世纪70年代起，开始修建地铁，目前共建设和经营4条铁路线路，合计全程109km。

各运营公司独立设置调度系统，但负有向市消防厅、警察厅通报信息的责任，必要时要承担向媒体发布有关车辆运行信息的责任。各运营商的票价可以分别确定，但需要报政府批准。政府根据企业所报的票价和相关证明材料，组织专家进行评估后确定价格上限。企业可以根据实际情况在不突破上限的条件下进行适当调整或进行营销方面的策划。

（2）JR线（Japanese Railway）由民营化后组建的JR东日本公司管辖。

在东京都市圈，参与城市客运的线路共有26条，里程887km，占东京都市圈轨道交通总里程37.8%，日运送乘客1456万人次，占公共交通方式39.8%（如果包含JR新干线，JR运量占公共交通总量的份额超过40%）。

日本其他私营铁路线路主要分布在山手环线外围，连接东京市中心和外围主要居住区，在交通运输体系中负责地区性运输业务。东京都市圈私营铁路共有59条，运营里程1126km，占整个东京轨道交通营运里程48.0%，日发送旅客1387万人，占总数的37.9%。在日常运输中发挥着重要作用。

（3）东京的公共汽车（简称巴士）公营为主、私营为辅。

绝大多数属于公营企业（东京都交通局）运营，只有少数如东急巴士及西武巴士是由私营公司运营的。巴士都为草绿色，采用单一票价，上车后即付。但东京公共汽车的利用率并不算很高，远不如地铁受欢迎，这主要是由于堵塞的地面交通状况造成的。轨道交通在东京占绝对优势，公共汽车只起辅助作用，主要适合市中心的短途交通。

13.7 公共交通发展经验

13.7.1 明确优先发展公共交通是解决交通问题的必然选择

根据《第三次全国综合开发计划》，东京结合城市发展的实际情况制定了以发展区域轨道交通网络为主、地面公共交通为辅的城市公共交通发展目标。提出着重提高公共交通的整体服务水平，建立高效发达的公共交通网络和综合便捷的城市交通枢纽换乘，吸引市民使用公共交通工具。明确了缓解大城市客运紧张状况，必须大力发展以大运量公共交通为主的高效快速交通系统。

东京基本保持了每增加100万辆机动车即建设100km地铁的建设速度。特别是20世纪六七十年代，为提高首都圈的通勤速度，政府对原有的城市铁路进行了技术改造，使其与城市轨道线路联通成网，目前已形成超过2000km的市郊铁路网络，每日承担近4千万通勤客流（图13-38）。

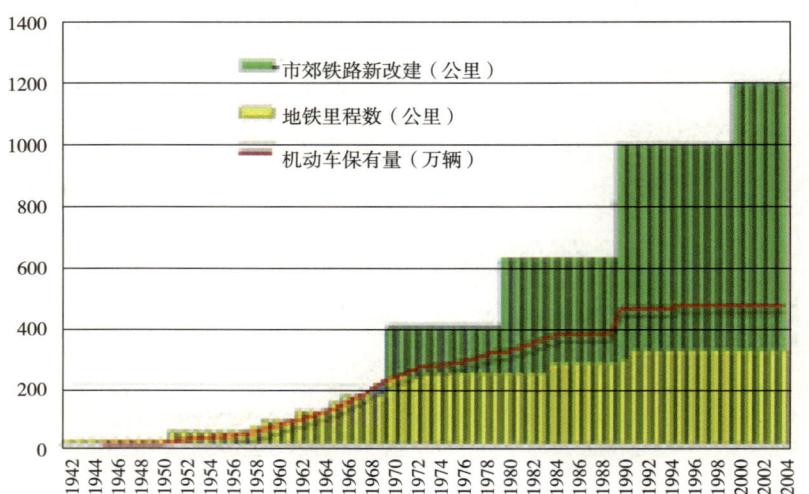

图13-38 东京都市圈轨道交通发展情况

13.7.2 政府出台多项政策扶持

为鼓励非政府机构和个人投资修建铁路，日本中央政府和地方政府，对公共交通提供了各种各样的补贴和资助。早在1911年，日本政府就通过了"轻轨铁路补贴法"，允许政府对私人修建的铁路进行补贴，补贴额可以达到建设费用的5%。在地铁被定位为城市的主要交通模式后，补贴的范围又扩大到地铁的修建，无论是政府修建的还是私人投资的地铁，都可以享受政府的补贴，补贴额最高可达建筑费用的70%，由中央政府和地方市政府各负担一半。另外，对轨道交通运力的扩张和减少交通拥挤的改建方案实施，也能享受一定补贴。例如，在轨道和公路的交叉口修建高架桥，或者将地面的轨道转移到高架桥上，可以享受补贴。

日本政府通过多种公共政策扶持，保证私营铁路的公益性和企业性，如通过鼓励多元化经营，开拓新事业领域，铁路沿线的综合开发增加经济收益和经营活力。日本的所有轨道交通线路，其票价的制订都受到政府交通部门的严格控制，以保证它能在普通百姓所能负担得起的范围，因此轨道交通公司在经营方面的利益很低，它们要想增加收益，必须从事一些其他行业。日本政府的政策是积极鼓励轨道交通公司从事附带产业，其做法是，将不同的经营区域分别授权于不同的公司，这样可以减少公司之间的恶性竞争，从而使公司赢利最大化。而且在一个区域内，巴士和轨道交通可以由同一家公司来经营，这有利于不同交通工具之间在线路和时间安排方面的相互协调。阪神、阪急等私铁公司早在20世纪20年代就以开发铁路沿线房地产闻名，并由此迎来了私营铁路公司大发展的黄金时期。

此外，为了鼓励市民利用公共交通，日本政府鼓励企业给员工发交通补贴，而且对交通补贴不征税。雇主支付的交通补贴，助长了人们涌向郊区，现在越来越多的在东京工作的人在新干线车站周围购买房产，他们的住家到东京市区工作地的距离通常超过100km。

13.7.3 综合客运枢纽发挥重要支撑作用

东京都市圈是世界上人口最多、密度最大的都市圈之一。纵观其发展历程，综合交通枢纽在其城市及交通发展过程中发挥着重要的支撑作用：以日均进出站量364万人次的新宿站、日均进出站量112万人次的东京站等为代表的综合交通枢纽背后，是291km地铁、2031多公里市郊铁路交织而成且每日运送旅客近4000万人次的庞大的轨道交通网络系统！更让我们惊奇的是，这些枢纽所在地也是东京都经济最繁荣、人气最聚集的地区，完全不像我们想象中的交通瓶颈、路网堵点和秩序黑点。

同样令我们惊叹的是东京综合交通枢纽的疏解能力。在东京，综合交通枢纽的出站客流中，88.7%通过步行疏解。即市民从交通枢纽站点下车后，通过步行即可到达单位、学校、商场等目的地，且大约90%左右的步行时间在10min内。

要做到上述这些，东京的综合客运枢纽有着以下几个特点。

（1）特点1：综合交通枢纽建设与城市功能布局相结合

城市功能布局与综合交通枢纽相结合是东京城市过程中的一大特点。东京的都心和副都心绝大部分都是围绕已有的综合交通枢纽进行规划和建设的。这些地区也确实成为东京目前经济最为繁荣、土地价值最高的地区。

（2）特点2：综合交通枢纽周边高强度土地开发

围绕综合交通枢纽进行高强度的土地开发是东京城市发展的又一显著特点。东京站、新宿站等重要综合交通枢纽周边建筑容积率都超过10，且融合商业、办公、休闲娱乐等多种功能，满足多样化出行需求。经过多年的发展，新宿、涩谷、池袋、品川等综合交通枢纽周边已经成为东京最具活力和商业价值的地区。

（3）特点3：综合交通枢纽出入口与周边建筑有效衔接。

东京的综合交通枢纽在微观层面将公共汽车站、出租汽车站、地下停车场以及商店、银行、商业街等布置在同一建筑物内，或用地下通道连为一体，出入口数量多、分布广。

东京都内的交通系统既方便又复杂，但只要注意观察车站内醒目的换乘标识，按照标志牌指明的方向出行，便可顺利完成换乘。而且电车站、地铁站出口一般都和地下商店街、百货商店、写字楼、饭店等相通。

13.7.4 辅以精细化地停车管理政策，优化出行结构

日本以严格地停车管理，提升小汽车的使用成本，控制小汽车的使用，使得在东京都，尤其是核心区，出行的首选不再是小汽车方式。

（1）完善的停车法律

在停车方面，历年来日本颁布了一系列法律法规（表13-13），并经过不断的修订和完善，形成了一套全面、完善的停车场法律体系，使车辆无论停放在何处都能有法可循。日本法律规定，车主在购买汽车前，必须向管理机关提供停放车辆的泊位证明，方可进行机动车购买行为，否则不予上牌照。当机动车所有者变更住址，或者是变更机动车泊位地址时，同样需要到公安机关登记。

日本历年制定的停车场法　　　　　表13-13

立法年份	立法名称	立法内容
1957年（昭和32年）	制定停车场法（国家）	（1）指定应当配建停车场的地区； （2）促进路内及路外停车场的合理设置； （3）停车设施的配建义务； （4）停车场的结构、设施、管理的标准
1958年（昭和33年）	制定东京都停车场条例	（1）指定停车场配备地区，指定停车配建义务适用地区； （2）停车设施的配建义务制度（公共住宅同样适用）
1958年（昭和33年）	制定路内停车场设置规划	（1）配建提供短时间停车、装卸货物、旅游巴士等； （2）服务的路内停车场
1962年（昭和37年）	制定确保汽车保管场所的相关法律（国家）	领取汽车牌照（车牌）需出示车库证明
1972年（昭和47年）	修改道路交通法（国家）实施限制时间的停车规定	设置停车咪表，监测和限制车辆停车时间
1991年（平成3年）	发布停车设施配备规划指导方针	针对东京小汽车保有量的飞速增长，推出停车问题综合解决方案，公布解决停车问题的基本方针和调查方法
1992年（平成4年）	东京都公共住宅停车设施配建纲要	若新建超过2000㎡的公共住宅，则需在用地范围内配建停车设施，其数量应占住宅数的30%以上

（2）高昂的停车费用

日本东京居民月均收入为30万日元，其中有6万～8万日元用来支付基本的停车泊位（购车所需要的泊位）；普通市民需花费大约1/3的月基本收入用以支付停车费用。另外，东京实施区域差别化停车收费政策。东京城区的所有停车场都纳入停车收费管理，停车收费水平按照停车区域的不同而有所差别。在商业区，其收费标准一般为每小时500～700日元（100日元约合5.8元人民币，图13-39）。

停车收费方式基本都是计时收费，并辅以高科技的电子设施以及严格的执法手段。通过

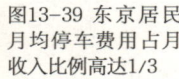
图13-39 东京居民月均停车费用占月收入比例高达1/3

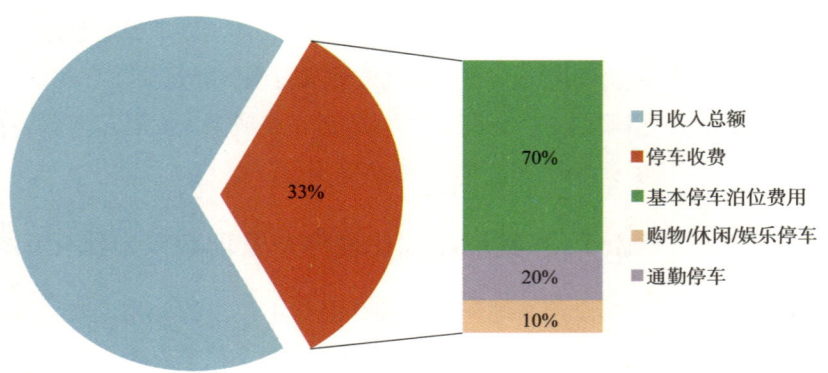

停车收费，控制东京私人小汽车的出行次数，以此来减少交通量，解决交通拥挤。虽然东京私人小汽车的拥有量很高，但小汽车并不是平时人们出行的首选方式。

（3）严格的停车执法

20世纪80年代，东京都路边违章停车现象普遍，严重影响了道路交通运行效率。1991年，东京实施"停车设施管理政策措施"，通过取缔部分主要道路两侧的路边停车泊位，严格执法路边违章停车来缓解交通拥堵。

法律规定如果连续违反六次停车的话，就会吊销驾照，连续三次被吊销的话，就会被终身禁驾。违章停车每次罚款合人民币1200元、扣两分（满分6分）；日本于2006年设置了交通检察员的制度，民间的人员协助交通警察进行路上停车管理。如果发现有违章停放的车辆，就会被拖走，车主取车时除了要交违章停车罚款之外，还要交拖车费。两者相加，至少要花去3万～4万日元（约合1800～2400元人民币），除此之外，还要被扣分等（表13-14）。

《停车场法》中关于违章停车的处罚规定　　表13-14

依据	违法行为	处罚	扣分
停车场法	虚假停车位证明	最高20万日元罚款	
	尚未交付使用，虚假图纸	最高10万日元罚款	
	使用道路停车位	3个月拘役或20万日元罚款	3分
	长时间路上停车	最高20万日元罚款	2分

通过路边停车治理，东京都路边停车情况明显好转，路边违章停车数由1990年的20万辆，下降到2005年的10万辆，降幅达到50%。此外，路外停车场利用率显著提高，东京都区部非工作日路外停车场利用率由1995年的56%增加至2005年的70%。

第14章　首尔

首尔一直以来都是城市迅速发展和扩张的代表，在过去的40年中一直关注交通发展的数量和速度，但是结果却适得其反。现在，首尔正努力摆脱过去以汽车为中心的城市发展观念，积极为城市居民提供更好的公共交通服务，向着轨道主导型的公交模式方向发展（表14-1，图14-1）。

首尔市出行相关数据汇总　　表14-1

类别	中心城
年份	2002年
面积（km²）	605
人口（万人）	1028

续表

类别		中心城
出行总量(万人次/日)		2968
机动化出行总量(万人次/日)		2050
机动化出行方式结构	轨道交通	25%
	地面公交	33%
	出租车	10%
	个体机动	32%
公共交通运量(万乘次/日)		1610
公共交通乘行方式结构	轨道交通	38%
	地面公交	48%
	出租车	14%

图14-1 首尔市出行结构

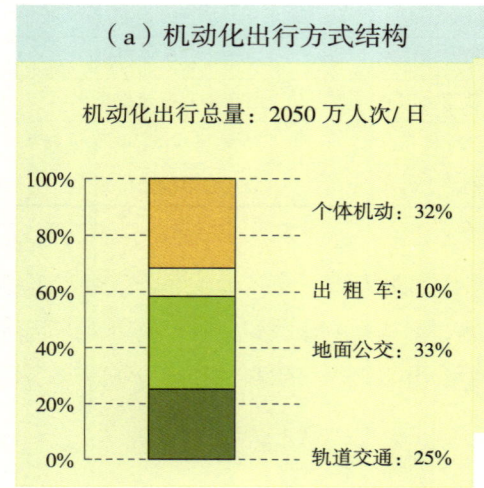
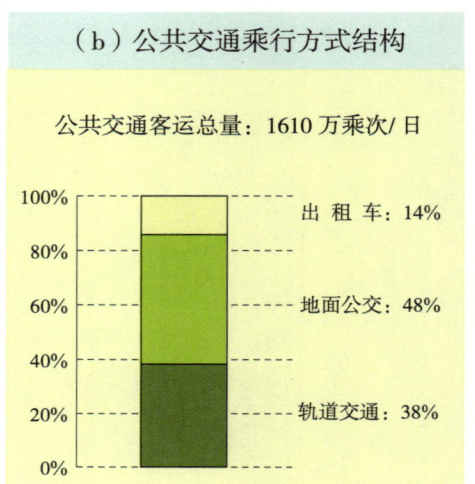

14.1 急剧变动的交通模式

随着城市机动化进程，首尔的交通模式从20世纪80年代到2000年发生了剧变。在20世纪80年代巴士是机动化方式的绝对主导，占机动化方式结构的65%；90年代巴士仍然是机动化方式的主体，但比重下降严重，占机动化方式结构的50%，轨道交通和小汽车分别为20%和15%；2000年，轨道交通成为机动化方式的主体，占到机动化方式的40%，巴士从90年代的50%下降到30%，小汽车比重为20%。

首尔机动化交通模式的剧变，反映了亚洲城市在迅速城市化过程中，各种机动化方式的激烈竞争。而这一历程对于发展中国家的大城市有着非常重要的借鉴意义。从首尔交通模式的发展中吸取经验教训，对于亚洲发展中国家大城市选择交通模式发展道路具有非常重要的意义（图14-2，表14-2）。

图14-2 首尔1980~2002年机动化方式结构变化

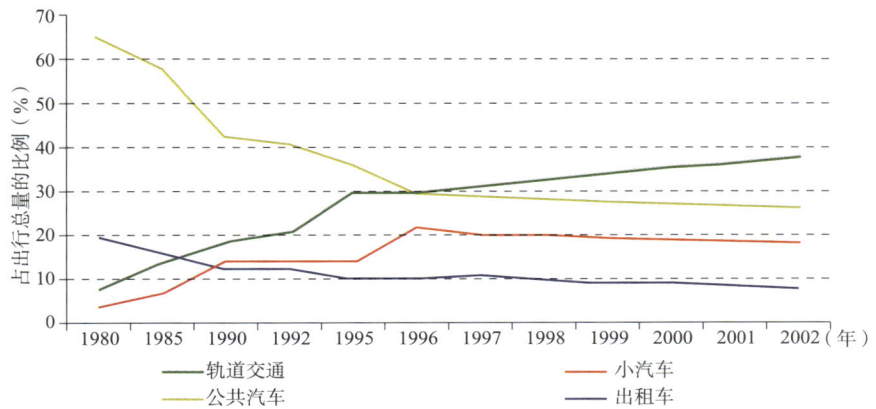

首尔1980年、1990年和2000年机动化方式结构　　　　　表14-2

	1980年	1990年	2000年
轨道交通	10%	20%	40%
公共汽车	65%	50%	30%
出租车	20%	15%	10%
公共交通合计	95%	85%	80%
小汽车	5%	15%	20%
合计	100%	100%	100%

首尔是韩国的首都，地处朝鲜半岛西侧的中心，汉江由东向西贯穿市中心，把整个首尔市划分为南北两部分。由于朝鲜半岛汉北郑脉的影响，首尔市中心为平地，周边丘陵围绕。首尔2004年人口为1029万，面积为605km²，占韩国领土的0.6%，属丘陵地形，汉江从城市中心穿过。经过50年的演变，首尔城市化地区不断扩大，形成了多轴向、多中心的空间布局模式（图14-3）。

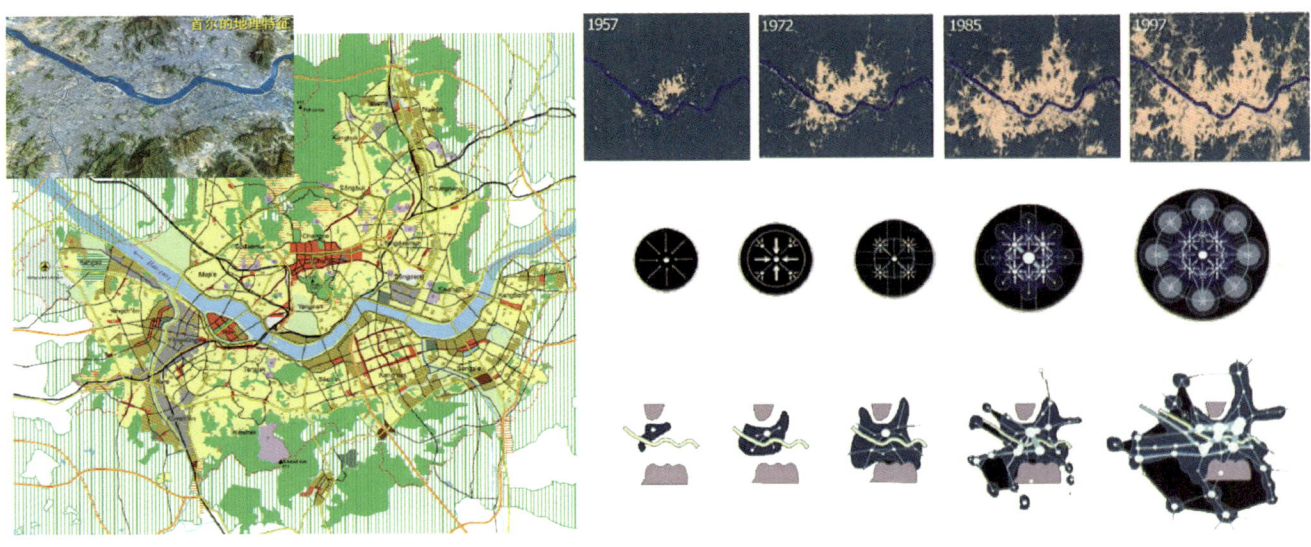

图14-3 首尔市城市格局演变

社会经济的快速发展使得私人小汽车飞速发展。作为韩国的经济的发动机，2002年首尔的地区国内生产总值达128万亿韩元（约1300亿美元，占韩国GDP的19%）。人口从1970年的540万人增加到最高峰1992年的1092万人，22年间增加了近一倍。之后首尔人口开始缓慢减少，2003年为1040万，2004年为1029万人。1970～2004年机动车保有量由6万辆增加到278万辆，增加了45倍（表14-3，图14-4，图14-5）。

首尔市历年机动车拥有情况　　　　　　　　表14-3

年份	1970	1980	1990	1995	2000	2004
机动车总量（万辆）	6	21	119	204	244	278
私家车（万辆）	2	10	83	152	171	206
私家车千人拥有（辆）	11	25	109	128	165	200

资料来源：Changing Profile of Seoul Major Statistic and Trends 2005年。

图14-4 首尔人口增长和机动车增长

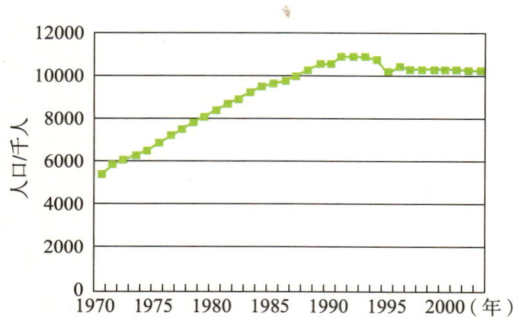
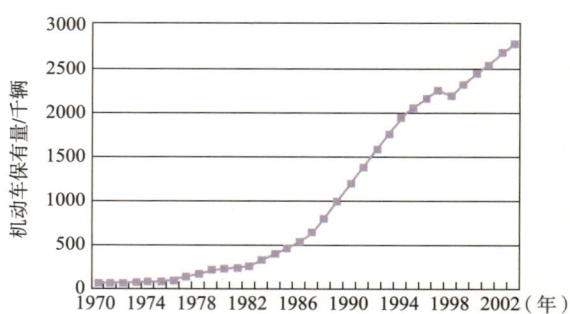

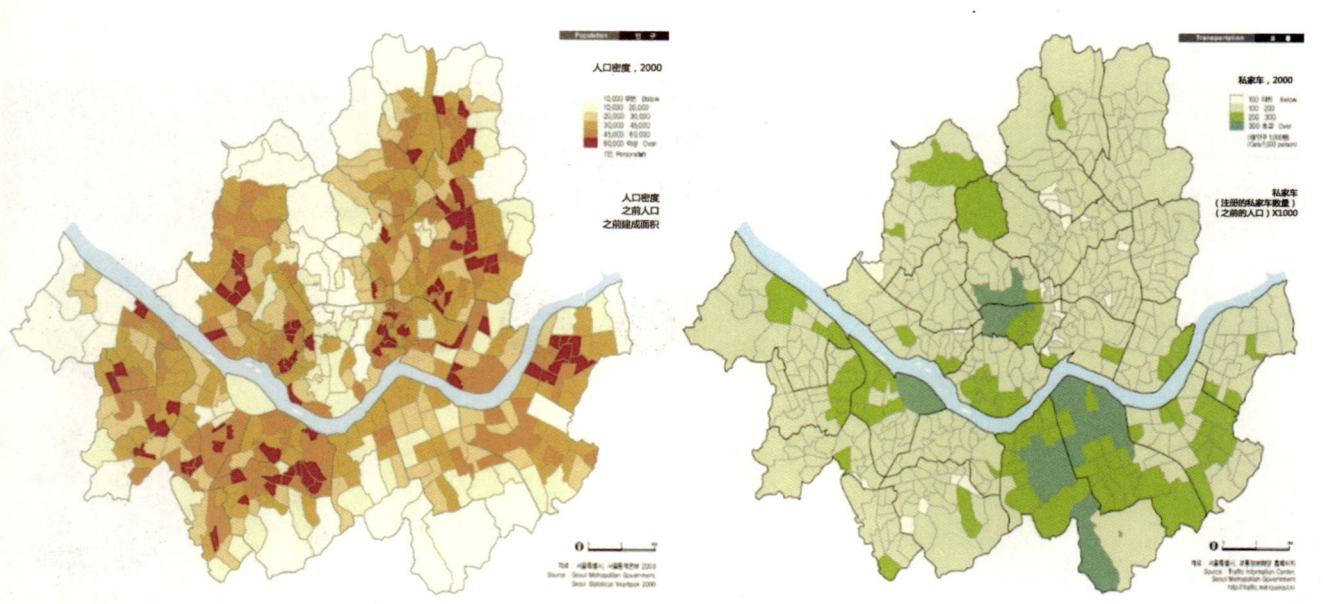

图14-5 首尔城市人口密度分布和私人小汽车拥有率分布

14.2 轨道交通系统分两阶段集中建设

首尔轨道交通的建设速度曾经一度创下世界之最，地铁建设经历了两次跳跃式集中发展时期。在1974～1985年，建成了134.9km，每年建设12km；此后十年轨道建设处于停止状态；1994～2000年以每年24km的建设速度完成了余下4条线路的建设（图14-6）。

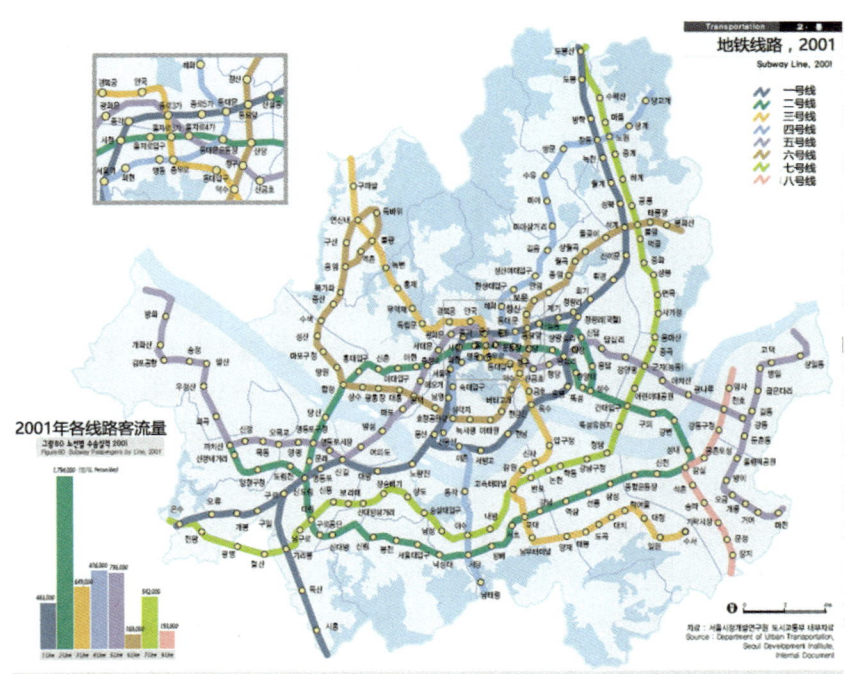

图14-6 首尔地铁客运量对照图

首尔的城市轨道交通网络包括首尔地铁和国家铁路。首尔地铁由两家公共企业运营。SMSC负责1～4号地铁线路的运营，SMRTC负责5～8号线路的运营。另外，韩国国家铁路在城市的郊区负责运营57.3km的铁路。

首尔地铁是世界前五大载客量最高的地铁系统，2005年1～8号线日均客运量620万乘次。1号线线路长度最短，但客流强度最大，达到6万乘次/km。2号环线联系了三个公共活动中心，客运量最大，日均客运量达到191万乘次（表14-4）。

首尔2005年地铁线路客流强度　　　　　　　　　　表14-4

线路	线路长度（km）	日均客流量（万乘次）	客流强度（万乘次/km）
1号线	7.8	47.1	6.0
2号线	60.2	191.4	3.2
3号线	35.2	71	2.0
4号线	31.7	84	2.6
5号线	52.3	82.5	1.6
6号线	35.1	41.5	1.2

续表

线路	线路长度（km）	日均客流量（万乘次）	客流强度（万乘次/km）
7号线	46.9	80.3	1.7
8号线	17.7	22.3	1.3
合计	286.9	620.1	2.2

14.3 巴士系统的全面改革

14.3.1 公共汽车交通发展历史

首尔的公共汽车服务始于1953年，当1968年路面电车被废止后，公共汽电车成为主要的公共交通模式，在城市早期经济和规模增长中扮演着重要角色。20世纪60年代，公共汽车在城市交通系统中的重要作用日益显现。

随着轨道交通的客流效益的逐步显现、小汽车拥有量的增加和道路交通的日益拥挤，公共汽车服务质量和客流量逐年下降。一辆公共汽车1989年平均每日运送1093个乘客，到了1994年则下降到654个乘客。许多公共汽车运营公司面临亏损而不得不破产，而其他一些公司则通过降低服务质量、减少运营成本来获取最大利益。同期，首尔政府也采取了设置公交专用道的办法改善公共汽车的运营环境，第一条公交专用道在1984年设置，到1993年公交专用道的总长才89km。之后公交专用道长度迅速增加，到1994年总长为174km，1996年增加到226km，同时公共汽车的平均车速提高到20.9km/h。但是由于运营体制问题长久得不到解决，公共汽车的运营状况每况愈下。

由于20世纪90年代中期以后轨道交通的大规模迅速建设，在1996年，轨道交通与公共汽电车首次持平，改变了公共汽电车的绝对主导地位，之后轨道交通分担率持续稳定增加。公共汽电车则缓慢下降。近十年来，首尔市小汽车和出租车的分担率稳定在20%和10%，轨道和公共汽电车共同分担率为70%左右，到2002年轨道交通分担率为40%，公共汽车为30%，公共汽电车下降的分担率几乎全部转到轨道交通上（图14-7）。

图14-7 公共汽车公司数、注册车辆数和乘客数变化

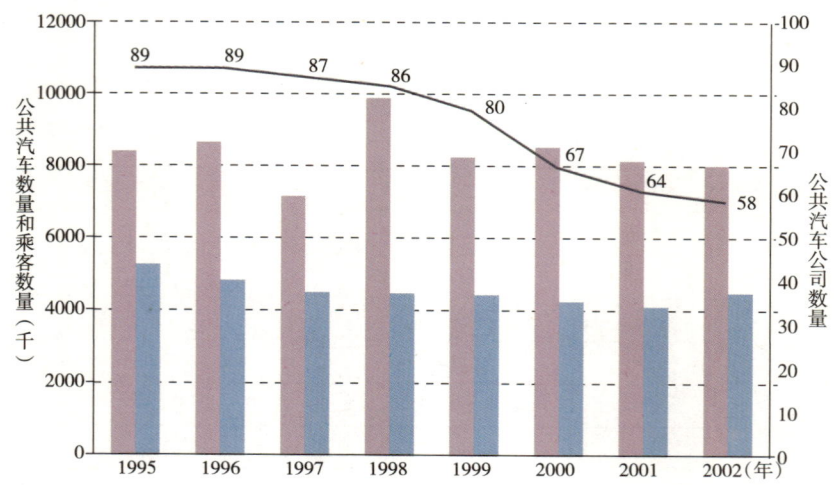

14.3.2 大胆的公共交通改革

首尔的地面公共交通系统曾经是城市公共交通系统的主导模式。很长一段时期内，公共汽车服务是由私人公司提供的，线路、时刻等服务内容均自定，首尔市政府仅规定票价、提供有限的补贴，因此普遍存在私营公共汽车线路迂回、重复、与地铁缺乏整合的问题。同时，由于由私人小汽车迅速发展带来的更为严重的交通拥挤和污染，地面道路交通状况日益恶化，地面公交服务质量的下降使公共汽车的吸引力不断降低，车均公共汽车载客率从1989年的1093人次/辆跌至2002年的494人次/辆。2002年公共汽车补贴达到6500万美元，接近极限（政府对公共汽车和停车场的投资是6600万美元）；公共汽车逐年上升的补贴需求成为政府的一大负担（虽然其票价收益可支付85%的运营成本）；政府曾采取举措提高公共汽车服务质量，比如在1984年推出第一条路侧公共汽车专用道（curbside DBL）、1993年拓展公共汽车专用道至89km、1994年174km、2003年219km，但是公共汽车专用道系统仅能提高公共汽车的行驶速度（至20.9km/h），但未能带来政府所期望的公共汽车使用率的提高。

经历过地面公共汽车发展的切肤之痛，经过近8年的准备，2004年首尔政府实施了系统性的、环环相扣的地面公交系统改革。建立的新公交运营和管理系统，包括两大部分：一是新的商业运营模式；二是新的功能分层的公交线网。为了支持新运营系统的运行，还有另外11个配套项目进行支持，包括中央公交专用道、公交管理系统、公交收费体制、智能卡系统、应用环保型车辆等（图14-8）。

（1）运营模式改革

新的商业运营模式引入"半公共运营系统"方式。保留公共汽车私人运营性质，但增加政府对公共汽车线路、时刻、票价和线网设计等方面的掌控；此外，对公共汽车公司实施以"服务车公里"而非原来以"乘客人次"为基准的补偿办法。这些措施对改善公共汽车的行车安全（如超速、违章行驶等）、提高服务质量起到相当的激励作用。

（2）公交线网改革

新的公交线网对公共汽车线路进行了重新设计。400条公交线路经过整合，所有公共汽

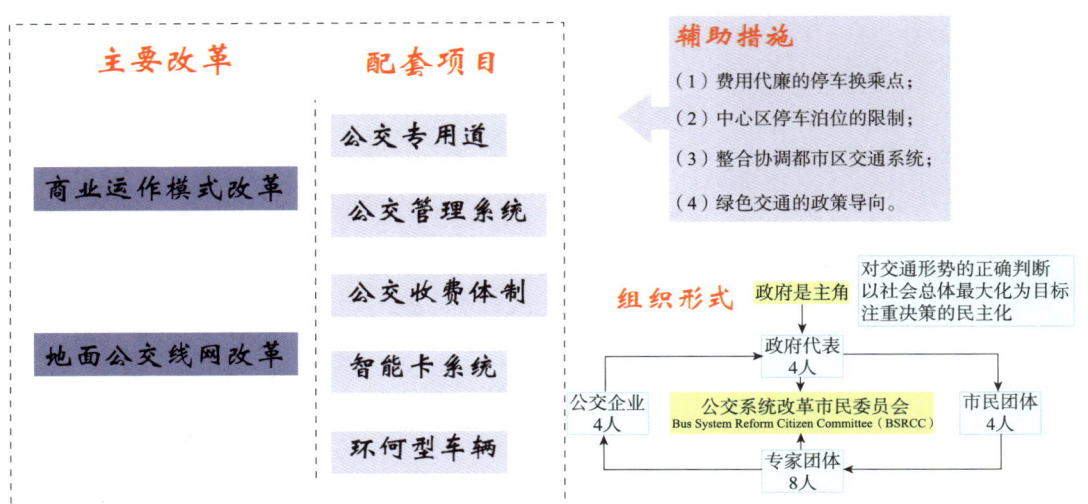

图14-8 2004年首尔公共交通改革

车划分成四类，统一车辆的颜色以方便乘客选用不同的服务类型的线路。

1）红色线路为长距离快线，连接规划新城与市中心；

2）蓝色线路为长距离快线，连接郊区间或郊区与市中心；

3）绿色线路是地铁和快速公交的接驳线；

4）黄色线路是区域环线。

为了让乘客易于找到公交车的始发站和终点站，首尔市还对公交线路进行了重新编号（图14-9）。

图14-9 不同类型线路的公交车辆

（3）公交专用道建设

推进中央公交专用道形式的快速公交系统（BRT）的建设。2004年共建有294公里公共汽车专用道（DBL）；在2005年形成中央公交专用道75km、覆盖6条交通走廊，2006年将新增中央公交专用道88公里、覆盖7条交通走廊，之后可能进一步拓展（图14-10～图14-13）。

（4）公交管理系统的开发

为了有效地管理和控制公交运营，首尔公交改革项目进行了公交管理系统（BMS）的开发工作。通过车载GPS设备，公交管理系统可以实时定位运营公交车辆并及时调节运营计划。该套公交管理系统的造价为250万美元。目前通过这套公交管理系统，可以用网络和电话发布公交车辆的到达时间以及行程时间的信息。乘客将可以从车载系统以及车站电子指示牌等设备上查询到这些信息。通过公交管理系统，首尔交通管理部门能够很方便地对于表现

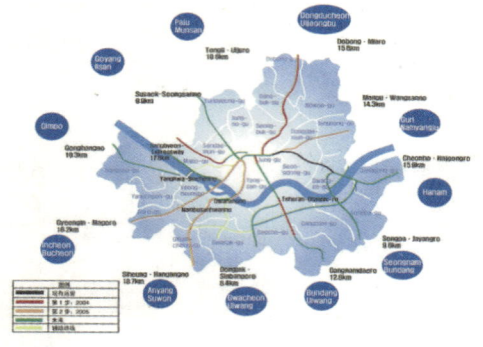

图14-10 公交专用道网络

图14-11 公交专用道设置前道路交通状况

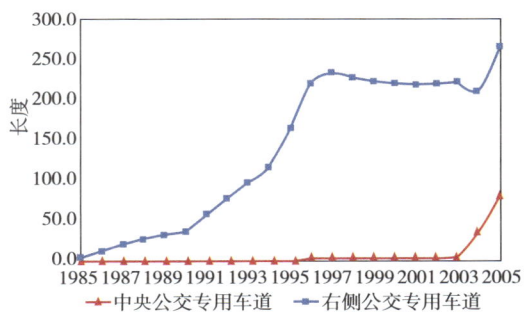
图14-12 公交专用道长度历年增长

图14-13 公交专用道设置后道路交通状况

突出的公交公司给予奖励,对于违反规定的公交公司给予处罚。

(5)公交收费体制改革

为了减小线网调整带来的乘客换乘成本增加和对客流量的负面影响,首尔政府同时进行了公交收费体制的改革。由原来基于乘次的票价体系变为基于乘车里程的票价体系,在换乘时车外滞留时间不超过30min,实现公交与公交之间、公交与地铁之间的免费换乘。乘客在换乘时不用重复支付基价费用,大多数人愿意进行短途换乘,避免了支线线路客流不足的情况。

(6)信息技术支持

按照里程计价需要相应的技术支持,首尔推出名为Tmoney卡的公交IC卡,使用IC卡支付乘车费用的乘次占总乘次的90%以上,可在公共汽车、地铁、出租等公共交通工具上通用,还可以用于购物、缴税、医疗等服务。为了支持按照里程计价,Tmoney卡的读卡器内置了GPS。可以自动识别站序。公交汽车的前后门处各安装一个读卡器,乘客前门上车、后门下车各划一次卡,读卡器可以自动记录乘客在本车的乘车里程。如果乘客是从其他公交车换乘到本车,读卡器自动进行乘车里程累计,并根据规定收取乘车费用(图14-14)。

图14-14 首尔公交智能卡系统

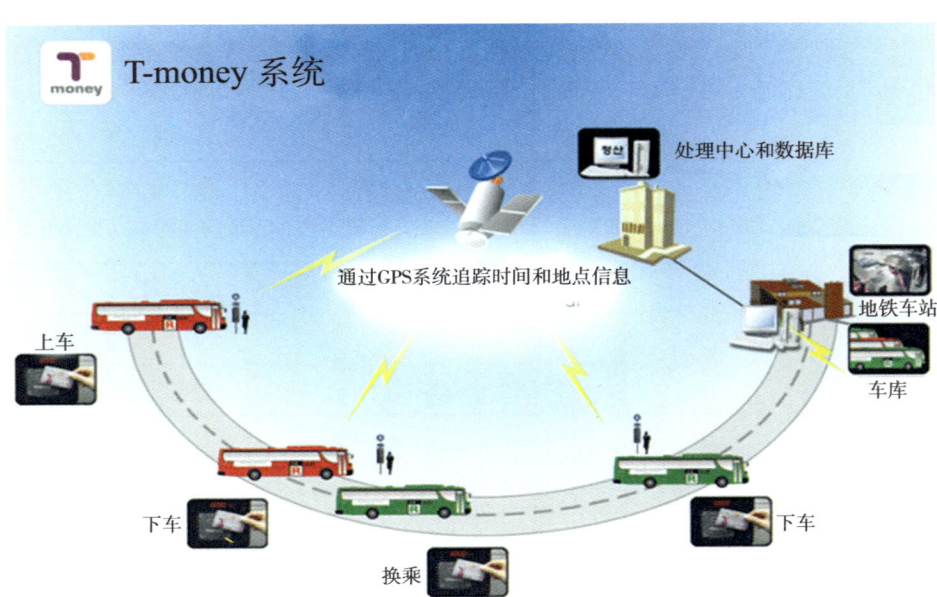

（7）改革实施效果

虽然改革初期效果很不理想，但总体而言是成功的。BRT车道的车速明显提高，三条最早的专用走廊，公共汽车车速分别提高32%～85%（早高峰）和71%～99%（晚高峰）；（相同走廊）专用车道运送的乘客量为普通车道的6倍；公共汽车乘客量年增11.2%，公共交通乘客量年增7%。通过这一系列的改革，改善了公交系统，增强了城市交通通畅能力、提高了运营效率、增加了乘客人数、加快了信息传播，减轻了道路安全、交通拥堵、污染物排放以及能源消耗等方面的负面影响。

1）公共交通客流增长

首尔新的公交系统在2004年7月1日开始投入运营后，公交乘客量有了增加，地铁的乘客也有了增加。政府部门认为免费换乘系统对于这两种公共交通模式乘客的增加起到了关键作用（表14-5）。

公交改革前后对比　　　　　　　　　　　　　　表14-5

	2003年（改革前）	2004年（改革后）
市区乘坐公交的人数（万人/天）	487	535
公交汽车速度（km/h）	13	17.3

2）公交车速提高

改革成效显著，目前公交平均行驶速度最高已提高20%，社会车辆的运行车速也有所提高（表14-6，表14-7）。

三条公交走廊的车速对比　　　　　　　　　　　表14-6

主要走廊	总长度（km）	小汽车行驶速度（km/h）	公交车行驶速度（km/h）
Dobong－Mia	15.8	11.0	22.0
Susak－Songsan	6.8	13.1	21.5
Kangnamdero	5.9	13.0	17.3

公交车及小汽车车速同步提高（km/h）　　　　　表14-7

	描述	改革前速度	改革后速度	增长率
道路A	公交车（专用车道）	11	20.3	85%
	小汽车（其他车道）	18.5	19.9	7.6%
道路B	公交车（专用车道）	13.1	22.5	72%
	小汽车（其他车道）	20.3	21.0	3.4%
道路C	公交车（专用车道）	13.0	17.2	32%
	小汽车（其他车道）	18.0	19.1	6.1%

14.4 道路交通系统的阵痛与变革

14.4.1 曾经偏重道路交通策略的失误

首尔自1988年以来，机动车交通量保持7%的增幅，特别是城市近郊区的交通量增长迅速，平均增幅为18%。首尔市出行总量从1970年的500万~700万人次/日增加到2002年的2960万人次/日，郊区交通量增长明显。

一开始，首尔政府通过大力建设道路基础设施来满足增长的交通需求。首尔在1965~1970年间进行道路大量建设，5年期间道路长度增加了3.7倍。自1970年后，首尔以平均每年近90km的增幅不断提高道路设施容量以满足不断增加的交通需求。道路从1980~1996年间增加了1.4倍，道路面积率从1987年的17.3%增加到1996年的20.2%。另外总长为147.5km的5条快速路在此期间建成。虽然付出了巨大的努力和费用，道路的建设成就被同期增长的10倍的小汽车所淹没。

通过不断建设，首尔形成了比较完备的城市道路系统。至2000年，首尔的道路总规模达到7844km，道路面积率21%。快速路网络形态为"两环、一轴、若干放射"。"两环"即为城市的外环线、内环线，"一轴线"即为由沿汉江的江北大道和88大道构成的东西轴线。"放射线"为由内环向外围地区辐射的干道。结构性主干道网络形态为连通性的方格网，主要集中于汉江北的老城区、汉江以南的永泰浦区和江南区三个公共活动中心，并互相连通（图14-15，图14-16）。

图14-15 首尔20世纪30年代、60年代、70年代和90年代道路网发展

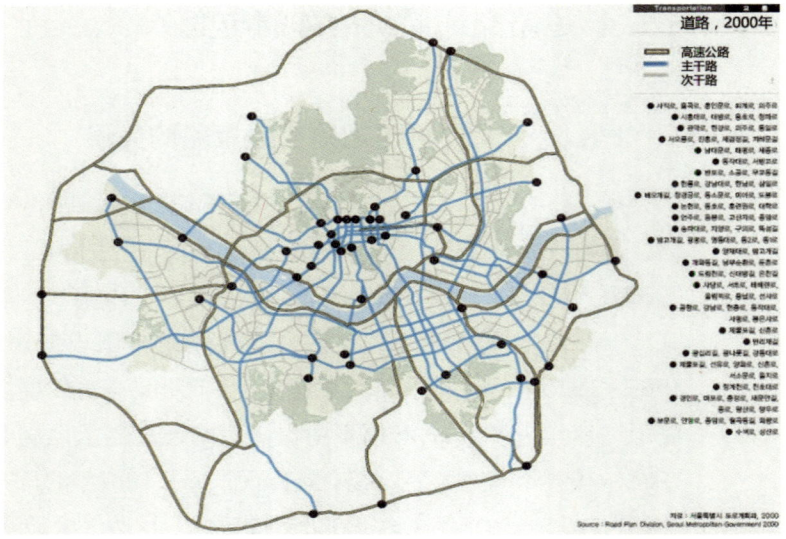

图14-16 首尔市骨架道路网络

由于道路设施建设的速度不能满足激增的道路交通量,首尔的道路交通服务水平相对较低。直到1980年,车辆的平均车速保持在30km的时速以上,但是在1990年,却下降到16.4km。现状外围地区的快速路、主干道上的车辆运行速度可以维持在35km/h,老城区和其他两个次中心的主要道路平均运行速度不足15km/h。交通流量较大的路口集中在跨汉江桥梁,以及市郊与市区的联系通道上,并有明显的潮汐交通现象(图14-17,图14-18)。

图14-17 首尔潮汐式交通

图14-18 首尔市道路速度分布图

14.4.2 清溪川修复工程

首尔政府意识到个人小汽车数量和交通流量迅速增加所带来的交通问题,在交通发展策略上逐步进行调整。进入21世纪,首尔政府大手笔地进行了城市交通工程的改造,这些工程不仅是为曾经的失误付出的代价,也体现了首尔政府以全新交通发展理念实现交通可持续发展的决心。其中有代表性的工程是清溪川修复工程。

1945年解放初,清溪川沿线为棚户区,清溪川的河床时常被污泥和垃圾所覆盖。韩国首尔市于1955年正式开始对清溪川实施覆盖工程,到1976年8月15日清溪川高架路的建设完工结束。清溪川高架路与首尔的内环线连通,成为进出中区的道路交通干道,可以直达市厅。

清溪川高架建成后,首尔市拆除了清溪川周边的木棚,建起了现代的商业建筑,清溪川周边逐渐成为首尔市的CBD。在12km²的范围内,集聚了韩国10.2%的公司,提供42万个就业岗位。

与产业中心的繁荣相伴的却是随之而来的噪声、混乱、煤烟等环境问题,这些环境问题又成了首尔城市发展的绊脚石。CBD的发展逐步衰退,迅速被江南区的副中心超越。从2003年7月1日零时起清溪川复原工程正式启动,首尔市政府正式开始了高架道路的拆除工程。2005年10月1日清溪川上的高架建筑物、河道覆盖建筑物、河道中的下水汇集管道以及地下排水渠道全部被拆除,整个工程宣告竣工。随着清溪川拆迁工程的完工,一条环境优美、具有文化气息的清溪川展现在首尔市人民面前。

清溪高架道路的拆除并没有降低改区域的交通服务水平,由于该区域轨道交通非常发达,拥有6条轨道交通线路、90个站点、12个换乘站,虽然进入市中心的车辆减少了2.3%,与此相反,巴士(增加1.4%)及地铁(增加4.3%,日平均43万名)等大众交通工具的利用率则大幅增加,对大气环境的改善起到了积极的影响(图14-19)。

图14-19 清溪川修复工程前后

第15章 新加坡

新加坡致力于建设世界一流的交通系统建设,通过用地和交通综合协调发展,打造欲与小汽车交通竞争的公共交通系统。在大力推进轨道交通建设的同时,不断提高公共汽车的服务水平,同时实施有效的交通需求管理,实现公交优势型的交通模式(表15-1,图15-1)。

新加坡交通相关数据汇总　　　　　　　　表15-1

类别		中心城
年份		2004年
面积（km²）		704
人口（万人）		424
机动化出行总量（万人次/日）		823
机动化出行方式结构	轨道交通	15%
	地面公交	32%
	出租车	11%
	个体机动	42%
公共交通运量（万乘次/日）		486
公共交通乘行方式结构	轨道交通	27%
	地面公交	56%
	出租车	17%

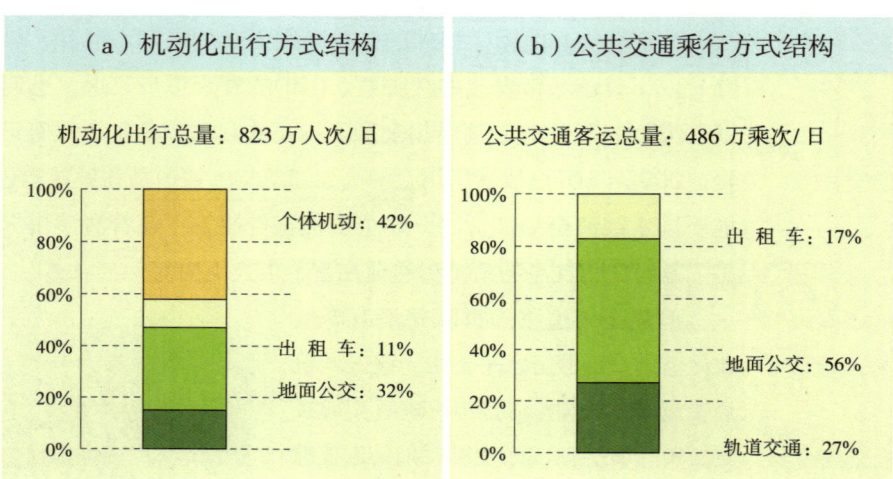

图15-1 新加坡出行结构

15.1 持续优化的公交主导模式

1997年，新加坡机动化出行方式结构中公共交通比重为63%，小汽车为34%。公共交通时城市交通模式的主体，地面公交。白皮书实施八年后，新加坡2004年机动化出行方式结构中，公共交通比重下降到58%，小汽车占38%，形成了公共交通为主导的城市交通结构（表15-2）。

新加坡机动化出行方式结构　　　　　　　　表15-2

	1997年	2004年
轨道	12%	15%
公交	39%	32%
出租车	12%	11%

续表

	1997年	2004年
公共交通合计	63%	58%
摩托车	3%	4%
小汽车	34%	38%
个体机动合计	37%	42%
总量（万人次/日）	75	823

新加坡由一个本岛和60个小岛组成，面积704km²；2004年人口448万，人口密度高达6400人/km²。

自1965年新加坡独立建国以来，历经40多年的发展，新加坡已成为世界上发达的国家，2007年人口459万，与1997年相比，增长20.9%，人口密度每平方公里6489人，其中，新加坡居民358万，占总人口78%；国家总产值（GNI）2432亿新加坡元，人均产值51119新元，（按2000年市值的）国民总值（GDP）2291亿新元。

除了其独特的地理位置与港口外，新加坡没有更多的自然资源，因此，新加坡一直采取以政策吸引外资进行制造业、金融业、商业等方面的投资。

新加坡在城市规划和建设方面富有创新意识，采用了"城市组团+网络连接"的发展模式，城市空间结构为"中心城+卫星城"的星系城镇布局（图15-2）。

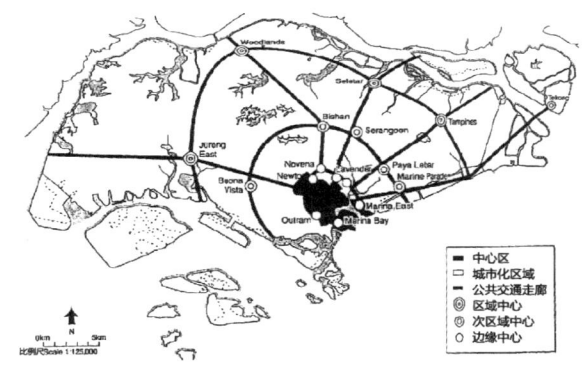

图15-2 新加坡远景年轨道交通支撑的"星系"城镇体系

随着城市经济的发展，新加坡的人口、土地和机动车实现了同步增长。从1994~2004年，新加坡机动车增长11.6万辆，其中私人小汽车增长最快，增幅为32%，占机动车增长量的81%。但是相对于人口和经济水平的增长幅度，私人小汽车的增长势头得到了有效控制（表15-3）。

新加坡城市人口、用地、经济水平和机动车发展变化　　　　表15-3

	1994年	2004年	十年增幅
总人口（万人）	342	424	23.9%
土地面积（km²）	647	699	8.0%
人均GDP（美元）	31525	42581	35.1%
机动车总量（辆）	611611	727395	18.9%

资料来源：Singapore Land Transport Statistic in Brief 2005年。

根据新加坡统计部（Singapore Department of Statistics）公布的年中预测数据，1997年人口380万，2007年459万，十年人口增长21%。

2007年新加坡的机动车总量达到85万辆，其中，小汽车51.7万辆；与1997年相比，机动车总量增加16.8万辆，增长24.6%，小汽车增加13.7万辆，增长36.2%（图15-3，图15-4）。

图15-3 新加坡2001~2008年人口变化

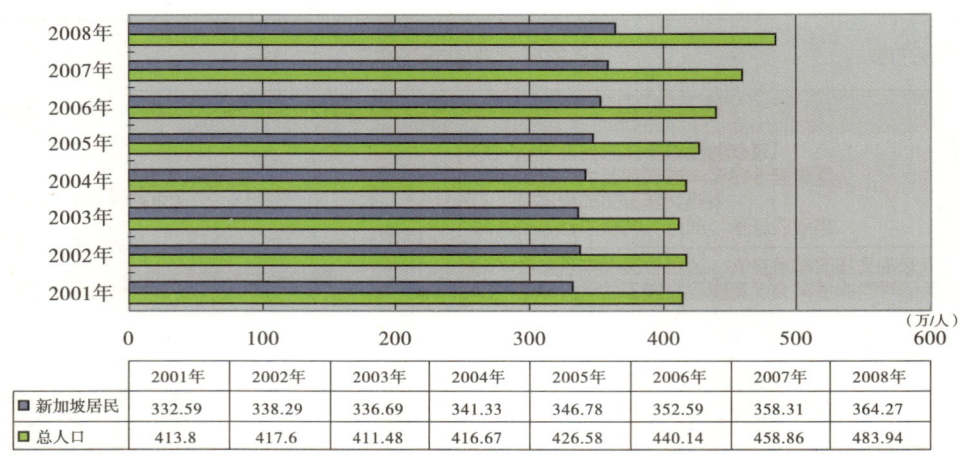

图15-4 新加坡1997~2007年各类机动车变化

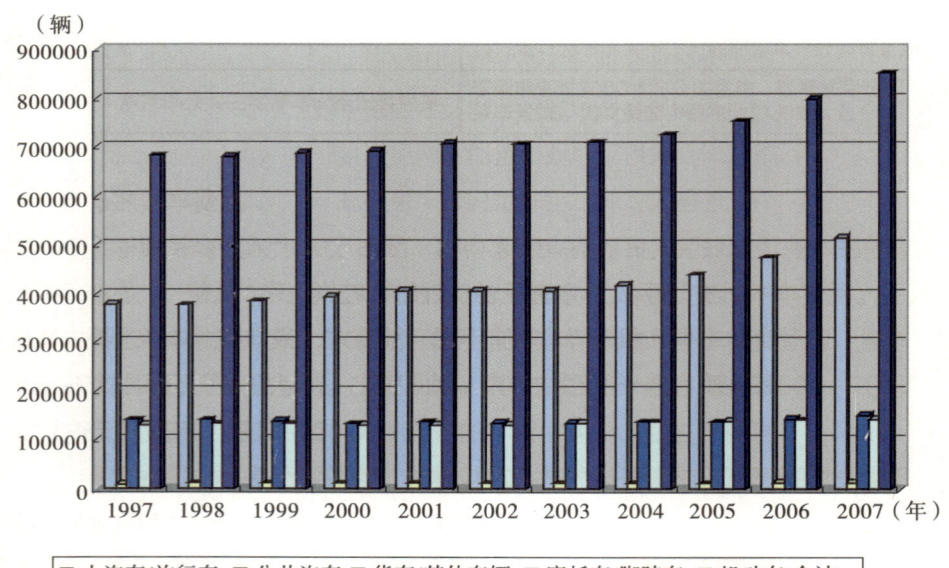

15.2 创造世界级的交通体系发展战略

15.2.1 颁布背景

新加坡政府极为重视交通等基础设施建设。从1965年建国开始，政府就投入大量资金用于建设道路和发展公共交通。随着经济发展，居民拥有小汽车越来越多，小汽车的增长速度远远超过了道路的建设速度。同时，由于新加坡国土资源有限，不可能有更多土地用于道路建设，因此政府在发展公共交通和加快道路建设的同时，也采取了较为严格的交通需求管理政策。

新加坡历次总体规划规定，按照新加坡实际发展，道路面积率不能超过12%。而在1995年时，新加坡道路面积已经接近占到本岛面积的12%，这差不多和房屋建筑面积所占的面积一样多。如果道路面积基本和小汽车增长速度同步增加，那么道路面积要占全岛面积的16%。因而仅从土地制约来看，未来不能仅靠道路设施增长来解决所有的交通问题。

在1995年之前的10~15年，交通需求剧增，城市交通出行的机动化和随意性更明显。从1981年日均机动出行的270万人次递增到1995年的700万人次，以年增7%速度增长。展望未来15年内，市民收入提高，获得教育的增加，生活方式的改变，居住地的改善和社会进步，因此预测到2010年机动出行仍会有较快增长，可能会达到1000万人次/日。而且这其中23%的出行会集中在早晚高峰2小时内。届时，交通系统将面临更大挑战。

基于这样的背景，新加坡政府认为，有必要重新审视已有交通发展的政策与规划，充分估计未来的发展，制定适合新加坡未来发展的交通政策与规划，并从法律上予以确定，交通发展白皮书就是在这样的背景下形成的。

15.2.2 新加坡交通发展白皮书

1995年，新加坡交通部（Ministry of Transport，简称MOT）下属成立"陆路交通管理局"（Land Transport Authority，简称LTA），专门从事陆路交通的规划、建设、运营和管理；1996年，LTA颁布了基于当时情况制定的未来10~15年交通发展战略和政策即《新加坡交通白皮书》。

按照白皮书的构想，陆上交通局的任务是花10~15年建成世界级交通系统，向新加坡人提供便捷、易达、舒适、安全、快捷的优质运输服务，而且适合于各个层次的新加坡人的出行选择。改善公共交通系统的目的不只是改善公交车和轨道的服务，更意味着改善从门到门全程出行中的一切环节的服务，到达公共交通设施的步行通道、信息服务等都是构成世界级公共交通系统的要素。

为此，白皮书中提出了四项基本策略。交通系统与土地利用规划的综合发展策略，新加坡政府将土地利用开发与交通系统规划紧密结合起来，通过控制轨道交通站点周边的建筑密度，将交通设施与建筑高度整合，保证出行者到交通设施最便利的可达性；建设综合的道路网络策略，政府将斥资1.1亿美元对道路进行扩容建设，在五年内将增加225车道公里；交通需求管理策略，继续实施车辆配额制度（VQS）和道路电子收费（ERP）等交通需求管理措施，到2010年车辆数与人口数的比重从1:10以下提高到1:7；改善公共交通服务策略，通过交叉口信号优先和公交专用道、提供巴士乘车信息、改善到站行人设施、安装GPS车辆定位系统等措施改善巴士服务，进一步拓展轨道交通网络，地铁为主要交通走廊服务，轻轨为地铁提供接驳服务。

15.3 用地布局和交通系统协调发展策略

15.3.1 规划机制上的协调

市区重建局（Urban Redevelopment Bureau，简称URA），隶属于国家发展部（Ministry of National Development，简称MND），是新加坡进行国土规划的权威机构，相当于国内的城市规划局。

新加坡城市规划基本过程为：首先是制定城市远景概念规划（Concept Plan）。这个规划就是要回答未来较长时期，通常为40~50年的城市总体发展问题。在修编完概念规划之后，接着就是编制城市总体规划（Master Plan）。总体规划是具体的土地使用规划，即确定新加坡每部分土地使用性质的开发强度。总体规划一般用于指导未来中远期10~15年的城市发展，按照要求，每5年需要进行回顾与审视，视审视的结果决定是否再做调整与修编（图15-5）。

最新的总体规划是于2003年编制的总体规划。在该轮总体规划明确提出了中远期城市发展的主要任务就是要提升居住、工作和游憩的品质。而这需要交通系统的全方位支撑。

按照总体规划做法，总体规划中相关的专项规划是由各专业部门的人员为主完成的，因而交通部分内容是由LTA编制完成的，独立的交通规划也是由LTA完成，URA与各专业部门共同讨论，为各专业部门提供未来发展的背景前提，同时综合各部门的专业规划，最终形成总体规划。

自1995年成立以来，LTA与MND、URA和住屋发展局（Housing & Development Board，简称HDB）等部门保持着密切的联系。每个月LTA和URA的最高层领导就规划和

图15-5 新加坡城市用地规划

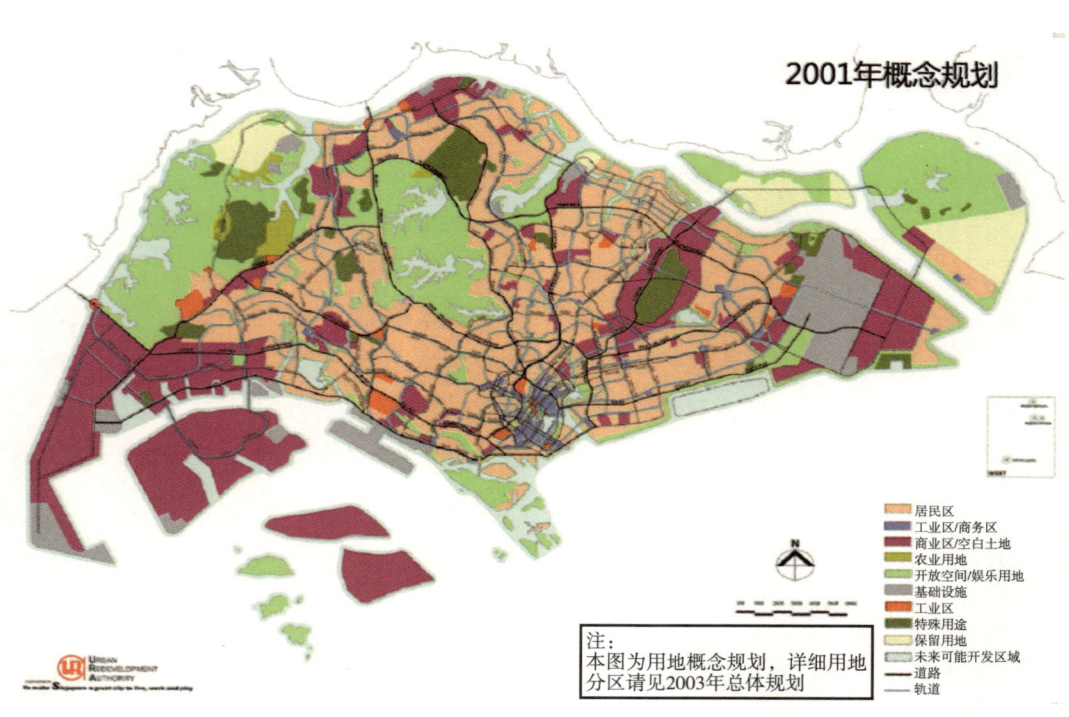

交通的宏观、重大发展问题都要进行沟通，以协调土地使用与交通系统相互的衔接，同时每隔两三个月，还与HDB等部门的高层进行沟通，以指导政府组屋建设。涉及详细规划层面和具体建设的交通问题，LTA与URA各部门之间相互沟通几乎天天都有。正是由于这种相互之间的分工负责、彼此协作，使得新加坡土地开发得到了交通系统的有力支持，同时交通系统也引导了土地使用开发，保证了有限土地上，良好居住、生活、工作环境的形成。

15.3.2 用地规划和交通发展紧密结合

从城市空间来看，新加坡形成了围绕着武吉知马（Bukit Timah）自然保护区为核心的分散组团结构，其中中心区为主要的行政、办公、商务、商业中心，另有少量居住；西部为裕廊工业区；东部为机场临空限制开发区；南部为新加坡港区。

由于历史形成的原因，中心区集中大量的就业岗位，向心交通压力很大，因此自1975年开始，该区域的CBD就采用了区域车辆拥挤收费的措施。但随着人口的迅速增加，社会经济的快速增长，就业岗位也迅速增加。根据统计资料，1970年时，整个新加坡人口仅为207万，而到了1995年，新加坡人口就达到了352万人，就业岗位数也增加了80多万个，总数达到200万个。巨大人口和就业岗位的增长，要求新加坡政府必须有效实施新组团的开发和旧组团的改建（图15-6）。

URA在确定组团性质、规模和开发容量时，密切与交通系统结合起来，按照交通发展白皮书土地使用与交通协调发展的原则，根据各组团特点，考虑组团围绕着MRT站点进行高容量的综合开发，除保留并扩大公交换乘枢纽功能外，以MRT站点400m范围内进行超高强度的政府组屋的开发，其容积率一般均在8以上，特别重要的站点开发甚至在10以上，因此在这些站点附近的组屋多在20～30层，甚至达到了40多层，而在主要组团中心的MRT站点上方，往往建有以购物为主，集休闲、娱乐一体的综合商业中心（Shopping Mall），另外在各组团依据社区划分还建有比较完善的社区活动中心，从而保证了大量的非通勤出行大部分可以在组团内部完成，从而减少长距离跨组团出行。

图15-6 新加坡现状轨道交通支持下的用地发展

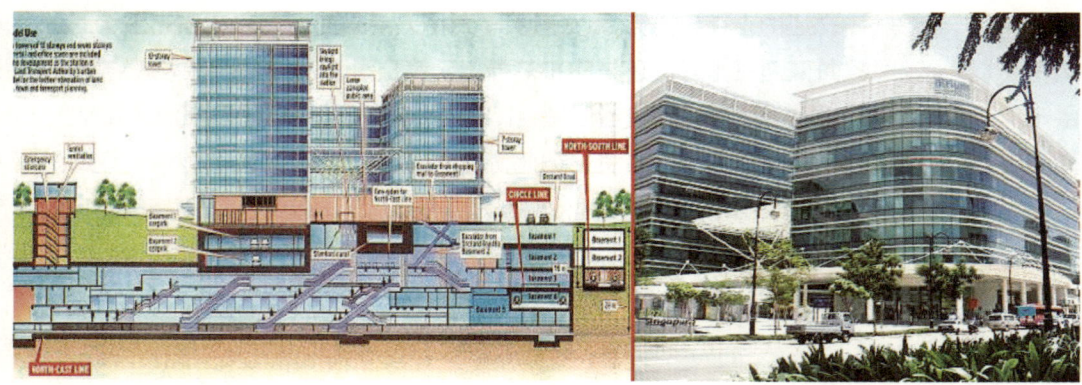

图15-7 新加坡多美歌一体化开发

例如，在中心区建成的多美歌（Dhoby Ghaut）站是南北线、东北线和规划环线三条地铁线的交汇枢纽，实现了轨道交通的立体换乘，同时在轨道东北线车站的上方设有立体地下停车库，上盖大型商务楼和购物中心，并将所有单元用良好的步行系统加以衔接（图15-7）。

对于原有规模不大而又快速发展的新建组团，结合MRT东北线（NEL）建设，同时用LRT替代地面公交，通过与NEL换乘的LRT来延伸居住区的开发，形成"轻轨接驳地铁"轨道网系统。例如，在南北地铁线的蔡厝港（Choa Chu Kang）站有武吉班让（Bukit Panjang）接驳轻轨，在东北地铁线的盛港（Sengkang）站有盛港接驳轻轨的两个东西环线、榜鹅（Punggol）有榜鹅接驳轻轨。接驳轻轨车站与地铁车站实现立体换乘，轨道站点附近进行居住、商业的高密度开发，在武吉班让和盛港新城镇，所有住房都在轨道站步行400m范围内。这种先进的轨道交通衔接模式将轨道交通服务深入到外围组团更广阔的区域（图15-8，图15-9）。

对于既有组团，如大巴窑，是一个比较早之前就已经形成的副城，但相对居住品质不高，不能很好适应社会经济发展和人民生活水平的提高对居住的要求。1995年，政府制定了该区域的详细规划，对该地块进行了详细分析，从交通方面来看，完善了组团内外的道路系统，并围绕着大巴窑地铁站，建立了新加坡第一个与地面巴士的空调换乘枢纽，成为新加坡按照白皮书执行的典范。

图15-8 盛港站附近的用地开发

图15-9 新加坡蔡厝港换乘枢纽

大巴窑巴士转换站与地铁车站紧密结合在一起，使得巴士与MRT换乘极为方便，同时考虑到新加坡终年天气比较炎热的气候特征，一改以往换乘不够舒适的缺陷，使乘客有一个舒适的候车环境。不仅如此，该枢纽还对围绕着MRT站点为主体的交通换乘枢纽周边400m范围内重点进行改建，将原有的7～9层的以2～3居室为主的组屋改建为30层的以3～5居室为主的新组屋，既改善了居民的居住生活，又使该区域的交通可达性大大提高，在MRT大巴窑站400m内还建造了包括HDB等在内的办公设施和综合商业中心，满足了居民日常生活的需要和部分通勤需要。

在这其中，LTA的交通影响评估也起到了重要作用。交通评估包括项目开发建设前期的预评估、项目建设过程的交通影响分析以及项目建成后的后评价。交通影响评价既包括规划方案也包括实施方案，既有建筑建设的影响分析，也有交通项目自身的影响分析（图15-10）。

图15-10 大巴窑枢纽建成前后400m范围组屋变化情况

15.4 保持公交优势策略

从新加坡1997～2007年十年间，公共交通长足发展，公共交通客运总量增长37%。这得利于持续的保持公交优势策略。

1997年日均公交客运量404万乘次，其中，地铁92万，公共汽车312万。

2007年日均公交客运量达到554万乘次，其中，轨道（地铁加轻轨）164万，公共汽车297万，出租车93万。

公交客运量（1997—2007年）　　　　　　　　　　　　表15-4

年份	日均客运量（万乘次）				
	地铁	轻轨	公共汽车	出租车	合计
1994—1995	71		292		363
1995—1996	76		303		379
1996—1997	87		310		397
1997—1998	92		312		404
1998—1999	95		316		411
1999—2000	100	1	320		421
2000—2001	106	4	326		436
2001—2002	107	4	321	87	519
2002—2003	108	4	312	83	508
2003—2004	122	5	297	80	505

续表

年份	日均客运量（万乘次）				
	地铁	轻轨	公共汽车	出租车	合计
2004—2005	128	6	279	88	500
2005—2006	134	7	279	99	519
2006—2007	144	8	285	95	531
2007—2008	156	8	297	93	554

数据来源：新加坡陆路交通管理局。

15.4.1 与用地联合发展的轨道交通

1995年，制定白皮书之前，新加坡只有67km的MRT线路在运营，日均客运量只有76万乘次。白皮书制定后，政府下了大决心要大力发展轨道交通，为此政府筹资了50亿新加坡元，从1997年开始建造20km长的东北线（NEL），经过5年的建设，于2002年底完工，2003年正式投入运营。NEL全线16个站中的9个站，设计建设均与城市发展有机整合起来，其中盛港、港湾（Habourfront）和多美歌中轨道换乘巴士、出租车，以及到达办公、商场极为方便，均可在几分钟内完成，从而成为真正的换乘枢纽。同时在建设时，政府还有意在这些枢纽里为今后的发展预留一定的空间。另外，为满足机场旅客和新加坡展览馆的商务、会展旅客需要，在2002年建成通车了6.4km长的东西线（EWL）樟宜（Changyi）支线。为进一步加快轨道交通建设，提供公交服务水平，政府从2002年开始，又进行了地铁环线（CCL）和东西线文礼（Boon Lay）线延伸的建设，预计会到2010年建成。为配合海湾（Marine Bay）的开发，政府也已规划设计了海湾线，预计在2012年建成。

自2002年完成大巴窑枢纽改造之后，在2002年又完成了对多美歌，欧南园（Outram Park），索美塞（Somerset），劳文达（Novena），淡滨尼（Tampines）等五座MRT车站的电梯、通道增设等完善，方便了乘客，至2005年基本完成对旧MRT车站的改造。

在加快建设大容量的地铁（MRT）的同时，政府也投入巨资进行轻轨（LRT）交通的建设。1999年建成了第一条LRT线路——7.8km长的武吉班让LRT线，其后分别于2003年初和2005年初，10.7km长的盛港线和10.3km长的榜鹅线也相继建成投入运营（图15-11）。

新加坡LRT的作用主要是支撑并引导新建居住区的开发，为吸引新建居住区开发的客流并喂给到MRT，因此新加坡的LRT线路长度大多比较短，只有10km左右，最短的武吉班让LRT只有7.8km。

新加坡LRT还有一个明显的特征就是站距比较短，平均站距在500～700m。由于这些是新开发区域，因此绝大部分高密度的居住区均沿LRT沿线或LRT站点300m范围内开发，这些居住区建筑通过连廊与LRT站点连接，因此这些居住区居民大多可以在4～5min内风雨无阻的从家到达车站或从车站回到家。由于新加坡LRT线路服务客流的特征，因此新加坡LRT运送车速一般在25km/h左右，且采用环线运营方式，高峰采用2节编组运营，平峰采用单节运营。值得推荐的是盛港线，受盛港站发送能力限制，只能单向运营，由于1998年金融危机带来的影响，西环两侧周边只开发了一部分，造成开发的不均衡，因此线路运营时

图15-11 新加坡盛港换乘枢纽

巧妙地采用类似变向交通的运营管理模式，上午运营由开发强度小的一侧转向开发强度大的一侧，而下午运营由开发强度大的一侧转向开发强度小的一侧，这样就保证了高强度开发区域的人们尽可能少的出行时间。

最终轨道方面，按照交通发展白皮书计划，政府原定到2030年铺设160km的轨道，但目前轨道网络已从1996年的两条MRT线路，共长67km激增到三条MRT线路和三条LTR线路，共长138km，随着2010年地铁环线和文礼地铁延长线的竣工，轨道网络将进一步扩展到175km，将提前20年完成预计目标。

15.4.2 不断提高服务水平的公共汽车

新加坡公共汽车运营由新捷运（SBST）和新加坡地铁公司（SMRT）两家公司运营。LTA按照白皮书的要求，进一步规范了公交运营的相关法律法规，而这些法律法规主要是围绕着巴士的服务标准展开的，比如服务规范标准中强调了两大公司对各自运营区域内组屋居民服务步行距离400m内必须要有公交线路站点（可达性），再比如规范中强调运营公司必须按照经审查的发车计划执行，其偏差率必须在可控范围内（准点性），又比如规范中要求公交线路的高峰满载率不能超过0.9（按5人/m^2计算，舒适性）。

为了保证公共汽车的运行效率，新加坡实施了公交专用道，取得了明显效果。以2005年10月3日乌节路开通全天候公交专用道前后做比较，开通全天候公交专用道之后，工作日乌节路白天公交运送车速达到15km/h，即使是交通最为拥堵的晚高峰16:30~19:00，公交运送车速也达到了13.5km/h，要比没实施之前提高2km/h左右，差不多提高车速15%~20%；星期六效果更为明显，公交车速可以提高20%~30%（图15-12）。

公共汽车运营还会结合道路条件、用地情况及信息技术为乘客提供方便、安全的服务。考虑到干道中间分隔，两侧乘客的安全性，新加坡政府建造了大量的人行天桥或地道为公交乘客过街；巴士站点均采用了遮雨亭的布置，同时在主要站点将遮雨廊延伸到公交站点周边的住宅、商业、学校，体现了人性化的设计（图15-13）。

图15-12 新加坡公交专用道

图15-13 人行遮雨亭

15.4.3 保持低廉的、有吸引力的票价

大力发展公交，除努力改善公交可达性等服务水平外，更重要体现在低票价上。新加坡单乘次的票价十分低廉，由于乘坐公共交通的大部分人均拥有ez-Link智能卡，而使用智能卡的乘客能享有更为低廉的票价。新加坡票制比较合理，对学生、军人以及老龄人士均给予不同层次的优惠，而且公交之间的每次换乘享有每次0.25元的优惠。正因为如此，新加坡公交票价远低于国际上几个大都市的票价水平，新加坡每次乘坐MRT的平均费用不到1元新币，而即使公交票价相对低廉的香港也要高出50%以上，伦敦更要高出近2倍；新加坡每次乘坐巴士的平均费用不到0.7元新币，香港则要高出80%，而东京更高出180%（图15-14）。

图15-14 新加坡 ez-link智能卡

第16章 悉尼

16.1 引言

悉尼的城市公共交通系统包括：

（1）城郊铁路（City rail）。

（2）轻轨（Light rail）。

（3）轮渡（Ferry）。

（4）公共汽车（Bus），区分公共汽车（Public Bus）和私人巴士（Private Bus）。
（5）出租汽车（Taxi）。

需要注意的是，悉尼居民出行报告中对出行结构数据统计时：
（1）不区分城郊铁路和轻轨等形式，统一为火车轨道分担率。
（2）出租汽车作为单列一项出行方式，不被计入城市公共交通分担率汇总，而在其他报告中则计入公交分担率。

16.2 如何运行

——居民出行调查由哪个部门执行，如何实施运作？目的和详细程度？

悉尼统计部门的调查内容主要包括：

（1）居民出行调查（Household Travel Survey，HTS）。每年组织小样本调查一次。
（2）人口和房屋普查（Census of Population and Housing）。每五年一次由澳大利亚国家统计局组织实施，并根据该调查结果做出"Journey to Work(JTW)"报告，旨在分析就业分布和变化趋势，包括通勤方式的变化。
（3）交通用户调查（Transport Customer Survey，TCS）。
（4）悉尼自行车交通调查（Sydney Cycling Survey）等。

16.2.1 执行部门

悉尼大多数的市府活动是由新南威尔士州政府指导的，其中包括公共交通、交通管制以及重大的基础建设项目。新南威尔士州政府交通主管部门包括新州交通部（Transport for New South Wales）和新州道路交通管理局（Roads and Maritime Services）等（图16-1）。

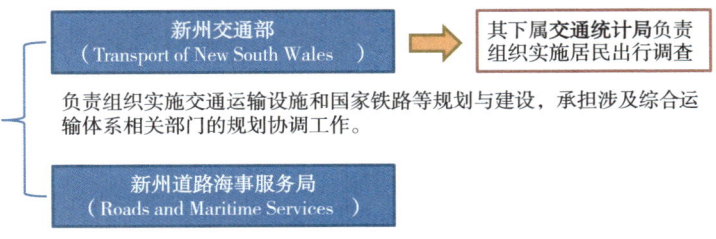

图16-1 新南威尔士州交通管理部门及其职责

居民出行调查工作由交通统计局（Bureau of Transport Statistics，简称BTS），隶属州交通部（Transport for NSW）组织实施，具体数据调查和采样则由州交通部下属的南威尔士研究基金会执行。

16.2.2 调查目的

该项调查是获取大都市区居民出行信息的唯一途径（大都市区包括悉尼、纽卡斯尔、中央海岸，蓝色的山脉和伊拉瓦拉）。调查结果对于获得全面的居民出行特征和出行方式随时间变化的规律是至关重要的，并作为一项重要依据，用以辅助大都市区交通规划、土地利用规划和政策制定。

16.2.3 调查工作概述

大都市区居民一日出行调查每年开展一次，每年随机抽取超过5000户家庭参加调查。被选中受访的家庭会事先收到邮件通知，而后调查员入户展开调查。

入户的程序如下：第一次入户时，调查员向受访家庭介绍调查的程序，记录家庭信息，并明确安排某天为该家庭的出行日。调查员将留一个冰箱贴来提醒出行日，并给家庭每个成员一个"Memory Jogger"（记录器）来记录当天的所有出行。接下来调查员会在约定的日期第二次入户，通过面对面采访的方式记录受访者的一日出行。

关于调查的几点说明：针对调查日无出行、调查日出行不采用公交方式、短距离出行等情况做出了明确解释，无出行、全方式出行和短出行均是调查内容的重要组成部分。

16.3 关于调查数据和结论

——调查基本情况（范围、内容）；
——关于分担率的核心结论。

16.3.1 范围

悉尼是新南威尔士州的首府，也是澳大利亚人口最稠密的城市。大悉尼都会区范围包括悉尼、纽卡斯尔、中央海岸、蓝岭和伊拉瓦拉。截至2012年都会区人口453万，土地面积12144.6km^2，人口密度373.6/ km^2。（悉尼都会区没有总管市政的行政机构，其事务由都会区内各地方政府管理，图16-2）。

16.3.2 调查结果

调查结果包括：出行趋势、出行目的、出行方式、分方式的出行目的、方式选择原因、公交票价和车票类型、出行距离和时间、全日出行时辰分布、出行者特征、机动车的拥有和使用。

（1）历史趋势（图16-3）
（2）主要指标（表16-1）

图16-2 调查范围——悉尼大都市区

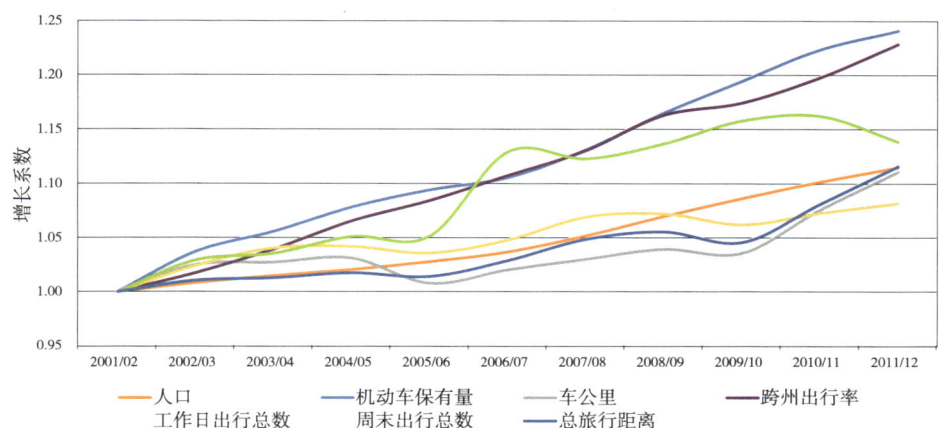

图16-3 2001~2011年悉尼大都市区出行特征变化趋势

图例：人口、机动车保有量、车公里、跨州出行率、工作日出行总数、周末出行总数、总旅行距离

居民出行调查的部分指标　　　　表16-1

	指标	值	与上年比		指标	值	与上年比
统计	人口	453万人	1.2%	距离和时耗	出行距离	8.7km	2.4%
	家庭数	170万户	1.2%		工作出行时耗	35min	1.8%
出行率	出行次数（工作日）	1646次	0.8%		非工作出行时耗	19min	1.1%
	出行次数（非工作日）	1482次	-2.0%		人均一日旅行时间	79min	0.5%
	人均出行次数（工作日）	3.63	-0.4%	出行目的	（1）社交/娱乐；（2）服务旅客；（3）购物；（4）通勤；（5）公务；（6）上学/幼儿园；（7）私人业务；（8）其他		
	人均出行次数（非工作日）	3.27	-3.2%				
	户均出行次数（工作日）	9.67	-0.4%	出行方式	（1）自驾；（2）乘小汽车；（3）轨道；（4）公交车；（5）步行；（6）其他方式		
	户均出行次数（非工作日）	8.70	-3.2%				
车辆拥有	户均机动车拥有量	1.54辆	0.2%				
	户均自行车拥有量	0.95辆	-4.3%				

从具体指标来看，调查内容非常详细。

1）区分工作日和非工作日。

2）出行分担率：分别按各出行方式的总次数、各出行方式的行驶距离、各出行方式的出行时间来统计。

①按各出行方式的总出行次数统计（表16-2，图16-4）。

按出行次数统计的历年交通结构 表16-2

方式划分	2005/06	2006/07	2007/08	2008/09	2009/10	2010/11	2011/12
机动车	69.3%	69.4%	69.0%	68.3%	68.0%	68.2%	68.1%
公共交通	10.6%	10.7%	11.0%	11.2%	11.4%	11.5%	11.8%
步行	18.0%	17.8%	17.9%	18.3%	18.5%	18.3%	18.2%
自行车	0.7%	0.7%	0.7%	0.6%	0.6%	0.6%	0.5%
出租汽车	0.7%	0.7%	0.7%	0.7%	0.7%	0.7%	0.6%
其他	0.7%	0.7%	0.8%	0.8%	0.9%	0.8%	0.8%
合计	100.0%	100.0%	100.0%	100.0%	100.0%	100.0%	100.0%

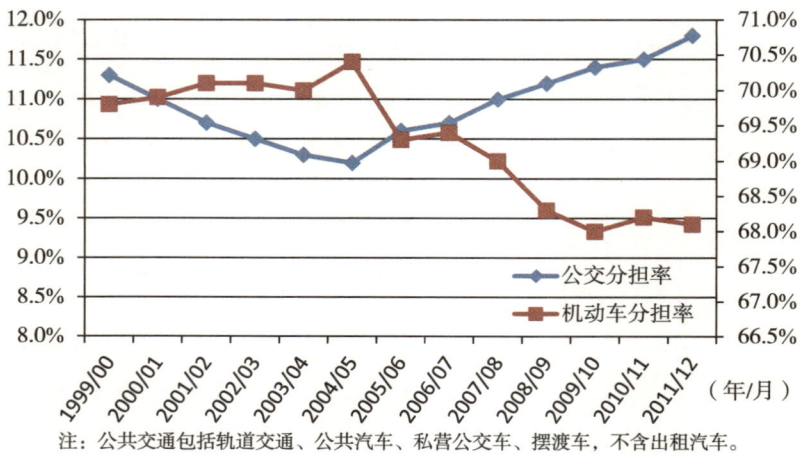

图16-4 悉尼大都市区公交分担率变化情况（1999~2011年）

注：公共交通包括轨道交通、公共汽车、私营公交车、摆渡车，不含出租汽车。

②按各交通方式的行驶里程统计（表16-3，图16-5）。

按各交通方式行驶里程统计的历年交通结构 表16-3

方式划分	2005/06	2006/07	2007/08	2008/09	2009/10	2010/11	2011/12
自驾	58.6%	58.6%	58.0%	58.3%	58.6%	58.8%	58.7%
乘坐小汽车	21.5%	21.2%	20.5%	20.4%	20.5%	21.2%	21.0%
轨道	11.9%	12.2%	13.1%	12.6%	12.0%	11.3%	11.6%
公交车	4.3%	4.4%	4.6%	4.8%	4.9%	4.9%	5.0%
步行	2.1%	2.0%	2.0%	2.0%	2.0%	1.9%	1.7%
其他	1.6%	1.7%	1.8%	1.9%	1.9%	1.9%	2.0%
合计	100.0%	100.0%	100.0%	100.0%	100.0%	100.0%	100.0%

图16-5 悉尼大都市区公交行驶里程分担率变化情况（1999~2011年）

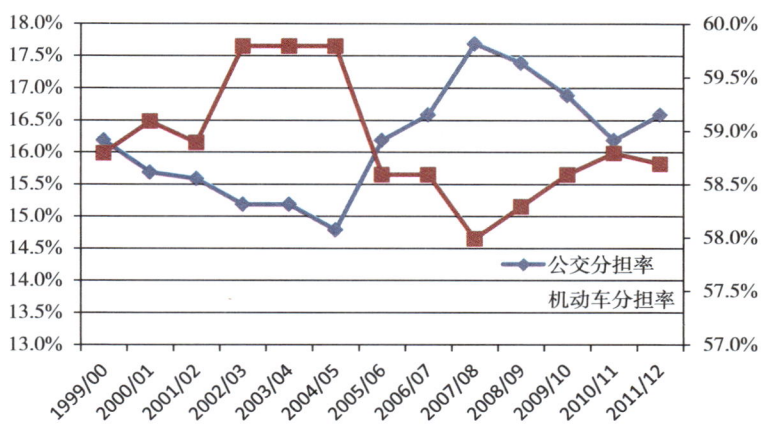

③ 按早高峰统计的出行分担率（表16-4，图16-6）。

按早高峰统计的历年交通结构　　　　　表16-4

方式划分	2005/06	2006/07	2007/08	2008/09	2009/10	2010/11	2011/12
机动车	69.6%	70.2%	69.3%	68.6%	68.2%	68.7%	68.0%
公共交通	15.9%	15.8%	16.4%	16.4%	16.5%	16.3%	16.9%
步行	12.8%	12.3%	12.6%	13.3%	13.8%	13.4%	13.6%
其他	1.7%	1.7%	1.8%	1.7%	1.5%	1.6%	1.5%
合计	100.0%	100.0%	100.0%	100.0%	100.0%	100.0%	100.0%

注：公共交通包括轨道交通、公共汽车、私营公交车、摆渡车，不含出租汽车。

图16-6 悉尼大都市区早高峰公交分担率变化情况（1999~2011年）

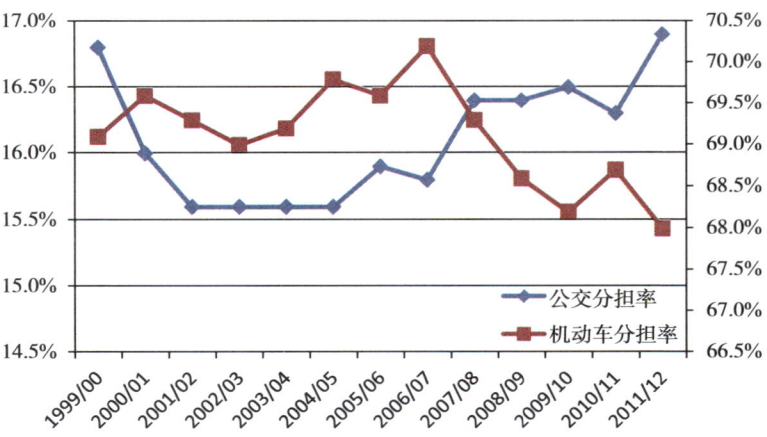

3）按不同出行目的细分的出行分担率，以分析不同目的出行的主导交通方式（图16-7）。

4）按不同出行距离细分的出行分担率（图16-8）。

5）按不同类型出行者（年龄、性别）细分的出行分担率（图16-9）。

6）出行方式选择的原因分析（图16-10，图16-11）。

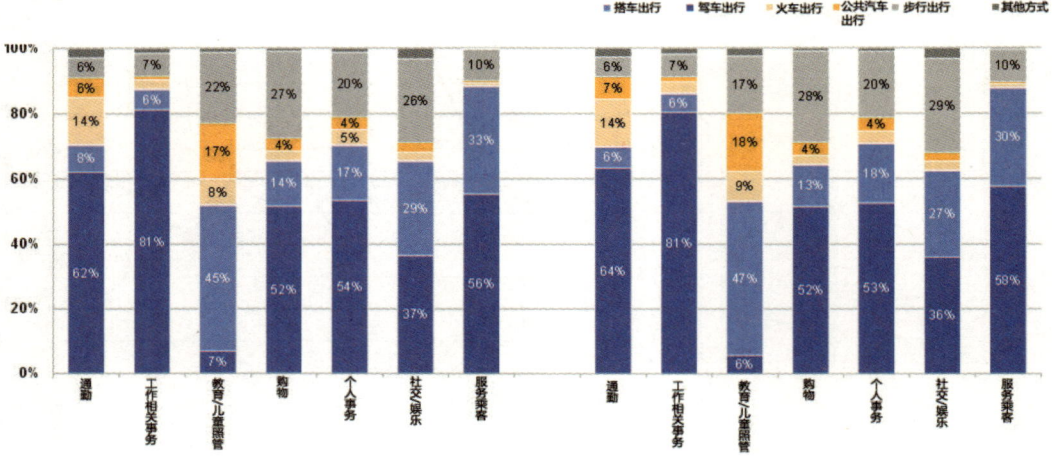

图16-7 分目的的出行分担率构成

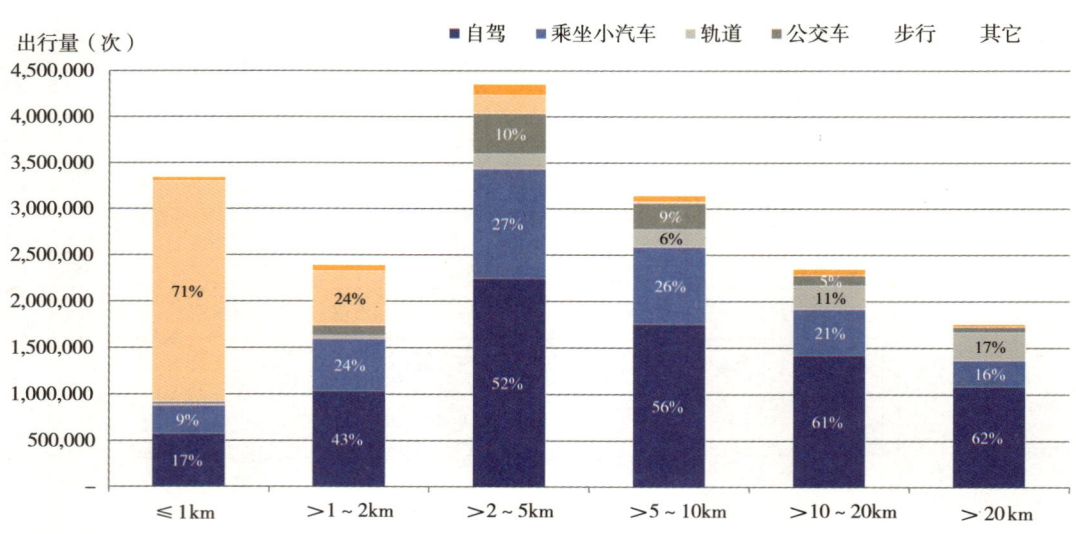

图16-8 不同出行距离的出行分担率构成

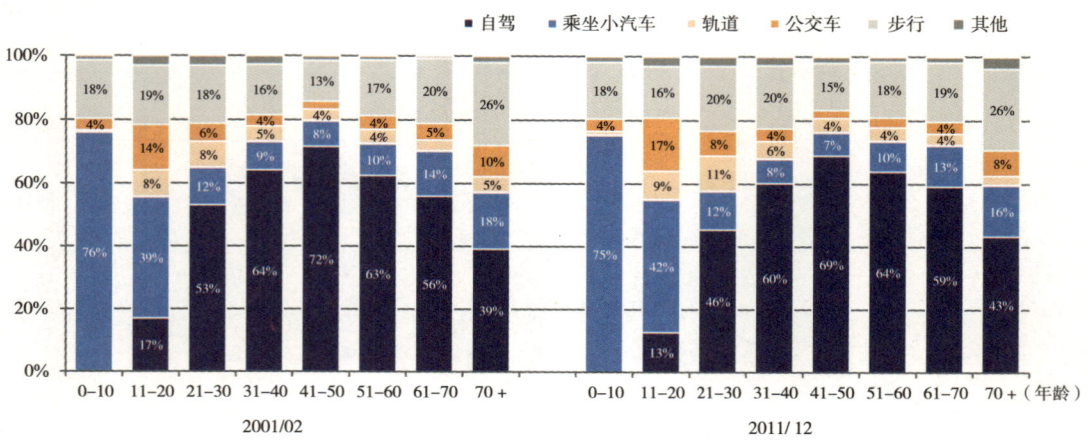

图16-9 不同年龄出行者的出行分担率构成

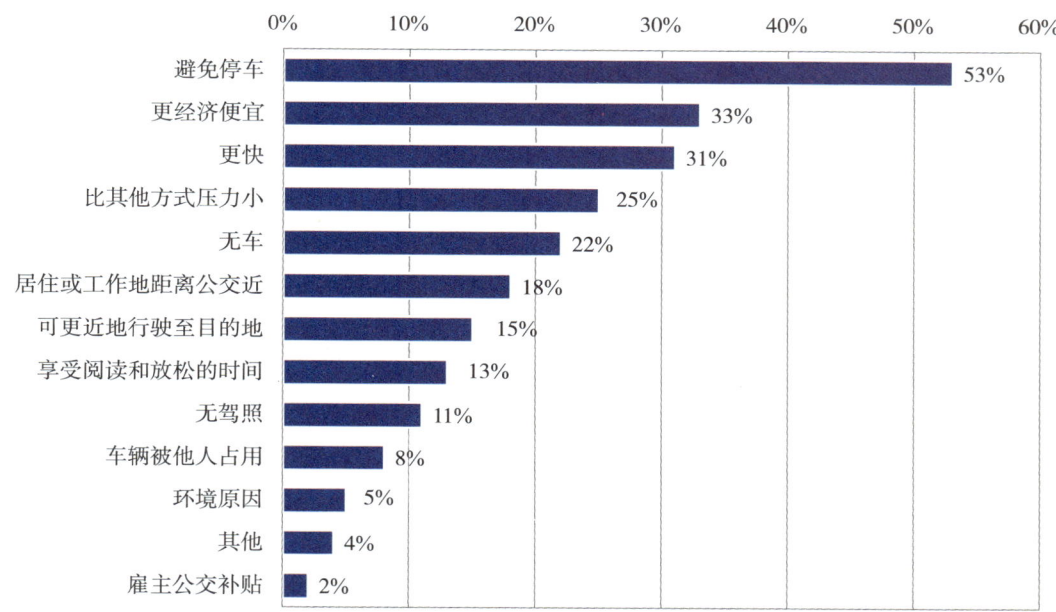

图16-10 通勤出行选择公共交通的原因

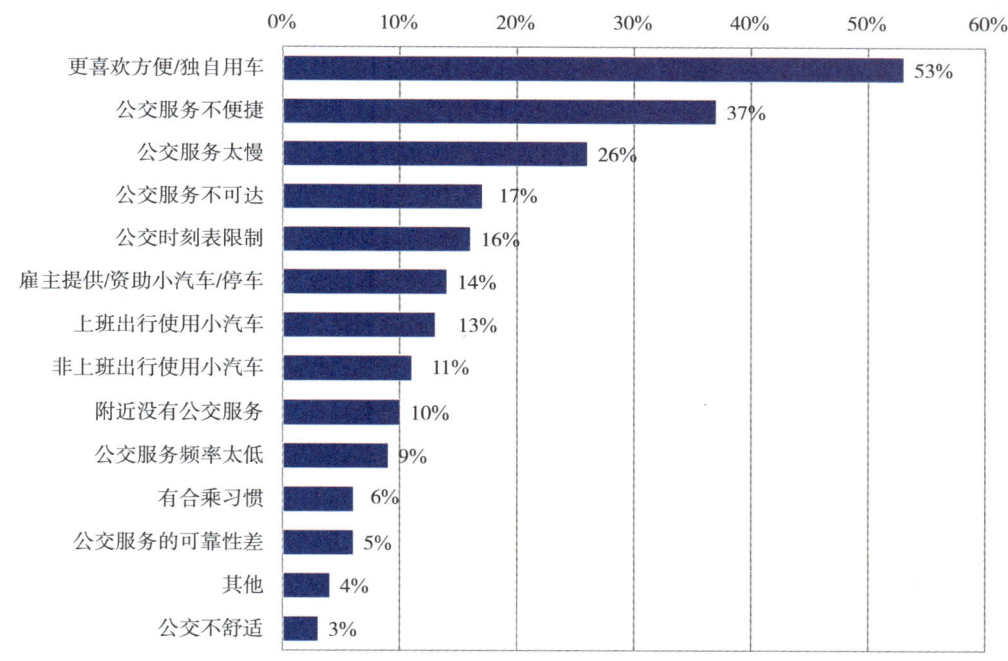

图16-11 通勤出行选择小汽车的原因

16.4 为什么会影响出行特征？

——城市的规模、人口密度和土地使用对公交分担率的影响；

——公共交通的发展沿革和现状（系统构成、网络布局、运营管理）；

——未来的规划与展望。

16.4.1 分析区域的划分

悉尼大都市区范围划分为：

（1）悉尼统计区（Sydney SD）、纽卡索二级统计区（Newcastle SSD）和伊拉瓦尔统计区（Illawarra SD），如图16-12（a）所示。

（2）其中悉尼统计区按照圈层划分为内圈层、中圈层、外圈层，如图16-12（b）所示。以下分析重点针对悉尼SD地区。

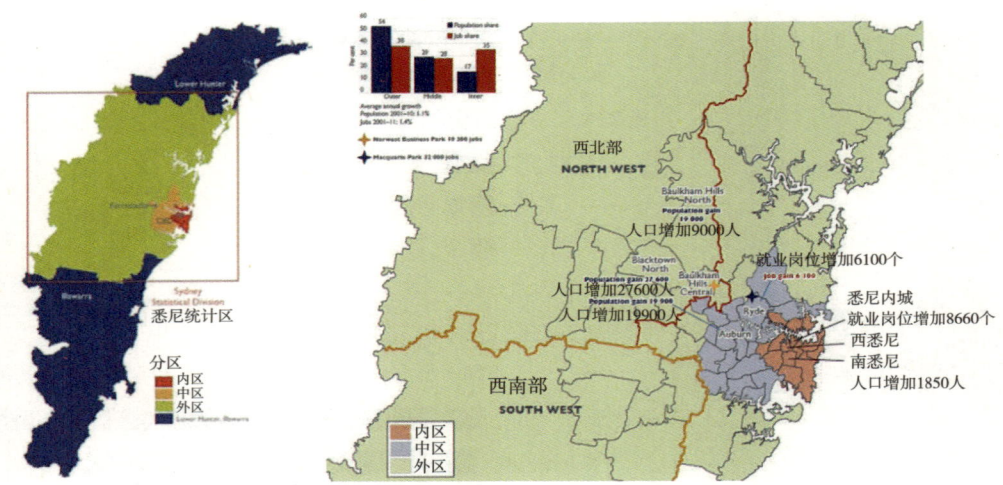

图16-12 悉尼统计分区

16.4.2 影响分担率的关键要素

（1）公交分担率与城市人口密度密切相关，人口越密集地区的公交分担率越高

1）总体来看，悉尼属于低密度发展城市，公交分担率水平相应较低，低于同为国家首都的纽约、东京等中心城高度集聚型城市。

集中了悉尼大都市区80%以上人口的悉尼统计区（Sydney SD），其公交分担率仅为11%（表16-5，图16-13）。

悉尼与其他国际化大都市的人口密度对比　　　　表16-5

区域	中心城			都市圈		
指标	人口（万人）	面积（km²）	人口密度（万/km²）	人口（万人）	面积（万km²）	人口密度（万/km²）
悉尼（内悉尼，中悉尼及悉尼统计区）	196	651	0.30	428	1.21	0.035
纽约	827	786	1.05	2200	1.74	0.13
伦敦	756	1587	0.48	1800	2.7	0.07
巴黎	651	762	0.85	1200	1.2	0.10
东京	866	621	1.39	3400	1.34	0.25
北京	1000	668	1.50	1695	1.64	0.10

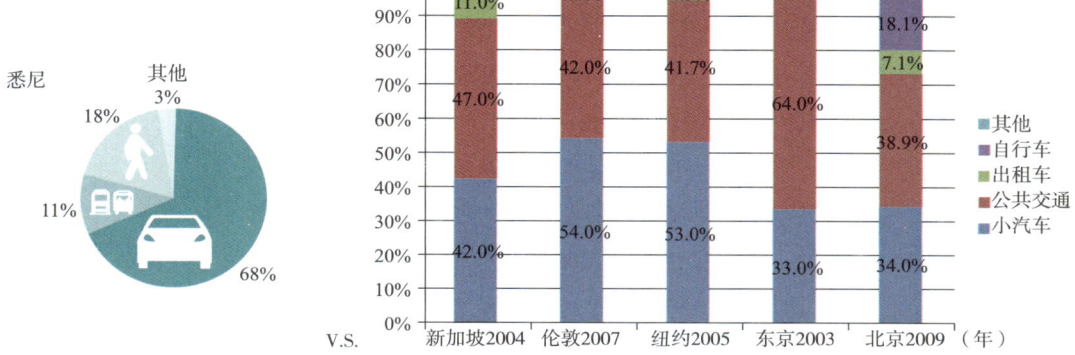

图16-13 悉尼与其他国际化大都市公交分担率对比

2）与东京、伦敦等相似，呈"中心城公交分担率高，向外围圈层递减"的层级式发展，而小汽车的使用率则相反（图16-14，图16-15，表16-6）。

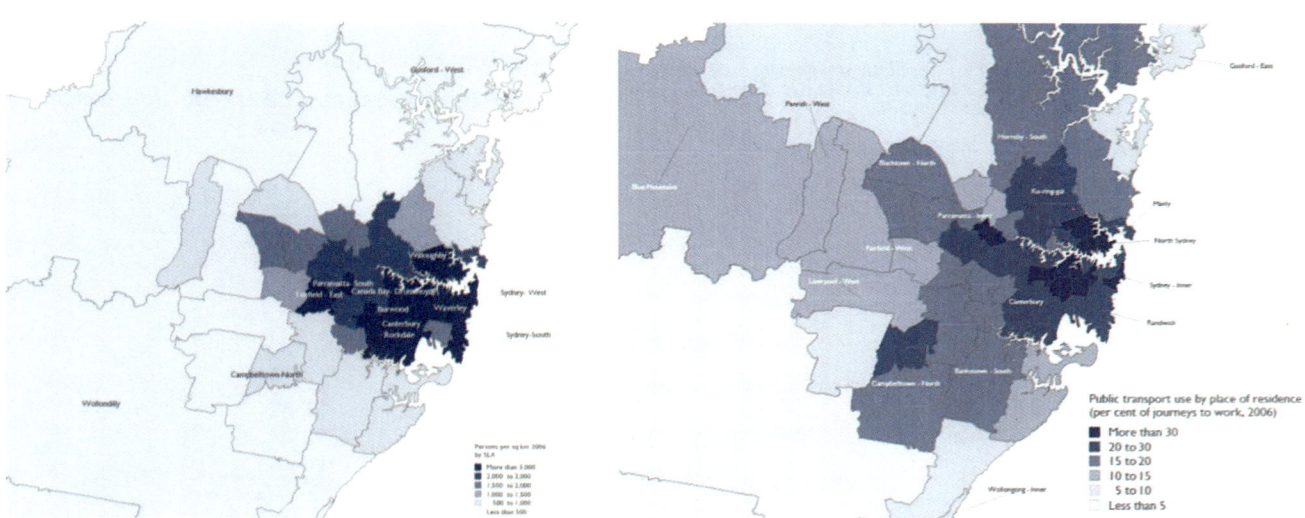

图16-14 人口密度分布（2006年）　　　　　图16-15 不同地区居民的通勤公交分担率情况（2006年）

悉尼各圈层人口规模和分布　　　　　　　　　表16-6

	居住人口（万人）	占悉尼统计区的人口比例	占大都市区的人口比例	面积（km²）	等效半径（km）	人口密度（人/km²）	通勤公交分担率	通勤小汽车分担率
悉尼市区	16.55	3.9%	3.2%	27	2.9	6202	70+%	—
内圈层	73.73	17.2%	14.1%	171	7.4	4307	32.4%	46.7%
中圈层	122.26	28.6%	23.4%	480	12.4	2549	25.0%	63.9%
外圈层	232.20	54.2%	44.5%	11487	60.5	202	14.3%	74.9%
悉尼统计区	428.20	100%	82.1%	12137	62.2	353	20.7%	66.5%
悉尼大都市区	521.42	—	100%	24499	—	213	18%	69.1%

注：表格为2006年普查统计数据。

3）且从2001~2006年的变化情况来看，中心圈层的公交分担率持上升趋势，而外围圈层的公交分担率呈下降趋势、小汽车分担率仍在增长（图16-16）。

（2）公交分担率的提升与公交系统与空间发展协调、公交系统的分层组织和线网密度站点可达性等因素影响

悉尼的公共交通主要由城郊铁路（City Rail）、公共汽车、轮渡和轻轨（light rail）构成（图16-17）。

1）与轨道交通网络结构相契合的空间发展模式已经形成。

20世纪90年代悉尼进行了两次公交改革，其中第二次改革与韩国首尔的公交改革有些类似，比较重视发挥具有战略地位的交通走廊网络的作用（图16-18）。

悉尼大都市区战略提出建立层级清晰的多中心：以悉尼市和北悉尼组成的主中心，打造帕拉马塔（parramatta）、利物浦（liverpool）和彭里斯（penrith）三个地区性中心，以及其他专业化中心和主中心城市。城市之间通过轨道交通、公交走廊和高速公路连接，同

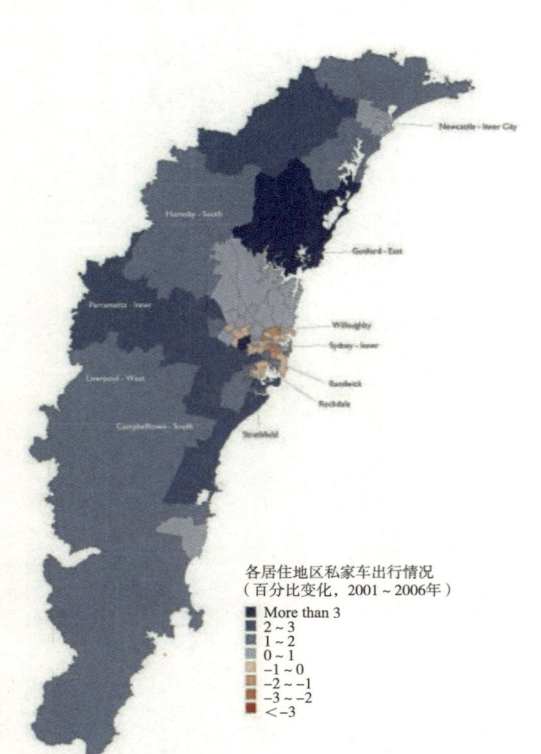

(a)

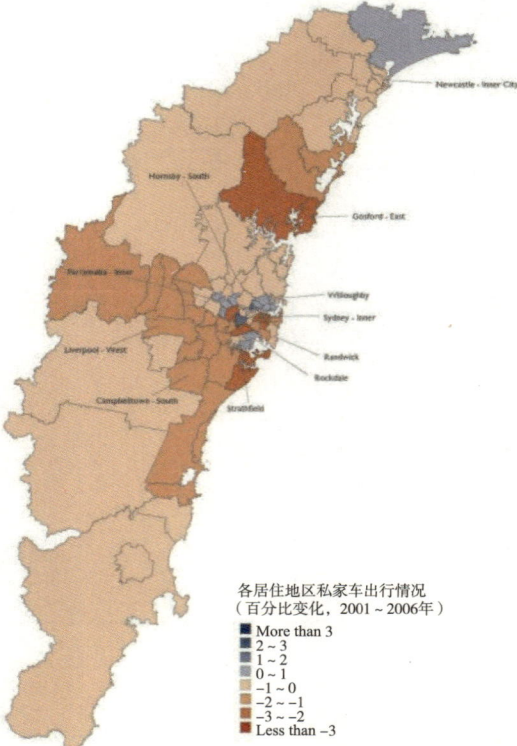

(b)

图16-16 2001~2006年居民通勤的私家车分担率和公交分担率的变化 (a) 通勤私家车分担率（蓝色表示增长）；(b) 通勤私家车分担率（蓝色表示增长）

图16-17 悉尼公共交通系统（城铁、轮渡、轻轨）

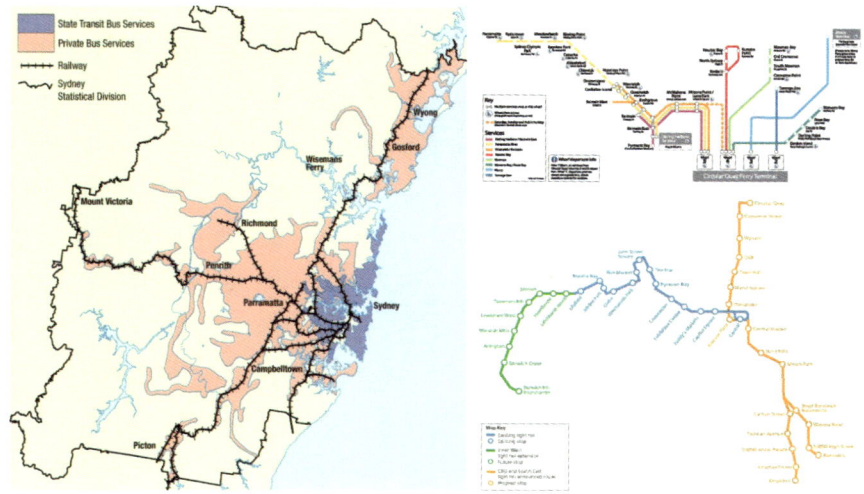

图16-18 悉尼大都市区战略的多中心和就业分布

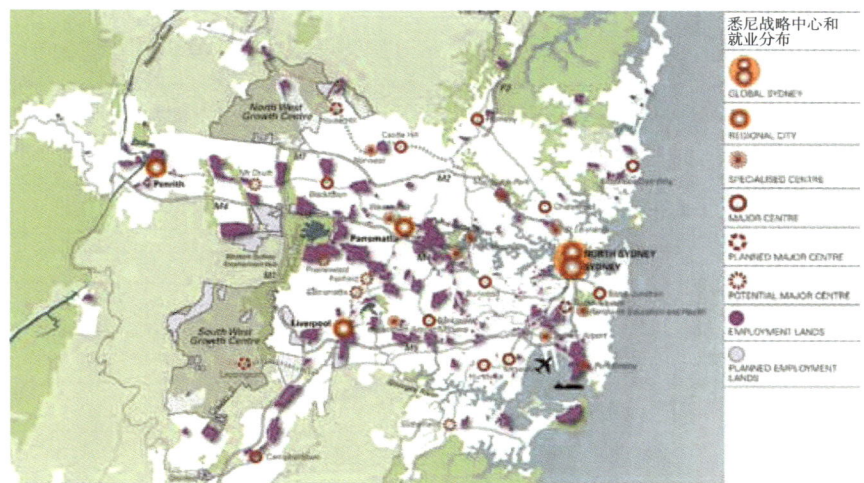

时，就业向各中心集中，从而形成"中心带动的轴线发展"模式。

通过这种发展模式，实现减少出行时耗和对小汽车的依赖，更好地利用公共交通基础设施（图16-19）。

从公交分担率来看，居住在轨道沿线的居民在通勤出行时选择轨道交通的比例最高，居住地距离轨道站点越远，通勤选择轨道交通的比例迅速下降。

2）公交系统的构成和功能层次支撑不同区域的差异化发展。

轨道是支撑公交发展的核心方式，在公共交通分担率中占较大比重。但通过不同圈层的分担率对比发现，公共交通总分担率最大的内圈层范围内，公交车与轨道分担率的比值要高于外地其他地区。

这说明提升公交分担率并非绝对需要城郊铁路这类轨道形式，公共交通系统发挥作用需要结合城市规模、形态、区域差异性，建立与区域交通需求相符的公交制式（表16-7）。

对比内圈层和中圈层两个圈层的需求和公交供给差异。

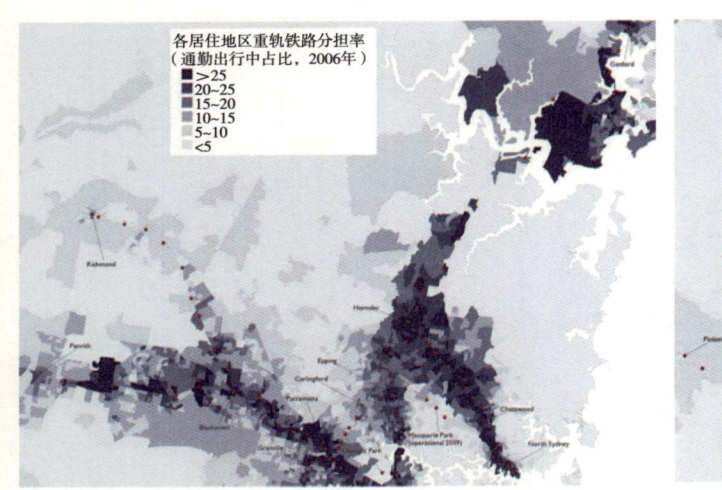
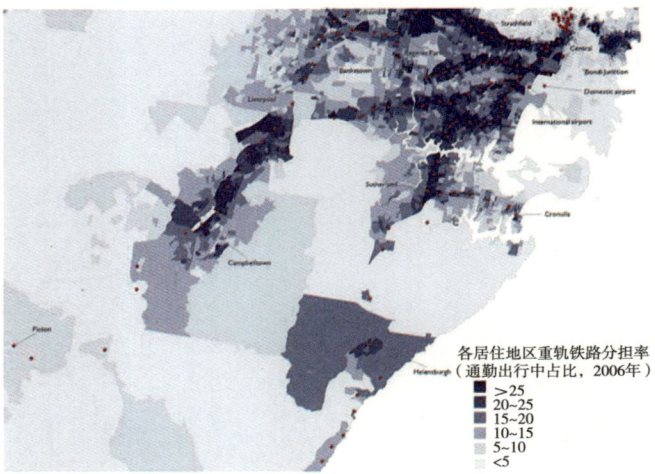

图16-19 轨道沿线居民通勤的轨道交通选择比例

居民通勤的公交分担率细分（2006年） 表16-7

分区	轨道	公交	轮渡	轻轨	出租汽车	公交总的分担率
悉尼大都市区	12.0	5.3	0.3	0.0	0.4	18.0
悉尼统计区	13.8	6.1	0.3	0.1	0.4	20.7
内圈层	13.7	16.5	0.9	0.2	1.0	32.4
中圈层	18.9	5.2	0.5	0.0	0.4	25.0
外圈层	11.3	2.8	0.0	0.0	0.2	14.3
伊拉瓦拉	3.7	1.1	0.0	0.0	0.2	4.9
下亨特地区	1.3	1.8	0.0	0.0	0.2	3.3

①从需求特征来看。

a. 内圈层：空间尺度较小；土地呈较高密度开发，是重要的交通发生和吸引点；对公交便捷性和舒适性要求较高，需求层次更加多样化。

b. 中圈层：交通自容性较低，与内圈层的日常通勤交流明显，对公交的可达性和机动性敏感（图16-20）。

②从公交供给看：

内圈层：提供"城郊铁路+轻轨+轮渡+公交"的多方式、分层次、网络化的公共交通服务，增加网络的可达性、便捷性（图16-21）。

c. Outer Sector：以城郊铁路为主体，辅以公共汽车来满足，从而提供长距离跨区公交服务。

③服务水平（站点可达性）是影响分担率的关键要素（表16-8）。

图16-20 悉尼统计区的交通自容性分析

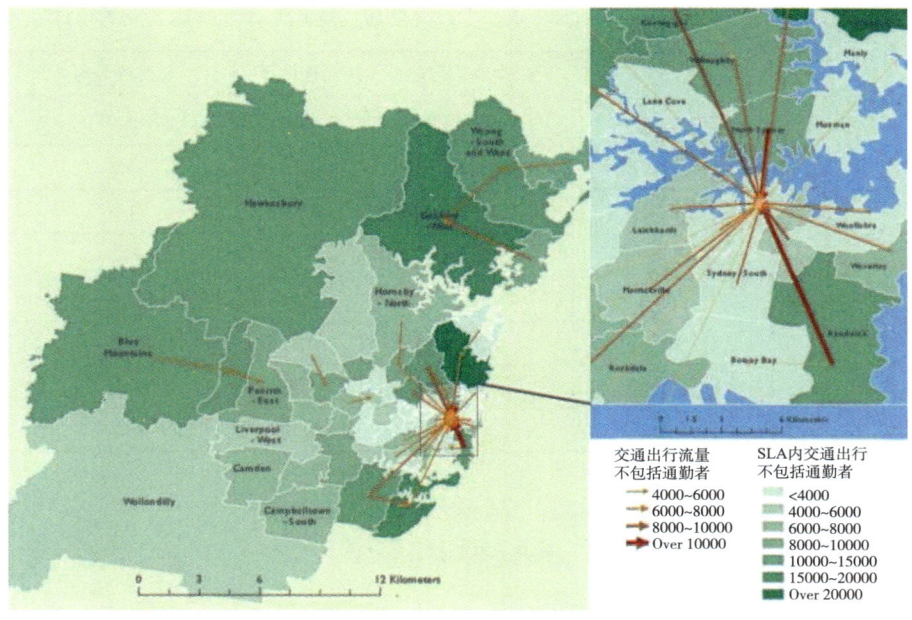

图16-21 悉尼内圈层的多种交通方式网络

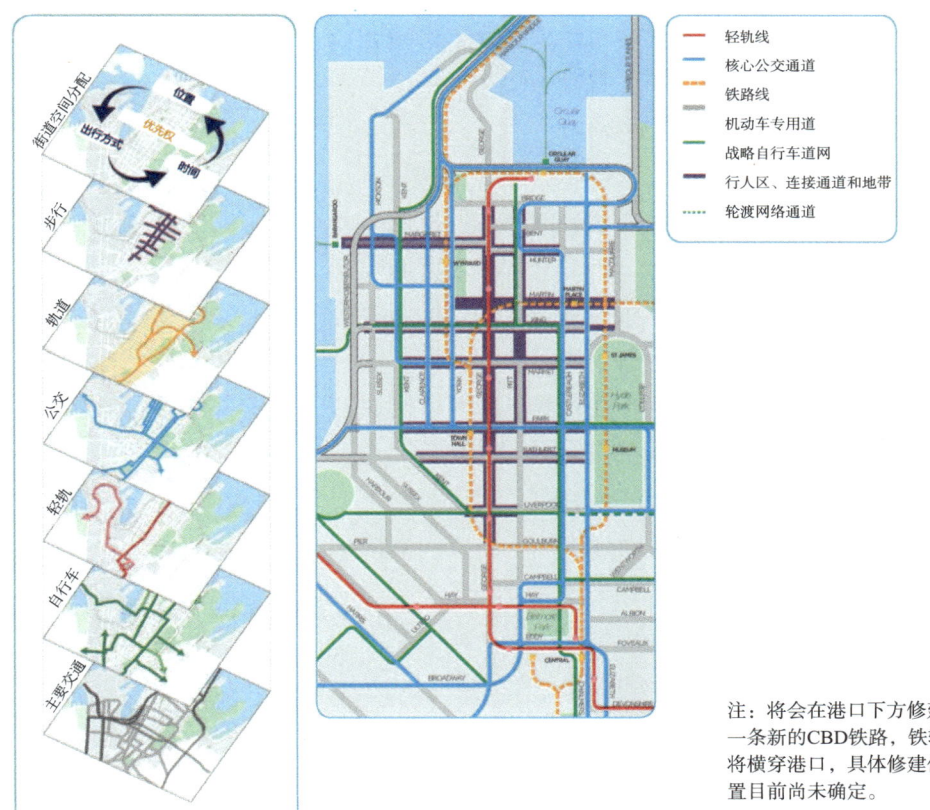

注：将会在港口下方修建一条新的CBD铁路，铁轨将横穿港口，具体修建位置目前尚未确定。

表16-8 从居住地和工作地到达公交的可达性

分区	公交服务可达性（按居住地）		公交服务可达性（按工作地）		分担率
	500m	1000m	500m	1000m	
悉尼大都市区	52.6	72.6	65.3	81.6	18.0
悉尼二级分区	59.5	80.0	71.3	87.3	20.7
内圈层	93.9	99.8	96.5	99.8	32.4
中圈层	68.7	91.8	73.8	94.2	25.0
外圈层	42.9	67.1	46.3	70.7	14.3
伊拉瓦拉	13.1	27.7	26.2	43.1	4.9
下亨特地区	20.1	39.3	35.3	54.9	3.3

16.4.3 未来规划和展望

根据最新发布的《悉尼公共汽车未来》（Sydney Bus Future），悉尼提出主要将都市公交车服务划归为三个种类，快速、跨区和当地。规划中，大部分主要线路的公交车，将停靠更少的站点，以节省出行时间。

其中"快速"指的是将13条主要穿市线路中的站点间距调整到1000m，让每个站点之间的距离更大。比如从帕拉马特区到市中心，将引入快速公交线路，仅仅停靠20站。目前，在同一条通道上，要一共停靠47个站。

改变过去增加公交班次的单纯手法，通过快速线路实现更快捷的服务（图16-22）。

图16-22 《悉尼公共汽车未来》的规划案例

16.5 结论

（1）公交分担率与城市人口密度密切相关，人口越密集地区的公交分担率越高。

（2）公交分担率的提升与公交系统与空间发展协调、公交系统的分层组织和线网密度站点可达性等因素影响。

第17章 墨尔本

17.1 城市概况

墨尔本位于澳大利亚东岸维多利亚州南部,是维多利亚州首府和澳大利亚的第二大城市。墨尔本曾连续多年被联合国人居署评为最适合人类居住的城市。其中,在2011~2013年连续3年的宜居城市评比中,墨尔本均摘得桂冠。

狭义来说,墨尔本指的是墨尔本市中心区(City of Melbourne),只有105381的人口(2012年),37.7km²。大墨尔本地区(Greater Melbourne)由墨尔本市及31个地方政府区域组成,面积达到9990.5km²,人口共有425万人(2012年),占维多利亚州人口的76%,是全球最大的都会区之一。

从人口分布和用地布局看,低密度、无簇团、工作区和生活区基本分离的城市布局模式和传统分区规划使墨尔本成为一个高度蔓延的都市区。墨尔本人在历史上把1.5km宽和0.8km长的墨尔本CBD以外的所有地区都称之为郊区。按照墨尔本人的郊区概念,以CBD为核心,10~15km半径的地区称之为近郊区,15~30km的地区称之为远郊区,30km以上地区被他们戏称为"丛林"。从市中心火车站出发向外展开的13条城铁线分黄和蓝两区进行收费,黄区即是近郊区,蓝区就是远郊区,而到"丛林"去,一般需要乘坐区域火车,而非城铁。

但墨尔本的蔓延是有界限的,人口密集的城市建成区(urban growth boundary)土地面积2152.8km²(相当于北京六环以内),以21%左右的土地上集聚了超过90%的人口(表17-1,图17-1~图17-4)。

墨尔本市和大墨尔本都市区概况　　　　　表17-1

区域	指标	最新数据
墨尔本市	面积	37.7km²
	居民人口	105381(2012年)
	日间人口	788000(2010年)
	夜间人口(PM18:00~AM6:00)	363000(2010年)
	总建成区	28651012m²(2010年)
	总就业人数	428709(2010年)
	道路总里程	342km(2011年)
大墨尔本都市区	面积	9990.5km²
	居民人口	4248,344

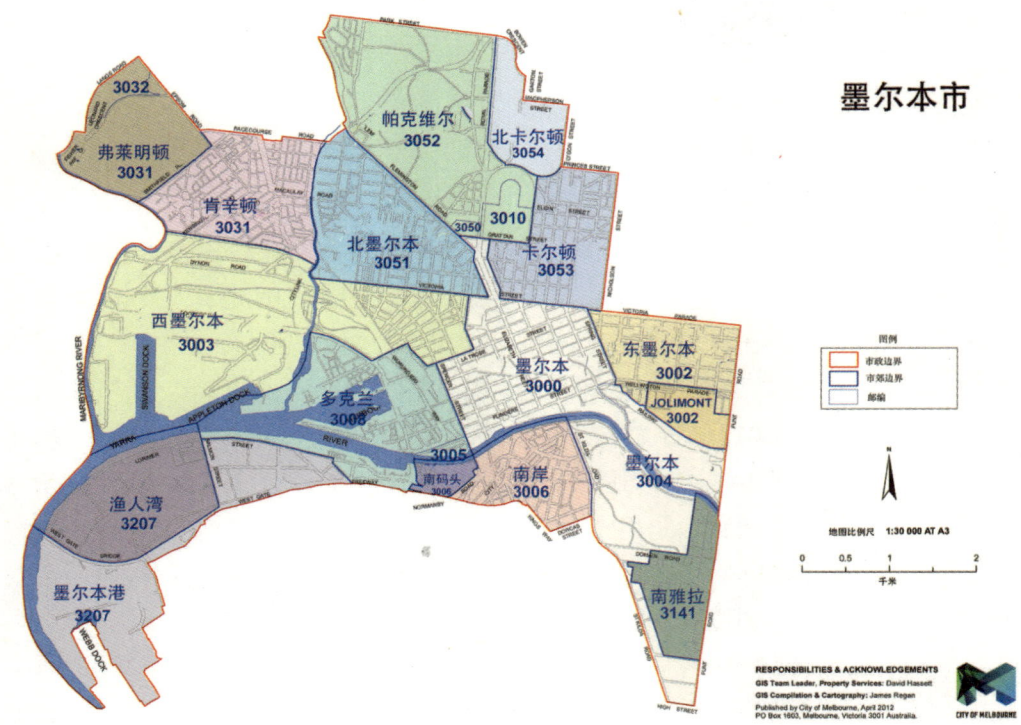

图17-1 墨尔本市行政区划

图17-2 大墨尔本都市区在维多利亚州的位置

第17章 墨尔本

图17-3 "墨尔本"的不同边界

图17-4 墨尔本都市区人口分布

墨尔本统计司

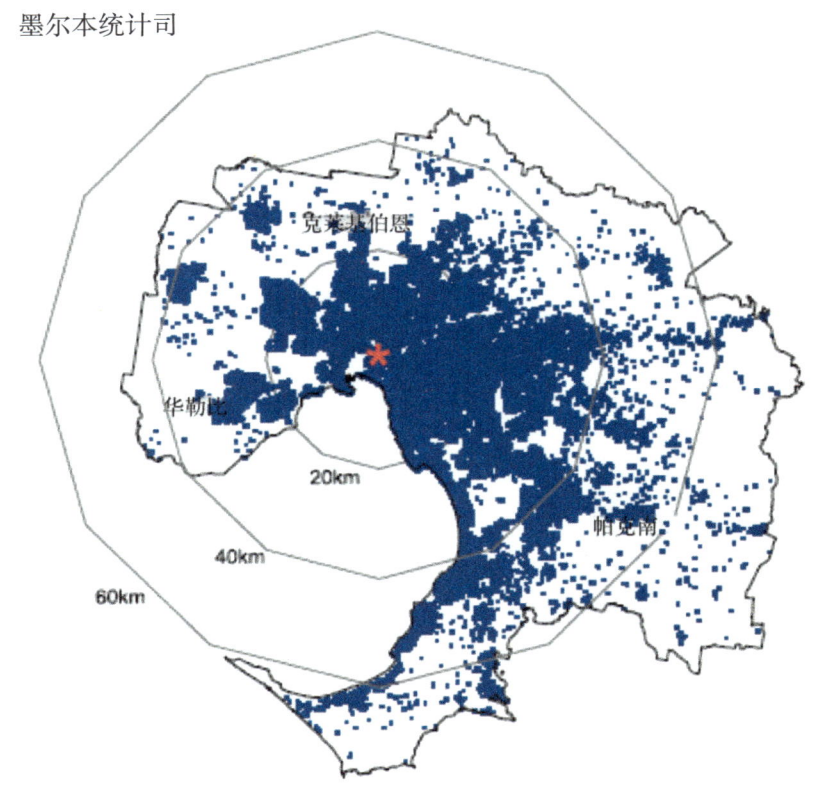

- 201 -

17.2 公共交通概况

墨尔本相对低的人口密度和圈层化的人口分布特征下,形成了由城郊铁路、有轨电车、公共汽车三部分组成的公共交通系统。

墨尔本的城郊铁路主要服务大墨尔本地区,类似于国内市郊铁路的概念。铁路有11条主线,4条支线,全长372km(其中地下段4km),以市中心富林德斯街总站为向心,全部用8节电气化列车运行,每日客流约50万人次。其列车有空调,为单层,设大站车和站站停两种,周一到周六高峰期,大站车每20min一班,站站停每10min一班;非高峰期则分别为30min和40min一班。星期日车次较少,平均1h一班。

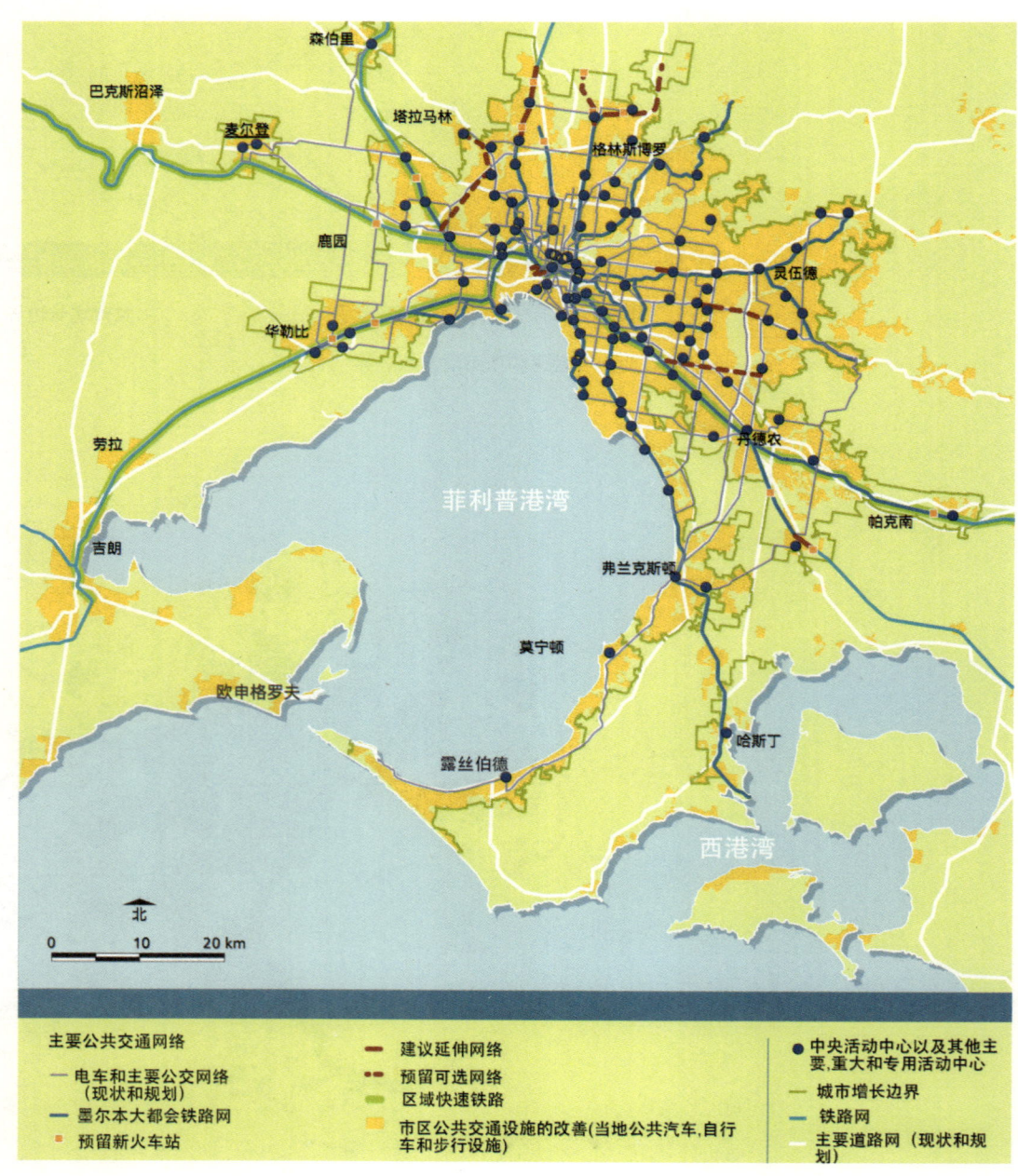

图17-5 墨尔本公共交通系统布局

有轨电车是墨尔本中心区的骨架公交系统。墨尔本是全球著名的电车城,墨尔本的亚拉电车公司是世界最大的有轨电车运营商,运营全市27条250km有轨电车线,网络规模为目前世界第一,并不断在扩展中。亚拉电车车况较好,为法国生产的空调低地板车型,一般在路中央停靠,也有绿化带内专用车站。有轨电车平均运行时速为30km/h,每日6:30~23:00运行。

公共汽车则填补了墨尔本公共交通的空缺。如今墨尔本公共汽车运营商多达39家,共计290条线路,由于内城1区有轨电车密度大,因此除了少量线路外,基本上集中在外围的2区。车况较好,但普遍票价较高。大部分公交车为30min或1h一班。它们主要集中在没有轨道交通服务的走廊上,这些公共汽车大部分是由私人拥有或者承包出去的。因为每辆车的车身上都有墨城公共汽车的标志,因此乘客很难从中识别出私人拥有的公共汽车。总的来说,平均每个工作日公共汽车系统会运送3.6万人次的乘客。私营公共汽车运营商的合约是基于服务表现的,运营补贴与乘客量(而不是与运营里程)挂钩,对运营承包商的补贴程度是按照付费公交乘客的数量而不是运营里程而定(图17-5,表17-2)。

墨尔本公共交通的结构(2007年)　　　　　　　表17-2

方式	线网长度(km)	网络构成	功能定位
铁路 Train	372	城市中心到远郊的15条辐射线,服务站点218个	由市中心富林德斯街总站向郊区辐射,主要服务于长途的通勤
有轨电车 Tram	249	城市中心到近郊的24条辐射线,另外3条近郊城市之间的有轨电车。大部分线网是有轨电车与普通交通共享路权	主要服务中心城区交通联系
公共汽车 Bus	4100	314条普通线路,主要为中间区域和远郊的城镇之间提供交通连接。也提供30min直达城市中心的服务。墨尔本2/3的居民视公共汽车为唯一可用的公共交通方式	提供城镇之间的短程连接,作为城郊铁路和有轨电车的补充,共同提高公共交通的可达性

17.3 居民出行调查

17.3.1 数据来源

墨尔本所在的维多利亚州有定期进行的居民出行调查,以考察由于人口增长、基础设施、出行范围扩大以及土地利用规划等因素作用下,居民机动性和出行方式的变化。调查方法与国内城市居民出行调查类似,包括出行方式、目的地和出行目的等。

本研究数据来源于"维多利亚州居民出行活动综合调查(2007年)"(Victorian Integrated Survey of Travel and Activity2007年,以下简称VISTA07)。VISTA07调查由交通部委托由城市交通研究所和I-view公司开展(表17-3)。

VISTA07调查概况 表17-3

调查时间	2007.05~2008.06
样本量	17,000家庭（43,800人）
研究区域	墨尔本都市区（11,400户家庭）
	大吉朗（1,270户家庭）
	巴拉瑞特（1,180户家庭）
	本迪戈（1,050户家庭）
	谢珀顿（1,200户家庭）
	拉特罗布（980户家庭）
样本选择	供调查的家庭是从调查区域的清单上随机选取的
调查方法	所有调查的家庭被要求填写当年某天出行日志。调查方式与人口普查类似，调查人员会发放并收集调查问卷，由居民自行填写
调查内容	所有家庭的出行都要记录下来，小到街区间的步行，大到州之间的出行。基本的家庭和人口信息也需求采集到
频率	VISTA07之后，下次调查定于2009年的7月直到2010年6月结束。

注：VISTA 07调查的主要结果见附表。

17.3.2 公共交通分担率

（1）全天出行方式结构

VISTA 07采用两种方法统计出行方式结构：①按出行次数；②按每种方式的出行距离。同时采用两种方法，可以综合反映不同出行方式的选择频率及各方式的功能差异。比如，按出行次数统计，墨尔本公交出行比例为9.1%，但按出行距离统计，公交出行比例则为12.5%，这反映了公交在承担中长距离出行中的作用（图17-6）。

图17-6 出行方式比例

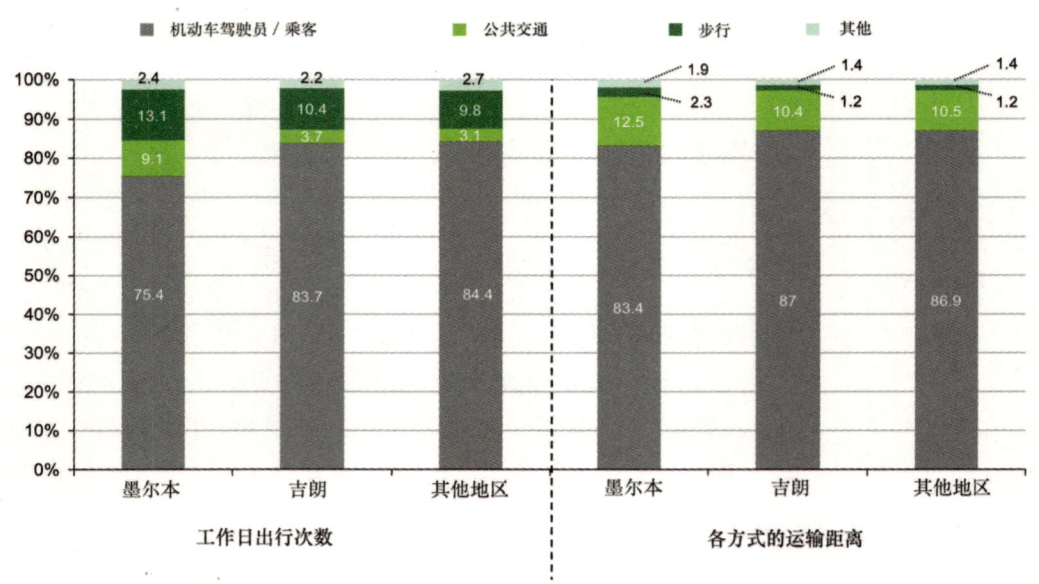

第17章 墨尔本

墨尔本是一个小汽车出行为主的城市，公交出行比例较低。公交主要包括火车、有轨电车、公共汽车等三部分，其中，火车比例最高，这与其地广人稀、沿铁路走廊发展的特点相一致（表17-4）。

出行方式（占总出行次数比例%） 表17-4

	墨尔本	大吉朗	区域	合计
私家车	52.7	58.1	58.2	53.4
搭乘小汽车	24.4	25.7	27.1	24.7
步行	12.5	10.6	9.4	12.2
自行车	1.7	1.8	1.8	1.7
火车	4.3	1.0	0.6	3.9
有轨电车	1.7	0.1	0.0	1.5
公共汽车	1.7	2.1	2.0	1.8
其他	0.8	0.6	0.9	0.8
出行方式（占总出行距离比例%）				
私家车	59.3	59.8	57.6	59.2
小汽车乘客	26.1	28.3	31.4	26.7
步行	2.1	1.2	1.0	1.9
自行车	0.8	0.9	0.6	0.8
火车	7.3	6.2	5.5	7.1
有轨电车	0.9	0.1	0.0	0.8
公共汽车	2.4	2.9	3.1	2.5
其他	1.1	0.6	0.7	1.0

（2）不同时段出行方式结构

此外，VISTA 07也对不同时段的出行方式进行了统计。与机动车出行对比，公共交通的出行在上午8:00最大达到22%，在下午15:30放学和下班17:30~18:30的时段达到峰值（图17-7）。

图17-7 工作日全天机动化出行方式比例（墨尔本）

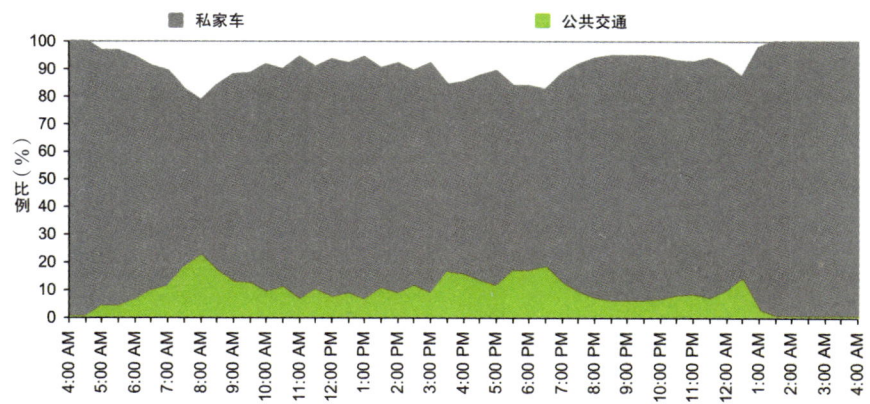

（3）不同目的出行方式

与国内综合交通调查分析类似，墨尔本对上班、上学等不同出行目的的出行方式结构进行了分析。

墨尔本居民乘公交上班比例为19%，墨尔本上班出行方式很大程度上受上班距离的影响，墨尔本的居民大约50%的上班出行超过了15km（图17-8）。

从上学出行看，在墨尔本，高等教育阶段超过一半的上学出行采用公交方式，中学阶段学生利用公交上学的比例为39%，而大部分小学生（70%）是乘小汽车上学（图17-9）。

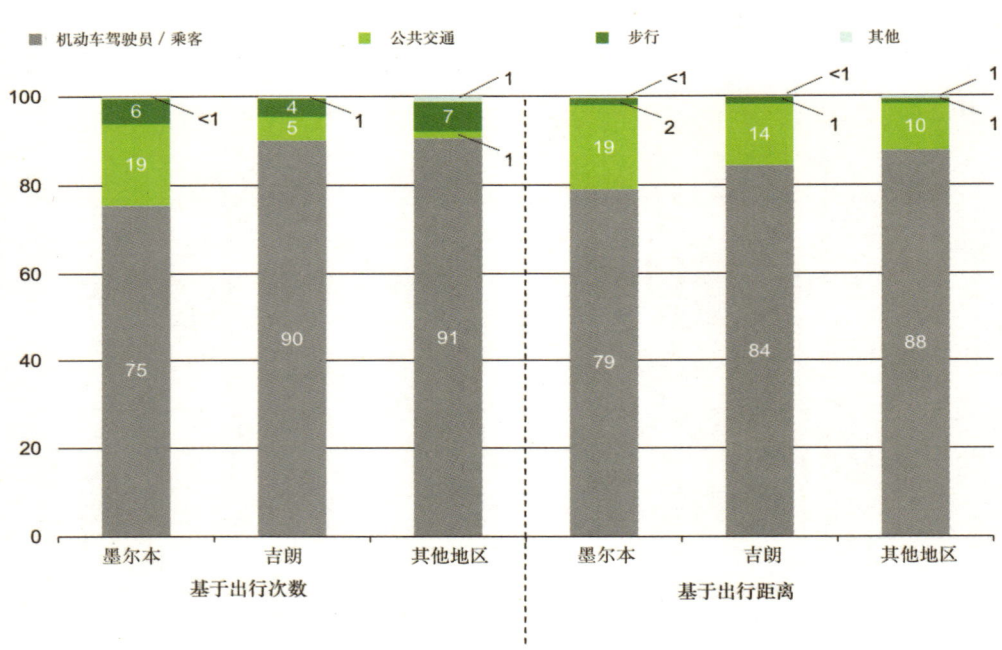

图17-8 工作出行的方式结构

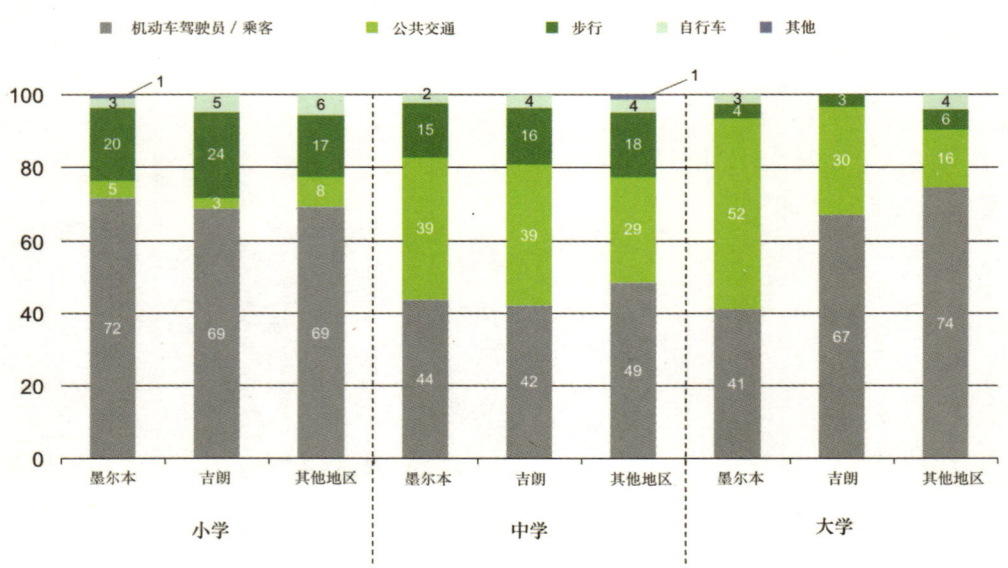

图17-9 上学出行方式

17.4 通勤方式

除了地方部门针对都市区公交分担率的长期跟踪调查外，澳大利亚基础设施、交通和区域经济局（简称BITRE）等部门还利用人口、就业和交通相关调查数据，针对中微观层面人口、就业与通勤出行公交分担率的交互关系进行了研究。

17.4.1 数据来源

BITRE从2011年开始针对国内悉尼、墨尔本、布里斯班、珀斯等大城市开展了一项系列研究，重点研究就业和居民人口在几大城市的空间变化对通勤行为的影响，以理解城市空间上的变化来帮助制定城市政策和基础设施的投资策略。

其中，BITRE于2011年发布的系列报告之一《墨尔本人口增长、就业增长和通勤流》（Population growth, jobs growth and commuting flows in Melbourne）对墨尔本的规划、居住模式、就业位置、工业、交通模式、通勤流等的变化进行了分析，并研判了未来发展态势。研究区域包括墨尔本统计区（SD）以及一些与墨尔本有密切的工作联系的周边地区。

该报告数据主要源自一些已有数据源，如维多利亚州政府的VISTA调查。本部分主要依据该报告对交通模式的分析进行（图17-10）。

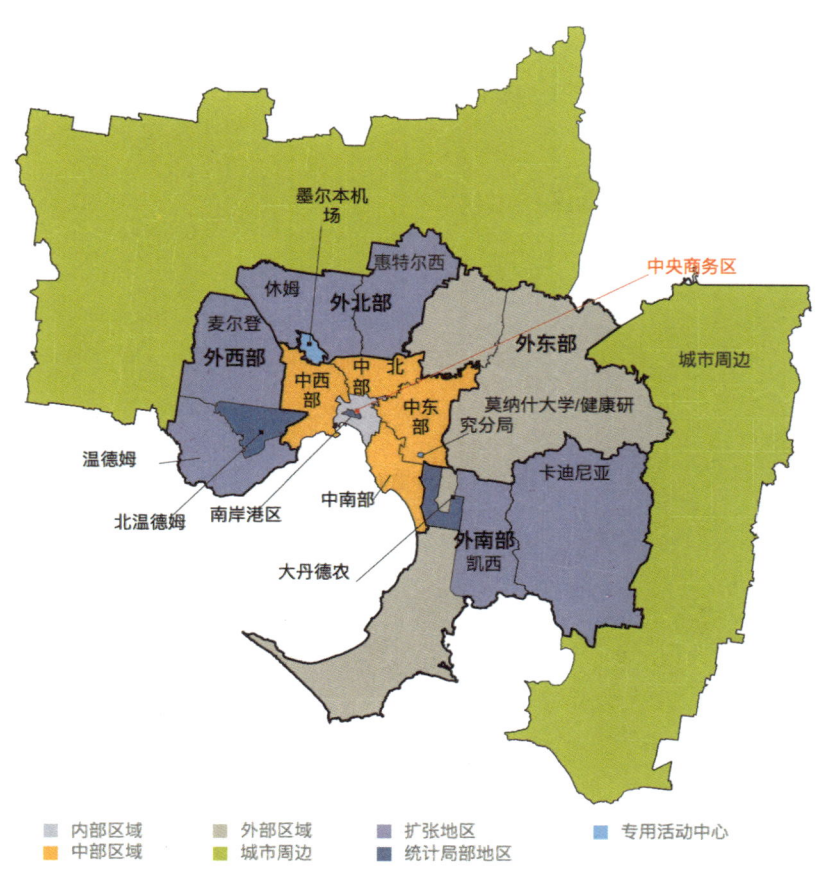

图17-10 研究区域

17.4.2 分析思路

该报告主要研究居民上班出行的交通方式结构,重点从中区、小区层面分析公交分担率,在探究人口、就业分布与公交分担率交互关系的同时,明确政策调整的方向。

研究发现了就业与公交系统布局的错位关系,只有19%的就业岗位坐落在墨尔本市中心区,但65%的公交通勤者是到中心区上班,78%是到中心区的内圈层。这反映了城市中心放射状的铁路和有轨电车网络,尽管外圈层拥有31%的就业岗位,但不到6%的公交通勤者是到外圈层上班的。

研究也发现了不同圈层出行方式变化的趋势,包括内圈层公交比例下降、步行比例上升,中圈层小汽车向公交车的转移,以及外圈层小汽车比例的上升等(图17-11,图17-12,表17-5)。

图17-11 按统计区域的2006年墨尔本公共交通通勤比例

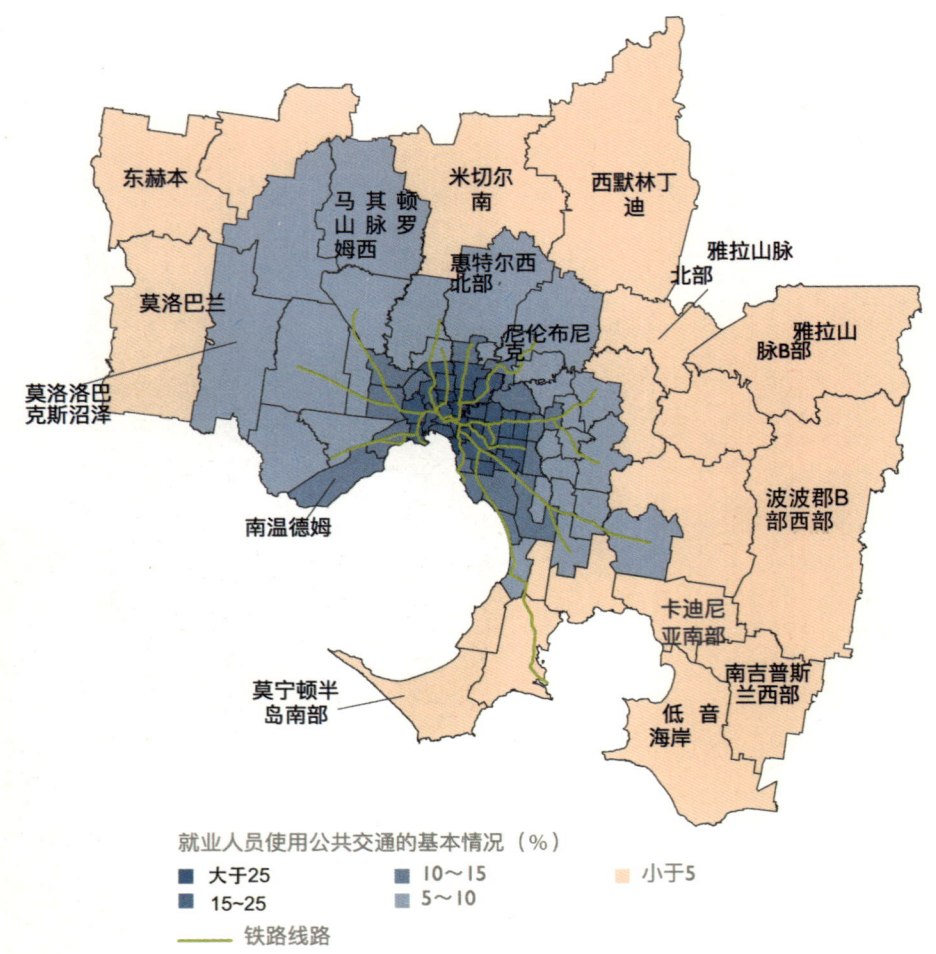

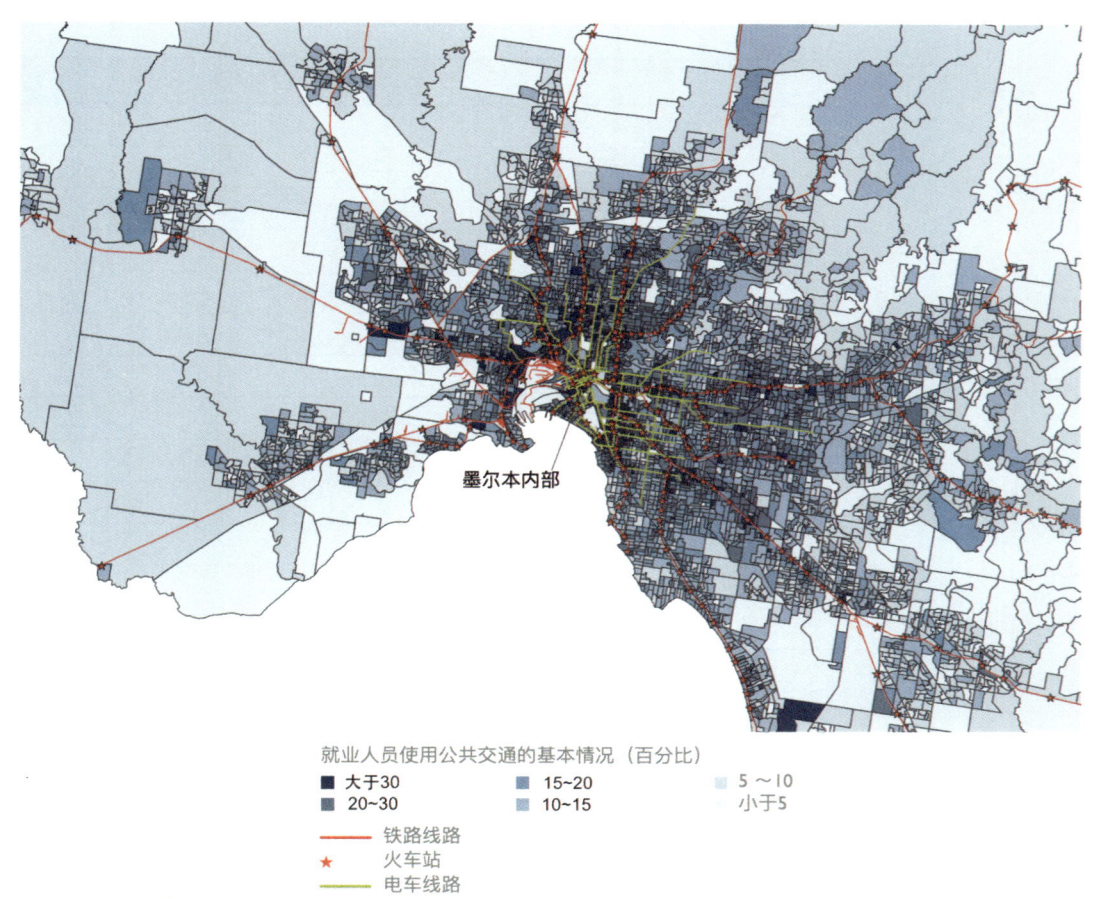

图17-12 按普查小区统计的2006年墨尔本和周边地区居民公共交通出行比例

VISTA07主要数据一览表 表17-5

	墨尔本	大吉朗	区域	合计
人口				
人数（千人）	3,593	197	305	4,095
家庭（千户）	1,279	76	116	1,471
户均人口数	2.8	2.6	2.6	2.8
出行量和出行次数				
出行量,工作日（千）	11,609	703	1,042	13,354
出行量,周末（千）	10,125	529	859	11,513
工作日的平均出行次数	3.2	3.6	3.4	3.3
出行距离（工作日）				
总的出行距离（千公里）	117,999	7,398	11,391	136,788
人均出行距离（km）	33	38	37	33
平均出行距离（km）	10.2	10.5	10.9	10.2
机动车				
私家车保有量（千辆）	2,132	130	202	2,463
车辆运行费用占出行成本比例	8.9	8.0	8.2	8.8

第17章 墨尔本

续表

	墨尔本	大吉朗	区域	合计
户均保有量	1.5	1.5	1.5	1.5
日均车公里（千公里）	69,179	4,201	6,745	80,125
工作日平均载客数	1.3	1.4	1.4	1.3
休息日平均载客数	1.8	1.7	1.9	1.8
出行目的（占总出行次数比例%）				
社会/娱乐	23.5	25.6	22.5	23.6
服务	16.9	17.0	17.2	16.9
购物	20.1	20.9	20.5	20.2
工作相关	21.5	18.4	20.2	21.3
就学	6.8	5.1	6.7	6.7
公务	7.8	9.4	9.0	8.0
其他目的	3.3	3.6	4.1	3.3
出行方式（占总出行次数比例%）				
私家车	52.7	58.1	58.2	53.4
搭乘小汽车	24.4	25.7	27.1	24.7
步行	12.5	10.6	9.4	12.2
自行车	1.7	1.8	1.8	1.7
火车	4.3	1.0	0.6	3.9
有轨电车	1.7	0.1	0.0	1.5
公共汽车	1.7	2.1	2.0	1.8
其他	0.8	0.6	0.9	0.8
出行目的（占总出行距离比例%）				
社会/娱乐	25.7	29.7	27.0	26.1
服务	12.0	13.5	12.6	12.1
购物	12.1	11.8	14.4	12.3
工作相关	32.3	28.7	24.5	31.4
就学	5.2	3.4	5.6	5.1
公务	8.3	8.5	10.1	8.5
其他目的	4.4	4.5	5.7	4.5
出行方式（占总出行距离比例%）				
私家车	59.3	59.8	57.6	59.2
搭乘小汽车	26.1	28.3	31.4	26.7
步行	2.1	1.2	1.0	1.9
自行车	0.8	0.9	0.6	0.8
火车	7.3	6.2	5.5	7.1
有轨电车	0.9	0.1	0.0	0.8
公共汽车	2.4	2.9	3.1	2.5
其他	1.1	0.6	0.7	1.0

17.5 主要结论

（1）墨尔本是一个大分散、小集聚的城市，私人小汽车占居民出行比例在70%以上，公交出行比例仅占10%左右。

（2）墨尔本的公交系统主要由城郊铁路、有轨电车、公共汽车三部分组成，三部分分别承担都市区、中心区以及辅助服务的功能。

（3）墨尔本公交分担率指标主要有按出行次数、按出行距离两种统计方法，在中微观层面，墨尔本对人口、岗位与公交分担率的交互关系进行了有针对性的分析。

第18章 马德里

18.1 城市概况

18.1.1 社会经济

马德里是西班牙首都及最大都市，也是马德里自治区首府，其位置处于西班牙国土中部，曼萨纳雷斯河贯穿其中（图18-1）。

2011年，马德里市区面积为604.3km²，人口约340万；都会区5336km²，人口约627.1万，均占西班牙首位。马德里都会区是排欧盟第3，世界第53。马德里人口密度向外逐渐降低，与国内城市的人口分布特征颇为相似（图18-2，表18-1）。

图18-1 马德里区位（a）马德里在西班牙的位置（b）马德里市区

马德里人口分布　　　　　　　　表18-1

名称	常住人口/万人		面积/km²	人口密度/人/km²
年份	2001	2010	2010	2010
主城	293.9	327.3	606.4	5397.4
内环	218.3	237.0	2280.0	1039.5
外环	30.2	81.5	5141.0	158.5
总计	542.3	645.9	8026.0	804.8

图18-2 马德里区域划分

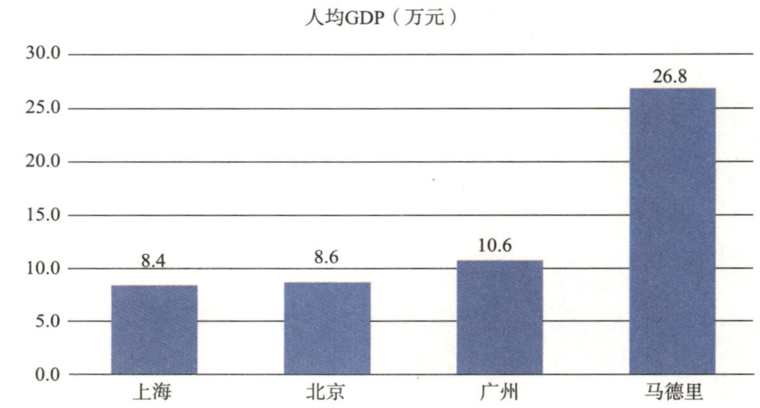

图18-3 人均GDP比较

2011年，马德里自治区GDP产值达2834亿美元，占西班牙总GDP的17.77%，人均GDP为4.39万美元。欧盟第三，仅次于巴黎、伦敦。马德里是西班牙的金融中心，也是欧洲最重要的金融中心之一，另外，其政治、体育、娱乐、环境、多媒体、时装、自然科学、文化和艺术对欧洲影响深远（图18-3）。

对比马德里与我国一线城市人均GDP，作为欧洲最发达的城市之一的马德里远高于国内一线城市，是广州的2.5倍。

18.1.2 交通结构

在马德里，私家车并不是居民出行的首选，在出行距离相对较短的主城区，步行是一种很时尚的交通方式，在主城区的步行比例高于机动车7个百分点；同时，在主城区，公交承担最重要的角色（图18-4）。

高峰时段公交分担率低于全天，公共交通对非通勤出行的重要性也很显著（图18-5）。

从2006～2009年，都会区的机动化公交分担率有所下降，主城区的机动化公交分担率达到56%，与广州市区的60%相当（图18-6）。

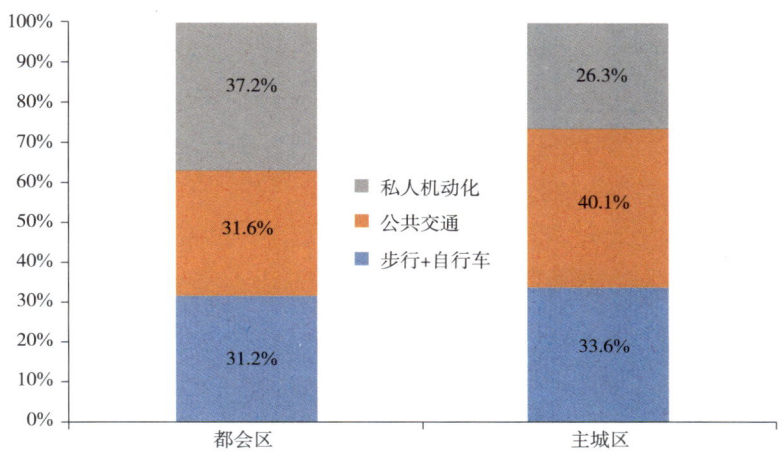

图18-4 全方式交通结构（2009年）

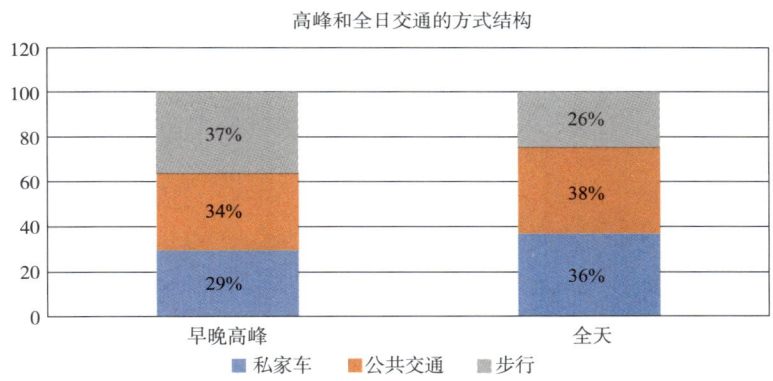

图18-5 都会区交通结构（2006年）

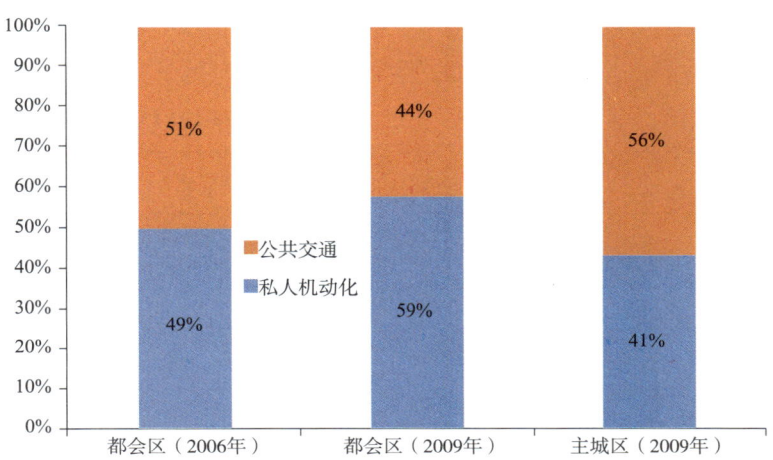

图18-6 机动化交通结构

18.2 公交系统总体概况

18.2.1 公交系统构成

马德里的公共交通的管理机构是马德里公共交通管理局（Consorcio Regional de Transportes de Madrid，简称CRTM），成立于1986，整合协调服务、网络以及票价等方面与公交相关的公有和私有机构，为乘客提供大容量高品质的公交服务。在交通管理联合机构下，国家政府、马德里自治区政府、市政府以及公有和私有企业紧密合作。

马德里的公交系统由6部分构成，分别是市郊铁路、地铁、轻轨、城市常规公交、其他自治区常规公交、市郊常规公交。其中，市郊铁路、地铁和轻轨统称为轨道交通。马德里公交体系如图18-7所示。

图18-7 马德里公交体系（市郊铁路、地铁、轻轨、城市常规公交、其他自治区常规公交、市郊常规公交、专营铁路）

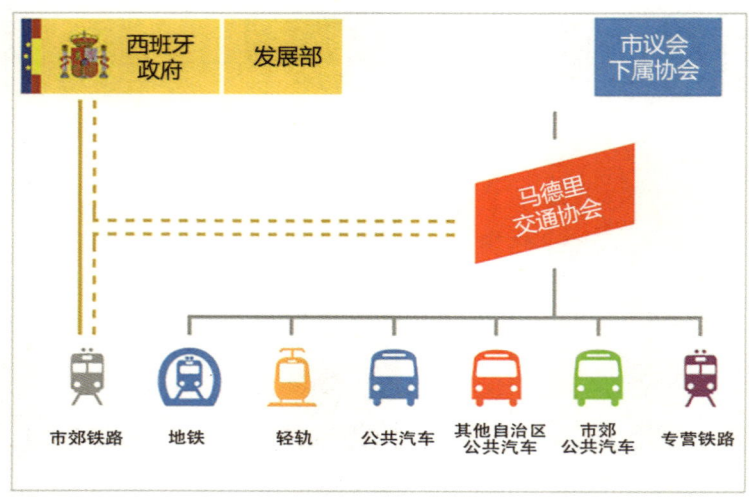

18.2.2 客运需求概况

2011年，马德里公共交通系统客运量14.957亿人次，较上年增加0.87%。相当于人均公交年出行次数230.5次。从2007~2011年，客运量小幅下降（表18-2，图18-8）。

马德里2007~2011年公交需求变化　　　表18-2

年份	需求变化（百万）						
	地铁	城市常规公交	其他自治区常规公交	市郊常规公交	轻轨	市郊铁路	合计
2007/07/06	690.9 4.6%	458.8 -5.6%	47.0 2.6%	223.2 -1.6%	5.5	201.2 -1.5%	1626.6 0.5%
2008/08/07	688.5 -0.3%	429.1 -6.5%	46,8 -0.4%	217,8 -2.4%	14.8 170.4%	197.4 -1.9%	1594.4 -2.0%

续表

年份	需求变化（百万）						
	地铁	城市常规公交	其他自治区常规公交	市郊常规公交	轻轨	市郊铁路	合计
2009/09/08	652.9 -5.2%	429.7 0.2%	44.0 -5.9%	197.9 -9.2%	16.5 11.4%	184.0 -6.8%	1525.1 -4.4%
2010/10/09	630.0 -3.5%	426.1 -0.8%	43.6 -0.9%	189.5 -4.2%	17.3 4.4%	181.6 -1.3%	1488.1 -2.4%
2011/11/10	637.6 1.21%	429.3 0.75%	44.3 1.63%	185.1 -0.41%	17.4 0.86%	182.0 0.25%	1495.7 0.87%

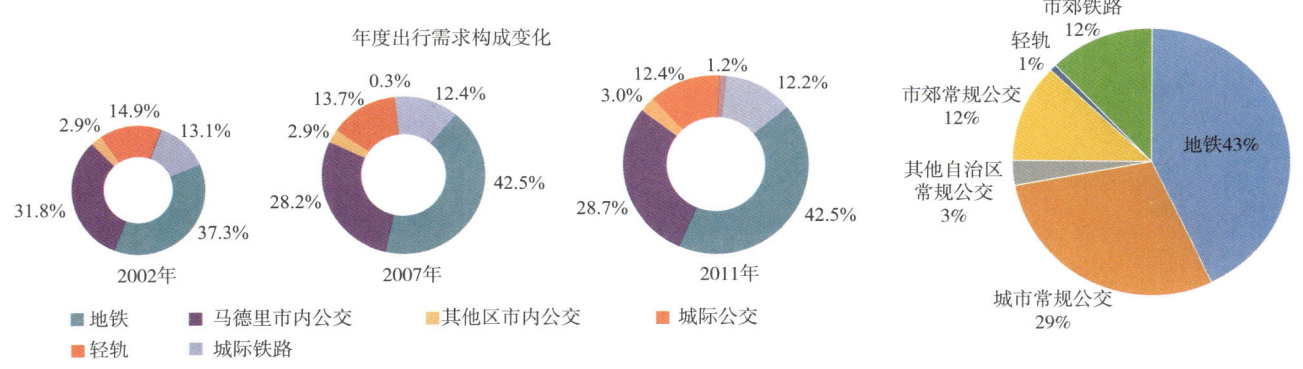

图18-8 公交方式占公交系统分担比　　　　　　　　　　图18-9 各公交子方式结构

轨道交通（地铁+轻轨+市郊铁路）占公交客运的56%，在公共客运中发挥骨干作用。常规公交是仅次于地铁的交通方式，占用较大的比重（表18-3，图18-9）。

2013年各公交方式日均客运量（万人次）　　　　　　表18-3

地铁	城市常规公交	其他自治区常规公交	市郊常规公交	轻轨	市郊铁路
174.7	117.6	12.1	50.7	4.8	49.9

18.3 公交系统子方式

18.3.1 轨道交通

（1）地铁

截至2012年1月1日，地铁系统运营线路包括12条主线和1条接驳支线，总长度287.01km，238个站，其中94个换乘站。有22个站与市郊铁路接驳。在多个站点与常规公交无缝换乘。与机场（Madrid Barajas Airport）和主要铁路站点（tocha-RENFE and Chamarti）相连（图18-10）。

图18-10 地铁站

2011年底，马德里地铁配置机车车辆2303辆，较上年同比下降2.8%，完成周转量比2010年增加2.5%。

工作日高峰小时发车311次，平均发车间隔为4.14min，轨道2、4和10号线的间隔低于3min。全网平均运行速度为30km/h（图18-11）。

图18-11 马德里地铁运营图（含轻轨）

（2）轻轨/有轨电车

马德里的轻轨网络由4条线路，2007年开始运营，共35.4km，设52座车站，4条线路分别如下：

1）ML1：帕那尔德里奥省德马汀—拉斯塔布拉斯（Pinar de Chamartín-Las Tablas）；

2）ML2：科洛尼亚省查顿—阿拉瓦卡车站（Colonia Jardín-Estación de Aravaca）；

3）ML3：科洛尼亚省查顿—博阿迪利亚之门（Colonia Jardín-Puerta de Boadilla）；

4）ML4：帕拉（环线）（ranvía de Parla（Línea Circular）。

轻轨系统特许三家公司经营：马德里轻轨公司经营ML1；西部轻轨公司经营ML2和ML3；帕拉缆车公司经营ML4（图18-12）。

轻轨系统与地铁不同，其大部分路段铺设在地面上，只有9个站是地下。所以，轻轨系统与城市较好融合在一起，体现轻轨与其他公共设施合理共存。

轻轨ML1，ML2和ML3与地铁相连，ML2和ML4与市郊铁路相连，ML2和ML3在科洛尼亚JARDIN站换乘。ML4是环线，设车站19座。ML2和ML3共设57个站。

2011年，轻轨配车44列，都是不可分割的低地板车辆。完成总载客量1740万。总体而言，客流呈上升趋势，年增0.85%，各运营商经营线路存在差异，ML4的增幅最大，达到3.65%。

（3）市郊铁路

截至2011年12月31日，市郊铁路10条，100个站，399km，2011年客运量1.82亿人次，占公交总量的12.2%。

（4）指标分析

地铁和轻轨统称城市轨道。都会区的万人轨道里程高于市区，表明虽然郊区的轨道密度小，但郊区人口密度更小。市郊铁路在都会区的客运上发挥了重要作用，在都会区内，万人轨道长度达到1.15km。市区轨道线网密度达到每平方公里0.53km，高于都会区的

图18-12 轻轨站示意

0.07km。郊区的面积大，人口密度下降，交通需求随之下降，与市区和都会区的轨道密度对比趋势基本一致（图18-13～图18-15）。

地铁的符合强度最高，是轻轨的3.5倍，是市郊铁路的1.6倍。地铁布设在客流需求大的核心区，负荷强度大于轻轨和市郊铁路（图18-16）。

图18-13 轨道里程

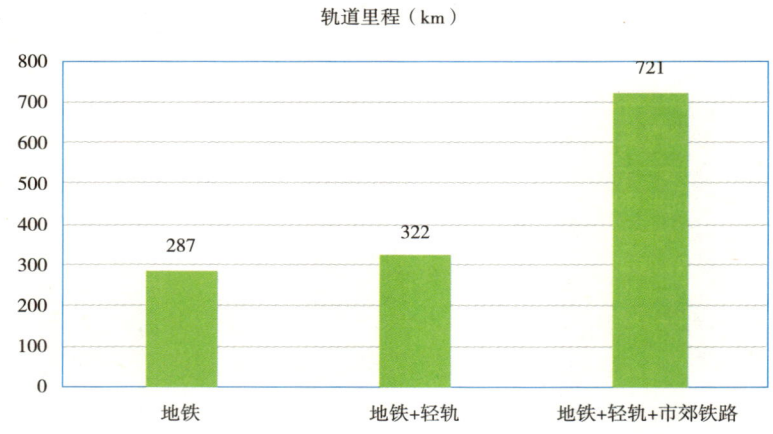

图18-14 人均轨道里程

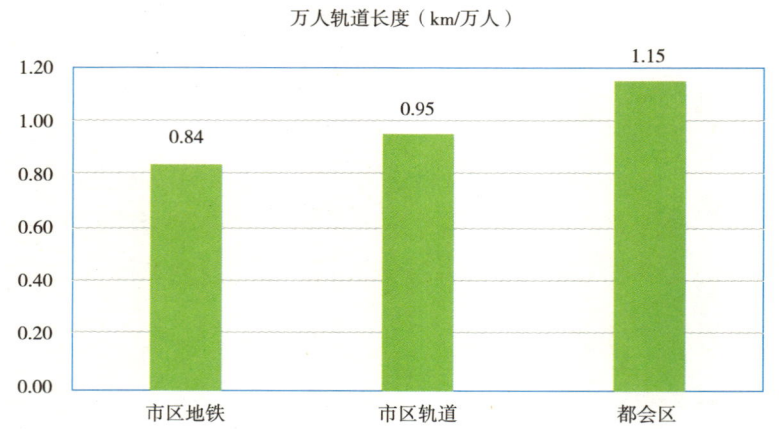

图18-15 轨道线路指标

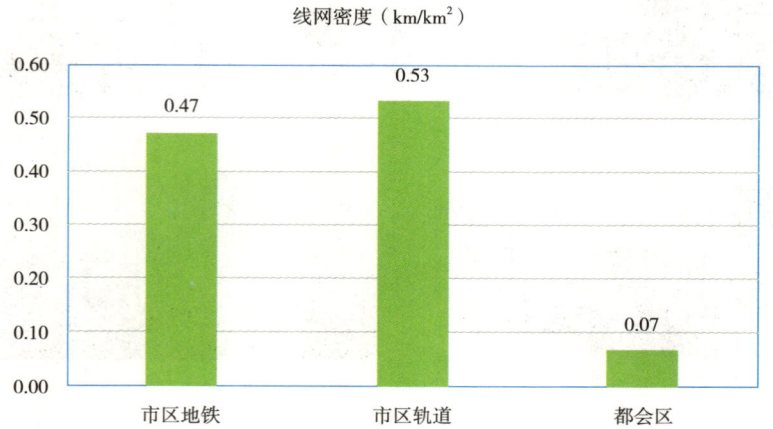

图18-16 轨道高峰断面负荷强度

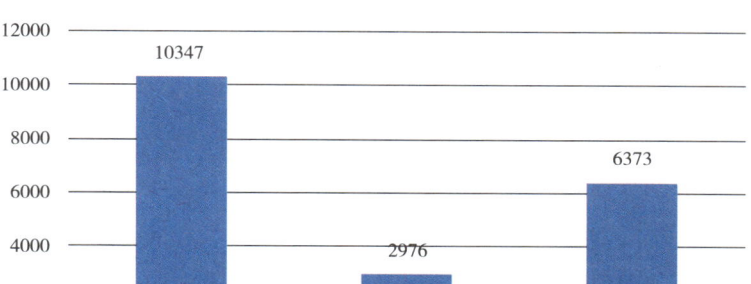

18.3.2 城市常规公交（EMT）

截至2012年1月1日，有线路215条，除了机场快线，均采用统一票价，如：单程票、10次票以及交通卡。白天线路177条，夜班线路38条。配车2095辆，车平均使用年限6.04年，其中651辆压缩天然气车辆（图18-17）。

图18-17 公共汽车示意

运行车速（轨道、常规公交）

2011年，轨道全网平均运行速度为30km/h，城市公交平均运行速度为13.43km/h。

评价常规公交采用指标

马德里交通管理局统计的公交绩效（表18-4）指标包括四个：运营总里程、运营总时长、发车班次和运行速度，2001～2011年的变化如图18-18所示。

马德里公交服务参数　　　　　表18-4

公交服务参数				
年份	Bus-Km in service（in millions）车辆运营车公里（百万km）	Vehicle/hours（in millions）车辆运营时长（百万h）	Bus Trips（in millions）发车班次（百万次）	Commercial speed（km/h）运行速度（km/h）
2001	95.91	6.75	12.12	14.21
2002	96.15	6.86	12.03	14.02

续表

年份	公交服务参数			
	Bus-Km in service (in millions) 车辆运营车公里（百万km）	Vehicle/hours (in millions) 车辆运营时长（百万h）	Bus Trips (in millions) 发车班次（百万次）	Commercial speed (km/h) 运行速度（km/h）
2003	96.74	6.88	12.01	14.06
2004	96.78	6.94	11.99	13.95
2005	97.53	6.99	12.06	13.94
2006	99.93	7.23	12.29	13.83
2007	97.10	7.07	11.71	13.71
2008	95.54	7.00	11.54	13.65
2009	100.41	7.38	12.02	13.60
2010	100.00	7.40	12.00	13.50
2011	95.45	7.11	11.29	13.43

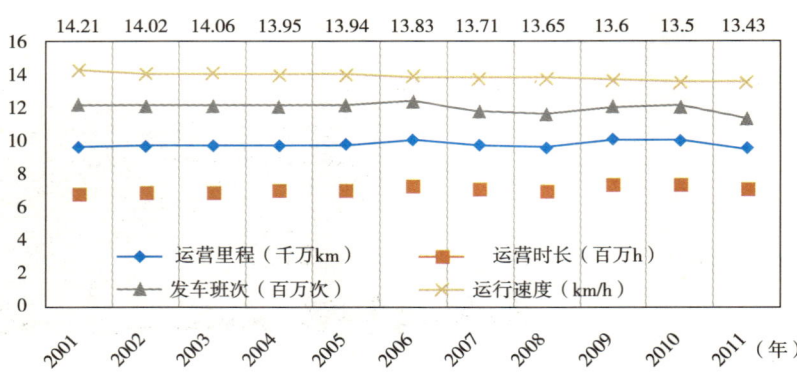

图18-18 2001～2011年市区常规公交绩效指标

运营里程、发车班次、运营时长均是稳中有升，但是运行车速是稳中有降，从2001年的14.21km/h下降到2011年的13.43km/h。

18.3.3 市郊公交

截至2011年12月1日，市郊公交350条，其中，10条为夜班线，对马德里全覆盖，配车1777辆。

马德里市郊公交线路数和发车班次（2011年）　　表18-5

市郊公交（按通道分）			
通道	线路数	发车趟次	
		高峰小时	全天
马德里-阿尔科文达斯-圣塞巴斯蒂安德洛斯雷耶斯（A-1）	32	94	1909

续表

市郊公交（按通道分）			
通道	线路数	发车趟次	
		高峰小时	全天
马德里–圣费尔南多–托雷洪–阿尔卡接（A-2）	17	85	1530
马德里–柯斯达拉–圣费尔南多（M-201）	5	19	530
马德里–梅霍拉达–里瓦斯瓦斯亚马德里–阿尔甘达（A-3）	20	64	1335
马德里–平托–巴乐德莫罗–阿兰胡埃斯（A-4）	15	43	988
马德里–赫塔菲–帕拉（A-42）	15	52	1469
马德里–莱格耐斯–丰拉弗拉大（M-425 y M-411）	14	53	1650
马德里–莱格耐斯–阿尔科孔–摩斯托莱斯（A-5）	25	110	2974
马德里–颇佐里–博阿迪利亚（M-502 y M-511）	12	42	899
马德里–波苏埃洛–马哈恩达–拉斯罗萨斯（A-6）	56	197	4292
马德里–特雷斯看坎托斯–科梅纳尔维耶霍（M-607）	13	35	880
走廊其余部分和相交的线路	126	232	5442
马德里自治区全区	350	1026	23898

配车数量：

1）轨道配车。2011年底，马德里地铁配置机车车辆2303辆，轻轨配车44列，都是不可分割的低地板车辆。统一口径便于比较，将地铁和轻轨车辆转化成公交标准车，换算系数取值3.5和2.5。

2）公交配车。2011年底，市区常规公交配车2095辆，市郊公交配车1777辆，对马德里全覆盖。（表18-5）

市区的人均公交配车数高于都会区整体指标，如果算上市郊铁路配车，差距会进一步缩小（图18-19，图18-20）。

城市常规公交的单车日均运量最高，其次是轻轨、市郊常规公交，最后才是地铁。马德里地铁日均运量和高峰小时符合强度较大，每车单日运量相对较低，表明马德里地铁拥挤度低，服务水平高。

图18-19 广义公交万人拥有量
注：都会区中没有市郊铁路配车数据

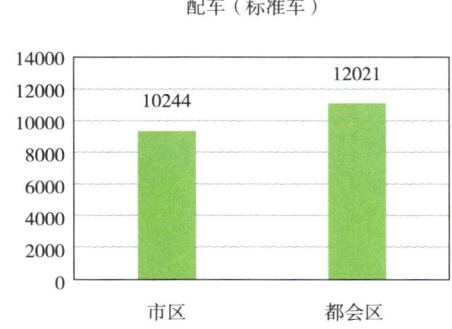
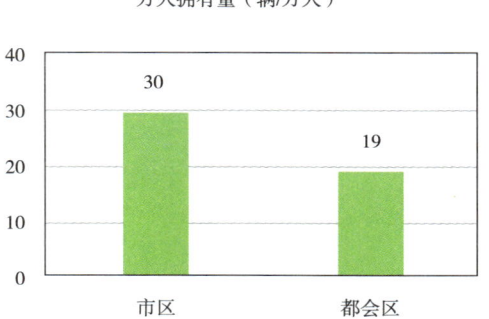

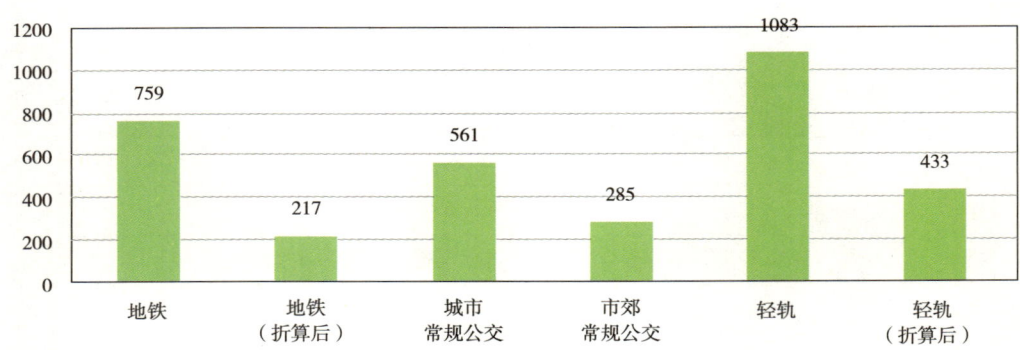

图18-20 单车运量（标准车）

18.4 小结

18.4.1 未来的挑战

1）有限的财政预算下，交通供给如何满足交通需求？
2）在不新增基础设施条件下，如何提升出行便捷程度？
3）如何将公共交通部门转型为提升出行流动性的机构？
4）推进车票的多元化，引进先进技术，安装无接触式的公交卡和NFC收费设备；
5）构建能够整合CRTM旗下所有公交运营和设施的新型公交控制中心；
6）掌上实时信息系统；
7）推进城际间的公交发展；
8）增强交通发展的可持续性；
9）审议新的土地发展规划。

18.4.2 公交系统

1）步行是一种时尚，虽然机动化比例高，但在市区步行是一种普遍推崇的出行方式；
2）公交系统并不包含出租汽车；
3）公交线网密度大，相当于白云区的面积就有300km的轨道；
4）公共交通服务水平高，公交和地铁拥挤度低；
5）轨道占城市公共客运的主力，占56%；
6）常规公交发挥重要作用，占44%。

第19章 孟买

19.1 概况

孟买市是印度第一大城市，马哈拉施特拉邦首府，面临阿拉伯海，拥有全国最大海港，是印度最大的金融和运输枢纽中心，印度西部的铁路、航空枢纽、国家邮政总局等都坐落在此（图19-1）。

图19-1 孟买区位及其标志建筑"印度门"

19.1.1 人口与面积

孟买经过多年的发展，地域面积和行政范围都有较大变化，形成了孟买市区、大孟买、孟买市、孟买都会区等多个概念，在此进行区分，便于后续研究。

1）孟买市区（Mumbai City district）（图19-2），又称岛城，南孟买或老孟买。面积67.8km²，2011年人口314.6万人，2001~2011年平均人口增长率为-5.7%。

2）孟买郊区（Mumbai Suburban district）（图19-3），行政独立于市区。面积369km²，2011年人口933.2万人，2001~2011年平均人口增长率为8.01%。

3）大孟买自治区（Municipal Corporation of Greater Mumbai，简称MCGM）（图19-4），也称Brihanmumbai Municipal Corporation（BCM），包含孟买市区、郊区。面积437.7 km²，2011年人口为1247.9万人。

4）孟买市

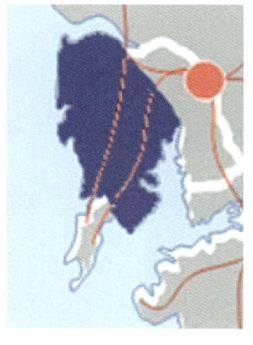

图19-2 孟买市区范围　　图19-3 孟买郊区范围　　图19-4 大孟买自治区范围

（Mumbai Urban Agglomeration，简称Mumbai UA）（图19-5），包含MCGM（孟买市区、郊区）和部分其他郊区。面积603km²，2011年人口1841.4万人（表19-1）。

孟买市包括的城市及人口　　　　　　　　　　　表19-1

城市	人口（人）
孟买（市政公司）	12478447
塞恩（市政公司）	1818872
卡里安和当比瓦力（市政公司）	1246381
新孟买（市政公司）	1119477
米拉和海音德（市政公司）	814655
乌拉斯那格尔（市政公司）	506937
安保纳斯（市政委员会）	254003
巴德拉普（市政委员会）	175516

5）孟买都会区（Mumbai Metropolitan Region，简称MMR），随着经济发展，孟买都会区范围不断扩大，发展至今范围包含孟买市及Navi Mumbai、Thane、Vasai-Virar、Bhiwandi和Panvel等相邻部分郊区。面积4350km²，2011年人口2074.8万人（图19-6）。

图19-5 孟买市范围　　　　　图19-6 孟买都会区范围

目前，包含邻近郊区的孟买都会区MMR是排名世界第四位的大都会区，预计到2031年，人口增长到3100万人，成为世界人口最大的城市都会区。

19.1.2 社会经济发展

孟买为印度经济做出巨大贡献，素有印度"商业首都"和"金融首都"之称，许多印度金融机构将总部设在孟买南区，包括孟买证券交易所、印度储备银行、印度国家证券交易所、印度政府造币厂等，印度人常称其地位相当于上海在中国的重要程度。孟买也是印度面向世界的门户,许多外国银行和金融机构在这个区域设立分支机构。孟买经济发展迅猛,且雄心勃勃,MMR规划定下了在2031年赶超东京成为世界上最大城市群的宏伟目标(图19-7,图19-8)。

图19-7 孟买海滨大道

图19-8 孟买CST车站(原维多利亚车站)

(1)经济增长迅速

孟买处于快速城市化进程中,2011年,MMR的GDP为2090亿美元,在2008年,已占到印度GDP的6.16%。孟买经济产业在20世纪80年代前以纺织业和港口为主,后逐渐发展到包括工程、金融、信息技术、出口、娱乐业、服务业和业务流程外包等多样化产业繁荣发展。孟买贡献了全印度11%的工人岗位,征收所得税的40%,征收关税的60%,中央征收特许权税的20%,印度对外贸易的40%,和400亿印度卢比(90亿美元)的社团税。

孟买作为邦首府的身份意味着邦和联邦政府的雇员在该市的劳动力中占很大比重。孟买还拥有大批不熟练和半熟练的劳动人口,基本上只能依靠充当叫卖小贩、出租汽车司机、技工或其他蓝领职业谋生。港口和航运业直接或间接地雇用了大批居民。

(2)基础设施薄弱

孟买经济发展虽取得了卓越成绩,但同印度大多数城市一样面临着基础设施薄弱、增速缓慢,远远跟不上经济发展速度的严峻考验。道路交通拥堵,铁路运能短缺,住房配套落后、卫生的生活用水至今仍是居民生活主要问题。基础设施落后已成为制约孟买进一步发展的关键因素(图19-9)。

图19-9 机动车猛涨,人口密集

(3)贫富差距巨大

孟买社会贫富差距巨大，是印度乃至世界贫民窟最集中的地方。根据世界银行最新（2011年）数据，超过50%的人口居住在贫民窟里。约54%城市居民住在棚屋，25%～30%住在分间出租的宿舍和路边，仅只有10%～15%的居民能够住在公寓、平房或高楼等建筑里。巨大的贫富差距对孟买社会多方面影响深刻，交通也不例外。孟买市区较为发达，房价居高，富人集聚于此（2001～2011年平均人口增长率为-5.7%），穷人在外围郊区不断集聚（2001～2011年平均人口增长率为8.01%），对交通出行特征、交通系统结构都有深远影响（图19-10、图19-11）。

图19-10 高楼和大片的棚户比邻而立

图19-11 贫民窟的千人洗衣场

19.1.3 孟买交通规划回顾

孟买处于快速城市化、机动化的进程中，但与中国呈现不同的发展特征：私人机动化水平整体较低，机动化公交分担率高，但公交服务水平偏低。为了更好地了解孟买公交系统发展的特征和成因，对孟买交通规划进行简要梳理。

为适应城市扩张、改善出行环境，孟买市做了多轮的交通规划来支持和引导城市交通的发展，主要如下：

1）1962年，美国施伟拔公司（Wilbur Smith Associates）开展了孟买交通研究，主要为孟买自治区MCGM范围开展道路交通规划做了准备。

2）1983年，CRRI（Central Road Research Institute）在当时孟买都市区（小于现在MMR）范围内开展了广泛的居民调查和其他调查，进行了综合交通规划（CTS）研究，为该区域主干道路网规划打下基础。

3）1992年，英国阿特金斯公司（WS Atkins）也开展了综合交通规划的研究，研究建议加强市郊铁路系统，此外给出了高速公路走廊等。在CRRI 1978年的居民调查数据基础上，将数据补充更新至1992，并建议每10年更新一次调查数据。

4）2000年，MUTP-1（the first Mumbai Urban Transport Project）：为了缓解孟买生命线——市郊铁路极度拥挤的状况，马哈拉施特拉邦政府（the Government of Maharashtra state（GOM））和印度铁路公司[Indian Railways（IR）]联合实施了孟买城市交通计划一期（MUTP-1），升级车辆技术，增加火车数量等。该计划主要在世行的帮助下从2002年开始实施，现在仍在进行中。截至2010年3月，88辆12节编组的电动车组投入使用，但对于迅猛增长的交通需求，也只是杯水车薪。

5）2008年，孟买综合交通规划（TRANSportation Study FOR the region of Mumbai，简称TranSforM），是首次针对MMR地区开展的全面、系统的综合交通调查，已成为了该地区交通长期发展的纲领性文件。TranSforM继1983首次居民调查，在MMR范围内开展居民调查，摸清现状问题，在MUTP-1等规划基础上提出了MMR地区交通发展长远（2013年）的战略目标——将孟买打造成的经济充满活力，生活品质优越的世界级大都市，并重点制定地铁、市郊铁路和高速公路系统远期规划的建设计划。

①值得注意的是，TranSforM认为市郊铁路在孟买都会区交发展中占据地位重要，是交通系统中应优先发展的主要角色，相应地TranSforM计划投资约70亿美元（至2031年）大力建设市郊铁路，这是继地铁建设投资后第二大投资资金。

②在管理机制上创新，成立了MMR地区统一的城市交通管理机构：UMMTA（Unified Mumbai Metropolitan Transport Authority），管理MMR整个区域，提供行政管理和技术支持，确保TranSforM的实施。

6）2010年，MUTP-2（the first Mumbai Urban Transport Project）：世行继续投资的孟买城市交通计划二期，目的是继续推进市郊铁路的发展，也更好支持TranSforM长远战略目标的实现。希望通过6个月的资金投资和能力建设，提高市郊铁路的旅客运送能力、运作效率和服务水平，帮助孟买地方政府和印度铁路公司开发一种良好合作模式，以此实现来创建适用于中等收入地区的更高效的市郊铁路系统的目标。

对上述规划进行小结，可以看出：

①孟买交通系统发展内容从道路交通逐渐向轨道交通发展，这里轨道交通主要指市郊铁路。多轮规划的推动使得孟买市郊铁路得到比其他交通系统更为充分的发展，并且这种发展的优先性仍在持续，并在未来一定时间内继续发挥作用。

②整体而言，与经济发展水平相比，孟买交通发展水平较为落后，交通系统承载力远不能满足交通需求的增长。

③多轮规划中2008年的孟买市综合交通规划TranSforM具有深远影响。首先，它是现今有关孟买交通现状最全面、系统的研究；而且，它是孟买现状及未来交通发展的纲领性文件。孟买近年基本遵循该规划进行交通系统的建设和管理。TranSforM对了解孟买交通，公共交通系统特征提供宝贵资料。

19.2 公交系统

19.2.1 公交系统构成

孟买公共交通系统主要由5部分组成，分别是市郊铁路、常规公交、出租汽车、三轮车（嘟嘟车）和轮渡。

1）市郊铁路是以服务外围郊区的通勤铁路主线构成的专有郊区铁路快速公交系统。

2）常规公交服务整个大都会区。

图19-12 孟买公共交通系统

3)出租汽车和三轮车都具有出租汽车的属性,出租汽车主要服务于市中心区,三轮车服务于中心区以外的大都会区范围。

4)孟买拥有印度最好的天然港口,目前轮渡一共四条线,运量占全国航运客流量的50%,从轮渡码头可以搭载便宜的轮渡前往该地区的岛屿和海滩。在公共交通方面,轮渡也承担了部分交通,但较少有单独统计与此相关的数据。在考虑交通结构时,轮渡通常不考虑进去。

5)此外,孟买地铁系统正在建设中,17.5km20站,2013年5月份试运营,计划于2013年底开通运营(图19-12)。

19.2.2 市郊铁路

孟买市郊铁路始建于1853年3月,是亚洲历史最悠久的铁路。孟买市郊铁路主要由两家公司运营:西部铁路公司WR和中部铁路公司CR。西部铁路公司在城市西部运营,而中央铁路公司覆盖大都会区中部和东北部。WR和CR运营的孟买铁路系统由3个南北向贯穿全市的单独的网络组成,按照人口的地理分布与商业区的位置修建,构成孟买大运量运输的主要模式。

(1)规模和运量

孟买通过印度铁路与印度大部分地区有便捷的联系。2012年,市郊铁路系统共有6条线,总长465km,设站136个(其中西部线36个、中部线62个、海港线38个)。

西部铁路公司WR,总部靠近教堂门,运营从教堂门来往达哈努之间100多公里的西部线。

1)西部线(Western):来往教堂门和达哈努路之间市郊铁路,每天运行1106次,运送旅客320万人,相当于孟买郊区铁路日客运量的43%(图19-13,图19-14)。

中部铁路公司CR,总部位于贾特拉帕蒂·希瓦吉终点站孟买贾特拉帕蒂·希瓦吉终点

图19-13 教堂门车站

图19-14 孟买CST车站

站（CST）（前维多利亚终点站，印度最繁忙的火车站之一），运营中部线和海港线。

2）中部线（Central）：主线从孟买CST沿东北向至卡尔延，长55km，在卡尔延分成两条支线，去往东北方向的卡萨拉长度为67km，去往东南方向Khopoli长度为61km，合计183km。每天运行22小时，运行1573车次。

3）海港线（Harbour）：是中央铁路公司的一条郊区线路，长54 km，沿着该市的东南部，靠近船坞，并延伸到新孟买。

2013年，日均运量758.5万人次，其中，中部线和海港线运量达到403万人次，西部线达到355.5万人次（图19-15）。

（2）特点分析

图19-15 孟买市郊铁路及轨道交通线网图

1）技术指标

印度市郊铁路的运行速度较低。统计资料显示，大多数通勤列车的最高速度为80km/h，少数几趟西门子快线列车速度达到了100km/h。

孟买市郊铁路采用三种编组形式，9节、12节和15节。较多为9~12节车厢构成，分别为3动6拖或4动8拖，每节车厢定员96人，但在高峰期人数可以达到2~3倍的定员数量。

2）运营组织

孟买市郊铁路分为慢线和快线，慢线是专为市郊通勤服务的，快线为城市铁路、区域铁路和干线铁路共同使用，只运行速度较快的列车。为了满足高峰期人们出行需要，发车间隔为1.5 min。孟买市郊铁路通常非常拥挤，这种"小编组、高密度、大运量"的公交化运输组织，使市郊铁路充分发挥出其应有的作用，为人们提供了方便快捷的服务，满足了居民通勤的需求。

3）服务水平

孟买郊区铁路以其利用程度与乘客密度特别之高而著称。极度的交通拥挤使得市郊铁路交通安全状况令人担忧（表19-2，图19-16）。

MMR地区市郊铁路交通事故统计（起）　　　　　表19-2

	2002年	2003年	2005年	2006年	2007年	2008年
意外死亡						
横跨铁路线	1971	2517	2479	2561	2603	2448
从火车上掉落	603	453	494	606	647	615
其他情况*	142	85	705	862	747	719
意外死亡总人数	2885	3055	3678	4029	3997	3782
受伤						
横跨铁路线	1147	856	810	1040	1048	916
从火车上掉落	1454	1420	1639	1898	2033	1854
其他情况*	144	657	1064	1195	1226	1260
受伤总人数	2745	2933	3513	4133	4307	4030
死伤总人数	5760	6227	7191	8162	8304	7812

图19-16 拥挤的孟买市郊铁路

19.2.3 常规公交

孟买MMR范围内常规公交主要由多家公司运营，主要为BEST、NMMT、TMT、KDMT、MBMCTU等。BEST、NMMT、TMT是最主要的三家（表19-2，表19-3）。

MMR范围内主要公交运营公司的统计数据（2003年） 表19-3

TU	乘客-千米（百万）	公交-千米（百万）	拥有公交数量	员工数量	输送乘客数量（百万）	平均载运容量	占用率或负荷系数	运营线路数量
BEST	10,187	237.7	3,380	35,276	1560.9	75.0	57.2	334
TMT	914	19.64	264	2,555	96.2	58.2	80.0	43
MSRTC	7,933	204.2	1,950		294.4	251.6		
赖加德	2,128	65.9	660		95.0	64.1		
塔娜	3,384	64.3	585		97.2	63.6		
帕尔加尔	1,153	38.3	428		68.1	63.4		
孟买	1,268	35.7	277		34.1	60.5		

BEST（Brihanmumbai Electric Supply and Transport）是孟买最大的公交运营公司，线路几乎覆盖整个大孟买自治区MCGM及新孟买和塔那的一部分。BEST车队由单层公共汽车、双层公共汽车和空调车组成，2006年车队规模达3391辆，经营路线334条以上。（表19-4）

另外两家分别是新孟买市交通公司（Navi Mumbai Municipal Transport，简称NMMT）和塔那市交通公司（Thane Municipal Transport，简称TMT）。NMMT运营新孟买市到班德拉、达德尔、包里瓦利和到穆兰德无有A/C公交覆盖的线路，车队主要配置沃尔沃空调车。TMT主要运营塔那到穆兰德和包里瓦利的线路。

BEST的运营数据 表19-4

	1990-91	1995-96	2000-01	2005-06
车队数量	2,143	3057	3432	3391
公交车行驶距离（百万千米）	163.4	230.1	244.1	240.3
千米/公交车/天	208.9	206.2	212.0	214.1
车队使用率（%）	82.0	94.1	91.9	90.7
使用率（%）	97.1	87.2	55.1	58.3
员工数/每辆公交车	14.1	12.6	12.0	11.2
每1000千米事故数	214	67	45	35
每公升燃料行驶千米数（油电混合）	3.1	3.0	3.0	3.3
购买公交数量	270	89	185	—
总收益（百万卢比）	1792.2	4142.5	6961.0	8476.6
收益/千米（卢比）	11.0	18.0	28.5	35.3
总成本（百万卢比）	2280.7	4910.7	8697.7	10982.3
每千米成本（卢比）	14.0	21.3	35.6	45.7
利润/损失（百万卢比）	-488.6	-768.3	-1736.7	-2505.7
折旧（百万卢比）	235.4	237.0	313.5	768.5

19.2.4 出租汽车

在市郊铁路和公交未覆盖区域，出租汽车提供了更灵活、门到门的选择，完善了公共交通系统的服务。

孟买出租汽车按照颜色和配置设备分为6类，分别是黑黄计程车、白红计程车（设有无线电设备）、银绿色出租汽车、黄红色出租汽车、黑色出租汽车、蓝色和银色空调计程车。2010年，经典的黑色和黄色出租汽车下降到2万辆，新增其他的出租汽车3.5万辆。黑色和黄色出租汽车可以搭载4名带行李的乘客，覆盖大部分都会区（图19-17）。

图19-17 孟买较为发达的装有计费器的出租汽车

2005年，大孟买自治区MCGM地区和MMR除MCGM之外地区出租汽车Taxi数量分别为56459和17634辆（76.2%，23.8%）。出租汽车日均载客10次，平均运距为5.1km。出租汽车和三轮车主要在MCGM范围内活动，近年在MCGM以外范围出出租汽车和三轮车呈上升趋势，但MMR范围内的总量维持3.1%-4%的平稳增长。2010年，大孟买MCGM有58000出租汽车，在孟买大都会区MMR有98566辆，平均每万人拥有47.5辆出租汽车，同广州相比处于较高水平（表19-5）。

2010年不同城市出租汽车万人拥有率（辆）　　　　表19-5

孟买	广州	北京	上海	南京	天津	青岛	大连	济南	哈尔滨
47.5	35	63	27	23	50	40	27	55	30

19.2.5 三轮车

三轮车，在当地简称为汽车（Autos），在孟买公交中扮演重要角色，作用与出租汽车类似，主要提供短途的更灵活、门到门的服务。不同的是三轮车主要在郊区行驶，也是郊区主要的交通形式。

一般三轮车能够容纳3名乘客，平均每天载客16次，平均运距2.9km。2005年，大孟买自治区MCGM地区和MMR除MCGM之外地区三轮车Auto数量分别为10224和117946辆（46.43%，53.57%）。2008年，共有246458辆黑色和黄色的打表三轮车（图19-18）。

图19-18 孟买三轮车（Auto）

19.3 交通结构

根据TranSforM（2008年）的交通大调查数据统计结果显示：全方式公交分担率为41.7%；孟买公共交通系统是居民机动化出行的主要选择，机动化公交分担率为88%。其中市郊铁路和常规公交占据了主要地位（图19-19）。

1）市郊铁路是孟买公共交通系统的骨干。全方式比例中占51%，机动化出行比例高达78%。未来依然是孟买交通发展的重点方向.（图19-20）。

①市郊铁路成为所有收入阶层通勤出行的首选。

②对于低收入人群，步行是最常使用的方式。但是对于远距离（大于等于5km）工作出

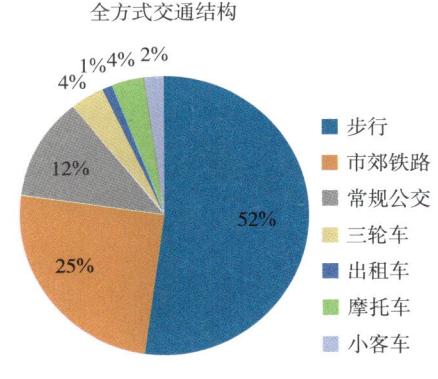
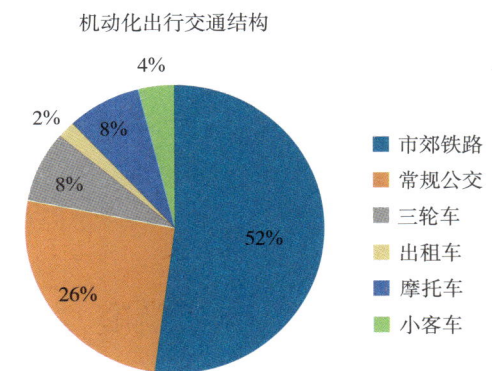

图19-19 交通方式结构2008

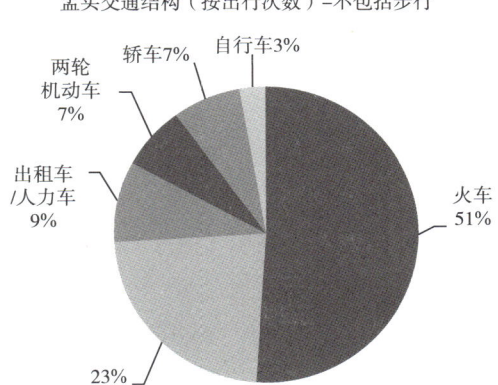
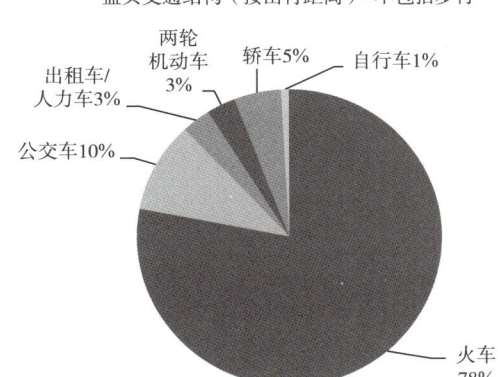

图19-20 孟买交通结构（2005年）

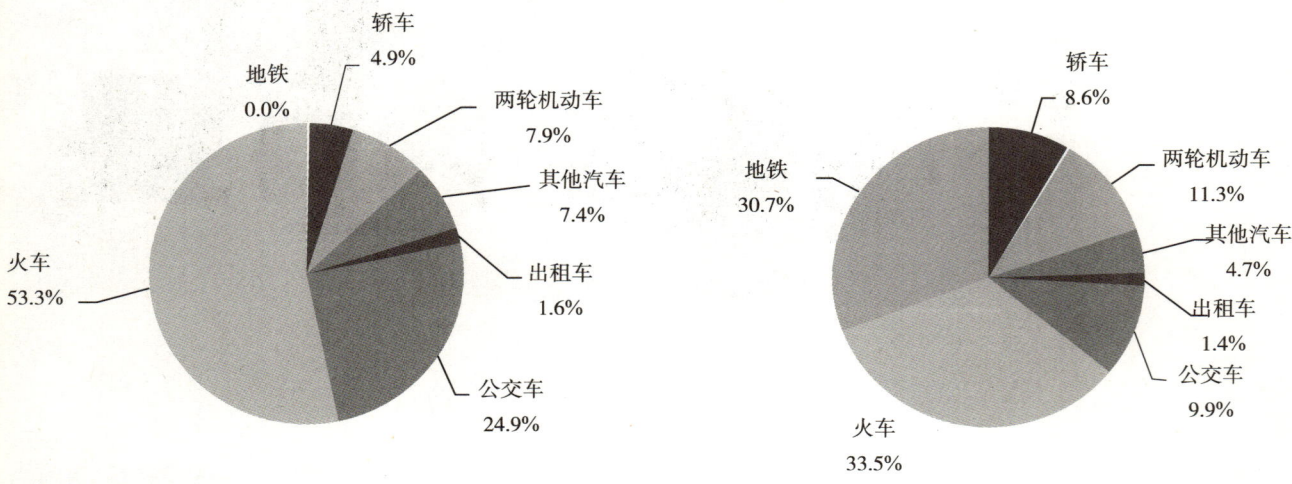

图19-21 孟买交通结构

行,不得不选择市郊铁路。

③对于中层收入人群,市郊铁路是更优惠的选择。

由于使用市郊铁路费用比使用常规公交费用较低,特别是铁路月票可获得更大优惠。例如,每天用市郊铁路通勤20km,每月需花费90卢比,即每天4卢比;然而同样距离使用常规公交则每天需花费20卢比。

2)在MMR,常规公交是使用率第二高(仅低于市郊铁路)的交通工具,占机动化出行比例的26.3%(2005年)。常规公交的作用接近于市郊铁路的接驳支线。

3)出租汽车及三轮车在非通勤交通方面起到了重要作用。相对于大运量的市郊铁路和常规公交,出租汽车更多提供短途接驳服务,且未来增长平稳。

4)孟买虽然现状地铁尚未开通,但根据TranSforM的规划,未来地铁在公共交通系统中将承担与市郊铁路相当的重任(图19-21)。

19.4 结论

1)由于贫富分化严重,只有极少部分富人有能力购买小汽车,孟买私人机动化水平较低;

2)对于长距离出行,大部分人依赖公交出行,机动化公交分担率较高;

3)收入较低市民机动化出行对公共交通依赖性极高(94.7%),但对相当一部分市民而言,公共交通仍为较奢侈的服务;

4)市郊铁路是大部分收入阶层通勤出行的首选。对于低收入人群,步行是最常使用的方式,但是对于远距离(大于等于5km)工作出行,不得不选择市郊铁路。对于中层收入人群,市郊铁路是更优惠的选择;

5)出行目的对公交分担率有较大影响,刚性出行更多依赖公交,不同于国内的是,非通勤类出行更多依赖步行,这也反映了孟买整体机动化水平较低。

第20章 班加罗尔

20.1 城市概况

20.1.1 社会经济

班加罗尔，又称邦加罗尔，是印度卡纳塔克邦的首府，也是南印工业城市和商业中心。这座繁荣的现代化商业中心有印度的"硅谷"、"花园城市"之誉。班加罗尔是印度第三大城市，2011年人口842.6万人，面积741km²。2011年，班加罗尔市GDP为830亿美元，人均GDP为9850美元（图20-1）。

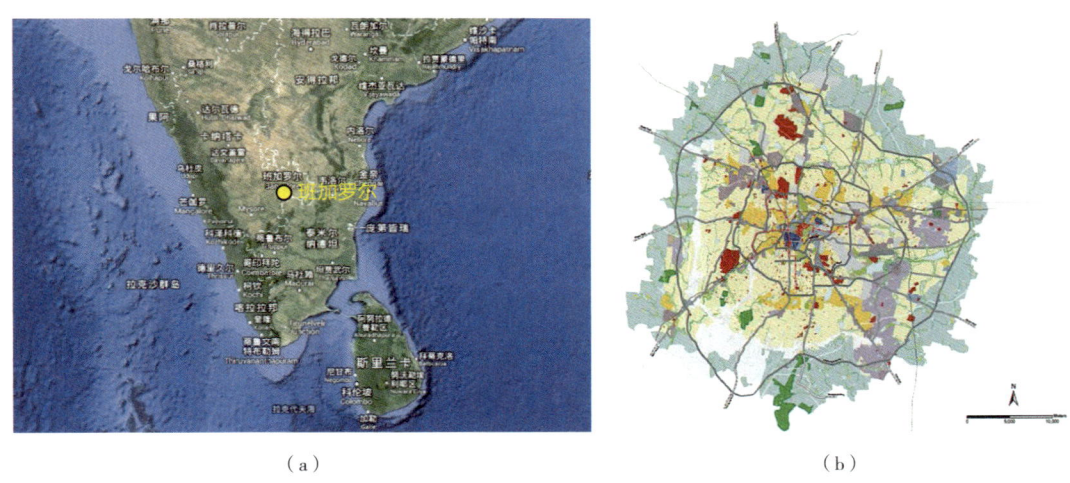

图20-1 班加罗尔位置
（a）班加罗尔在印度的位置；（b）班加罗尔市

班加罗尔都会区，印度第五大都会区，2012年人口为881.3万人，面积1276km²（图20-2）。都会区包括包含班加罗尔市区，班加罗尔郊区，卡纳卡普拉和马加迪，卡纳塔克邦的拉马纳加拉姆区的塔卢克。

班加罗尔人非常自信，在班加罗尔世贸中心的一句广告标语写道："预测未来的最佳方式，就是创造未来（The best way to predict future is to invent it）。"

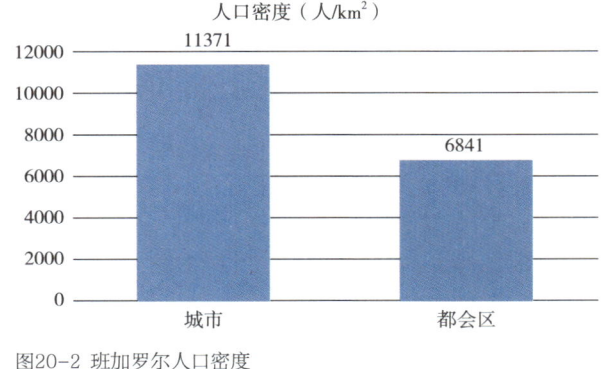

图20-2 班加罗尔人口密度

20.1.2 支柱产业

高科技公司在班加罗尔的成功建立使其成为印度信息科技的中心，俗称"印度的硅谷"。班加罗尔的信息科技公司任用印度电脑工程师的30%左右。班加罗尔是印度科技研究的枢纽，其中的印度科学学院是印度历史最为悠久的大学和研究所。

班加罗尔海拔922m，由一座城堡发展成印度南部经济、文化中心之一。分新旧两城：旧城为商业区，新城为工业区。附近盛产棉花、稻米、油料作物、烟草。印度重要的重工业中心，有机械、电器、化工、飞机、钟表、金属加工等工业，还有传统的地毯编织业、棉纺织、丝纺织和现代化的制革业。多条铁路与公路在此交会，有国际机场。

班加罗尔虽然成了许多高等科技公司的基地，但基础设施建设尚未跟上，交通拥挤，经常停电，许多公司要求市政尽快改进设施建设，修建地铁等交通枢纽以缓解交通拥挤现状。

20.1.3 交通困境

俗话说，"要想富，先修路"，看来这同样适合印度的国情。如果卡纳塔卡邦政府不能迎接挑战，那么将会失去继续发展的机遇。

目前，邦政府已经制定了一个详细的基础设施发展纲要，计划从明年开始修建两条贯穿东西南北的城铁，增加高架桥和立交桥的修建，拓宽部分道路，同时鼓励新公司到交通状况较好的北部地区建厂，以缓解南部的交通压力（图20-3）。

图20-3 班加罗尔拥堵的道路

20.2 交通现状

20.2.1 机动车发展

随着IT业的快速发展以及就业机会的增加，班加罗尔成为印度最炙手可热的城市之一。同时，人口的增长也带动机动车保有量的猛增。IT及其相关行业的快速崛起催生大量的机动车拥有人群，总量达到150万，并且，每年还在以7%~10%的速度增加。

2013年，班加罗尔日均登记车辆达到1000辆，截至2013年8月31日，机动车总量为477.9万辆，各类型的车辆数量见表20-1。可见，两轮机动车的比例非常高，接近70%；其

2013年班加罗尔机动车保有量统计表　　　　表20-1

类型	两轮机动车	三轮车	小汽车	出租汽车	公交	其他	合计
数量（辆）	3286892	133338	872181	51305	6337	428955	4779007
比例	68.8%	2.8%	18.3%	1.1%	0.1%	9.0%	100%

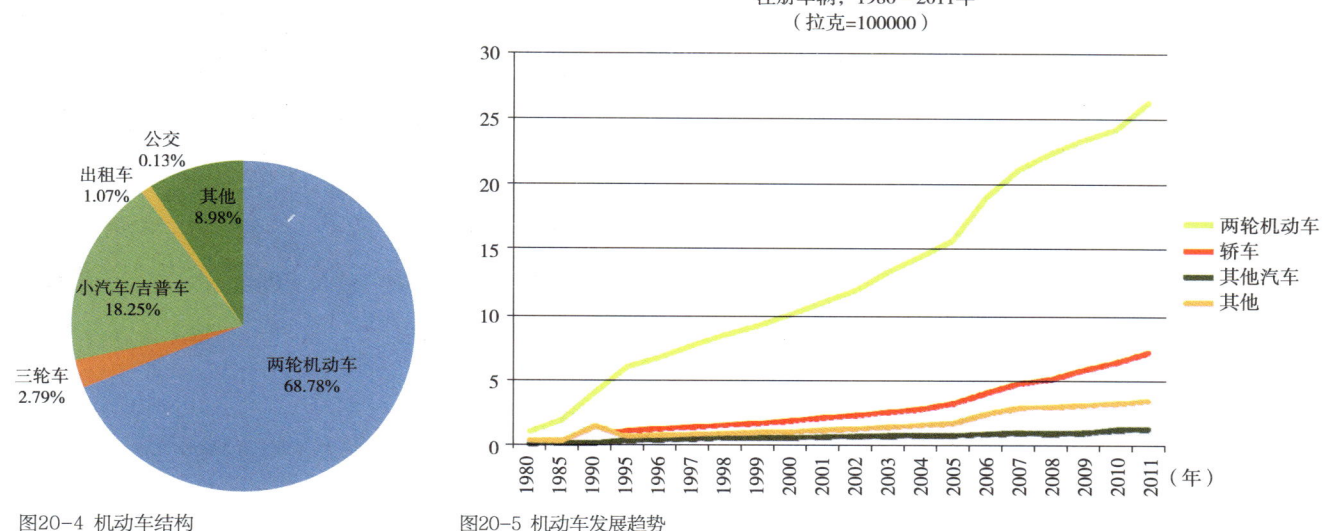

图20-4 机动车结构　　图20-5 机动车发展趋势

次是小汽车，达到18.3%；而公交仅占了0.13%（表20-1，图20-4）。

在过去的13年中，机动车规模迅速扩大，从2000年的143.8万辆增长到2013年的477.9万辆，增加2.3倍，年增速9.68%。

小汽车的增长速度最快，从2000~2013年，由21.2万辆增加到87.2万辆，增加了3倍多，年均增长率为11.49%。

其次是两轮机动车，从2000~2013年，由106.7万辆增加到328.7万辆，增加了2倍，年均增速为9.04%（图20-5）。

20.2.2 交通运作

班加罗尔道路系统承载着477.9万辆机动车，但其长度仅为1.1万km，高峰时段路网平均车速低于15km/h。政府为了解决交通困境，在2007年进行了交通规划，但因实施过程的种种问题，没有按照规划进行，工期严重滞后，交通状况并没有改善，相反却更为严重（图20-6，图20-7，表20-2）。

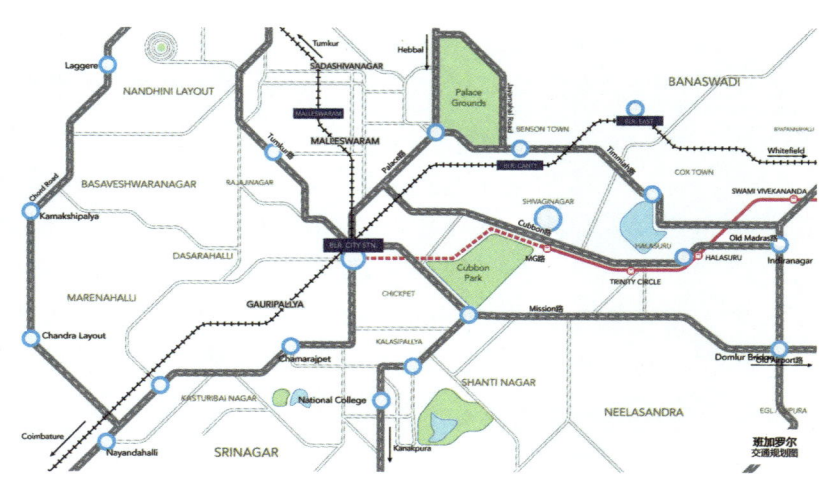

图20-6 班加罗尔路网规划图（A schematic map of Bangalore）

1) 差不多所有道路都是超负荷运行，部分道路甚至达到通行能力的2倍、3倍、甚至是5倍；

2) 高峰时段运行车速低于15km/h；

3) 停车设施严重不足；

4) 公交在机动车夹缝中生存，艰难地争抢着道路资源。

图20-7 交通改造导致交通拥堵恶化

部分道路饱和度　　　　　　　　　　表20-2

编号	道路	饱和度
1	卢帕吞噶路	3.62
2	区公所路	2.51
3	K.G.路	2.51
4	拉巴福德路	2.67
5	普塔纳切蒂路	2.45
6	里奇蒙路	2.26
7	M.G.路	2.26
8	科德路	2.51
9	杜姆古尔路	2.62
10	桑基路	1.52

20.2.3 交通结构

2008年，全方式公交分担率高达35%，此时的公交仅指常规公交；小汽车出行比例为12%，其中包括商务出租汽车和城市出租汽车；三轮车是印度特有的一种出租汽车形式，其比例为13%。

高保有量的两轮车出行占到25%。班加罗尔道路狭窄，交通拥堵，恰好能发挥两轮机动车的机动性和灵活性，所以，两轮车在班加罗尔非常受欢迎。同时，也影响了道路交通的运行。

非机动化出行比例仅为15%，该比例非常低。侧面反应班加罗尔的慢行系统非常糟糕，影响人们的正常出行习惯，大量慢行出行被两轮和三轮机动车取代（图20-8，图20-9）。

从公共交通与非公交的结构比例可见，公交维持在40%，而两轮车增长了8个百分点，三轮车和小汽车均有所下降。将三轮车也计算为公交出行，则公交出行比例由2008年的56%下降到2011年的53%。综合此消彼长，说明班加罗尔的公交的生存空间受到挤压，而私人机动化有所抬头，也说明对公交的关注和支持力度不够，使得现有条件助长了尤其是两轮车的增长。

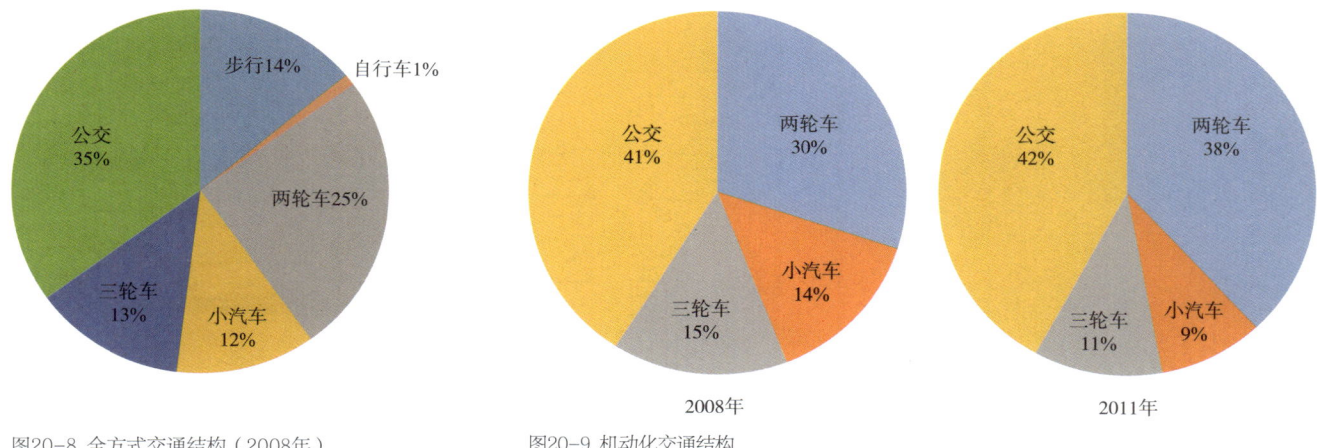

图20-8 全方式交通结构（2008年）　　图20-9 机动化交通结构

20.3 公交系统

班加罗尔公共交通系统由轨道交通、常规公交、出租汽车和三轮车构成。

20.3.1 轨道交通

2011年10月20日，班加罗尔首条地铁线路（Purple line，紫线或2号线）一期开始运营，全长7km，从Bayappanahalli到MG路，日均运量24968人，地铁运行速度为34km/h。开通部分是地铁规划一期2号线的东段，一期共规划两条线42.3km，设站40座（一座换乘站），连接班加罗尔中心区到德瓦恩哈尔利和奇克巴尔拉普尔区域。这个迟来的项目是主要缓解城市间基础设施不足的矛盾，也是维持经济持续增长的一根救命稻草。

预计一期2号线2013年底全线开通运行，1号线北段2013年底开通，南段2015年开通运营，形成十字换乘轨道网。但施工工期延误很大，很难达到规划时间节点（图20-10，图20-11）。

图20-10 地铁规划图（一期）

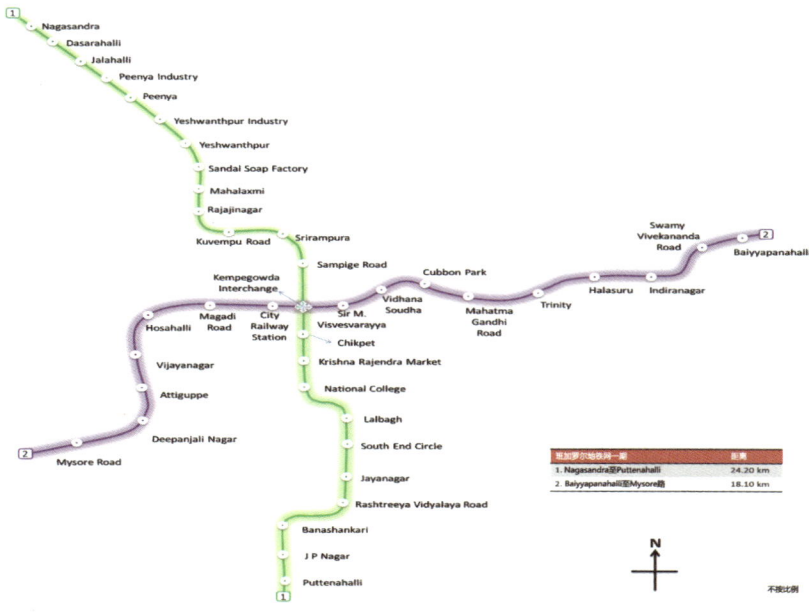

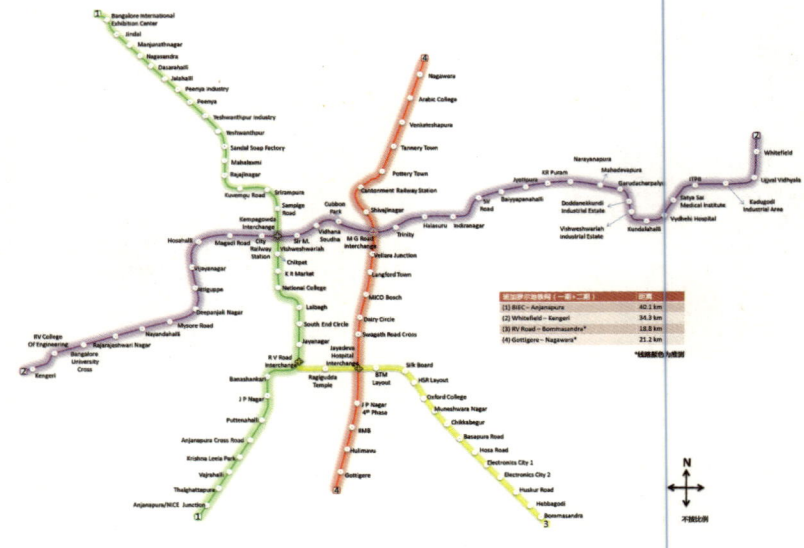

图20-11 地铁规划图（二期）

二期是在一期的基础上，向东向西延伸2号线，向南向北延伸1号线，并新规划3号线和4号线，形成"井"字形骨架轨道网。届时，地铁网长度114.4km，设站101个。

班加罗尔铁路部门从属于印度国家铁路的西南分区。班加罗尔的火车站和Yeshvantpur经印度铁路联系国家的其他区域。例如，首都快线联系班加罗尔和新德里。

列车万向架工厂是亚洲第二大的轨道轮轴生产商，总部位于班加罗尔的耶拉汉卡新村。

20.3.2 常规公交

常规公交由班加罗尔都会区运输公司负责运营（Bangalore Metropolitan Transport Corporation，简称BMTC），公交是班加罗尔一种重要且可靠的交通方式（图20-12）。

图20-12 班加罗尔都会区运输公司标志

截至2013年11月23日，BMTC公交拥有量为6624辆，线路2398条，停保场42个，公交总站50个。按城市人口核算，万人公交拥有量7.86辆。（表20-3）

2013年，日均运量495万人次，每车运送747人次。日均运行83837班次，每班次平均载客59人次，考虑不均衡系数，高峰断面的单车载客为100人次，负荷率达到125%，公交车内非常拥挤。

公交运营参数　　　　　　表20-3

配车数（辆）	6624
线路数（条）	2398
时刻表	6384
日运营里程（十万公里）	13.30
发车班次	83837
日均运营收入（千万卢比）	4.41

续表

日均运量（百万人次）	4.95
停保场（depots）	42
公交总站（Bus stations）	50
员工数量（人）	34661
单车员工数量（Bus Staff Ratio）	5.2
公交日	每月第4天

（1）公交类别

目前，班加罗尔公交线路可大致分为10类，大部分为公交。除此之外，BIG 10、环线公交近似于BRT；Vajra、Vayu Vajra和Marcopolo AC是高档公交，配车豪华，车费比普通公交贵。具体每种公交的特性如下。

1）红色公交：2011年11月出现的新型普通公交，达到BS IV排放标准。大部分车体为红色，少部分为淡蓝色。

2）紫磨金公交：银白色红线，现许多车体已重新喷绘成白蓝色或转换成环线公交（大环或小环）或者地铁喂给线。

3）BIG10：绿色或深绿色公交，服务调度站（与Suvarna同级别），运营在12条从郊区到市区的主干道上。后车可跃行，终点均在城市外围区域，线路号以"G"开头。

4）环线公交：车身白色加绿箭头，运行在环路上。线路号以"C"开头或"K"开头（内环路上的小环公交）。

5）仆息帕迦公交：20世纪90年代末出现，单门（有的车配有售票员），无售票员时，司机负责售票。咖啡色，与Suvarna公交票价一致。服务IT公司和学校。

6）Vajra公交：主要配备Volvo高级车，服务IT公司区域和其员工住宅区。票价是普通公交的1.5~3倍。

7）Vayu Vajra公交：往返机场，12条线，配备Volvo车，无线Wi-Fi。

8）Atal Sarige公交：低票价，靠窗单排座位，有LED显示，三角彩色标志，2009年7月1日，为公交公司周年庆献礼，卡纳塔克政府和BMTC共同推出的一种亲贫民公交方式，旨在联系公交车站附近的经济落后地区。

9）Marcopolo AC公交：基于JnNURM规划（印度城市改善规划），Tata-Marcopolo合作提供公交车，是普通公交票价1.5倍，布设在volvo不受欢迎的区域。

10）地铁喂给线：2011年10月，随着首条地铁线路的运营，地铁喂给线开始运营，与地铁列车颜色相同，共10条线。

BMTC在试验线上引入奔驰车，还引入太阳能车辆。

（2）票制票价

BMTC公交的起步价全国最高的，但在随后的单位里程价格并不高，起步价是4卢比（含1km），而后每公里1卢比。

最大的亮点是单日票60卢比（BMTC身份卡乘客为55），除了空调车都可以用，对售票员出示即可，可用到当日晚上12点。AC公交通行卡是120卢比，7C卢比的公交日卡可在非AC公交和Marcopolo-AC公交上使用。

从2008年9月1日起，老人优惠卡享受75折。不满12岁的儿童票5折优惠。

（3）智能交通系统

2013年，BMTC将投入1100万美元建立职能交通系统，包括职能公交卡收费系统。智能公交卡能用在KSRTC公交（自治区内公交）、班加罗尔地铁，也可作为借贷和债务交易。另外，银行和BMTC的合作卡，也可用于借贷和债务交易。

ITS系统包括车辆追踪系统和乘客信息系统，可为乘客提供实时公交到站信息，所有车辆都安装GPS追踪系统，即可用于车辆行驶监控，也可用于到站精细化时刻预测。在市内的35个公交站的LED显示屏实时显示信息。

（4）公交日

2010年2月4日，将每月的第4天定为"公交日"，鼓励全体班加罗尔市民使用公共交通。公交日的目的是让人们感知尊重环境、交通和健康对生活所带来的影响。

（5）公交指标（表20-4，表20-5）

物理指标　　　　表20-4

参数	2008~2009	2009~2010	2010~2011	2011~2012	2012~2013	2013~2014（8月13日预估）
1. 停保场	30	33	35	37	39	39
2. 新增时刻表	580	414	91	73	217	198
3. 运营时刻表	5344	5758	5849	5922	6139	6337
4. 新增车辆	949	1218	58	385	549	410
5. 淘汰车辆	294	664	40	299	268	226
6. 公交保有量	5542	6093	6111	6162	6431	6607
7. 取消年龄比例（%）	2.8	2.4	2.5	3.2	5.4	3.8
8. 日均有效运营里程（万公里）	111.3	121.0	125.5	127.2	127.1	199.8
9. 日均运营收入（万卢比）	2486.3	2773.4	3318.5	3787.6	4184.1	4875.7
10. 日均每车运营里程（km）	227.9	225.6	222.1	224.6	221.1	219.7
11. 车辆利用率（%）	94.5	93.7	92.3	92.9	90.8	91.1
12. 每升油的行驶里程（km）	4.37	4.11	4.01	3.97	3.84	3.82
13. 运营故障次数	2761	2204	1865	2396	3488	1272
14. 万公里故障率	0.07	0.05	0.04	0.05	0.08	0.06
15. 交通事故次数	637	565	556	485	378	153

续表

参数	2008~2009	2009~2010	2010~2011	2011~2012	2012~2013	2013~2014（8月13日预估）
16. 万公里事故率	1.5	1.2	1.1	1.0	0.8	0.7
17. 工作岗位	27644	30996	32953	32297	34278	34628

财政指标　　　　表20-5

参数	2008-09	2009-10	2010-11	2011-12	2012-13	2013-14（8月13日预估）
1. 年有效里程（十万公里）	4062.43	4417.55	4580.20	4655.20	4638.38	1998.34
增长率（%）	7.8	8.7	3.7	1.6	-0.4	2.2
2. 运营收入（十万卢比）	90749.87	101229.09	121123.53	138624.61	151600.16	74597.84
增长率（%）	13.2	11.5	19.7	14.4	9.4	15.4
3. 其他收入（十万卢比） a）政府补贴（十万卢比） b）其他收入（十万卢比） c）小计（十万卢比）	164.88 9147.94 9312.82	4226.81 7715.24 11942.05	5753.35 6057.63 11810.98	6410.19 5272.85 11683.04	8747.04 5698.38 14445.42	2390.28 1403.58 2390.28
4. 总收入（十万卢比）	100062.69	113171.14	132934.51	150307.65	166045.58	78391.70
增长率（%）	6.5	13.1	17.5	13.1	10.5	15.4
5. 运营成本（十万卢比）	94544.91	106658.52	127899.53	148166.11	180841.03	81542.61
增长率（%）	18.2	12.8	19.9	15.8	22.1	23.2
6. 运输利润（十万卢比）	-2232.16	-3566.12	-3880.31	-6459.97	-23448.91	-6944.77
7. 总利润（十万卢比）	+5517.78	+6512.62	+5034.98	+2141.54	-14795.45	-3150.91

20.3.3 出租汽车和三轮车

在班加罗尔，三轮车和城市出租均向乘客提供个体化的出行服务，可统称为出租汽车。

三轮车（Auto-rickshaws，也叫Autos）是一种传统的交通方式，可容纳3个乘客，灵活穿梭于大街小巷。2013年8月，三轮车达到13.3万辆。2000年至今，年均增长率为6.1%。

出租汽车，也叫城市出租（City Taxis），出租汽车比三轮车车费贵，出租汽车又分为普通出租汽车和商务出租汽车。普通出租即常见的路边扬招的出租汽车，2013年达到3.2万辆，年增长率达到13.3%。商务出租汽车是班加罗尔国际化的产物，是一种提前打电话预约的一种出租汽车服务，配置高档商务车辆（Maxi Cab），现有1.9万辆车提供此类服务，年均增长约为12.4%（表20-6）。

出租汽车数量　　　　表20-6

	三轮车	普通出租汽车	商务出租汽车
2000年	61424	6299	4238
2008年	85859	30940	18653

续表

	三轮车	普通出租汽车	商务出租汽车
2013年	133338	32008	19297
年增长率（2000~2013年）	6.14%	13.32%	12.37%

20.4 总结

20.4.1 存在问题

1）公交配车不足，每年至少需要增加1500辆，公交最后一公里接驳不顺畅。

2）交通运输管理系统定位出现偏差，使公交陷入困境，增加换乘成本。

3）关键出入口有待改善，如Hebbal的Silk Board。

4）公共基础设施有待标准化，避免因公共事业补助机制缺陷而错失优秀的承包商。

5）当局优先通道（BIG 10和外环路）推进速度慢，主干道不能有效分流机动车交通量。

6）路面非常差，雨季交通糟糕透顶。

7）建设速度异常缓慢，当局和项目都处于散漫节奏。

8）过分关注机动化交通，忽视非机动交通。

20.4.2 取得成就

1）班加罗尔运输公司（公交运营公司）的Big10系统持续拓展，规划喂给线路联系干线公交，根据特征对线路重新编号，虽然公交配车不够，但规模在持续增加。

2）当局推进道路设计标准化，改进排水系统和步行系统标准。

3）交通用地管理部门积极探索非机动化解决交通问题的出路，并倡导停车收费。

4）政府在规划联系周边乡镇的通勤铁路。

5）当局提出一系列的交通评价指标，并将每年跟进。

6）当局推进地铁站衔接规划。

20.4.3 有待提高的地方

1）政府不认同公交运营补贴。迫使公交企业以盈利为目标，但他们的目标应该是提升公交服务水平。

2）没有吸取优秀国家或城市基础设施快速建设的经验，同时也缺乏先进技术。

3）缺乏路边扬招式出租汽车服务，城市需要至少10万辆出租汽车。

4）急需基础设施标准手册，内容涵盖道路、信号、交叉口、地下通道、人行横道等。

5）新的排水设计规范必须适用于所有的市政道路，每100米就需要布设一个下水口，防止内涝。

6）当局需要从事例行的数据收集，分析交通变化，应对增长需求带来的规划机制。

7）有待完善停车收费定价机制。

第21章 北京

21.1 城市背景

21.1.1 经济发展

近十年来，北京经济GDP一直保持着约10%甚至以上年增长率的持续快速增长势头。城市经济快速发展、产业结构升级调整、居民生活需求变化等多种因素使得北京城市空间结构发生深刻变化。城市化进程中，人口规模增长与郊区化并进，现代服务业取代第一二产业成为城市经济的主导，由此带来就业积聚与扩散现象，使得北京城市职住空间格局发生重大改变（图21-1）。

21.1.2 人口规模

2014年全市常住人口2151.6万人，比2010年增加190.6万人，其中60%新增人口为常住外来人口。与此同时，人口分布呈现同时向心集聚和向外扩张的态势。中心城就业岗位和人口仍呈现高度集聚的状态。城六区集聚了全市一半以上的行政资源、文化资源、产业功能及公共服务资源（图21-2）。

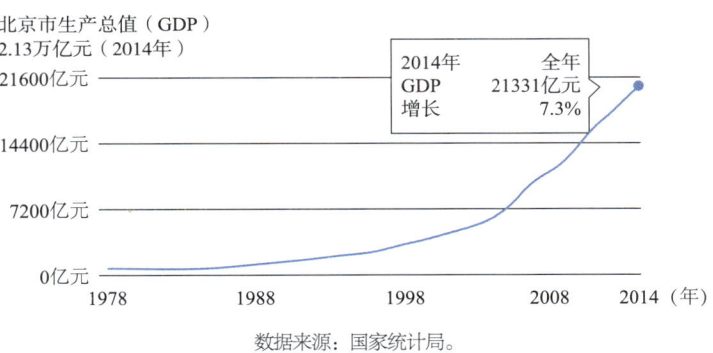

图21-1 北京市GDP变化情况

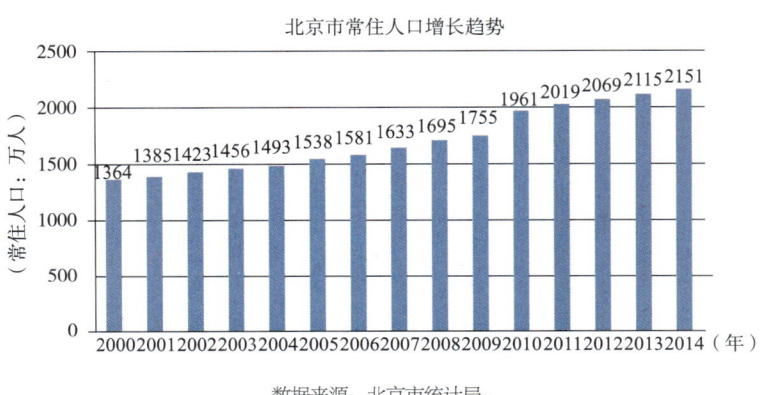

图21-2 北京常住人口数量变化图

21.2 交通发展回顾

回顾和总结近年来北京交通发展进程,可以划分为以下三个阶段(图21-3)。

图21-3 北京交通发展历程回顾

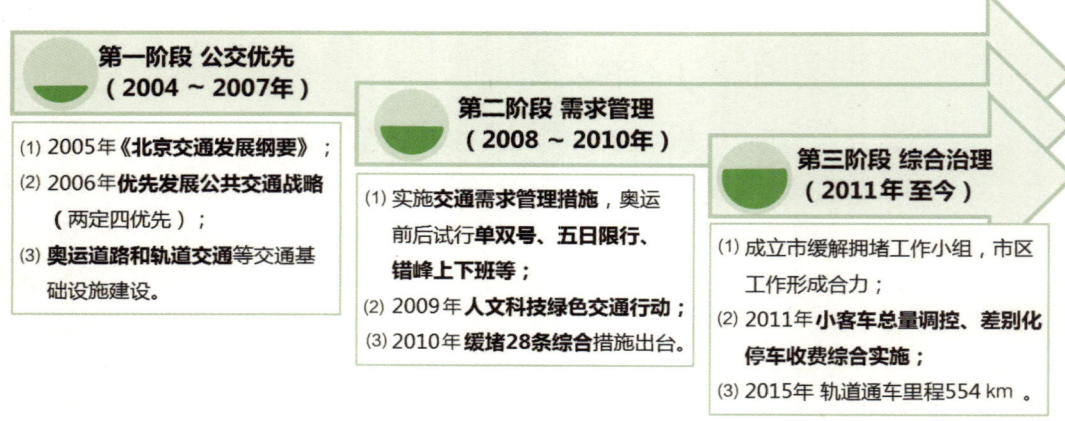

21.2.1 第一阶段:公交优先2004~2007年

2005年,北京市政府正式发布《北京交通发展纲要(2004-2020年)》,成为指导交通发展的纲领性文件。《纲要》中提出了以"人性化、一体化、集约化、信息化、法制化"为特征的新北京交通体系的发展目标,明确了坚定不移地加快城市空间结构与功能布局调整,控制中心城建城区的土地开发强度与建设规模、坚定不移地加快城市交通结构优化调整,尽早确立公共客运在城市日常通勤出行中的主导地位两大战略任务,提出了交通先导、区域差别化、小汽车交通需求引导、政府主导的交通产业市场化经营等政策。

2006年北京市印发《关于优先发展公共交通的意见》,明确提出"两定四优先"的政策,从用地、投资、路权、财政等方面保证优先发展公共交通,再次明确了公共交通的重要战略性地位和社会公益性地位,不断扩大公共交通基础设施规模,提升服务水平,增强公共交通吸引力。公共交通投资比重稳步提高,供给策略由传统需求追随型转向供给引导型。公共交通主导地位基本确立,城市东、南、西、北4个方向各建成1条大容量快速公交线路(BRT),开通袖珍公交、社区通勤快车、定制公交等多样化公交服务,施划公交专用道395km,在京通快速路创造性开设了国内首条快速路中央公交专用道(图21-4)。

图21-4 北京四条大容量快速公交线路 (a) 2004年 南中轴BRT;(b) 2008年安立路BRT;(c) 2008年朝阳路BRT;(d) 2013年4月阜石路BRT

(a)

(b)

(c)

(d)

21.2.2 第二阶段：需求管理2008~2010年

2008年奥运会后，针对一度出现的交通拥堵反弹势头，单纯地优先发展公共交通仍然无法遏制拥堵加剧的态势，北京分步实施机动车工作日高峰时段区域限行、错时上下班、小客车数量调控、差别化停车价格等多项交通需求管理措施，有效遏制了中心城区交通状况持续恶化的势头。

2009年7月公布了《北京市建设人文交通科技交通绿色交通行动计划》，提出全力打造公交城市，到2015年使公交出行比例达到出行总量45%，以此来破解由于机动车和人口不断增长而带来的城市交通拥堵困局。

为进一步遏制城市交通恶化的势头，2010年底发布了《北京市关于进一步推进首都交通科学发展加大力度缓解交通拥堵工作的意见》，明确了北京缓解交通拥堵的工作思路和工作目标，并提出了六大方面28条综合治理措施，实施后五环内拥堵路段减少了一成半（表21-1）。

北京已实施的需求管理政策及效果　　　　表21-1

具体措施	实施内容	实施效果
尾号限行	（1）工作日每天7:00~20:00五环内（不含五环主路）停驶两个尾号 （2）车牌尾号分为五组，每13周轮换一次限行日	（1）停驶约90万辆机动车 （2）拥堵指数由7.5降至6以下
错时上下班	（1）市属党政机关、社会团体、国有企事业等单位约80万人错峰出行 （2）上下班时间分别推迟半小时，从原来的8:30分和17:30分，推迟到9:00~18:00	早高峰推迟10min左右
摇号	小客车指标限额24万辆，以摇号方式无偿分配	机动车保有量增速由14%降至5%
停车收费	按照"中心高于外围、路内高于路外、地上高于地下"的原则分区域调整停车收费标准	（1）一类区域小客车客流量降幅11%~12% （2）主干路小客车流量降幅13%~16%

21.2.3 第三阶段：综合治理2011年至今

2011年，成立了市缓解拥堵工作小组，市区两级缓堵工作形成合力。为有效控制机动车数量增长，自2010年12月23日起，北京市开始实施小客车数量调控政策。2011年北京对停车收费价格进行了调整，按照"中心高于外围，路内高于路外，地上高于地下"和差别化原则，分三类区域进一步调整了停车收费标准。在积极控制机动车保有量和使用量的同时，北京市不断加大交通基础设施投资力度，公共交通投资比重持续攀升，到2015年，轨道交通建成通车里程达到554km，最高日客运量突破1100万人次。

21.3 公共交通发展现状

21.3.1 出行结构

多年来，通过坚持实施公交优先发展战略，推进公交都市建设，使得北京市的出行结构不断得到优化，公共交通出行比例明显提升，提高到50%（图21-5）。

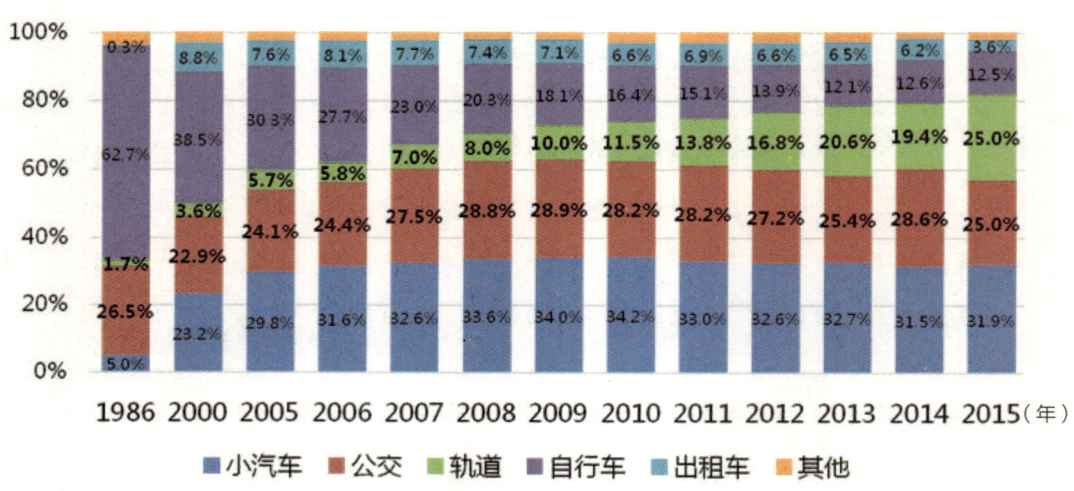

图21-5 历年出行方式构成

21.3.2 轨道交通发展概况

2014年底，轨道交通运营线路18条，运营线路长度达到527km。自2010年起，每年新增一条运营线路，运营里程共增加191km。6个近郊新城开通轨道线路，基本形成网络化运营模式。2014年底，轨道交通运营车辆4664辆，较2010年运营车辆数增加89%。最高日客运量突破1100万人次轨道交通规模已经位于世界前列（图21-6图21-7）。

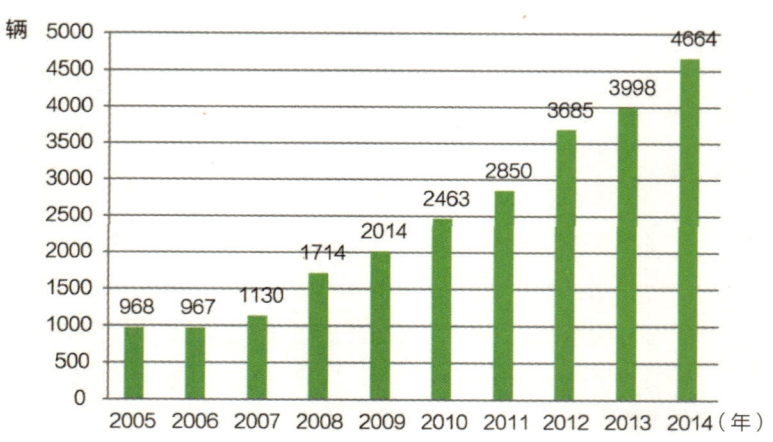

图21-6 轨道交通运营车辆

图21-7 轨道交通运营线路和公里数

21.3.3 公共汽（电）车发展概况

自2004年开始实施公交优先发展战略以来，北京市不断提升公共交通服务品质。2014年底，公共汽（电）车运营线路877条，运营线路长度达到20249km，运营车辆23667辆。加大公交路权的保障力度。2011年首次在京通快速路主路上启用公交专用道，公交车平均速度由原来的24km/h提高到52km/h。此外，京开高速、西南三环在2014年底完成专用道施划工作，建成了阜石路大容量快速公交线路，公交运行速度得到明显提升。截止2014年底，公交专用道长度达394.8km。

同时，还在尝试提供多样化公交服务。截止到2014年上半年，累计开通定制公交商务班车线路103条，运送乘客近40万人次。加快推进"6米级"定制公交。优化夜班公交服务，规划了6环8放射、9纵11横的夜班线网格局。

2014年底六环内500m半径公交站点面积覆盖率达到68.9%，二环至六环各圈层公交站点覆盖率都有不同程度提高，其中四环至六环覆盖率提高最为明显，提高了10.0%（图21-8，表21-2）。

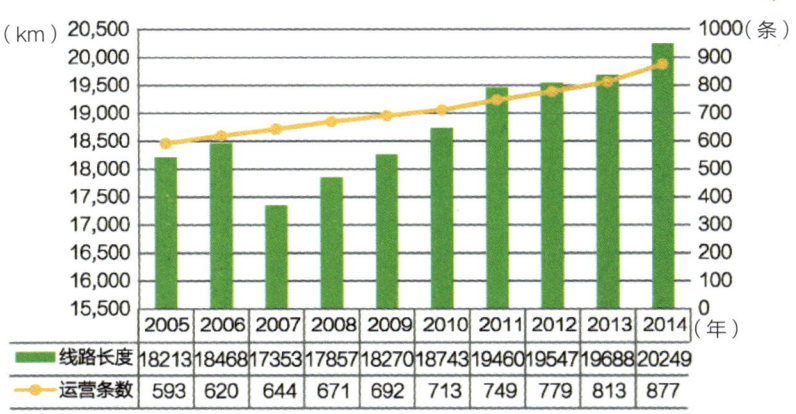

图21-8 历年公交运行线路长度及条数变化图

公交站点覆盖率　　　　　　　　　　　　　　　　表21-2

范围	公交站点面积覆盖率（500m半径）	
	2014年	2010年
二环	98.4%	98.2%
二环—三环	98.6%	97.2%
三环—四环	97.3%	95.9%
四环—五环	79.1%	75.5%
五环—六环	60.3%	50.3%

21.3.4 公共自行车发展概况

北京市公共自行车系统于2012年6月起正式投入运营，截至2014年底，在全市范围内已建成1027个网点，锁车器规模达27711个，形成了覆盖包括东城、西城、朝阳、丰台、石景山城五区及大兴、通州、平谷、顺义、亦庄区域的公共自行车租赁服务系统网络。北京市城五区累计建成公共自行车网点共603个，建成锁车器18363个，运营网点579个，投入公共自行车11809辆。

截至2014年12月底，城区公共自行车服务面积约为240.34km^2，网点密度为2.51个/km^2。其中，东城区网点密度最高，为3.82个/km^2；丰台区网点密度最低，为1.54个/km^2。与公共自行车发达城市相比，北京城五区公共自行车网点密度仍相对较低（图21-9）。

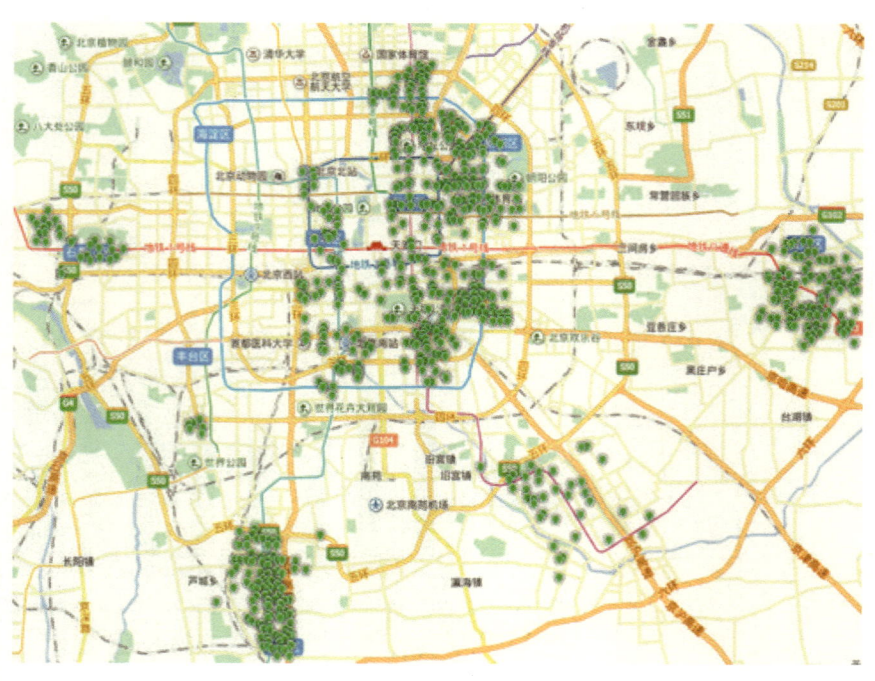

图21-9 公共自行车网点位置分布图

21.4 综合缓堵措施概况

除大力发展公共交通外，综合施策，需求管理措施是优化出行结构的重要方面。近年来，实施了小客车数量调控、工作日高峰时段区域限行、错时上下班、差别化停车收费等多项需求管理措施，交通需求管理体系初步形成。

通过小客车数量调控政策，机动车增速得到有效控制，但潜在需求依然旺盛。2014年底，全市机动车保有量为559.1万辆，年均增长约19.55万辆（"十一五"年增44.5万辆）；其中私人小客车419.7万辆，年均增长15.78万辆。市民购车需求持续攀升，截至2014年底，全市小客车指标申请个人仍有近300万个有效编码。期间，共进行了48期小客车指标配置，机动车快速增长势头得到有效控制，中心城交通拥堵得到有效缓解，2015年平均交通指数控制在5.7（图21-10，图21-11）。

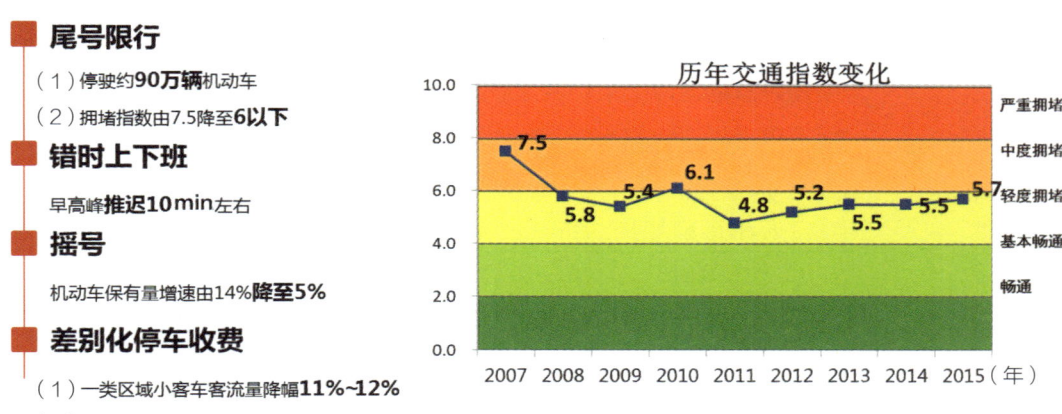

图21-10 综合缓堵措施及其实施效果示意图

图21-11 历次交通大调查机动车保有量变化

第22章 天津

22.1 概述

22.1.1 城市概况

天津市地处华北平原北部,东临渤海,北依燕山。位于海河下游,地跨海河两岸,是北京通往东北、华东地区铁路的交通咽喉和远洋航运的港口,有"河海要冲"和"畿辅门户"之称。北起蓟县黄崖关,南至滨海新区翟庄子沧浪渠,南北长189km;东起滨海新区洒金坨以东陡河西干渠,西至静海县子牙河王进庄以西滩德干渠,东西宽117km(图22-1)。

天津市疆域周长约1290.8km,海岸线长153km,陆界长1137.48km。东、西、南分别与河北省的唐山、承德、廊坊、沧州地区接壤。对内腹地辽阔,辐射华北、东北、西北13个省市自治区,对外面向东北亚,是中国北方最大的沿海开放城市。

天津现有12个市辖区,1个副省级区,3个市辖县,共有乡镇级区划数为240个。市辖区分为中心城区、环城区和远郊区。

图22-1 天津市行政区划图

《天津市空间发展战略》提出"双城双港、相向拓展、一轴两带、南北生态"城市规划理念。其中,"双城"是指天津市中心城区和滨海新区核心区;"双港"是指天津港和天津南港;"南北"是指市域中北部及南部;"北端"是指蓟县北部山地丘陵地带。

2006年3月22日,国务院常务会议将天津完整定位为"环渤海地区经济中心,国际港口城市,北方经济中心,生态城市",并将"推进滨海新区开发开放"纳入"十一五"规划和国家战略,设立为国家综合配套改革试验区,2009年11月10日,国务院批复同意天津市调整滨海新区行政区划,经济进入高速发展时代,增速连续多年位于全国领先位置,天津已经形成了中国唯一"双城双港"城市形态。

22.1.2 范围概述

结合天津"双城双港、相向拓展、一轴两带、南北生态"的空间布局特点,综合考虑地理区位、社会经济、交通特征等因素后,依据不同专项的调查重点,分别确定调查范围(表22-1,图22-2)。

各专项调查范围一览表　　　　表22-1

序号	调查小项	调查范围
1	居民出行调查	中心城市 (4305km²)
2	流动人口出行调查	
3	车辆出行调查	
4	城市道路交通量调查	
5	公里交通量及出行调查	市域范围 (11919km²)
6	基于无线网络手机用户出行调查	
7	公共交通客流调查	双城区
8	停车专项调查	

中心城市范围包括中心城区及外围四区、滨海新区,陆域面积4305km²。双城区为中心城区及滨海新区核心区,中心城区为外环线围合的范围,面积334km²,滨海新区核心区东至海滨大道、南至津晋高速、西至唐津高速、北至京津高速、塘汉快速、永定新河,面积约255km²。

中心城区是天津的发祥地,也是文化教育政治经济商业中心。规划提出中心城区实施"一主两副、沿河拓展、功能提升"的城市理念,确定在中心城区建立市级中心商务区。中心城区"一主两副"为小白楼地区城市主中心,西站地区、天钢柳林地区城市副中心。小白楼地区城市主中心由小白楼、南楼商务区、和平路、滨江道、南京路、天津金融城等组成。天津西站地区城市副中心位于中心城区西北部,规划范围东至南口路,西至红旗北路,南至南运河,北至普济河道。天钢柳林地区城市副中心位于中心城区东南部,是海河上游开发改造的重要节点。

按照服务业功能,中心城区按照"金融和平"、"商务河西"、"科技南开"、"金贸

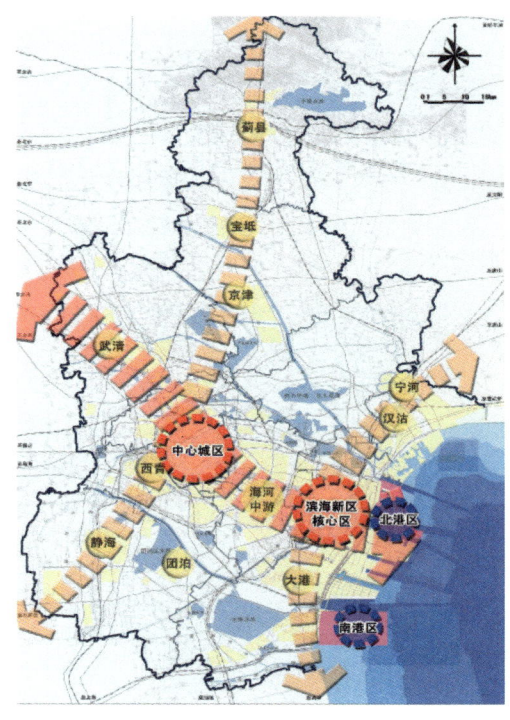

图22-2 天津市"双城双港"示意图

河东"、"创意河北"、"商贸红桥"的功能定位（图22-3）。

22.2 人口概况

关于人口有以下几个定义。

（1）常住人口：主要包括三部分，一是居住在本乡镇街道、户口在本乡镇街道或户口待定的人；二是居住在本乡镇街道、户口离开所在的乡镇街道半年以上的人；三是户口在本乡镇街道、外出不满半年或在界外工作学习的人。按户又分为家庭户和集体户。

（2）家庭户：指以家庭成员关系为主并居住一处共同生活的人所组成的户；单身居住独自生活的也作为一个家庭户。

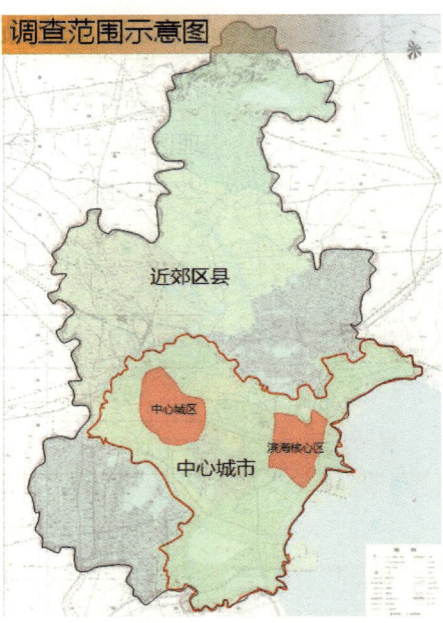

图22-3 调查范围示意图

（3）集体户：指由相互之间一般没有家庭成员关系但居住在单位集体宿舍或其他住所共同生活的人口所组成的户。

（4）流动人口：为居住未满6个月的非本市户籍人口。

本文所用数据来源于《2013年中国统计年鉴》以及《2013年天津滨海新区统计年鉴》，另有部分数据来源于天津市交通运输与港口管理局网站（http://www.tjjt.gov.cn/）、天津市公交集团（控股）有限公司（http://www.tjbus.com/frontpage/index.aspx），以及天津滨海新区公共交通集团有限公司（http://www.tjbhbus.com/index.asp），其他数据节选自天津市第四次综合交通调查（2011年）。

22.2.1 常住人口

2012年末全市常住人口1413.15万人，比上年末增加58.57万人；其中，外来人口392.79万人，增加47.95万人。外来人口占常住人口的27.79%。

2012年末全市户籍人口993.20万人，其中，农业人口376.84万人，非农业人口616.36万人（图22-4）。

图22-4 天津市常住人口增长曲线

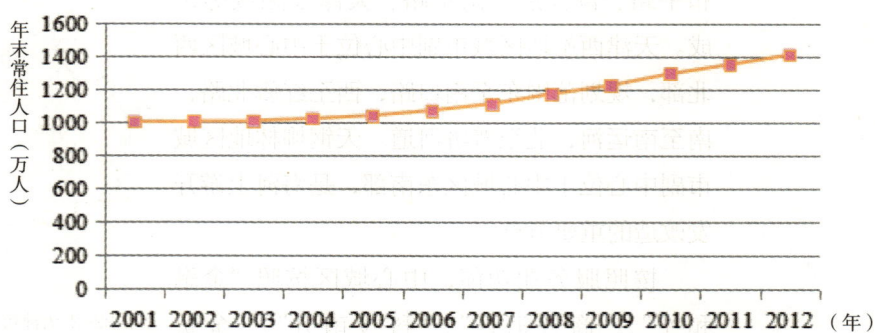

（1）中心城区

天津市中心城区为外环线围合的范围，包括天津市市内六区（和平区、河西区、南开区、河东区、河北区、红桥区）全部以及环城四区（东丽区、津南区、西青区、北辰区）部分，面积334km²。

2010年中心城区常住人口总量为504.6万，与2000年相比，增加72.9万，增长了17%。

十年来人口从内环向外进一步迁移，内环以内人口减少15.5万人，降低了35%；中环—外环之间增加17万人，是人口密度最高的地区；中环—外环之间增长最明显，增加71.2万人，增长30%，尤其是快速环线以外的梅江、瑞景、太阳城等大型居住区人口增长较快（表22-2，图22-5～图22-7）。

中心城区人口分布情况一览表　　　　　　　表22-2

地区	2000年人口（万人）	2010年人口（万人）	增长比例	用地面积（km²）	人口密度（万人/km²）
内环内	44.8	29.3	-35%	14	2.3
内环-中环	148.3	165.5	12%	58	2.9
中环-外环	238.6	309.8	30%	262	1.2
合计	431.7	504.6	17%	334	1.5

图22-5 天津市中心城区示意图

图22-6 中心城区人口密度分布图

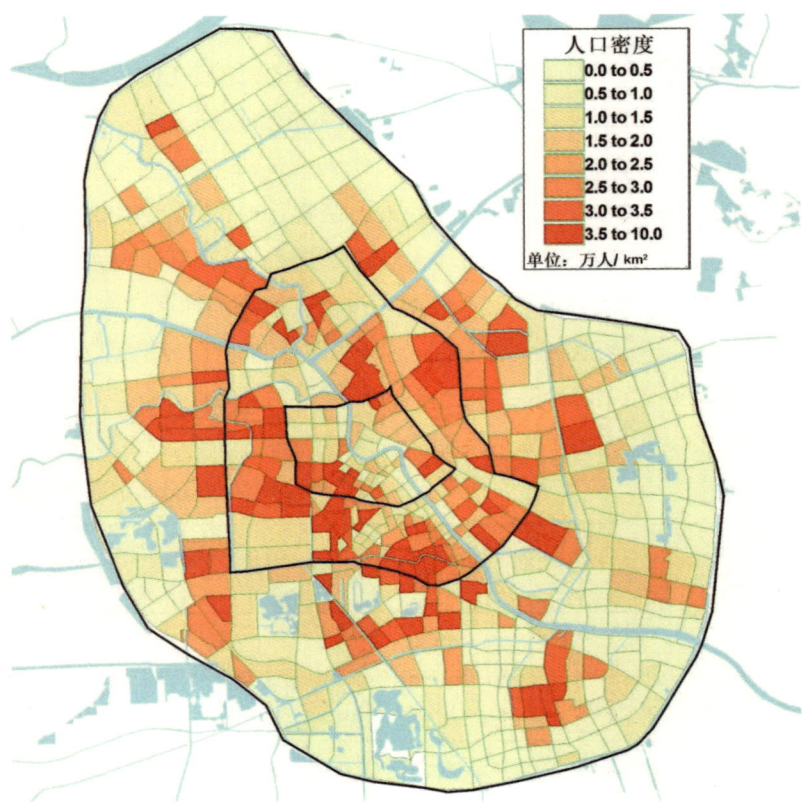

图22-7 中心城区人口密度变化图

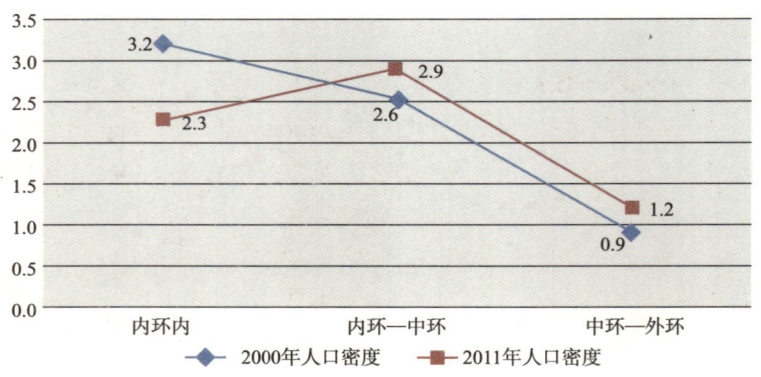

（2）滨海核心区

滨海新区核心区范围东至海滨大道，南至津晋高速，西至唐津高速，北至京津高速、塘汉快速、永定新河，面积约255km²。将被定位于新区行政文化中心、商务商业中心和生态宜居示范城区，并建设成为新区标志区。

2010年滨海新区核心区常住人口总量为100.7万。其特点，一是人口密度较低，仅为0.4万人/km²，不足中心城区人口密度的1/3。二是分布不均匀，人口主要集中在塘沽商业中心、于家堡及新港地区、杭州道居住区等地区，占总人口的63%，另外，泰达开发区MSD及工业区约占总人口的14%（表22-3，图22-8，图22-9）。

滨海新区核心区人口分布情况一览表　　　　表22-3

序号	地区	用地面积	2010年人口（万人）	占总人口比例	人口密度（万人/km²）
1	泰达开发区msd	13	7.3	7%	0.6
2	塘沽商业中心	12	19.1	19%	1.7
3	于家堡及新港地区	22	25.3	25%	1.1
4	杭州道居住区	10	18.8	19%	1.9
5	泰达开发区工业区	30	6.6	7%	0.2
6	塘沽高新区	18	8.3	8%	0.5
7	南窑洼	13	3.1	3%	0.2
8	滨海高铁站地区	20	0.4	0%	0.0
9	胡家园及西部新城	13	8.0	8%	0.6
10	散货物流北组团	24	2.7	3%	0.1
11	北塘	10	1.0	1%	0.1
	合计	255	100.7	100%	0.4

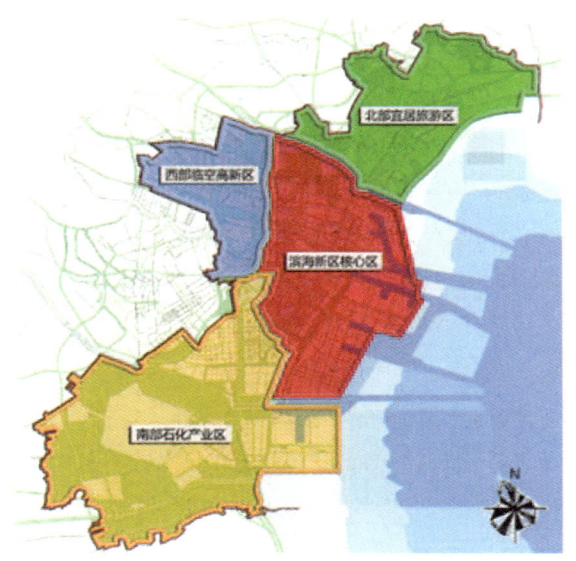

图22-8 滨海核心区范围

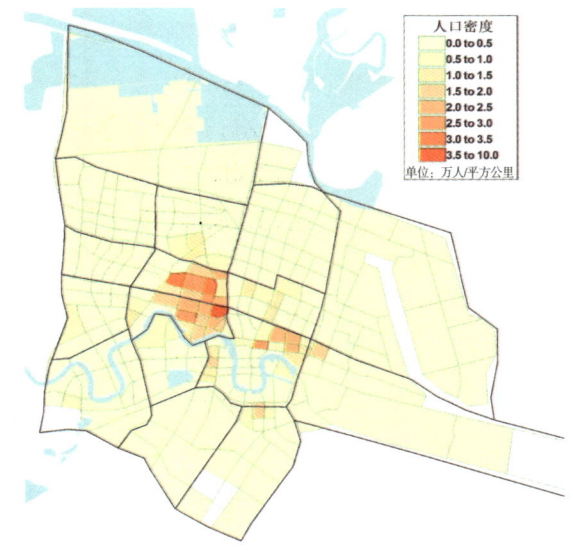

图22-9 滨海新区核心区人口密度分布

22.2.2 从业人员

结合《2011年天津市统计年鉴》、《天津市第二次经济普查主要数据公报（2008年）》，2010年天津市从业人员共722.3万人，其中第一产业75.5万人，第二产业304.7万人，第三产业342.1万人。

中心城市范围内城镇人口从业人员共493.6万个,职住比为53%。中心城区从业人员最集中,为237.7万个,占中心城市从业人员总量的48%,土地开发利用强度最大,每平方公里从业人员数量为7200个;其次为滨海新区核心区,从业人员数量为72.3万个,占中心城市从业人员总量的15%,每平方公里从业人员数量为2810个;环城四区整体开发强度仅为中心城区的10.7%,从业人员主要集中在航空城、大寺微电子、双街等开发区。滨海新区其他地区,从业人员密度最低,仅为233个/km²。(表22-4)

中心城市主要区域从业人员及其密度表　　　　表22-4

地区	用地面积（km²）	从业人员（万人）	从业人员密度（个/km²）	职住比
中心城区及环城四区	2114	375.3	1775	55%
中心城区	330	237.7	7206	47%
东丽	493	36.3	738	80%
西青	504	43.4	860	75%
津南	376	34.3	913	64%
北辰	411	23.6	574	83%
滨海新区	2225	118.3	3043	48%
滨海新区核心区	255	72.3	2810	72%
滨海新区其他地区	1970	46	233	33%
中心城市	4342	493.6	1137	53%

从区域职住比来看,自20世纪八九十年代,工业东移战略实施以来,滨海新区核心区、外围四区岗位逐步以第二产业岗位为主,且职住比较高,达到了70%以上;中心城区岗位以第三产业为主,且人口高度集中,职住比仅为47%。双城区人口与就业不均衡布局及明确的产业分工,导致双城区之间以及双城区与周边区域大量的通勤出行,中心城区人口较多,以输出通勤人口为主;环城四区及滨海新区核心区岗位较多,以输入通勤人口为主(图22-10)。

(1)中心城区

中心城区共有从业人员237.7万个,第二产业与第三产业之比为25∶75,呈现出以生活及生产性服务业等第三产业为主的特点。从开

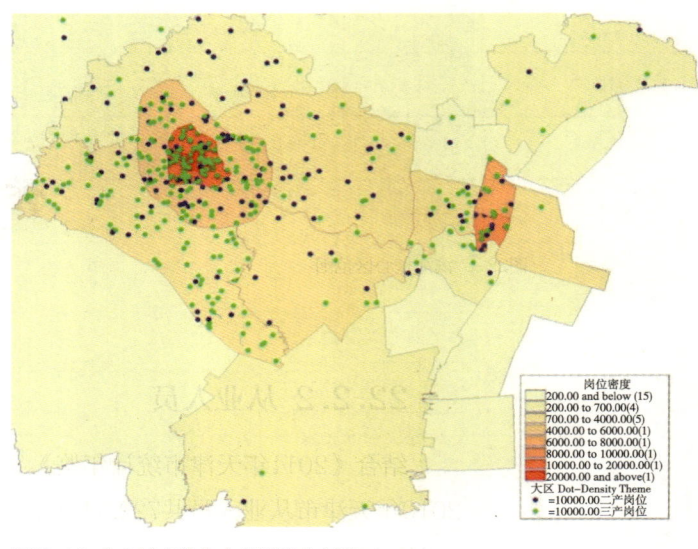

图22-10 中心城市从业人员密度分布图

发强度看，呈现自内向外不断降低的特征，内环以内土地开发利用强度最高，每平方公里达2.27万个从业人员，约是中环至外环区域的4.7倍。从产业结构看，呈现自内向外第二产业比例不断增加，第三产业比例不断降低的特点。第二产业主要集中在快速环线以外地区；第三产业主要集中在滨江道、小白楼、友谊路金融街、佟楼等地区（表22-5）。

中心城区从业人员分布　　　　　表22-5

	第二产业（万）	第三产业（万）	总从业人员（万）	从业人员密度（万人/km²）	第二产业比例	第三产业比例	占从业人员比
内环以内	3.1	26.4	29.5	2.27	11%	89%	13%
内环–中环	13.8	69.5	83.4	1.48	17%	83%	35%
中环–外环	41.6	83.2	124.8	0.48	33%	67%	52%
小计	58.6	179.1	237.7	0.72	25%	75%	100%

（2）滨海新区

滨海新区核心区共有从业人员72.3万人，第二产业与第三产业之比为49∶51，呈现出第二产业与第三产业并重的特点。从开发强度看，泰达开发区msd土地利用强度最高，每平方公里13300人从业人员；其次为塘沽商业中心、泰达开发区工业区，每平方公里从业人员分别为8800人、8100人；上述三个组团约占总从业人员的72%。从产业结构看，除泰达开发区msd、塘沽商业中心、杭州道居住区以第三产业为主外，其他区域均以第二产业为主或第二、三产业并重（表22-6）。

滨海新区核心区从业人员分布　　　　　表22-6

	第二产业（万）	第三产业（万）	总从业人员（万）	从业人员密度（万人/km²）	第二产业比例	第三产业比例	占从业人员比
泰达开发区msd	3.0	14.2	17.1	13300	17%	83%	24%
塘沽商业中心	2.8	7.4	10.1	8800	27%	73%	14%
于家堡及新港地区	2.0	3.0	5.0	2300	40%	60%	7%
杭州道居住区	0.9	3.4	4.2	4200	21%	79%	6%
泰达开发区工业区	21.2	3.0	24.2	8100	88%	12%	34%
塘沽高新区	2.4	2.8	5.1	2800	46%	54%	7%
南窑洼	1.4	0.7	2.0	1500	67%	33%	3%
滨海高铁站地区	0.0	0.0	0.0	0.0	9%	91%	0%
胡家园及西部新城	0.9	1.3	2.2	1700	40%	60%	3%
散货物流北组团	0.9	1.1	2.0	800	45%	55%	3%
北塘	0.0	0.1	0.1	100	8%	92%	0%
合计	35.4	36.9	72.3	2800	49%	81%	100%

22.2.3 流动人口

2011年天津市域对外枢纽点平均每日到达的人数为12.3万人，其中流动人口4.6万人；公路来津人数为24.6万人，其中流动人口为8.6万人；平均每日到达天津的流动人口数为13.2万人。根据调查，流动人口平均停留时间为8天，天津市流动人口总数为105.6万人（表22-7）。

天津市对外枢纽及公路来津流动人口统计表　　表22-7

	每日来津总人数（万人）	每日流动人口数（万人）	平均停留时间（天）	流动人口总数（万人）
对外枢纽	12.3	4.6	8	36.8
公路调查	24.6	8.6	8	68.8
合计	36.9	13.2		105.6

注：为了避免重复计算，公路来津总人数中删除长途客运站的来津人数。

2011年6月份，外地手机用户出现在天津市域范围内的数量日均为84.5万人，最高日达96万人（图22-11）。

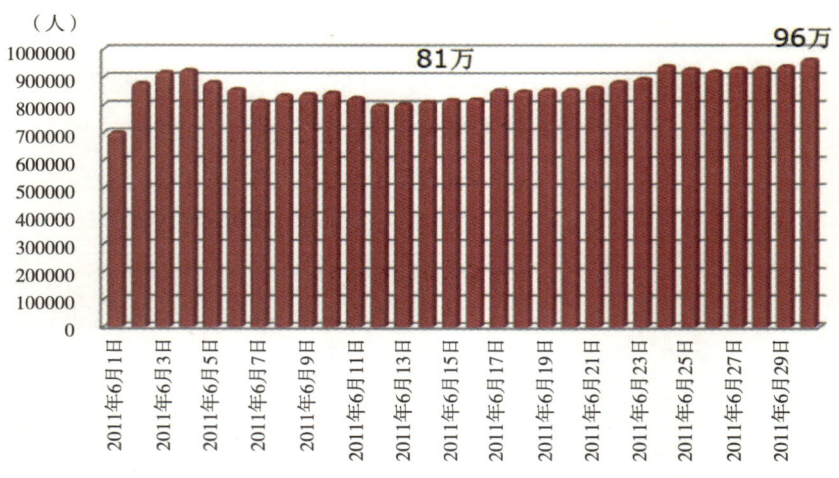

图22-11　2011年6月平均每日外地手机用户总量示意图

由于部分流动人口可能使用本地手机号码或来津流动人口因没有接听或拨打电话从而在话单数据中没有记录，因此实际流动人口规模应该大于96万人次（表22-8）。

天津与北京、上海流动人口规模比较表　　表22-8

	天津（2010年）	北京（2010年）	上海（2010年）
常住人口（万人）	1294	1961	2303
常住外来人口（万人）	312	705	898
流动人口（万人）	110	170	224
流动人口占常住人口比例	8.5%	8.7%	9.7%

参考北京市、上海市流动人口规模，估算2011年天津市域流动人口为110万人，其中中心城市流动人口为80万人。

流动人口在中心城市整体上呈现自"双城"核心区向外递减的分布态势，中心城区约占37%，滨海新区核心区约占20%，环外四区约占33%，汉沽及大港约占10%。

22.3 车辆概况

22.3.1 机动车拥有量

近十年来我市机动车增长速度迅猛，根据市公安交管部门提供的统计资料，截止至2011年3月底，全市民用机动车登记注册量从2002年的98.9万辆增长到186.6万辆，每千人拥有量达到144辆，其中载客汽车144.7万辆，载货汽车19.6万辆，摩托车等其他机动车22.3万辆。私人小汽车达到118.1万辆，每千人拥有量为91辆（图22-12）。

全市民用机动车拥有量年均增长7.7%，尤其是近两年来始终保持15%以上的高位增长态势。小汽车是民用机动车拥有量增长主要原因，其中私人小汽车由2002年19.1万辆增长至118.1万辆，年均增长11.6万辆，年均增长率达到24.7%，占民用机动车拥有量比例由19%增长至62%；单位小汽车由2002年9.4万辆增长至21.8万辆，占民用机动车拥有量比例由9%增长至12%。其他载客汽车、载货汽车、摩托车和其他机动车比例则有不同程度减少（图22-13，图22-14）。

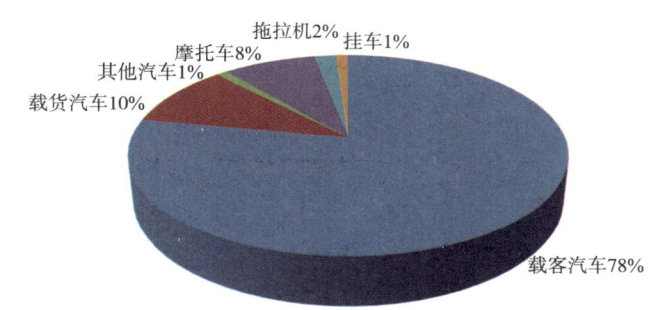

图22-12 全市民用机动车构成比例图

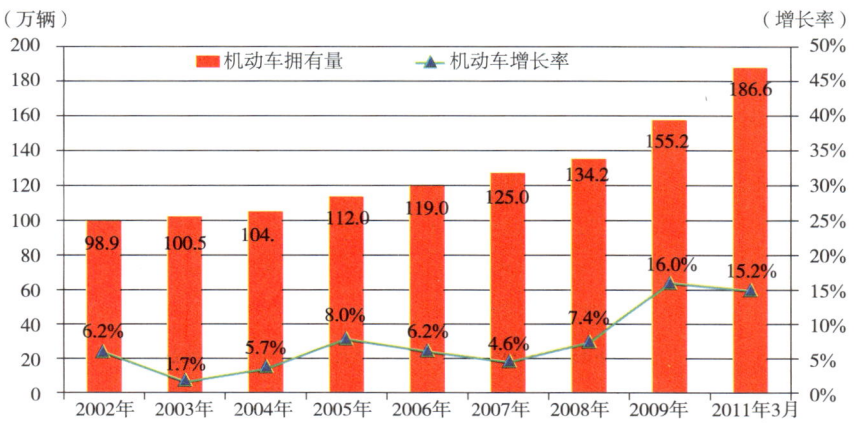

图22-13 全市机动车拥有量历年增长情况

图22-14 全市机动车历年构成比例变化图

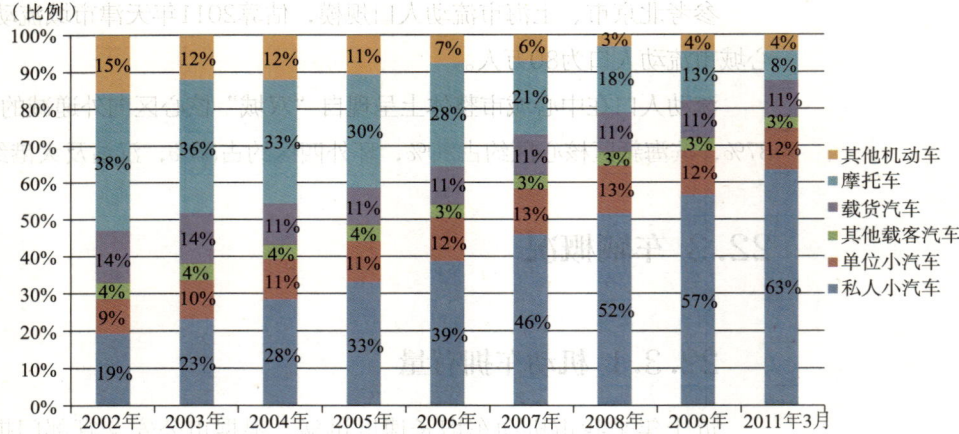

全市私人小汽车拥有量年均增长11.6万辆，年均增长率达到24.7%。私人小汽车千人拥有量由中心城区向外围地区呈递增态势分布，其中中心城区为102辆/千人，中心城区外围地区为113辆/千人；由滨海新区核心区向外围地区呈递减态势分布，其中滨海新区核心区为86辆/千人，滨海新区其他地区为66辆/千人（图22-15）。

图22-15 全市私人小汽车历年增长情况

同北京、上海和广州等国内特大城市相比，天津私人小汽车千人拥有量约为上海的2倍，但略低于广州、远低于北京，仅为广州的4/5和北京的1/2（表22-9）。

与国内特大城市相关指标比较情况表　　　　表22-9

	北京（2010）	上海（2010）	广州（2008）	天津（2011.3）
常住人口总量（万人）	1961.9	2302.7	784.2	1299.3
机动车拥有量（万辆）	480.9	309.7	183.9	186.6
私人小汽车拥有量（万辆）	374.4	103.6	87.7	118.1
机动车千人拥有量（辆）	245	134	235	144
私人小汽车千人拥有量（辆）	191	45	112	91

22.3.2 非机动车拥有量

根据调查，中心城市的自行车使用量约为287.3万辆，其中中心城区198.4万辆，环外四区44.3万辆，滨海新区核心区14.0万辆，滨海新区其他地区30.6万辆。中心城区及环外四区是自行车使用量主要地区，分别占自行车使用量的69.1%和15.4%。

中心城市的电动车使用量约为91.2万辆，其中中心城区54.1万辆，环外四区21.9万辆，滨海新区核心区4.3万辆，滨海新区其他地区10.9万辆。中心城区及环外四区是电动车使用量主要地区，分别占自行车使用量的59.3%和24.0%（图22-16）。

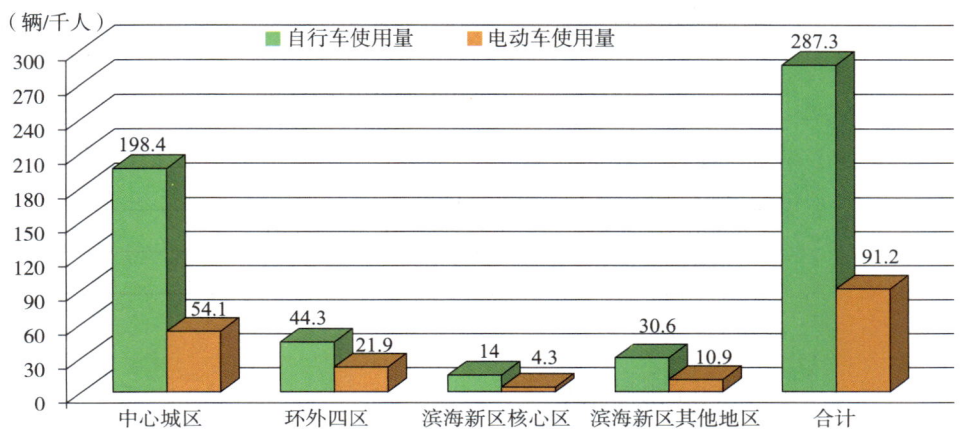

图22-16 中心城市非机动车使用情况

22.4 交通需求特征

22.4.1 常住人口出行特征

（1）出行总量

中心城市常住人口日出行总量约1916万人次，较2000年日出行总量1350万人次，增长了566万人次，增加42%。其中家庭户人口698万人，人均出行次数为2.43次/日，出行总量为1696万人次；集体户人口共236万人（高校学生30万、建筑工人88万、其他118万），出行总量约220万人次。

从分区域出行率看，滨海新区核心区人均出行率较高，约2.92次/日，其次为中心城区，约2.43次/日，环外四区最低，仅2.21次/日。从分区域出行量看，中心城区出行总量约1128万人次/日，占总出行量的59%；滨海新区核心区出行总量约225万人次/日，占总出行量的12%（表22-10）。

中心城区人均出行率由2000年的2.19次/日增长至2.43次/日。出行率的增加主要由于城市物质、精神生活的丰富，居民以购物、休闲、娱乐为目的的弹性出行逐渐增多，基于家其他和非基于家出行次数约增加0.48次/人，同时由于老年人口的增加，职住比下降，上班及上学等刚性出行次数有所降低，约降低0.22次/人（表22-11）。

分区域出行总量表 表22-10

区 域	家庭户人口	家庭户人均出行率	家庭户出行总量	常住人口合计	
				出行总量	出行量占比
中心城市	698	2.43	1696	1916	100%
中心城区及环外四区	563	2.38	1339	1456	76%
中心城区	433	2.43	1053	1128	59%
环外四区	130	2.21	287	329	17%
滨海新区	134	2.66	357	460	24%
滨海新区核心区	64	2.92	188	225	12%
滨海新区其他地区	70	2.41	169	235	12%

中心城区历年分目的日均出行率表（次/人） 表22-11

年份	基于家工作	基于家上学	基于家其他	非基于家	合计
2000年	0.98	0.28	0.82	0.11	2.19
2011年	0.84	0.20	1.21	0.18	2.43
出行率变化	-0.14	-0.08	+0.39	+0.07	+0.26

（2）出行方式

目前中心城市出行方式仍以非机动交通方式为主，约占66.4%（其中步行32.6%、自行车22.3%、电动自行车11.5%）；其次为以小汽车为主的个体机动化交通方式，约占17.5%；包括公交、轨道、出租车、通勤班车在内的公共交通约占16.1%，其中班车约占3.3%。班车方式主要服务长距离的通勤出行，解决部分开发区及功能区等距离较远职工上下班交通（图22-17）。

中心城区内部出行方式中，慢行出行方式与机动化方式之比约为71∶29，机动化出行方式中，公共交通所占比重略高于小汽车2.6%（其中班车0.7%）。

中心城区对外主要以机动化出行方式为主，公共交通出行比例为47.9%（其中班车出行占28.6%）；小汽车出行方式比例高达34.9%；其余为慢行出行方式，约17.2%，其中电动自行车比例高达7.1%（图22-18）。

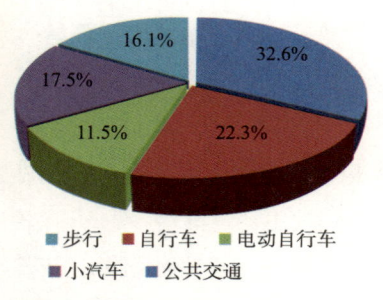

图22-17 中心城市出行方式图

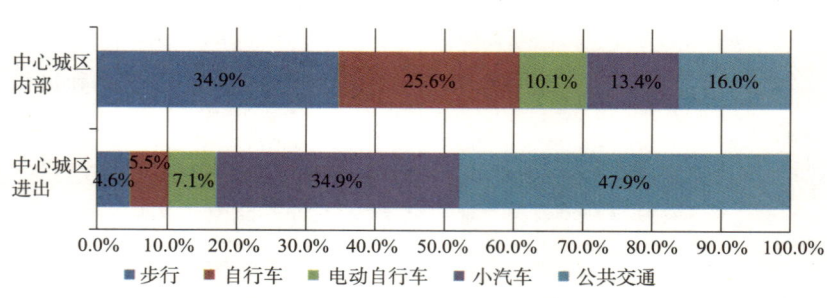

图22-18 中心城区出行方式图

近10年中心城区出行方式结构，呈现以下变化规律：

1）非机动交通所占比重大幅下降，由2000年88.1%下降至2011年的70.6%，下降了17.5%；相应地，机动化出行所占比重大幅提高，由11.9%上升至29.4%。交通方式结构的变化，主要是由于居民收入水平的提高，以及城市空间的拓展导致居民出行距离不断增长，由2000年的4.4km增加至2011年的4.8km，促使居民采用更为便捷舒适的机动化方式出行。

2）从各方式所占比重看，步行交通方式基本保持不变；自行车出行方式下降最快，由2000年的51.0%降至25.6%；随着居民经济收入提高，购买小汽车家庭越来越多，小汽车出行比例增幅最大，由2000年的3.2%增长至13.4%，提高了10.2%；电动自行车出行比例增长也较为迅速，提高了7.7%。公共交通稳步增长，由2000年的8.1%提升至2011年的16.0%。交通方式结构的变化表明，下降的自行车出行，一部分转向了电动自行车，另外一部分转向了小汽车等个体交通方式。

3）从不同目的的小汽车使用情况看，工作为目的的小汽车出行是小汽车出行的主体，占小汽车出行总量的50%；购物、娱乐等弹性出行占32%；值得注意的是，接送孩子上下学的相关出行占全天18%，早高峰更是高达28%（图22-19）。

滨海新区核心区内部出行非机动交通方式占比为64.8%，尽管双城区非机动交通方式出行比例整体差别不大，但从构成上看，滨海新区核心区步行所占的比重较高，达到了50.2%，而自行车和电动车所占的出行比例则明显低于中心城区，这主要与滨海新区核心区居民出行距离较短，以购物、娱乐为目的的短距离出行所占比重较高有关；小汽车出行所占比重高于中心城区，为17.6%，与滨海新区核心区内小汽车保有量较高有关；公共交通出行比例约比中心城区高1.6%，比重约17.6%。

进出滨海新区核心区的出行方式以公共交通为主，占全方式47.5%（其中班车31.8%，公交及轨道15.7%）；其次为小汽车，占出行总量的31.5%；非机动交通占21.0%（图22-20）。

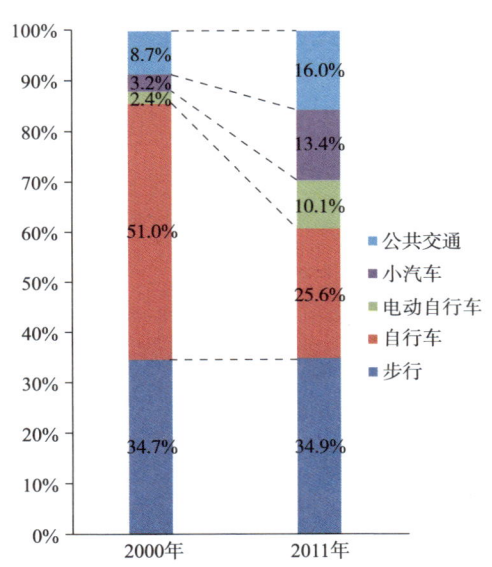

图22-19 2000~2011年中心城区出行方式对比图

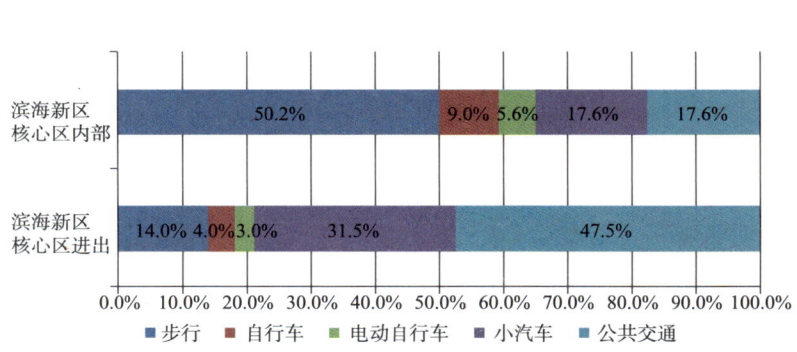

图22-20 滨海新区核心区出行方式图

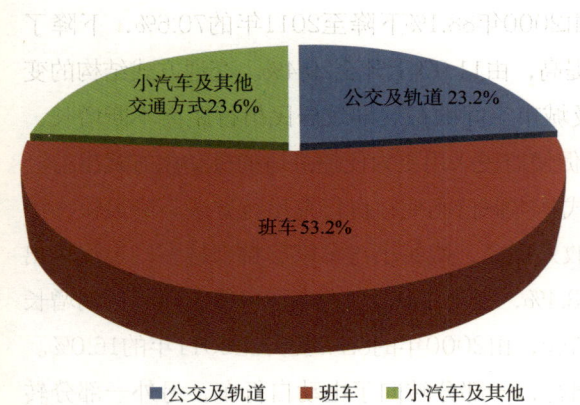
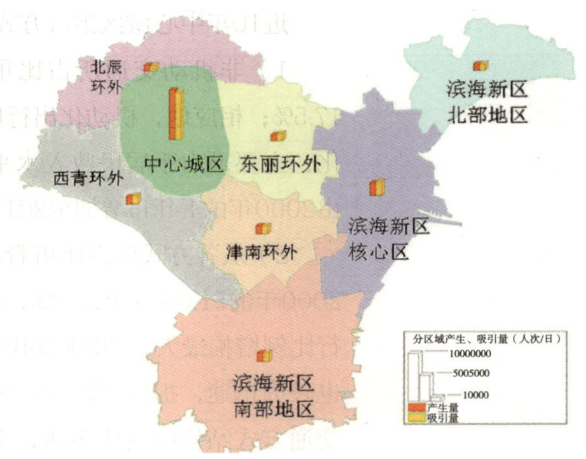

图22-21 双城之间出行方式图　　　　　图22-22 中心城市分区域出行产生、吸引图

公共交通为双城之间最主要交通方式,其中班车占全方式53.2%,公交及轨道占23.2%。其余为小汽车及其他交通方式,约占23.6%(图22-21)。

(3)出行空间分布

从分区域出行产生、吸引图上看,中心城市范围内的出行主要集中在中心城区、滨海新区核心区,二者分别占出行总量的59%、12%。中心城区职住比最低,约19%的人口住在中心城区就业在区外,而滨海新区核心区职住比最高,约25%的人口就业在区内而居住在区外,环外四区职住比也较高,由此导致中心城区产生量大于吸引量,滨海新区核心区及环城四区吸引量大于产生量,并由此导致不同区域间大量的通勤出行(图22-22)。

中心城市出行的空间分布,主要呈现为以中心城区为核心的对外放射态势;中心城区与环外四区及滨海新区核心区联系密切;滨海新区核心区对外辐射较弱,与中心城区之间的联系是其最大的对外客流方向。

全天进出中心城区的出行量约为110万人次,其中中心城区居民每天出入外环线约80万人次,其他地区居民每天出入外环约30万人次,中心城区对外出行量占中心城区内部及对外出行量的比例由1993年的3%,提高至8%。

全天进出滨海新区核心区的出行量约为25.6万人次,其中滨海新区核心区居民每天出入滨海新区核心区约4.1万人次,其他地区居民每天出入滨海新区核心区约21.5万人次。

双城之间约为20.5万人次/日,考虑部分集体户和流动人口双城之间的出行量,双城之间的出行总量约为22~24万人次/日。

从出行目的来看,区间出行以通勤为主。进出中心城区的出行中通勤占63.4%;进出滨海新区核心区通勤占68.3%;双城之间通勤占83.3%。

从客流走廊看,分别形成东西、南北两大客流走廊:东西主走廊为西青—中心城区—环外东丽—滨海新区核心区;南北次走廊为北辰—中心城区—环外津南—滨海新区南部片区(表22-12)。

中心城区的出行主要集中在快速环线以内,居民出行主中心仍然为和平区的南京路、滨江道、小白楼附近的商业、商务区;海河以西地区的出行强度明显高于海河以东,反映了地

双城区出行总量量表（万人次/日）　　　　表22-12

区域	家庭户出行总量	内部出行量	对外出行量	其他地区进入量	对外出行占比
中心城区	1053.0	971.2	81.8	28.5	8%
滨海新区核心区	206.1	202.0	4.1	21.5	2%

区发展的不均衡性仍然存在；形成了两条主要的客流走廊，一条位于海河西岸，沿红桥—和平—河西；另一条由西南至东北方向，沿南开—和平—河北—东丽（图22-23，图22-24）。

对比2000~2011年中心城区出行空间分布图，呈现出如下变化：尽管总体态势仍然为单中心放射，但呈现由以核心区为中心的单点对外放射向多点放射转变；沿中环附近的环

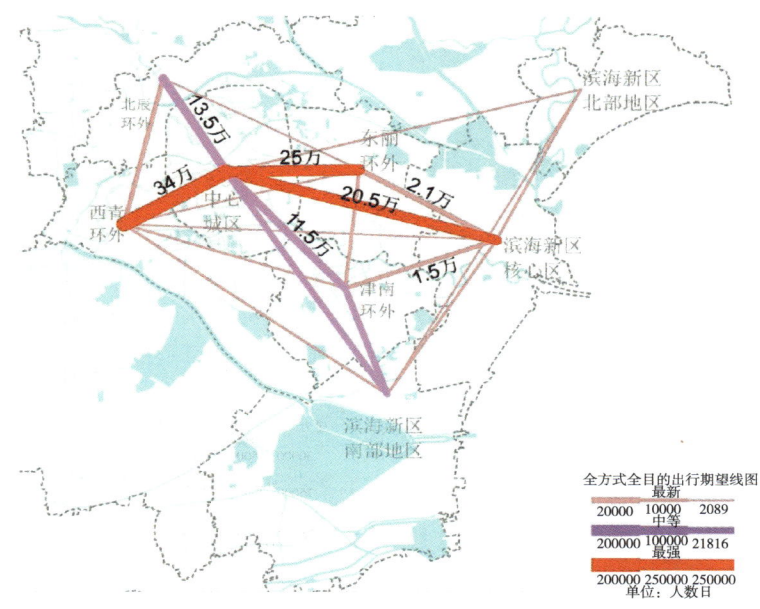

图22-23 中心城市出行空间分布图

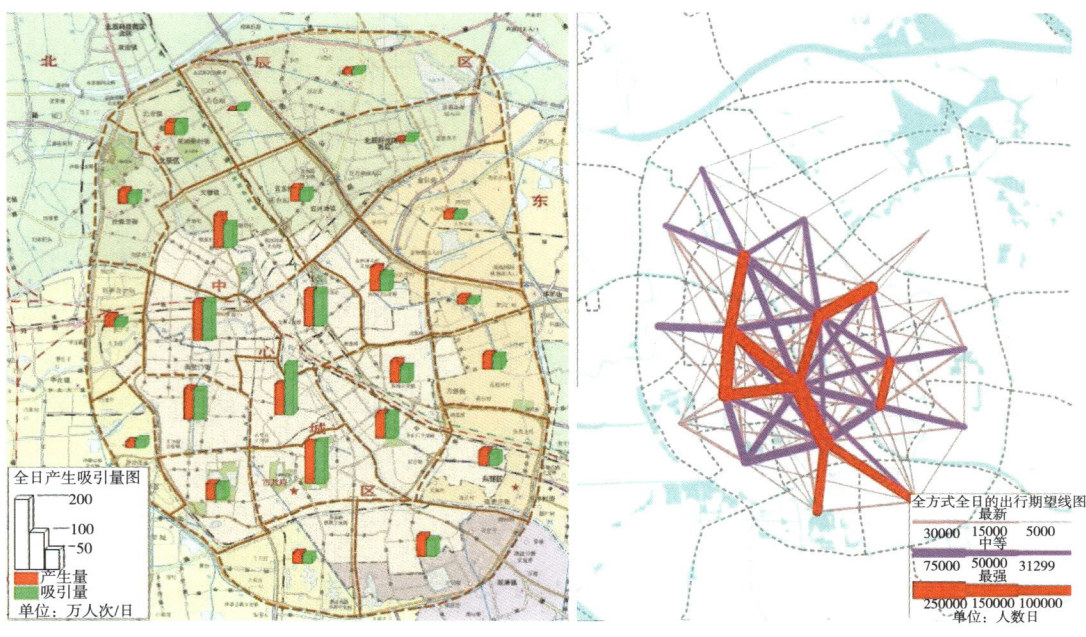

图22-24 中心城区出行空间分布图

线客流走廊，明显增强；外围地区的出行强度，明显提升（图22-25）。

滨海新区核心区内由于大部分人口、从业人员集中在50km²的中心商务区，出行空间较小；客流分布总体呈现以解放路商业区为中心单中心对外辐射态势，并形成两条明显的客运走廊，东西向主客流走廊由杭州道居住区—解放路商业区—于家堡及新港二号路地区—天津港，次客流走廊为解放路商业区与泰达MSD之间的联系（图22-26）。

（4）出行时间分布

中心城市内的出行具有明显的早、晚高峰，早、晚高峰时段分别为7：00~8：00、17：

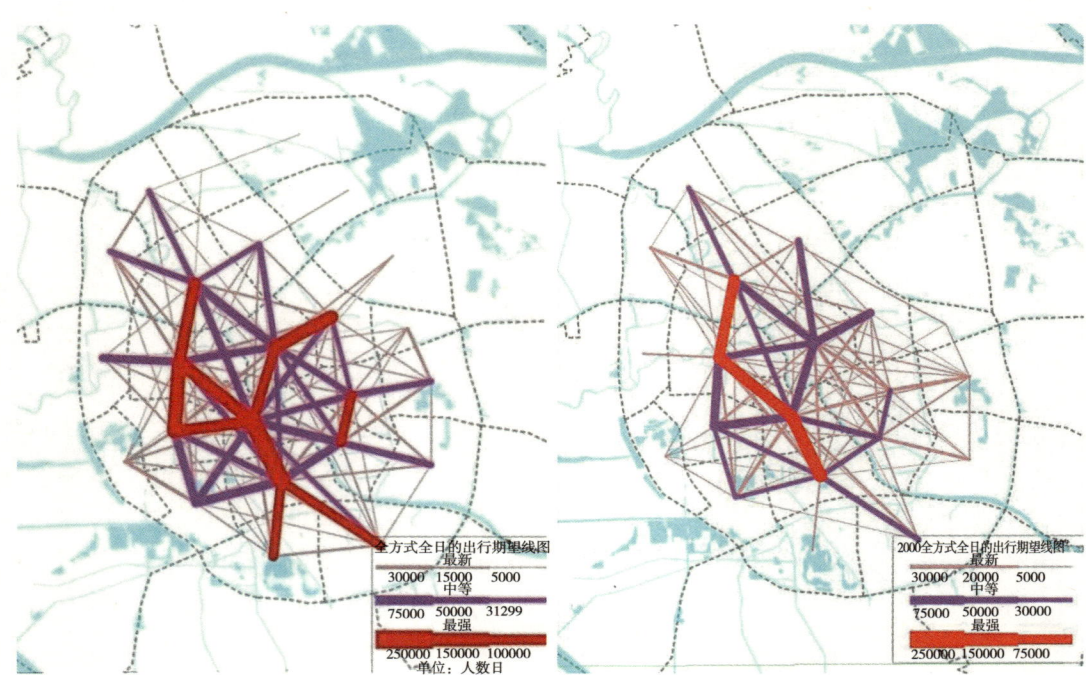

图22-25 2000~2011年中心城区出行空间分布对比图

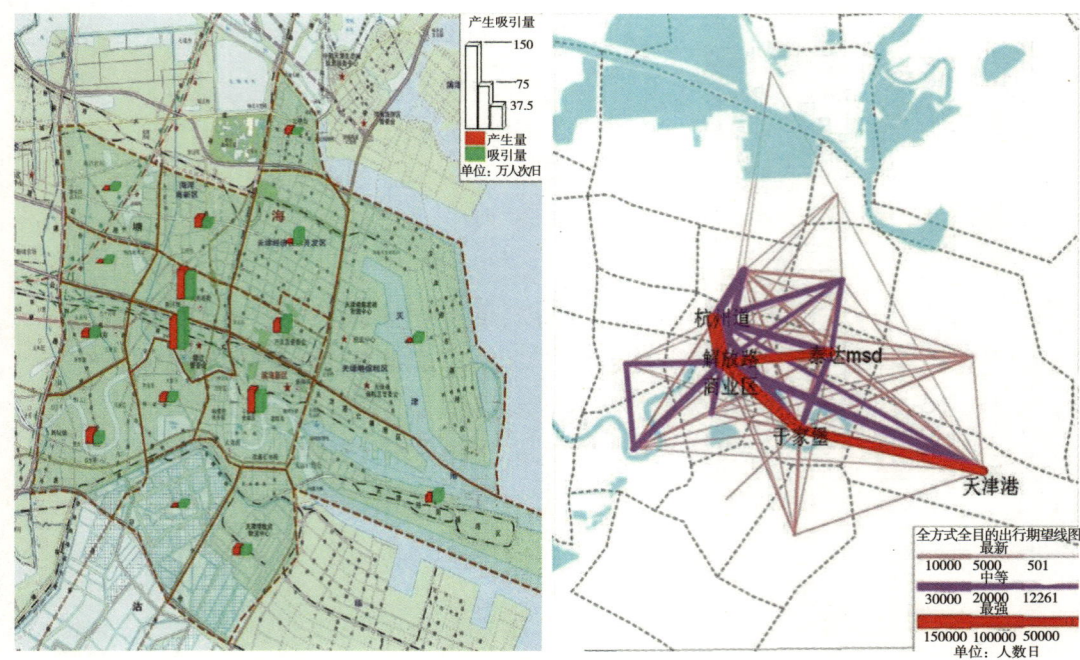

图22-26 滨海新区核心区出行空间分布图

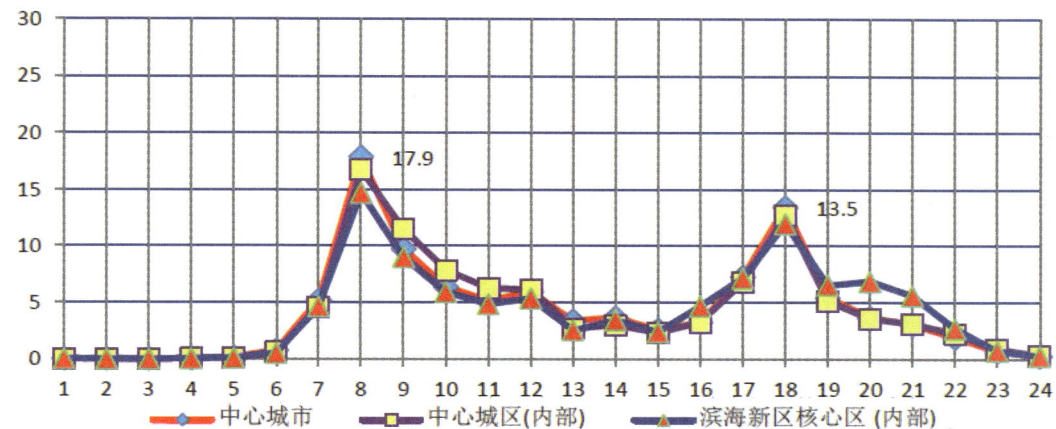

图22-27 出行时间分布图

00~18:00，早、晚高峰出行占全天出行比重分别为17.9%、13.5%。早高峰系数大于晚高峰系数，早高峰交通压力较大，说明目前中心城市内的上班、上学时间过于集中在同一个时间段，缺乏弹性；而下班、放学时间则相对灵活（图22-27）。

早高峰是全天交通压力最大的时段，以对交通影响最大的小汽车出行来看，与工作相关的出行占出行总量的56%（基于家工作），与购物、娱乐等为目的的出行占16%（基于家其他、非基于家），而与学生上下学相关的出行则占到28%（基于家上学、基于家接送），表明减少与上下学相关的小汽车出行量，将有效缓解城市交通压力（表22-13）。

中心城市早高峰分目的分方式表 表22-13

	基于家工作	基于家上学	基于家接送	基于家其他	非基于家	合计
步行	24%	19%	9%	44%	4%	100%
自行车	50%	21%	11%	14%	4%	100%
电动车	60%	12%	15%	8%	5%	100%
小汽车	56%	12%	16%	5%	11%	100%
公交车	51%	25%	4%	15%	5%	100%
班车	91%	1%	0%	1%	7%	100%

（5）出行时间与距离

中心城市范围内居民平均每次出行的时耗为27.4min，其中中心城区居民平均每次出行时耗为30.1min，相对于2000年居民出行平均时耗27min，增长了3.1min；滨海新区核心区居民平均每次出行时耗为24.9min；环外四区以及滨海新区其他地区平均每次出行时耗较短，仅为23.5min、19.8min。

中心城市范围内居民平均每次出行距离为4.6km，其中中心城区居民出行距离最长，平均每次出行距离为4.8km，城市规模的扩大引起了居民出行距离的提高，相比2000年的4.4km、1993年4.2km有较大幅度增加；滨海新区核心区由于城市空间较小，出行距离最短，平均每次出行的距离仅3.6km（表22-14，表22-15）。

分区域出行时耗、距离表　　　　　　　　　　　　表22-14

区域	平均出行时耗（min）	平均出行距离（km）
中心城市	27.4	4.6
中心城区及环外四区	28.7	4.8
中心城区	30.1	4.8
环外四区	23.5	4.6
滨海新区	22.5	3.8
滨海新区核心区	24.9	3.6
滨海新区其他区域	19.8	4.0

中心城区出行历次调查出行时耗、距离表　　　　表22-15

区域	平均出行时耗（min）	平均出行距离（km）
1993年	24	4.2
2000年	27	4.4
2010年	30.1	4.8

22.4.2 流动人口出行特征

（1）流动人口目的

流动人口按照来津目的分为外来务工、因公出差（包括学习培训）、旅游购物、探亲访友及其他。外来务工人员的比例最高，约30%，与2000年持平。随着天津市经济社会的发展，因公出差、旅游购物的比例较2000年有所上升，约为25%、20%（表22-16，图22-28）。

2011年中心城市流动人口来津目的一览表　　　　表22-16

来津目的	比例
外来务工	30%
因公出差、学习培训	25%
旅游购物	20%
探亲访友及其他	25%
总计	100%

（2）出行特征

2011年中心城市流动人口的日均出行率为2.38次/人，旅游购物人员的交通出行较为频繁，日均出行率最高，为3.00次/人；外来务工人员的交通出行较少，日均出行率最低，为1.60次/人（表22-17）。

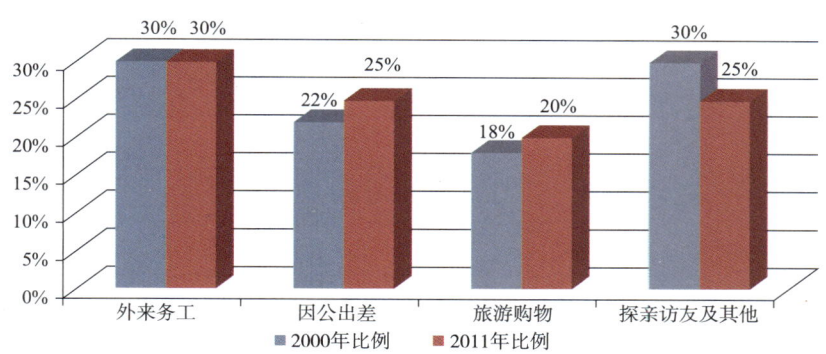

图22-28 2000年与2011年中心城市流动人口来津目的构成图

中心城市流动人口日均出行率一览表　　　表22-17

来津目的	日均出行率（次/人）
外来务工	1.60
因公出差、学习培训	2.60
旅游购物	3.00
探亲访友及其他	2.60
总计	2.38

2011年天津市中心城市流动人口日出行总量为190万人次，其中中心城区为75万人次，滨海新区为60万人次，环城四区为55万人次。中心城市流动人口总出行量约为常住人口的10%。

流动人口的出行方式结构中，机动化出行比例约占60%，其中出租车出行比例较高，约占25%；公交及轨道出行比例较低，对于流动人口的吸引力不足，仅占20%（表22-18）。

中心城市流动人口出行方式比例表　　　表22-18

目的\方式	公家及轨道	出租车	小汽车	非机动交通	合计
外来务工	20%	3%	7%	70%	100%
因公出差	20%	30%	20%	30%	100%
旅游购物	20%	30%	20%	30%	100%
探亲访友	25%	12%	23%	40%	100%
合计	20%	25%	15%	40%	100%

22.4.3 枢纽点出行特征

（1）出行总量

中心城市机场、火车站、长途汽车站等枢纽点的平均日旅客到发量为24.7万人次，枢纽点接接送人数为8.7万人次。近几年高速及城际铁路的迅速发展，火车客运量取得了快速增长，约占到发总量的58%，其次为公路长途客运站，约占34%，机场占比最小，约8%（表22-19）。

2011年中心城市对外枢纽点出行生成总量　　　　　　表22-19

分类	到发量（万人/日）	接送人数（万人）	出行量（万人次/日）
机场	2.1	0.3	2.4
火车站	14.2	5.7	19.9
长途客运站	8.4	2.7	11.1
总计	24.7	8.7	33.4

（2）出行方式结构

枢纽点的交通方式中，出租车方式所占比例最高，占总量的45%；其次为公交及轨道，占总量的38%；小汽车和非机动交通方式各占总量的11%和6%。

机场、火车站流动人口因公出差比例较大，其出租车出行比例较高，分别为57%、47%。长途客运站外来务工比例较大，其公交出行比例较高，占42%（表22-20）。

中心城市对外枢纽点交通方式表　　　　　　表22-20

交通方式	机场	火车站	长途客运站	总计
公交及轨道	7%	41%	42%	38%
小汽车	36%	7%	11%	11%
出租车	57%	47%	38%	45%
非机动交通	0%	5%	9%	6%
合计	100%	100%	100%	100%

（3）出行分布

机场主要服务高端商务客流以及旅游购物出行，出行量主要集中在高端产业、现代服务业相对发达的中心城区，所占比例高达80%；滨海新区核心区及东丽区集中了15%出行量，其他地区的出行量仅占5%。

火车站的出行量主要集中在中心城区，约占71%，滨海新区核心区的出行量约占7%，其他地区的出行量约占22%。

长途客运站的出行量主要集中在中心城区及滨海新区核心区范围内，分别占64%、21%。环城四区及汉沽、大港的出行量仅占15%（表22-21）。

对外枢纽的出行分布规律表明中心城区的对外交通枢纽出行需求最强，71%的出行均集中在中心城区；滨海新区核心区对外交通枢纽出行总量仅占10%。中心城区综合交通枢纽功能较为完善，吸引了周边地区的客流，铁路枢纽中10.4%的客流来自滨海新区，长途客运枢纽中14.7%的客流来自滨海新区，滨海新区核心区的对外交通枢纽功能亟待加强（图22-29）。

中心城市对外枢纽点出行分布表　　　　　表22-21

区县	机场	火车站	长途客运站	对外枢纽出行量
中心城区	80%	71%	64%	71%
东丽（环外）	7%	4%	7%	5%
津南（环外）	1%	6%	2%	4%
西青（环外）	2%	3%	3%	3%
北辰（环外）	1%	5%	1%	4%
滨海新区核心区	8%	7%	21%	10%
滨海新区北部片区	1%	3%	1%	2%
滨海新区南部片区	1%	1%	1%	1%
总计	100%	100%	100%	100%

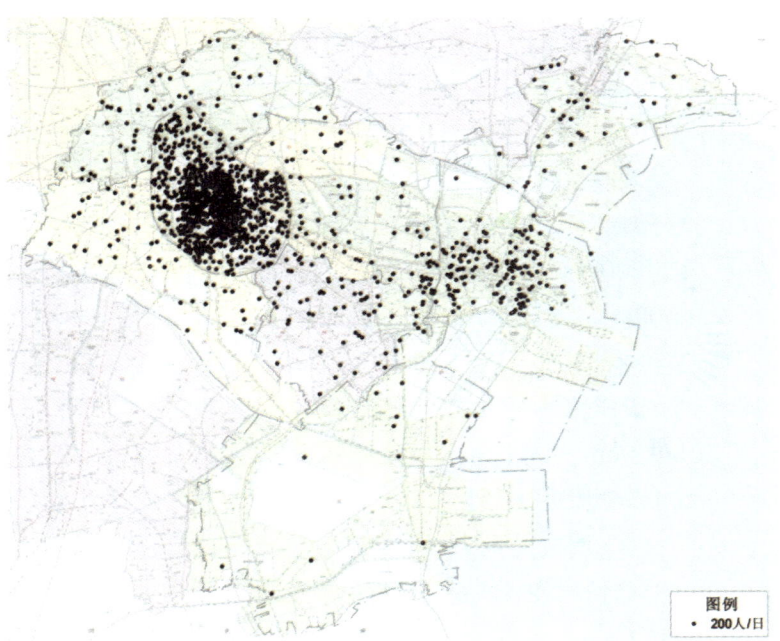

图22-29 中心城市对外枢纽点出行分布图

22.5 公共交通

天津市"公共交通"包含：轨道交通（含地铁、津滨轻轨）、常规公交（含常规公交车、混合动力车及纯电动公交车）、出租车。严格来说单位班车（含双城间班车）不属于公共交通。

22.5.1 轨道交通

天津轨道交通现状运营1、2、3、9四条线路，全长139.3km，在建5、6号线。目前日平均客运量约88万人次。（图22-30）

2013年7月，地铁1、2、3、9号线（含津滨轻轨）共开行列车34499列，运行图兑现率和列车运行正点率均超过99%，总客运量达2017.17万人次，日均客运量达到65.07万人次。其中1号线23.75万人次、2号线8.21万人次、3号线20.91万人次、9号线及津滨轻轨12.2万人次。

2013年9月，1、2、3、9号线（含津滨轻轨）共开行列车29014列，总客运量达2199.6万人次，同比增长167.04%，日均客运量达到73.3万人次。其中，1号线25.43万人次、2号线12.74万人次、3号线22.58万人次、9号线及津滨轻轨12.58万人次。

2013年12月24日，本市轨道交通全天共运送乘客102万人次，日客流量首次超过百万，彰显了公共交通的优势。

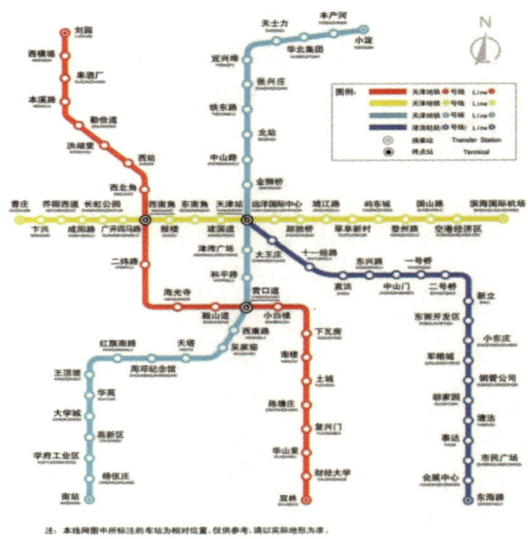

图22-30 天津地铁线路示意图

（1）地铁一号线

天津地铁一号线是天津市快速轨道交通网中连接北辰区刘园站和津南区双林站的南北骨干线，于2002年11月21日开工建设，历经约4年时间改造，于2005年12月28日建成通车，2006年6月12日开始载客试运营。正线全长26.188km，其中高架线8.743km，地面线1.509km，过渡线0.558km，地下线15.378km（包括既有线7.335km）。1号线共设刘园、双林等22座车站。其中，西南角站可换乘2号线，营口道站可换乘3号线。

天津地铁1号线东延至国家会展中心项目已经开始环评，拟于2016年通车，正线全长15.860km。1号线东延线全线共设车站10座，均为地下站，主变电站1座，车辆段1处，对现状车辆段进行改造。

（2）地铁二号线

天津地铁2号线是天津市快速轨道交通网中的东西骨干线，于2006年开工建设，正线全长27.14km，全线共设20座车站，其中地下站18座、半地面站1座、地面站1座。这19座车站的站台除曹庄站为半地面站侧式站台和天津站站为地下站侧式站台之外全为地下站岛式站台。天津地铁2号线西起西青区曹庄，东至东丽区天津滨海国际机场。其中，长虹公园站可换乘六号线，西南角站可换乘1号线，天津站可换乘3号线、9号线，靖江路可换乘5号线。

（3）地铁三号线

天津地铁3号线，是天津市快速轨道交通网中的南北骨干线，全长33.7公里，全线共设26座车站，其中地下站18座、高架站7座、地面站1座。2012年10月1日，小淀～高新区区间开通试运营。2013年12月28日，高新区～南站区间开通试运营。至此，天津地铁3号线全线贯通。

（4）轻轨九号线

天津地铁9号线又称"津滨轻轨"始建于2001年1月18日，一期工程于2004年3月28日开始试运营，全长52.759km，是沟通天津中心城区和滨海新区的唯一骨干线路，途经天津站、中山门、塘沽城区、天津开发区、滨海新区行政文化中心、滨海国际会展中心等地标。全线共设天津站站、东海路站等19座车站（含5个预留车站），其中，天津站站可换乘地铁2、3号线，直沽站可换乘在建的5号线，泰达站可换乘与开发区导轨电车。天津地铁9号线车辆采用长春轨道客车生产的四节编组车，设计最高时速为100km/h，车辆采用四辆编组，最高定员800人，一共备有38列电客车，实际运营使用投入37列，共计152辆（节）。"地铁九号线"主要针对津滨轻轨天津站站至中山门站延伸段，延伸段内车站标识使用"9号线·滨海快速"和"津滨轻轨"混合称谓。

22.5.2 常规公交

（1）公交概况

截至2012年9月，天津常规公交运营线路523条，运营车辆7686部，日均客流356万人次。常规公交出行分担率约为14.58%。按标台计算（含轨道交通折算），万人公共交通车辆保有量达到14.2辆。

现状公交总体服务水平仍然较低。从线网覆盖看，双城区以外地区公交站点对人口岗位覆盖率仅30%，城乡公交发展水平不均衡（图22-31）。

从发车间隔看，受配车不足、驾驶员短缺等因素制约，180条公交干线早高峰平均发车间隔约8min，发车间隔偏大；从运营速度看，由于缺乏公交专用车道保障，高峰小时主要客流走廊公交运营车速低，仅9~13km/h（图22-32）。

（2）站点覆盖率

从公交站点覆盖范围看，300m站点覆盖率中心城市仅为8.1%，中心城区为50%，滨海核心区为19%，远低于规范所要求的覆盖率。500m站点覆盖率中心城市为14.8%，中心城市为72%，滨海核心区为32%，均未达到规范所要求覆盖范围（图22-33，表22-22~表22-24）。

（3）双城间公共交通

"十二五"期间，滨海新区将启动建设Z4线，与津滨轻轨形成换乘，强化沿海发展带；

图22-31 中心城市现状公交线路示意图

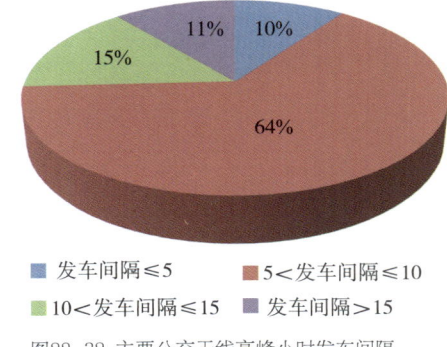

图22-32 主要公交干线高峰小时发车间隔

图22-33 中心城市现状公交站点500m半径覆盖示意图

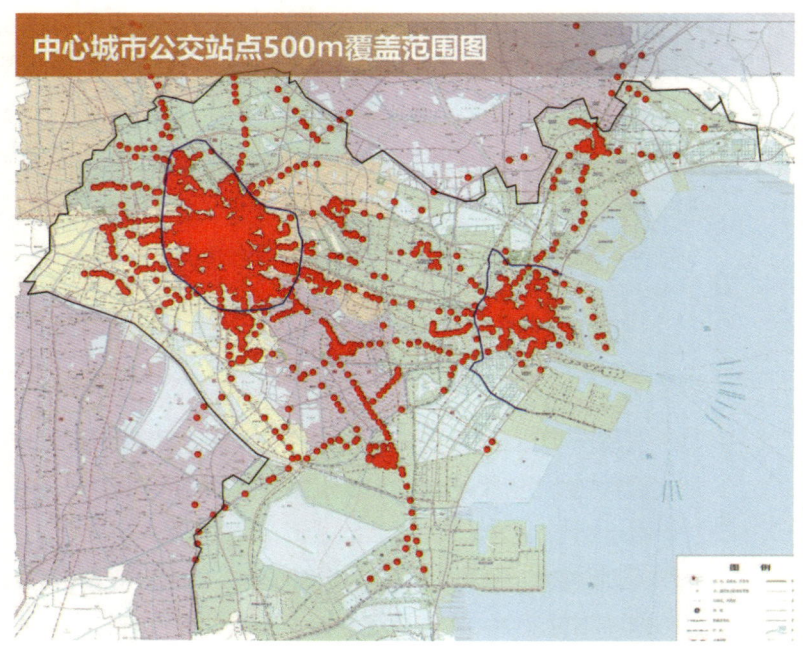

中心城市公交站点覆盖率（面积） 表22-22

	300m覆盖率	500m覆盖率
中心城市	8.1%	14.8%
中心城区	50%	72%
滨海核心区	19%	32%
其他区域	3.8%	8.9%

中心城市公交站点覆盖率（人口） 表22-23

	300m覆盖率	500m覆盖率
中心城市	51.4%	69.0%
中心城区	73%	92%
滨海核心区	54%	74%
其他区域	16.7%	30.8%

中心城市公交站点覆盖率（岗位） 表22-24

	300m覆盖率	500m覆盖率
中心城市	51.8%	69.7%
中心城区	73%	90%
滨海核心区	57%	78%
其他区域	20.0%	37.1%

注：本次界定中心城区为外环线围合范围；滨海核心区为京津高速、西中环、津晋高速、海滨大道围合的范围。

建设Z2线，支撑带动生态城发展；启动B1线，连接滨海西站和于家堡。

预计"十二五"末，滨海新区各片区间及双城间的公交客流量将由现状2.15万人次/日增长到15万人次/日以上。公交车辆规模预计从现状310辆增长到430辆以上（表22-25，图22-34）。

滨海新区"十二五"区间公交需求分析表　　　表22-25

区域	客流量（万人次/日）	地面公交分担比例	地面公交客流量（万人次/日）	公交线路（条）	公交车辆（辆）
双城间	65	6%~10%	5.0~6.5	6~10	160~220
核心城区—西部片区	25	10%~15%	2.5~3.8	4~6	60~100
核心城区—北部片区	45	10%~15%	4.5~5.7	6~8	110~150
核心城区—南部片区	35	10%~15%	3.5~4.5	5~7	100~120
合计	153		15~20	21~31	430~590

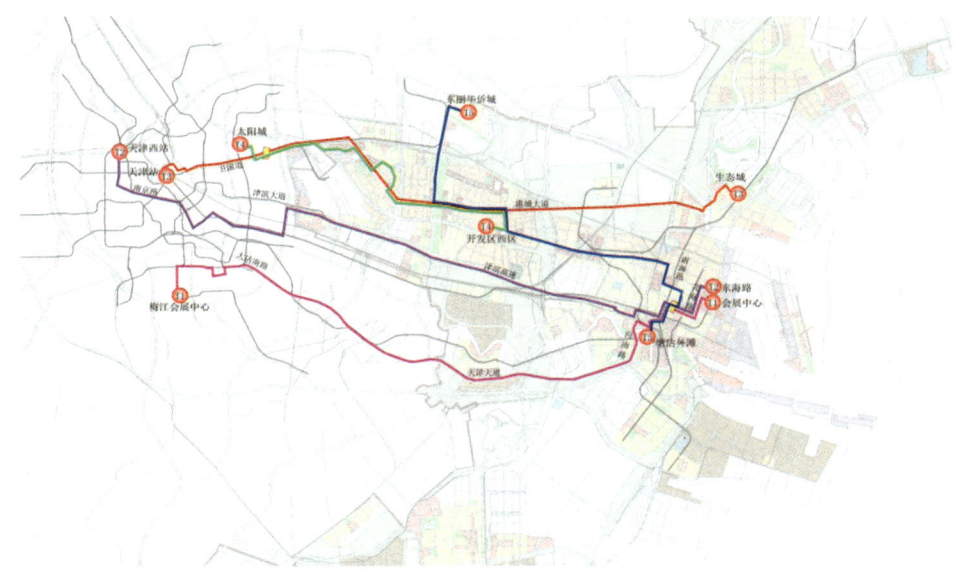

图22-34 "十二五"双城快线规划图

（4）滨海新区现状情况

滨海新区共有公交线路74条，公交车辆1180辆，线路总长度达2159km。滨海新区与中心城区之间有轻轨线路一条，该轻轨起自天津站，止于开发区东海路站，全长52km，共设19站。

滨海新区现状公共交通的问题为服务水平低，主要体现在两个方面：一是缺乏大运量、快速的客运交通方式连接核心区及新区各组团，轨道线仅有1条津滨轻轨，导致滨海新区的公交出行比例仅为北京、上海的一半；二是常规公交线网的服务水平低，公交站点

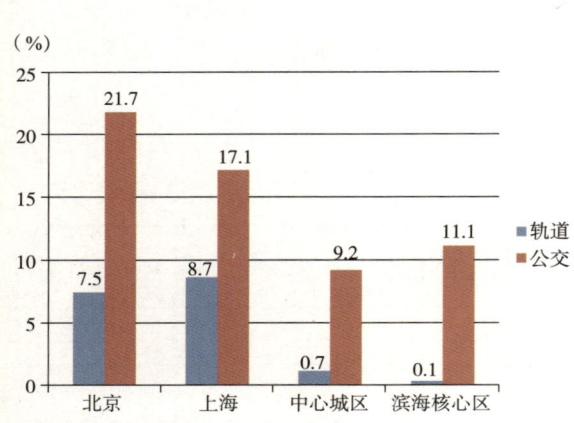

图22-35 滨海新区核心区与其他地区公交出行比例柱状图

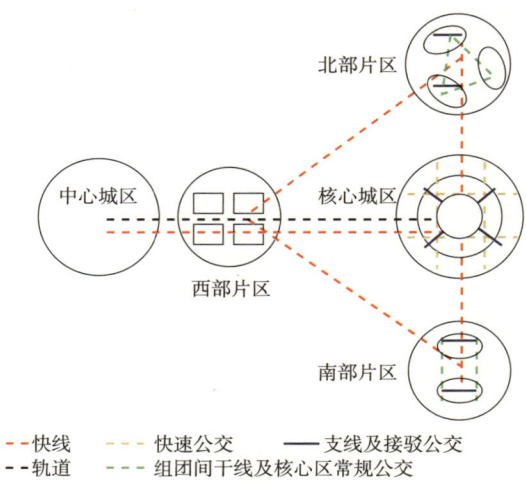

图22-36 滨海新区多模式公共交通体系示意图

滨海新区核心区、中心城区公交覆盖率对比表　　　表22-26

区域	500m人口覆盖率	500m岗位覆盖率
中心城区	92%	90%
滨海核心区	74%	78%

500m覆盖人口和工作岗位均低于中心城区，线路网布局整体上较为零乱，主要客运走廊线路重叠，缺乏与轨道车站、换乘枢纽的有效衔接（图22-35，表22-26）。

（5）发展设想

目标：2020年公共交通的方式分担比例目标为40%以上，其中轨道交通及地面快速公交承担的比重占公共交通的50%以上。公共交通站点500m覆盖的人口、岗位比例达到90%以上。

策略：大力发展公共交通，构建以轨道交通为主体的公共交通体系，积极推广以公共交通为导向的城市开发模式（TOD），全面落实公共交通优先政策，大幅提升公共交通的吸引力，使公共交通成为城市主导交通方式。

（6）规划方案

滨海新区规划建立多模式的公共交通网络体系，其中双城及各片区间主要实施公交快线、核心城区主要依托快速公交+常规公交+接驳公交（接驳线、公共自行车）、各片区内部主要实施组团间干线以及组团内部公交支线（图22-36）。

1）轨道交通

滨海新区规划构建城际线、市域线、城区线组成的轨道交通三级线网。滨海新区的城际线为京津城际延伸线、环渤海城际、京山铁路三条，规划实现公交化运营，满足客流快速通达的需求。

滨海新区的市域线为4条市域线组成的"两横两纵"市域线网络，其中两横为Z1、Z2线，两纵为Z3、Z4线。

滨海新区核心区内有3条市域线、7条城区线和津滨轻轨，核心区范围内轨道线路总规模230km，线网密度0.85km/km²。三线以上换乘枢纽3座，两线换乘枢纽43座，其中在于家堡地区有4条轨道交通线路通过，构成以于家堡城际站为核心的三角形综合枢纽，有效的支撑于家堡商务中心区的开发建设。

海河中游地区内有3条市域线、9条城区线（其中包括中心城区线路M1、M11、M13，滨海新区线路B4，中游C1、C2、C3、C4线以及津滨轻轨），形成三线换乘枢纽2处，两线换乘枢纽15处。

2）有轨电车

天津开发区有轨电车1号线南起津滨快轨洞庭路站，北至大学城北部的学院区北站全长8.8km，均为地面线，采用电动低地板胶轮车辆，共设14个车站，是一条纵贯天津开发区西部南北方向的轨道交通线。全线设5座变电所，采用750V架空接触网供电。在线路中部设置车辆段一座，占地3.2hm²。控制中心拟与培训中心、材料总库、维修中心等与车辆段共同组建为综合基地，该基地不但为1号线服务，也为整个线网服务（图22-37）。

车辆选用法国劳尔公司带有特殊导轨式的低地板胶轮车辆，外形尺寸为25000mm×2200mm×2890mm，该车牵引控制系统采用VVVF交流传动技术，车体材料为铝合金，供电制式为直流750伏架空接触网电机功率为220KW。本工程运营时间为每天6：30～21：30，共15h，列车为STE3型，高峰小时列车间隔，初期3.75min、近远期均为3min，全线配车数，初期17辆、近期21辆、远期21辆。

3）快速公交

快速公交规划主要为"双城间"、滨海新区"一城三片"之间、滨海新区核心区内三个层次。"双城间"在轨道交通的基础上构建5条公交快线网路，分别沿港城大道、津滨快速路、天津大道敷设。滨海新区"一城三片"规划9条公交快线，其中核心城区-西部片区之间有4条、核心城区—北部片区之间有2条、核心城区—南部片区之间有3条。滨海新区核心城区规划5条共98km快速公交，形成核心城区内部普通公交的骨干线网（图22-38）。

图22-37 法国劳尔低地板胶轮车辆

图22-38 "十二五"滨海核心区快速公交线路规划图

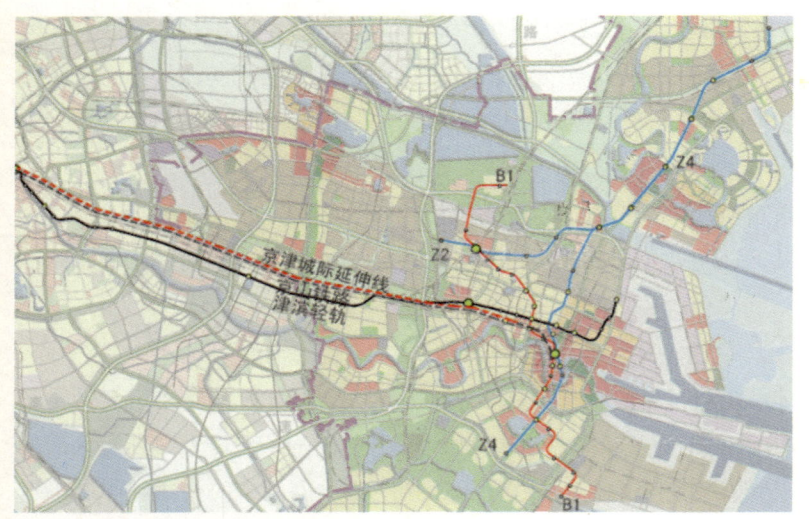
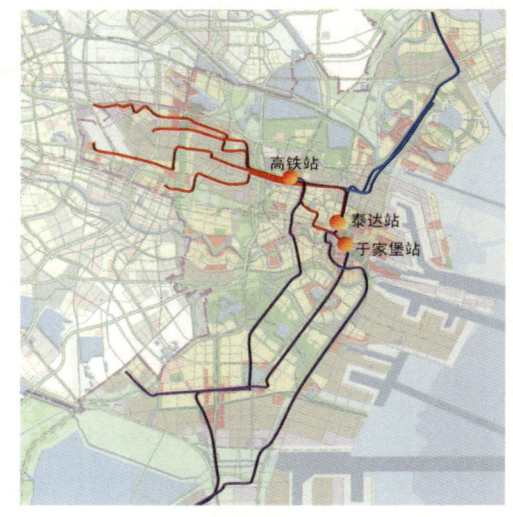

图22-39 近期轨道交通建设示意图　　　　　　图22-40 近期快速公交建设示意图

（7）近期建设

轨道交通：初步形成"城际线、市域线、城区线"构成的三级轨道系统，改造京津城际延伸线、京山铁路，实现公交化运营，总里程85km；新建轨道交通B1、Z2、Z4三条线路，总里程96km（图22-39，图22-40）。

快速公交：结合近期开发建设，构建新区内部的"T"字形公交干线网络，建成功能区间9条快速公交线路，核心城区与西部片区、北部片区、南部片区之间分别安排4条、2条、3条线路，总长度约为206km。

22.5.3 出租汽车

"十二五"期间，天津市执行出租汽车总量控制政策，运营车辆保有量维持在31940辆。行业运营管理实行公司挂靠经营为主、个体经营为辅的模式，企业管理车辆25926辆，个体工商户车辆6014辆。出租汽车以丰田花冠与夏利威志两种三厢车型为主，约占运营车辆总数89%。稳定的保有量为满足居民的个性出行提供了重要保障，2014年天津市出租汽车客运总量增长至3.7亿人次，日均客运量突破100万人次/日。2014年3月1日起，天津市实施外环线以内道路工作日（法定节假日除外）7时至19时机动车依车牌尾号限行措施，出租汽车为部分限号车主出行提供了替代方式，也是构建城市多层次交通体系的必要举措。此外，出租汽车也广泛服务于居民的公务、事务性出行，城市流动人口的偶发性出行；居民越来越倾向选择更为便捷舒适的出租汽车完成出游、探亲等活动。扬招、约租、软件等多种叫车方式使打车更为顺畅，使出租汽车出行更为便捷。

第23章 重庆

23.1 主城基本概况

23.1.1 主城简介

重庆位于中国西南部、长江上游地区，是我国重要的中心城市之一。重庆城历史悠久，是国家历史文化名城，经过不断发展，成为长江上游地区的经济中心和国家重要的现代制造业基地。得益于长江黄金水道，重庆是西南地区综合交通枢纽，美丽的山水城市。市域面积8.24万km²，包含24区14县，2014年常住人口2991.4万，地区生产总值达14265亿（图23-1）。

重庆主城区位于重庆一小时经济圈核心，覆盖五大功能区的都市功能核心区与拓展区，包括9个区，面积5473km²，2014年末常住人口819万，建设用地面积562.1km²（图23-2）。

23.1.2 地形地貌

重庆地貌以丘陵、山地为主，两江环绕，被称为"山城与江城"。主城区有明月山、铜锣山、中梁山和缙云山脉自北向南纵贯，形成高低相间的平行岭谷地貌。其空间被两山分隔成三大板块，均呈南北向带状发展，中部片区南北长55km，东西宽15~25km，西部和东部片区南北长60km，东西宽5~10km。长江自西南往北、嘉陵江自西北往南在渝中半岛端汇入长江，呈两江环抱之势（图23-3）。

23.1.3 历史规划

重庆自古以来都是中国西南部乃至整个国家的中心。公元前5世纪，作为巴国国都江州，到1891年开埠，重庆由军政中心转型为转口贸易城市。近代重庆于1929年设市，抗日战争爆发后，于1937年成为战时陪都，由商业城市转变为多功能中心。新中国成立后，经过不断发展，于1997年成为直辖市，2009年定位为国家中心城市（图23-4）。

重庆山地纵贯，同时两江环绕，得益于天然屏障，自1946年编制《陪都十年建设计划草案》开始到现在，延续保持了多

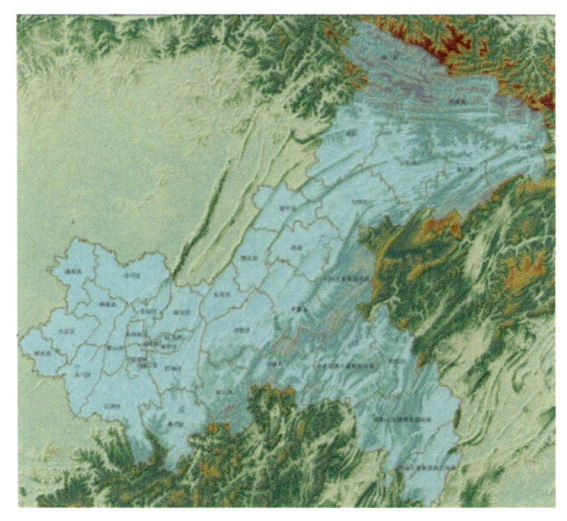

图23-1 重庆地理位置图

图23-2 重庆主城地理位置图

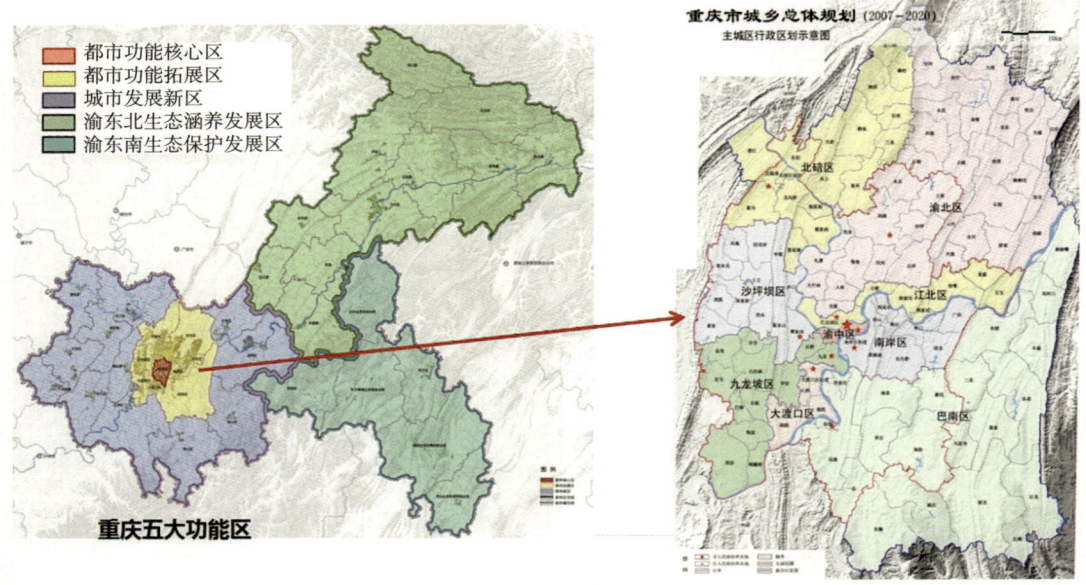

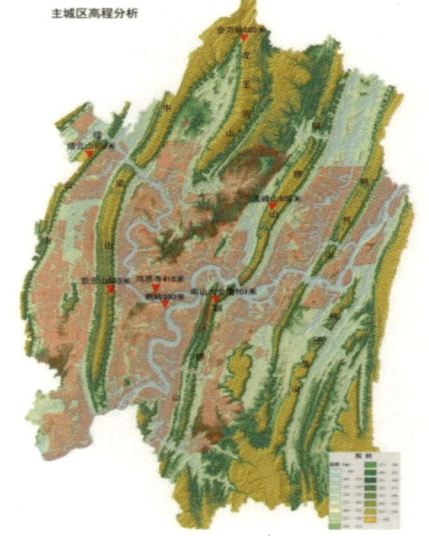

中心组团空间结构（图23-5）。

随着经济的不断发展，重庆机动车拥有量增长迅速。2014年主城机动车拥有量为115.1万辆，较2013年增加16.2%，其中汽车96.5万辆，增长17.3%。主城区私人小汽车拥有量73.4万辆，较2013年增长30.4%。

近几年机动车呈加速增值态势，从20万辆增长至40万辆历时6年7个月，从40万辆增长至60万辆历时2年4个月，而60~80万辆历时不到1年半（图23-6~图23-8）。

23.2 公共交通发展回顾

图23-3 重庆主城高程分析

23.2.1 底子薄弱的新中国成立初期

新中国成立前夕，重庆仅有破旧公共汽车11辆，轮渡15艘和望龙门缆车1条。居民代步及过江主要依赖人力车、马车、轿子、滑竿和分布江两岸的几百只木船。市区只有1条线路（曾家岩到小什字，后来延伸到朝天门），郊区有两条线路（一条从七星岗到小龙坎，一条从七星岗到北碚）。

20世纪50年代初，西南军区司令员贺龙调拨100辆军车，改建为公共汽车。重庆市政府拨款新建轮渡11艘，修建两路口、临江门、储奇门、龙门浩缆车。

1954年时，市区（即渝中半岛）的公交线路达到5条，郊区线路发展到13条。

1956年1月1日，重庆市第一条无轨电车线路建成通车（上清寺-小什字），首批车20辆，第一次使用气动乘客门。

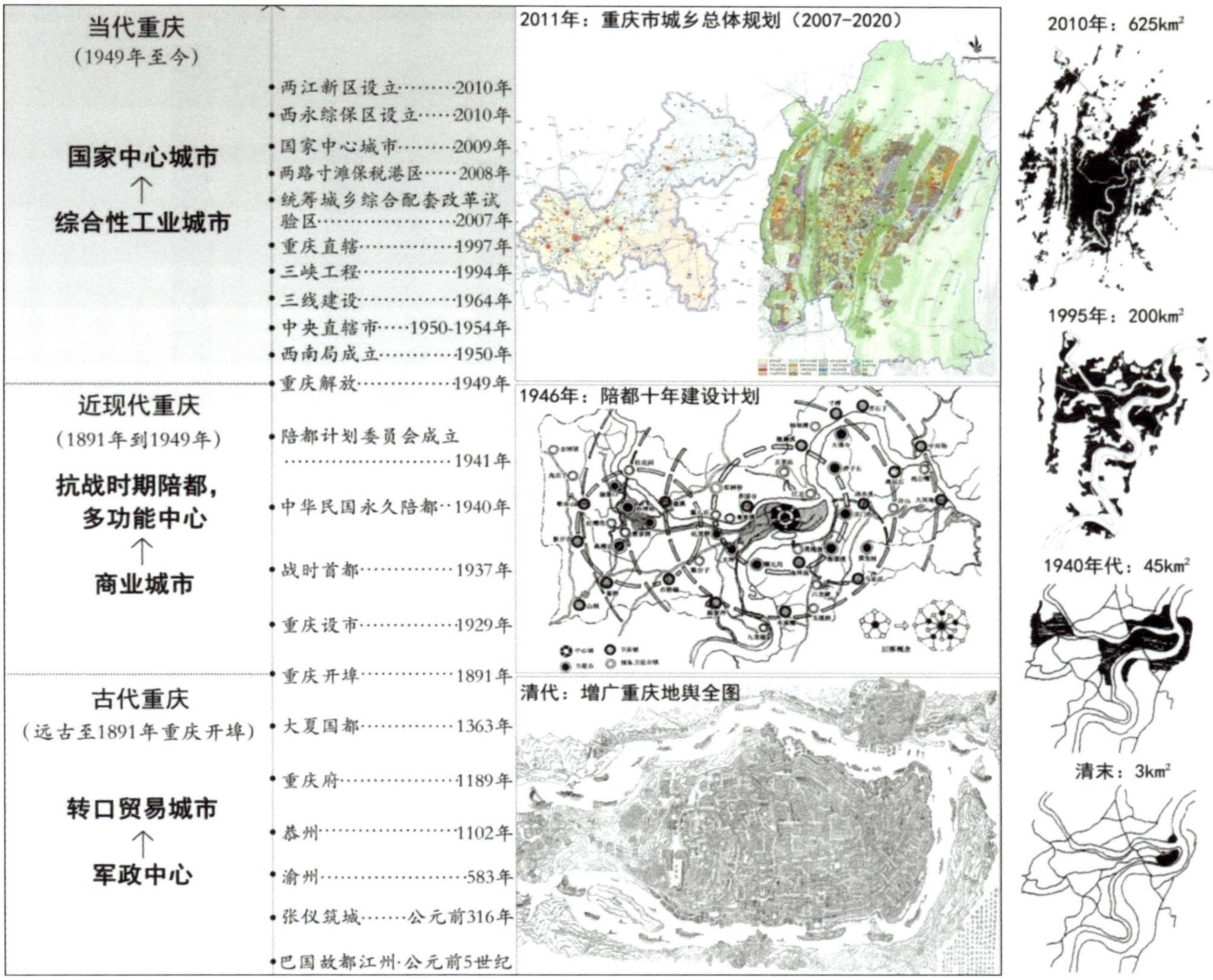

图23-4 重庆城市发展时间轴

图23-5 重庆多中心组团空间结构

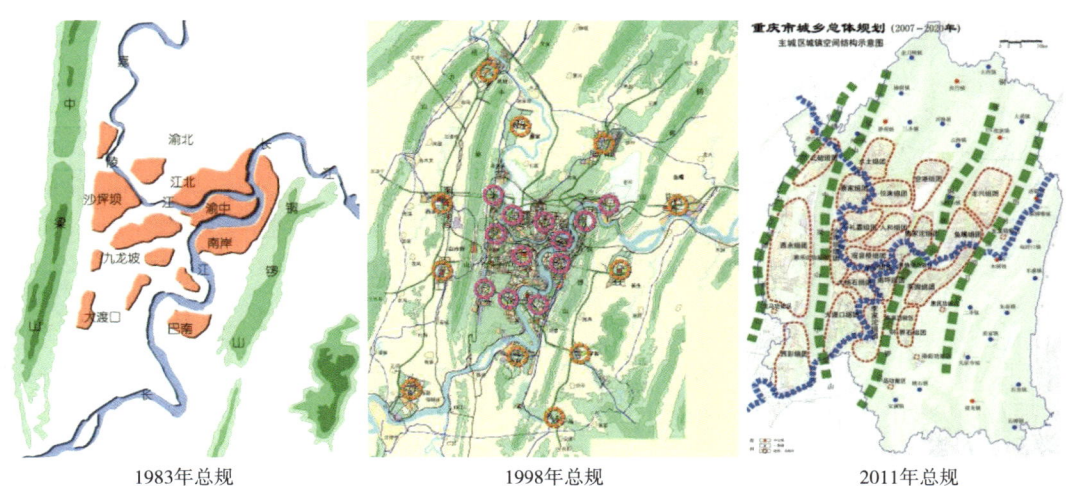

1983年总规　　　　1998年总规　　　　2011年总规

图23-6 重庆私人小客车拥有量与增长率

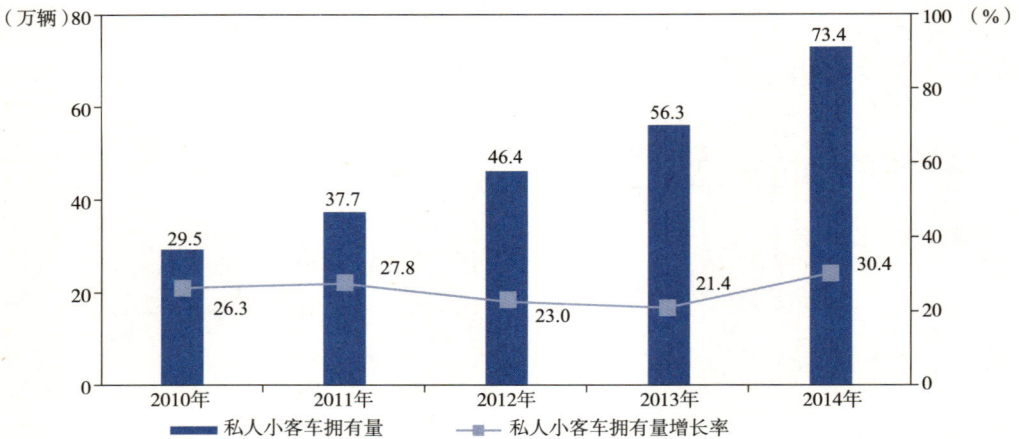

图23-7 重庆汽车拥有量与私人汽车拥有量比重

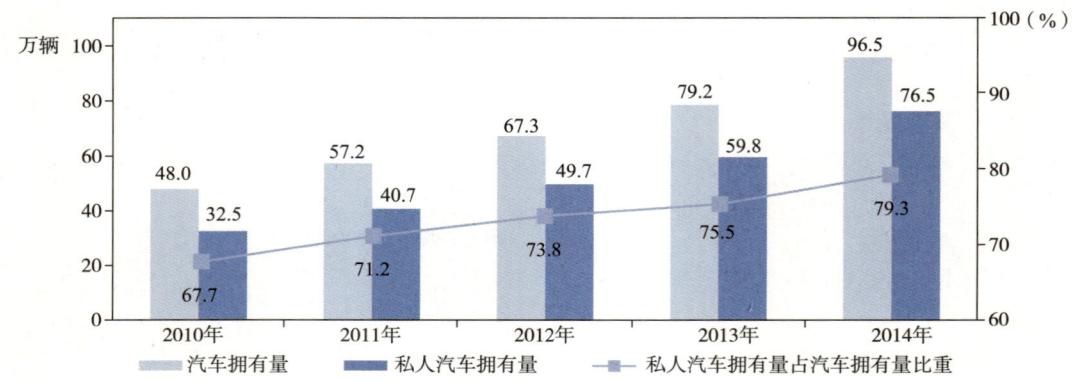

图23-8 重庆机动车拥有量

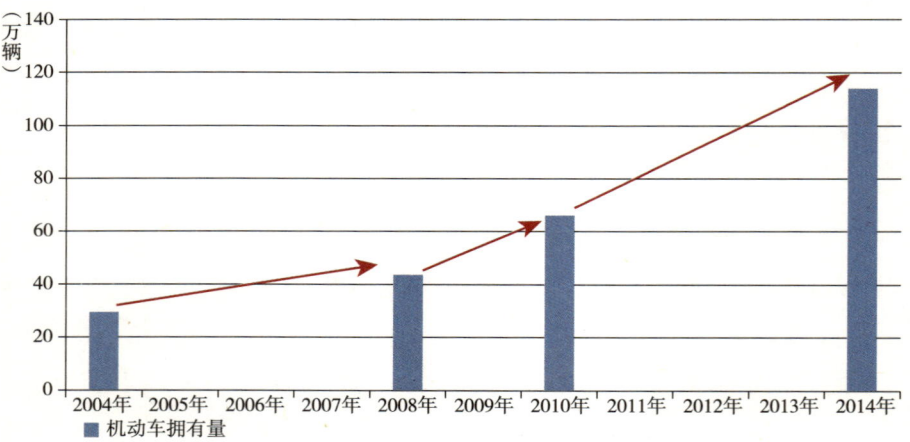

截止1958年年底，公共汽电车有264台（含35台电车），运营线路总长度449.8km（其中电车26km），轮渡31条，航线总长36.9km（图23-9）。

23.2.2 波折中前进的20世纪六七十年代

1958年以后受到国家困难时期汽油供应减少的影响，一部分线路合并压缩，1963年以后才又调整客运线路，逐步恢复了一些困难时期停运的线路（图23-10）。

图23-9 重庆1958年公交线网

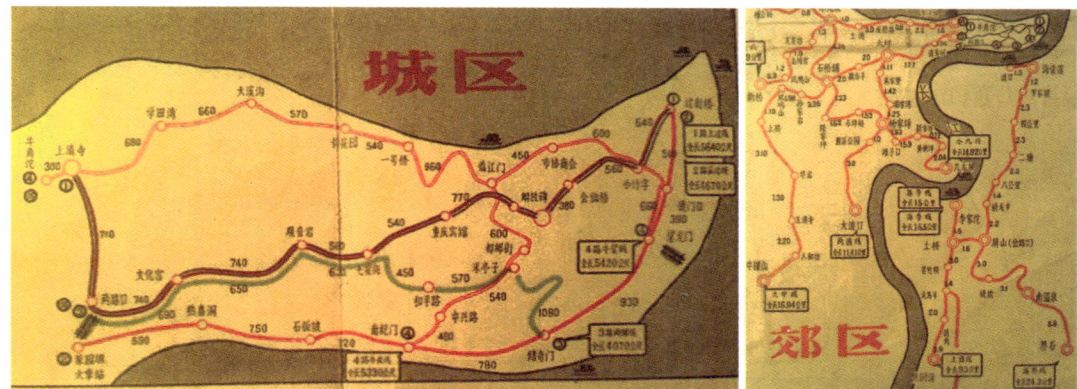

图23-10 重庆1964年公交线网

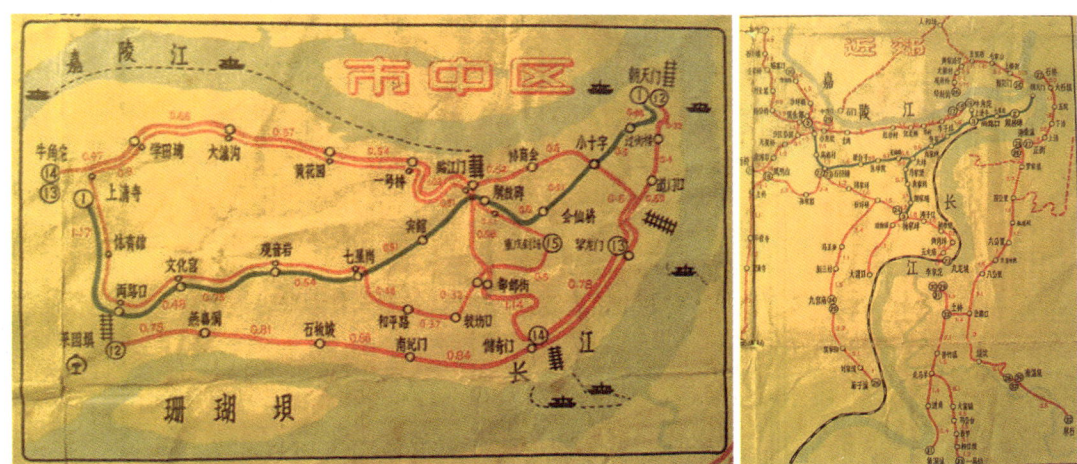

1964年公交线路开始拓展至江北，1966年"文革"开始，重庆的公交事业又陷入停滞，有的线路长时间停驶，电车线路的架设、维护也成为空谈，直到20世纪70年代中后期才恢复正常。

1975年开通了重庆市最后一条无轨电车线路5路电车（现405路），重庆电车达到了鼎盛时期（1956年、1958年、1962年、1964年、1975年各开通一条，图23-11）。

23.2.3 稳步发展的20世纪八九十年代

20世纪八九十年代重庆公共交通公共汽车稳步发展，90年代轨道建设进入前期准备的阶段。

公共汽电车稳步发展，截止1981年年底，公共汽电车数量增至864台，运营线路数102条，缆车4条，出租车85辆。至1987年，全市共有公交运营车辆1169辆，运营线路总长度1535km，出租车1365辆。缆车2条，索道2条，轮渡21条，自动扶梯1座（凯旋路电梯于1984年建成），全市公交日平均客运量225.69万人次/日。母城区建成区面积84.5km^2，常住人口165万人，机动车拥有量77681辆。人均出行次数2.36次，母城区居民车行方式出行量122.0万人次/日（图23-12，表23-1）。

图23-11 重庆无轨电车

图23-12 20世纪80年代的重庆公交车

重庆1987年出行方式分担率　　　　　　　　　　　　　　表23-1

出行方式	公共交通	步行	其他
分担率	26.10	69.20	0.59

1994年，主城区共有公交车辆1996台（包括中巴车），公交线路194条，各类公交站点2021个，线网密度0.82km/km²，各类停车场面积18.87万m²。出租车发展至4045辆，日均客运量约为11.2万人次。两条过江索道，2条缆车，1座自动扶梯，22条轮渡线路。轮渡年客运量1864万人次，缆车年客运量94万人次，索道年客运量578万人次。

1993年，重庆市启动建设轨道交通"朝沙线"小什字—七星岗段，后由于资金原因搁置；1994年，重庆轨道交通二号线项目建议书通过国家评估，重庆轻轨项目被国家列入日本政府贷款计划。

23.2.4 快速发展的直辖十年

重庆1997年直辖后,经济与城市基础建设快速发展。

2003至2004年,五条电车线路全部"电改气",运行了48年的无轨电车退出历史舞台。

2005年底,主城区公交线路共有353条,公交线路总长6863km,平均线路长度为27km,公交车辆5583台,年公交客运量突破10亿人次。中高级车比例由2003年的17%,增长到2005年的28%(图23-13,图23-14,表23-2)。

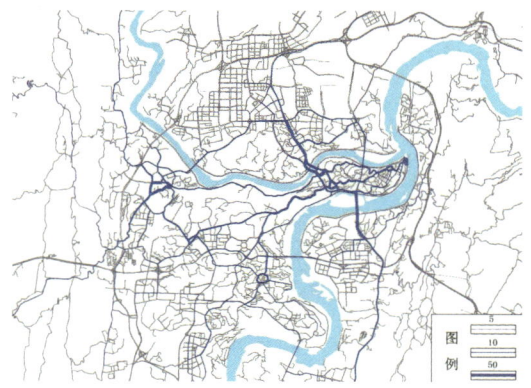

图23-13 2002年重庆公交线网分布示意图

图23-14 重庆高级公共汽车

2002~2005公交数据　　　　表23-2

年份	出勤车辆（辆）	客运量（万人次）	日均客运量（万人次）	线路数（条）	线路里程（km）	站点个数（个）
2002年	2969	73931	203	251	6308	5678
2003年	4143	82992	227	272	6863	7453
2004年	5037	86106	236	305	7273	8149
2005年	5583	100616	276	353	8306	10444

1999年6月,轨道交通二号线试验段动工,12月正式全面开工。2005年6月二号线一期工程开始正式运行,通车里程14.35km,成为重庆市的第一条轨道交通线,也是中国西部地区第一条轨道交通线,同时也是国内第一条采用跨座式高架单轨的轨道线路(图23-15)。

图23-15 重庆轨道交通2号线

图23-16 重庆轨道交通现状规划与轨道交通1号线

图23-17 重庆高速环线图

23.2.5 高速发展的近七年

近七年，重庆进入轨道建设的高峰期。

2007年：轨道交通3号线一期工程（二塘—龙头寺），轨道交通1号线（朝天门—沙坪坝）工程开始建设。

2009年：重庆轨道交通6号线全面动工建设。

2011年：7月轨道交通1号线小什字—沙坪坝段开通试运营。12月二塘—江北机场全线39公里开通试运营。

2012年：9月轨道交通6号线"五里店—康庄"段建成通车。12月轨道交通1号线"沙坪坝—大学城"段建成通车、轨道交通6号线"康庄—礼嘉"段开通试运营、轨道交通3号线"二塘—鱼洞"段建成通车。

2013年：完成轨道交通六号线支线、六号线"礼嘉–北碚"段。

2014年：12月轨道交通六号线五里店至茶园段、二号线新山村至鱼洞段及一号线大学城至尖顶坡段，共约32km。

截止2014年底重庆建成通车总里程202km，名列中西部第一、全国第五（图23-16）。

高速发展轨道交通的同时，公交也在稳定发展。对公交范围进行了扩大，2011年主城区公交覆盖扩大至绕城高速公路以内区域。

同时，结合轨道线路开展公交线网优化，加强与轨道的衔接配合，切分长线路，鼓励换乘。对配套公租房开通配套的公交线路（图23-17）。

23.3 公共交通运营体制回顾

23.3.1 新中国成立前状况

1933年，国民政府重庆市政府颁布了《重庆市政府招商承办公共汽车条例》，1933年9月，重庆市公共汽车股份有限公司成立，仅有1辆公共汽车在主城市中区的曾家岩至七星岗一段营运。

1940年6月重庆市政府加入官股，对重庆公共汽车公司进行改组，改商办为官商合办，公司名字未做变更。

1941年8月11日，重庆市公共汽车公司与迁建区运输办事处合办成立重庆公共汽车管理处，隶属国民政府军事委员会运输统制局，自此重庆公共汽车改为官办。

第二次世界大战后，国民政府于1945年11月将重庆公共汽车管理处移交重庆市政府，更名为重庆市政府公共汽车管理处。1946年重庆市政府决定撤销管理处，将公共汽车改为官商合办，实行企业经营，另成立重庆公共汽车特种股份有限公司。

重庆公共汽车公司再次由重庆市政府接管，改为官办，并于1948年4月17日恢复重庆市政府公共汽车管理处（图23-18）。

图23-18 1949年前重庆市公共汽车管理流程

23.3.2 新中国成立至直辖初期

1949年12月8日，重庆市军事管制委员会接管了重庆市公共汽车管理处，隶属与重庆市人民政府建设局。1950年11月1日，重庆市人民政府公共汽车管理处改组为重庆市公共汽车公司，隶属重庆市人民政府企业局。

1956年为了加强市内交通的管理与调度，重庆电车筹备处与重庆市公共汽车公司合并成立重庆市公共交通公司。

改革开放后为解决运力不足，市政府批准了一批集体企业车辆进入客运市场，进行不定线路的经营，1984年，以"康福来"为代表的20多辆中型社会客车进入。1989年，全市中巴车已发展到400余辆，占据了30%的市场。到90年代中期，中巴车异军突起，到1997年已达到1800多辆。

1986年7月31日，重庆市人民政府将重庆市公共交通公司分为四个县团级法人公司，分别成立重庆市第一公共交通公司、重庆市第二公共交通公司、重庆市第三公共交通公司和重庆市公共电车公司。

1992年组建重庆市轨道交通总公司，承担城市轨道交通建设、运营和沿线资源开发。

1997年12月18日至2000年3月20日，分别组建重庆市第五公共交通有限公司、冠忠（第三）公共交通发展有限公司、冠忠（新城）公共交通有限公司，隶属重庆市公用事业局。

总体来说，建国至直辖初期这几十年中，重庆公共交通运营体制由政府包揽发展到引入竞争及民间资金、民营崛起（图23-19）。

图23-19 直辖前重庆市公共汽车管理流程

23.3.3 直辖后

2002年6月11日，重庆市人民政府授权组建重庆市公共交通控股（集团）有限公司，在授权范围内统一规划所属公交企业营运线路、站点和公交运力的调整和配置。

2003年3月31日，重庆公交集团公司整合旗下小公共汽车资源，组建重庆巴士股份有限公司。2003~2004年，重庆市出租汽车总公司、重庆市客运索道公司并入公交集团。2005年7月1日，公交集团成立重庆巴士快速交通发展有限公司。

2004年8月，重庆市人民政府授权重庆市开发投资有限公司承担全市轨道交通建设投融资任务，市轨道交通总公司作为全资子公司。

2009年4月22日重庆市开发投资有限公司（简称开投公司）、重庆市公共交通控股（集团）有限公司（简称公交集团）、重庆城市公共交通站场集团有限公司（简称站场集团）三家公司正式整合，组建重庆城市交通开发投资（集团）有限公司，承担重庆市轨道、铁路、机场、公交、枢纽站场及其基础设施的投资、建设、开发和管理等任务，以及重庆市主城区的公共交通服务。为重庆公交、轨道资源整合提供了统一的平台。至此，民企及民间资本从公共交通退出。

23.4 公共交通现状

重庆主城目前运营的公共交通工具包括：城市轨道，轻轨（2号线、3号线）、地铁（1号线、6号线）和常规公交；同时也根据地形拥有重庆特色公交，长江索道、两路口扶梯、凯旋路电梯和轮渡（图23-20）。

图23-20 重庆各种公交

23.4.1 轨道交通

截至2014年,已经运营轨道线1、2、3、6号线202km,位居全国第五,其中2号线、3号线为跨座式单轨,1号线与6号线为地铁制式。已经开通114个车站,其中换乘站11个。

在建线路5条,150km,包括轨道交通环线、三号线北延伸段(碧津—举人坝段)、四号线一期(民安大道—唐家沱段)、五号线一期(园博中心—跳蹬段)、十号线一期(建新东路—王家庄段),如图23-21所示。

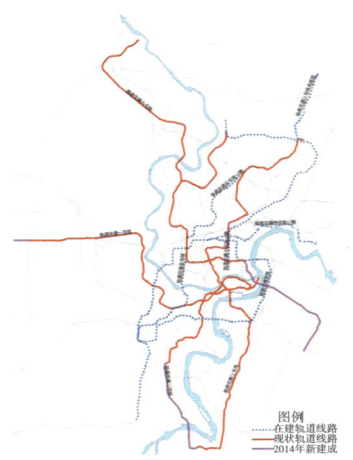

图23-21 重庆轨道交通现状与规划

重庆轨道交通数据　　　　　　　　　　表23-3

线路	区间	运营线路长度（km）	编组	车站数（个）已开通
一号线	小什字—尖顶坡	38.9	6辆	23
二号线	较场口—鱼洞	31.4	4/6辆	25
三号线	鱼洞—江北机场	56.1	6辆	39
六号线	茶园—北碚	63.3	6辆	26
六号线	礼嘉—悦来	12.6	6辆	4

2014年轨道交通年客运量为5.17亿乘次,日均客运量141.7万人次。其中:3号线日均客流最大达到62.8万人次,单向断面客流量最大,达到2.7万人次。2号线的平均客流强度最大,达到1.16万人次/km·d。

轨道交通年换乘量为13934万人次,其中两路口站最大为6181.6万人次。轨道交通目前局部段拥挤严重,而整体客流强度不高,其主要原因是线路过长,断面客流分布不均匀(图23-22,表23-4)。

图23-22 重庆轻轨车厢人流现状

重庆轻轨各线客运量　　　　　　　　　　表23-4

对比指标	年客运总量（亿乘次）	日均客运量（万乘次）	最大日客运量（万乘次）	高峰小时高断面客流量	客流强度
一号线	1.5	41.1	76	2.3	1.11
二号线	0.82	22.3	37	1.6	1.16
三号线	2.29	62.8	99.4	3.1	1.12
六号线	0.56	15.3	28.8	1.5	0.33

图23-23 轨道2号线日均客流量(万人次)

经过发展,轨道交通逐步成网,网络综合效益开始发挥,以2号线为例:二号线经历3年(2005~2007年)运行期,客流进入了稳定期(2007~2010年),2011年三号线与一号线开通后促进了二号线的第二个客流增长期(2011~2012年),轨道客流网络效应逐步体现(图23-23)。

23.4.2 常规公交

至2014年底,主城区拥有公交车8641辆(2012年7982辆),运行公交线路约525条,线路总长8853.66km。人均公交车保有量为10辆/万人。

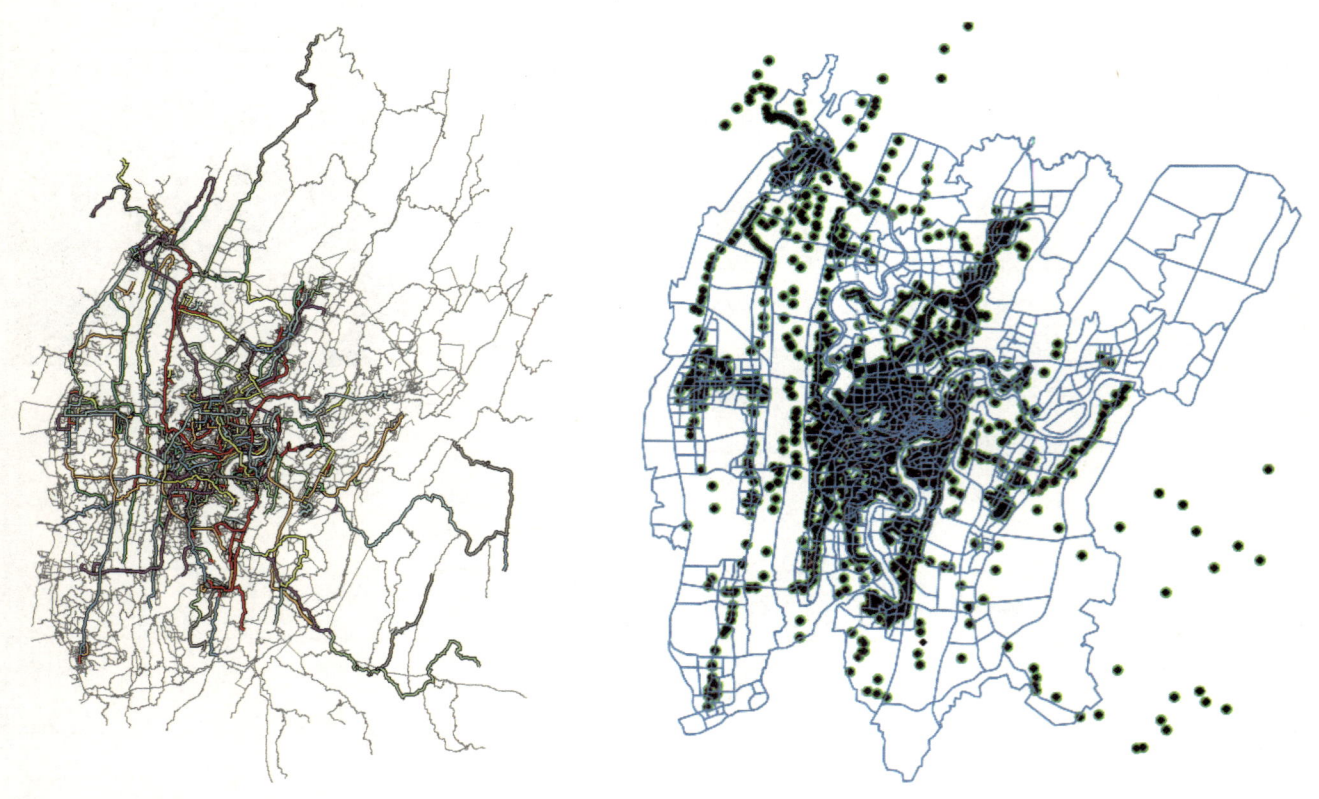

图23-24 重庆常规公交线网与公交站点

公交线网密度约3.22km/km², 其中内环以内: 3.41km/km², 内环以外区域1.48km/km²。站点覆盖率为主城区公交站点300m覆盖率为41.3%, 500m覆盖率为75.5%。

主城区公交平均站间距约为800m。其中, 内环以内区域约为650m; 内环以外区域约为1189m。主要线路分布在主干路及快速路, 次支道路覆盖率较低(表23-5, 表23-6)。

2012年各级道路公交覆盖率　　　　　　　　　　表23-5

	道路总长度(km)	公交覆盖长度(km)	覆盖率(%)
快速路	354.6	206.5	58.23%
主干道	524.7	392.3	74.77%
次干道	866.1	264.0	30.48%
支路	1724.6	298.5	17.31%

区域公交覆盖率　　　　　　　　　　表23-6

	300m覆盖率	500m覆盖率
主城区	41.30%	75.50%
内环以内	57.70%	85.43%
一二环之间	24.55%	49.82%

线路重复系数4.27, 其中内环以内为5.97, 内环以外区域为3.47(图23-25, 表23-7)。

重庆部分道路公交线路条数　　　　　　　　　　表23-7

道路名称	所属行政区	道路等级	公交线路条数
红锦大道	江北区	主干道	39
建新北路	江北区	主干道	52
建新南路	江北区	主干道	39
松石路	江北区	主干道	27

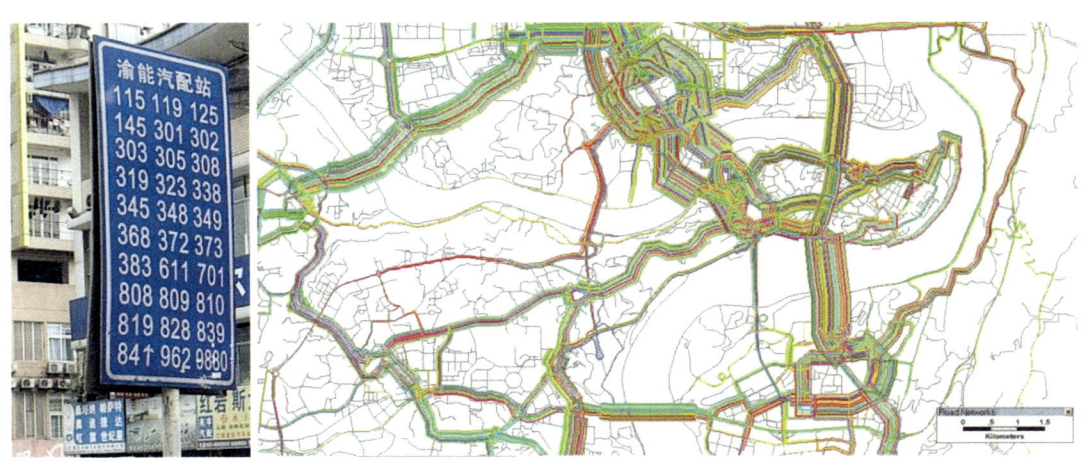

图23-25 重庆公交路线

续表

道路名称	所属行政区	道路等级	公交线路条数
建新东路	江北区	主干道	27
中山二路	渝中区	主干道	25
中山三路	渝中区	主干道	33
长江二路	渝中区	主干道	34
渝碚路	沙坪坝区	主干道	32
汉渝路	沙坪坝区	主干道	32
小龙坎新街	沙坪坝区	主干道	54
渝州路	九龙坡区	主干道	27
西郊路	九龙坡区	主干道	23
南坪西路	南岸区	主干道	34
响水路	南岸区	主干道	34
南坪东路	南岸区	主干道	34
江南大道	南岸区	主干道	40
学府大道	南岸区	主干道	28
石杨路	九龙坡	主干道	31
石小路	九龙坡	主干道	25
红石路	江北区	主干道	30

平均运营长度20.2km，超过20km的线路比例仍然超过20%。

由于受山地地形条件限制，主城线路非直线系数达到1.78，现状非直线系数超过1.4的公交线路占总量的78%（图23-26）。

时间分布：早高峰出现在7：15~8：15，高峰小时系数为0.14，客流量约是平峰时段的2.5倍，客流急剧比较明显。晚高峰出现在5：30~6：30，客流量约是平峰时段的2倍。

图23-26 重庆公交线路长度分布列表

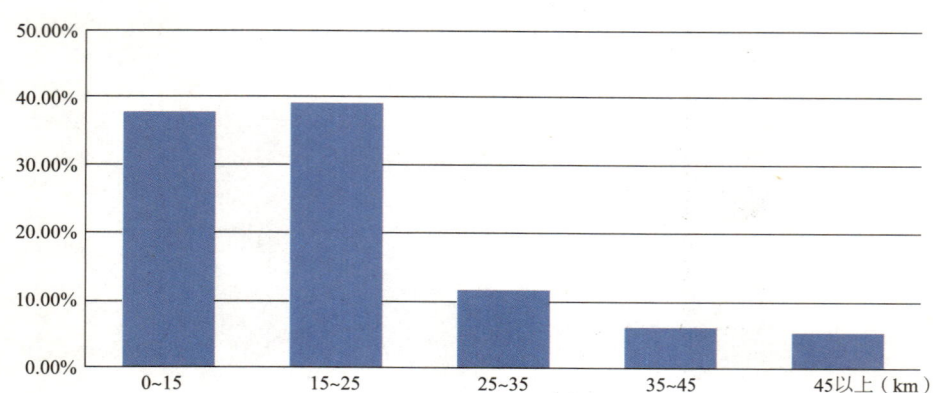

图23-27 重庆公共交通出行时间分布

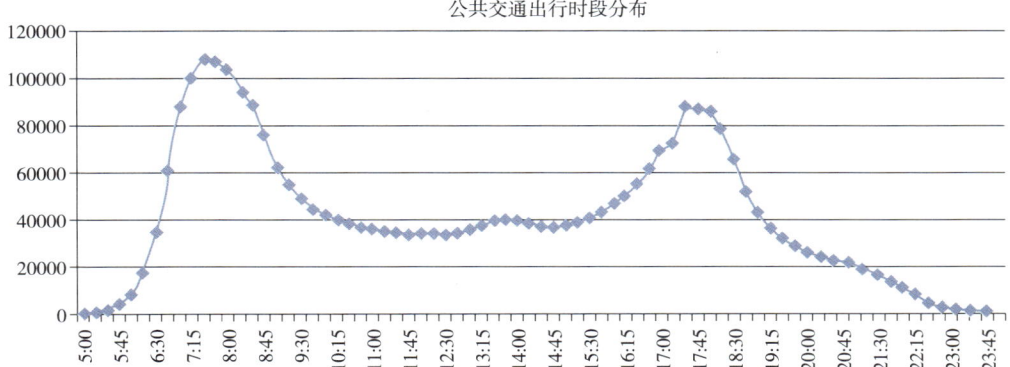

客流的积聚为公交运营管理、运力调度提出了严峻的考验。

空间分布：大客流走廊仍然分布在内环以内的几个商圈及渝中半岛之间（图23-27，图23-28）。

主城公交平均换乘次数（含轨道）为1.2次，换乘率较低，公交直达性很好。主城区公交出行以中短距离为主，平均出行距离8.5km，出行距离10km以内的客流占82%（表23-8）。

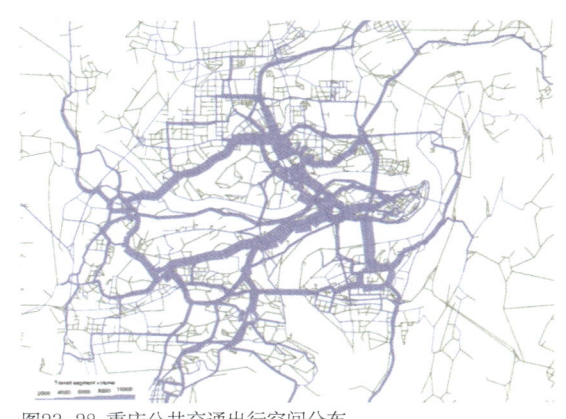

图23-28 重庆公共交通出行空间分布

重庆公交出行统计 表23-8

距离（km）	出行量（人次）	比例（%）	累计比例（%）
0~2	363667	7.44	7.44
2~4	793811	16.24	23.68
4~6	958048	19.6	43.28
6~8	1038211	21.24	64.52
8~10	859799	17.59	82.11
10~12	465826	9.53	91.64
12~14	131976	2.7	94.34
14~16	68432	1.4	95.74
16~18	40570	0.83	96.57
18~20	32750	0.67	97.24
20~22	32261	0.66	97.9
22~24	24440	0.5	98.4

续表

距离（km）	出行量（人次）	比例（%）	累计比例（%）
24~26	21018	0.43	98.83
26~28	15642	0.32	99.15
28~30	12709	0.26	99.41
>30	28839	0.59	100
合计	4888000	100	

2006年底，主城区范围内已建设公交站场22个，总面积39.8万m^2；公交首末站总面积1.4万m^2（图23-29）。

2014年主城现有公交场站51座，其中枢纽站场16座，一般站场7座，停车保养场28座。夜间进场率不高（图23-30）。

23.4.3 辅助公交

重庆作为两江环绕的山地城市，地形复杂，在特殊地形需要特殊交通方式作为辅助公交。目前轮渡有7条线路，年客运量56万，长江索道，年客运量282.9万，较前一年增长28.4%。电梯及扶梯，年客运量782.7万，较前一年增长30.1%（图23-31，表23-9~表23-12）。

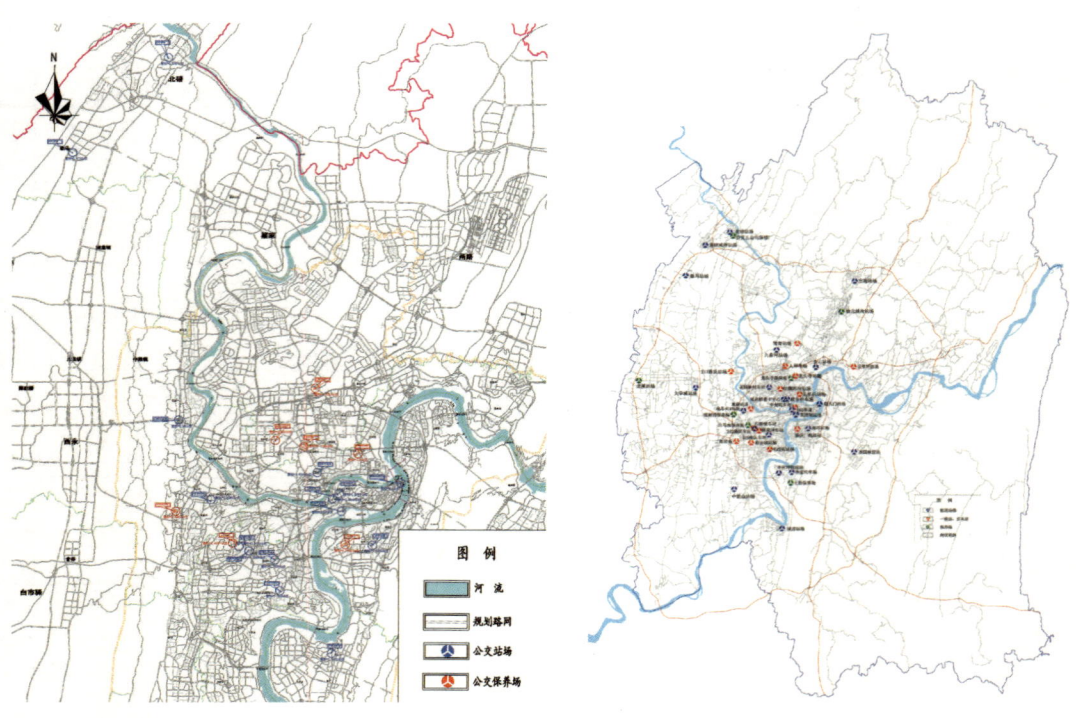

图23-29 2006年重庆公交场站　　　　　　　图23-30 2012年公交场站

图23-31 重庆轮渡、扶梯和索道

2002~2014年主城基本情况　　　　　　　　　　　　　　　　表23-9

年份	基本情况				出行总体情况	
	私人小汽车	机动车拥有量	建成区面积（km²）	常住人口（万人）	人均出行次数	日出行总量
2002年		18.4万辆	240	271（户籍）	2.05次	916万人次
2004年	8.3万辆	28.1万辆				
2007年	15.7万辆	38.9万辆	422.3	671.62		1210万人次
2008年	19.29万辆	44.12万辆	443.6	684.41	2.21次	1258万人次
2009年	23.35万辆	52.76万辆	501.6	694.49	2.20次	1271万人次
2010年	29.5万辆	66.7万辆	556.2	745.76	2.25次	1339万人次
2011年	37.7万辆	81.2万辆	619.4	772.31		
2012年	46.4万辆	93.3万辆	499.4	796.36		
2013年	56.3万辆	99.0万辆	531.5	808.53		
2014年	73.4万辆	115.1万辆	562.1	818.98		1513万人次

2002~2014年公共交通规模情况　　　　　　　　　　　　　　表23-10

年份	交通设施情况						
	营运线路数	公交汽电车	索道	轮渡	自动扶梯	快速公交（km）	轨道（km）	出租车
2002年	514条	3986辆	2条	码头29个	2座			6462辆
2004年	254条（平均出行乘距27km，总长6863km）	4379辆	2条	码头29个，运营客船17艘	2座			7132辆

- 297 -

续表

年份	交通设施情况							
	营运线路数	公交汽电车	索道	轮渡	自动扶梯	快速公交（km）	轨道（km）	出租车
2007年		5736辆	2条	14条	2座	12.34（2008年1月1日投入正式运营）	19.15	7285辆
2008年	380条，面的车约1380辆，营运线路约200条	6130辆	2条	7条	2座	12.34	19.15	8374辆
2009年		6411辆	2条	7条	2座	12.3	19.15	9324辆
2010年		7552辆	2条	7条	2座	12.3	19.15	10705辆
2011年	约430条，总运营里程约1.7万km（双向）	7882辆	2条	6条	2座	12.3	75	11457辆
2012年		7982辆	1条	4条	2座	已经拆除	131	11934辆
2013年		8627辆	1条	3条	2座	已经拆除	170	12602辆
2014年	525条	8641辆	1条	7条	2座	已经拆除	202	14691辆

2002~2014年公共交通客运量情况表　　　　表23-11

年份	运量情况						
	轮渡	索道	公共交通年客运量	自动扶梯	BRT	轨道	出租车
2002年	全天客运量35067人次	全天客运量9707人次		凯旋路平峰日客运量0.58万人次，两路口大扶梯平峰日均客运量1.20万人次			日载客人次61.2万人次，总行程225.8万车km
2007年	年客运量260.3万人次，日客运量为7130人次，高峰小时客运量为1500人次	长江索道年客运量180.2万人次，比2001年的160.4万人次增长了12.3%。嘉陵江索道年客运量仅为27.1万人次，比2001年的180.9万人次，减少了85%	突破12亿人次	凯旋路电梯于1984年建成，2007年其客运量为314万人次。两路口大扶梯于1996年2月18日正式投入运行，2007年其客运量为400万人次		日均客流量达9.5万人次，年客运量达到3500万人次，最大日客运量达到16万人次，工作日高峰小时客流量为1.29万人次	
2008年	年客运量188.8万人次，日均客运量5173人次	长江索道年客运量231.40万人次，较2007年增长28.4%；嘉陵江索道年客运量23.50万人次，较2007年下降13.3%	15.2亿人次，公交出行平均换乘次数1.13次	凯旋路电梯年客运量290.15万人次，较2007年下降7.6%；两路口扶梯年客运量349.15万人次，较2007年下降12.7%	日客运量约5000人次	年客运量3988.42万人次，日均客流量10.9万人次	有效里程利用率超过70%，单车日载客车次超过60次
2009年	年客运量230万人次，较2008年下降4.3%；嘉陵江索道年客运量40万人次，较2008年增长72.2%	长江索道年客运量230万人次，较2008年下降4.3%；嘉陵江索道年客运量40万人次，较2008年增长72.2%	17.0亿人次，地面公交年客运量16.5亿人次，公交日均客运量452万人次	凯旋路电梯年客运量310万人次，较2008年增长6.8%；两路口扶梯年客运量273万人次，较2008年下降21.8%	年客运量约105.77万人次	年客运量4181万人次，日均客运量11.45万人次，最大日客运量18.64万人次，高峰小时客运量1.9万人次	单车日平均载客车次62次，单车日均行驶里程约517km，有效里程利用率达到72.75%，平均出行时耗12分钟，平均一次载客出行距离约7km

续表

年份	运量情况						
	轮渡	索道	公共交通年客运量	自动扶梯	BRT	轨道	出租车
2010年		年客运量273.2万人次；嘉陵江索道已于2011年2月28日停运	18.5亿人次，地面公交年客运量16.2亿人次，公交日均客运量443万人次	年客运量572.4万人次	年客运量约624万人次	年客运量4500万人次，日均客流量12.3万人次，最大日客运量20万人次，高峰小时客运量2.3万人次	单车日平均载客车次59次，单车日均行驶里程约540千米，有效里程利用率达到71.0%，平均出行时耗约12分钟，单次载客出行距离约6.6千米
2011年		年客运量233.7万人次；嘉陵江索道已于2011年2月29日停运	20.1亿人次，其中地面公交年客运量17.4亿人次，公交日均客运量478万人次	年客运量572.4万人次，凯旋路电梯年客运量242.5万人次；两路口扶梯年客运量221.9万人次	年客运量约567万人次	年客运量8331.52万人次，最大日客运量74.4万人次	单车日平均载客车次57次，单车日均行驶里程约539km，有效里程利用率达到68.0%，平均一次载客出行距离约6.4km
2012年	年客运量107.1万人次；日均客运量0.86万人次，高峰时段客运量4000人次（8:00~10:30）		地面公交年客运量17.7亿人次，公交日均客运量485万人次	年客运量490.6万人次，凯旋路电梯年客运量239.3万人次；两路口扶梯年客运量251.3万人次		年客运量2.44亿人次，最大日客运量120.09万人次	单车日平均载客车次55次，单车日均行驶里程约455km，有效里程利用率达到74.4%，平均一次载客出行距离约8.3km
2014年	年客运量56万人，全年最高日客运量0.8万人次	年客运量282.9万人次。全年最高日客运量1.86万人次	地面公交年客运量19.6亿乘次，年日均客运量537万乘次	年客运量782.7万人次		年客运量5.17亿乘次，最大日客运量为241.4万乘次	单车日均载客车次54次，单车日均行驶里程约525km，有效里程利用率约72.3%，平均一次载客出行距离越7.3km

2002-2012年各种交通方式运量一览表　　　　表23-12

年份	分担率（%）						
	轨道	公交	步行	出租车	小汽车	辅助公交	其他
2002年		27.1	62.67	4.38	4.73	0.53	0.59
2004年		27					
2007年	0.37	37.33	50.64	1.41	7.61		2.64
2008年	0.9	33.1	49.9	5.9	9.3	0.2	0.7
2009年	0.8	32.2	49.7	6.4	10.1		0.8
2010年	0.6	32.8	47.5	6.7	11.5		0.9
2014年	5.8	26.8	46.3	4.8	15.8		0.5

23.5 公共交通优先实践

23.5.1 实施公交国有化，整合各种公交资源，统一优化配置

1）回购民间资本股权，收编所有民营线路，实现公交运营完全国有化，根本上杜绝线路的恶性竞争。

2）组建统一的交通开投集团，整合所有的轨道、公交、站场建设运营，协调公交、轨道的矛盾。

3）结合轨道线路的开通，对公交线路进行调整优化，加强轨道与公交的衔接配合，减少竞争。

4）2013年开始实施主城区公共汽车客运片区化经营，分为北部、南部、西部、北碚四个区域分片运营，减少不同分公司线路的重叠。

23.5.2 实施换乘优惠政策

2013年主城区开始实施"公共交通一小时免费、优惠换乘"政策，实现公交、轨道优惠换乘。

公交与公交、公交与轨道之间，在首次刷卡之后的1h内换乘时，换乘票价低于首次刷卡乘车票价且不高于2元的，实行免费换乘，如首次乘坐起步价为2元的轨道后，换乘一票制的中级车或普通车都是免费的；换乘票价高于首次乘车票价或换乘票价高于2元的，实行优惠换乘，最高可享受2元优惠，如首次乘坐2元的公交车后，换乘票价为3元的轨道或其他公交车时，可享受2元优惠，再补1元价差即可。

23.5.3 改善公交信息服务水平

建设公交电子站牌，试验阶段在10个客流量较大的公交站点安装电子站牌，显示线路编号、距离本站站数、距离本站的里程等实时信息（图23-32）。

发展移动电子站牌，市民可以通过手机客户端，扫描每一个公交车站的二维码，就可以快速获知公交站点信息，了解公交车的到达情况。

23.5.4 在控规编制中引入公交优先理念

改变控规路网规划思路，重新考虑公交在城市规划体系中的定位，转变"先路—后车—再人"的路网导向型规划模式，建立"先人—后公交—再路"的公交导向型规划模式（图23-33）。

以悦来生态城公交导向型规划为例：

重庆悦来生态城东临金山大道，西以嘉陵江为

图23-32 重庆公交电子站牌

图23-33 公交优先的绿色出行

界,北侧为城市中环快速路,南侧以自然溪谷为界,面积为3.43km²,规划城市建设用地2.46km²,用地性质包含商业用地4%,居住用地35%,无工业用地,其他用地为8%,开发区域合计47%。总容积率为1.2,总人口为4.6万,提供5.8万个工作岗位(图23-34)。

(1)控规阶段开展基于出行需求的公交线网布局

结合悦来生态城的用地布局、公交客流分布特点,将公交线路分为四个层级:大站快车线路、过境公交线路、对外公交线路和内部公交线路。依次规划每个层次的公交走廊。公交线网总长度为单向208km,其核心区公交线网长度为单向42km,平均单线长,13.4km,公交线网密度12.2km/km²。公交道路网密度为4.3km/km²。公交线路重复系数为2.8。站点150米覆盖率75%,300m覆盖率达到100%(图23-35)。

图23-34 重庆悦来生态城用地规划

图23-35 重庆悦来生态城公交线网规划

图23-36 重庆悦来生态城道路调整图

（2）结合公交系统布设需求对道路系统规划进行调整

根据公交线路布设及通行需求，对道路断面形式、道路宽度、车道分配、公交港湾站设置、路边停车管理、步行系统等做出优化调整，构建一个适合公交、步行的绿色交通体系（图23-36，图23-37）。

图23-37 重庆悦来生态城道路断面调整（m）

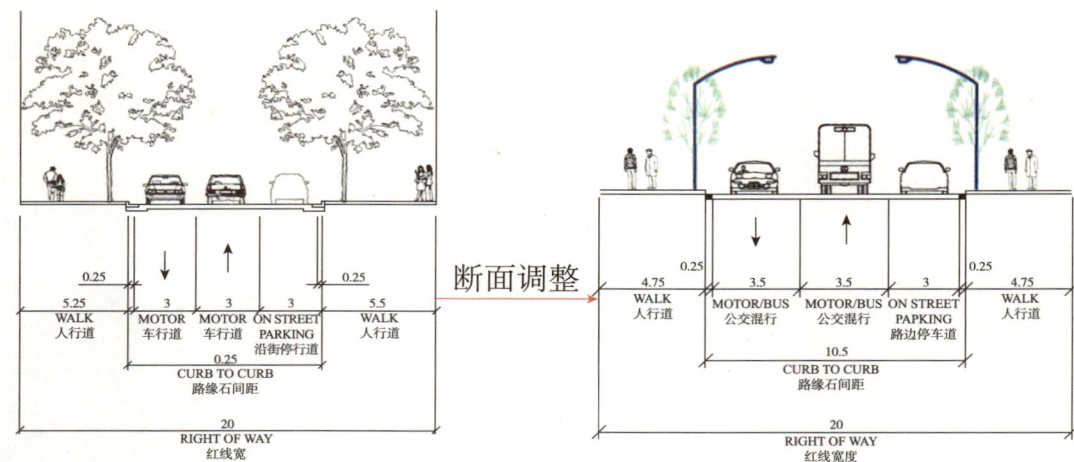

23.5.5 现代有轨电车规划研究

开展现代有轨电车规划研究。现代有轨电车定位为组团内部公共交通系统的主体，作为城市轨道的服务补充，为延伸至组团的大运量轨道交通起到集散客流、接驳交通服务的作用。针对主城西永-璧山、茶园—鹿角、龙盛、歇马、蔡家、陶家-西彭-双福、鱼洞7个片区开展了现代有轨电车的研究（图23-38，图23-39）。

现代有轨电车示范线路研究，使用专用路权，划线式隔离，行车道与划线式隔离占用道路宽度为9m（图23-40～图23-42）。

23.5.6 快速公交BRT实践

重庆在2007年底建成了首条快速公交示范线。通过改造一条刚建成还尚未通车的城市交通性主干道—高九路，开行BRT线路。线路全长12.34km、设站10座，采用中央岛式站台、站内售票、专用车辆、交叉口信号优先等技术手段（图23-43，图23-44）。

该线路客流从2007年建成之初的3千人次/日增长至2011年6月约1.2万人次/日。但离当初设计的8~10万人次/日仍然相差甚远。

随着两侧车道社会车辆的增加，高九路交通拥堵问题日益严重，认为此BRT线路运营效率不高，浪费资源的呼声日益高涨。2012年4月开始，BRT线被拆除，改成普通的路侧公

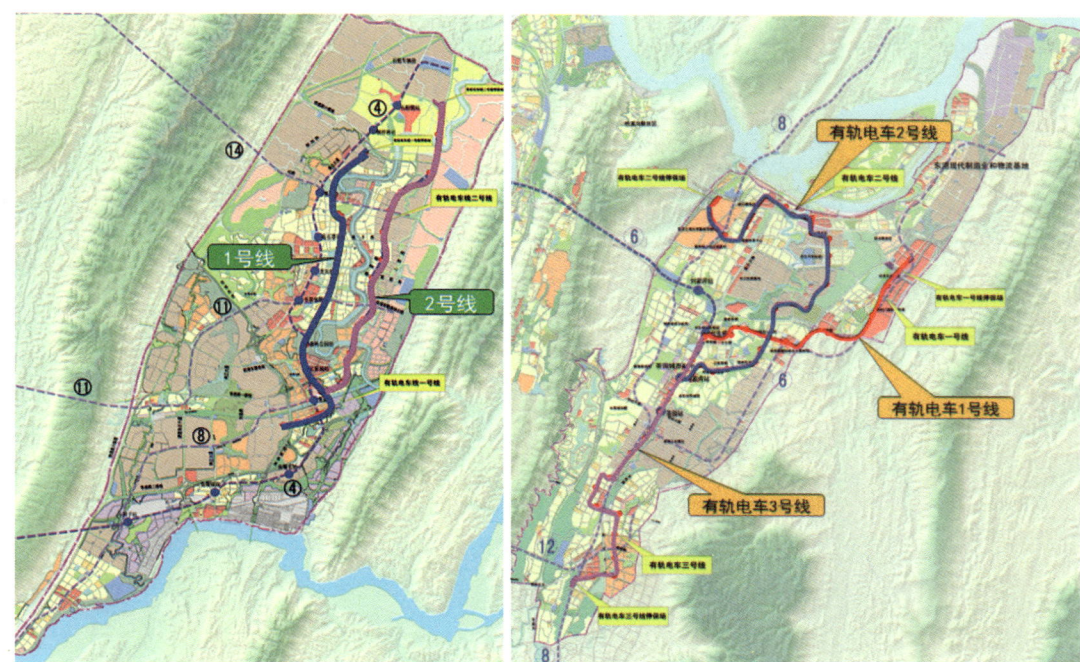

图23-38 现代有轨电车路线规划

图23-39 现代有轨电车

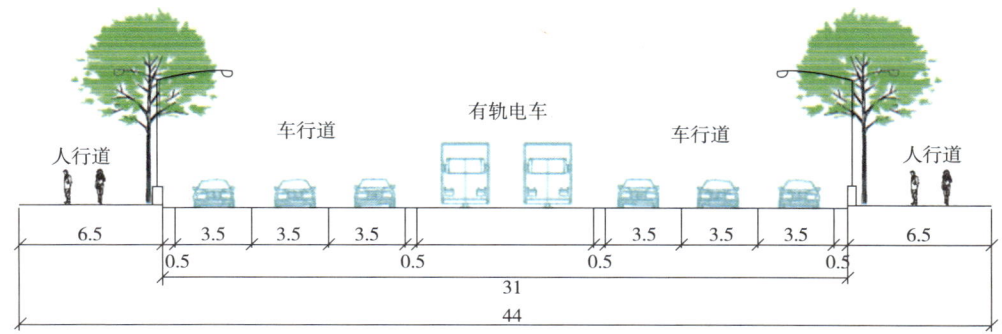

图23-40 现代有轨电车道路断面（m）

图23-41 有轨电车路面规划实景图

图23-42 重庆现代有轨电车线路规划

图23-43 重庆BRT车道

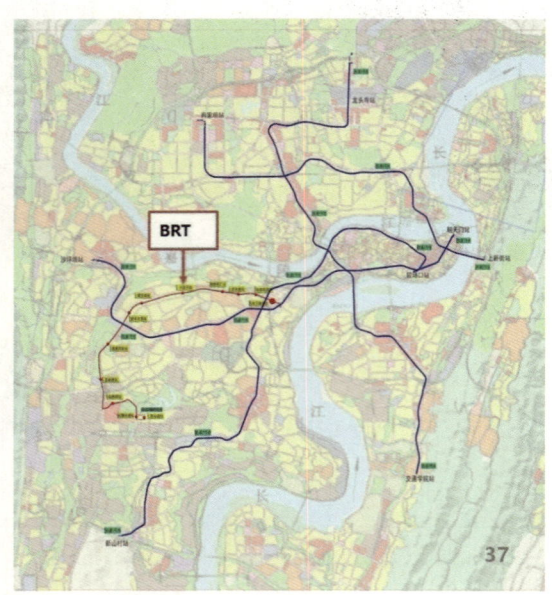

图23-44 重庆BRT线路

交专用道形式——重庆首条BRT示范线失败（图23-45）!

重庆首条BRT示范线失败，原因是多方面的，包括：

1）重庆示范线路的选择存在时间仓促、分析研究不够等问题，在一定程度上是为了上而上。

2）选线不合理，没有选择在客流走廊。刚建成时，周边用地基本尚未开发，至2011年6月底，沿线用地也只开发了60%，已开发地块的入住率仅65%，这是造成沿线客流较小主要原因。

图23-45 重庆BRT快速公交与拆除中的BRT

图23-46 重庆BRT站点沿线用地开发

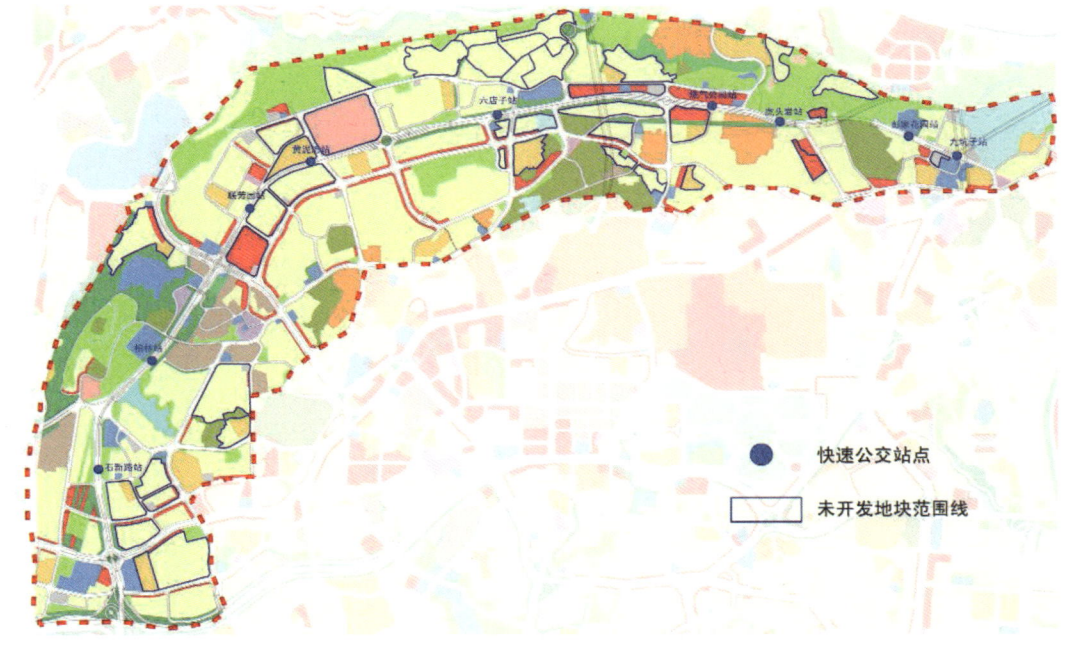

3）营运组织存在问题：运营线路单一，与其他普通公交关系协调不好，没有形成网络。

4）错误的舆论导向：随着该条道路机动车流量的增长，认为BRT运营效率低、浪费社会资源的呼声日渐高涨，政府部门没有进行积极的舆论引导（图23-46）。

23.6 结语

重庆作为我国重要的中心城市之一，国家历史文化名城，长江上游地区的经济中心，国家重要的现代制造业基地，西南地区综合交通枢纽，美丽的山水城市，经济飞速发展，私人汽车快速增长，面临交通需求日益增长及公共交通分担率下滑的双重压力。虽然重庆曾经做出多种尝试，但尚未摸索出一套可持续的公共交通发展之道。落实优先发展公共交通政策并取得可持续的效果任重道远。

第24章 广州

24.1 城市概况

24.1.1 区位

广州市地处中国大陆南方、广东省的中南部、珠江三角洲的北缘,接近珠江流域下游入海口,其范围是东经112°57′至114°3′,北纬22°26′~23°56′。广州市市辖十区二市,土地面积7434.4km²,是广东省省会及政治、经济、科技、教育和文化的中心,其东连惠州市博罗、龙门两县,西邻佛山市的三水、南海和顺德区,北靠清远市的市区和佛岗县及韶关市的新丰县,南接东莞市和中山市,隔海与香港、澳门特别行政区相望(图24-1)。

24.1.2 人口

2012年末,全市常住人口1283万人,较上年增长0.6%;全市户籍人口822.3万人,较上年增长0.9%。各区中常住人口密度最高的为越秀区,高达3.4万人/km²,十区中密度最低的为从化市,仅为306人/km²(图24-2,图24-3)。

24.1.3 社会经济

2012年,广州市实现地区生产总值(GDP)13551.2亿元,按可比价格计算,比上年(下同)增长10.5%。其中,第一产业增加值220.7亿元,增长8.7%;第二产业增加值4713.2

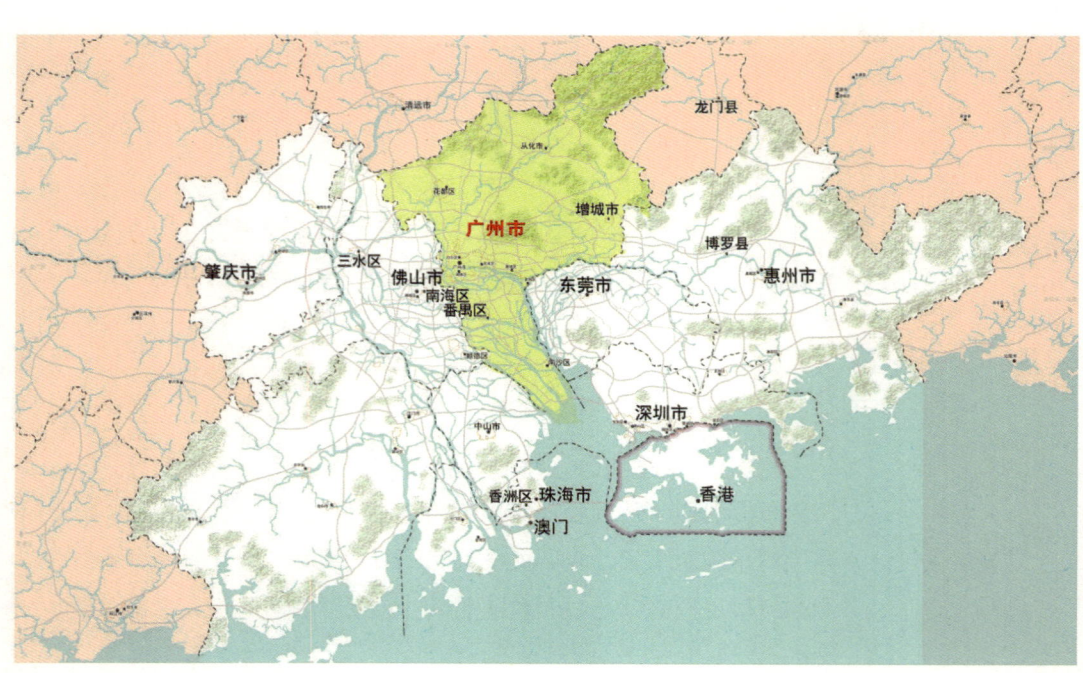

图24-1 广州市地理位置

第24章 广州

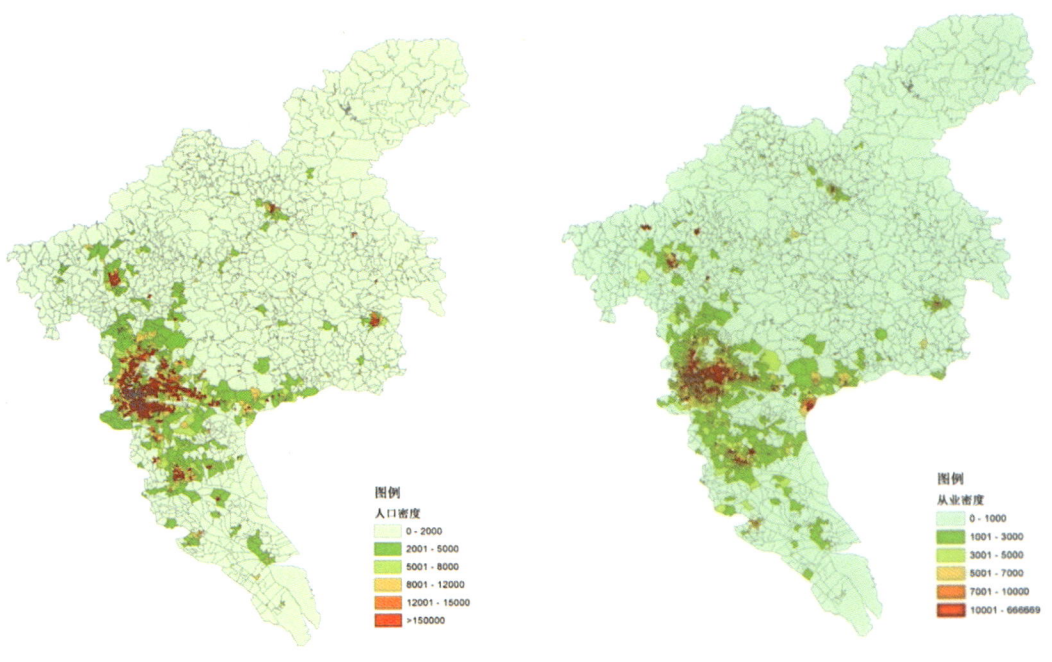

图24-2 广州市现状人口密度分布图　　　　图24-3 广州市现状就业密度分布

亿元,增长3.9%;第三产业增加值7567.5亿元,增长13.9%。第一、二、三次产业增加值的比例为1.77∶37.7∶60.53。三次产业对经济增长的贡献率分别为1.5%、14.4%和84.1%(图24-4)。

图24-4 历年广州市国内生产总值变化情况

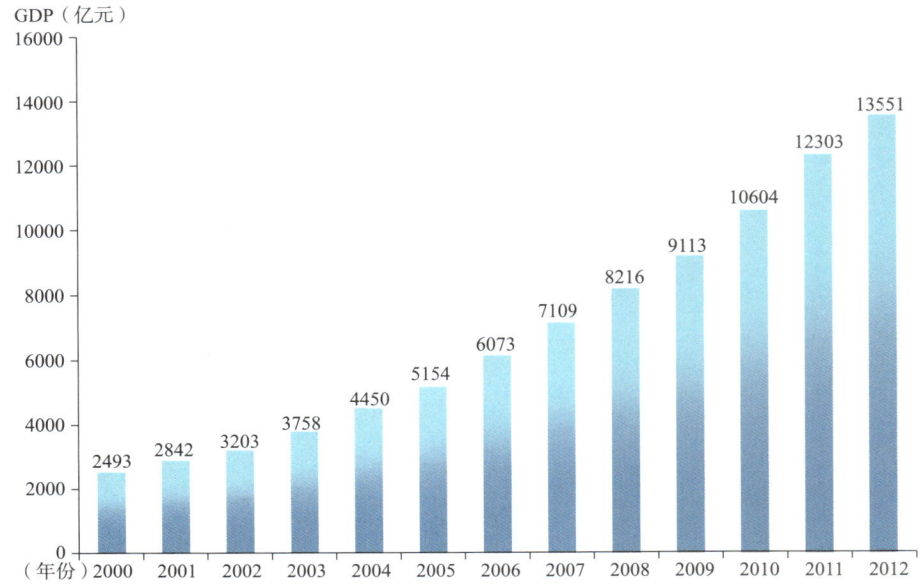

24.2 交通现状

24.2.1 基础设施建设

2012年，广州市市政公共设施资金持续投入，战略性基础设施建设稳步推进，共完成固定资产投资约202亿元。其中，公共交通投资加大，约95.9亿元，占47.5%；道路桥梁的投资约59.4亿元，约占29.4%（图24-5）。

2012年，轨道交通开通8条线，运营里程达236公里，位列国内三甲，仅次于北京、上海。轨道交通网络基本形成，完成日均客运量507万人次（图24-6，图24-7）。

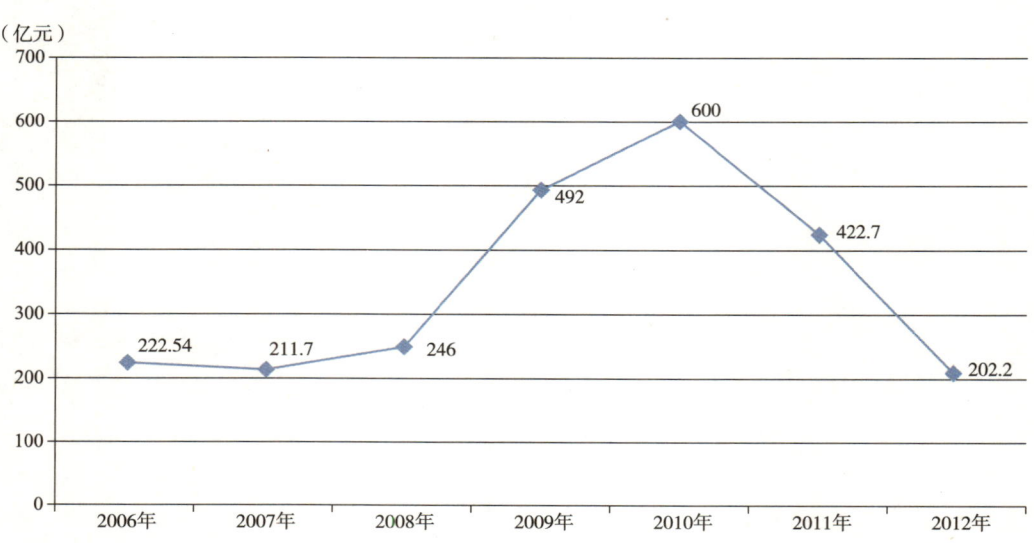

图24-5 城市基础设施投资额度

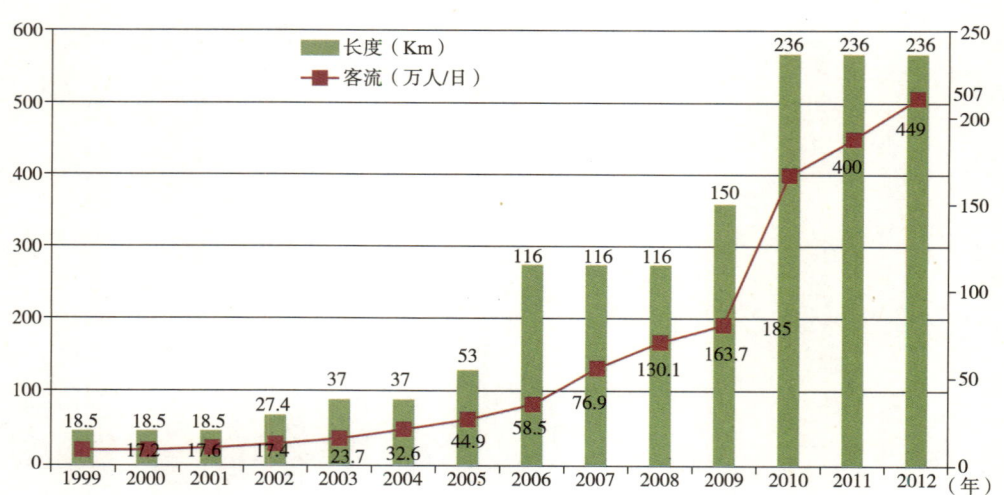

图24-6 历年来广州市轨道交通客运总量变化情况

2012年年底,城市道路长度7100km,较上年(7081km)增长0.3%;道路面积10140万m²,较上年(10050)增长0.9%,桥梁数1348座,较上年增长0.7%,其中立交桥186座(图24-8)。

24.2.2 机动车发展

2012年底,广州全市机动车拥有量244.2万辆,比上年增加约11.7万辆,增幅5.0%。其中民用汽车204.2万辆,同比增长9.1%,小型客车受限牌政策影响,拥有量从157万增长为174万,增幅10.6%,月均增加约1.4万辆,小客车拥有量增速放缓。2012年底全市摩托车拥有量38.7万辆,比去年减少约6.6辆,减幅14.7%。

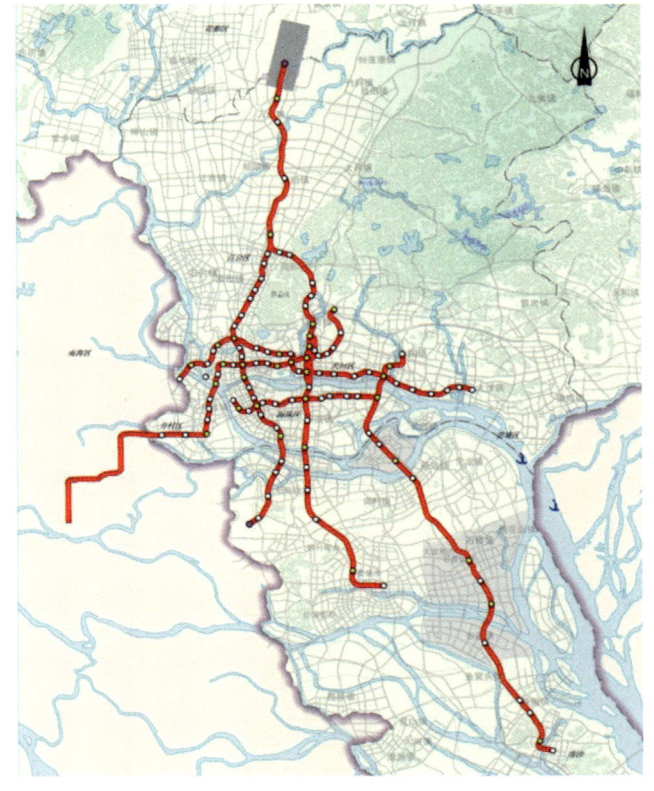

图24-7 轨道交通网络图

从各类机动车组成构成看,2012年全市小客车拥有量比例仍较去年增加3.5%,而摩托车比例较去年下降3.7%,其他车型比例相对稳定(图24-9,图24-10)。

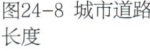

图24-8 城市道路长度

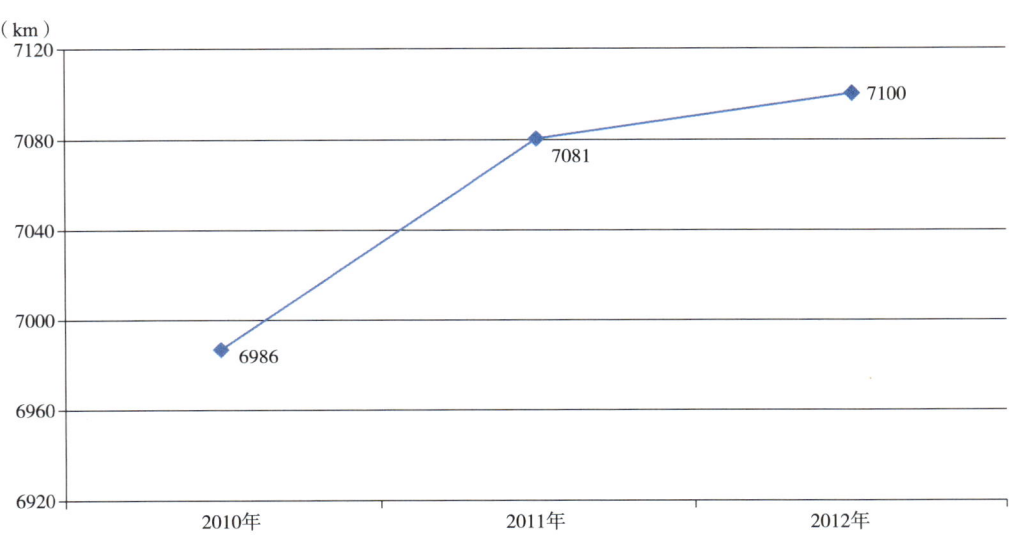

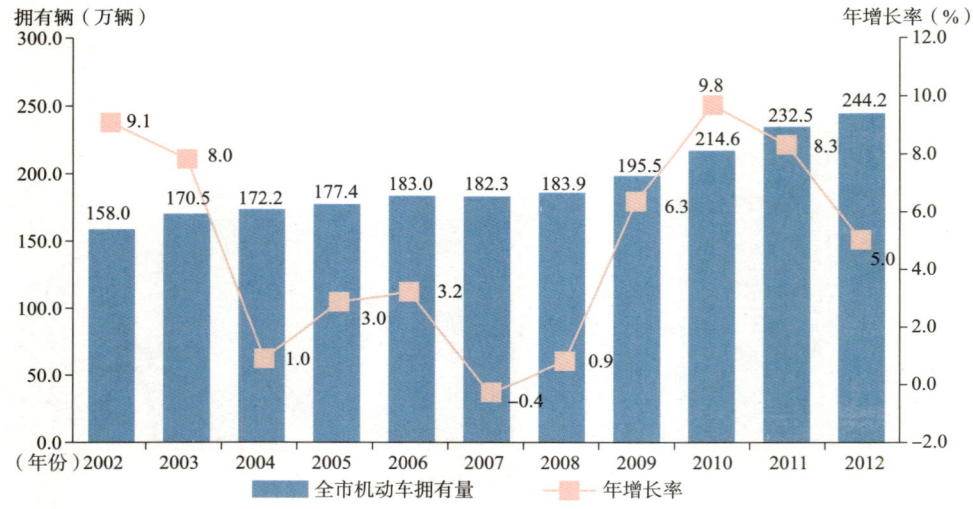

图24-9 历年广州市机动车发展情况

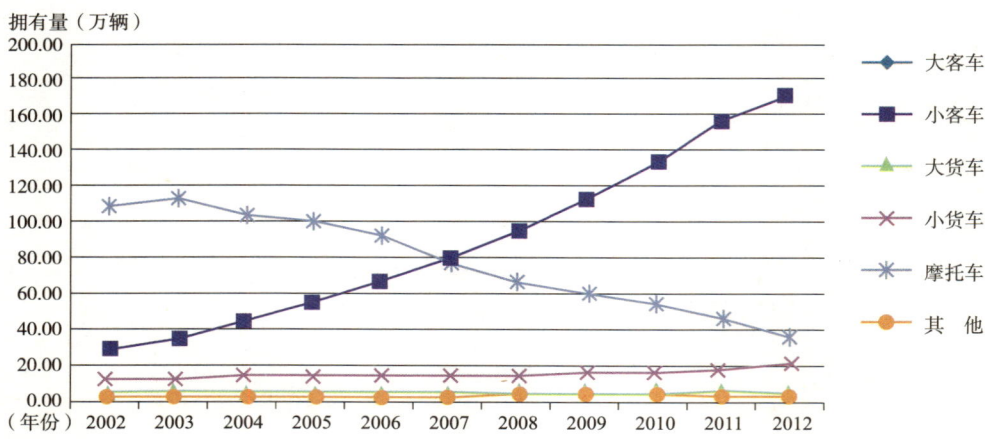

图24-10 历年全市各种车型拥有量变化

24.2.3 客运需求

2012年,广州市区日均机动化出行量约2045万人次,同比增长5.2%。其中公共交通出行量增长约3.9%,个体机动交通增长约7.2%,公共交通增长速度低于个体交通。空间分布方面,核心区(占全市人口超过40%)的出行约占56%,核心区交通集中的态势仍很明显(图24-11)。

2012年机动化出行方式结构与上年基本类似,公共交通与个体交通的比例基本维持在6:4水平。虽然实施了中小客车限牌,个体机动车比例增长压力加大,增加约0.6%;而公共交通从运量统计上有所增加,但整体结构出行比例略有下降,为59.3%,在中小客车总量调整政策下,公共交通出行增长仍然落后于个体交通,广州缓解交通思路上应该有所转变,更多关注小汽车和公共交通在路权方面的博弈关系,给予公交足够的优势(图24-12)。

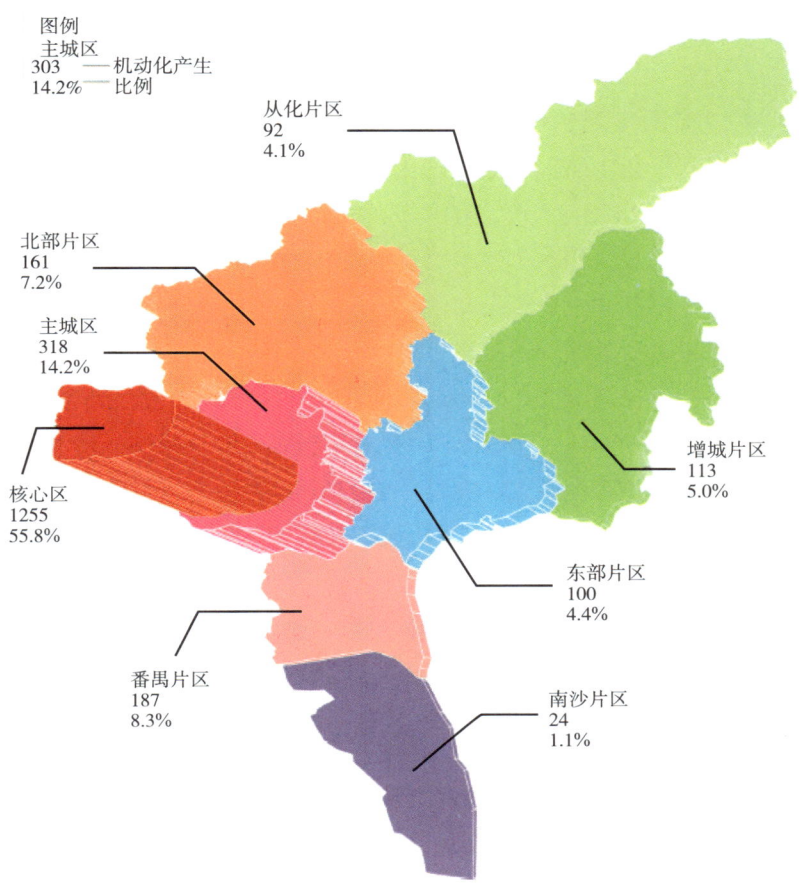

图24-11 广州市域交通生成分布情况

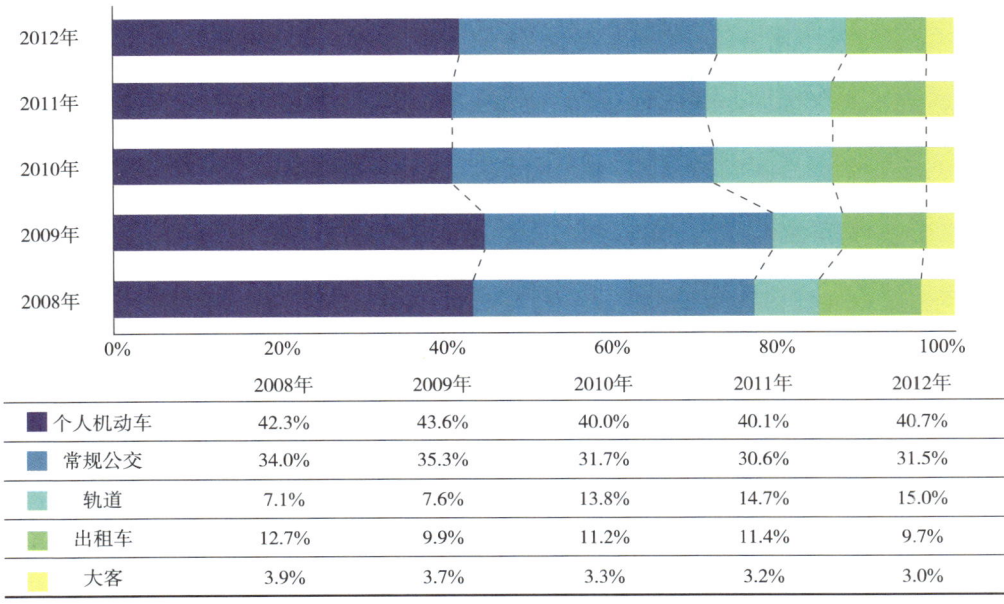

图24-12 近年广州市区机动化交通出行方式结构

	2008年	2009年	2010年	2011年	2012年
个人机动车	42.3%	43.6%	40.0%	40.1%	40.7%
常规公交	34.0%	35.3%	31.7%	30.6%	31.5%
轨道	7.1%	7.6%	13.8%	14.7%	15.0%
出租车	12.7%	9.9%	11.2%	11.4%	9.7%
大客	3.9%	3.7%	3.3%	3.2%	3.0%

24.3 公共交通系统构成

广州市公共交通系统主要由三部分构成：以汽电车为主的地面公交（含BRT）、轨道交通（含APM线）和出租车。

2012年，公共交通年客运总量达到52.1亿人次，日均客运量为1423万人次，其中，轨道为508万人次，公共汽电车为716万人次，出租车为200万人次（图24-13）。

可见，常规公交占公共交通客运量的50%，是公共交通的主体；轨道交通在公交系统中发挥骨干作用。

从不同公交方式与人口增长趋势对比发现，常规公交（汽、电车）和出租车的客运量与人口增长保持一致，轨道客运量增速高于人口增速。可初步解释为轨道交通系统诱增出行量主要被自身消化；在轨道初步成网阶段对选择常规公交出行行为的影响较小（图24-14）。

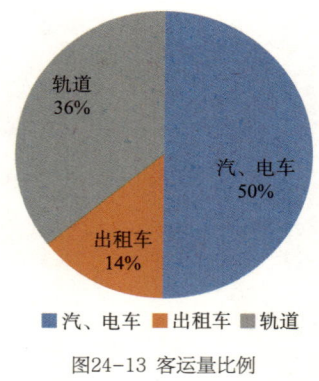

图24-13 客运量比例

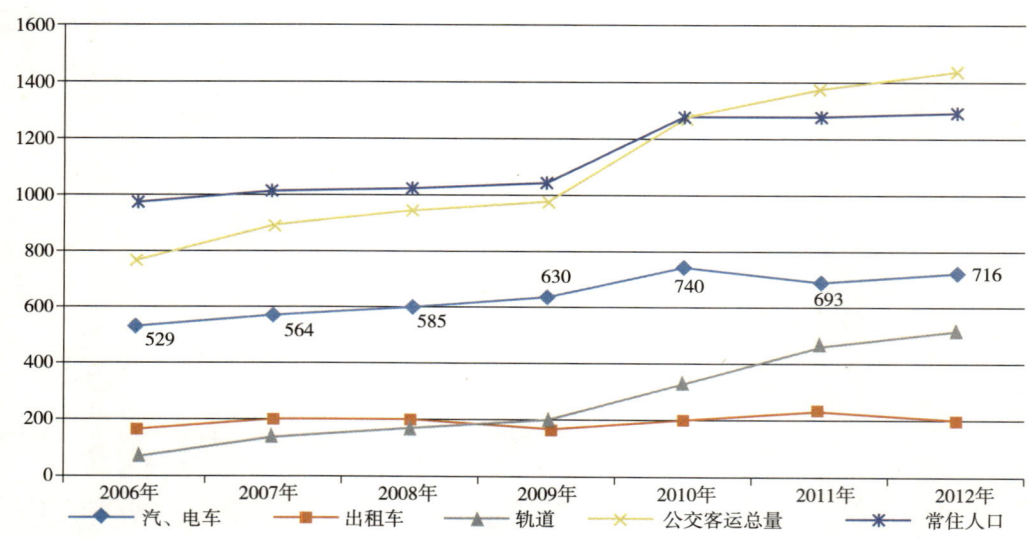

图24-14 公共交通日均客运量
日均客运量（万人次）人口（万人）

24.4 城市常规公交网络

24.4.1 总体概况

2012年，广州常规公交客运量26.2亿人次，日均客运量约717万人次，较上年增加3.6%，约占公共交通客运量的50%，比例较上年降低，但仍为公共交通主体。

2012年，全市公交线路914条，其中新七区726条（图24-15），公交运行道路长度3457km。公交专用道总长度271.9km（其中，2012年新增70km），基本覆盖广州市公交客运走廊。

24.4.2 重复系数

根据道路的节点，将广州市公交经过道路分成29934个路段，对路段的公交线路重复系数进行分析发现，重复系数大于6的路段占27.3%；大于10的路段占15.6%；甚至，大于20的路段多占比例也达到4.7%，表明广州市的公交线路重复系数较高（图24-16）。

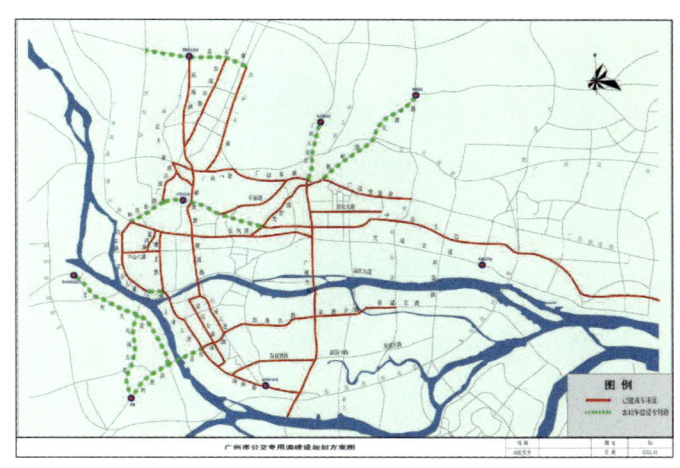

图24-15 2012年公交专用道分布

重复系数大于30的路段有367个，占公交经过路段的比例为1.2%；重复系数间于20~30的路段有1036个，占公交经过路段的3.5%；重复系数间于10~20的路段有3279个，占公交经过路段的11.0%（图24-17）。

进一步分析重复系数高的路段的空间分布，发现重复系数大于30的路段主要是黄沙大道、东风路、环市路、黄埔大道、新港路、机场路、宝岗大道、昌岗路、三元里大道、天源路、广州大道、解放路、中山路、燕岭路、小北路、仓边路、先烈中路、天河北路、增槎路、大北路、花地大道、西湾路、105国道。

重复系数大于20的道路中，除了以上重复系数大于大约30的道路外，还包括南洲路、平康路、农新路、广园快速路、芳村大道、珠江大桥、政通路、坦尾路、东晓路、越秀南路、黄石东路、金沙洲路、云城西路、站前路、西槎路、人民南路、白云大道等。

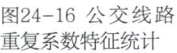

图24-16 公交线路重复系数特征统计

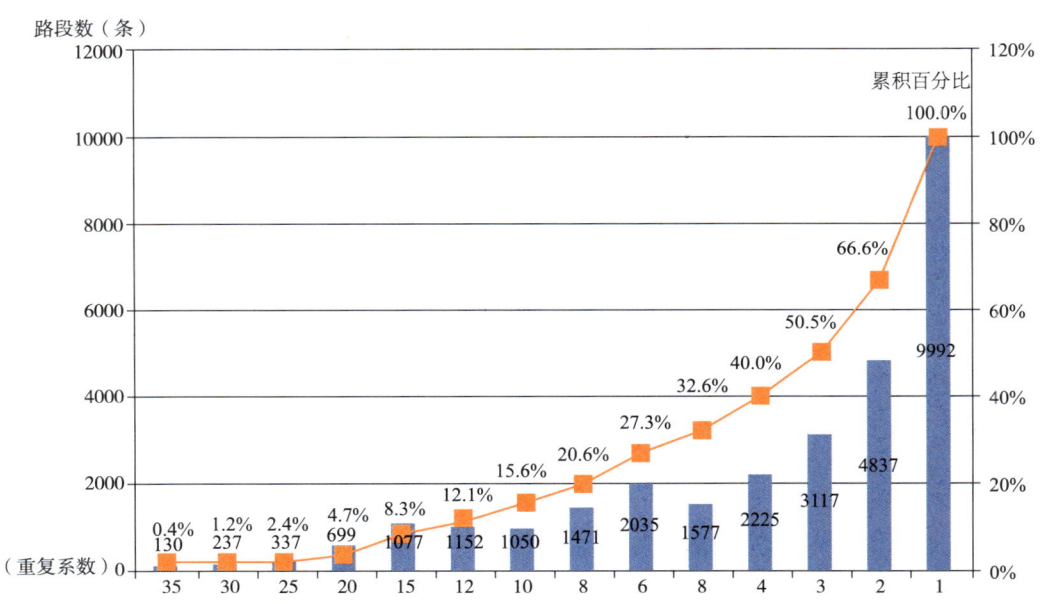

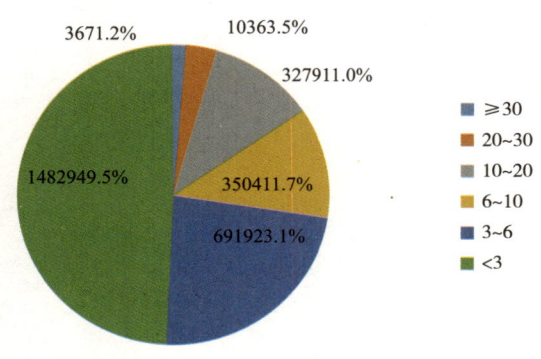

图24-17 不同重复系数的路段数量统计

根据公交路段的重复系数分析可见,广州市形成东西和南北向的公交通道,南北向主要包括芳村大道、花地大道、三元里大道、环市西路、南岸路、黄沙大道、工业大道、南洲路、机场路、解放路、江南大道、宝岗大道、白云大道、广州大道等,东西向主要包括广园路、环市中路、环市东路、中山大道、东风路、黄埔大道、中山路、昌岗路、新港路、新滘路等(图24-18)。

图24-18 公交线路重复路段空间分布

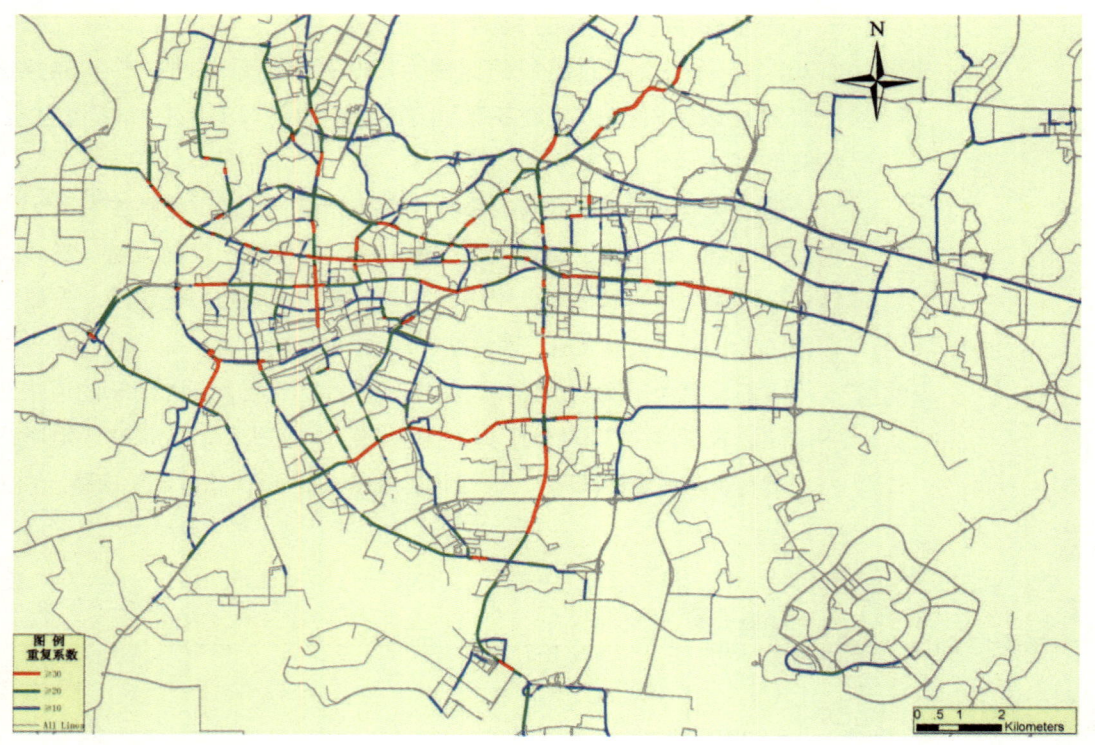

24.5 公交需求时空特征

24.5.1 时间特征

从公交出行时间特性看,在上下班时段存在两个明显的高峰,早高峰时段位于上午7:00~9:00,占公交全日出行总量的比例为20.1%,晚高峰位于下午17:00~19:00,占公交全日出行总量的比例为18.2%(图24-19)。

图24-19 公交出行时间分布

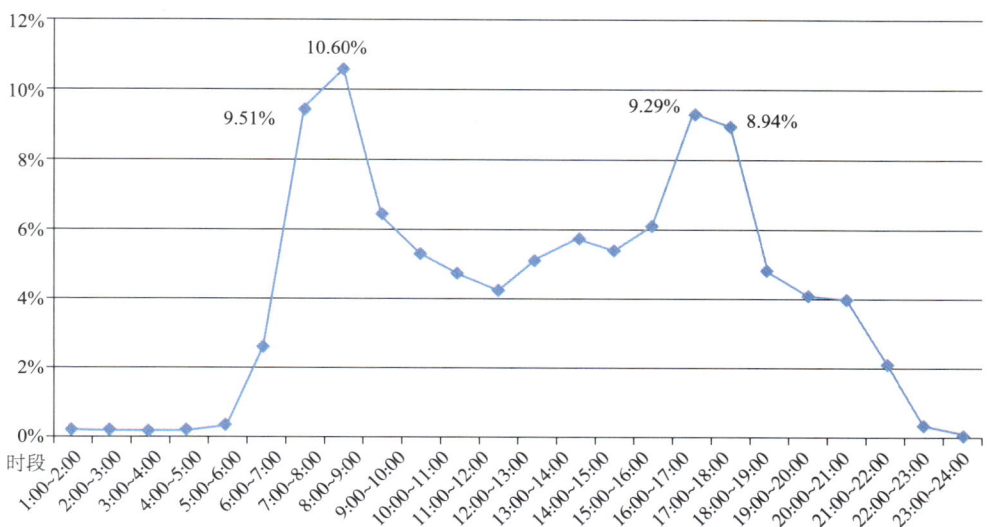

24.5.2 空间特征

分析广州市区县之间的公交出行需求（因南沙公交联系弱，在此省略掉），公交需求主要集中在中心区的越秀、白云、天河、海珠、荔湾。维持供需平衡，所以老城区线网密集（图24-20）。

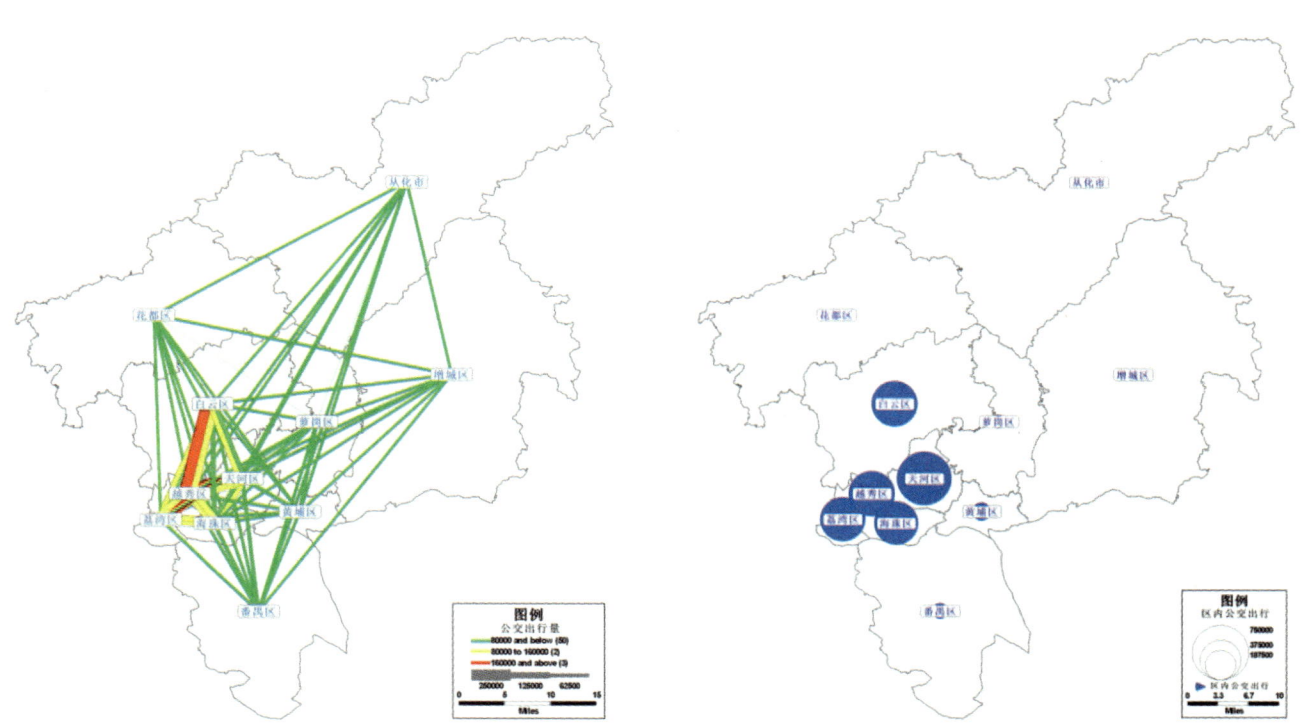

图24-20 公交客流空间分布

24.6 公交指标

24.6.1 公交分担率

2012年机动化出行方式结构与上年基本类似，公共交通与个体交通的比例基本维持在6:4水平。虽然实施了中小客车限牌，个体机动车比例增长压力加大，增加约0.6%；而公共交通从运量统计上有所增加，但整体结构出行比例略有下降，为59.3%，在中小客车总量调整政策下，公共交通出行增长仍然落后于个体交通，广州缓解交通思路上应该有所转变，更多关注小汽车和公共交通在路权方面的博弈关系，给予公交足够的优势（图24-21）。

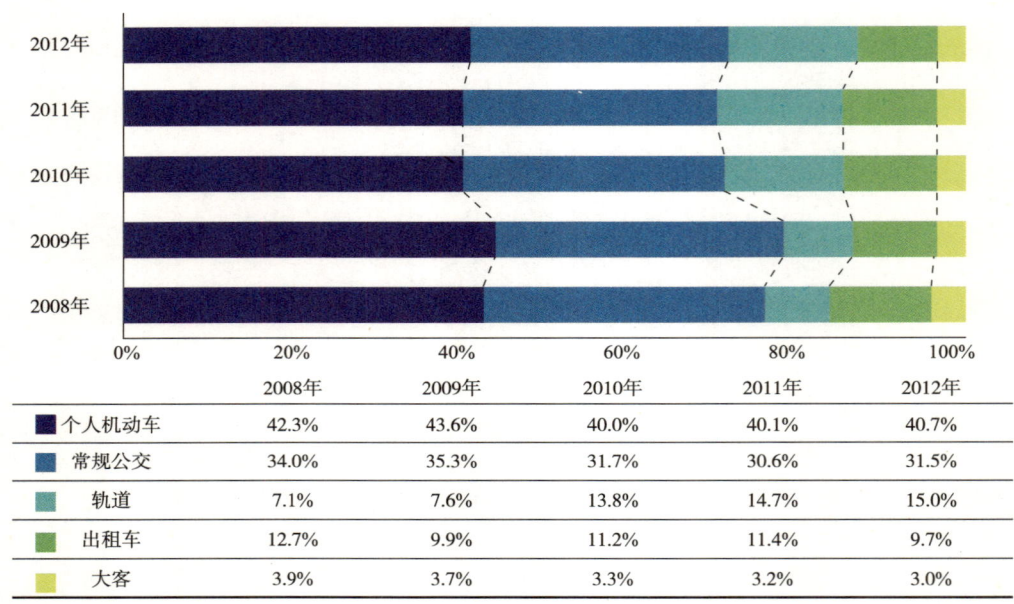

图24-21 公交分担率

24.6.2 小汽车与公交车速比

调查计算BRT、公交专用道、和混行车道的公交运行速度（表24-1，图24-22）。

公交线路车速统计　　　　　　　　　　表24-1

车道属性	路段	方向	公交线路	公交车速（km/h）	公交车速（不含停站）(km/h)	小汽车车速(km/h)	小汽车车速/公交车速	小汽车车速/公交车速（不含停站）
公交专用道	昌岗路	西→东	565	10.9	13.0	—	—	—
	东风路	东→西	305	8.3	9.9	23.4	2.8	2.4
	东风路	西→东	305	16.6	19.8	23.4	1.4	1.2
	工业大道	北→南	125	17.6	21.0	21.8	1.2	1.0

续表

车道属性	路段	方向	公交线路	公交车速（km/h）	公交车速（不含停站）(km/h)	小汽车车速(km/h)	小汽车车速/公交车速	小汽车车速/公交车速（不含停站）
公交专用道	工业大道	南→北	125	17.0	20.3	21.8	1.3	1.1
	广州大道	北→南	122	17.3	20.6	29.0	1.7	1.4
	广州大道	北→南	303	15.1	17.6	28.0	1.9	1.6
	广州大道	北→南	565	16.1	19.2	26.7	1.7	1.4
	广州大道	南→北	122	16.0	17.6	29.8	1.9	1.7
	广州大道	南→北	303	16.4	19.1	29.7	1.8	1.6
	环市路	东→西	256	11.1	12.3	18.8	1.7	1.5
	环市路	东→西	545	13.7	15.1	18.7	1.4	1.2
	环市路	西→东	256	13.9	15.5	24.4	1.8	1.6
	环市路	西→东	545	16.1	17.1	24.3	1.5	1.4
	黄埔大道	东→西	518	10.4	12.4	—	—	—
	黄埔大道	东→西	550	15.9	19.0	—	—	—
	黄埔大道	西→东	518	11.0	13.1	—	—	—
	解放路	北→南	244	16.4	19.6	25.5	1.6	1.3
	解放路	南→北	244	16.1	19.2	22.1	1.4	1.2
	天河北路	东→西	122	11.0	13.1	19.9	1.8	1.5
	天河北路	西→东	122	12.5	13.7	15.6	1.2	1.1
	新港路	西→东	565	16.9	20.1	26.1	1.5	1.3
BRT车道	中山大道	东→西	B1	12.1	13.0	20.1	1.7	1.5
	中山大道	东→西	B1	14.8	16.0	20.2	1.4	1.3
	中山大道	东→西	B4	14.9	16.4	20.5	1.4	1.3
	中山大道	西→东	B1	17.3	20.2	26.2	1.5	1.3
	中山大道	西→东	B4	16.3	18.4	26.3	1.6	1.4
混行车道	下塘西路	北→南	846	11.2	12.9	—	—	—
	下塘西路	南→北	846	13.3	16.8	—	—	—
	小北路仓边路	北→南	846	12.5	17.6	—	—	—
	小北路仓边路	南→北	846	11.2	12.1	—	—	—
	中山路	东→西	193	7.4	8.7	13.8	1.9	1.6
	中山路	东→西	243	10.6	11.8	19.0	1.8	1.6
	中山路	西→东	193	8.0	9.1	14.5	1.8	1.6
	中山路	西→东	243	12.0	14.3	20.9	1.7	1.5

小汽车与公交车速比可见，BRT车道的比值为1.38，能达到交通系统资源分配目标值1.5，而公交专用道和混行都没有达到该评价指标。一方面，反应BRT车道能促进道路资源的公平分配，顺应交通系统的发展趋势；另一方面，应大力保障公交路权，设置多一些的有专用路权公交专用道（含BRT车道）。

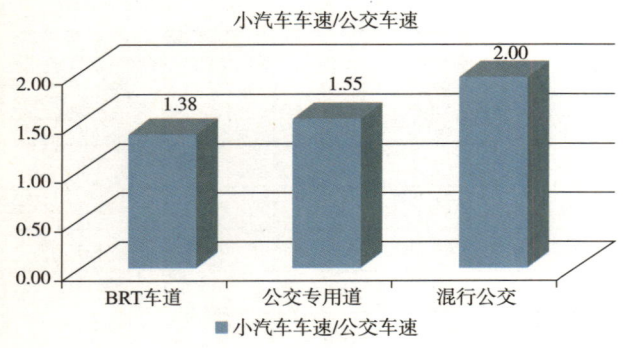

图24-22 小汽车车速与公交车速比值

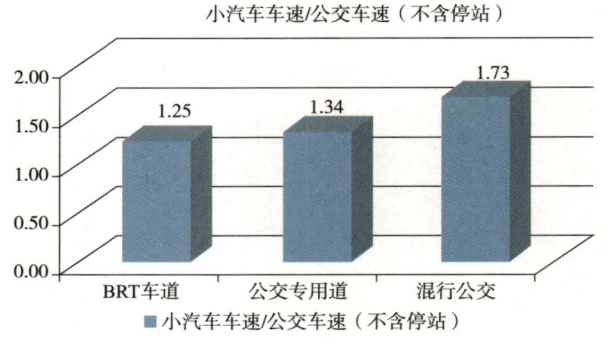

图24-23 小汽车/公交车速（不含停站）比值

不考虑公交车停站，其速度较小汽车也处于劣势，公交车质量体积均较大，所以灵活性相对较差，加减速耗时多，且公交车停站后汇入行车道的延误较多（图24-23）。

24.6.3 停站时间

公交专用道上的公交站台停靠时间和交叉口延误均服从对数正态分布，停靠时间均值为24秒，停靠时间占行程时间的比例为13.5%（图24-24）。

BRT站台停站时间服从正态分布，均值为20s，停站时间占行程时间的比例为9.5%（图24-25）。

混行公交车辆的停站时间也近似服从对数正态分布，均值为27s，停站时间占行程时间的比例为13.8%（图24-26）。

24.6.4 交叉口延误

公交专用道交叉口平均延误30s（对公交经过的所有交叉口的统计特征，下同），占行程时间的比例为17.4%（图24-27）。

图24-24 专用道公交车辆停站时间分布

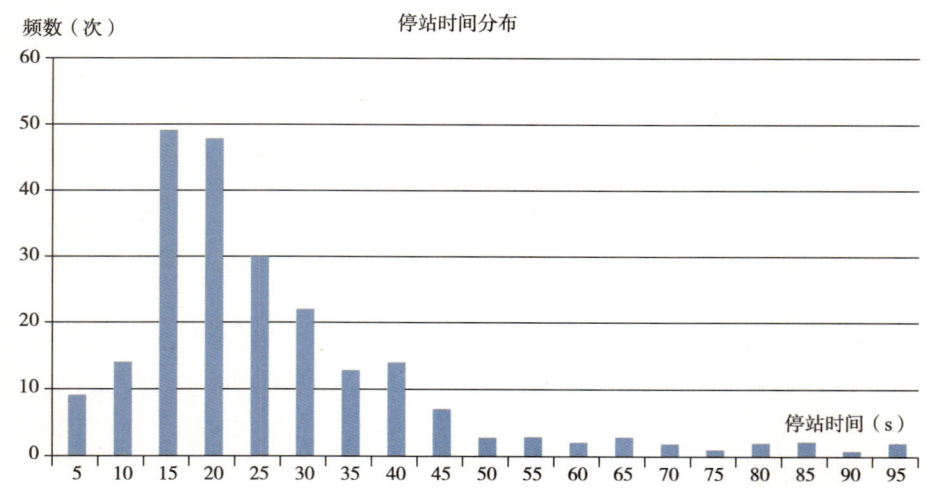

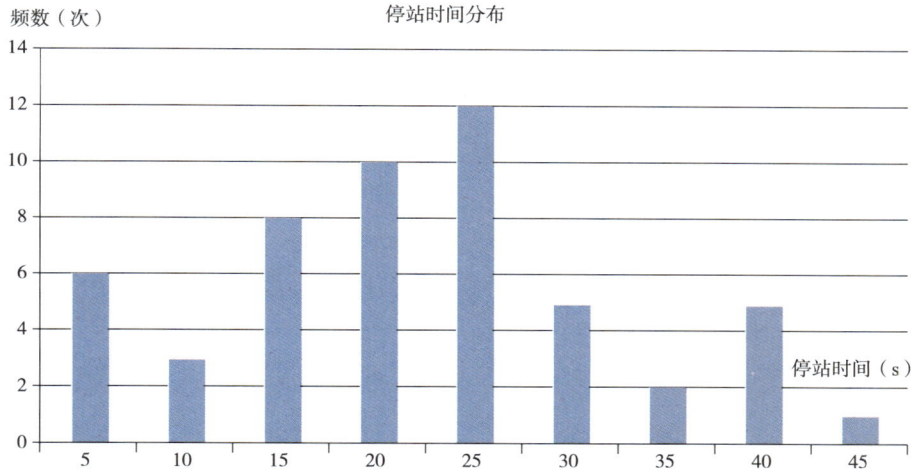

图24-25 BRT站台停站时间分布

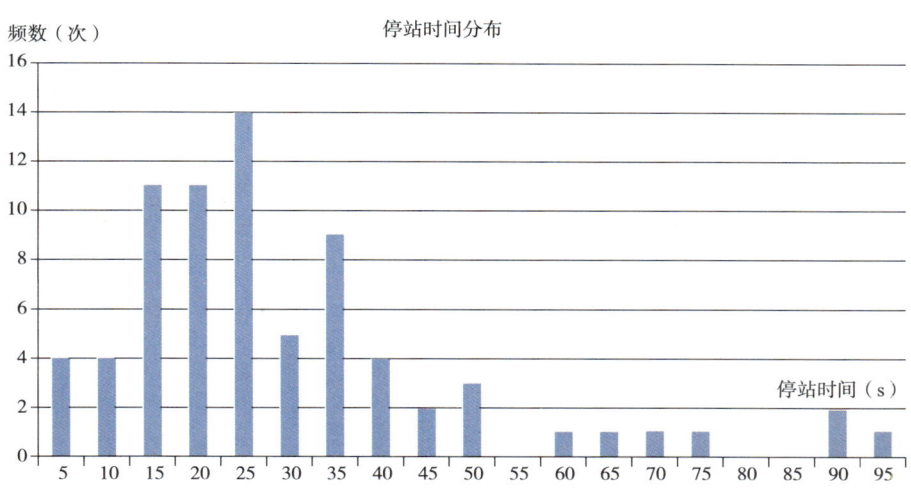

图24-26 混行公交车辆停站时间分布

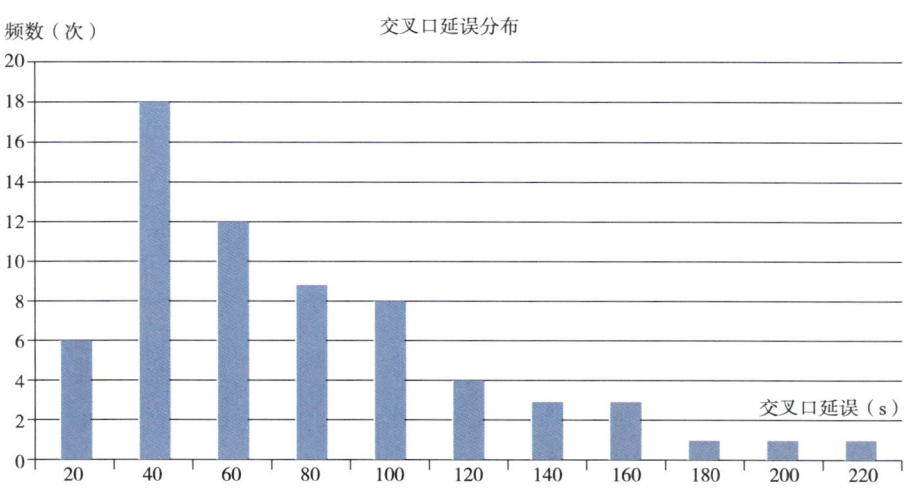

图24-27 公交专用道交叉口延误分布

BRT车道上公交车在交叉口平均延误时间30s，占行程时间的比例为16.8%。混行公交车辆在交叉口平均延误时间50s，占行程时间的比例为25.2%。

24.6.5 行程时间构成分析

对比分析公交专用道、BRT、混行公交三种公交方式的行程时间构成，三种路权形式公交车的路段行驶时间是行程时间的主要主城部分，占比均超过60%；三者停站时间的比重基本维持在11%~14%；交叉口延误的差异较大，混行车道是BRT车道和公交专用道的1.7倍（图24-28~图24-30）。

BRT车辆的站间行驶时间均值为158s，而交叉口延误达到30s，占站间行驶时间的19%，混行公交的交叉口延误占站间行驶时间的29%，公交专用道交叉口延误占站间行驶时间的比重为20%（图24-31）。

24.6.6 公交稳定性

根据线路经过路段的公交车路权，分别考虑公交专用道、BRT车道、混行公交三种类别，计算其平均速度。统计结果显示，高峰时段BRT车道较公交专用道车速优势不明显，没有达到预期效果。BRT车道保障路段路权，但在交叉口延误较大，所以提升公交车的运营车速不仅路段要保障路权，在交叉口也需要保障，给予一定的优先。混行公交的车速不足11km/h，是城市交通中短板的短板，所以，在条件允许的情况下，应划设更多的公交专用道（图24-32）。

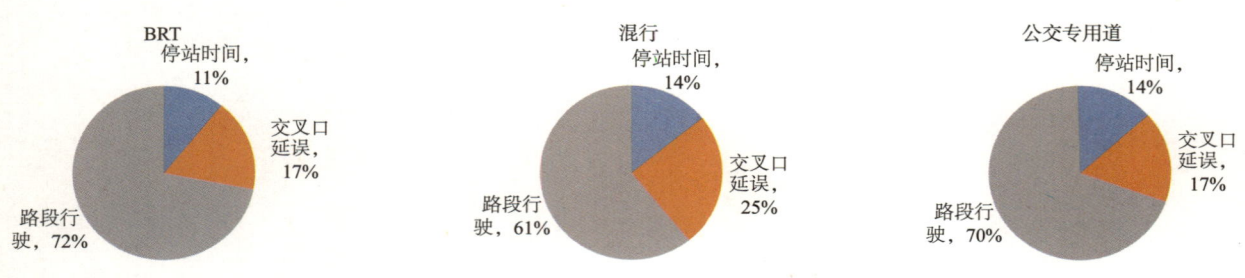

图24-28 行程时间构成

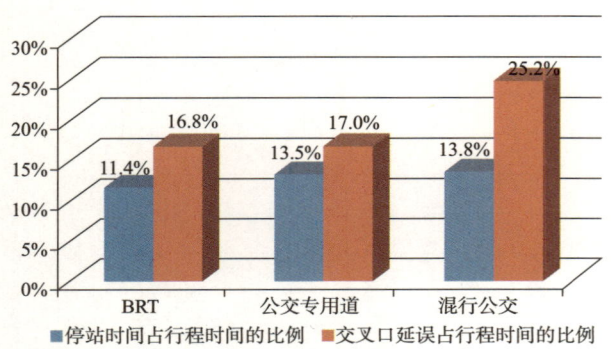

图24-29 停站时间和交叉口延误占行程时间比例对比分析

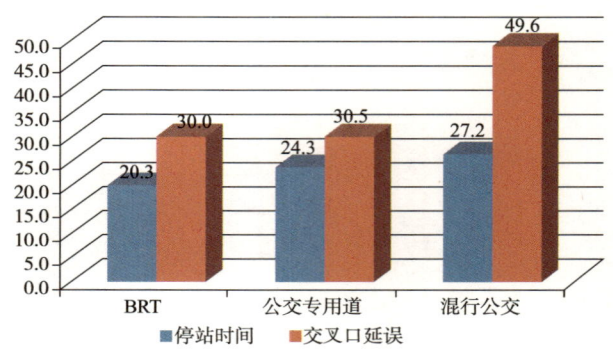

图24-30 停站时间和交叉口延误对比分析

计算公交的整体稳定性为78%，而BRT的稳定性最高为87%。表明保障路权有利于提升公交稳定性（图24-33）。

图24-31 交叉口延误占站间行驶时间的比重

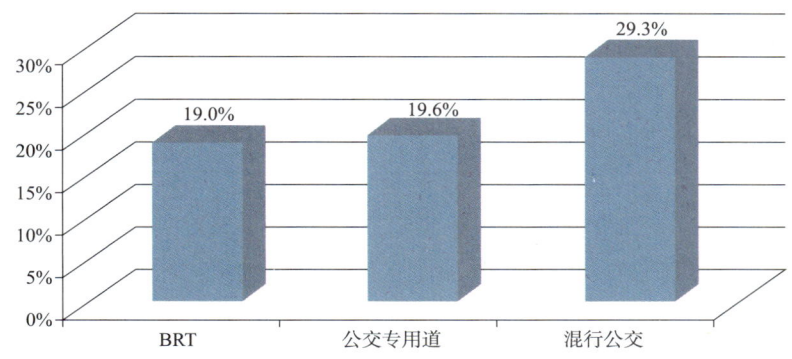

图24-32 不同路权的公交车速统计

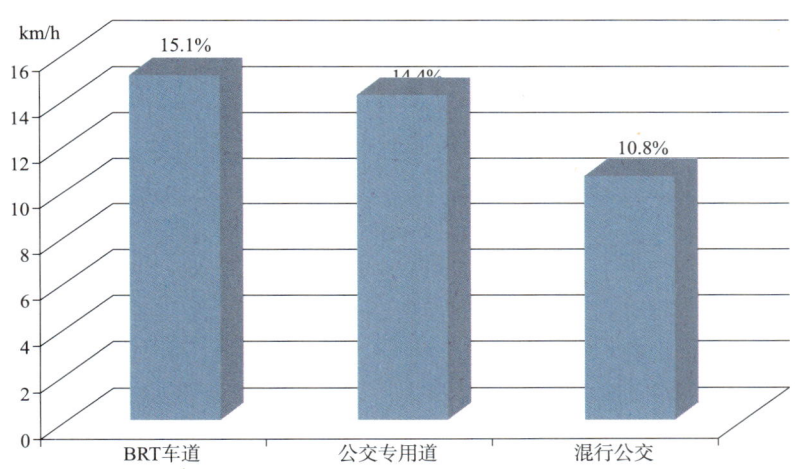

图24-33 公交稳定性指标统计

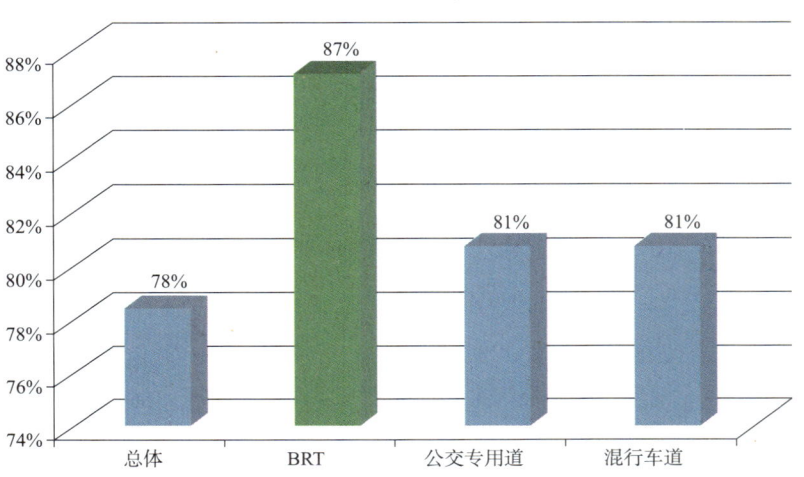

24.6.7 公交覆盖率

广州市的公交系统包括地铁、BRT、和常规公交，考虑各自的辐射能力，覆盖半径分别取值为600m、500m、300m，各自的覆盖率如表24-2所示。

广州市公交覆盖率统计　　　　　表24-2

方式	区域	人口（万人）	就业岗位（万个）	面积（km²）
常规公交	300m覆盖范围	742.8	363.4	920
	比例	67%	70%	24%
地铁	600m覆盖范围	244.3	139.0	120
	比例	22%	27%	3%
BRT	500m覆盖范围	36.1	23.2	18
	比例	3.3%	4.5%	0.5%
地铁+BRT	合计覆盖范围	265.5	147.4	133
	比例	24%	28%	3%
地铁+BRT+常规公交	合计覆盖范围	768.3	372.5	945
	比例	69%	72%	25%
十区		1107.1	517.4	3843

人口和岗位的覆盖率在70%左右，离全覆盖还有一定的差距。另外，常规公交与总体的覆盖率差异小，表明地铁、BRT与常规公交对多市区形成多层次覆盖。

24.7 结语

1) 广州公交取得了多项辉煌成就：
① 轨道规模处于国内第一集团。
② BRT系统世界领先。
2) 广州面临新的发展困境——公交出行分担率难以进一步提升。
3) 公交指标也随公交行业的发展而不断丰富完善，缺乏成体系的公交评价指标，指导公交优先的可持续健康发展。
4) 公共交通的区域差异和时段差异，要求更进一步探讨公交分担率。
5) 需要有效的管理措施保障公交品质提升。

第25章 深圳

25.1 城市概况

深圳是中国南部海滨城市,位于珠江口东岸,与国际大都会香港一水之隔。南边深圳河与香港相连;北部与东莞、惠州两城市接壤。下辖6个行政区和4个新区:福田区、罗湖区、南山区、盐田区、宝安区、龙岗区、光明新区、坪山新区、龙华新区、大鹏新区。全市面积1992平方公里。南山、福田、罗湖、盐田为原经济特区范围,为城市中心城区。

深圳自2010年7月1日起,深圳经济特区范围延伸到全市(图25-1)。

深圳是我国第一个设立的经济特区,是中国改革开放政策和现代化建设先行先试的地区。自1980年成立特区以来,在短短30几年时间里,深圳从一个仅有三万多人口、两三条小街的边陲小镇,发展成为一座拥有上千万人口,经济繁荣、社会和谐、功能完备、环境优美的现代化都市,创造了世界工业化、城市化、现代化史上的奇迹。

图25-1 深圳市行政区划图

25.1.1 社会经济

作为中国的重要国际门户,深圳是全球发展最快、中国经济最活跃的城市之一。深圳是中国南方重要的高新技术研发和制造基地,高新技术产业、金融服务业、现代物流业以及文化产业是这个城市的四大支柱产业,战略性新兴产业和现代服务业正在迅速崛起,将成为深圳经济发展的新引擎。

2012年深圳市国民生产总值为1.29万亿元,位于北京、上海、广州之后,居国内第四位。2005年以后,GDP增幅减缓(图25-2)。

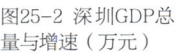

图25-2 深圳GDP总量与增速(万元)

25.1.2 人口与就业

（1）人口规模超常规发展

伴随特区经济快速发展，人口规模迅速膨胀。20年时间里，深圳常住人口规模由1990年168万人增长到2010年1036万，人口规模不断突破城市规划控制（图25-3）。

（2）以暂住为主体的人口结构

深圳市人口结构特殊，以暂住人口为主，2012年深圳市常住人口1054.74万人，其中户籍人口仅占27.3%。集体户人口比例较大，占总人口比例近30%。随着城市化发展，城市户籍人口、家庭户人口比例逐步上升（图25-4）。

（3）就业人口规模不断扩大

2012年深圳市全市从业人员764.5万人，占常住人口的比例达73.1%。尽管就业人口数量在增长，但就业人口占总人口比例呈现下降趋势（图25-5）。

（4）人口就业分布：职住分离趋势显现

从人口和就业岗位的地域分布看，呈现居住人口向特区外扩散，而就业岗位向特区内集中、职住分离的发展趋势。特区外人口比重由2005年62%提高到2012年66%，增加4个百分点；同期特区内岗位由45%提高到51%（图25-5~图25-8）。

25.1.3 机动车增长

深圳对小汽车未实行限购政策，一直以来小汽车增长较快。截至2012年底，全市机动车保有量达到224.92万辆，近年来年均增幅达到25%左右。私人小汽车占全市汽车保有量比重为73.9%，是汽车保有量增长的主力。将长期在深行驶的港澳机动车及外地机动车计算在内，全市机动车总量已接近250万辆（图25-9）。

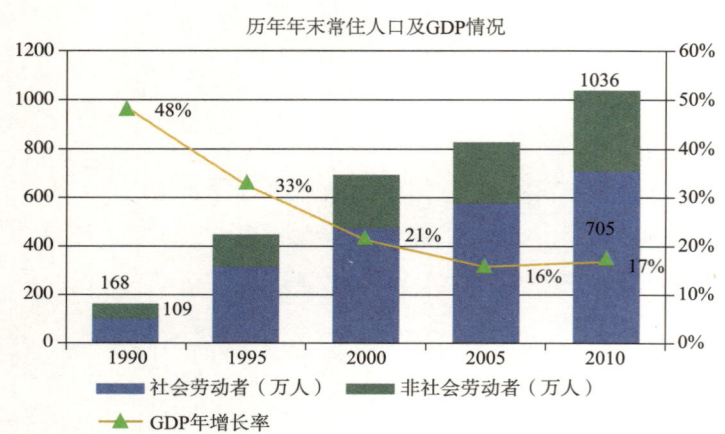

图25-3 历年年末常住人口及GDP发展

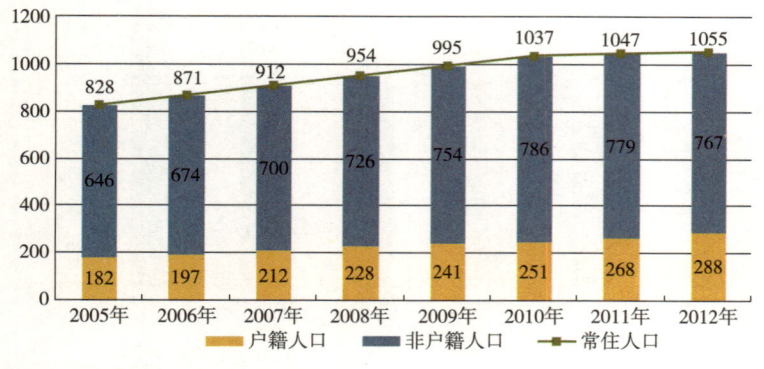

图25-4 深圳市历年人口结构（万人）

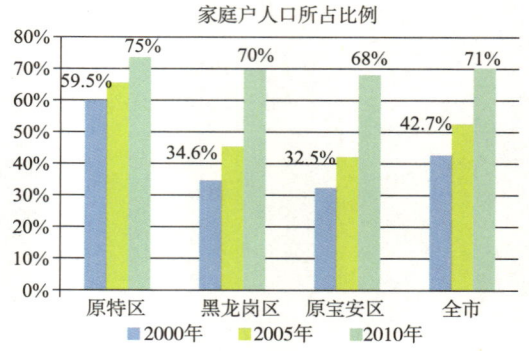

深圳汽车保有量位于国内大中城市前列，且汽车保有量增速高于北京、天津、杭州、上海、广州等国内主要大城市。

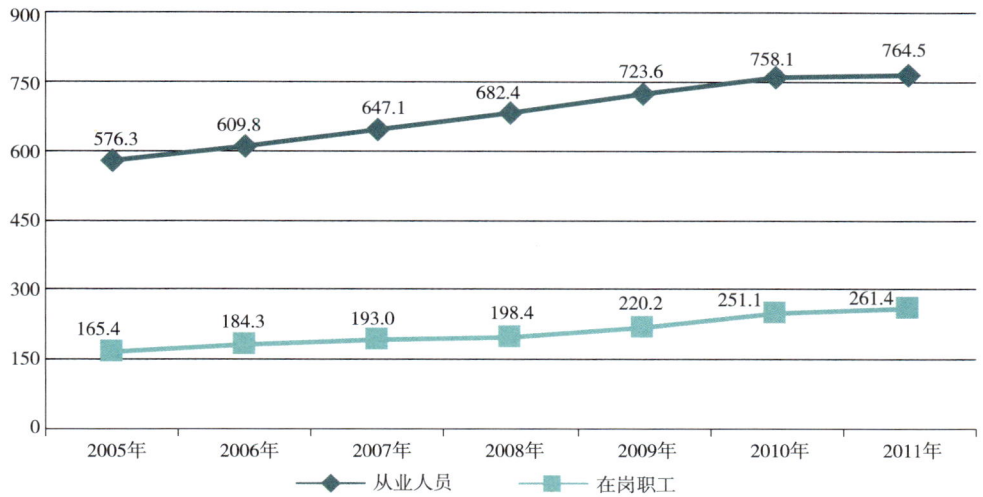

图25-5 深圳市历年从业人员和在岗职工情况（万人）

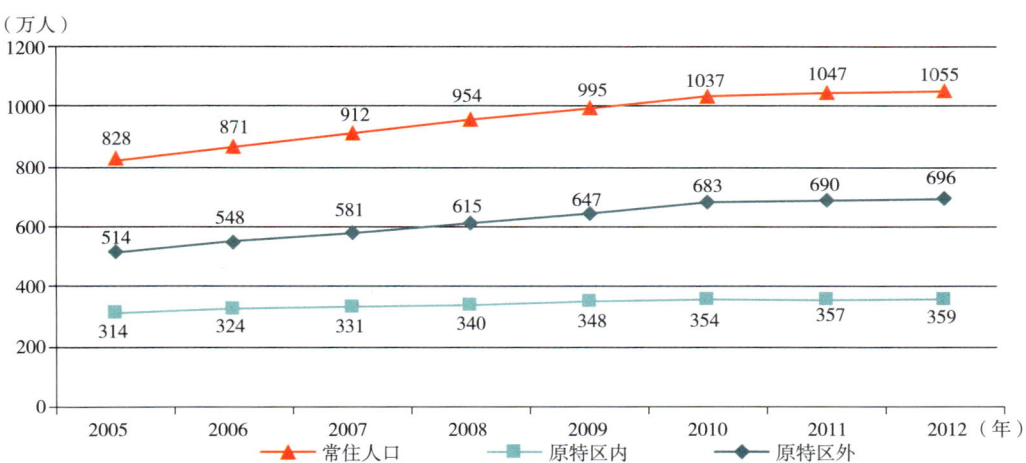

图25-6 历年深圳市人口（万人）

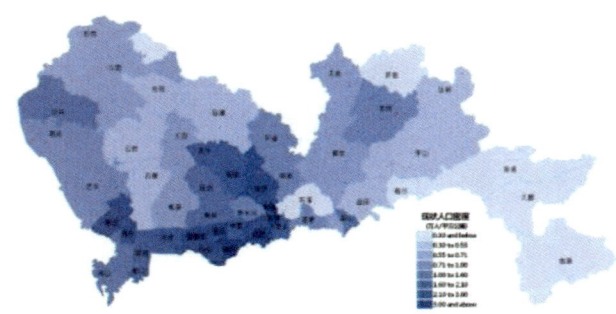

图25-7 深圳市人口密度分布示意图

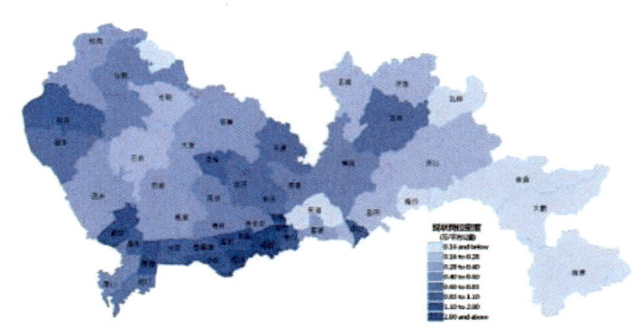

图25-8 深圳市岗位密度分布示意图

图25-9 历年深圳市汽车和私人小汽车保有量（单位：万辆）

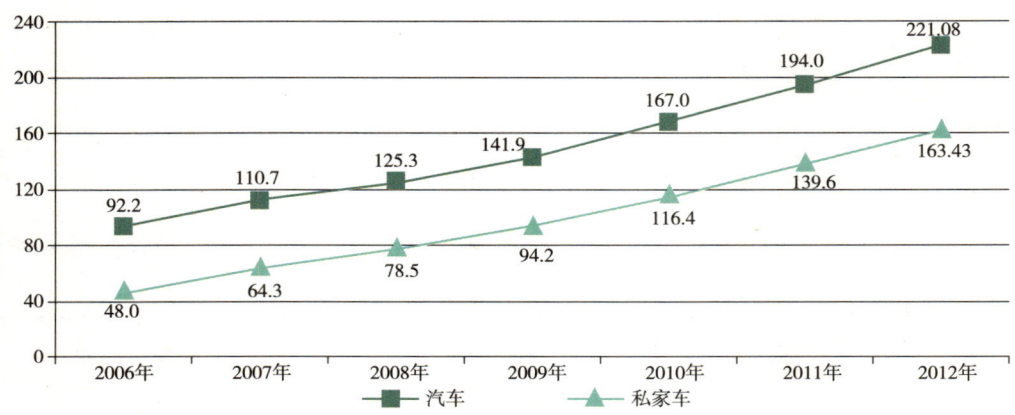

25.2 交通概况

经过三十多年发展，深圳市初步建立了现代化的综合交通系统，为深圳市经济社会快速发展发挥了至关重要的作用。深圳已进入社会经济全面转型发展阶段，加快转变交通方式、提高交通服务质量，打造低碳绿色交通，建立现代化国际化一体化综合交通运输体系，成为深圳城市交通发展的战略选择。

25.2.1 对外交通

（1）全国重要的交通枢纽城市

2012年深圳机场完成旅客吞吐量近3000万人次，位居国内机场第四位。T3航站楼主体工程完工，并于2013年12月完成转场正式启用。公路客运枢纽体系基本形成，2012年，全市公路客运站发班次数达到390.7万次，共发送旅客3484万人次。形成了深圳站、深圳北站和深圳东站铁路客运枢纽布局，2012年全市铁路客运输量年旅客发送量2479.3万人次（图25-10，图25-11）。

图25-10 深圳历年机场客运量

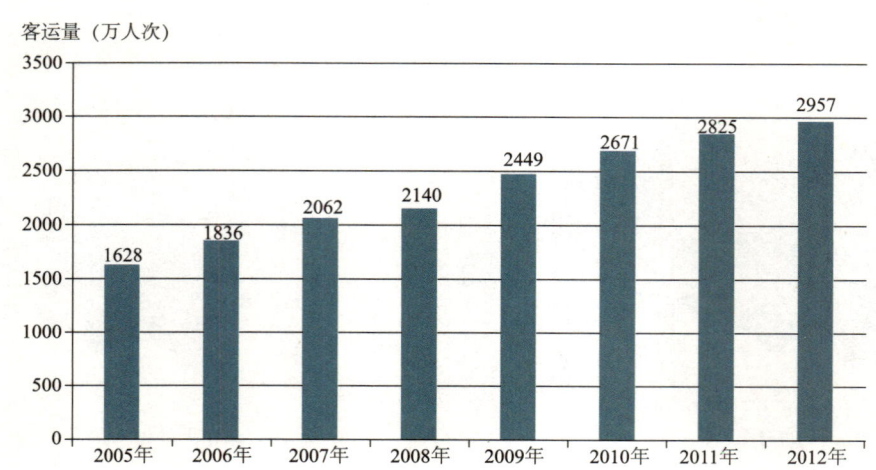

图25-11 历年深圳市铁路客货运输情况

(2) 陆海空全方位的口岸城市

2012年,全市口岸出入境人员近2.0亿人次,日均54.4万人次。其中,陆路口岸出入境人员数量持续上升,反映出深港两地交通联系日益紧密。各大口岸中,罗湖口岸日均出入境人员达到26.2万人次,占陆路口岸出入境人员总量的48.2%,在各口岸中排名第一。福田口岸次之,日均出入境人员11.3万人次,占总量的20.9%。皇岗口岸和深圳湾口岸分别分担了陆路口岸出入境人员总量的14.9%、14.3%(图25-12,图25-13)。

25.2.2 城市交通

(1) 居民出行需求总量持续增长

2012年,全市全方式日均出行总量3650万人次,其中机动化出行总量1758万人次,机动化出行比例48%。机动化出行中,全市居民日均出行1562万人次,流动人口日均出行196万人次,分别占全市机动化出行总量的88.9%和11.1%(图25-14)。

图25-12 深圳历年口岸旅客增量

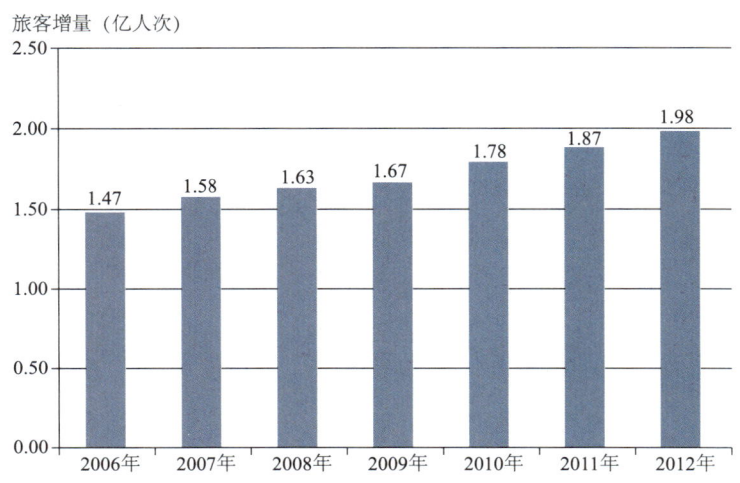

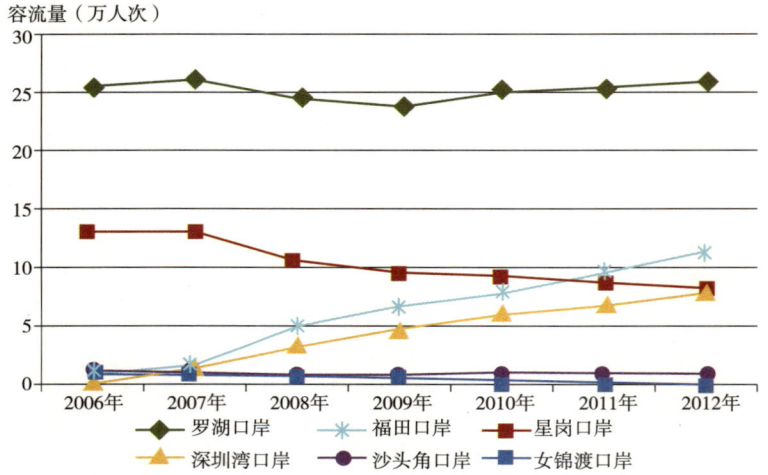

图25-13 深圳历年不同口岸的通过客流变化

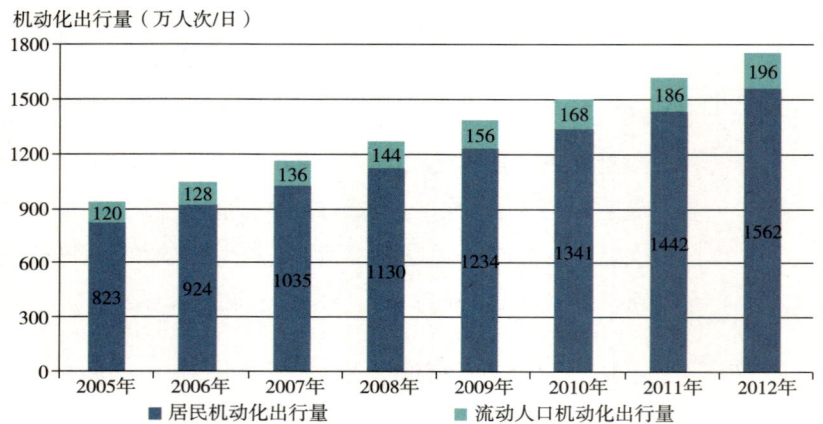

图25-14 历年深圳市日均机动化出行量

（2）跨组团长距离出行需求比例不断提高

2012年，原特区内外的交通联系中，原特区内与宝安区、光明新区、龙华新区之间日均机动化出行125.0万人次，同比增长10.2%，原特区内与龙岗区、坪山新区、大鹏新区之间日均机动化出行114.8万人次，同比增长11.9%。跨二线出行需求增加23.8万人次，占全市内部出行总量的比例为15.2%，同比上升0.3个百分点。

中心城区各组团的交通联系中，跨组团日均机动化出行258.1万人次，占中心城区出行总量比例为30.5%，同比上升0.8个百分点（图25-15）。

（3）原特区内外之间出行需求持续增长

随着特区一体化深入实施，原特区内外之间的出行需求增幅显著高于全市平均水平。2012年，全市机动化出行中，原特区内部、原特区外部、原特区内外之间三类出行分别占全市内部机动化出行总量的53.6%、31.2%、15.2%。其中特区内外之间的出行比例提高（图25-16，图25-17）。

（4）公共交通在出行结构中虽占有优势，但小汽车出行比例一直稳步上升

2012年全市居民机动化出行结构中，常规公交占37.9%，轨道交通占9.0%，出租车占

图25-15 2012年深圳市跨组团机动化出行需求分布

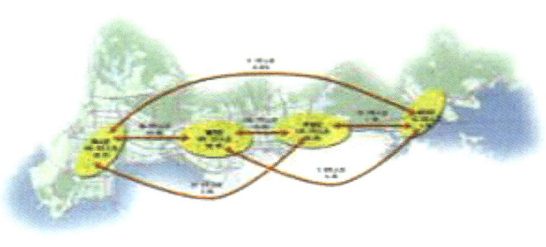

图25-16 2012年深圳市机动化出行需求分布

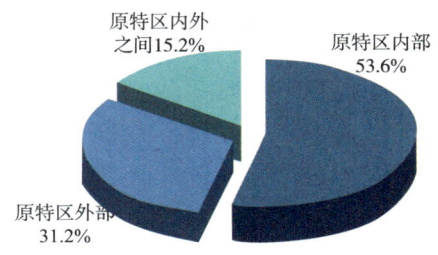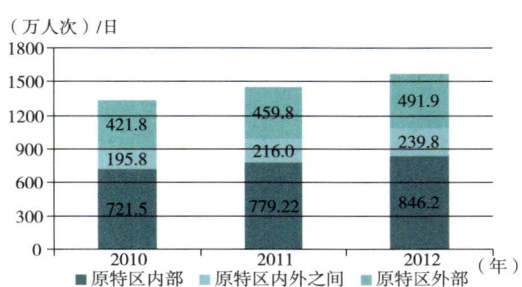

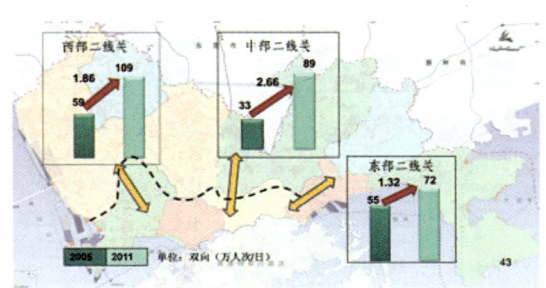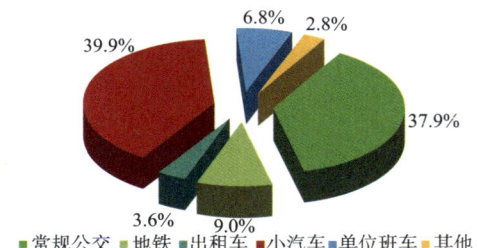

图26-17 二线关2005年、2011年出行需求　　　　图25-18 2012年机动化出行结构

3.6%，小汽车占39.9%，单位班车占6.8%，其他方式占2.8%。其中，公共交通方式（包括常规公交、轨道交通、出租车）占机动化出行比例为50.5%，在全市出行方式中仍然占据优势地位；但近年来小汽车快速增长，其出行分担比例一直稳步提升，2012年达到39.9%，与公交之间的差距在不断缩小（图25-18）。

（5）二线关等关键走廊断面高峰期交通矛盾突出

随着原特区内外职住分离的进一步加剧，进一步增加关口早晚高峰交通压力。西部二线关高峰期南头关车流基本饱和，新城、同乐、白芒关口潮汐特征明显；中部二线关高峰期福龙、梅林、南坪关口车流趋于饱和，新区关潮汐特征明显；东部二线关高峰期布吉关和丹平关车流趋于饱和，清平关和清水河关潮汐特征明显（图25-19）。

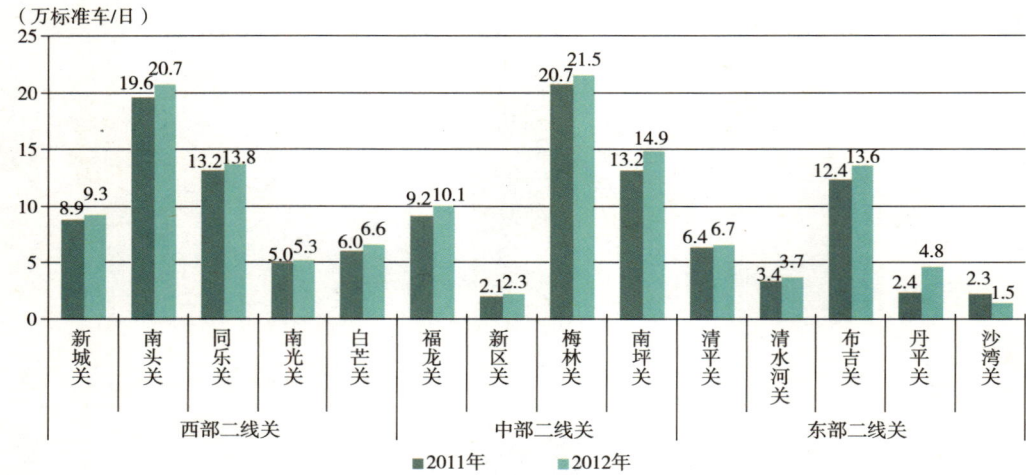

图25-19 二线关境界线主要关口断面日交通量

资料来源：引用自《2012年深圳市综合交通年度报告》

25.3 公共交通

25.3.1 总体情况

经过三十年发展，深圳初步形成了轨道交通为骨干、常规公交为主体、出租车为补充的多模式城市公共交通体系。2012年高峰日全市公共交通系统客运总量突破1000万人次/日，是全国第四个日客运量达到千万级的城市。公交方式（轨道+常规公交+出租车）占全方式分担率25.1%，占机动化方式分担率50.5%（表25-1，图25-20，图25-21）。

深圳市公共交通系统规模统计（2012年末）　　　表25-1

公交模式	发展规模	日均客运量（万人次）	比重
轨道交通	5条线路、总里程178km、站点118个	214	22.5%
常规公交	线路近854条，车辆保有量14546辆	625	65.7%
出租车	15300辆	112	11.8%
合计		951	100%

25.3.2 近年来发展变化

2005~2012年，公共交通在总量上一直呈现增长态势，但近年来公交的增幅在逐步下降（除2011年轨道二期开通后增长率短暂反弹外）。

轨道、常规公交、出租客运量虽然也一直呈现增长态势，但从增长速度看，常规公交、出租车的增速在下降。

从公交系统内部结构看，轨道交通占比稳步增长，而常规公交、出租车所占比例逐步下降（图25-22~图25-24）。

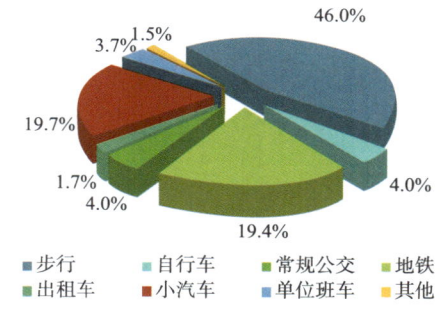

图25-20 深圳全方式出行方式结构

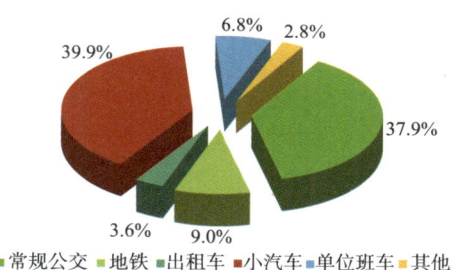

图25-21 深圳机动化方式出行方式结构

图25-22 深圳市公共交通客运量增长变化

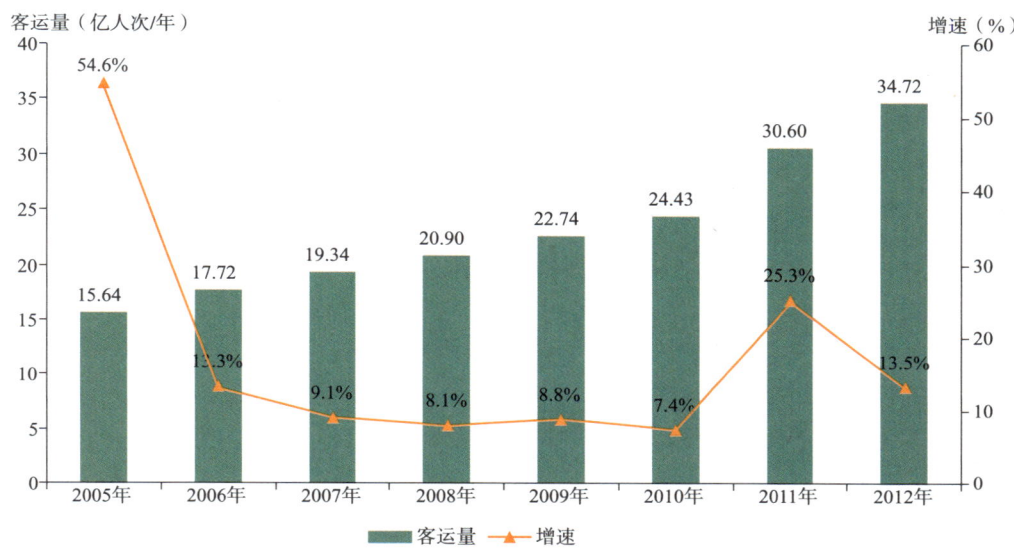

图25-23 深圳市公共交通各方式客运量变化

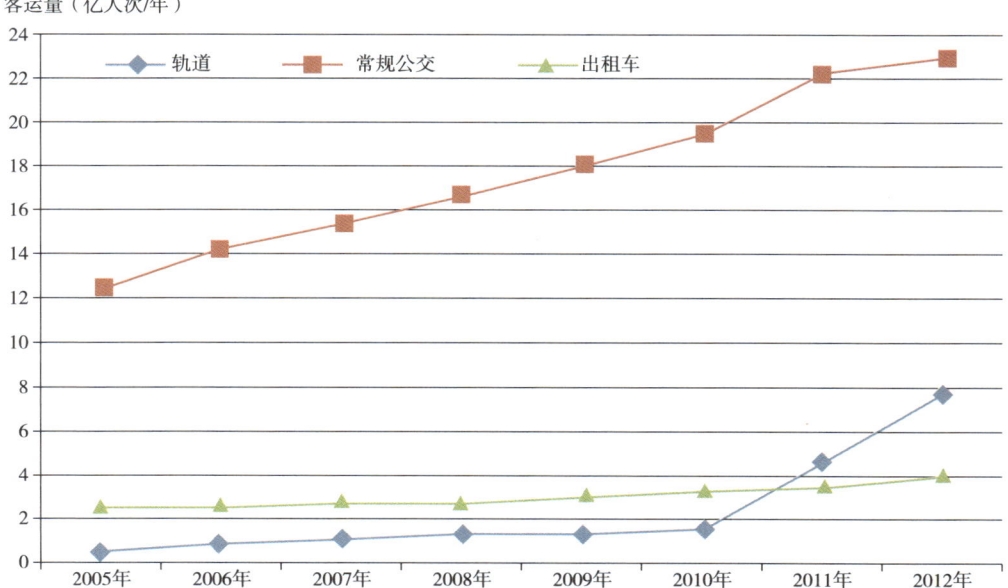

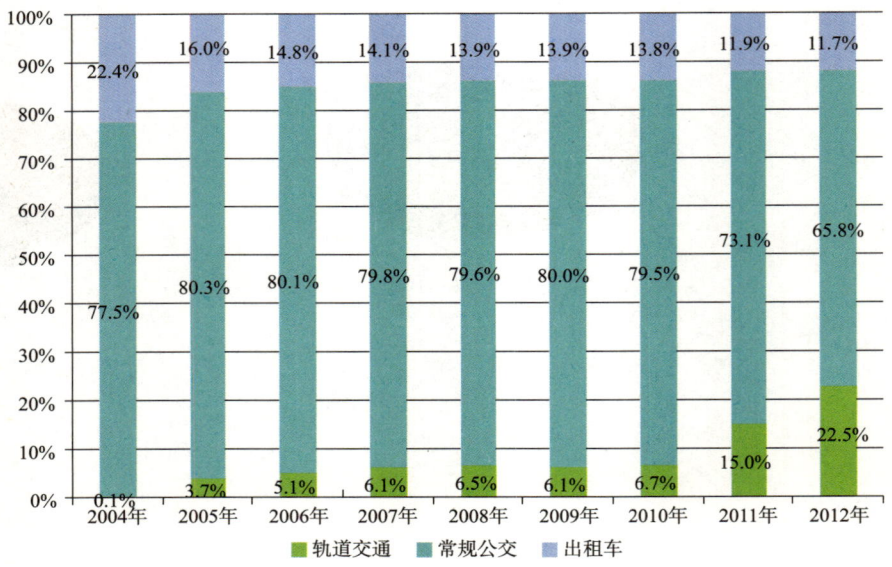

图25-24 深圳市公共交通各方式结构比例变化

25.4 城市与公共交通互动发展历程

深圳公交自特区成立至今走过30多年的发展历程，伴随城市社会经济高速发展和城市化进程快速推进（图25-25），城市公交系统规模迅速发展壮大。30年来，深圳市城市公交的发展历程大致可分为以下四个阶段：

25.4.1 起步发展阶段（1980~1989年）

（1）城市发展

1979年，蛇口码头的一声炮响，成了建设深圳特区的里程碑。为尽快改善投资环境，特区按照"规划一片、开放一片、投资一片、收益一片"的方针，率先在蛇口工业区和罗湖区揭开了城市规划和建设序幕。最初规划的建成区面积为10.65km²，人口规划为20万~30万人。深圳大胆利用中央赋予的一系列特殊政策和灵活措施，以改革基建体制和开放为突破口，充分发挥毗邻香港港的优势，大力引入"三来一补"企业，实行"外引"与"内联"相结合的的方针迅速启动了原特区经济建设进程。

上一阶段城市的快速发展很快超出了规划的预期，为更好地指导城市全面发展，1984~1986年，深圳市政府组织编制了《深圳经济特区总体规划》，将城市规划范围定为122.5km²用地，人口规模确定为110万人，交通规划则以200万人。1989年，根据特区发展的新形势，又对总体规划进行了局部修改，将2000年城市规划调整为150km²，人口规模为150万。

86版特区总规将城市性质确定为"发展外向型工业，工贸并举，兼营旅游、房地产等事业，建设以工业为重点的综合性经济特区"。规划恰当地利用了经济特区自身地形狭长的特点，结合自然山川，依山就势，因地制宜，确定了"带状组团式"的城市结构，从东到西

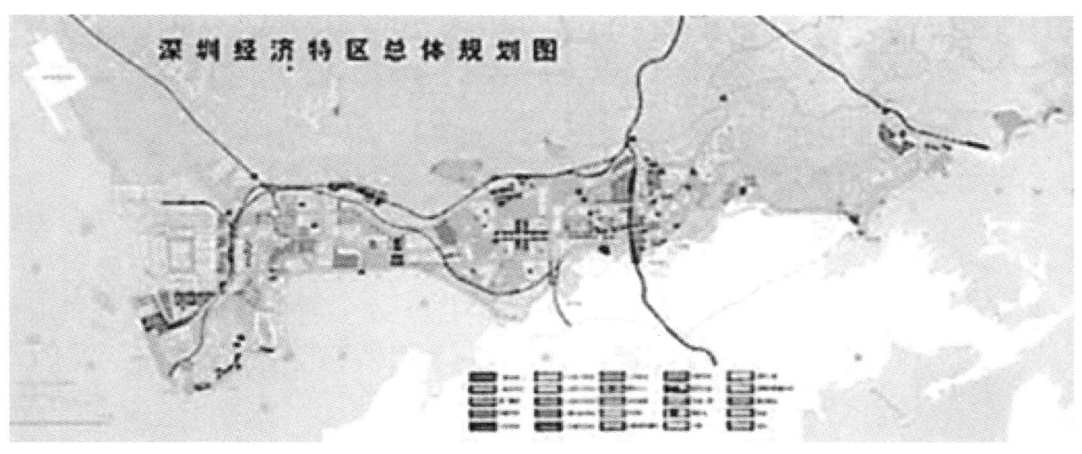

图25-25 深圳经济特区总体规划

依次布置了五个组团:沙头角—盐田、罗湖—上步、福田、华侨城、南头,奠定了原特区内空间结构的基本格局。

(2)公交发展

特区成立之初,深圳公共交通以原宝安县"一条线路三台车"起家,由政府扶持发展,企业自主经营。当时公交行业规模小,底子薄,行业法规不完善,发展机制不明晰,由一家公司垄断经营,行业发展较为缓慢。随着特区改革开放的迅速发展,城市公共交通需求日益增加,原有的行业规模难以满足城市社会经济发展带来的公交需求快速增长。

1)1975年底,其前身为"宝安县深圳镇公共汽车公司",开办初期只有1条线路,2台车,12名员工。开行从侨社至东门汽车站的线路。

2)1983年2月公司改制为国有市属深圳市公共汽车公司。

25.4.2 快速发展阶段(1990~1999年)

(1)城市发展

在86版总规及相关规划指导下,深圳原特区内进入了快速发展期,工作重点全面专向建立以工业为主的外向型经济上。20世纪80年代末,西方发达国家开始大规模向新兴亚洲市场进行劳动密集型产业转移。为抓住这个历史机遇,更好地与国际经济接轨按国际惯例办事,深圳创建了中国第一个保税区沙头角保税工业区(1987年),之后又设立了福田保税区(1990年)、盐田港保税区(1996年)。保税区的成功创办为深圳经济特区改革开放开辟了一条新道路,到1990年深圳初步形成了以工业为主的外向型经济格局。

20世纪80年代末至90年代初,国内外政治、经济形势曾一度出现巨大变化,特区的改革开放也遭受了严重干扰。1992年初,邓小平同志再次视察深圳并发表著名的南方谈话,充分肯定了特区建设取得的巨大成就,掀起了改革开放的新高潮。1993~1996年,特区开始了新一轮的体制改革,希望通过发挥先行先试优势,在全国率先建立以"十大体系"为内容的社会主义市场经济基本框架。深圳一方面广泛参与国际分工,推进包括口岸管理体制改革在内的多项改革,提高对外服务质量和水平,吸引国际企业落户,成为国内经济国际化程度最高的城市之一;另一方面扩大对外贸易,创新对外投资和合作新方式。到1996

年，深圳已经由一个边陲小镇发展为高楼林立的国际都市。但是，受制于当时行政体制的约束，这一阶段城市发展基本集中在原特区内，对原特区外更广大空间的规划建设缺乏统筹考虑。

（2）公交发展

为满足城市人口规模快速增长带来的公共交通需求，在当时政府财政有限的情况下，深圳市在特区内实行公交大巴专营，从用地、资金等方面大力扶持特区内公交发展。与此同时，积极开放公共中小巴市场，充分吸纳社会资金开办公交。

随着城市公共交市场的放开，社会资金大批涌入，公共交通得到了快速发展，行业规模迅速扩大，在本阶段早期较好地满足了当时快速增长的公共交通发展需要。同时，通过公共中小巴引入，较好配合了特区禁摩限电措施的施行，替代既有摩托车出行需求。

中小巴引入十年后，高峰时期经营企业数达到近40家，客运量已经占深圳公共交通运输量超过1/3，成为不折不扣的主力军。但由于公共中小巴准入门槛过低，在公共交通发展过程中，出现了企业多、规模小、一条线路多家经营，管理粗放、普遍实行单车承包经营，恶性竞争、服务质量差等多方面问题。中小巴慢慢变成了车外破、车内脏，而宰客、甩客、违章更是严重影响了中小巴形象。

1）从1990年开始，深圳速度带来人口规模快速膨胀，常规公交不能满足需求，开始引入中小巴。

2）1993年颁布实施公共大巴专营管理条例。

3）1995年，深圳市公共汽车公司改组成国有独资有限公司，深圳市公共交通（集团）有限公司正式成立，企业向多元化经营、专业化管理迈进。

4）1995年深圳开始限制摩托车上牌。1997年禁止摩托车上牌，特区主要干道逐步实行禁摩。

5）随着特区外城镇化发展，1999年推行村村通公交工程推进实施，但由于体制二元化，企业开办线路积极性不高。

6）这一时期，深圳市积极推进公交科技创新。1992年，在全国首先推行公交无人售票的改革，1994年无人售票系统荣获建设部科技进步奖，并在全国广泛推广。1996年，深圳公交车辆大面积使用非接触式的IC卡收费系统，科技推广应用在全国同行中位居前列。1997年开始，为改善市民乘车条件及适应城市环境的需要，公司不断更新车辆、增加冷气大巴、提高车辆档次，在乘车条件、服务水平等方面已居国内大、中城市先进行列。

25.4.3 整合优化阶段（2000~2008年）

（1）城市发展

进入20世纪90年代，深圳的经济发展进入了快车道，为应对香港回归后新的发展形势，深圳开始谋划新一轮的发展战略。1996年开始，在完成《社会经济发展规划》、《深港经济合作方案》和《广东省珠江三角洲规划》的基础上，编制了《深圳市城市总体规划（1996~2010年）》。96版总规有以下几个特点：

首先，对深圳进入21世纪城市的远景目标提出了具体的设想，提出了将深圳建设为

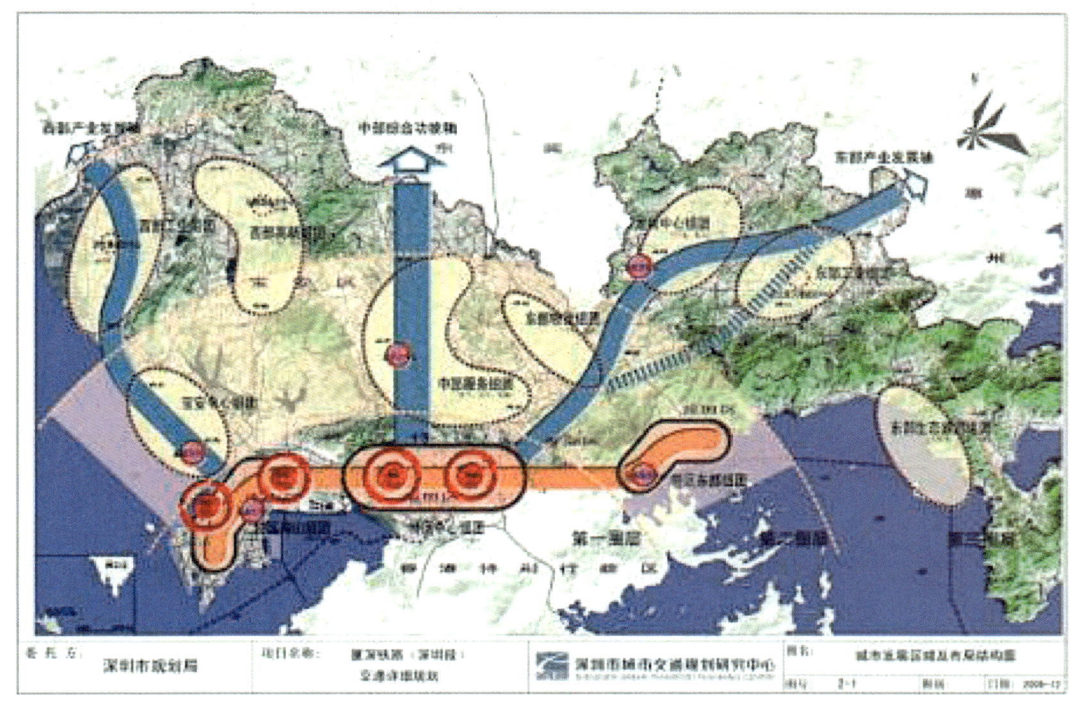

图25-26 深圳市城市总体规划（1996~2010年）

"现代产业协调发展的综合性经济特区，华南地区重要的经济中心城市，现代化的国际性城市"。

其次，规划从全市整体角度出发，将原有的"带状组团式布局"发展成"网状组团式布局"，以特区为中心，向西、中、东放射三条发展轴，形成梯度推进的组团集合布局结构，大力推动了特区外的城市建设。（图25-26）

第三，确定了2010年510万人口发展规模和480km²建设用地。

在96版总规及相关规划指导下，深圳形成了市域范围的生产、生活及环境地域分工协调体系，原特区内外都实现了较快的发展。20世纪90年代末至21世纪初，深圳再次抓住新一轮国际产业转移机遇，建立技术密集型和资本密集型制造业，争取直接进入到以高新技术产业和现代服务业为主的工业化中后期阶段。在深港创新圈合作协议（2007年）及深港"1+6"合作协议（2007年）推动下，深港合作进入了更深层次，福田口岸和深圳湾口岸（2007年）的开通，标志着双方正朝着共建国际大都市的目标迈进。另一方面深圳也积极全方位拓展国内市场，参与泛珠三角地区各个领域合作，强化辐射和服务内地功能。

（2）公交发展

进入21世纪以来，城市化的发展水平提升、居民生活水平进一步提高，对公共交通出行的需求和质量有了较高的要求。此前的以线路专营为主导、低准入门槛的市场化经营模式，缓解了一段时期内的城市公交供需矛盾，但同时带来行业经营主体较多、资源分散、过度竞争等问题。2003年全行业统计共有公交企业67家，其中最小企业仅1条线路，7台车。线路承包问题突出，营运秩序较差，企业过分追求经济利益，公交公益性难以体现，难以满足市民对公交服务质量提高的要求。公交行业整合势在必行。

深圳地铁一期开通，开启公交多模式发展阶段，为发挥公交系统整体运输效率，进一步催化了深圳公交行业整合调整。2005年开始深圳大力推行公交区域专营改革，将原67家公交企业整合为三家，大大缓解了行业恶性竞争局面，实现公交规模化经营。配合公交区域专营实施，政府编制出台一系列保障公交优先发展的政策措施，同步推行公交票价优惠政策、公交成本规制，加大公交行业财政补贴力度，提高公交竞争力吸引力。

对中小巴实行总量控制、逐步淘汰的政策。从2000年开始，深圳开始重拳出击，力图规范中小巴的运营。2005年出台"三个一批"（即淘汰一批、转移一批、转换一批）方案，中小巴将逐步清退出特区内市场。

根据特区内外一体化发展要求，结合公交行业改革，重点加强原特区外公交系统建设，大幅度扩充公交网络服务覆盖，原宝、龙两区公交事业获得了长足的发展。

1）2004年12月28日深圳地铁一期正式开通。

2）2004年底，深圳市公共交通（集团）有限公司通过股权多元化改造，成功引入国际战略投资，改制为中外合资的股份制公司，深圳巴士集团股份有限公司正式挂牌运作。

3）2005年出台中小巴"三个一批"方案。2006年7月1日中小巴完全退出中心城区运营。

4）2007年推行公交企业重组，实行公交区域专营；彻底解决了150条线路、3500台车的线路个人承包问题，实现了公司化经营、专业化管理。

5）2007年10月，深圳市宣布公交降价优惠方案，通过深圳通平台实行刷卡优惠，票价平均降幅25%。

6）2008年《深圳市公交财政补贴及成本规制方案（试行）》发布。

7）2004年特区内扩大禁摩范围，干道禁摩率达到85%。2007年特区内全面禁摩，特区外大部分禁摩。2009年开始在主要干道禁止电动自行车，2011年全市大部分城区禁止电动自行车。

8）大幅度扩充特区外公交线网覆盖率，特区内外一体化。大幅提高公交覆盖水平。在成本规章制度保障下，原特区内公交覆盖率从95%提高到近100%、原特区外从55%提高到85%，原宝、龙两区公交事业获得了长足的发展，缩小了原特区内外公交发展差异，加快了特区一体化步伐。

25.4.4 转型提升阶段（2008年~至今）

（1）城市发展

2010年，深圳人口突破1000万，GDP接近1万亿元，第三产业比重也达到46.7%，成为全国四大一线城市之一。

深圳市处于社会经济发展矛盾高发期，进一步发展面临"人口、土地、资源、环境"四个难以为继，深圳经济社会发展模式必须率先转变。城市在上述背景下，深圳编制了《深圳市城市总体规划（2010~2020年）》。

深圳城市性质：基于深港共建（合作）的亚太地区重要金融、物流、高新产业中心，国家综合改革创新（特区）城市。

发展目标：以建设可持续发展的全球先锋城市为导向，强化金融中心、物流枢纽、高科

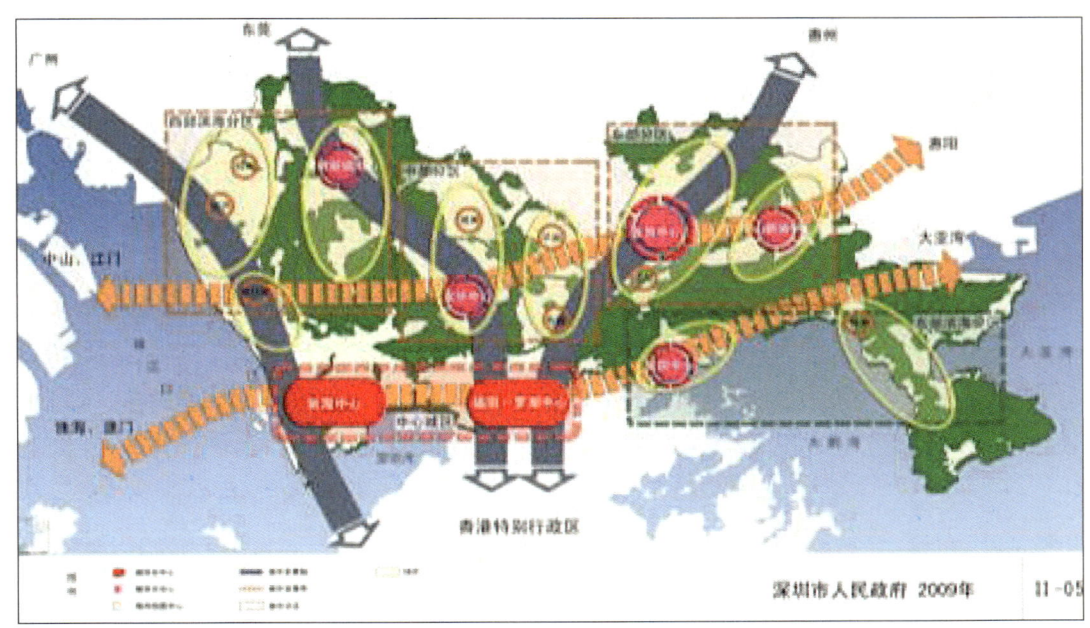

图25-27 深圳市城市总体规划（2010-2020年）

技职能，建设亚太地区有重要影响的国际化城市、国家创新型城市、海滨旅游城市、生态宜居城市。与香港携手共建，未来逐步成为世界级城市。

布局结构：进一步从特区内外一体化角度出发，将原有的"网状组团式布局"发展成"三轴两带多中心"的轴带组团结构，以中心城区为核心，以西、中、东三条发展轴和南、北两条发展带为基本骨架（图25-27）。

（2）公共交通

进入新千年后，深圳市人口数量激增，与此同时，面临人口、土地、资源、环境四个紧约束条件制约，交通拥堵问题日益严重，城市发展迈入转型时期，进一步深入推进发展公共交通是新时期城市发展的必然要求。

建设公交都市是新时期城市交通与公共交通发展的总体目标，结合轨道交通网络化运营和轨道交通持续建设，积极推进轨道与用地发展整合，近年来结合城市片区更新规划，对轨道交通站点周边用地进行优化调整，完善轨道站点与地面慢行交通系统整合衔接。积极研究开展城市中运量骨干公交网络规划建设，支持和引导紧凑城市发展。

构建和完善公交多层次、多样化的公交服务体系，出台并实施公交快、干、支网络服务系统，全面整合公交服务网络，提高服务品质。建设公交电子信息服务系统，积极推进公交智能信息化建设，大规模引入的新能源公交车，建设绿色低碳公交。研究进一步深入推进公交行业改革，加强公交市场运作机制，完善公交市场经营模式、财政补贴制度等措施，通过制度建设促进公交行业可持续发展。

1）2007年，新一版深圳市城市总体规划（2008—2020年）编制完成。

2）2008年迎接大运会，同时进行5条轨道交通线路建设，2011年开通运营，形成总里程178km轨道交通骨干网络，网络化运营格局形成。

3）2010年11月，交通运输部与深圳市签订了共建国家首个"公交都市"示范城市合作框架协议。深圳创建首个全国"公交都市"示范市。2011～2013年,深圳市连续三届举办"中国公交都市发展论坛"。

4）2008年9月出台"快、干、支"三层次公交线网规划,线路分等级、网络分层次、车辆分颜色",形成"三个层次、三级线网、三种颜色"的公交网络。

5）2010年7月1日,特区扩容。深圳经济特区范围扩大到深圳全市,宝安、龙岗两区纳入特区范围。

6）2012年,完成深化深圳公交体制机制改革工作方案成果研究。

7）2011年大运会期间,深圳投入新能源汽车2011辆,这其中比亚迪作为纯电动汽车的主力,投入K9纯电动公交车200辆,e6纯电动出租车300辆。截至2012年6月底,深圳市新能源汽车总数量达到3147辆。其中,公交车2050辆（包括混合动力1771辆、纯电动253辆、纯电动中巴26辆）,纯电动出租车300辆,燃料电池车62辆,公务车20辆,家用车超过750辆。

25.5 案例总结

深圳公共交通经历四个发展阶段,公交分担率也经历了从快速增长到逐步下滑,再到企稳徘徊的发展过程。这一过程与是深圳城市化、交通机动化进程密切相关（图25-28）。

（1）在发展初期,城市化范围扩大和机动化水平提高,公交作为非机动化、摩托车等低阶机动化交通方式的主要转移方式,公交分担率稳步提高。

1）城市范围不断扩大,职住分离趋势明显,出行距离不断加长。

过去十年,深圳特区内人口分布比例从37%减少至34%;而岗位分布比例则由30%增加至39%。全市居住人口将大量扩散至原特区外,非工业岗位将进一步向城市中心区集聚（图25-29）。

随着城市化范围扩大,组团间、特区内外之间的出行比例在不断增加,居民平均出行距离加大。原特区内和原特区外内部出行所占比例下降,跨特区内外的长距离出行比例提

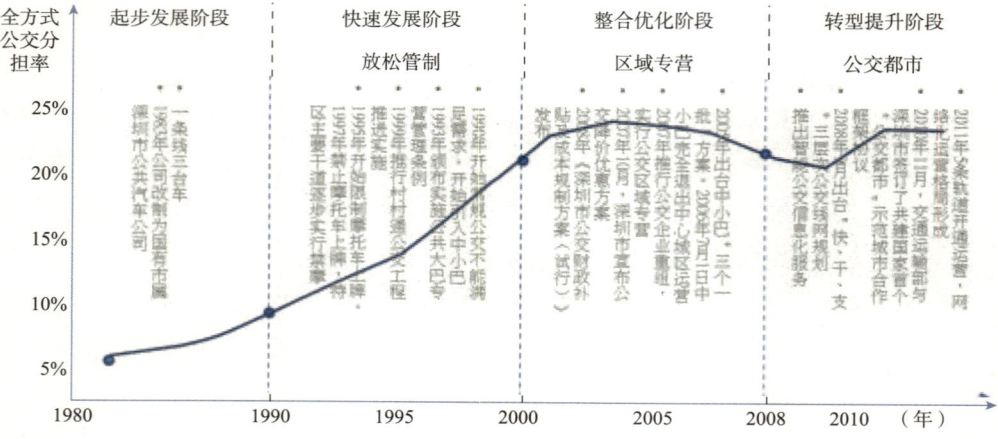

图25-28 深圳市公交发展阶段

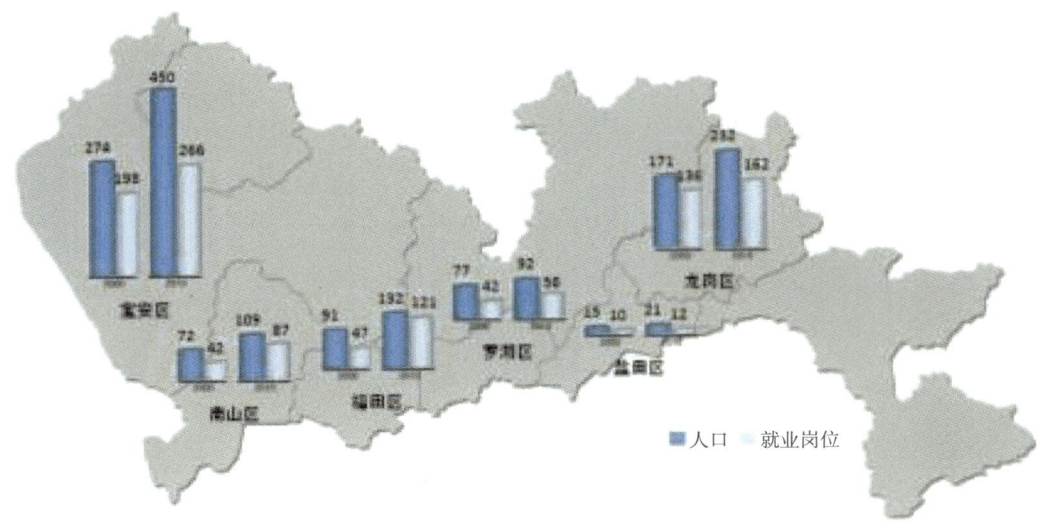

图25-29 2000~2010年间全市人口就业岗位增长变化分布

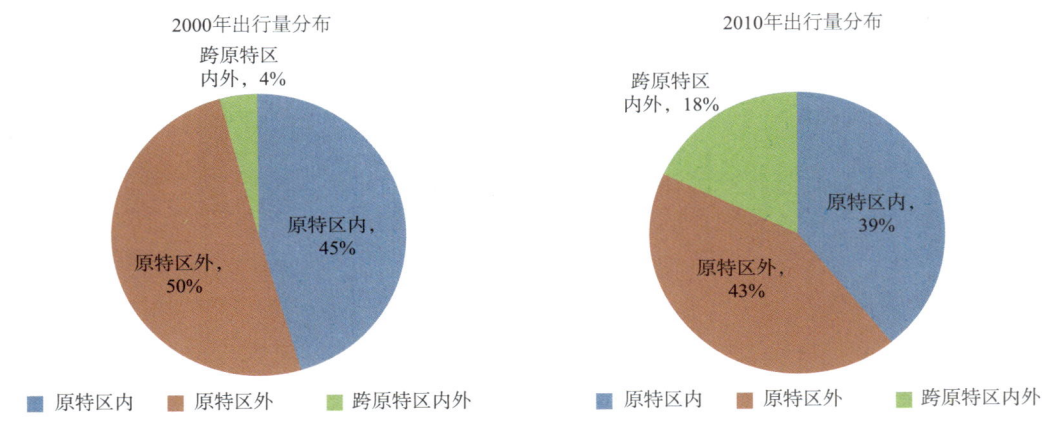

图25-30 2000年、2010年不同区域出行总量

高。2000年跨特区内外出行量仅占总出行量的4%，2010年提高至18%（图25-30）。

2）非机动车空间缩小、摩托车限行，公交作为自行车、摩托车替代出行方式，分担率稳步提高。

在城市化范围不断扩大过程中，机动化出行比例迅速增加；自行车等非机动化出行比例显著降低，成为休闲、娱乐健身交通方式；通过大力发展中小巴，有效替代摩托车限行后的出行需求。

（2）发展中期，面对小汽车高速增长，尽管采取了扩大公交专用道路网络、改造提升主要客流干道通过能力等措施，但仍然难以阻止公交分担率逐年下滑趋势。

1）小汽车高速增长，道路交通拥堵加剧，公交速度、准点率降低。

从2000~2010年，小汽车保有量从21万辆增长到133万辆，年均增长25%。深圳汽车保有量在2012年越过200万辆大关，位于国内大中城市前列，且汽车保有量增速高于北京、天津、杭州、上海、广州等国内主要大城市。随着经济的增长及缺乏明朗的限制车辆拥有

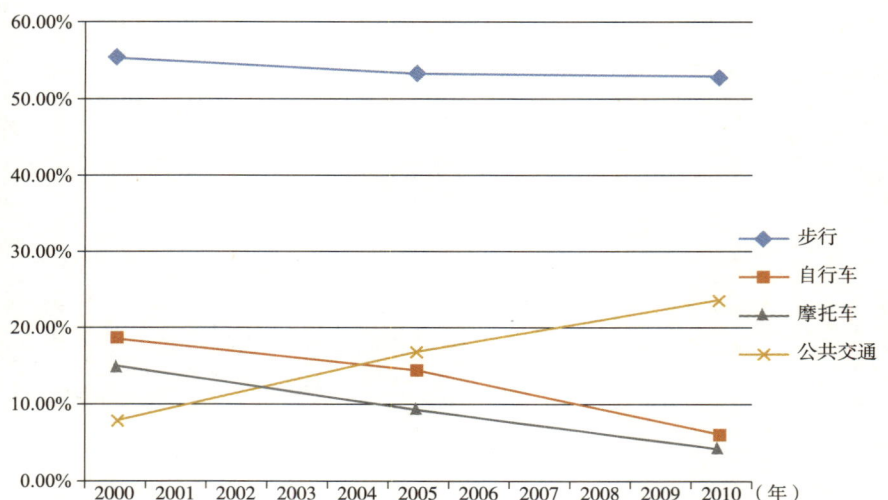

图25-31 非机动化方式、摩托车与公共交通方式出行结构变化（全方式）

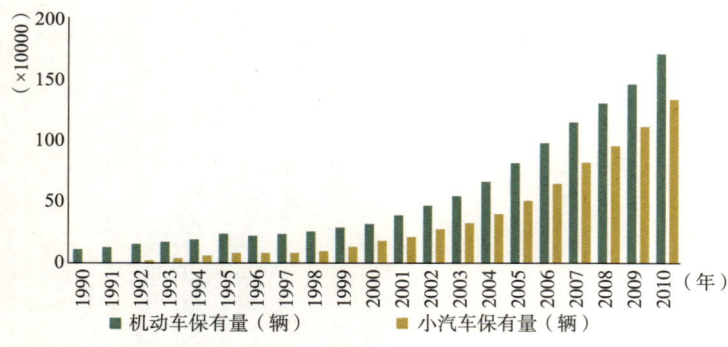

图25-32 历年机动车保有情况

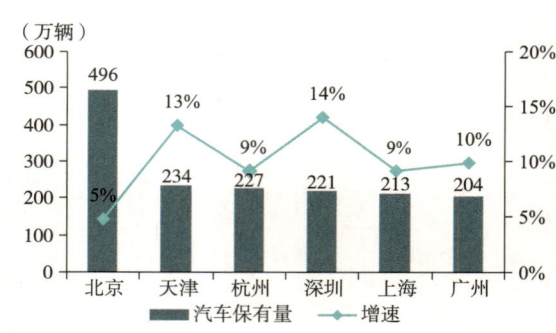

图25-33 国内城市机动车保有量

政策，小汽车的增长还将保持增长趋势（图25-32，图23-33）。

2）采取了扩大公交专用道路网络、改造提升主要客流干道通过能力等措施，但仍然难以扭转公交竞争劣势。

全市已设置路侧公交专用道262km，其中，人流集散量大的站点基本均设置港湾式或分站台公交站，比例超过50%；深南大道等主要公交客流走廊基本均已采用"路侧式公交专用道+深港湾或分站台"的改造手段进行提升公交运能。

虽然公交专用道建设及主要公交走廊车站深港湾改造一定程度上提升走廊运能与运行速度，但仍然无法扭转公共交通竞争劣势。公交方式与小汽车方式的平均出行时间比值，由2005年1.5：1增加到2010年1.72：1，小汽车优势在增强（图25-34）。

（3）在发展现阶段，轨道交通建设对提升公交服务水平的效应明显，但仍然难以持续应对小汽车竞争，一段时间后轨道效应减退，公交分担率徘徊不前。

2011年轨道开通运营五条线路、形成网络化运营后，初期效果显著，承担180万人次的日客运量，公交分担率明显回升，关口及与轨道平行的高饱和地面公交压力得到明显缓解。但一年以后，公交分担率又重新面临下滑危险。新增轨道建设难以持续应对小汽车的竞

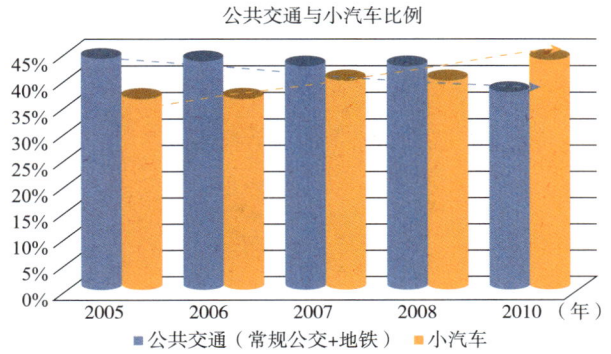

图25-34 公共交通与小汽车

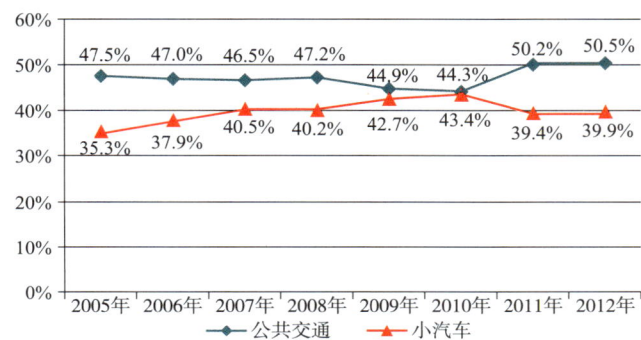

图25-35 深圳市公交与小汽车分担率变化

争,轨道建设对于公交分担率提高作用效应逐步减退,公交分担率进一步提升十分艰难(图25-35)。

(4)轴带布局城市结构模式,走廊交通需求高度聚集,加强走廊公交与土地利用的深度融合是下阶段突破公交发展瓶颈、进一步提升公交分担率的关键。

1)城市布局结构模式使城市交通需求沿城市发展轴高度集中,走廊关键断面交通拥堵是深圳一直以来难以解决的突出问题

深圳市各阶段城市总体规划均明确了城市轴带布局结构模式。城市交通需求沿城市轴带方向集中的特征日益明显,总体上形成了"一横三纵"的交通需求走廊,"一横"即特区内东西向走廊,"三纵"即特区南山—宝安中心组团—西部组团走廊、福田—中部组团(龙华、观澜、平湖)走廊,罗湖—布吉—龙岗中心组团—东部工业组团走廊(图25-36)。

解决走廊交通需求始终是深圳市城市交通关注的重点。随着城市化发展,城市交通走廊客运需求规模快速增长,走廊关键断面,如原二线关各关口高峰小时单向达到4万~6万人次,尽管走廊关键断面的公交分担率达到60%~70%(不考虑单位班车),但仍然难以解决梅关、布吉关口等走廊关键断面交通瓶颈问题(图25-37)。

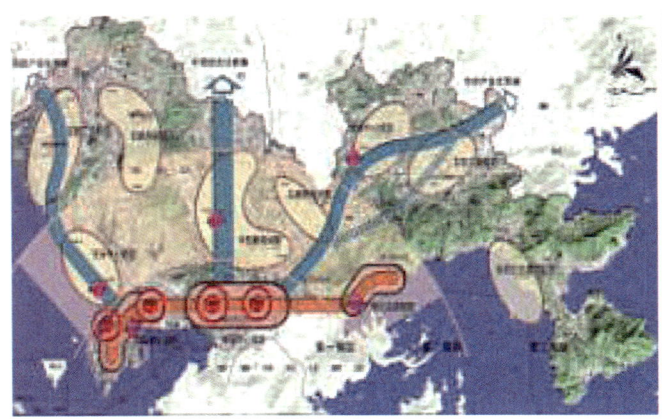

图25-36 城市布局结构模式与交通需求走廊

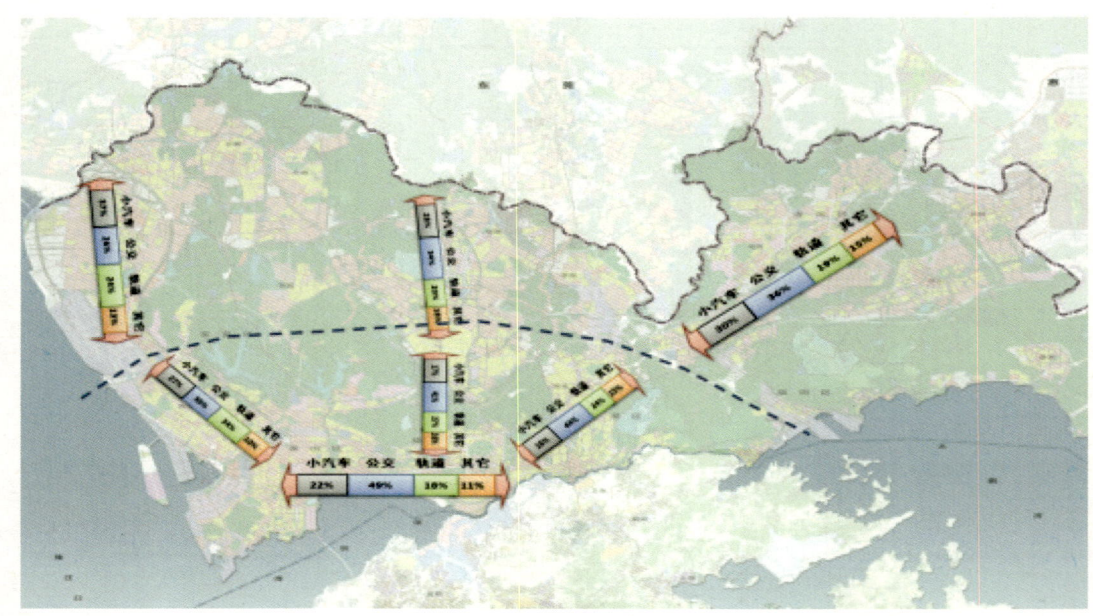

图25-37 客运需求走廊的方式结构

2）客运走廊内常规公交仍占据重要地位，尚未形成以大运量公交为主体的走廊交通模式。构建"轨道+快速公交"复合通道，强化走廊公交服务并形成公交导向发展模式。

目前，城市客运走廊公交方式结构是常规公交55%~60%，轨道仅占40%~45%，尚未形成大运量占主导的高效集约的走廊交通模式。这一模式导致高峰时段全市走廊公交供应能力不足，走廊内站台乘客滞留严重。"一横三纵"走廊内45个公交站点集散人数超过3000人/h，聚集人数超过200人，30%的站点平均候车时间超过30min。高峰时段主走廊内车辆拥挤严重，拥堵路段长近210km，占主走廊总长的60%，干线公交平均延误时间长达30min（表25-2）。

深圳市主要客运走廊公交单向高峰高断面客流量（万人次/h） 表25-2

走廊名称	现状			2015年			2020年			备注（走廊设施情况）
	需求*	轨道	地面公交	需求	轨道	地面公交	需求	轨道	地面公交	
深南路走廊	3.9~4.2	3.3	1.6~1.9	7.7~8.3	5.0~6.5	1.6~1.8	11.4~12.1	8.6	2.4~3.5	现状：轨道1号线及2号线东段、地面公交210~240辆/h；2015年：新增轨道11号线和7号线中段、9号线西段；2020年：无
笋岗路走廊	2.7~4.6	1.0~2.0	1.7~2.6	3.9~4.7	2.0~3.0	1.0~2.7	4.9~6.0	3.0~4.5	2.1~2.5	现状：轨道2号线西段、3号线东段，地面公交210~240辆/h；2015年：新增轨道7号线西段、9号线东段；2020年：无

续表

走廊名称	现状			2015年			2020年			备注（走廊设施情况）
	需求*	轨道	地面公交	需求	轨道	地面公交	需求	轨道	地面公交	
西部走廊	4.5	1.0	3.5	8.2	5.0	3.2	13.1	9.0	4.0	现状：轨道1号线、地面公交470~490辆/h；2015年：新增11号线；2020年：新增10号线
东部走廊	4.4	1.1	3.3	8.8~9.6	5.0	3.8~4.6	12.0	5.0	7.0	现状：轨道3、5号线、地面公交410~420辆/h；2015年：已有轨道运能提升；2020年：无新增
中部走廊	5.3	1.0	4.3	10.8	3.5	4.3	15.7	9.5	6.2	现状：轨道4号线，地面公交470~510辆/h；2015年：4号线运能提升；2020年：计划修改建设计划，延长轨道6号线、新建16号线

注：*数据为现状拥挤状态下通过客流量，实际需求大于该值。

长远来看，公交主走廊已建地铁6节编组运能偏小且难以增设复线，应通过"轨道+快速公交"复合公交走廊的建设加强城市轴线的公交服务，强化公交导向发展模式（图25-38）。

3）深圳市当前正处于大规模城市更新时期，应将轨道建设和运营作为重整城市用地功能布局的重要契机，使更多人口和就业聚集在轨道交通走廊两侧。

目前，深圳市轨道一、二期线网规模与中国香港、新加坡相当，但轨道覆盖范围内人口、就业岗位占全市比例仅为32%和47%，与中国香港、新加坡相比差距较大。由于深圳轨

图25-38 公共交通网络形态：轨道+快速公交强化公交走廊

道交通网路化开通运营时间不久,轨道建设运营对人口、就业岗位的迁徙分布的影响尚未显现。但若依据当前的城市用地规划不对轨道沿线用地进行调整,到2020年轨道一、二期覆盖人口岗位比例并没有大的增长(表25-3,图25-39)。

深圳、香港、新加坡基本信息对比 表25-3

	轨道交通里程(km)	人口覆盖比例	岗位覆盖比例
深圳	178	32%	47%
香港	175	60%	75%
新加坡	178	55%	65%

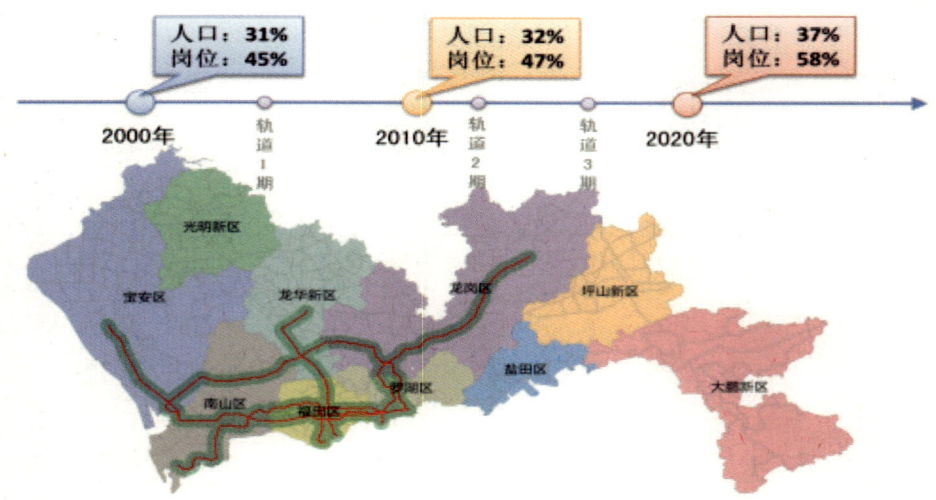

图25-39 轨道一、二期走廊范围内覆盖人口与就业岗位比例

当前,深圳市正在同步进行大规模推进城市更新和轨道建设。根据深圳市城市更新规划,到2015年,城市更新涉及存量建设用地面积69km²,人口规模约120万人,就业岗位约85万个。应以此为重要机遇,围绕轨道交通走廊重新优化整合用地布局,通过轨道站点高密度、用地功能混合开发,使70%的人口居住和就业集聚在公交走廊两侧,构建紧凑城市(图25-40,图25-41)。

4)良好的慢行接驳系统对于提高轨道等大运量公交系统的载客范围至关重要,建设轨道交通同时应同步配套建设连续的、与轨道周边用地无缝衔接的步行廊道系统。

强调轨道交通与慢行系统整合,利用慢行系统扩大和延伸轨道交通对居住人口和就业岗位的覆盖,充分发挥其大容量高效率的运输能力。为此,应将步行连廊等慢行设施作为轨道交通站点标准配套设施,与轨道站点同步规划和建设。以香港沙田站为例,通过构建与轨道交通衔接的连续的步行连廊系统,其站点+慢行的服务人群比500m范围服务群扩大了一倍(图25-42)。

图25-40 深圳市城市更新专项规划

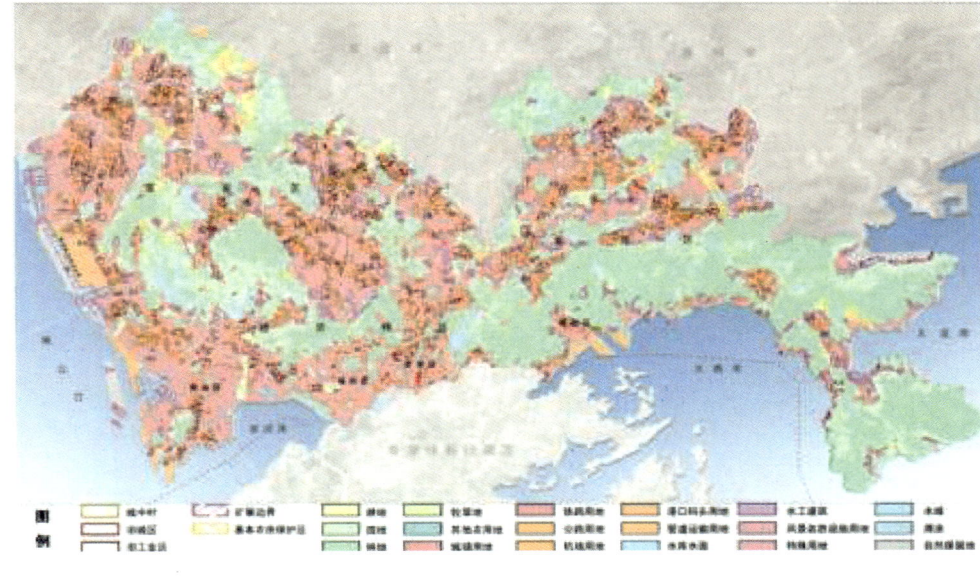

图25-41 香港沙田站高密度混合开发

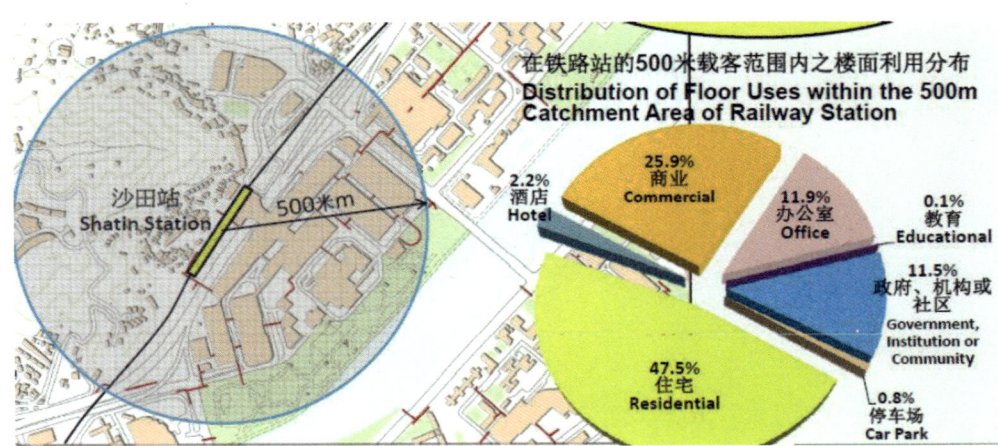

图25-42 沙田站通过连续的人行连廊系统延伸轨道交通服务人口

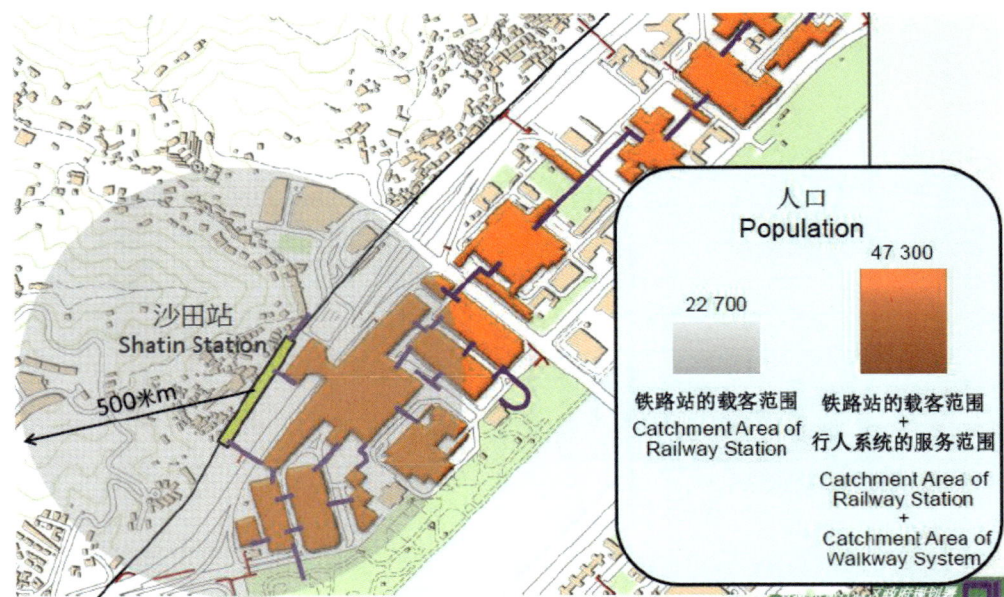

第26章　南京

26.1 城市概况

26.1.1 地理区位

南京市是江苏省省会，地处中国东南沿海、长江三角洲西端，是长江三角洲与中西部地区交接的支点，位于我国长江经济带和东部沿海发展轴"T"形交汇的结合部，是我国东西、南北交通大动脉交汇的国家级综合交通枢纽城市（图26-1～图26-4）。

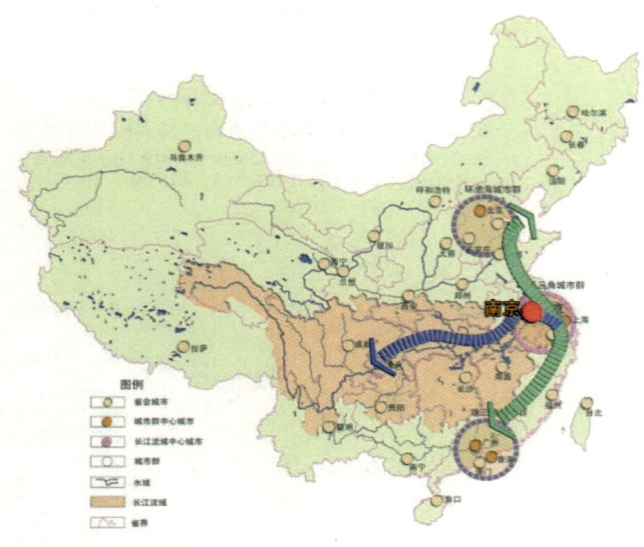

图26-1 南京在全国的位置

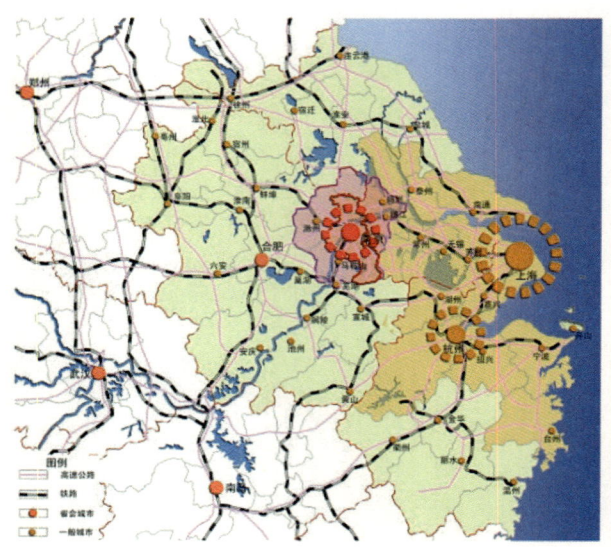

图26-2 南京在长三角的位置

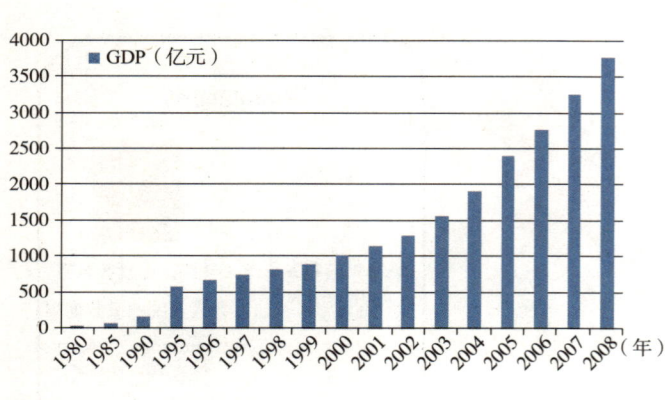

图26-3 南京国内生产总值发展变化图

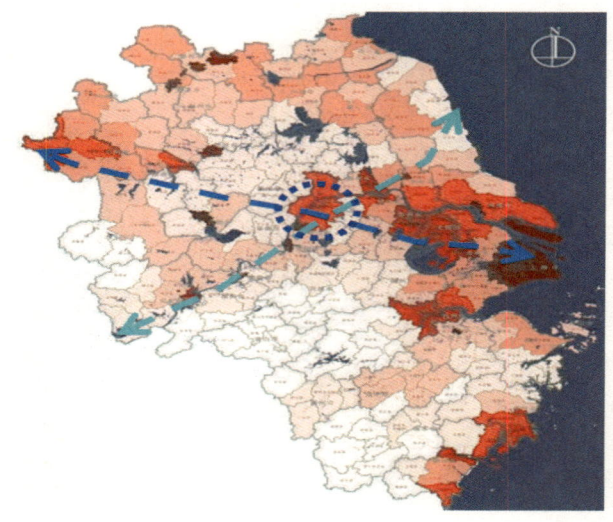

图26-4 长三角城市经济发展对比

26.1.2 行政区划

南京市域轮廓呈现以横跨长江两岸市区为核心、南北狭长的长条状，南北最长距离150km，东西宽30~70km，市域总面积6582km²。

南京市现辖六城区五郊区（11区），六城区为玄武、秦淮、建邺、鼓楼、栖霞、雨花，五郊区为浦口、江宁、六合、溧水和高淳。

26.1.3 经济与人口

2007年以来，南京市地区生产总值保持年均10%以上的快速增长。2014年，南京全市完成地区生产总值8820.75亿元。按常住人口计算，全市人均地区生产总值达到107545元。目前，南京产业正处在升级和转型的过程中，地区生产总值和人均地区生产总值的增长速度逐渐趋于稳定（图26-5，图26-6）。

图26-5 历年全市地区生产总值变化情况

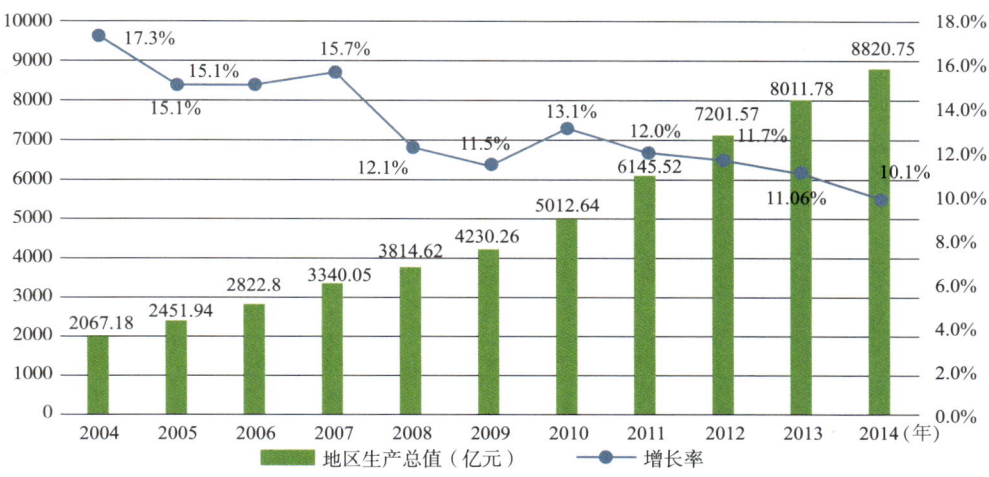

图26-6 历年全市人均地区生产总值变化情况（按户籍人口计算）

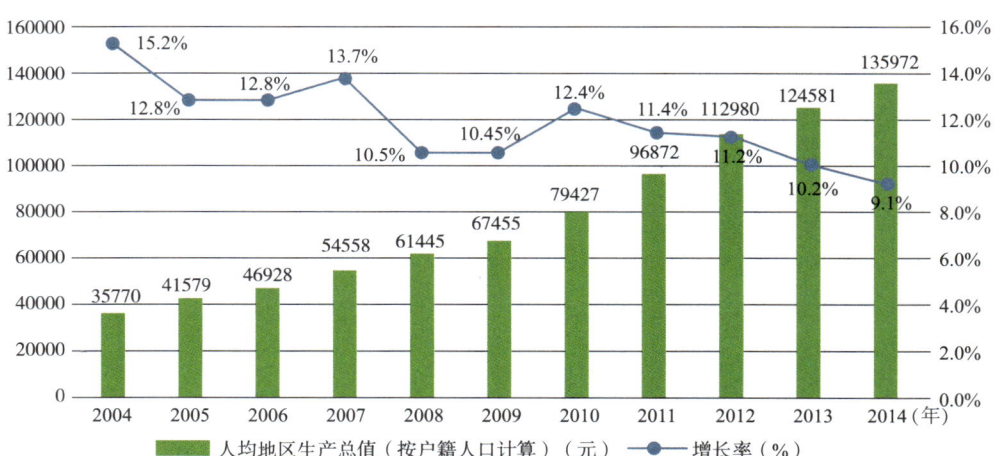

2014年全体居民人均可支配收入37283元，比上年增长9.0%。其中，城镇居民人均可支配收入42568元，增长8.8%；农村居民人均可支配收入17661元，增长10.3%。城镇居民人均可支配收入中位数为39422元，增长8.9%；农村居民人均可支配收入中位数为16315元，增长12.4%。全市全体居民人均生活消费支出23089元，比上年增长7.6%。城镇居民人均生活消费支出25855元，增长7.2%，其中食品支出占比为26.0%；农村居民人均生活消费支出12818元，增长11.4%，其中食品支出占比为30.1%。

截至2014年末，南京市常住人口达821.6万人，户籍总人口达648.7万人。八年来，全市常住人口快速增加。2007至2014年，全市常住人口增长80.3万人增，平均每年增长11.5万人；全市户籍总人口增长31.5万人，平均每年增长4.4万人（表26-1，图26-7）。

南京市人口变化表（万人） 表26-1

年度	户籍总人口	常住总人口	年度	户籍总人口	常住总人口
2007	617.2	741.3	2011	636.4	810.9
2008	624.5	758.9	2012	638.5	816.1
2009	629.8	771.31	2013	643.1	818.8
2010	632.4	800.8	2014	648.7	821.6

分布上，外围地区人口增长，但中心疏散效果并不明显。2014年，南京全市常住人口密度为1274人/km^2，外围江宁、江北人口密度大幅增加，老城各区人口密度仍在不断增长，中心疏解效果并不明显。人口空间分布呈明显的圈层式特征，人口密度分布从城市中心向外围逐级递减，人口过度集中在10km半径以内的主城，总人口分布超过45%集中于主城区。现状老城区常住人口约150万人，人口密度约3.2万人/km^{2}左右，略低于上海，但高于人口同样密集的北京和杭州（图26-8～图26-13，表26-2）。

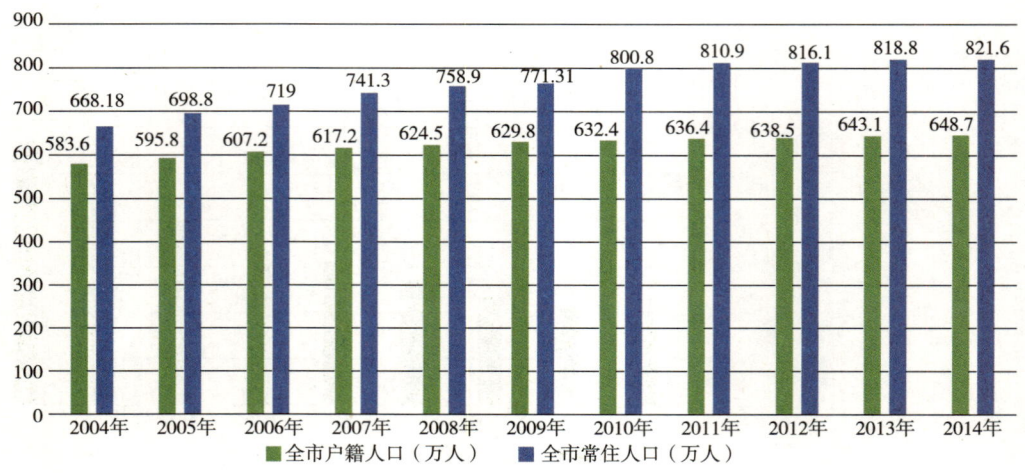

图26-7 2004～2014年南京市人口变化表示意图

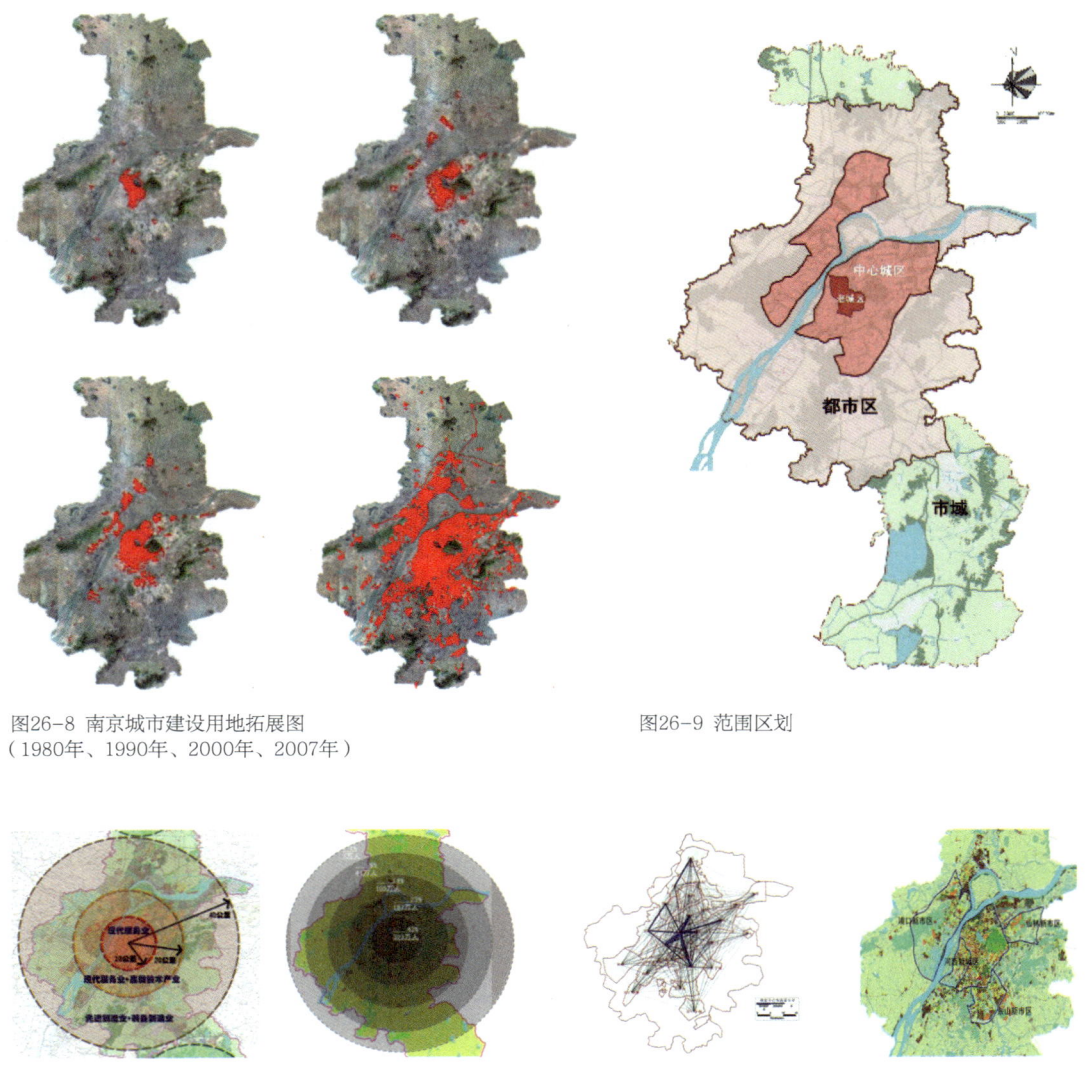

图26-8 南京城市建设用地拓展图
（1980年、1990年、2000年、2007年）

图26-9 范围区划

图26-10 人口　　图26-11 产业　　图26-12 交通分布　　图26-13 一城三区

南京市人口圈层分布　　　　　　　　　　　　表26-2

离中心距离（km）	总人口（万人）	人口比重（%）	人口密度（人/km²）
0~10	323	49	10750
10~20	187	28	2076
20~30	105	16	700
30~40	41	6	343
40~50	7	1	343

26.1.4 城市建设

2014年，全市完成交通设施总投资约676.2亿元，较上年增长4.1%，占GDP的7.7%。其中，对外交通设施投资（铁路、公路、水运、航空和交通场站）159.4亿元，较上年下

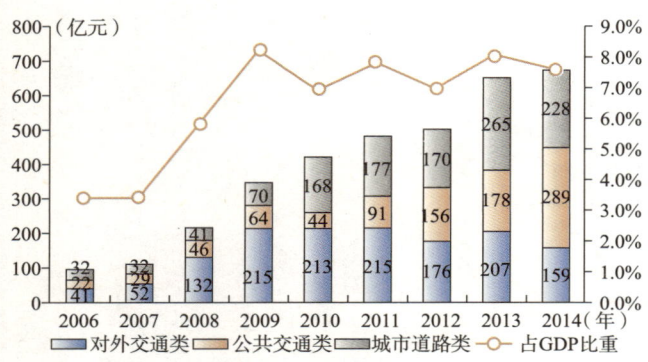
图26-14 南京市交通设施投资结构变化

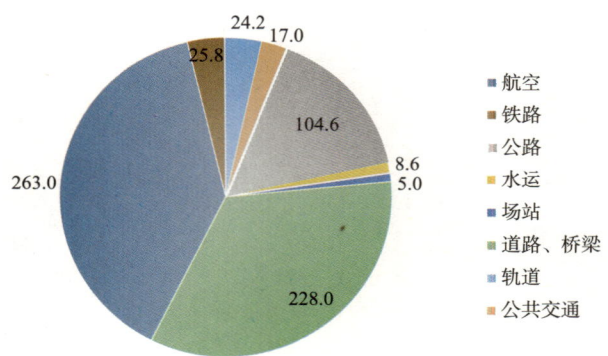
图26-15 2014年南京市交通设施投资结构图(%)

降23%;城市道路建设投资228.0亿元,较上年上升28.3%;公共交通(含轨道交通)投资288.8亿元,较上年上升8.9%。对外交通设施基本建成,交通设施投资逐步向城市道路及公共交通倾斜。轨道交通投资为绝对主体,2014年轨道建设投资263亿元,占交通设施总投资的38.9%。地面公交加强公交场站、公交专用道、智能公交系统等配套设施建设,2014年累计投资25.8亿元,较上年增长296.9%(表26-3,图26-14,图26-15)。

2013年南京市交通建设投资结构表　　　　表26-3

类别		2013年(亿元)	2014年(亿元)	占总投资的比重(%)	较上年增长率(%)
对外交通	航空①	37.0	24.2	3.6	-34.7
	铁路④	18.7	17.0	2.5	-9.1
	公路③	124.8	104.6	15.5	-16.2
	水运③	12.7	8.6	1.3	-32.3
	场站③	13.8	5.0	0.7	-63.7
城市道路	道路、桥梁②	177.7	228.0	33.7	28.3
公共交通	轨道⑤	258.6	263.0	38.9	1.7
	地面公交③	6.5	25.8	3.8	296.9
合计		649.8	676.2	100	4.1

数据来源:①江苏省交通运输厅航空产业处;
②南京市住房和城乡建设委员会;
③南京市交通运输局;
④江苏省铁路办;
⑤南京地铁集团有限公司。

26.2 交通发展成就与问题

26.2.1 发展成就

2007版《南京交通发展白皮书》自正式颁布以来,以构筑"畅达、绿色、和谐"交通为主线,以"3133/3155"为交通发展控制指标,通过拟定五项重大政策和十二大建设工程，有效指导了南京近十年交通规划、建设、管理和改革，在07版《南京交通发展白皮书》的引领下，南京交通发展成就显著。在经济总量、人口规模、机动化水平快速增长的背景下，07版《南京交通发展白皮书》较好地发挥了对南京交通发展的指导作用，促进了交通基础设施体系的建设完善和交通综合管理水平的显著提升，有力地支撑了南京的城市发展，确保了青奥会等重大活动的成功举办。

以高铁和综合枢纽为代表的对外交通建设取得了突破性进展。南京被评为全国首批综合运输服务示范城市，到2014年末，南京已形成"一环八线"铁路网，"两环一横八射"高速公路网，高速公路通车里程达到613km；南京站、南京南站、禄口机场综合枢纽全面运营；建成码头泊位311个，长江港口总体格局初步形成。区域战略性交通基础设施的建成，提升了南京在区域发展中的战略地位，增强了南京在长三角及南京都市圈内的辐射力，为南京与都市圈、长三角一体化发展提供了有力支撑。2014年，全市实现旅客运输总量15268.56万人次，较2007年增长100%，完成货物运输总量31797.64万t，较2007年增长120%，体现了南京区域融合成效。

公交都市建设快速推进，发展成效显著。南京以公交都市为目标，通过成立公共交通委员会，建立明确的财政、用地保障与新能源促进政策，大力推进以轨道为重点的公交系统建设，先后开展112个地铁站点周边特别控规与城市设计编制工作，不断增强公交吸引力。目前，南京建成6条轨道线路，长度225km，位居全国第四，轨道交通已覆盖了城市主要客流走廊；常规公交实现跨越式发展，公交车辆持续增长和更新，线路覆盖率不断提高，公交专用道加快成网，2007~2014年，公交运营车辆由6626增加到8345辆，清洁能源与新能源车辆占52.6%，在新能源推广上的不遗余力使南京荣获全球城市交通领袖奖。南京已基本形成以轨道交通为骨干，常规公交为主体的多元公共交通体系，主城区公交出行占机动化比例达到61.3%。

交通需求调控初见成效，交通综合整治保持国内领先。南京通过实施停车收费新政提高老城区收费，采取以静制动等多种手段进行需求调控，有效缓解了老城区交通过度集中的问题；同时，南京坚持管理挖潜，通过综合整治挖掘交通设施容量，保证了交通运行服务的整体水平。2014年，南京共布设交通技术监控设备3372套；大力推进智能交通发展，并采用覆盖全市公交车辆的智能公交调度、停车诱导系统等信息化手段，提升了交通管理的智能化水平。

交通设施不断完善，支撑了城市发展与空间拓展。目前，南京轨道交通网络骨架已初步展开，主城"井字三环"快速路网、"经六纬十"主干路网基本建成，外围主干路网基本成形，交通设施的完善推动了"一城三区"（河西新城、东山、江北、仙林）城市框架拉开，基本适应了南京社会经济发展和空间拓展需求。2007年以来南京建成区面积增长40.4%，常住人口增长10.8%，2014年青奥会，南京交通经受住了15万赛事相关人员及观众的考验，为青奥会成功举办做出了重要贡献。

交通投资增长，既保障了交通体系升级改善，又促进了城市经济增长。2014年南京交通基础设施投资达676.2亿元，占GDP7.7%，比2007年增加488%。交通投资保障了交通体系的不断完善，同时，交通体系又促进了城市经济的增长，2007~2014年，南京市地区生产总值由3283.7亿元增加到8820.8亿元，增长168%。

26.2.2 存在问题

综合运输系统尚不完善，枢纽地位并不稳固。南京在综合运输设施建设上取得了长足进步，但综合运输系统尚不完善，对地区辐射带动能力不强，多式联运发展滞后；枢纽与产业关联度不强，体现在枢纽产业规模较小、层级有待提升、布局与分工较为混乱；枢纽集疏运体系需要完善；造成综合运输系统效能难以发挥，降低了城市对外吸引力。长江经济带及长三角周边城市高铁、城际铁路、航空枢纽、海港联运等建设发展势头迅猛，对南京国家级综合交通枢纽的地位构成严重威胁。

公共交通与城市土地利用耦合不足，服务水平仍需提高。公交系统重点集中于主城地区，但一方面，新街口、河西CBD（包括鱼嘴地区）、南站核心区等轨道公交的支撑能力不足；另一方面，对江北新区、东山、仙林等副城支撑缺乏，轨道交通对副城支撑的缺乏限制了多中心的城市布局的形成和优化。此外，公共交通对居住中心和岗位分布中心的覆盖率不高（香港轨道交通175km线路、82个站点周边600m半径范围覆盖53%的人口和75%的就业岗位）。公交引导下的多中心、开敞式和轴向集约化的空间布局形态尚未完全形成，轨道站点和枢纽地区土地集约高效利用不够。新市区和新城土地功能单一，以居住为主，商业和办公比重小，公交导向下的副城中心尚未完全形成，导致了以主城区为目的地的向心客流增长明显，其中东山、江北、仙林副城与主城之间形成强大的向心客流需求。向心客流又进一步导致了新街口中心、城南中心等主城区的生产、服务、管理、集散等功能进一步强化，老城开发强度未得到有效控制。枢纽和公共交通节点TOD进程缓慢，城市设计与控规TOD意图落实不够。枢纽周边地区土地的联合开发及一体化交通设施配套严重滞后。除南京南站这种大型枢纽以外，枢纽周边地区土地的联合开发落实情况不佳，枢纽周边一体化的交通配套严重滞后。目前轨道周边土地利用虽已立法明确，也开始开展特别城市设计等前期工作，但相关落实推进有所滞后。已建成的200多千米轨道沿线用地没有能够完全按照TOD开发模式进行落实，一体化交通衔接设施配套存在不足。交通与土地互动需进一步向交通与产业互动扩展。公交多层次、多元化体系尚未完全建立，轨道快线、公交支线的建设存在缺失；轨道站点周边用地控制落实仍需加强，站点周边交通设施及开发用地虽然在规划中得到预留，但出于土地出让与先期建筑的限制，往往难以完全控制，带来站点实施时联系通道、衔接设施无处布设等问题。公交站点周边步行、自行车空间普遍不足，公交与慢行间换乘不便、环境差的问题较为明显。轨道、公交与地面交通一体化换乘滞后，智能公交及互联网+新技术需要进一步加强。轨道、公交可持续发展的财务保障仍存在不足（表26-4）。

南京市现状各地区轨道线路数　　　　　　　　表26-4

	现状轨道数
河西	2条
江北	3条
东山	3条
仙林	1条

交通拥堵不容乐观，环境污染更为严峻。机动化快速发展的趋势仍将持续，交通供需矛盾将仍然是南京交通发展中的最突出矛盾。机动车呈现高增长、高使用、高集聚的发展态势仍在持续，2014年南京机动车拥有量已经突破标志性的200万辆大关，而私家车的年增长率始终维持在20%以上的超高速增长态势。高比例的私人汽车出行不仅大面积占用道路资源、增加路网承载压力，老城中心地区、跨区、跨江通道交通拥堵呈全天候、常态化趋势，老旧小区、城市中心地区、学校、医院门前停车矛盾将更加突出。而且，城市环境污染日益加剧，已经达到难以控制地步，其中机动车尾气贡献难辞其咎，不容乐观。照此情形，如果不加引导和调控，南京必将在未来不到5年时间内突破300万大关。这将很可能突破南京既有规划的道路交通资源的极限容量，道路交通时空资源枯竭与小汽车持续高增长、高使用矛盾日益突出，交通拥堵状况即将进入最困难时期。07版《南京交通发展白皮书》提出在适当时机对部分通道、中心区实施道路拥挤收费，目前这一政策尚未实施。同时，07版白皮书编制时，对机动车管理手段相对较少，新发展阶段国内北京、上海、广州等城市已相继开始实施对机动车的限牌、限购等需求管理政策，南京需要通过这些新的需求管理政策的研究，选择南京适宜的需求管理政策与实施时机。小汽车分时分区差别化的引导调控有待继续加强，路权和停车等管理上对小汽车过于友好。南京市实施《南京市停车收费管理规定》，"以静制动"在一定程度上缓解了中心城区交通压力。但尚未建立经济手段与行政手段相结合的分区域小汽车引导政策，小汽车分时分区差别化的引导调控有待继续加强。路权管理和停车管理上对小汽车太友好，包容性太强，使用成本、违章成本太低，不能反映小汽车消费应当承担的外部成本。此外，南京需求管理的对象范围更广，除小汽车外，还需要外部的交通减量与公交引导配合；采取的措施更全面，不仅包括柔性的引导政策，还要考虑刚性的限购、限牌、限行、限外等各种政策（图26-16，图26-17）。

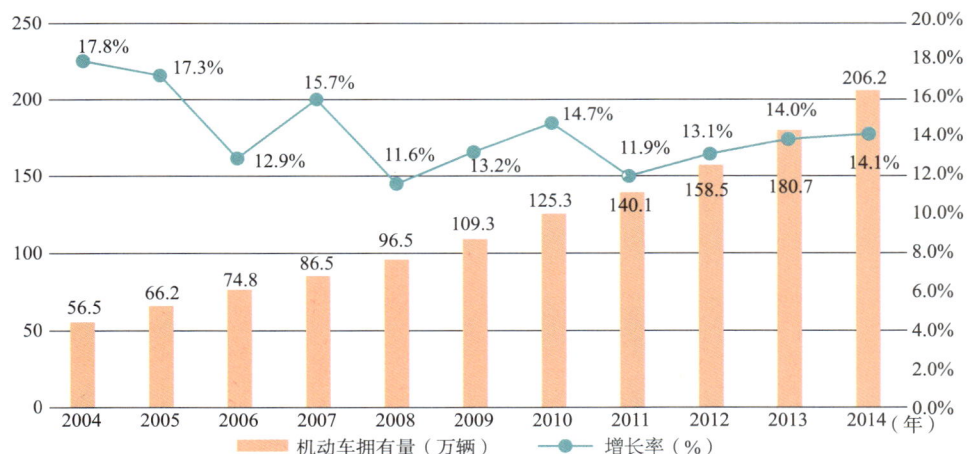

图26-16 南京市近年来机动车保有量与增长率一览

图26-17 南京市现状交通运行状况图

26.3 居民出行需求发展趋势分析

26.3.1 居民出行需求总量稳步增长

根据《南京城市道路交通发展年度报告（2015年）》的调查统计数据来看，到2004年，主城人均出行次数达到2.66次/日，日均出行总量达到了594万人次；到2010年，主城人均出行次数达到2.48次/日，日均出行总量达到了909万人次；到2014年，主城区居民人均出行次数2.72次/日，外围城区居民出行次数为2.73次/日，日均出行总量达到了1022万人次（图26-18）。根据这一趋势推算，预计到2020年，随着全市人口规模扩大和出行强度提高，南京主城居民出行总量将持续提高达到1100万人次/日，都市发展区居民出行总量达到2596万人次/日，远期2030年达到3191万人次/日。

根据国内外特大城市的发展经验来看，随着居民生活水平的提高和经济社会活动增多，会促使全市居民人员出行目的日趋多样化，非通勤出行量增长趋势将更快。上海市第五次综合交通调查的数据分析，上海非通勤目的人均出行次数从2009年的1.06次上升到2014年的1.12次。通勤出行次数有所下降，人均出行次数从1.1次下降到1.04次。非通勤出行次数首次超过通勤出行次数。北京2013年，高峰时近四成出行人群不是刚性通勤需求。参照国际城市，伦敦2000年统计资料表明，非基本出行的比例达到了74%。由这样的趋势对比不难看出，随着南京市民收入水平提高，非通勤出行比重仍将进一步提高，并引起人员出行

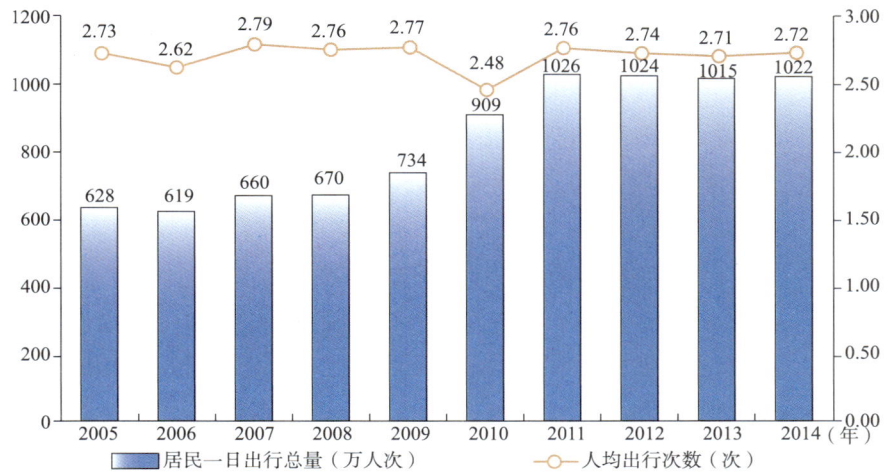

图26-18 居民出行情况

数据来源：2013年南京市居民出行调查

注：主城区*指以长江、秦淮河及绕城公路围绕的区域。2014年主城区常住人口约为375.68万人。图中2010年以前历年数据是按户籍人口计算，自2010年起一日出行总量按常住人口计算。

强度持续增长。根据2015年交通年报显示，目前南京居民通勤出行（上班和上学）占出行总量的28.1%，弹性出行（生活购物、休闲娱乐、探亲访友及其他出行）比例为23.8%。外围城区居民出行目的分布中，通勤出行（上班和上学）占出行总量的30.9%，弹性出行（生活购物、休闲娱乐、探亲访友及其他出行）目的的比例为22.2%。随着生活水平的日益提高，南京市居民弹性出行比例逐渐增长。

26.3.2 居民出行距离不断延长

随着南京城市框架的不断拉开，以及"一城三区"战略推进，跨区出行快速增长，同时城市轨道交通等基础设施的不断完善，居民长距离出行将愈加便利，从而带动居民出行距离的增长，根据南京交通研究所模型的初步预测，2010~2020年公共交通平均出行距离将从9.7km/次提高到12.1km/次，小汽车平均出行距离从8.49km/次提高到9.4km/次。根据上海第五次综合交通调查数据显示，上海平均出行距离，自2009年的6.5km，增长至2014年的6.9km；世界特大城市的居民平均出行距离更长，大伦敦地区（面积1579km^2，人口729万）居民平均出行距离约为7.7km/次，东京交通圈（面积1.34万km^2，人口4200万）约为8.8km/次。

26.3.3 居民出行时空分布特征显著变化

主城居民出行集聚度仍将保持高位水平。南京主城区是经济、文化、产业的集聚区，是城市发展的核心区，聚集着众多政府部门、大学、高校、商贸企业等，对城市人流集聚具有较大的吸引力。随着城市经济水平的稳步发展，中心城区交通出行总量和出行强度仍将持续增长，相对于其他副城，居民出行总量仍将保持高位态势。

主城与副城之间的出行总量将持续增长。随着副城城市规模的不断拓展，经济发展水平的不断提高以及基础设施的不断改善，特别是纬三路过江通道、长江五桥等的不断推进、地铁三号线、宁和城际、宁高城际一期及二期的相继建设，主城与副城之间的交通需求及交通便利程度不断提高，主城与东山、仙林、江北等副城及新区之间的出行总量将持续增长。据《南京市城市交通三年行动计划（2015—2017年）》预测，2017年，主城至东山出行将突破80万人次/日，主城至江北出行将大幅增长，突破30万人次/日。

副城及新区的出行总量将持续增长。随着仙林、东站、江北的持续发展，副城及新区内部的居民人口规模及活跃度将持续增长，从而带动副城及新区居民出行总量的增长。特别是随着国家级江北新区的发展，江北片区的交通出行需求及出行总量将呈现快速增长态势。

早高峰出行比例持续上升。2014年，主城居民出行有明显的早晚高峰，早高峰为7：00~9：00，晚高峰为16：00~18：00。外围城区居民出行的早、晚高峰时间与主城居民基本一致。外围地区，午高峰逐渐消失，由"四峰"形态向"双峰"形态转变。南京早高峰7：00~9：00出行比例由2005年的28.3%增长至2014年的33.3%。另一方面，根据国内外城市的经验，随着机动车拥有量和出行量的增加，城市居民高峰出行的持续时间在逐渐延长，居民出行的高峰小时特征将会更不明显。如国外一些大城市，如伦敦的早高峰小时系数仅为12%左右。因此，近期，南京早高峰出行比例仍将缓慢增长，远期南京的早高峰小时系数将会逐步下降（图26-19）。

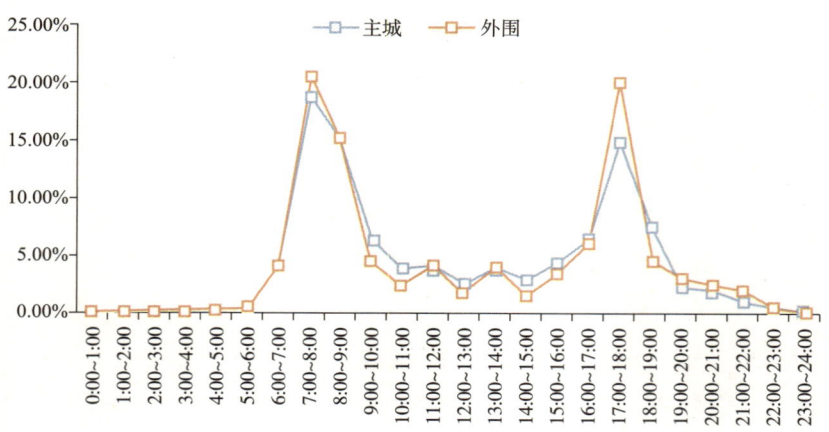

图26-19 南京市主城与外围城区居民出行时间分布
数据来源：2014南京居民出行调查

26.3.4 居民出行方式结构特征变化

机动车的出行比重将持续提高。南京私人机动化出行比例占总出行方式的比例从2005年的34.3%，增长至2014年的44.2%，未来随着经济发展水平的不断提高，居民购买力的增强，南京机动车总量仍将保持较快速度的增长，机动车出行比例将持续提高。和伦敦、香港、上海等城市相比，南京市的机动化在今后一段时期内仍将保持较快的增长趋势（图26-20）。

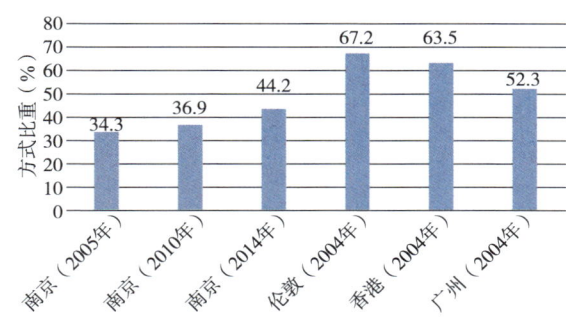

图26-20 不同城市机动化出行比例对比

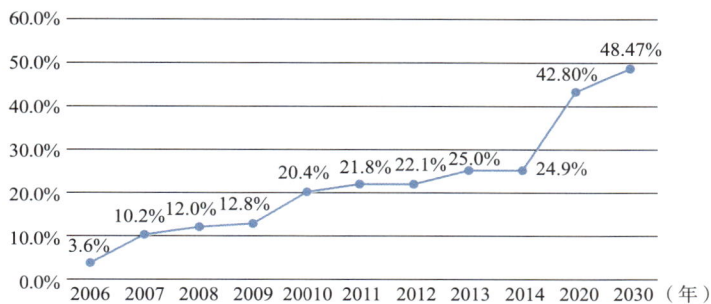

图26-21 南京轨道交通占公共交通分担率

公共交通出行比重将进一步增长。南京公共交通分担率（不计步行方式，轨道交通+公交的分担率）自2005年的29.8%，增长至2014年的37.04%；2014年南京公共交通占机动化的分担率为61.8%。随着公交都市的建设持续推进，南京公共交通分担率将持续增长。根据《南京市公交都市规划》指标，2017年公共交通占机动化的分担率为63%，预计2020年将达到65%。

轨道交通出行比例将显著增长。南京轨道交通占公共交通的出行比例自2006年的3.6%，增长至2014年的24.9%。根据《南京市城市轨道交通建设规划（2015-2020年）》，南京在未来将规划建设规划建设1号线北延、2号线西延、3号线三期、5号线、6号线、7号线、9号线一期和10号线二期工程，总长度157.2km。根据《南京市城市快速轨道交通建设规划（2014~2020年）》客流预测显示，预计2020年轨道交通出行量占公共交通比例将达到42.8%，2030年将达到48.47%（图26-21）。

26.4 公交分担率分析

南京市自2001年开始由市规划局委托南京城交院编制交通发展年报。报告中分析了居民出行特征，可以得到以下公交分担率数据：

（1）主城与外围城区全方式全目的公交分担率；

（2）主城与外围城区公交出行（不含步行）分担率；

（3）主城与外围城区公交机动化出行分担率；

（4）主城早高峰通勤出行公交分担率。

近年来南京市政府和交通部门的相关发文、公示指标数据统计口径为不含步行出行方式的公交分担率（图26-22，表26-5）。

南京市主城区公交分担率 表26-5

年份	全方式全目的公交分担率	公交出行（不含步行）分担率	公交机动化出行分担率	早高峰通勤出行公交分担率
2001	24.4	33.2	—	—

续表

年份	全方式全目的公交分担率	公交出行（不含步行）分担率	公交机动化出行分担率	早高峰通勤出行公交分担率
2002	24.7	32.2	74.8	—
2003	24.1	32.0	77.2	—
2004	24.3	31.8	67.7	—
2005	22.6	29.8	64.9	—
2006	19.3	26.4	63.3	—
2007	21.5	29.2	64.0	—
2008	21.6	29.1	61.4	20.1
2009	21.9	29.4	59.2	21.7
2010	22.1	29.8	59.1	22.2
2011	23.4	31.9	62.1	22.9
2012	25.3	34.5	60.2	24.2

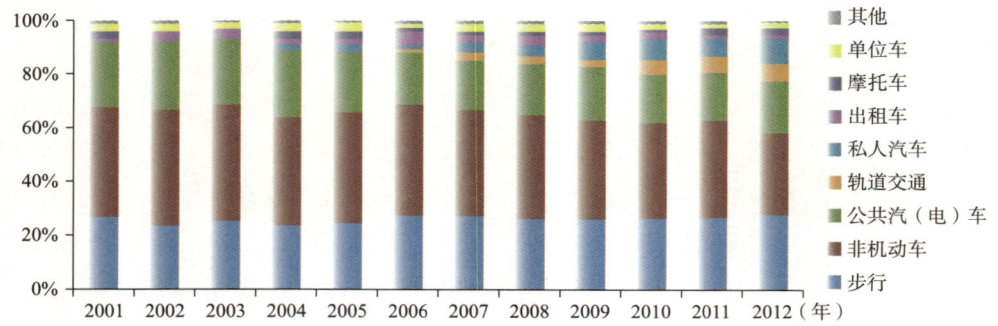

图26-22 历年南京主城交通出行方式结构图

如图26-23所示，近年来南京主城区全方式全目的公交分担率和不含步行的公交分担率逐步回升，但公交机动化出行分担率呈下滑趋势。该种现象主要是由非机动车出行比例下降、私人小汽车出行比例增加产生的。

通过分析南京近5年调查数据，高峰通勤出行与全日全目的出行结构相差较大，特别是在非机动化（步行与非机动车）出行方面，见图26-23。而早高峰通勤出行公交分担率与全方式全目的公交分担率基本保持一致，全方式全日全目的公交机动化出行分担率高于高峰通勤公交机动化出行分担率，全方式全日不含步行公交分担率大于高峰通勤不含步行公交分担

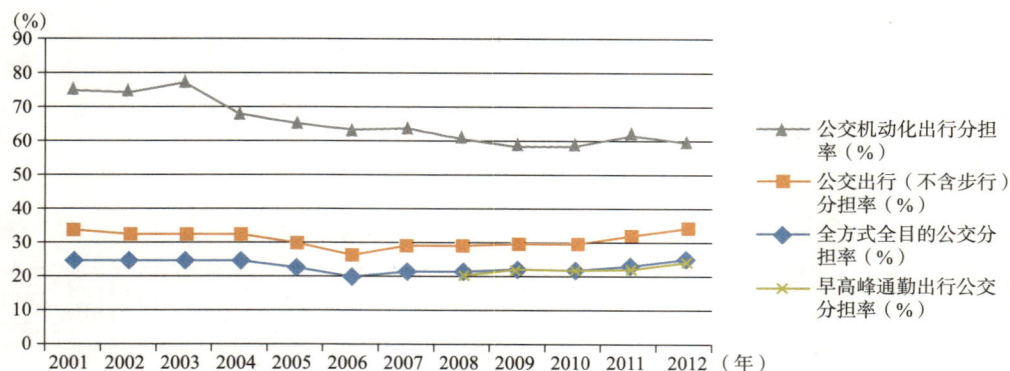

图26-23 南京主城区历年公交分担率

图26-24 高峰通勤与全日全目的出行中步行、非机动车、公交比例

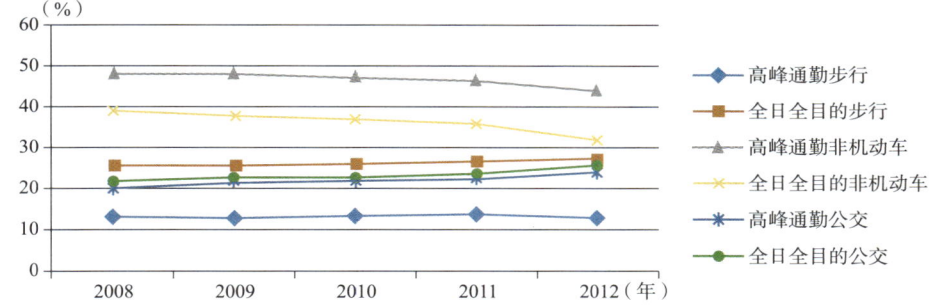

图26-25 高峰通勤出行与全日全目的出行公交分担率

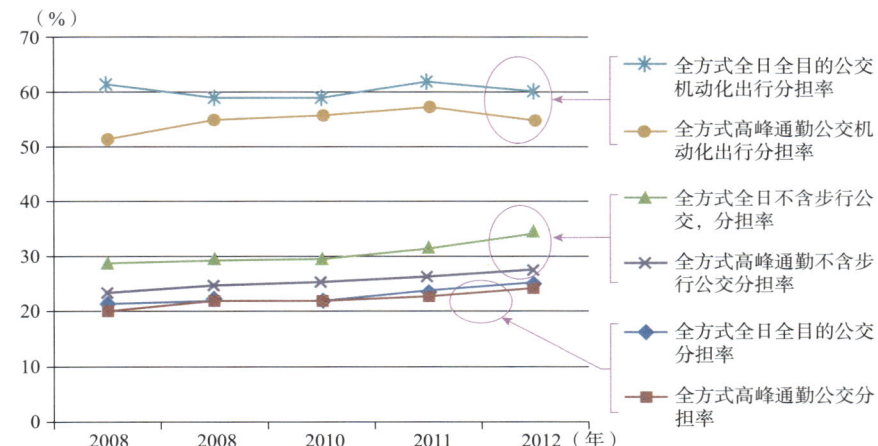

率（图26-24，图26-25）。

受交通基础设施供应不同的影响，如图26-26，图26-27所示，南京市主城区与三个副城的出行结构相差较大，四个地区三种定义的公交分担率亦存在较大差异。从同一区域不同类型的公交分担率来看，步行出行比例越高，不含步行公交分担率与全方式全目的公交分担率的差异越大；非机动车出行比例越高，公交机动化出行分担率较不含步行公交分担率变化越大。不同的统计区域的情况亦有所不同。

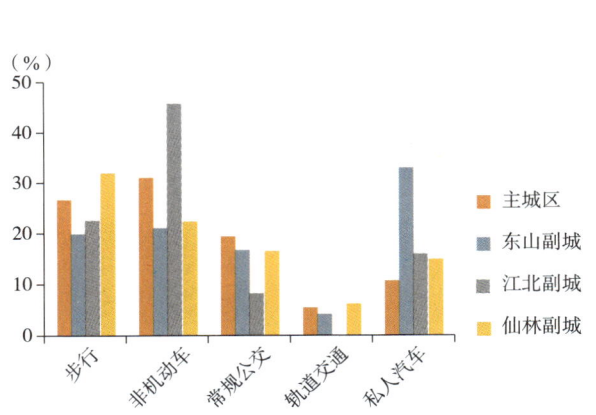

图26-26 2012年分区域部分出行方式比例

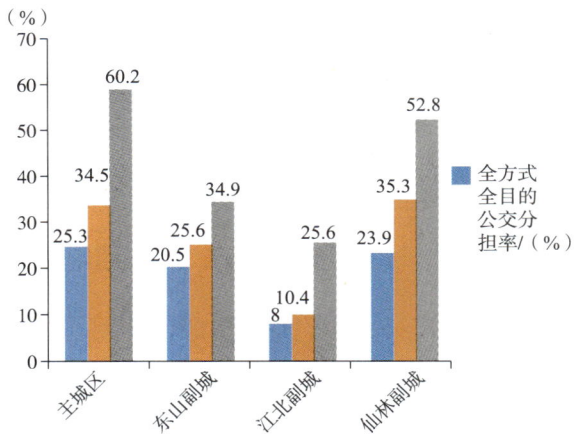

图26-27 2012年分区域分类型的公交分担率

注：自2005年起，将外围城区的部分街道列入居民出行抽样调查范围。2011、2012年外围城区分为东山、江北和仙林三个副城分别进行统计

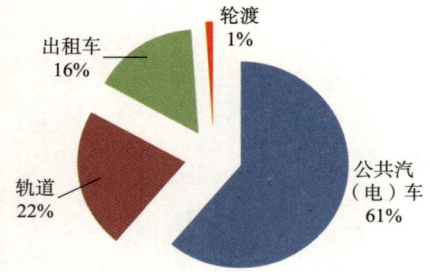

图26-28 2012年全市公共交通客运量构成

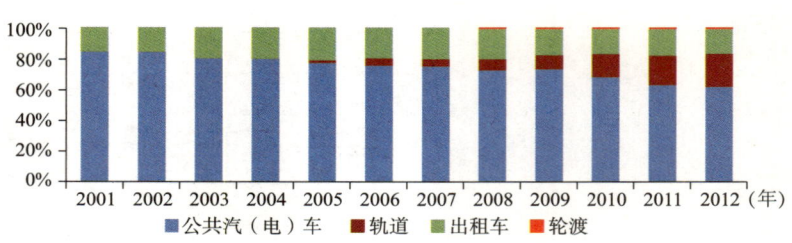

图26-29 南京市城市公共交通客运量构成比较

不同公共交通工具的分担率不同。随着多模式立体化公交体系的形成，对不同公共交通工具的分担率的研究将逐步加深。然而，从公交优先发展实施评估指标上看，更多是关注于整个公交系统的分担率（图26-28）。

纵观近十年南京市各公共交通方式构成变化的情况，随着轨道交通线路的开通，轨道交通在公共交通客运构成中的比重不断增加，公共汽（电）车比重有所下降（图26-29）。

26.5 城市与交通规划简介（2011~2020年）

26.5.1 城市性质定位与空间形态

1）城市性质：著名古都，千年古城；江苏省省会；国家战区，科教高地；国家重要的区域中心城市，政治经济文化中心。

2）城市职能：国家历史文化名城、国家综合交通枢纽、国家重要创新基地、区域现代服务中心、长三角先进制造业基地、滨江生态宜居城市。

3）人口规模：800万城市人口的大都会，远景常住人口1400万，城镇人口1300万。

4）城市空间结构：市域内构建"两带一轴"的城镇空间布局结构。"两带"是拥江发展的江南城镇发展带和江北城镇发展带；"一轴"是沿宁连、宁高综合交通走廊形成的南北向城镇发展轴。在"两带一轴"城镇空间布局结构基础上，形成"中心城—新城—新市镇"的市域城镇等级体系。构建以主城为核心，以放射性交通走廊为发展轴，外楔与内的开敞空间为绿楔，"多心开敞、轴向组团、跨江发展"的现代都市区空间新格局。都市区内形成"一带五轴"的城镇空间布局结构。

26.5.2 交通响应与规划落实

交通全面引领城市空间拓展，优化用地空间布局结构，实现城市用地的精明增长，也是本次规划的重要特色。

1）交通引导城市拓展，构建都市区指状发展用地空间布局。本轮规划避免了国内其他许多城市摊大饼式的发展格局，结合南京地域内的山脉、湖泊等地理条件，强化交通引领城市空间拓展，构建交通走廊引导发展下的都市区"江北带形、江南指状"空间布局结构。江南地区以主城为掌心，龙潭、汤山、湖熟、禄口、板桥形成五大指状发展轴，这一发展格局与哥本哈根极为类似。

南京这种指状开敞式发展的空间结构符合大城市集约发展趋势，同时也是塑造公交都市的基本条件。因此，轨道交通必然会发展成为南京城市客运支撑体系主体，都市区客流走廊将以轨道交通为支撑，常规公交为补充，主次协调、快慢结合的公交都市模式。本轮规划针对指状发展格局。都市区轨道线网由市域快线、城区干线和局域线组成：市域快线快速衔接板桥、滨江、禄口、汤山、龙潭、桥林等近郊新城，城区干线服务于主副城之间高强度高密集的客流走廊，局域线服务于中心城区局部组团之间的次级客流走廊（图26-30）。

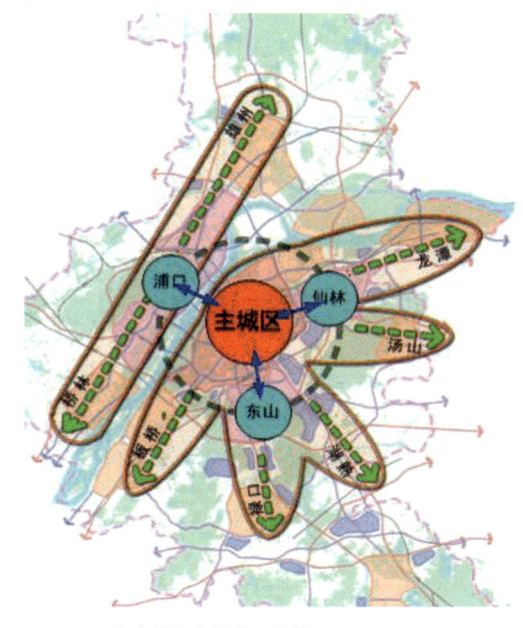

图26-30 南京城市空间布局结构

2）构建分级中心体系，疏解城市中心交通压力。结合用地布局结构和综合客运枢纽规划，构建由城市中心、城市副中心、地区（新城）中心组成的公共活动中心体系，并形成市级中心三线以上换乘、副城中心两线衔接、新城中心快线相连的轨道交通线网发展总体布局。同时，通过加强跨区通道交通设施供给，强化主城与副城、副城与外围新城的联系，构建三大副城反磁力中心，发挥经济传递、主城区交通分担功能；江北相对独立发展，塑造江北城市中心，缓解跨江通道压力。

3）强化轨道交通主导，促进新区、新城发展的精明增长。在用地规划中，快速路经由用地组团边缘通过，偏而不离，保障了居民机动车快速出行需求；轨道交通穿越组团中心，服务客流走廊；同时以TOD开发为主要发展模式，围绕轨道站点塑造新城中心，提高轨道站点的居住、就业人口量，增加轨道线路客流，促进新区、新城的精明增长（图26-31～图26-35）。

 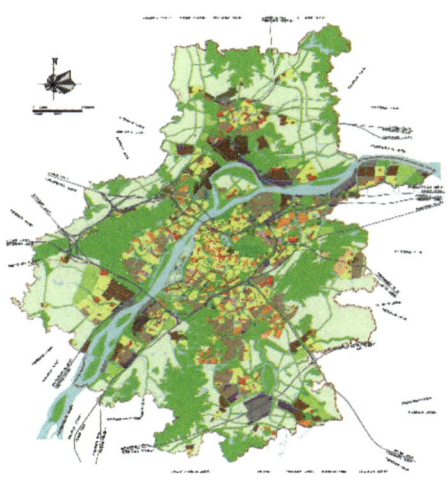 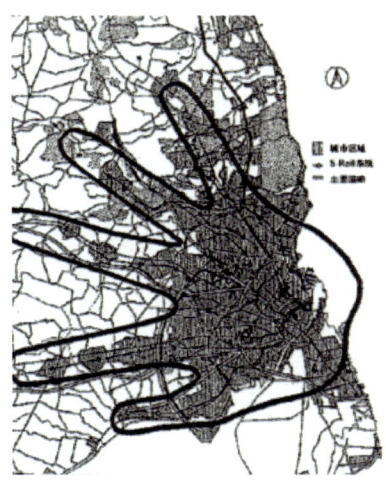

图26-31 都市区空间结构　　图26-32 都市区2030年用地规划　　图26-33 哥本哈根五指状城市形态

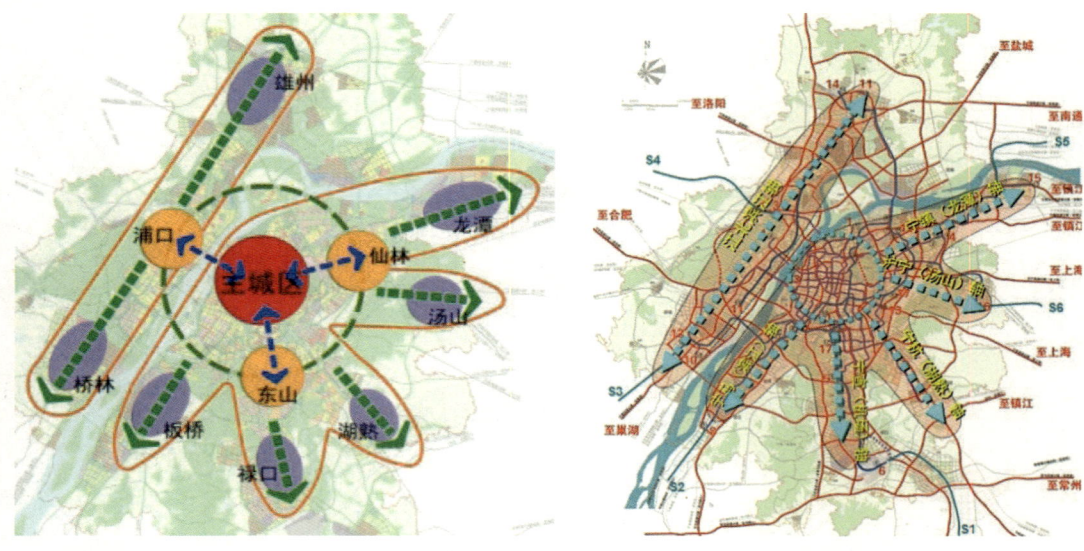

图26-34 南京五指状城市形态　　　　　图26-35 南京五指状形态与道路网布局

26.5.3 综合交通体系规划概要

根据新的形势发展需要和总体规划应当为响应交通发展愿景需要具体落实的重点，提出了构建枢纽都市、公交都市和畅达都市三大交通发展目标。即以实现南京交通"畅达、绿色、和谐"为愿景，构建陆港、空港、水港、信息港"四港"合一的枢纽都市，支撑城市功能地位提升；构建国铁、城轨、城市道路公共交通等多级公交网络合一，高效率、高品质、高适应性的一体化公交都市，引导城市空间布局优化和交通方式结构优化；构建以"2133、3155"为畅达目标，高机动性与高可达性的畅达都市，适应排堵保畅、节能减排、公平和谐的发展要求。

1）枢纽都市。构建陆港、空港、水港、信息港"四港"合一，轨道主导、模式多元、层次清晰的综合型枢纽都市，支撑城市地位提升、城市规模扩大。陆港以铁路南京南站、南京站以及其他公路、城市轨道等综合交通枢纽、大型物流节点为核心构成的陆上综合交通枢纽体系；空港以禄口国际机场、六合机场以及配套的集疏运体系共同构成的"一主一辅"国际组合空港运输体系；水港则以龙潭、七坝、新生圩、西坝等大型沿江港口群为核心、长江航道为支撑，所构成的港口水运体系；信息港以国家大区级通讯枢纽、"八纵八横"一级光缆通信网络体系重要枢纽节点为支撑的通信枢纽体系。

2）公交都市。构筑高效率、高品质、高适应性的一体化公交都市，满足公交出行总体分担率30%以上，通勤客流公交分担率60%以上；85%公交单程出行45min以内通达；公交服务品质体面、舒适、可靠；公交系统的人群适应性、地区适应性、时段适应性、票价适应性均具有较高水平。同时引领城市布局、交通结构优化。城市规模层面，南京将来都市区人口将超过1000万人，千万级超大都市必须构建完善的公交都市，才能支撑城市巨大的发展规模；城市性质层面，南京是具有2400余年悠久历史、丰富历史文化遗产的著名古都，需要构建公交都市,以可持续发展的交通体系来满足保护古都特色和城市环境的要求;城市结构层面:南京规划的多心开敞、轴向组团的城市结构有利于构建公交都市,以TOD轴向交通引导模式支撑高密度的用地开发和城市框架的拉开。交通模式层面,目前积极倡导的节能减排、高效和谐也要求构建公交都市。

3)畅达都市。构建以"2133、3155"为畅达目标、高机动性与高可达性的畅达都市,适应排堵保畅、节能减排、公平和谐的发展要求,使南京成为我国人员往来和货物流动最方便的城市之一,交通机动性和可达性最好的城市之一,从交通上支持南京成为经济发展更具活力的现代化中心城市。"2133"即指长三角中心城市2h内通达,南京都市圈1h通达;都市区通勤交通3刻钟(45min)通达;主城内30min通达。"3155"即指市区任意一点驱车15min上快速路、15min上高速公路,市域所有规划村(或集中居民点)15min内能通达国省干线公路网;城市居民步行5min内可达公交、地铁车站(表26-6)。

南京公交都市规划目标指标　　　　表26-6

目标	服务指标	系统指标
远期: 公交都市	(1)中心城区公交客运分担率不低于30%,老城、市级中心地区、跨江与重要轴向公共交通出行比例达60%以上; (2)高峰期间城市轨道与路面公交发车频率不大于5min; (3)交通排污总量减少50%	(1)2条以上轨道快线通往副城,市级中心地区轨道线网密度达到1.4km/km²; (2)中心城区公交线网密度不低于4km/km²;300m半径公交服务覆盖率达80%;公交车与地铁车站换乘距离不超过150m,公交车之间换乘距离不超过80m; (3)都市区万人公交车拥有量超过13标台
近期: 公共交通优先工程	(1)中心城区公交客运分担率不低于20%,老城、市级中心区、跨江与重要轴向公共交通出行比例50%以上; (2)高峰期间城市轨道与路面公交发车频率不大于6min; (3)交通排污总量减少20%	(1)1条以上轨道快线通往副城,市级中心地区轨道线网密度达到0.9km/km²; (2)中心城区300m半径公交服务覆盖率达70%;公交车与地铁车站换乘距离不超过200m,公交车之间换乘距离不超过100m; (3)万人公交车拥有量达到12标台

第27章　杭州

27.1 城市社会发展水平

27.1.1 城市概况

杭州是我国沿海经济发达地区的重要城市,素有"文化之邦"的美誉,是我国七大古都之一,也是全国首批历史名城之一。历史上就以"东南形胜,三吴都会"著称,有着极丰富的自然景观和人文景观,是国内外公认的旅游城市。城市性质决定着城市发展方向及目标,新中国成立后,杭州市的城市性质不断修改演变,现在确定为"浙江省省会和经济、文化、科教中心,长江三角洲城市之一,国家历史文化名城和重要的风景旅游城市"。

杭州市现辖8区、3县级市（富阳、建德、临安）、2县（桐庐、淳安），市域总面积16596km²；杭州市区包括上城、下城、江干、拱墅、西湖、滨江、萧山和余杭8个区，市区总面积为3068km²（27-1）。

27.1.2 社会经济发展水平

杭州国民经济发展很快，各项经济指标在长三角处于领先地位，产业结构不断调整和优化。

图27-1 杭州市区现状空间结构示意图

2012年，杭州市经济持续稳步发展。全市生产总值（GDP）达到7804亿元，按可比价格计算，比上年增长9.0%。就经济总量而言，杭州市国内生产总值在全国连续多年稳居第八。全市常住人口人均GDP 88985元，较上年分别增长8.4%；市区常住人口人均达到98331元，较上年增长9.2%（图27-2）。

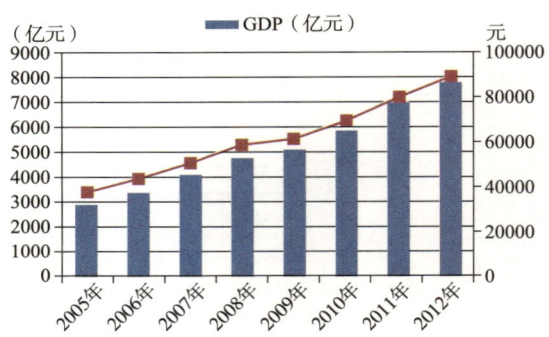

图27-2 杭州市2005～2012年GDP增长状况

2012年，杭州市进一步优化产业结构。全年第一、第二、第三产业增加值占全市生产总值的比重分别为3.3%：46.5%：50.2%，第三产业占比首次超过50%，正逐步形成以现代服务业为主导的"三二一"产业结构。

2012年，杭州市全年接待旅游人数8236万人次，与上年同期相比增长14.7%，实现旅游总收入1392亿元，同比增长16.9%。从2001年至2012年，杭州旅游总人数年均增长11.48%，旅游总收入年均增长16.91%，旅游外汇收入年均增长17.51%，这些主要经济指标均位居全国前列。

27.1.3 城市人口

2012年末，杭州市常住人口880.2万人，户籍人口700.5万人，比上年末均增长0.7%。全市户籍人口占常住人口的比例为79.5%（表27-1）。

杭州市区历年人口统计表　　　　　　表27-1

年份指标	2008年	2009年	2010年	2011年	2012年	2012年较上年增减率
户籍人口数（万人）	424.3	429.4	434.8	440.3	445.4	1.2%
常住人口数（万人）	—	—	—	624.2	632.1	1.3%
户籍人口密度（人/km²）	1383	1400	1417	1435	1452	1.2%
常住人口密度（人/km²）	—	—	—	2035	2060	1.3%
从业人员数（万人）	421.8	435.5	455.1	469.9	474.1	0.9%

27.1.4 现状空间结构

杭州市区总面积3068km²,城市形成"一主三副六组团"的空间结构。城市建设用地由2000年的254km²,拓展到2010年的534km²,年均增加近30km²(图27-3)。

图27-3 2000~2010年市区建设用地叠加图

27.1.5 城市机动车保有量

截至2012年末,杭州市购车需求持续增长,市区机动车保有量已达到174万辆;杭州市区常住人口机动车拥有率为276辆/千人;私人小客车百人拥有率为177辆/千人,小汽车已经完全进入普通家庭(表27-2,图27-4)。

杭州市区/六城区历年机动车发展状况(辆)　　　表27-2

年份	市区				六城区			
	机动车总量	增长率	其中汽车	增长率	机动车总量	增长率	其中汽车	增长率
2008	1019215	6.3%	703964	15.6%	465576	15.6%	463035	15.9%
2009	1166964	14.5%	846462	20.2%	552965	18.8%	551483	19.1%
2010	1379822	18.2%	1055666	24.7%	691545	25.1%	687611	24.7%
2011	1583478	14.8%	1265647	19.9%	821376	18.8%	817617	20.2%
2012	1746685	10.3%	1492947	18.0%	960049	16.9%	959808	17.4%

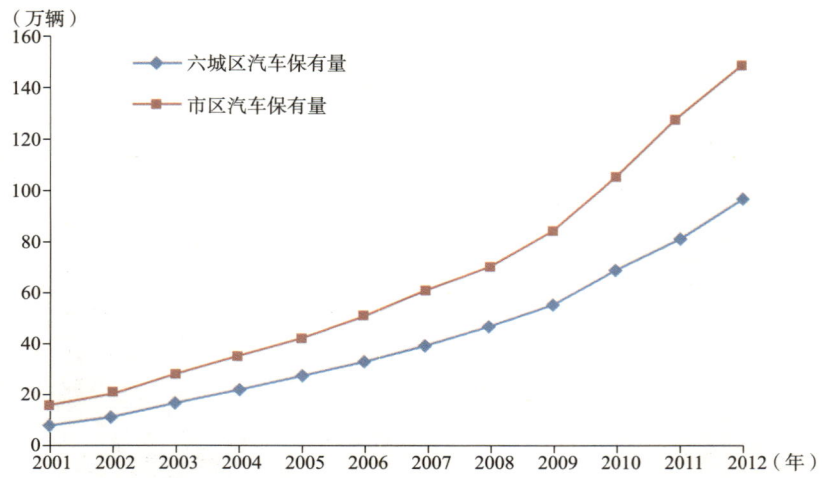

图27-4 杭州市区/六区汽车保有量增长趋势

27.2 "五位一体"公共交通基本情况

近年来,通过公交优先持续发展,杭州已初步建成覆盖市区的"五位一体"大公交网络体系。包括地铁1号线48km,5条BRT及567条常规公交线,1万辆出租汽车,近7万辆公共自行车,8条线约100km的水上巴士。其中,地面公交是大公交体系的绝对主体,年客运量约360万,占总公共交通总客运量的70.3%。

经对比分析,杭州常规公交运力大,无论车辆,还是线路规模,均处于省会城市领先水平。但关键服务指标总体偏低,如主城核心区高峰公交车速仅为9.9km/h,准点率仅为30%,线路绕行系数高达1.59,与国标及国际化大都市有一定差距。

27.2.1 轨道交通

轨道1号线于2007年3月28日开始建设,2012年3月8日全线隧道贯通,4月下旬全线轨道铺通,5月6日全线接触网供电,6月1日起空载试运行,9月12日全线按运营时刻表试运行,10月22日通过试运营基本条件评审,11月18～21日开展免费试乘体验活动,11月24日开始试运营(表27-3)。

地铁1号线运营指标一览表(截至2013年3月底)　　　　表27-3

指标	计量单位	数量
运行车辆数	辆	198
运行线路长度	公里	48
运行车站数	个	30
最小发车间隔	分	4.75
日均客运量	万人次	16.5
高峰日客运量	万人次	29.7
旅客周转量	万人公里	25323
小时最大断面客流量	人次	14936

27.2.2 快速公交

截至2012年年底杭州市建成B1、B2、B3（一期）、B4及B7（一期）五条快速公交线路，总长约95km。其中快速公交B1线西起黄龙公交站，东至下沙高教园区，全程28km，平均运行速度25.8km/h，日均客流量5万人次；快速公交B2线北起三墩公交站，南至钱江新城公交站，全程22.5km，平均运行速度16.8km/h，日均客流量4.5万人次；快速公交B3线一期北起丁桥大型居住区，南至莫衙营，全长14.8km，平均运行速度19km/h，日均客流量仅约0.6万人；快速公交B4线东起天目山路教工路口，西至闲林，全长22km，平均运行速度18km/h，日均客流量仅约0.6万人；快速公交B7线一期南起绍兴路焦家村公交总站，北至拱康路公交停车场，全长约7.3km。

同时，为了扩大快速公交覆盖范围，杭州市围绕快速公交走廊设置3条区间线（B1区间1、B1区间2、B2区间）、9条支线（B支1、B支2、B支3、B支4、B支5、B支6、B支8、B支4区间、B支8区间），并允许5条常规公交线路96、323、900、508、509进入快速公交系统实现同台同向免费换乘，主线日均客流量达到11.2万人次/日，支线7.7万人次/日，常规公交接驳线3.9万人次/日，日均2.2万人次享受同台免费换乘的快速公交网络（图27-5）。

27.2.3 常规公交

截至2012年年底，杭州市有567条常规公交线，地面公交是大公交体系的绝对主体，年客运量约360万，占总公共交通总客运量的70.3%。

1）公交专用道

截止2012年底，杭州市主城区设置公交专用道的道路长度为77.7km，公交专用道长度为152.4km，其中全天公交专用道75km，中心区干道公交专用道设置率仅为7.6%。

现状公交专用道平均路段线路条数13条，其中天目山路、环城北路公交线路最为密集，超过了20条。从运输效率上看，高峰时段平均一条公交专用道的断面运输客流约6500人次/h，占道路客流总量的60%~80%。设置公交专用道以后，公交车辆平均行程车速至少可提高20%甚至30%以上（图27-6）。

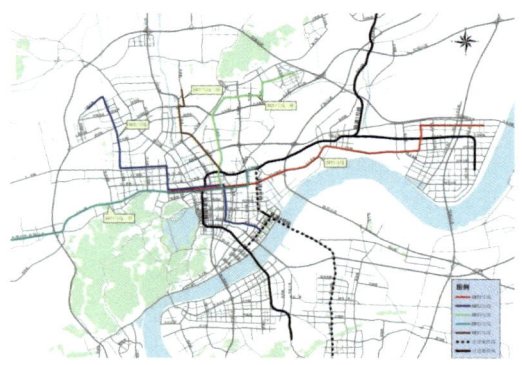

图27-5 2012年底快速公交线网分布图

图27-6 2012年底公交专用道分布图

2）公交场站建设现状情况

截至2012年年底，杭州市有停保场共12个，其中7个是标准停车场，公交车的停保场进场率为47%。还有53%的车辆借用临时停车场、首末站进行停放，硬件设施简陋，作业环境较差，难以确保车辆正常停放、维护保养，同时还存在诸多安全和消防隐患。

另外，公交集团母公司共有173个公交中心站（首末站），其中自建标准公交中心站（首末站）62个，其余111个公交中心站（首末站）均为租用、借用、市政配套及路边临时搭建的活动站房（图27-7）。

图27-7 杭州市现状公交场站分布图

27.2.4 水上巴士

截至2013年12月，杭州市共有水上巴士线路8条，分别为水上公交1～8号线，各条线路的具体情况如下（表27-4）。

水上巴士线路相关信息　　　　表27-4

线路名称	线路长度（km）	经过河道	首末站	航行时间（min）	班次
水上公交2号线	14.6（由于地铁施工，紫荆花路站以西5.2暂停）	运河、余杭塘河、五常港	武林门—西溪五常港	50（武林门至紫荆花路）	6：30；7：00；8：30；9：30；11：30；13：00；14：30；15：50；17：10；17：30
水上公交3号线	6.9	上塘河	打铁关—临平	47	6：30；8：30；10:30；12：30；14：30；16：30
水上公交4号线	6.7（中间经胜利河船闸）	运河、胜利河、上塘河	武林门—打铁关	56	7：00；11：00；14：00；17：00
水上公交5号线	13.7（中间经紫金港船闸）	运河、余杭塘河、紫金港	武林门—汽车西站	90	6：00；6：50；11：10；17：20
水上公交6号线	3.3	沿山河、丰潭河	汽车西站—丰潭路文二路口	28	8：00；9：30；11：00；13：00；15：00
水上公交7号线	3.7	东河	坝子桥—梅花碑	60	6：30 17.00 每半小时一班
水上公交8号线	4.1	中河	河坊街—田家桥	60	6：30 16.30 每半小时一班

27.2.5 出租汽车

2012年，杭州市"打的难"问题仍比较突出。在白天7：00～19：00时段内，出租汽车空载率大多已低至30%。交接班时间空载率反而很高，最高近50%（图27-8，表27-5）。

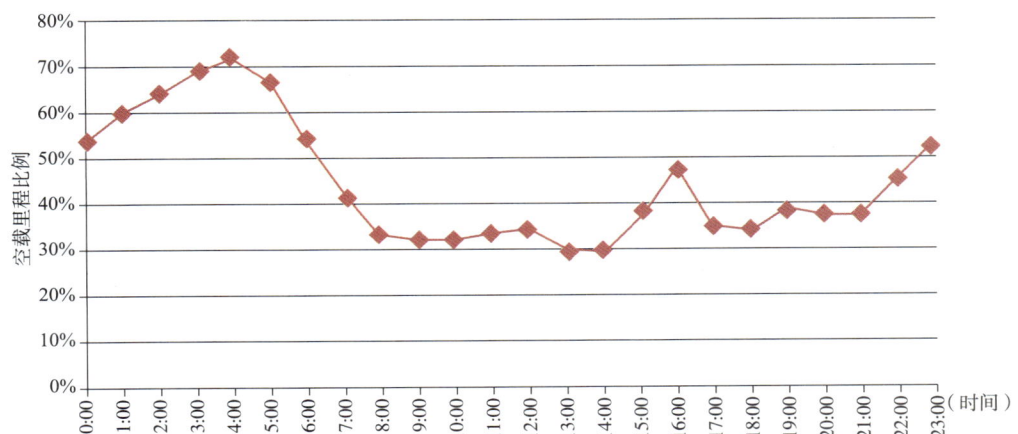

图27-8 2012年老城区出租汽车空载率时变图

杭州老城区近三年出租汽车相关指标统计表　　　　表27-5

年份	客运量（亿人）	平均每车运营里程（km/d）	平均每车载客里程（km/d）	里程利用率
2010	2.88	410.6	279.2	68.0%
2011	2.93	383.6	268.5	70.0%
2012	3.01	365.1	256.7	70.3%

27.2.6 公共自行车

2012年全年，杭州市区公共自行车租用量为9427万人次。公共自行车站点间距200～270m，服务半径100～135m，市区公共自行车点达到2962个，基本进入社区。

公共自行车达6.98万辆。日均使用32万人次，约占常规公交的10%。春秋季节，每辆公共自行车周转量日均超过5车次/日。虽然财政有补贴，但标准平均仅0.26～0.28元/次，处于一个较为稳定的状态，远低于同期本市公交补贴（1.4元/人次）的标准（表27-6，图27-9，图27-10）。

2012年杭州市公共自行车服务点个数与租用量统计表　　　　表27-6

区域	服务点个数	年租用量（万次）	比例
主城区	2249	8058	85.5%
滨江	211	307	3.3%
余杭	161	510	5.4%

续表

区域	服务点个数	年租用量（万次）	比例
萧山	190	318	3.4%
下沙	151	235	2.5%
总计	2962	9427	100.0%

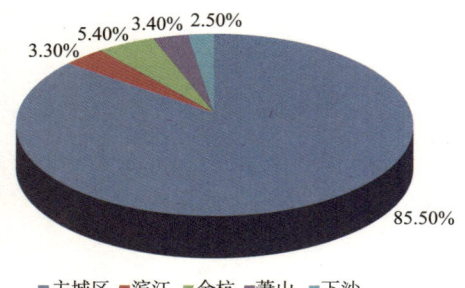

图27-9 2012年杭州市公共自行车年租用量比例图

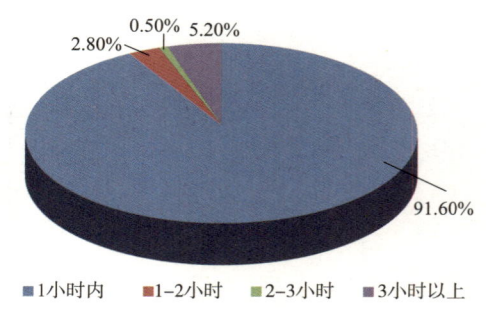

图27-10 2012年主城区公共自行车租用时间比例图

27.3 交通发展形势

27.3.1 中心城道路建设已基本完成，拓展空间有限

经过十余年大规模道路建设与整治，杭州市目前已建成主次干道772.5km，主城建成区框架性路网基本形成，截至2012年年末，杭州市六城区道路密度达到5.74km/km²，城市道路通行能力明显提升。杭州作为特大城市和中国首批"历史文化名城"、"最佳旅游城市"，城市特有的区位、性质决定了杭州中心区很难通过交通设施来应对机动车快速增长。除快速路外基础路网已经基本建成，地面改造挖潜已近极致，不具备交通设施大规模建设条件（图27-11）。

27.3.2 机动车需求仍在快速增长

杭州是我国经济最发达的长江三角洲地区的南翼中心城市和省会城市，经济基础好，个性化出行很难抑制。根据统计，2012年，杭州全市生产总值（GDP）达到7804亿元，按可比价格计算，比上年增长9.0%。全市常住人口人均GDP为88985元，居国内城市前列。

同时，机动化是城市空间拓展与职住分离的必然结果。杭州城市空间扩展以后，

图27-11 杭州市老城区主次干路建设现状图

跨组团联系日益增强，且扩张初期外围组团职住分离日益明显，使得居民出行距离逐步上升，长距离的出行必然驱动机动化的发展。在经济及交通需求的双重刺激下，2012年底，杭州主城区小汽车保有量已达118万辆，基本达到2户家庭1辆车，杭州市区常住人口机动车拥有率为276辆/千人。同时，有车即用的思想深入人心，小汽车使用率2.1次/日，在国内处于较高水平。但主城区约48.3%的小汽车出行距离在5km以下，这对于适合长距离出行的小汽车而言，不甚合理。

27.3.3 交通拥堵日益严重

2011年10月主城区范围内正式实行"错峰限行"交通管理措施。自"错峰限行"措施实施以来，交通负荷由高峰向平峰时段均衡。但随着交通需求的持续高速增长，"错峰限行"的实施效果正在被逐步削弱。2012年10~12月与2011年10~12月（限行初期）相比，早、晚高峰拥堵指数升高明显（27-12）。

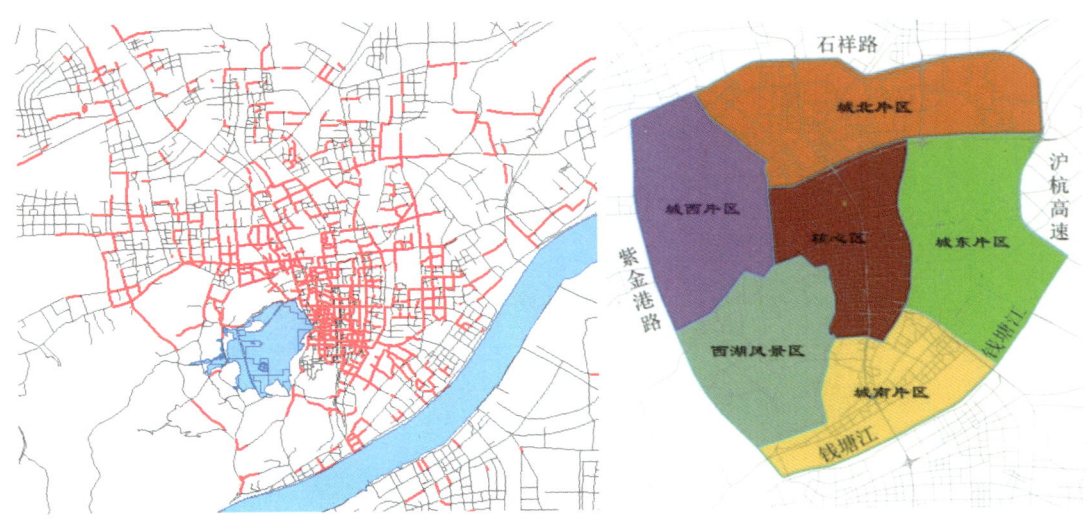

图27-12 工作日白天主城区干路网严重拥堵路段分布图

从各片区来看，核心区最为拥堵，其次是城西。2012年核心区早高峰拥堵指数为6.6，处于中度拥堵状态；晚高峰拥堵程度更高，拥堵指数为7.3。对于核心区交通，道路建设空间越来越少，更多的应从加强道路管理等方面提升道路功能。

27.3.4 机非、人非冲突严重

由于步行空间受挤占和不连续，立体人行过街设施数量又相对较少，人行过街设施不足无法满足大量的行人过街需求，造成穿越人流过多，影响交通效率和通行安全。部分人行天桥设备简陋，无扶梯也无遮挡物，仅满足基本通行功能，且设计上人性化不足，导致绕行较多，口部人流集中，使用舒适度差；行人进入慢车道、快车道（主要为过街）以及非机动车进入车行道的现象仍然普遍，严重影响交通系统的安全运行。

27.4 交通结构

27.4.1 交通出行调查方式划分

在交通方式划分上，2010年居民出行调查中出行方式分成步行、公交、大客车（除公交车之外）、小汽车搭乘、小汽车自驾驶、出租汽车、摩托车、自行车、公共自行车、电动车和水上巴士共11类，较2005年的居民出行调查增加了公共自行车和水上巴士两类，以后仍会根据实际发展进一步细化。其中公交分担率中的公交就是指常规公交，并不包含水上巴士、出租汽车和公共自行车。

27.4.2 历年交通结构对比

历年杭州市主城区常住人口的出行结果情况如表27-7所示。

杭州主城区常住人口出行结构对比表（2000年为老城区） 表27-7

交通方式	2010年（户籍+半年以上+高校）	2005年（户籍）	2000年户籍（老城区）
公交车	20.92%	21.37%	22.20%
大客车（公交除外）	1.26%	1.85%	2.19%
小客车（搭乘）	2.16%	2.24%	4.85%
小客车（自驾驶）	9.40%	5.49%	
出租汽车	1.10%	0.83%	1.49%
自行车、助力车	34.34%	33.48%	42.77%
步行（指全程步行）	30.35%	32.54%	27.61%
其他	0.48%	2.20%	1.18%
合计	100%	100%	100%

从上表可以看出，历年调查范围、对象定义和调查内容并不完全一致，导致数据并不能完全可比。但数据总体反映了杭州历年交通结构变化规律：步行及非机动车仍然占主体地位，小汽车发展呈上升趋势，公交分担率在运力持续投入及机动化冲击下呈小幅下降趋势。

另外，2012年底地铁开通后，受统计方法限制，对地铁、公交车、公共自行车、出租汽车和水上巴士"五位一体"的绿色公交体系出行分担率进行了估算，"五位一体"的大公交体系分担率约为25%。

27.4.3 数据来源情况

杭州市公交分担率主要通过5年一次的大规模居民出行调查获得。杭州市先后在2000年、2005年、2010年都以抽样家访调查方式开展了居民出行调查，调查对象为户籍人口、外来人口和高校学生。2010年及2005年调查范围一致，均为杭州市绕城以内的八区及临平副城，具体分析时的"市区"、"老城区"、"主城区"基本以行政区划为界限。居民人口数据一般由社区及公安机关等提供，由于统计手段的逐步完善，几次调查过程存在对调查对象及人口的定义不一致。

除居民出行调查外，公交日均客运量数据也用来校核根据居民出行调查获得的公交分担率，这类数据主要由公交公司提供。以2010年为例，公交公司提供的杭州老城区日出行总乘次约为283万乘次，公交换乘系数约为1.3，计算得出日运送乘客约为218万人次，而根据居民出行调查得到的包含常住、暂住人口以及旅游人口的公交出行约为203.8万人次，由此得到查核精度为93.5%。

27.4.4 既有数据支持下的主要分担率指标

1）机械化及机动化公交分担率

以历年调查数据为依托，对机械及机动化分担率进行计算。计算结果表明，在当时没有轨道交通及机动化快速发展的情况下，机动化的公交分担率维持在60%以上，总体水平较高。但维持公交高分担率的背后是杭州对公交的大力投入和高额补贴，公交车公里补贴达到4.25元/km，约1.4元/乘次，高于同类城市。机动化的公交分担率应与经济发展水平及机动化发展阶段相适应，不同阶段应有其合理水平，兼顾公平与效率（表27-8）。

杭州主城区常住人口机动化公交分担率（2000年为老城区） 表27-8

	2010年（户籍+半年以上）	2005年（户籍）	2000年户籍（老城区）
机械化公交分担率	28.63%	29.87%	27.17%
机动化公交分担率	60.05%	67.24%	72.24%

2）分区域公交出行率

从分区域来看，主城区公交分担率高于副城区，但主城内部交通拥堵最为严重的中心区的公交分担率明显低于主城区，难以更好发挥公交在缓解交通拥堵方面的作用（表27-9）。

2010年杭州常住人口分区域公交分担率 表27-9

	市区	主城区	中心区	下沙副城	江南副城	临平副城
公交分担率	16.03%	20.92%	19.9%	15.23%	8.6%	7.79%

注：中心区的划分目前并无统一标准，本次根据实际交通状况初步划定。

3）通勤公交分担率

主城区通勤公交分担率（18.51%）低于全目的公交分担率（20.92%），对目前以通勤交通为主体的交通结构而言不合理也不正常（表27-10）。

2010年杭州常住人口公交分目的分担率指标一览表　　　表27-10

	上班	上学	公务	购物	文体娱乐	回家	接送人	其他
主城区	18.51%	28.83%	13.12%	15.59%	21.98%	19.99%	10.32%	21.35%

4）早高峰公交分担率

主城区早高峰公交分担率（18.59%）低于全天公交分担率（20.92%），对目前峰谷明显的交通特性下缓解交通拥堵而言不合理也不正常（表27-11）。

2010年杭州常住人口分时段分区域公交分担率指标一览表　　　表27-11

主城区		市区	
早高峰	晚高峰	早高峰	晚高峰
18.59%	22.66%	14.76%	17.99%

5）进城公交分担率

进城公交出行分担率暂无统计，但对部分进城通道的公交调查表明早高峰时段均有较强的方向不均匀性。而老城区内部道路双向客流差异较小。基于此，下次的居民出行调查建议有必要也可以统计分析该指标。

27.5 结论与建议

1）近年来，通过公交优先持续发展，杭州已初步建成覆盖市区的轨道、地面公交、水上巴士、出租汽车、公共自行车"五位一体"大公交网络体系。

2）杭州的交通结构相对比较稳定，截至目前"机动化、非机动化、步行"基本三分天下，未出现一种方式突发增长的状况。

3）公交分担率稳定但结构不合理，呈现"高峰低于全日平均、中心区低于全市"的特征。杭州全日全目的全方式公交分担率一直稳定在20%左右。如2010年，主城常住人口出行结构中常规公交全天分担率为20.92%，但高峰及通勤公交比例仅18.51%。

4）出租汽车应纳入公交体系，进一步塑造公交竞争力。

出租汽车具有很强的公共交通属性（享受政府补贴、多人共同使用、基本不占用停车资源等）。同时，出租汽车又有别于常规公交，可提供"门到门"服务，共同使用但不同时共享。因此，我们认为出租汽车是公交，应作为"门到门"的高端公交发挥作用，其有相当的竞争力，可以争取相当部分的私家车客流转移。

5）公共自行车应该作为公交方式。

公共自行车也具有公共属性（共用、享受政府补贴、政府提供停车空间），故公共自行也具有公交的特性，这在杭州得到新的认识，既很好地提供近距离的"门到门"公交服务，也是远距离机动化公交方式很好的末端辅助。

第28章 宁波

28.1 总则

28.1.1 研究目的与意义

2012年宁波市地区生产总值较2002年翻了两番，经济的迅猛发展带来居民出行次数的增多，机动化水平的迅猛增长，同时居民生活水平的提高导致小汽车保有量急剧上升。虽然城市道路基础设施也有长足的发展，但机动化水平的增长主要体现在小汽车出行的增长，导致公交分担率由2002年的15.56%下降至2012年的13.3%。也就是说，我市城市公共交通发展严重滞后于经济发展需求，与城市交通发展步调不一致，导致交通压力增大。因此，分析公交分担率与城市发展的关系有着重要意义。

对宁波公交分担率与城市空间关系的研究，一方面可以把握宁波各个区内部现状公交分担率出行情况，找到影响公交分担率的制约因素，针对各区提出相应的公交分担率提升策略；另一方面分析各区之间的公交分担率，方便后期交通规划工作中有效布设公交廊道。

当前，公共交通分担率已经成为城市交通界的热点问题。2013年11月，国际欧亚科学院中国科学中心和国内交通领域著名高校、科研院所、城市交通决策咨询机构等单位联合举办成立了中国城市交通发展论坛，论坛要求国内各单位研究所在城市的交通结构，着重研究公交分担率与城市发展之间的关系。宁波市公交分担率与城市发展关系的研究，为国内外城市案例提供素材，同时积累宁波市公共交通分担率的原始资料，为未来逐年研究公共交通发展打下坚实基础。

28.1.2 研究主要内容

城市交通系统的良好运行是城市整体良性发展的基础，分析适合城市当前发展阶段的公交分担率，不仅可以有效缓解城市的交通压力，更可促进城市整体协同发展。

（1）利用2011年度宁波城市交通基础数据调查的有关资料和数据，以及其他相关城市统计年鉴，对公交分担率与城市经济发展、城市空间发展、机动化水平、公交优先设施、交通拥堵等关系进行分析研究。

（2）在全市数据基础上深入分析跨区出行、跨江出行、跨高速出行、绕城高速内分组团出行的公交分担率。

（3）在把握影响各区内部和跨区出行公交分担率因素的基础上，结合城市空间发展，从公交分担率的角度给出提升公交服务水平的建议。

28.1.3 研究范围

研究范围：宁波市区，包含海曙区、江东区、江北区、鄞州区、镇海区、北仑区等六区行政区划范围（以下数据均为市六区数据），如图28-1所示。

图28-1 研究范围示意图

28.1.4 技术路线

本次研究在宁波市城市综合交通基础数据调查和滚动调查数据的基础上,提取与公交分担率相关的数据,从公交分担率与城市空间、各城市经济和人口两方面着手,分析公交分担率与城市发展关系,并展望未来公交分担率的愿景。

本规划按照时间和内容分三个方面进行:

(1)资料收集阶段;

(2)分析研究阶段;

(3)结论及建议(图28-2)。

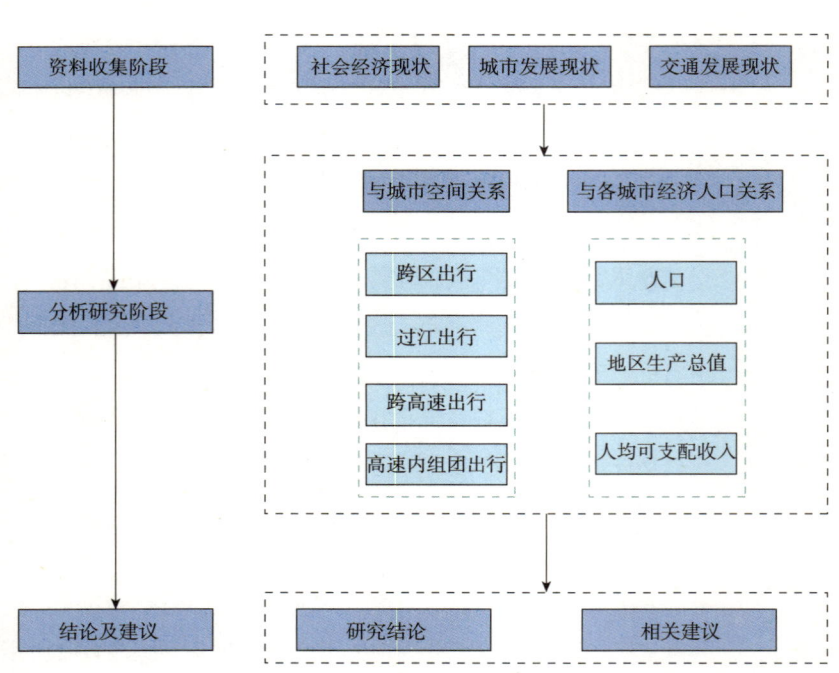

图28-2 技术路线示意图

28.1.5 研究依据

1)《宁波市城市综合交通基础数据调查》；
2)《城市交通基础数据应用研究及滚动调查》；
3)《宁波市城市总体规划修改》；
4) 宁波市统计年鉴及社会经济发展资料；
5) 相关城市统计年鉴。

28.2 城市概况

28.2.1 现状社会经济发展

宁波地处中国大陆海岸线中段，长江三角洲南翼，市区面积2560km^2，是中国首批沿海对外开放城市、计划单列市和副省级城市，也是一座底蕴深厚的历史文化名城。

（1）人口

2012年末宁波市六区常住人口350.97万人，户籍人口226.11万人。

（2）地区生产总值

2012年经济平稳较快增长，宁波市六区实现地区生产总值3950.98亿元，按常住人口计算人均生产总值为112653元。

（3）产业结构

第一产业实现增加值270.0亿元，第二产业实现增加值3516.7亿元，第三产业实现增加值2738.0亿元，三次产业之比为4.1∶53.9∶42.0，2012年第三产业增加值占地区生产总值比重提高。

（4）人均可支配收入

2012年市区居民人均可支配收入37902元，农村居民人均纯收入20164元。

（5）人均消费支出

2012年市区居民人均消费支出23288元，其中交通与通信支出4720元，农村居民人均消费支出12699元，其中交通与通信支出1328元（表28-1）。

2012年宁波市六区社会经济发展概况　　　　表28-1

类别		步行
人口（万人）	常住人口	350.97
	户籍人口	226.11
地区生产总值（亿元）	——	3950.98
产业结构	——	4.1∶53.9∶42.0
人均可支配收入（元）	市区居民	37902
	农村居民	20164

续表

类别		步行
人均消费支出（元）	市区居民	23288
	其中交通与通信	4720
	农村居民	12699
	其中交通与通信	1238

28.2.2 现状城市空间分布

（1）城市六区空间分布概况

市六区内，三江片由海曙区、江东区、江北区、鄞州区和镇海新城组成，镇海老城、北仑区与中心城之间被生态带隔离，镇海区与北仑区之间被甬江隔离。中心城区内，海曙区、江东区、江北区分别被姚江、奉化江、甬江隔离，鄞州区与海曙区和江东区之间被萧甬铁路隔离。

空间分布上，各分区被江和铁路隔离，分区间呈现了明显的过江和过铁路交通（图28-3）。

图28-3 市六区空间分布示意图

（2）城市用地

2012年，宁波市六区新增土地面积25.45km²，总用地达到359.02km²。

交通出行生成的用地以居住和商办用地为主，该类用地在以三江口为中心的海曙、江东、江北、鄞州等三江片区域已经集中连片，呈现逐年往外扩展的趋势，镇海区、北仑区与三江片区域用地也呈现连绵趋势，城市框架逐渐拉开。

用地分布上，三江片也将呈现过江和过铁路交通出行，镇海区、北仑区与三江片的中长距离交通出行也将增多（图28-4）。

图28-4 市六区用地现状图

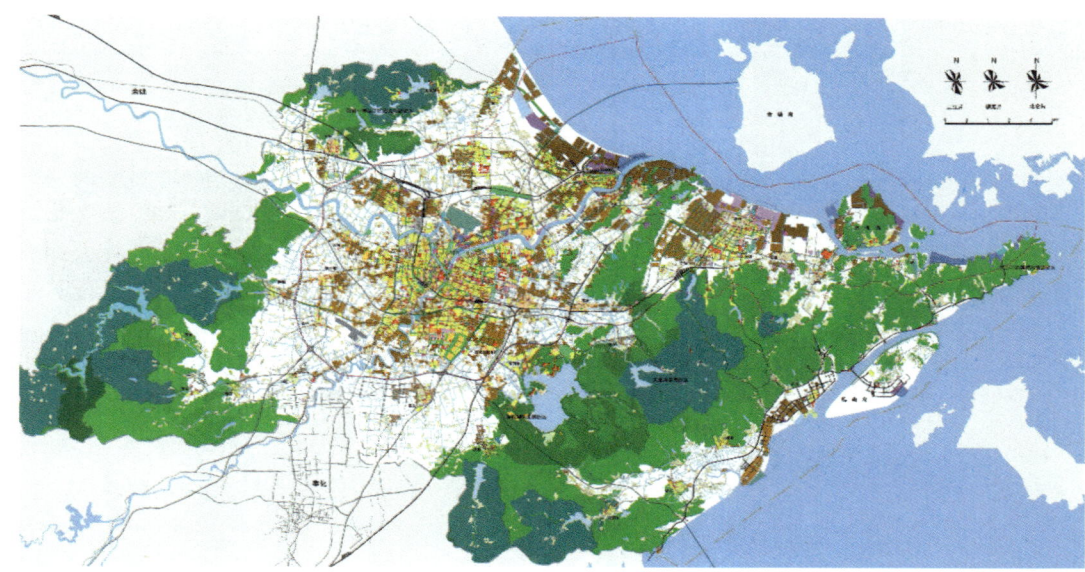

图28-5 现状人口和就业岗位分布示意图

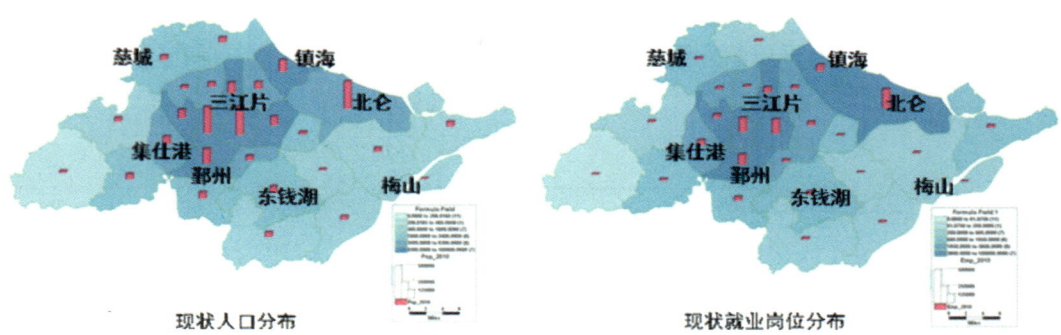

（3）就业与岗位

根据调查，现状宁波市六区就业岗位总数为176万个，其中，老三区和北仑区就业岗位较为密集，约占市六区就业岗位的70%（图28-5）。

28.2.3 现状居民出行特征

（1）出行方式

2012年，宁波市六区范围内，电动车出行方式位居第一，比例为26.1%。步行比例为25.1%，小汽车比例为17.9%，公交比例为13.3%，自行车比例为9.1%，班车比例为3.1%，出租车比例为2.8%，摩托车比例为2.6%。以电动车、自行车和步行为主的慢行方式占主体（表28-2，图28-6）。

2012年居民出行方式结构（%）　　　　表28-2

范围	步行	自行车	电动车	公交车	出租车	班车	小汽车	摩托车
市六区	25.1	9.1	26.1	13.3	2.8	3.1	17.9	2.6

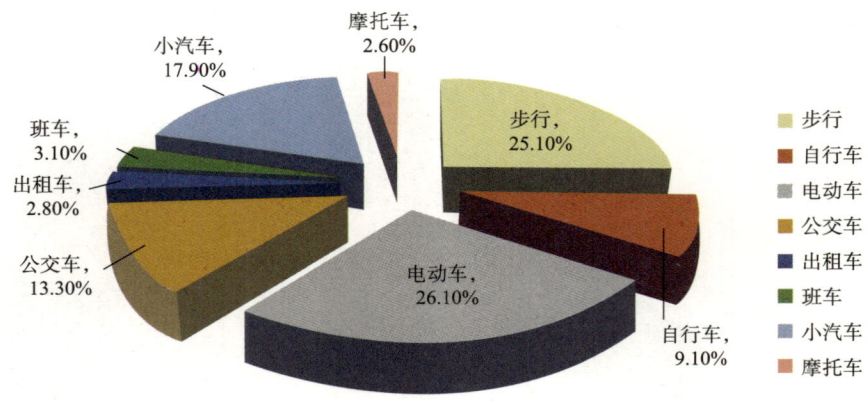

图28-6 2012年居民出行方式结构

（2）出行时耗

2011年，宁波市六区居民出行时耗为24.2min。步行22.8min，自行车12.2min，电动车19.1min，公交车45.1min，出租车25.0min，班车36.0min，小汽车23.8min，摩托车13.0min（表28-3，图28-7）。

2012年居民出行时耗构成（min） 表28-3

分目的	步行	自行车	电动车	公交车	出租车	班车	小汽车	摩托车
2012年	22.8	12.2	19.1	45.1	25.0	36.0	23.8	13.0

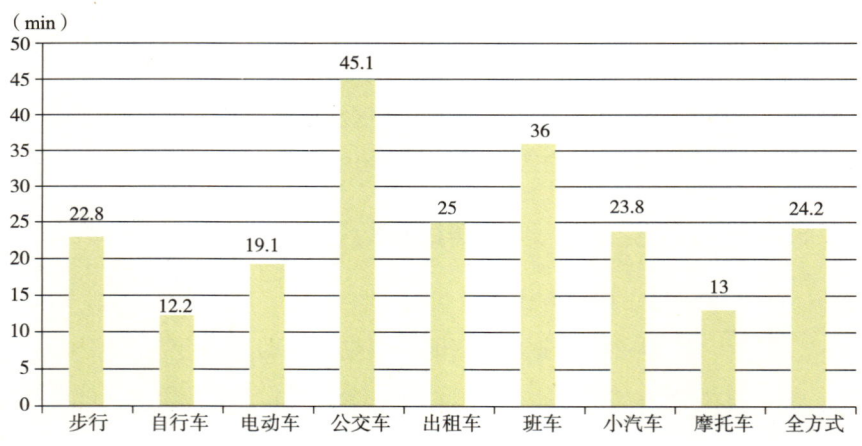

图28-7 2012年居民出行时耗图

（3）出行距离

2011年，宁波市六区居民出行距离为5.1km。步行为1.5km，自行车为2.4km，电动车为4.0km，公交车为11.1km，出租车为9.4km，班车为13.5km，小汽车为9.4km，摩托车为3.8km（表28-4，图28-8）。

2012年居民出行距离构成（km） 表28-4

分目的	步行	自行车	电动车	公交车	出租车	班车	小汽车	摩托车
市六区	1.5	2.4	4.0	11.1	9.4	13.5	9.4	3.8

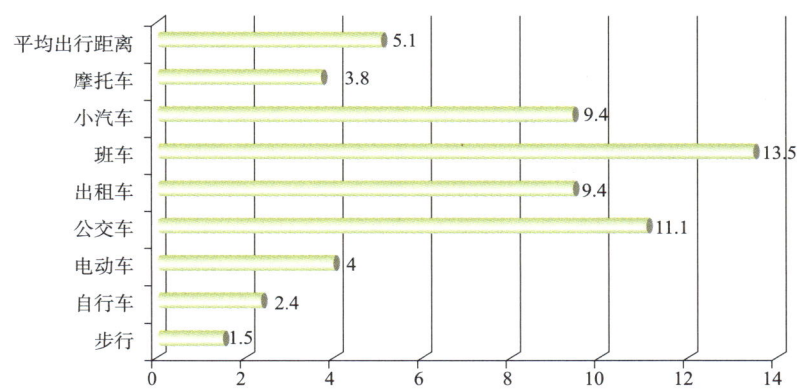

图28-8 2012年居民出行距离图

28.2.4 公交发展现状

宁波现状轨道一号线和二号线一期工程正处于全面开工状态，预计2015年建成通车。现状公共交通仅常规公共交通方式一种，公交分担率仅为常规公共交通分担率，不包括出租车分担率。

（1）运营车辆

2012年末，宁波市六区公共交通车辆总数为4046实台，合计4895标台。按常住人口计算，公交车万人拥有率达13.95标台，按照户籍人口计算，公交车万人拥有率达21.6标台，超过国家标准要求的10~12.5标台/万人。

（2）客运量

至2012年底，宁波市六区公交客运量4.51亿人次，日均客运量123.56万人次。扭转了2010年、2011年连续两年客运量逐步下降的局面（图28-9）。

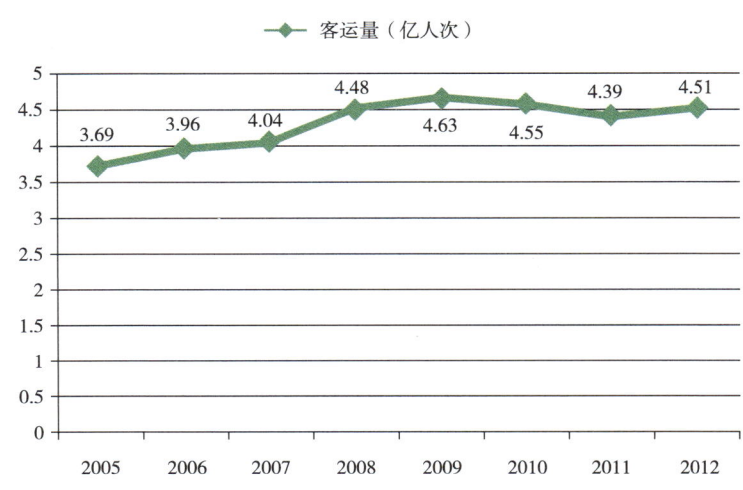

图28-9 2005~2012年宁波市六区公交客运量

（3）公交线网

2012年宁波市六区共有公交线路358条，通车的线路长度达到7847.6km。现状市六区平均每条公交线路长度为21km，超过20km的线路比重高达37%。线路长度过长已经成为现状宁波公交线网的突出特征之一。

现状市六区公交线路重复系数远高于规范要求的1.25～2.5，三江片（海曙区、江东区、江北区、鄞州区）重复系数达到10.5，镇海片重复系数为最低，但也已达到6.1。

现状市六区公交线路的非直线系数明显高于规范要求的线路非直线系数不宜大于1.4，其中非直线系数小于1.4的线路仅占到总数的34%，非直线系数在1.4～2.0之间的线路为51%，大于2.0的线路则达到了15%。

28.3 公交分担率与城市空间的关系

28.3.1 跨区出行的公交分担率

宁波是一个依托港口以发展外向型经济为主的沿海开放城市。目前宁波中心城共海曙、江东、江北、鄞州、北仑、镇海六个区，其中海曙、江东、江北已经形成紧密的三江片。因此考虑公交跨区出行情况主要分为四个大区：三江片、北仑、镇海、鄞州。跨区公交分担率指的是跨越行政区域的公交分担率。

（1）各区总体出行

各区域内部出行中，三江片公交分担率最高达到24.55%，其次为鄞州7.01%，北仑6.09%，镇海4.97%。公交出行量也是三江片出行量最大，鄞州次之，随后是北仑和镇海。三江片作为宁波市活力最强的城市中心，拥有最高的公交分担率和公交出行量。鄞州作为新兴的城市片区，也拥有较高的公交出量，但是它内部公交分担率仍有待提高。镇海区内部出行公交分担率和公交出行量皆最低，与它工业为主的用地性质相呼应（表28-5，图28-10）。

2012年宁波市区分区内部和跨区公交分担率及出行量　　　　表28-5

	内部出行比例	内部出行量（人次/日）	外部出行比例	跨区出行量（人次/日）
北仑	6.09%	61812	22.09%	58044
镇海	4.97%	25336	24.17%	81591
三江片	24.55%	419040	29.86%	341272
鄞州	7.01%	108097	29.02%	274074

各区域对外出行中，公交分担率皆保持在20%～30%之间，公交作为居民跨区出行的主要纽带，有效地加强了宁波市各片区之间的联系。三江片和鄞州对外出行公交分担率皆超过

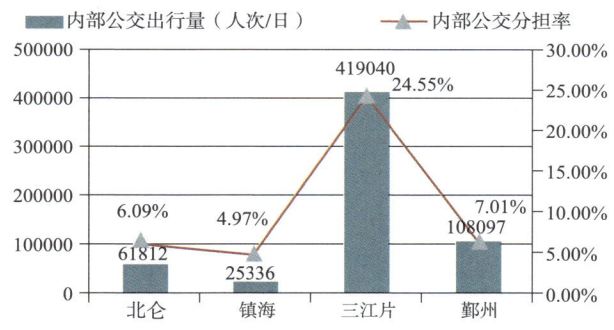

图28-10 2012年宁波市区分区内部公交分担率及出行量

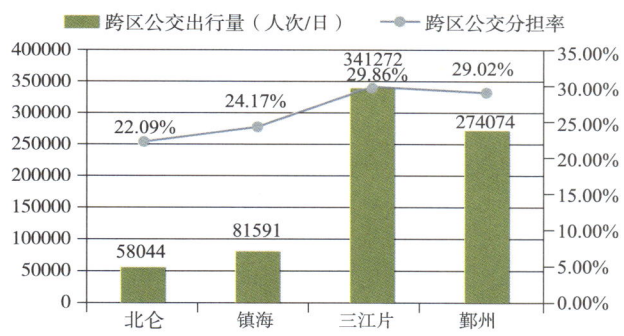

图28-11 2012年宁波市区分区跨区公交分担率及出行量

图28-12 2012年三江片跨区公交分担率及出行量

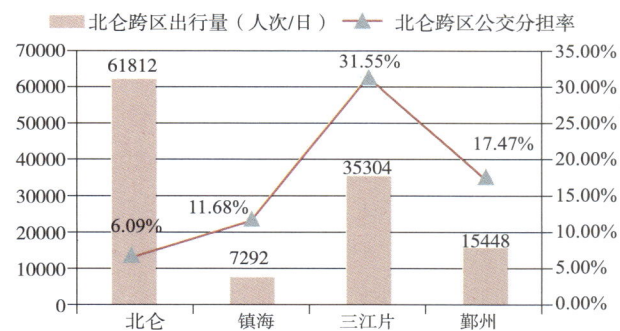

图28-13 2012年北仑跨区公交分担率及出行量

了29%。鄞州区作为城市副中心，它与各区的联系十分紧密，跨区公交出行量仅次于三江片（图28-11）。

(2) 三江片公交出行

三江片与其他区域出行中，与鄞州区的公交出行量最大，其次为镇海、北仑；三江片跨区公交分担率皆超过了24%，表明相对于其他区域，三江片具有更为完善的公交网络（图28-12）。

(3) 北仑区公交出行

北仑区与其他区域的出行中，与三江片公交分担率最高，与另外两个区域的公交分担率和出行量均较低，充分体现了三江片强中心的特点（图28-13）。

(4) 镇海区公交出行

镇海区与其他区域出行中，与鄞州区的日公交出行量13478人次，虽然仅为与三江片公交出行量的1/4，但是与鄞州的公交分担率（26.91%）接近与三江片的公交分担率（27.02%）。鄞州区的大量商务、办公岗位，吸引着镇海区居民的就业和公交出行（图28-14）。

(5) 鄞州区公交出行

鄞州与镇海的跨区公交分担率为26.91%，鄞州与北仑的跨区公交分担率为17.47%，

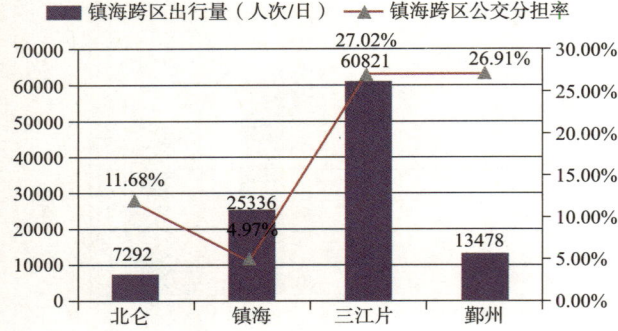
图28-14 2012年镇海跨区公交分担率及出行量

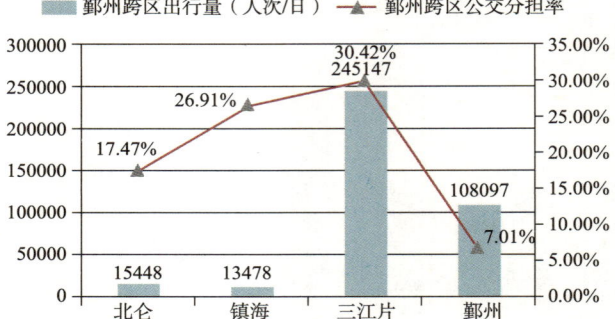
图28-15 2012年鄞州跨区公交分担率及出行量

鄞州作为宁波新兴的区域，商务、外贸发展迅猛，吸引了大量北仑和镇海的人流（图28-15）。

鄞州区与镇海区之间公交分担率（26.91%），略低于他们与三江片之间的公交分担率，高于他们与北仑之间的公交分担率。鉴于鄞州区面积较大，镇海区内城市开发的进程不一致，将鄞州以甬台温铁路为界分为鄞州北和鄞州南；将镇海区以绕城高速和铁路货运北环线为界线分为镇海老城、镇海新城、镇海高教北（图28-16）。

镇海老城公交出行量与鄞州北仅为375人次/日，与鄞州南为1716人次/日。镇海老城与鄞州两个区域的公交分担率较低，仅保持在13%左右。镇海老城与鄞州区的现状公交联系有限（图28-17）。

镇海新城与鄞州北的公交出行量为1553人次/日，与鄞州南的公交出行量为5544人次/日。镇海新城与鄞州北的公交分担率达到了53.5%，与鄞州南的公交分担率为40.70%。镇海新城与鄞州两个区的公交联系远高于镇海其他组团与鄞州的公交联系。镇海新城大量居住人口与

图28-16 镇海和鄞州组团图

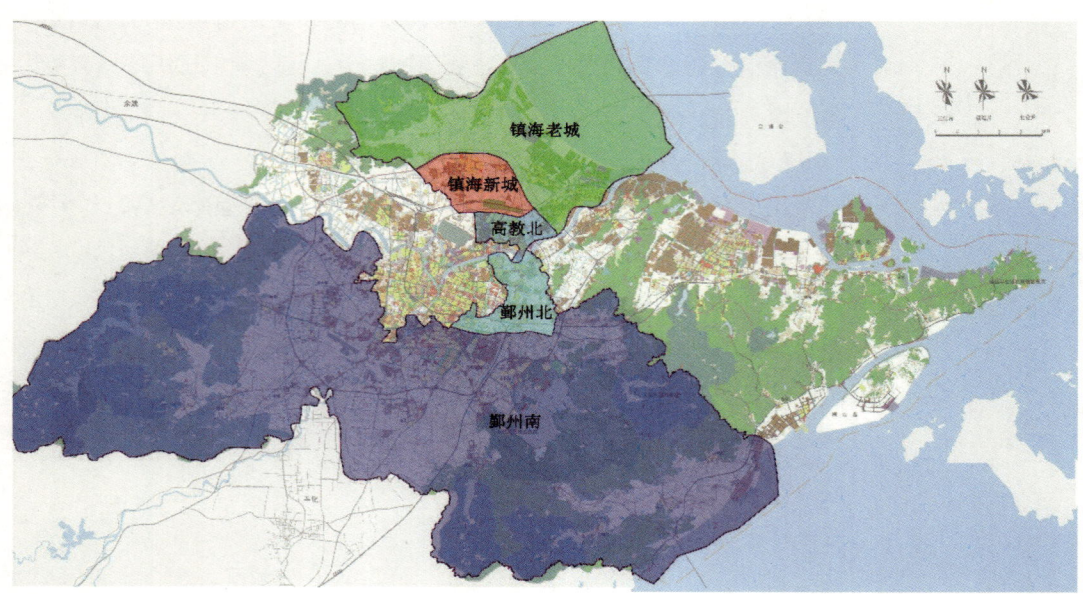

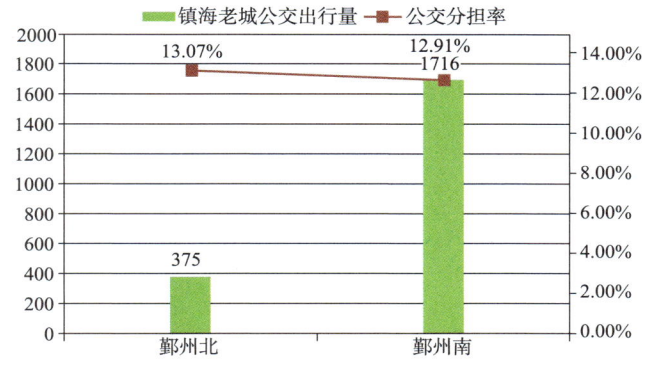

图28-17 2012年镇海老城公交分担率及出行量

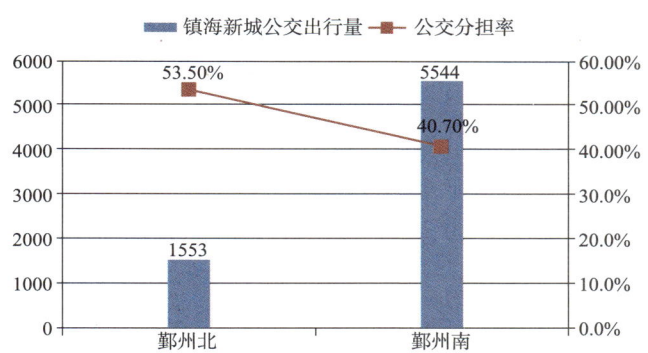

图28-18 2012年镇海新城公交分担率及出行量

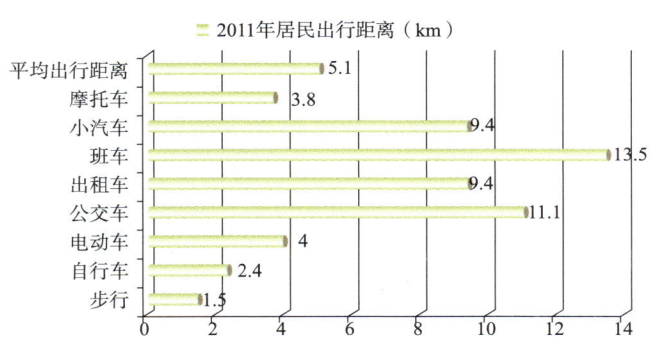

图28-19 宁波市各交通方式出行距离调查

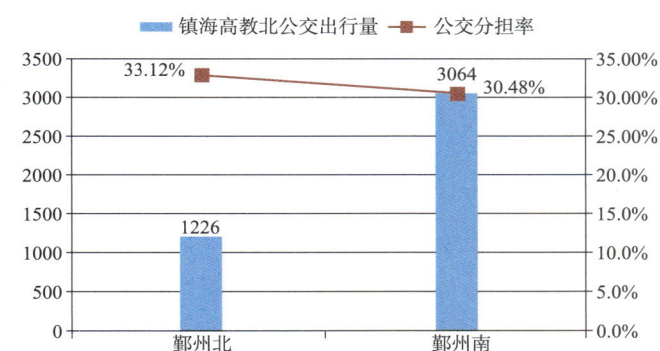

图28-20 2012年镇海高教北公交分担率及出行量

鄞州两个区的就业岗位，主要通过公共交通来联系（图28-18）。

镇海新城与鄞州北的公交分担率较高也与他们的出行距离最适合公交出行紧密联系。镇海新城与鄞州北的公交出行距离为12km，与鄞州南的公交出行距离为21.8km（图28-19）。

镇海高教北与鄞州北的公交出行量为1226人次/日，与鄞州南的公交出行量为3064人次/日。镇海高教北与鄞州北的公交分担率达到了33.12%，与鄞州南的公交分担率为30.48%。镇海高教北相对于镇海另外两个区域距离鄞州更近，它与鄞州两个区的公交联系高于镇海老城，低于镇海新城（图28-20）。

鄞州北与镇海的公交出行量，以镇海新城最高1553人次/日，镇海高教北次之1226人次/日，镇海老城最低375人次/日。鄞州北与镇海三个区的公交分担率也与公交出行量保持相同的趋势，由镇海新城的53.5%、镇海高教北的33.12%、镇海老城的13.07%依次降低（图28-21）。

鄞州南与镇海的公交出行量，以镇海新城最高5544人次/日，镇海高教北次之3064人次/日，镇海老城最低1716人次/日。鄞州南与镇海三个区的公交分担率由镇海老城的12.91%、镇海高教北的30.48%、镇海新城的40.70%依次升高（图28-22，表28-6，表28-7）。

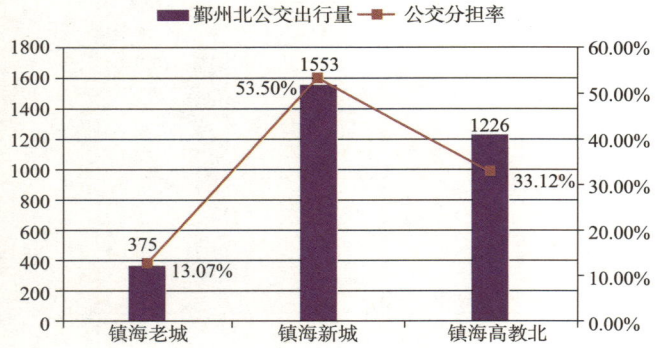
图28-21 2012年鄞州北公交分担率及出行量

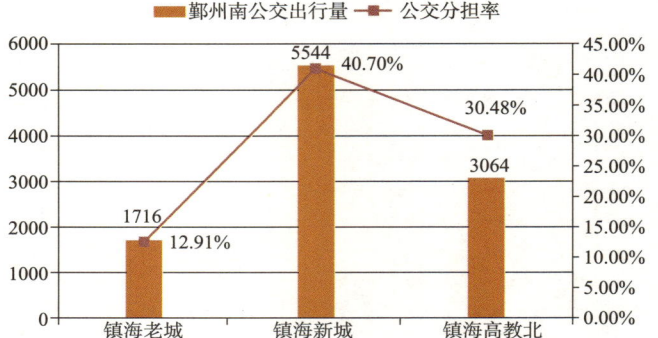
图28-22 2012年鄞州南公交分担率及出行量

2012年宁波市区跨区出行公交分担率　　　　　　　　　　表28-6

	北仑	镇海	三江片	鄞州
北仑	6.09%	11.68%	31.55%	17.47%
镇海	11.68%	4.97%	27.02%	26.91%
三江片	31.55%	27.02%	24.55%	30.42%
鄞州	17.47%	26.91%	30.42%	7.01%

2012年宁波市区跨区出行公交出行量　　　　　　　　　　表28-7

	北仑	镇海	三江片	鄞州
北仑	61812	3871	17185	7644
镇海	3421	25336	29554	6781
三江片	18119	31267	419040	124819
鄞州	7804	6697	120328	108097

各区域内部出行中，公交分担率三江片最高达24.55%，其次为鄞州7.01%，北仑6.09%，镇海4.97%，公交出行量与公交分担率保持着相同的趋势。最高的公交分担率和公交出行量奠定了三江片作为宁波最强活力的城市中心；鄞州作为新兴的城市片区内部公交分担率仍有待提高。

跨区出行中，四个片区的公交分担率均超过了22%，三江片和鄞州区跨区公交分担率最高皆超过了29%，这两个组团的公共交通设施相对北仑、镇海更加完善。

镇海区和鄞州区的公交分担率达到了26.91%，通过细化这两个大区域。镇海区与鄞州南的公交出行量最大10324人次/日，镇海区与鄞州北出行距离最适宜公共交通，因此他们的公交分担率达到33%。

28.3.2 过江及跨铁路出行的公交分担率

宁波是典型的江南水乡城市，主城区河网分布密集，奉化江、余姚江、甬江将宁波市主城区分为海曙、江东、江北三个区域。过江问题一直成为宁波主城区三个组团之间交通联系的瓶颈。现状奉化江上主要有8座桥梁，余姚江上有8座桥梁、甬江上有7座桥梁。

（1）跨江桥梁公交出行总体情况

各跨江桥梁上公交与小汽车出行比例之和，平均保持在70%。在跨江出行中，公交与小汽车保持着相互竞争的趋势，两者此消彼长。因此加强跨江的公交出行可以有效地抑制小汽车的增长。

三江上桥梁公交分担率由核心区35.4%，向内城区20.6%、外围区16.3%，逐渐递减，城市公交服务水平也随着中心向外递减（图28-23，表28-8）。

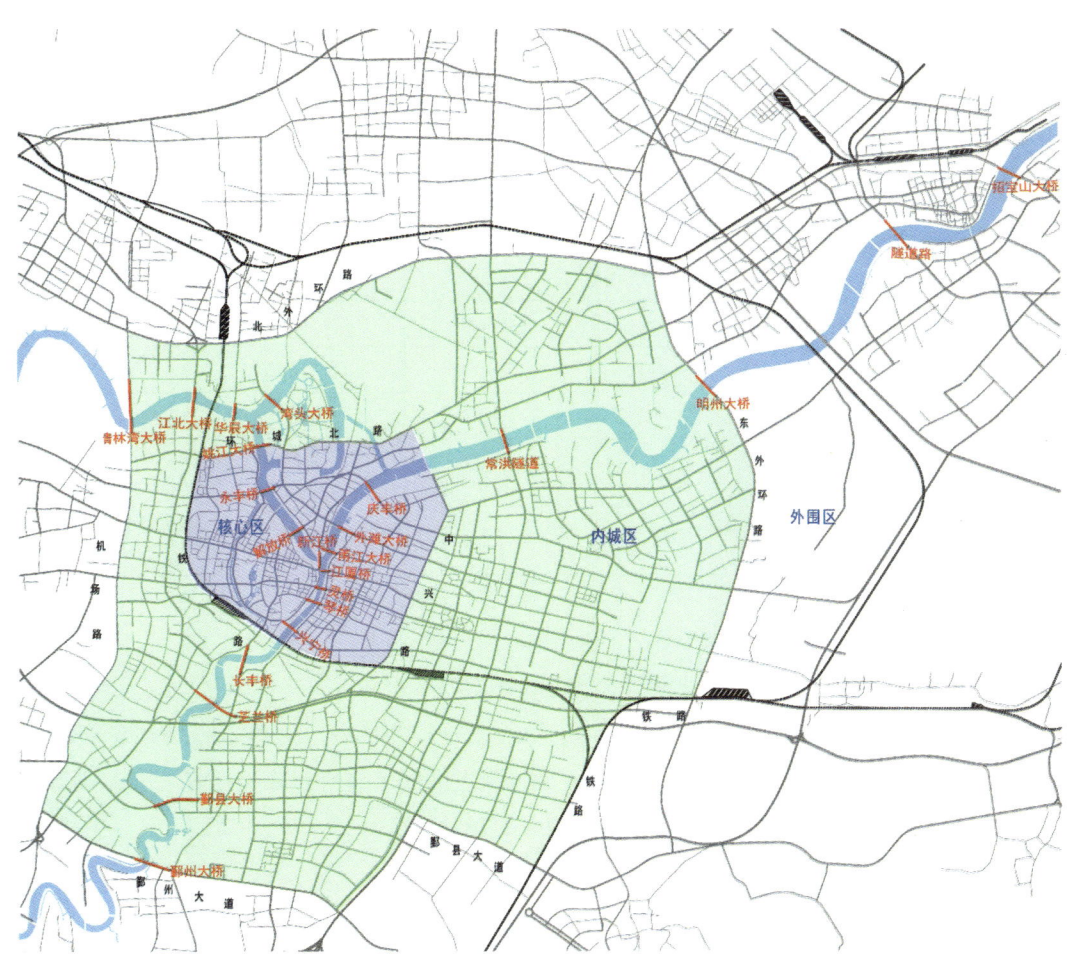

图28-23 2012年跨江桥梁及铁路分布

各片区间公交分担率　　　　　　　　　　表28-8

	北仑	镇海	江北	江东	海曙	鄞州
北仑	6.09%	12.19%	25.50%	29.65%	36.95%	17.68%
镇海	11.15%	4.97%	17.17%	31.05%	39.39%	27.40%
江北	24.89%	17.83%	11.00%	34.74%	31.14%	30.71%
江东	30.15%	33.33%	35.68%	21.34%	37.50%	30.96%
海曙	37.70%	40.20%	31.10%	36.84%	21.03%	29.80%
鄞州	17.27%	26.43%	31.40%	29.74%	30.74%	7.01%

（2）跨奉化江桥梁公交出行情况

奉化江上桥梁公交平均分担率保持在31%，公交分担率呈现出由核心区向内城区递减的趋势，在核心区范围内四座桥梁公交配建分担率为48.1%，内城区范围内四座桥梁公交平均分担率仅为13.9%。

奉化江上核心区范围内桥梁主要联系海曙区和江东区，跨江桥梁上公交分担率高于海曙区和江东区间的公交分担率37.17%，可见核心区的桥梁有效地支撑了两个区域间的公共交通联系。奉化江上内城区范围内桥梁主要联系海曙区和鄞州区，跨江桥梁上公交分担率低于海曙区和鄞州区间的公交分担率30.27%，可见两个区之间的现状公共交通直接联系较差，公交线路绕行较多（表28-9，图28-24）。

2012年跨奉化江出行公交比例　　　　表28-9

桥梁	公交（西岸）	公交（东岸）	公交+私家车（西岸）	公交+私家车（东岸）	公交线路（条）
江厦桥	47.2%	54.2%	68.9%	71.3%	23
灵桥	51.6%	45.5%	69.7%	67.9%	13
琴桥	41.3%	40.8%	75.8%	77.2%	11
兴宁桥	53.9%	50.1%	70.9%	69.0%	23
长丰桥	0.0%	0.0%	70.2%	71.1%	0
芝兰桥	6.4%	7.0%	64.3%	64.6%	2
鄞县大桥	38.7%	41.7%	75.9%	76.9%	15
鄞州大桥	9.3%	7.9%	55.6%	55.9%	1

（3）跨余姚江桥梁公交出行情况

余姚江上桥梁公交平均分担率保持在30.5%，除了湾头大桥和清林湾大桥公交分担率较低外，其他桥梁皆有5条及以上的公交线路。余姚江上桥梁主要联系海曙区和江北区，过江桥梁的公交分担率与两个区域之间的公交分担率31.12%相近，桥梁较好地联系了两个区域间的公交出行（表28-10，图28-25）。

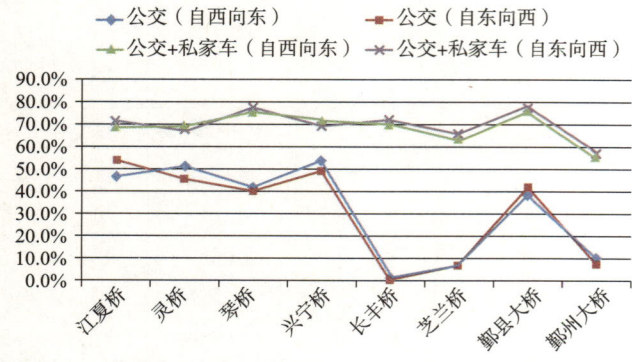

图28-24　2012年跨奉化江出行公交比例

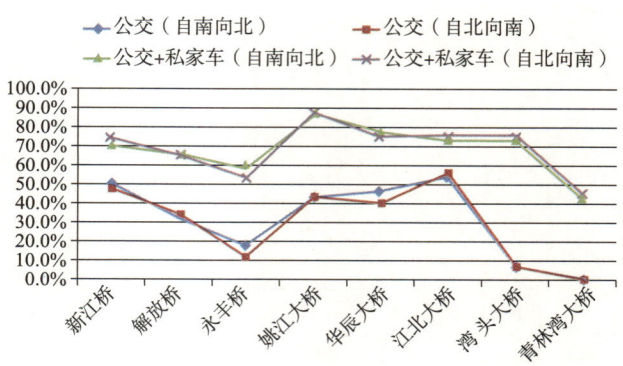

图28-25　2012年跨余姚江出行公交比例

2012年跨余姚江出行公交比例 表28-10

桥梁	公交（南岸）	公交（北岸）	公交+私家车（南岸）	公交+私家车（北岸）	公交线路（条）
新江桥	49.5%	47.7%	70.6%	74.5%	9
解放桥	32.5%	34.6%	65.8%	65.0%	12
永丰桥	16.9%	10.8%	59.3%	53.2%	5
姚江大桥	43.1%	44.6%	87.3%	87.8%	8
华辰大桥	45.8%	39.1%	76.5%	74.9%	6
江北大桥	54.7%	57.4%	73.5%	75.4%	13
湾头大桥	5.6%	5.9%	74.5%	75.4%	2
青林湾大桥	0.0%	0.0%	43.9%	44.7%	0

（4）跨甬江桥梁公交出行情况

甬江上桥梁公交分担率仅19.5%，远远低于奉化江和余姚江上桥梁公交分担率。而且由核心区至内城区、外围区，桥梁上的公交分担率并没有明显的降低的趋势。

甬江上，核心区和内城区范围内的桥梁主要联系江北区和江东区，他们的公交平均分担率为25.9%，低于江东和江北区的公交分担率35.21%，说明两个区域之间的公交联系存在较大的绕行。从前面的奉化江上桥梁数据可以分析，江东区和江北区之间的公交有较大部分从海曙区绕行，进而导致江东和江北区直接联系受到影响，同时也增加了公交线路的非直线系数（表28-11，图28-26）。

2012年跨甬江出行公交比例 表28-11

桥梁	公交（南岸）	公交（北岸）	公交+私家车（南岸）	公交+私家车（北岸）	公交线路（条）
甬江大桥	34.0%	38.4%	83.5%	83.0%	6
外滩大桥	0.0%	0.0%	73.5%	72.4%	0
庆丰桥	23.1%	18.6%	74.3%	73.9%	3
常洪隧道	47.9%	45.2%	80.6%	80.6%	8
明州大桥	0.0%	0.0%	87.3%	87.8%	0
隧道路	12.6%	13.7%	67.3%	65.2%	1
招宝山大桥	20.0%	19.3%	74.9%	74.0%	2

目前奉化江上的长丰桥，余姚江上的青林湾大桥，甬江上的外滩大桥和明州大桥都没有开通过公交线路，不利于宁波市市区各片区间的公交联系。建议未来年增加公交线路，提高公交分担率，改善过江瓶颈情况，引导居民集约化出行。

（5）跨铁路公交出行情况

跨铁路的公交平均分担率为34%，略高于鄞州与江东区间的公交分担率30.35%，高于跨江桥梁公交平均分担率，可见鄞州与宁波核心区的联系日益紧密。

从图表中可以发现跨铁路出行中公交与小汽车的出行比例之和保持在77%左右，两者也存在着此强彼弱的强竞争关系（表28-12，图28-27）。

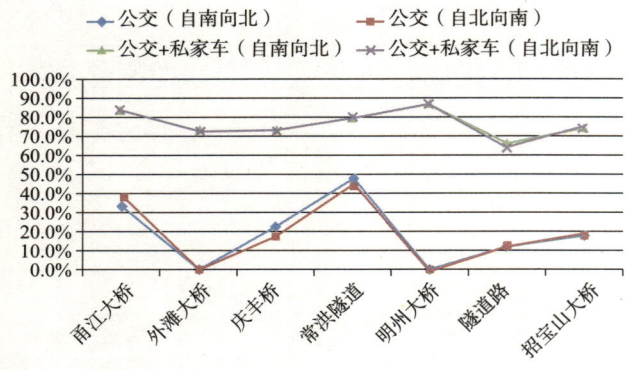

图28-26 2012年跨甬江出行公交比例

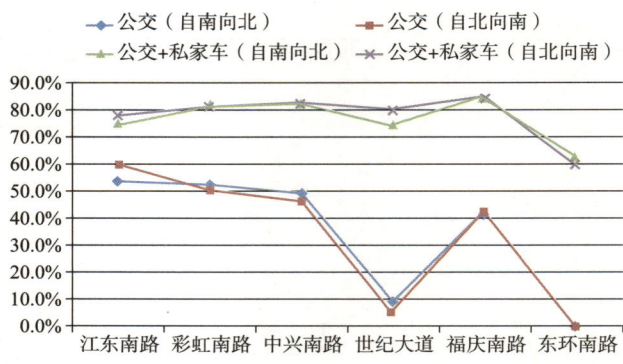

图28-27 2012年跨铁路公交出行比例

2012年跨铁路出行公交比例　　　　表28-12

道路	公交（南岸）	公交（北岸）	公交+私家车（南岸）	公交+私家车（北岸）	公交线路（条）
江东南路	53.8%	59.3%	75.3%	78.0%	15
彩虹南路	52.3%	50.1%	81.5%	81.0%	16
中兴南路	49.2%	46.8%	82.3%	82.2%	8
世纪大道	9.0%	5.1%	74.7%	79.2%	2
福庆南路	41.7%	42.7%	84.5%	84.1%	8
东环南路	0.0%	0.0%	63.1%	59.6%	0

跨江桥梁公交平均分担率为27.3%，并且呈现由核心区向内城区，外围区逐步递减的趋势。各跨江桥梁上公交与小汽车出行比例之和，平均保持在70%，两者间存在强竞争关系。江北区与江东区之间的公交线路，经海曙区绕行较多，建议调整相关公交线路。建议开通长丰桥、青林湾大桥、外滩大桥、明州大桥上公交线路，引导公交出行。跨铁路出行中公交与小汽车的出行比例之和保持在77%左右，两者也存在着此强彼弱的强竞争关系。

28.3.3 跨高速出行的公交分担率

跨高速指的是跨越绕城高速。本节主要研究主城区、北仑区、镇海区，绕城高速内外的公交分担率。

区域内公交分担率指的是行政区域内各分区的公交分担率（图28-28）。

（1）绕城高速内三个区域公交分担率

现状北仑绕城以内公交出行比例47.39%，镇海绕城以内公交出行比例35.59%，主城区绕城以内公交出行比例最低22.31%。公交出行比例与出行距离息息相关，平均出行距离太小，公交竞争力有限。主城区绕城以内公交平均出行距离仅有8.6km，相当于北仑绕城以内公交出行距离32.6km的26%，镇海绕城以内公交出行距离20.26km的42%。虽然主城区绕城以内，公交分担率较低，但是出行量最大，高达58万人次/日（表28-29，图28-30）。

图28-28 2012年现状高速分布

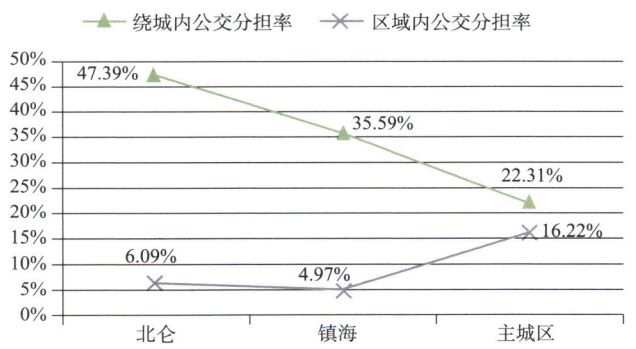

图28-29 2012年宁波市各区绕城内及区域内公交分担率

图28-30 2012年绕城高速内外公交出行距离和分担率

三个片区绕城以内公交分担率皆高于它们的片区内部公交分担率。反映城市发展仍然呈现以高速公路为明显边界，高速内外发展不均衡的现象。尤其以北仑、镇海为典型代表，绕城内公交分担率是片区公交分担率的8~9倍，可以学习重庆、南宁等城市经验，将部分高速公路改为城市快速路，并在上面通行公共交通，减小其对城市的分割效应，填补公交盲区，增加公交覆盖率。

（2）跨绕城高速三个区域公交分担率

北仑、镇海、主城区绕城以外公交出行比例皆大于30%，平均出行距离保持在21.76~30.18km之间，可见在跨绕城高速出行中各区域公交出行比例差距不大。绕城外各片区出行量也基本保持均衡。

三个片区绕城以外公交分担率皆高于它们的跨区公交分担率，主要是由于镇海和北仑的城市核心主要分布在绕城高速外导致的。未来年镇海新城将会加快开发建设的进程，镇海区跨越绕城高速的出行比例将会增加，在规划中应该加强镇海新城的公共交通设施布设（图28-31，表28-13）。

2012年跨高速出行公交比例　　　　　　　　　　　　表28-13

区域	出行量（人次）	平均出行距离（km）	出行比例
北仑（绕城内）	82907	32.60	47.39%
镇海（绕城内）	78282	20.26	35.59%
主城区（绕城内）	5824436	8.60	22.31%
北仑（绕城外）	136356	30.18	38.85%
镇海（绕城外）	118298	22.04	33.37%
主城区（绕城外）	149681	21.76	35.61%

绕城高速以内公交分担率，主城区最小、镇海区次之，北仑区最高，这与他们的公交出行距离成反比；但是公交出行量主城区最大。跨绕城高速出行，三个片区公交分担率和公交出行量皆相近，绕城内各区开发强度相差不大。

28.3.4 高速内各组团公交分担率

为了更好地研究未来年绕城内各城市组团的交通情况，本节部分将考虑行政区划，铁路、河流、高速等分割的影响，将中心城绕城内区域划分为8个组团：三江口、东部新城（含高新区）、庄桥—高桥北、姚江新城、鄞州新城、集士港—古林、高桥—镇海新城。

高速内各组团公交分担率指的是绕城高速内部各个组团的公交分担率（图28-32）。

（1）绕城内各组团总体出行

绕城内各组团公交出行量三江口（134684人次/日）最高，江东—东部新城（52776人次/日）、鄞州新城（32610人次/日）次之，高桥、姚江新城、庄桥—高教北、镇海新城等组团依

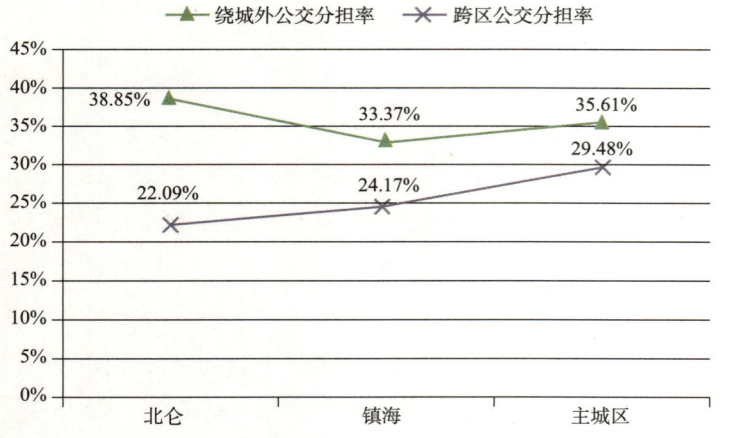

图28-31 2012年宁波市各区绕城外及跨区公交分担率

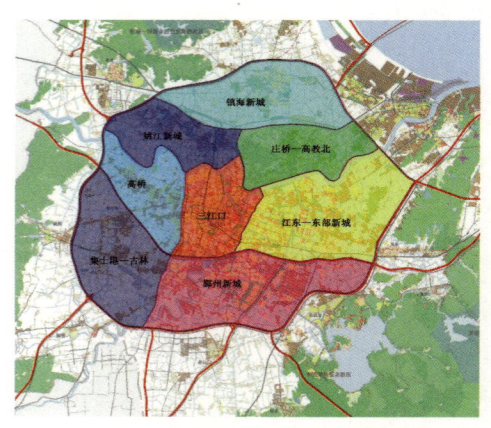

图28-32 绕城高速内各组团分布

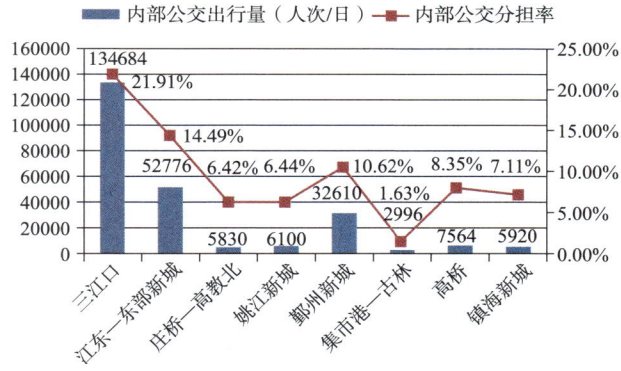

图28-33 2012年绕城内各组团内部公交分担率及出行量

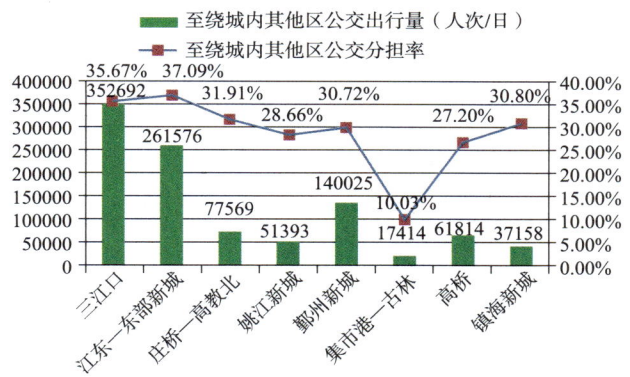

图28-34 2012年绕城内各组团与其他组团公交分担率及出行量

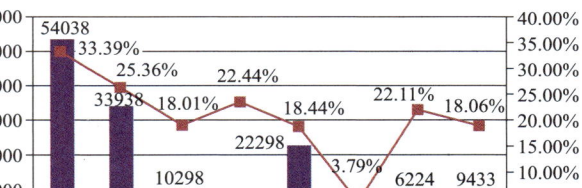

图28-35 2012年绕城内各组团跨高速公交分担率及出行量

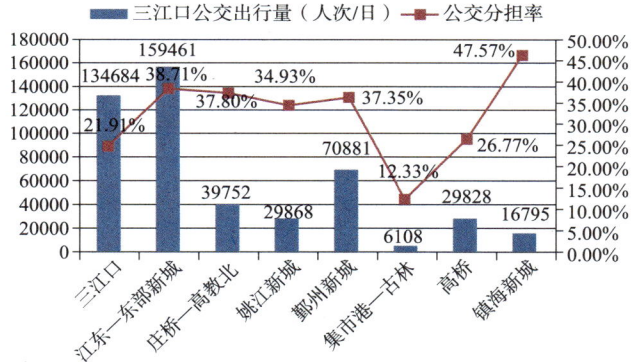

图28-36 2012年三江口公交分担率及出行量

次降低，集士港—古林最低。仅三江口、江东—东部新城、鄞州新城三个组团公交分担率高于10%；其他组团内部公交分担率均较低。集士港—古林组团内部公交分担率仅1.63%，整个组团目前开发程度较低，以城乡交通为主，组团内部公交联系较弱（图28-33）。

绕城内各组团至绕城内其他区公交出行量以三江口（352697人次/日）最高，江东—东部新城（261576人次/日）和鄞州新城（140025人次/日）次之，其他组团相对于这三个组团则较低。绕城内各组团至绕城内其他区公交分担率除集士港—古林外，其他组团均超过27%。集士港—古林组团至绕城内其他区公交分担率仅10.03%，组团现状常规公交线路较少，同时并没有开通大中运量公共交通系统，现状组团内部出行以电动自行车为主、小汽车为辅，建议在相关规划中加强组团对外的公共交通系统（图28-34）。

绕城内各组团跨高速出行，公交出行量以三江口、东部新城、鄞州新城、高桥最高，公交分担率保持在22.00%~33.39%之间（图28-35）。

（2）三江口公交出行

三江口至各组团公交出行量，以江东—东部新城和鄞州新城为最，分别达到159461人次/日和70881人次/日，其他区域次之。三江片与各组团的公交分担率，与镇海新城最高达到47.57%，与江东—东部新城、庄桥—高教北、姚江新城、鄞州新城等组团的公交分担率均保持在30%~40%，与高桥、集士港—古林组团公交分担率相对较低。三江口作为宁波城市主中心聚集着大量的居住和就业人口，同时也拥有最发达的公交系统，支撑着它与其他组团密切的公交联系（图28-36）。

（3）江东—东部新城公交出行

江东—东部新城组团由江东区的东片和东部新城组成。组团与三江口和鄞州新城公交出行量最高，分别达到159461人次/日和43539人次/日。东部新城与各组团公交分担率均超过了25%，与镇海新城的分担率达到了50.42%，与高桥、姚江新城的公交分担率皆超过了40%，与三江口、高教北、鄞州新城的公交分担率皆超过了30%。现状江东—东部新城与鄞州新城的公交出行量和公交分担率均较高，建议规划年加强两个组团之间的公交直接联系（图28-37）。

（4）庄桥—高教北公交出行

庄桥—高教北与各组团公交出行量，与三江口、江东—东部新城、鄞州新城三大城市级中心保持着最高的量，尤其是与宁波最成熟的三江口，公交出行量达到了39752人次/日。值得注意的是，庄桥—高教北与镇海新城，由于地理位置上相隔较近，他们的公交出行量也达到了3893人次/日。庄桥—高教北与各组团公交分担率，鄞州新城最高39.30%，三江口、江东—东部新城、高桥次之。庄桥—高桥北公交出行与三江口、江东—东部新城、鄞州新城联系紧密（图28-38）。

（5）姚江新城公交出行

姚江新城与绕城内各组团公交出行量，三江口最高29868人次/日，是与东部新城公交出行量的3倍，与鄞州新城的4倍。姚江新城与绕城内各组团公交分担率，与江东—东部新城为41.46%，与三江口和鄞州新城为35%左右。现在姚江新城与高桥的公交分担率为28.36%，公交出行量为3273人次/日，在未来几年，两个组团的联系将会更加紧密，建议考虑两个组团间的大容量公交出行（图28-39）。

（6）鄞州新城公交出行

鄞州新城与三江口、江东—东部新城拥有最大的公交出行量，70881人次/日和43539人次/日。鄞州新城与镇海新城之间公交分担率达到45.20%，其次为与庄桥—高桥北38.30%、三江口37.35%、姚江新城35.49%。结合前面几个组团的分析，鄞州新城、三江口、江东—东部新城三个城市级中心之间保持着较强的公交联系；镇海新城与鄞州新城之间公交出行比例较高，可以考虑在两个区域联系通道上布设公交优先设施（图28-40）。

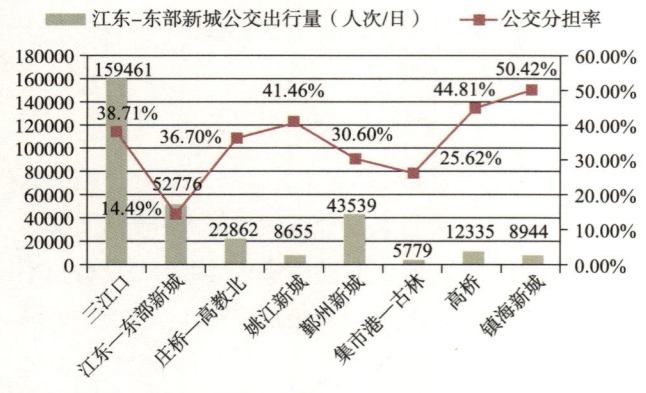

图28-37 2012年东部新城公交分担率及出行量

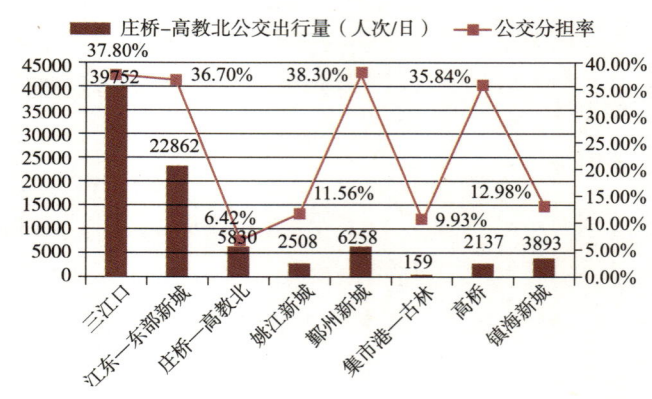

图28-38 2012年庄桥—高教北公交分担率及出行量

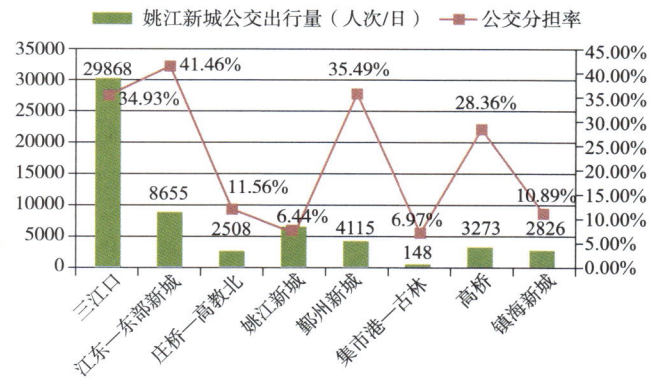

图28-39 2012年姚江新城公交分担率及出行量

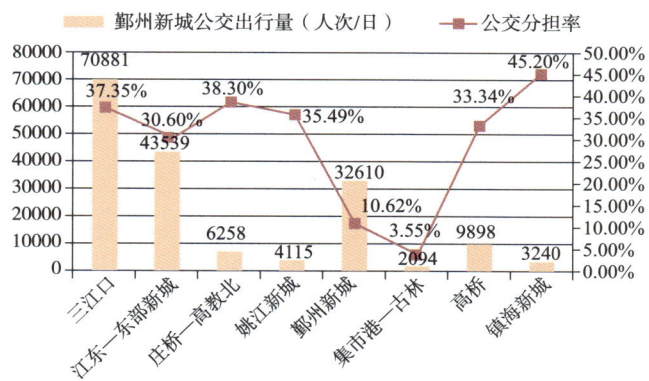

图28-40 2012年鄞州新城公交分担率及出行量

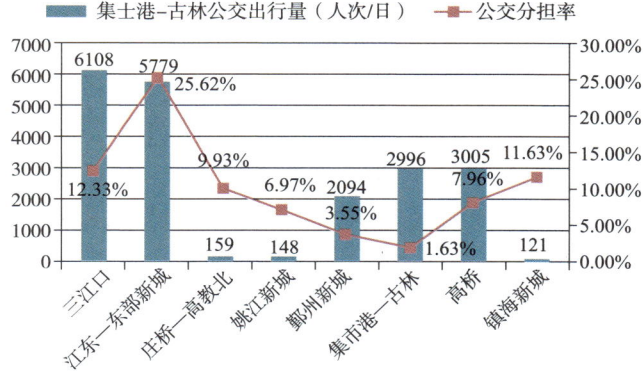

图28-41 2012年集士港—古林公交分担率及出行量

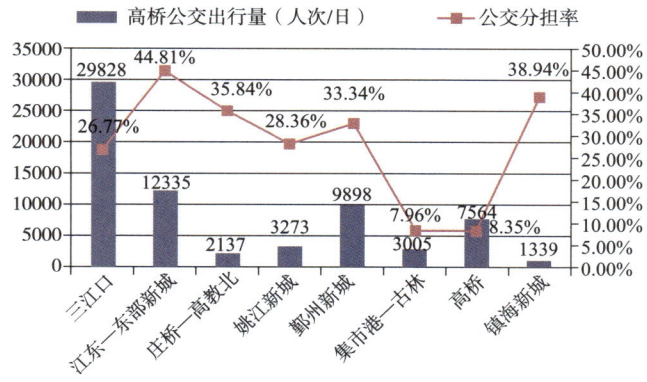

图28-42 2012年高桥公交分担率及出行量

（7）集士港—古林公交出行

集士港—古林组团位于绕城内西南角，它与三江口、江东—东部新城、高桥三个组团公交出行量最大，分别达到6108人次/日、5779人次/日、3005人次/日。集士港—古林与江东—东部新城公交分担率最高25.62%，其次为三江口12.33%，与其他组团的公交分担率均低于10%。集士港—古林组团缺少与绕城内其他组团的公交联系（图28-41）。

（8）高桥公交出行

高桥组团位于绕城内西片，与三江口组团以机场路分割，它与三江口的公交出行量达到29828人次/日，江东—东部新城12335人次/日和鄞州新城9898人次/日次之。高桥组团与镇海新城和江东—东部新城公交分担率出行比例均超过了38%。在未来几年的交通规划中，不仅要保证高桥与三江口之间的公交联系，还要优化其与江东—东部新城的公交快速联系（图28-42）。

（9）镇海新城公交出行

镇海新城位于绕城内东北角，现状镇海新城以居住用地为主，它与绕城内各组团的公交出行量由三江口、江东—东部新城、庄桥—高教北、鄞州新城、姚江新城、高桥、集士港—古林依次递减。镇海新城比其他7个组团的对外公交分担率都高，与三个组团的公交分担率都超过了40%。镇海新城作为新兴的以大型居住为主的组团，拥有大量的公交出行需求（图28-43）。

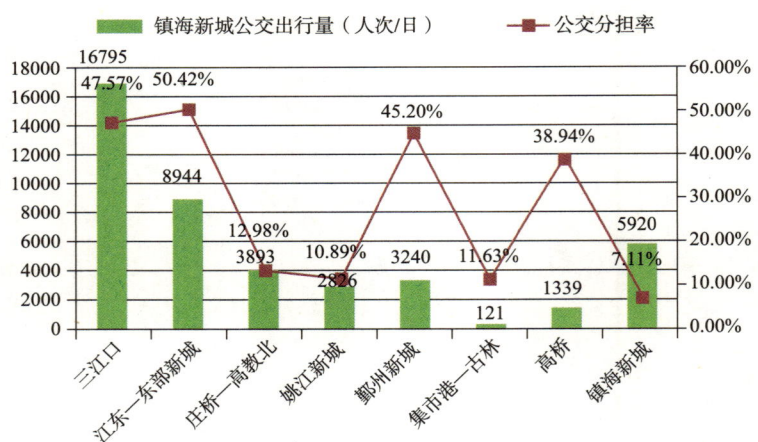

图28-43 2012年镇海新城公交分担率及出行量

通过对绕城内八个组团的公交出行情况分析，三江口、江东—东部新城、鄞州新城作为市级城市中心，拥有最高的公交出行量，吸引着其他区域的大量就业人口。绕城内相对外围的区域由于职住的不平衡，需要与三个市级中心有较强的公共交通联系，尤其是镇海新城。

高桥与姚江新城两个组团现状公交分担率已达到28.36%，未来年随着城西片区的统一开发，姚江新城、高桥、集士港—古林三个组团之间的公交联系将会更加密切。

姚江新城、庄桥—高教北两个组团与东部新城的公交出行量和公交分担率均较高，未来年建议加强三者之间的联系（建议姚江新城与江东—东部新城的公交联系，尽量避开交通相对拥堵的三江口，选择庄桥—高教北组团）。

江东—东部新城组团与鄞州新城的公交出行量和公交分担率均较高，建议增加两个组团之间轨道交通联系。

28.4 公交分担率与城市经济人口的关系

28.4.1 公交分担率与人口的关系

市六区中，海曙区和江东区户籍人口约占常住人口的75%左右，其他四个区比例为60%左右，北仑户籍人口比例最低为59%，公交分担率也最低为7.9%，暂住人口就近于工作地点周边选择居住场所，因此选择公交出行比例相对较低，可见，暂住人口比例相对高的地区公交分担率相对较低。

鄞州区常住人口最多，高达136.55万人，但公交分担率为12.1%，低于市六区的平均公交分担率，其次为北仑区常住人口，为64.26万，公交分担率在各区中最低，仅7.9%。主要是因为鄞州区和北仑区地域面积较大，乡镇公交服务水平相对较差，因此乡镇人口以其他出行方式为主，导致公交分担率相对其他区低。镇海区老城范围小，公交方式吸引力不高，新城人口以乡镇人口和暂住人口为主，公交服务水平较低，吸引力低，因此公交分担率不高，仅9.6%。而海曙区、江东区、江北区等老三区人口均为37万人左右，基本位于宁波中心城范围内，公交能提供较好的服务，因此公交分担率均高于20%，远高于市六区13.3%的平均公交分担率。

可见，宁波公交分担率与人口总量的关系不大，与人口的分布以及人口为户籍人口还是暂住人口有一定关联，但是关联程度不高（表28-14，图28-44）。

2012年宁波市区各区公交分担率与人口的关系   表28-14

	市六区	鄞州	海曙	江东	江北	北仑	镇海
户籍人口（万人）	226.11	83.12	29.88	27.92	24.11	38.3	22.76
常住人口（万人）	350.97	136.55	38.47	37.77	37.57	64.26	36.35
公交分担率（%）	13.3	12.1	28.3	28.4	20	7.9	9.6

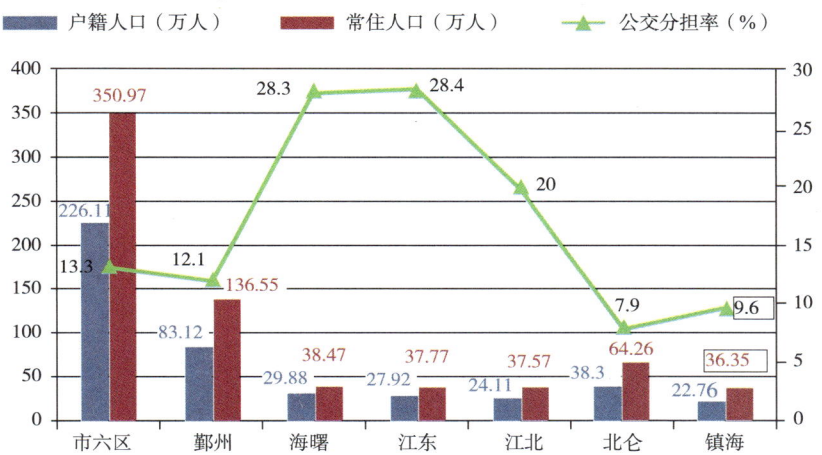

图28-44 2012年宁波市区各区公交分担率与人口的关系

28.4.2 公交分担率与地区生产总值的关系

鄞州区地区生产总值最高为1087.64亿元，北仑区其次，为671.09亿元，但公交分担率均处于六区中第4位和第6位，江北区地区生产总值最低，240.4亿元，公交分担率为20%，处于市六区水平之上。鄞州、北仑、镇海地区生产总值中，以工业为主。可见，产业工人往往借助助动车或自行车等交通方式，利用公交出行的比例相对较低，因此该三区公交分担率相对较低。海曙区生产总值为496.18亿元，在六区中位列第三，但公交分担率最高，海曙区中生产总值构成以第三产业为主，公交方式出行对第三产业人员吸引力较大，因此，公交分担率高。可见，公交分担率与地区生产总值关系不大，与地区生产总值的构成有一定关联。

海曙区与江东区常住人口人均生产总值最高，公交分担率也最高；江北区常住人口人均生产总值位列第六，但公交分担率位列第三；北仑区常住人口人均生产总值位列第三，但公交分担率位列第六。可见，公交分担率与人均地区生产总值关联并不大（表28-15，图28-45）。

2012年宁波市区各区公交分担率与人均地区生产总值的关系　　表28-15

	市六区	鄞州	海曙	江东	江北	北仑	镇海
生产总值（亿元）	3950.98	1087.64	496.18	399.5	240.4	671.09	305.55
其中：第一产业（亿元）	60.66	38.42		0.4	6	9.21	6.48
第二产业（亿元）	2050.92	680.55	81.72	147.1	87.8	410.77	166.29
第三产业（亿元）	1839.38	368.66	414.46	252	146.6	251.11	132.78
常住人口人均GDP（万元）	11.26	7.97	12.89	10.57	6.39	10.44	8.4
户籍人口人均GDP（万元）	17.52	13.15	16.57	14.3	9.97	18.94	16.18
公交分担率（%）	13.3	12.1	28.3	28.4	20	7.9	9.6

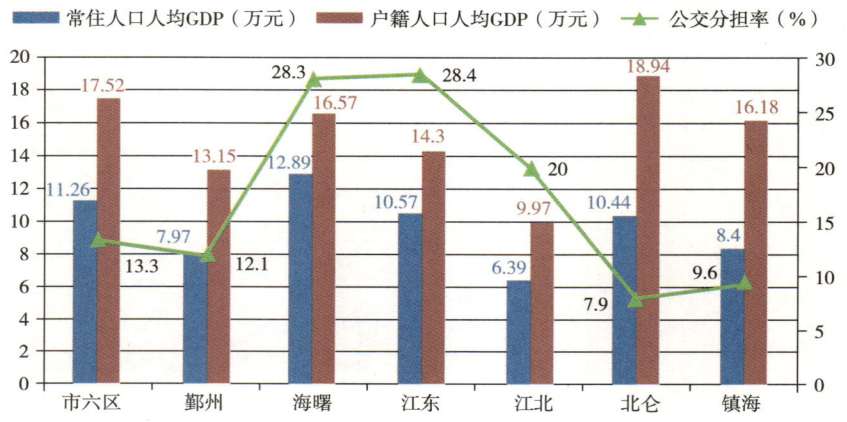

图28-45 2012年宁波市区各区公交分担率与人均地区生产总值的关系

28.4.3 公交分担率与人均可支配收入的关系

公交分担率与人均可支配收入存在密切的关系。根据2012年宁波市各区统计公报可知，鄞州区人均可支配收入最高，其次是镇海区、老三区和北仑区。而公交分担率最高为老三区、其次鄞州区、镇海区、北仑区。目前，宁波市各区现状人均可支配收入相差较小，但公交分担率差距较大，可见目前状况下宁波市六区之间公交分担率与人均可支配收入关系不大（表28-16，图28-46）。

2012年宁波市区各区公交分担率与人均可支配收入的关系　　表28-16

	老三区	北仑	镇海	鄞州
公交出行分担率（%）	19.6	7.9	9.6	12.1
人均可支配收入（元）	37902	37600	38219	40607

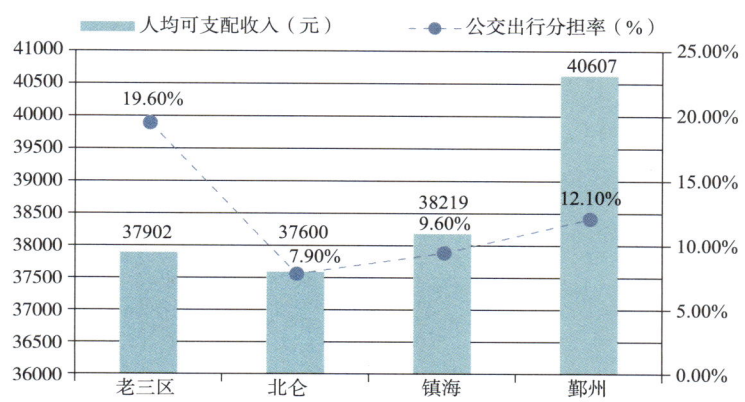

图28-46 2012年宁波市区各区公交分担率与人均可支配收入的关系

28.4.4 公交分担率与城市经济和人口拓展分析

分析发现2012年宁波市经济和人口与公交分担率联系较弱，但是综合参考相关文献和其他城市经验，公交分担率与人口和经济存在着一定的关系。因此本节将选取宁波，以及与宁波城市经济发展相近（温州、杭州、南京、苏州、常州）和超过宁波经济发展水平（北京、上海、广州、深圳）的共10个城市，横向分析公交分担率与城市经济和人口的关系，根据分析结果来引导宁波城市和公交系统的良性发展。在10个城市中仅有常州和温州尚未开通轨道交通。

（1）公交分担率与城市人口的关系

从调查的10个城市的人口数据分析来看，户籍人口和常住人口呈正相关，一般城市户籍人口越多，经济相对活跃，更能吸引较多的常住人口。从城市的公交分担率来看，公交分担率也与常住人口和户籍人口保持着正相关的关系，北京、上海、广州、深圳等城市常住人口均超过1000万，公交分担率也都保持在39%以上。人口越多城市交通压力也就越大，进而需要大容量的公共交通系统来支撑居民出行，北上广深四大城市也都拥有轨道系统，从而也保障了较高的公交分担率（图28-47）。

（2）公交分担率与城市经济的关系

调查的10个城市，国民生产总值以上海、北京、广州、深圳为最高，同样他们保持着最高的公交分担率；而与宁波政治地位相当的几个城市南京、杭州、苏州的国民生产总值较高，宁波、温州、常州较低。公交分担率同样与国民生产总值保持着较强的正相关（图28-48）。

深圳第一产业仅6亿元，但是公交分担率达到40.30%；南京的第一产业为203亿元，公交分担率达到27.30%，杭州的第一产业为115亿元，公交分担率为20.90%，第一产业与公交分担率的相互作用几乎可以忽略（图28-49）。

从常州、温州、宁波、杭州、苏州、南京、北京、广州、深圳、上海十个城市的第二产业呈逐步上升的趋势，公交分担率整体也呈上升的趋势，可见第二产业与公交分担率有着一定的正相关（图28-50）。

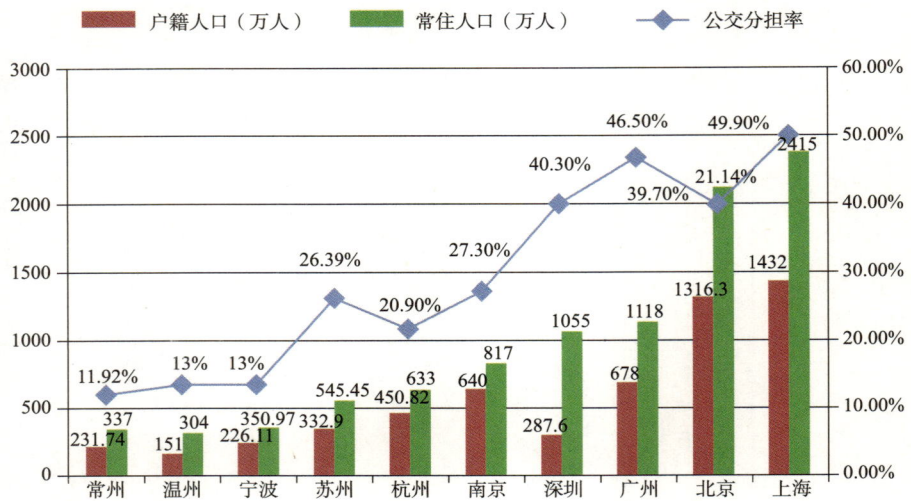

图28-47 公交分担率与人口的关系

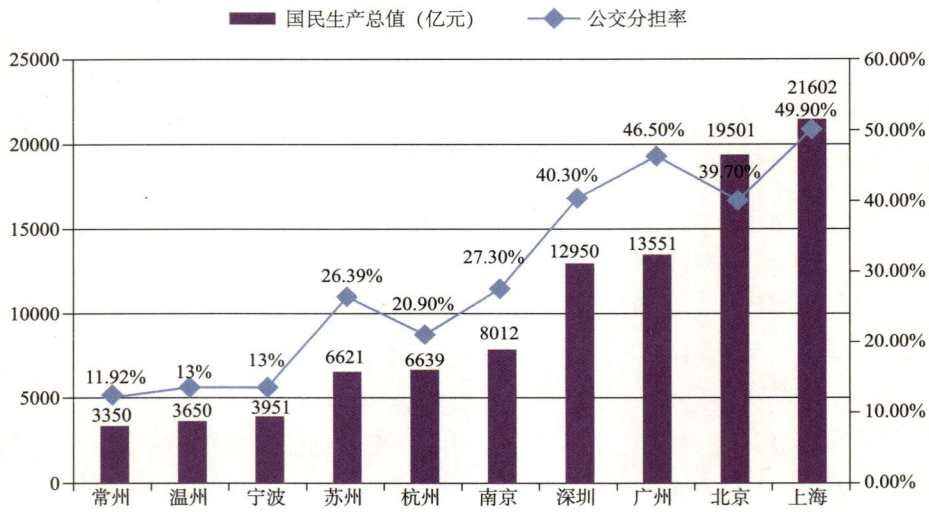

图28-48 公交分担率与国民生产总值的关系

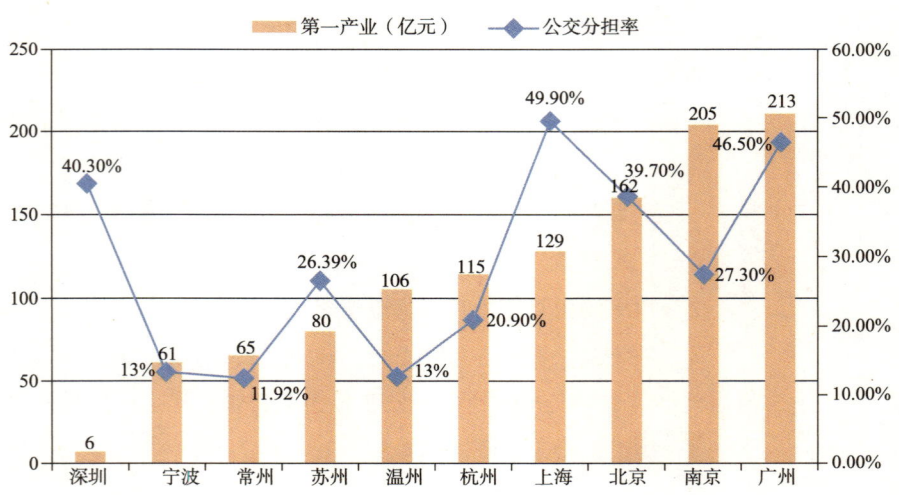

图28-49 公交分担率与第一产业的关系

图28-50 公交分担率与第二产业的关系

图28-51 公交分担率与第三产业的关系

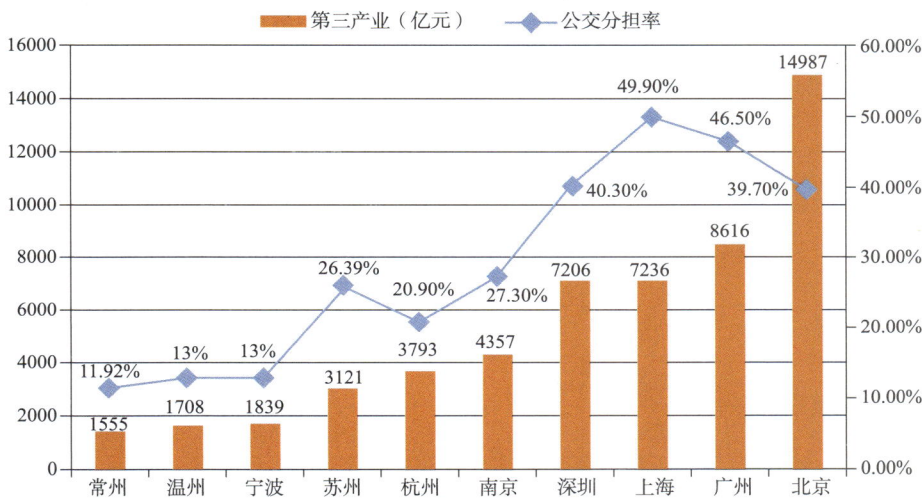

第三产业与公交分担率有着强烈的正相关。第三产业作为城市的服务业，人群相对其他两个产业流动性更强，从而也与公交分担率正相关性更强（图28-51）。

（3）公交分担率与人均可支配收入的关系

城市居民的可支配收入以上海最高（43851元/年），其次为苏州（41143元/年）、北京（40321元/年）、深圳（40742元/年）、南京（39881元/年）等城市，杭州、广州、宁波、温州、常州等城市人均可支配收入相对较低，但是都高于36000元/年。如图28-52所示，各城市人均可支配收入与公交分担率的关系可以看出，两者之间没有明显的正负相关性（表28-17）。

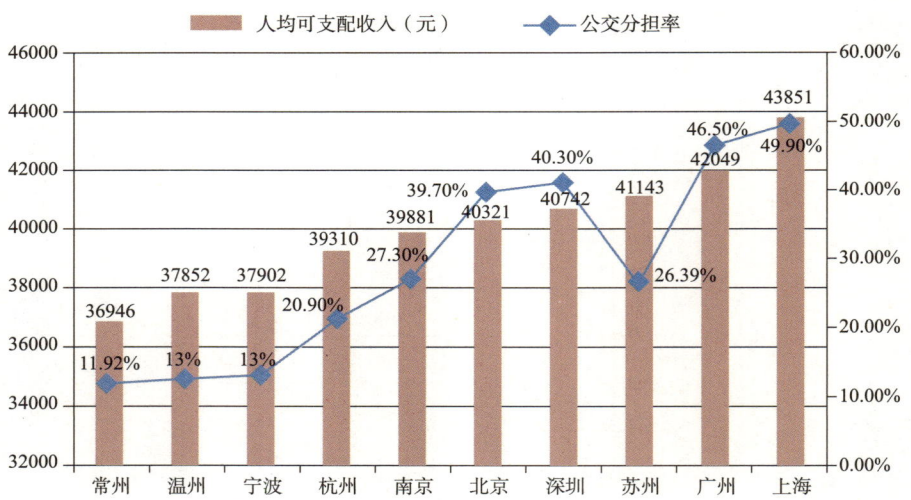

图28-52 公交分担率与年人均可支配收入的关系

公交分担率与城市特性的关系 表28-17

公交指标	宁波	温州	杭州	南京	苏州	常州	北京	广州	深圳	上海
公交分担率	13%	13%	20.90%	27.30%	26.39%	11.92%	39.70%	46.50%	40.30%	49.90%
户籍人口	226.11	151	450.82	640	332.9	231.74	1316.3	678	287.6	1432
常住人口	350.97	304	633	817	545.45	337	2114.8	1118	1055	2415
GDP	3951	3650	6639	8012	6621	3350	19501	13551	12950	21602
第一产业	61	106	115	205	80	65	162	213	6	129
第二产业	2051	1836	2732	3451	3420	1729	4352	4720	5738	8028
第三产业	1839	1708	3793	4357	3121	1555	14987	8616	7206	7236
人均可支配收入	37902	37852	39310	39881	41143	36946	40321	42049	40742	43851

分析10个城市公交分担率与城市人口、经济、人均可支配收入三方面的关系可以发现：城市人口与公交分担率呈正相关；国民生产总值、第二、三产业与公交分担率呈较强的正相关；人均可支配收入与公交分担率相关性不大。

28.5 公交分担率与城市交通的关系

28.5.1 公交分担率与机动车保有量的关系

根据相关城市研究经验，城市公交分担率与城市的机动车保有量呈现一定的相关性。宁波市六区机动车保有量和公交分担率如图28-53所示，从图28-53可以分析发现，公交出行分担率与私家车保有量呈现负相关，在宁波这类未限制牌照的城市，私家车快速增长必然占用大量的道路资源，进而抑制公共交通的发展（表28-18）。

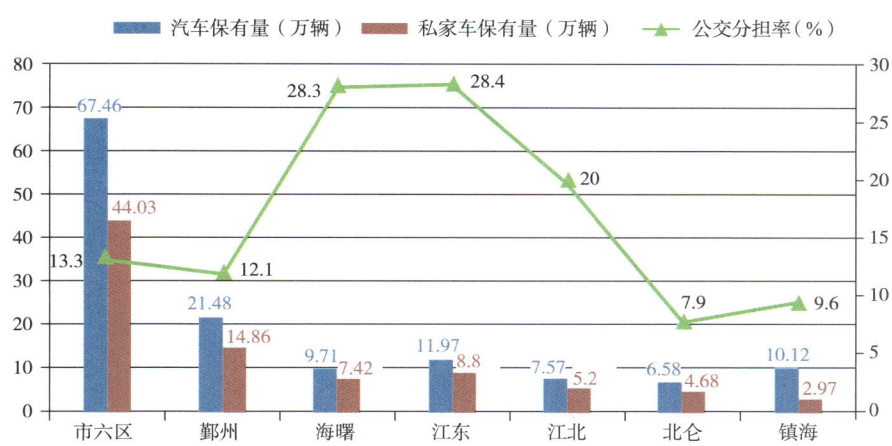

图28-53 2012年宁波市区各区公交分担率与机动车保有量的关系

2012年宁波市区各区公交分担率与机动车保有量的关系　　　　表28-18

	市六区	鄞州	海曙	江东	江北	北仑	镇海
汽车保有量（万辆）	67.46	21.48	9.71	11.97	7.57	6.58	10.12
私家车保有量（万辆）	44.03	14.86	7.42	8.8	5.2	4.68	2.97
公交分担率（%）	13.3	12.1	28.3	28.4	20	7.9	9.6

公交分担率与私家车保有量呈负相关。公交优先必须抑制小汽车的发展，将有限的道路资源和管理资源更加充分的投入公共交通的建设和运营中。

28.5.2 公交分担率与公交优先设施的关系

各区公交出行分担率与公交首末站面积关系不大，但是与公交优先设施存在正相关。海曙区和江东区公交分担率最高，达到了28%以上，同时他们也有最长的公交专用道，和最多的公交优先交叉口。鄞州公交专用道也处于起步阶段，它的公交分担率高于北仑、镇海等区。可见公交优先设施的设置有效地促进了公共交通发展，将会吸引更多人群选择公交出行，有助于宁波早日建成公交都市（表28-19，图28-54）。

2012年宁波市区各区公交分担率与公交优先设上的关系　　　　表28-19

	鄞州	海曙	江东	江北	北仑	镇海
公交出行分担率（%）	12.1	28.3	28.4	20	7.9	9.6
公交首末站面积（hm²）	9.4	6.1	4.7	5.1	3.7	2.7
公交专用道（km）	1.4	0.61	17.96	—	—	—
公交优先交叉口（个）	—	6	5	—	—	—

图28-54 2012年宁波市区各区公交分担率与公交优先设施的关系

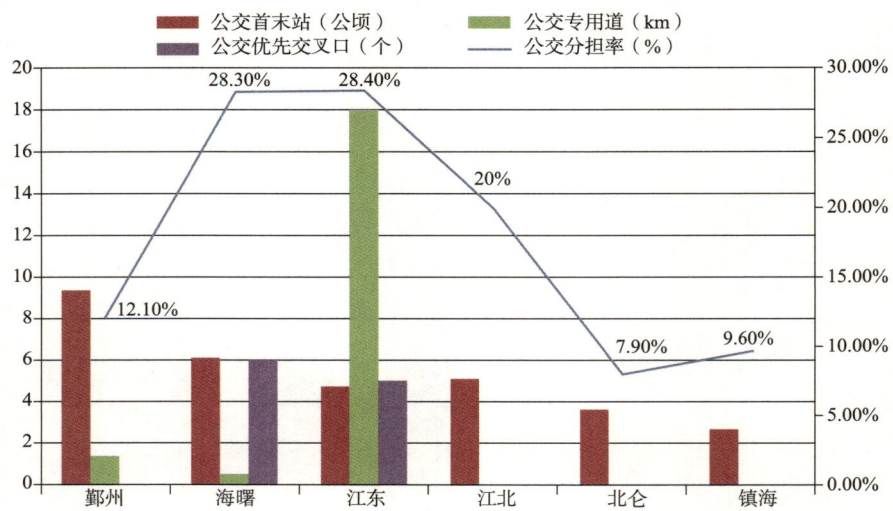

海曙区和江东区公交优先设施最多，公交分担率也最高。公交分担率与公交优先设施正相关。

28.5.3 公交分担率与交通拥堵

公共交通作为高集聚的出行方式，与城市拥堵关系密切。根据国内外研究，当城市拥堵达到一定程度时，公共交通出行比例将会大幅上升。本部分主要研究现状宁波交通拥堵情况与公交分担率的关系，从而去发现宁波现在是否处于公交比例大幅提升的临界点。

研究的资料来源于宁波市《2013年第一季度交通调查分析报告》。本次主要调查宁波市老三区的交叉口和路段拥堵情况（图28-55）。

图28-55 中心城区交通调查点分布图

本文提出交通畅通指数来研究交通拥堵情况。交通畅通指数描述交通运行畅通程度，由交叉口和路段服务水平评价指标，也就是路口延误、路口饱和度和行程车速三个参数计算而得，90~100分表明非常畅通，80~90分表明比较畅通，70~80表明中等拥堵，60~70分表明比较拥堵，60分以下意味着非常拥堵。对交叉口延误指数、路段车速指数和交叉口饱和度指数按照0.5、0.4和0.1的权重加权平均，得出海曙、江东和江北交通运行畅通指数以及宁波市交通运行畅通指数（表28-20，图28-56）。

2012年宁波市老三区畅通指数　　　　表28-20

区域	交叉口延误	路段车速	交叉口饱和度	综合畅通指数	公交出行分担率（%）
海曙	31.0	27.5	7.0	65.5	28.30%
江东	34.6	31.0	7.0	72.5	28.40%
江北	38.4	32.8	8.2	79.4	20.00%

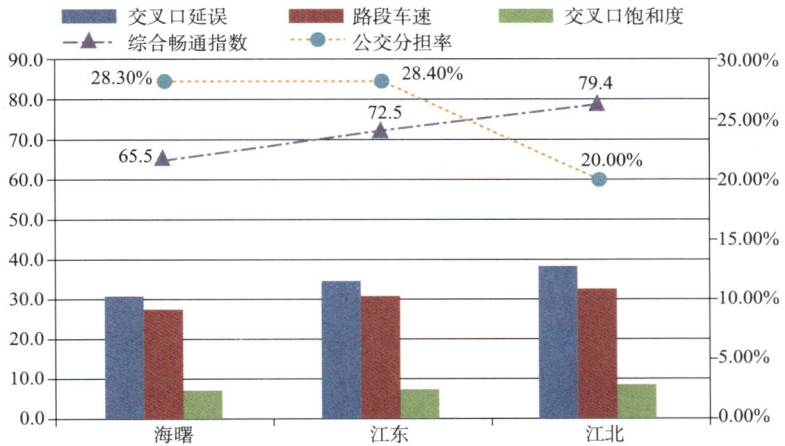

图28-56 老三区畅通指数与公交分担率关系图

分析收集的资料，可以发现海曙区交通比较拥堵，江东区和江北区皆处于中等拥堵状态。整体而言，公交分担率与交通畅通指数呈一定的反比关系，交通情况越畅通，公交分担率就越低。值得注意的是，海曙区与江东区虽然交通畅通指数有一定的差距，但是公交分担率确几乎相近，这与城市公共交通基础建设有一定的关系。

28.6 结论及建议

公交分担率指城市居民出行方式中选择公共交通（包括常规公交和轨道交通）的出行量占总出行量的比率，这个指标是衡量公共交通发展、城市交通结构合理性的重要指标。公交分担率的形成是一项复杂的社会经济过程，其影响因素非常多，各影响因素之间的关系也十分复杂。本文主要研究公交分担率与城市空间的关系，因此所选择的影响因素皆为宏观方面的因子。

28.6.1 公交分担率与城市空间结构的关系

（1）跨区出行

各区域内部出行中，公交分担率三江片最高达24.55%，其次为鄞州7.01%，北仑6.09%，镇海4.97%，公交出行量与公交分担率保持着相同的趋势。最高的公交分担率和公交出行量奠定了三江片作为宁波最强活力的城市中心；鄞州作为新兴的城市片区内部公交分担率仍有待提高。

跨区出行中，四个片区的公交分担率皆超过了22%，三江片和鄞州区跨区公交分担率最高皆超过了29%，这两个组团的公共交通设施相对北仑、镇海更加完善。

镇海区和鄞州区的公交分担率达到了26.91%，通过细化这两个大区域。镇海区与鄞州南的公交出行量最大10324人次/日，镇海区与鄞州北出行距离最适宜公共交通，因此他们的公交分担率达到33%。

（2）跨桥梁和铁路出行

跨江桥梁公交平均分担率为27.3%，并且呈现由核心区向内城区，外围区逐步递减的趋势。各跨江桥梁上公交与小汽车出行比例之和，平均保持在70%，两者间存在强竞争关系。江北区与江东区之间的公交线路，经海曙区绕行较多，建议调整相关公交线路。建议开通长丰桥、青林湾大桥、外滩大桥、明州大桥上公交线路，引导公交出行。

跨铁路出行中公交与小汽车的出行比例之和保持在77%左右，两者也存在着此强彼弱的强竞争关系。

（3）跨高速出行

绕城高速以内公交分担率，主城区最小、镇海区次之，北仑区最高，这与他们的公交出行距离成反比；但是公交出行量主城区最大。跨绕城高速出行，三个片区公交分担率和公交出行量皆相近，绕城内各区开发强度相差不大。

（4）高速内各组团出行

通过对绕城内八个组团的公交出行情况分析，三江口、江东—东部新城、鄞州新城作为市级城市中心，拥有最高的公交出行量，吸引着其他区域的大量就业人口。绕城内相对外围的区域由于职住的不平衡，需要与三个市级中心有较强的公共交通联系，尤其是镇海新城。

高桥与姚江新城两个组团现状公交分担率已达到28.36%，未来年随着城西片区的统一开发，姚江新城、高桥、集士港—古林三个组团之间的公交联系将会更加密切。

姚江新城、庄桥—高教北两个组团与东部新城的公交出行量和公交分担率均较高，未来年建议加强三者之间的联系（建议姚江新城与江东—东部新城的公交联系，尽量避开交通相对拥堵的三江口，选择庄桥—高教北组团）。

江东—东部新城组团与鄞州新城的公交出行量和公交分担率均较高，建议增加两个组团之间轨道交通联系。

28.6.2 公交分担率与城市经济和人口关系

城市人口与公交分担率呈正相关；国民生产总值、第二、三产业与公交分担率呈较强的正相关；人均可支配收入与公交分担率相关性不大。

28.6.3 公交分担率与城市交通关系

公交分担率与私家车保有量呈负相关；公交优先设施越多，公交分担率也越高，公交分担率与公交优先设施正相关；公交分担率与交通畅通指数呈一定的反比关系，交通越畅通，公交分担率就越低。

28.6.4 建议

影响公交分担率的因素较多，但就宏观指标而言主要为城市空间、城市交通和城市经济人口三个大的方面。根据前文的研究，结合国内外相关城市的公交发展经验，对宁波交通规划和交通政策提出如下建议：

（1）提高公交分担率，不仅要从城市发展层面全方位支持公共交通，而且还要疏堵结合，有效控制私人交通出行。

（2）公交优先设施是保障公交分担率较高水平的基础，发展公交优先设施有助于宁波早日建成公交都市。

（3）建议宁波加快大中运量公共交通系统建设，以支撑城市人口的增长、经济的发展。

（4）城市的发展在一定程度上受到高速、江河、铁路等条件的分割，公交分担率也一定程度上受此限制，建议有效推动公共交通跨区出行，从而带动城市建设突破自然和人工障碍。

（5）建议加强姚江新城、高桥、集士港—古林组团之间的公共交通联系；加强姚江新城、庄桥—高教北、江东—东部新城之间的大容量公共交通联系；加强江东—东部新城、鄞州新城之间的公交联系；加强镇海新城与鄞州的直接公交联系。

（6）奉化江上的长丰桥，余姚江上的青林湾大桥，甬江上的外滩大桥和明州大桥都没有开通过公交线路，不利于宁波市市区各片区间的公交联系。建议未来年增加公交线路，提高公交分担率，改善过江瓶颈情况，引导居民集约化出行。

（7）城市交通的发展目标应该是高效、安全、舒适、绿色、公平，为实现上述目标，应该合理统筹充分发挥各种交通方式的特点，打造适合城市空间结构的公共交通系统。

（8）公交分担率相关评价体系的建立和完善是城市交通发展的重要保障。

（9）城市公交分担率，随着城市结构的调整，轨道交通的建设、交通政策的改变，都将产生改变。为了准确地把握宁波城市公交分担率的变化规律，完善宁波市公共交通系统结构，合理的布设符合宁波实际情况的公共交通网络，建议在条件许可的情况下，展开滚动调查。

第29章 舟山

29.1 城市概况

29.1.1 区位和行政划分

舟山市位于浙江省舟山群岛，地处我国东南沿海，长江口南侧，杭州湾外缘的东海洋面上，地理位置介于东经121°30′~123°25′，北纬29°32′~31°04′之间，东西长182km，南北宽169km。

背靠上海、杭州、宁波大城市和长江三角洲辽阔腹地，面向太平洋，具有较强的地缘优势，是江海联运和长江流域面向世界的主要海上门户。

区域总面积2.22万km²，其中海域面积2.08万km²，土地面积1440.12km²，大小岛屿1390个。现辖两区两县：定海区、普陀区、岱山县、嵊泗县。

中心城区陆域面积约673km²，包括舟山岛、五奎山岛、盘峙岛、摘箬山岛等定海南部诸岛、长峙岛、小干—马峙岛、鲁家峙岛、朱家尖岛、普陀山岛等岛屿。

29.1.2 岸线资源

岸线总长度2444km，水深15m以上200.7km，水深20m以上103.7km，深水岸线资源十分突出（图29-1）。

29.1.3 经济社会发展水平

依据2012《年舟山统计年鉴》，2011年舟山市的地区生产总值为7727535万元，人均地区生产总值（按常住人口计算）为68434元，已超1万美元。

（1）三产规模与比重

第一产业760390万元，第二产业3491619万元，第三产业3475526万元，三产各自比重分别为9.8%，45.2%，45.0%。

（2）海洋产业

2011年，全市海洋经济总产出1758亿元，占全市GDP比重68.6%。2011年港口货物吞吐量2.6亿吨，海运运力452万载重吨。

（3）旅游业

2011年全市接待境内外游客2460万人

图29-1 深水岸线分布

次，实现旅游总收入235.5亿元，分别较上年增长15%和17%。

29.1.4 城市建设用地规模与布局

（1）基本情况

现状城市建设用地建设规模64.4km²。用地组团式布局明显，南部城市生活带与北部的海洋产业带的分工已经成型（图29-2）。

（2）居住用地

居住用地22.50km²，主要分布在本岛南部。

（3）公共设施用地

公共设施用地6.74km²。

（4）工业用地

工业用地7.39km²。主要分布在本岛北部（图29-3，图29-4）。

图29-2 现状土地利用规划

图29-3 现状居住用地分布

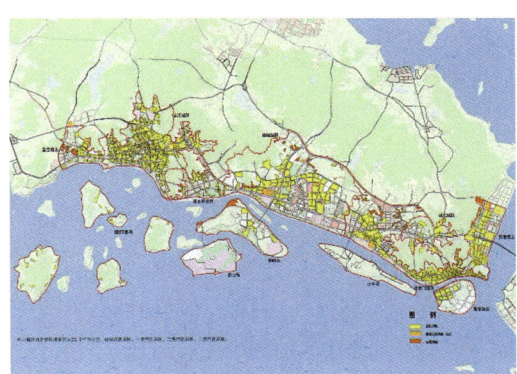

图29-4 现状公共设施用地分布

29.1.5 人口与岗位

（1）人口规模与分布

依据2012年《舟山统计年鉴》的数据，2011年底全市常住人口113.7万人，人口密度790人/km²；全市户籍人口总数96.99万人，人口密度673人/km²，其中农业人口60.08万人，占总人口的61.94%，非农业人口36.90万人，占总人口的38.05%。

依据2010年舟山市第六次人口普查，2012年《舟山统计年鉴》的和其他相关数据，现状中心城区常住人口约71.2万，户籍人口51.8万，外来常住人口约19.4万。常住人口密度1058人/km²（图29-5、图29-6）。

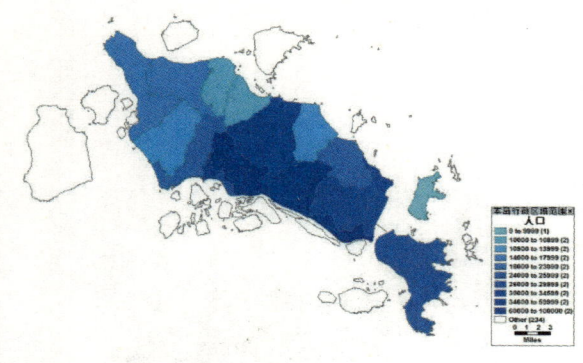

图29-5 各街道人口分布

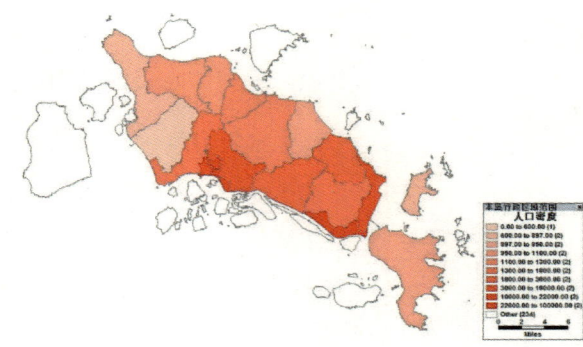

图29-6 各街道人口密度

（2）就业岗位

依据2010年舟山市第六次人口普查数据，中心城区就业岗位29.4万个，就业率41.3%。

29.1.6 机动化水平

随着城市的不断发展，经济实力的提高，舟山市机动车保有量稳步增长。尤其是2009年连岛大桥通车后，小汽车的使用进入高速增长的阶段。2011年，舟山市机动车千人拥有率7.5万辆，千人保有量为61.5，总量为浙江省各市最低，但增速很高。

到2010年末，全市范围内各类机动车的总保有量达到13.4万辆（包括摩托车和农用车辆），其中汽车保有量为5.9万辆，占机动车总数的44.1%；摩托车保有量为6.7万辆，占机动车总数的50.2%。2000年以来，舟山市各类机动车保有量的增长迅猛，其中汽车年均增长率为28.2%，摩托车保有量在2000~2004年间快速增长，2004年后增长放缓（图29-7，表29-1）。

图29-7 舟山市域各类机动车保有量增长趋势

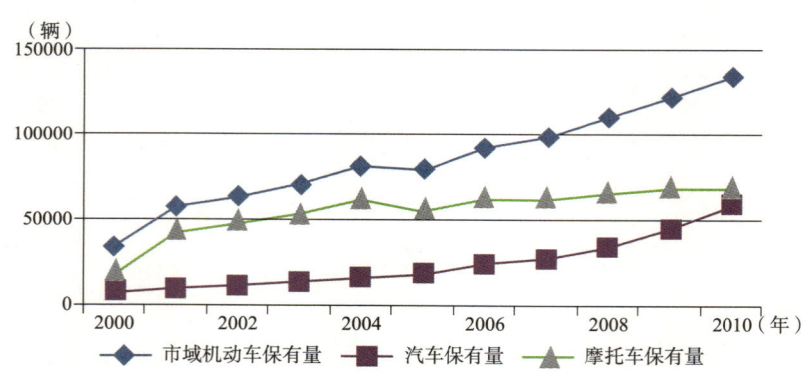

舟山市机动车保有量增长情况　　　　　　　表29-1

年份	机动车		摩托车		汽车	
	保有量（辆）	增长率（%）	保有量（辆）	增长率（%）	保有量（辆）	增长率（%）
2000	32702	—	19732	—	7844	—
2001	57137	74.7	43234	119.1	9529	21.5

续表

年份	机动车		摩托车		汽车	
	保有量（辆）	增长率（%）	保有量（辆）	增长率（%）	保有量（辆）	增长率（%）
2002	63233	10.7	48472	12.1	10547	10.7
2003	70666	11.8	53576	10.5	12934	22.6
2004	81383	15.2	62113	15.9	15604	20.6
2005	79129	-2.8	56548	-9.0	18423	18.1
2006	91223	15.3	63199	11.8	23430	27.2
2007	98353	7.8	62887	-0.5	27465	17.2
2008	109670	11.5	66939	6.4	33796	23.1
2009	122175	11.4	69380	3.6	45708	35.2
2010	134301	9.9	67398	-2.9	59259	29.6

如图29-8所示，在各类机动车中作为私人交通工具的摩托车占有极大的比重。2001~2006年，摩托车保有量占市域机动车总量的比重维持在70%左右，为城市机动车的主要组成部分，自2007年开始略有下降%；与此同时小汽车正进入快速发展阶段，2010年末汽车保有量已经增至59259辆，与2009年底相比增长了29.6%，其中小型载客汽车的增长率达到37.7%（图29-8，表29-2）。

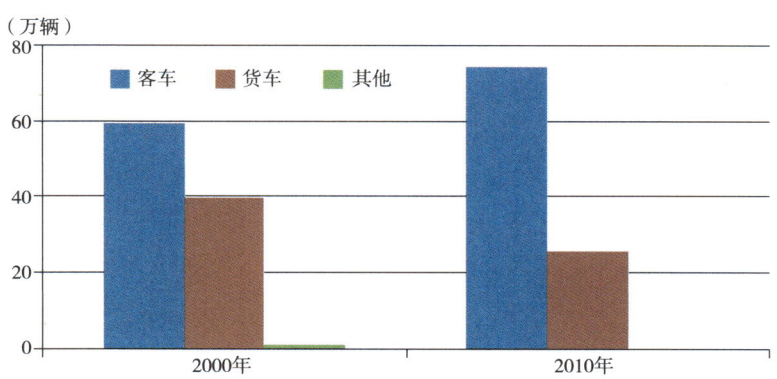

图29-8 舟山市汽车保有量构成变化

舟山市汽车保有量构成情况　　　　　　　　　　表29-2

年份	构成	客车	货车	其他	汽车
2000	保有量（辆）	4,633	3,106	105	7,844
	百分比	59.1%	39.6%	1.3%	100%
2010	保有量（辆）	44,150	15,109		59,259
	百分比	74.5%	25.5%		100%

舟山市客车保有量的增长较为稳定，从2006年开始，年增长率保持在28%以上。

29.1.7 对外交通

（1）对外交通枢纽

1）汽车客运站

舟山市区内现有客运站4个，分别为舟山市汽车客运中心（一级站）、普陀汽车站（二级站）、定海汽车站（二级车站）和半升洞汽车站（三级站）。其中主要发送长途客运班线的是舟山市汽车客运中心和普陀汽车站。

2）客运码头

目前舟山本岛的主要车客渡码头有鸭蛋山码头、三江码头、西码头，主要的客运码头有定海港客运码头、墩头码头、半升洞码头、蜈蚣峙码头。其中鸭蛋山码头运营鸭蛋山至白峰车客渡航线，作为329国道的一部分，交通较繁忙。三江码头和西码头运营至上海（洋山港）的客渡及快轮，成为北向枢纽。

3）航空港

舟山普陀山机场属4D级地方民用机场，是一个现代化的小型旅游支线机场，是舟山的航空枢纽，位于朱家尖岛，机场设计年吞吐旅客能力为70万人次（图29-9）。

（2）公路网

舟山市主要公路包括连岛大桥、329国道（现状）、72省道、73省道及各乡县道等。

在本岛公路网中，南北向的主要公路还包括环岛公路（北向疏港公路）、鸭老线至小沙公路、定马公路、定马复线（在建）、三西线接73省道（在建）、临螺公路等；东西向除环岛公路（北向疏港公路）外，主要道路还有72省道、昌洲大道、海天大道等。

2009年甬舟高速正式开通后，不仅吸引了自驾游到舟山的车流，更刺激了舟山居民的购车热情。每月新增拍照数约为1000辆。

在旅游旺季时，平均每天有大约6090辆外来自驾游车辆入岛。

登记在个人名义下的车辆全市域大约有6.3万辆。其中大部分在本岛。

根据高速入口的统计数据，小汽车的平均里程从2010年220km上升到2011年300km，连岛大桥带动舟山本岛对周边省市的吸引力有了明显的增强（图29-10，图29-11）。

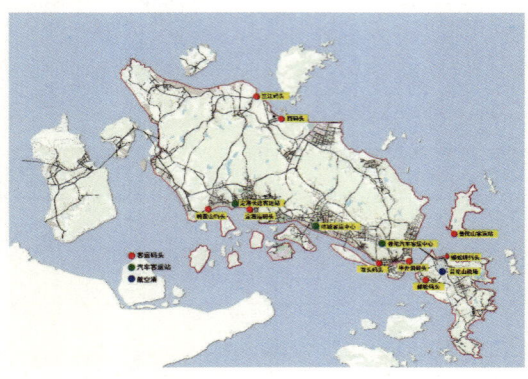

图29-9 现状交通枢纽分布

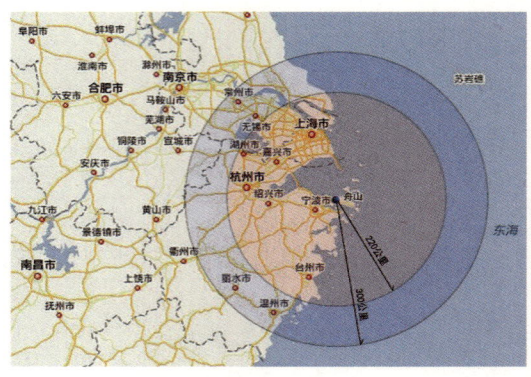

图29-10 舟山对长三角地区吸引范围

图29-11 2009~2012年各月小汽车平均里程（甬舟高速到达）

29.1.8 道路网络的现状

（1）城市道路网

城市交通网络结构决定了城市的骨架和城市的发展。舟山市区呈东西向带状分布，各组团间有3~4条主要道路相联系。各组团内部道路主要呈方格网结构。

定海城区东西向干路主要有环城北路、昌国路、解放路、环城南路和沿港路等，南北向干路主要有环城西路、人民路、环城东路、东河路等，形成"四纵五横"的路网格局。定海城区有五个对外通道，即青垒头路、昌洲大道、新桥路、文化路、兴舟大道，向内陆、普陀和定海各乡镇辐射。

普陀沈家门城区的道路以东西向为主，主要有东海路、兴建路、滨港路、同济路、兴普大道、中昌路和金城路等；南北向则主要有渔市大街、蒲湾路、中兴路、海莲路、海洲路和海印路等。

新城新区道路呈方格网结构，东西向有海天大道、沧海路，南北向有千岛路、金岛路等。现状老城区道路拥堵情况较为严重，停车较为困难。临城新区街区尺度较大，不利于步行等非机动出行（图29-12）。

图29-12 舟山市区道路网络现状

（2）道路设施水平

截至2009年，舟山市市区道路长度为376.9km，相比2006年的284km增长了32.7%，年均增长率为9.91%；道路面积为623.5万m^2，相比2006年的431万m^2增长了44.7%，市区（建成区）路网密度达到6.28km/km^2。

29.1.9 公交系统现状

（1）常规公交

1）公交发展基础良好，线网规模逐步扩大

目前，常规公交的线路共有84条，BRT1条，线路的总里程1753.5km，平均里程

图29-13 公交线路分布

图29-14 公交走廊客流分布

21.2km，线路密度2.97km/km²，配备的公交车共485辆（国家标准341辆达标），公交公司2012年获得的政府补贴：4308万元（图29-13）。

2）形成公交走廊形态，公交客流分布集中

形成公交走廊形态，舟山本岛定海、临城、普陀的公交线路最为密集。主要分布在兴舟大道—环城南路、文化路—环城东路、西山路—解放路—新桥路、昌洲大道—海天大道—东海路、滨港路等主要道路上。

现状公交线网以定海、临城、普图三大组团向外辐射。三大组团的客流量明显大于其他地区，客流量由外围逐步向中心区汇集，这与多中心的空间布局结构一致。

由于联系通道优先，公交客流只能集中分布，一条明显的公交客运走廊串联三大组团，即解放路—新桥路—昌洲大道—海天大道—东海路，形成带状布局的公交走廊形态（图29-14）。

3）公交分担率较低，线路重复系数大

现状公交分担率6.9%，线路平均重复系数5.61。

老城区公交线路密集，部分路段公交线路过多，线路重复系数较大，而新城区公交线网密度较低，线路分布较少。

公交单车运营指标不佳，表29-3中10条线路所占的里程数为总里程数的9.5%，但客运量却占到42%。

10条公交线路运营概况　　　　　　　　　　　表29-3

线路	里程（km）	日发班次（次）	客运量（人次）	客运量/线路运营总里程（人次/km）
1	8	100	3758	4.7
6	9	113	5125	5.1
9	18	123	8879	4.0
20	24	127	5930	1.9
28	39	126	10488	2.1
31	11	105	4229	3.7
50	16	90	4153	2.9
51	14	88	3996	3.2
3	20	89	3937	2.2
2	7	84	2759	4.7

4）公交满意度相对较高，基础设施建设有待加强。

依据2010年居民出行调查，乘客对公交的满意程度认为满意的56.7%，比例超过了一半，但与其他城市，如常州86%相比，尚有较大差距，乘客的满意度尚有明显的上升空间。

公交首末站和保养场建设滞后，缺口加大，拓展空间难以落实。

从政府投入和常规指标上看还是不错的，但是总的来说公交的运营效果并不佳，对科学的评估公交优先的指标非常迫切。

（2）BRT1号线

舟山市BRT1号线自2013年4月开始策划，7月份开工，10月1日建成投入运营。线路全长25km，设站10对，在舟山公交走廊上布设；公交走廊全天客流3.2万人次，日客流约3000～4000人次左右。

BRT线路已经运行一个月，采用了免费换乘和低票价来吸引乘客，但客流效果不明显。尽管现在评价BRT的效果过早，但设站与走向与居民需求背离已经说明BRT的效果不可能很好，后继的提升与改造是必然的（图29-15、图29-16）。

图29-15 快速公交一号线实景

图29-16 快速公交一号线线路

29.2 研究目的与意义

29.2.1 省政府提出具体公交分担率目标

2012年1月国家自然科学基金委员会特别设立的管理科学部主任基金应急科学研究专款项目《我国城市交通公交优先发展战略研究》的成果从国家新型城镇化道路的角度诠释了

公交优先战略的重要意义。随后国务院颁布的《国务院关于城市优先发展公共交通的指导意见》（国发〔2012〕64号），印证了该研究所阐释的上述核心观点。

为进一步深化国务院64号文的精神，切实推进公交优先发展在全国各城市的落实，需要后继研究来评估各城市是否根据自身的发展阶段及经济实力在城市交通可持续发展的道路上采取了正确的行动。

2013年3月21日浙江省人民政府办公厅发布《浙江省人民政府办公厅关于做好2013年全省治理城市交通拥堵工作的通知》，要求将治理交通拥堵工作作为2013年省政府十件民生实事的首件实事，其中，"优公交"作为重点措施的第一项，并提升公交分担率作为只要考核目标，对省内主要城市均提出了公交分担率的提升目标（杭宁温三市主城区公交分担率提升3%，其他城市主城区提升2%）。

在国家战略的高度及省市政府工作部署的双重要求下，从"公交优先发展"的内涵出发，以城市可持续发展为目标，对舟山市城市公共优先发展的重点方向进行研究，并提出科学合理的公交分担率努力目标及落实公交优先发展战略的各项重点措施是正当其时的。

而舟山案例由于其中等城市规模、组团式布局特征及旅游城市等典型性，及作为国家新区未来的良好发展前景所面临的城市交通压力，该研究成果得出的结论、措施及实践的成功经验也将具有全国层面的示范意义。

29.2.2 代表中小城市代表解读城市交通可持续发展

中小城市的可持续发展之路是有别于大城市的，这主要是由中小城市自身的特点决定的。中小城市的人口总量较小，受到外来人口的影响很大，社会的稳定性与大城市相比较低；土地资源有限，大体上来说，中等城市由于可调控的范围较小，用地的紧张程度与大城市相比更甚；发展动力较弱；中小城市所承担的功能最为复合，除了自身的城市功能外往往对周边乡村地区有非常强的服务及门户作用。

以舟山为例，其城市交通的特征就有别于大城市。

（1）负荷不同

"乡乡通公交"在中小城市是现状。

城乡一体化对大城市来说，不值得做，但对中小城市却是实际承担的职能。

（2）主流的交通工具不同

最主流的交通工具是电动自行车，还有人力车等其他品种的交通工具。

（3）居民出行习惯不同

平均出行只有23min的时候，很难用换乘和枢纽的模式来重塑公交网络。

（4）能力不同

用地紧张，财力有限。大规模投入基础设施建设可能性小。

单是上述四个不同，就很难用我们习惯的在大城市中使用的策略来解决舟山的城市交通问题。

根据相关研究，中小城市将成为我国下一步城镇化进程的主体。中小城市将占有超过92%的城市单元数，有超过62%的城市居民将生活在中小城市中。中小城市是否能沿可持续道路发展，将事关我国新型城市化道路的成功与否。

29.2.3 为舟山新区发展提供城市交通可持续战略目标

2011年7月7日，国务院正式批复舟山群岛新区，舟山成为我国第一个以海洋经济为主题的国家级新区。2013年1月24日，《舟山群岛新区发展规划》正式获得国务院批复，明确了新区未来发展的五大目标，即：中国大宗商品储运中转加工交易中心、东部地区重要的海上开放门户、重要的现代海洋产业基地、海洋海岛综合保护开发示范区和陆海统筹发展先行区。而后，上海自由贸易区的获批使得舟山群岛新区的发展内涵及国家战略定位高度进一步升级。

与此对应地，舟山市的城市交通发展面临更大的挑战。挑战主要来自可预见的总量增长及发展过程的不可预见性。

根据新编制完成的舟山市总体规划，在城市建设用地增量不大的前提下，未来20年舟山市的人口将比现在增加一倍。而不确定性在于重大基础设施的建设进度，产业发展的情况（涉及货运的类型及总量）。

城市可持续交通发展，是否用单纯的公交分担率来评估。使用什么样的公交分担率可以切实体现公交优先的可持续内涵？通过舟山案例研究力图回答上述问题。

29.3 公交分担率在舟山的应用情况

29.3.1 获取方法与发布途径

（1）获取方法

要获得公交分担率指标，居民出行调查是唯一可靠的方式。其他途径只能为抽样调查提供校验而不能替代交通出行调查；

舟山市目前可查阅到的公交分担率数据年份分别为2000年、2008年及2010年，其获得方式均为居民出行的入户调查。

2000年的舟山居民出行调查数据基于当时的公交规划，2008年的居民出行调查基于当时舟山市综合交通规划，2010的居民出行调查基于当时的公交专项规划。

（2）发布途径

舟山公交分担率的数据的发布主要是通过相关规划的技术文件，尚未有成文的政府文件对公交分担率作出明确的解释。

29.3.2 公交分担率的类型与计算方法

公交分担率的类型包括全日全方式的分担率，高峰小时的分担率，进出中心城区等分担率。

全日全方式的分担率=单日乘坐公交出行的人次/单日总出行人次×100%。

高峰小时的分担率=单日高峰小时乘坐公交出行的人次/单日高峰小时总出行人次×100%。

进出中心城区的分担率=单日乘坐公交进出中心城区的人次/单日进出中心城区的总人

次×100%

29.3.3 公交分担率的历史变动趋势

2000～2010年舟山共进行了三次居民出行调查。这三次居民出行调查所得到的公交分担率的数据分别是2000年：5.2%；2008年5.3%；2010年：6.9%（表29-4）。

三次居民出行方式结构（%） 表29-4

年份	步行	自行车	助动车	公共汽车	出租车	单位客车	私家车	摩托车	其他
2001	36.5	43.3		5.2	1.95	0	1.1	9.7	2.2
2008	38.8	23.3	16.4	5.3	1	3.8	2.7	5.3	3.4
2010	17.1	15.7	36.4	6.9	0.7	5.7	9.4	5.7	2.4

在今年的政府文件中出现如表29-5所述："力争通过五年努力，公交分担率由现在的7.5%提升至20%以上"。

2000年调查的区域为定海城区，普陀城区和流动人口，本市居民家庭样本902户，外来家庭49户，抽样率1%；2008年共抽取2000户居民，抽样率2%；抽取定海、临城、普陀等75所学校的部分家庭，抽样率5.8%。

三次居民出行调查基本情况 表29-5

年份	抽样范围	抽样率	抽样户数	市区人口	平均出行次数	通勤行为占比	一次出行平均时耗
2001	舟山市本岛南侧的社区与村委会	1%	902+49	约30万非农人口	3.28	44.4%通勤 17.3%通学	16.8min
2008	不清楚	2%（可疑）	2000户	市区户籍人口69.45万（定海区+普陀区）	3.0	39.2%通勤 13.0%通学	21.1min
2010	中心城区+金塘、册子	5.8%	35970人	61.8万（含金塘和册子）	3.14	38.5%通勤 43.4%通学	18.05min

29.3.4 出行的特征（2010年）

（1）出行次数与时间分布

依据2010年12月居民出行调查，舟山市居民日均出行次数3.14次/人，日出行总量136.3万人次。与同类中等规模城市相比，属于中等偏上水平。全日呈现3个高峰：早高峰、午高峰、晚高峰。

（2）出行目的与时耗

依据2010年居民出行调查，从居民不同目的出行构成比例来看，上班、上学比重相对较大，居民出行是以生活型为主。居民平均出行时耗为18.05min，采用出租车、公交车、单位班车等方式出行的平均出行时耗较长，约25min，而自行车、助动车、摩托车的平均出行时耗较短，仅为16～18min（图29-17）。

图29-17 舟山市居民出行目的结构（2010年居民出行调查）

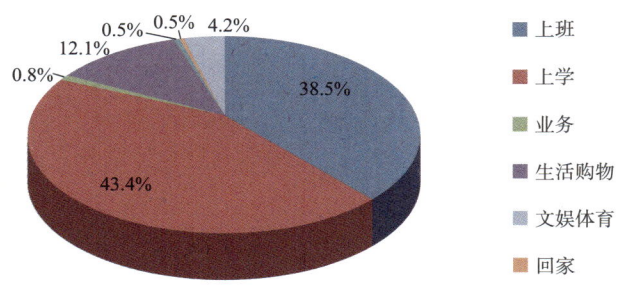

（3）出行空间分布

调查数据显示，居民出行主要集中在老城区及其临近的区域分布，反映在定海和普陀区的出行生成量和出行吸引量占舟山市出行总量的比重均接近90%以上，客观地反映了舟山市区现状老城区为出行重心特征。

此外，岛内出行的主导流向是东西向，其中定海城区—新城城区，普陀城区—新城城区为主要居民出行方向，次要流向是南北向，体现了人口和就业的空间分布特点。全市居民出行具有较强的向心性，各小岛：岱山、普陀山、朱家尖、桃花岛—六横岛—虾峙岛，长峙岛和金塘岛出行指向舟山本岛。对外居民出行主要方向是上海、杭州、宁波。

29.4 结语

公交分担率作为衡量城市公共交通发展的重要指标，不能仅仅理解为公共交通出行的方式占总出行的方式的比重，更重要的意义是一个合理的公交分担率应当反映的是出行者优先选择城市公共交通的理念，适应城市土地的集约发展和人居环境的改善。

中小城市的可持续发展是国家的重要战略，其自身的特点和发展的模式应该区别于大城市模式，生硬地理解和套用大城市的评估方法和对中小城市的危害是极大的，所以探索一套科学合理地针对中小城市公共交通的规划方法和标准是具有重要意义的。

舟山作为第四个国家级新区，被国家寄予厚望。舟山不仅具有中小城市本身的共性，也具有自身的特性。用舟山作为中小城市的代表，实现对中小城市的案例式研究，做城市交通的战略性思考，实现城市公共交通对城市的引导做规划上的安排是本次研究的主要目的。从某种程度上说，对舟山的研究得出的结论，实践获得的成功经验是可以为全国的中小城市代言的，其发展对全国中小城市的高质量发展道路具有借鉴意义。

由于中小城市交通发展缺乏明确的目标，对公交分担率变化背后折射出的社会变迁缺乏敏感性，舟山市政府对公交分担率的应用较为被动，应省政府的要求被动发布现状与目标，且现状数据无依据，目标更显得随意。

通过本案例的研究，计划结合舟山城市布局、人口构成、空间流动等特征，合理考虑各方式的作用，在可持续发展的前提下，确定舟山市公交方式分担率的合理目标值，并确定分年度的发展计划及行动计划，为舟山市落实公交优先理念提供切实可行的行动方案。

第30章 中国香港

30.1 城市与交通概况

30.1.1 城市概况

中国香港地处珠江口以东，濒临南中国海，与广东省深圳市隔深圳河相望。香港总面积1070km^2，2012年人口约713万，是全球人口最密集的地区之一。香港可分为四个部分：香港岛、新界、九龙和离岛。香港岛面积78km^2，是香港主要的金融商业区，但只占全香港陆地面积的7%；九龙三面环海，因此亦称为九龙半岛，南面与香港岛一海之隔，北面的狮子山使九龙与新界内陆分隔，面积约47km^2，人口约占全港三成，是人口密度最高地区；新界面积约980km^2，相当于香港陆地面积的91%，人口约占全港一半，是人口最多的地区。离岛共包括262个岛屿，最大的离岛大屿山面积约为香港岛的两倍（图30-1）。

图30-1 香港地形

1840年之前的香港是一个小渔村；1842～1997年间，香港曾是英国的殖民地。第二次世界大战后，香港经济和社会迅速发展，成为一个富裕、发达和生活高水平的城市，20世纪80年代成为"亚洲四小龙"之一。1997年7月1日，中国对香港恢复行使主权。香港实行资本主义制度，享有独立立法、司法、行政及免向中央缴纳财税和自由贸易港等重要优势并以廉洁的政府、良好的治安、自由的经济体系及完善的法治闻名于世。香港是一座世界级大都市，全球重要的国际金融、服务业及航运中心。

30.1.2 交通概况

道路交通方面，香港是世界上道路网络密度最高的地区之一。根据香港政府路政署2007年的统计，香港车辆登记数超过565000辆，全港道路的长度有2009km。香港拥有多条快速公路及连接路，组成10条主要干线，连接新界至九龙香港岛及大屿山。此外，香港共有1088条行车天桥及桥梁，以及包括跨海隧道在内的15条行车隧道。

香港公共交通系统包括轨道、电车、地面巴士、的士和渡轮等，2009年每日载客约1130万人次。截止到目前，香港轨道交通系统包括2条铁路、7条地铁、2条轻轨和2条缆车线路，总计218公路线路（不包括缆车）及172个车站。香港地面公交系统同样非常发达，可分为专营巴士、非专营巴士和公共小巴三类，其中专营巴士是地面公交主体，共有5间专营巴士公司，提供近700条线路服务；非专营巴士和公共小巴提供补充性公交服务（图30-2）。

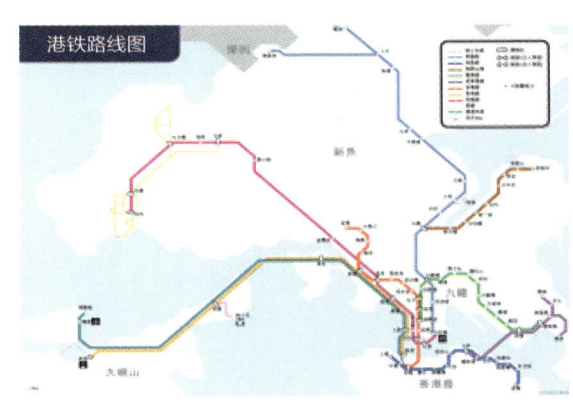

图30-2 香港轨道交通线网

30.2 城市与公共交通互动发展历程

过去60年，香港人口由200万人左右增至目前的718万人，经济持续增长，如今已是亚洲一流的国际大都市。香港在城市发展的过程中，始终坚持土地利用与公共交通协调发展，公交机动化分担率达到90%以上，成为举世瞩目的公交都市。香港在公共交通领域取得的成就，与其城市发展阶段、交通发展策略以及公交发展行动密不可分，本章将围绕城市与交通协调发展这一主题，从历史和空间双重维度回顾香港城市与公共交通互动发展历程，分析如此之高公交分担率背后的内在和外在动因，总结为可供借鉴的发展经验（图30-3）。

根据香港历年人口、GDP及外部大环境变化，将第二次世界大战后香港城市发展历程划分为四个阶段，第一阶段为第二次世界大战后到20世纪70年代末，该阶段香港经济开始起步并快速增长，人口集中在港岛和九龙地区，新界地区发展逐步开始；第二阶段为20世纪80年代初到1997年，这一阶段香港的经济伴随内地改革开放继续快速增长，随着人口的

图30-3 香港历年人口（1971~2011年）

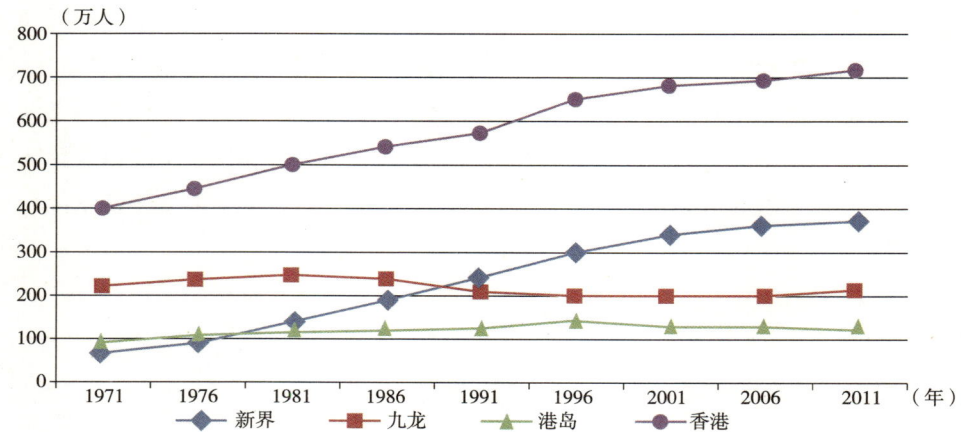

图30-4 香港历年GDP变化率（1962~2010年）

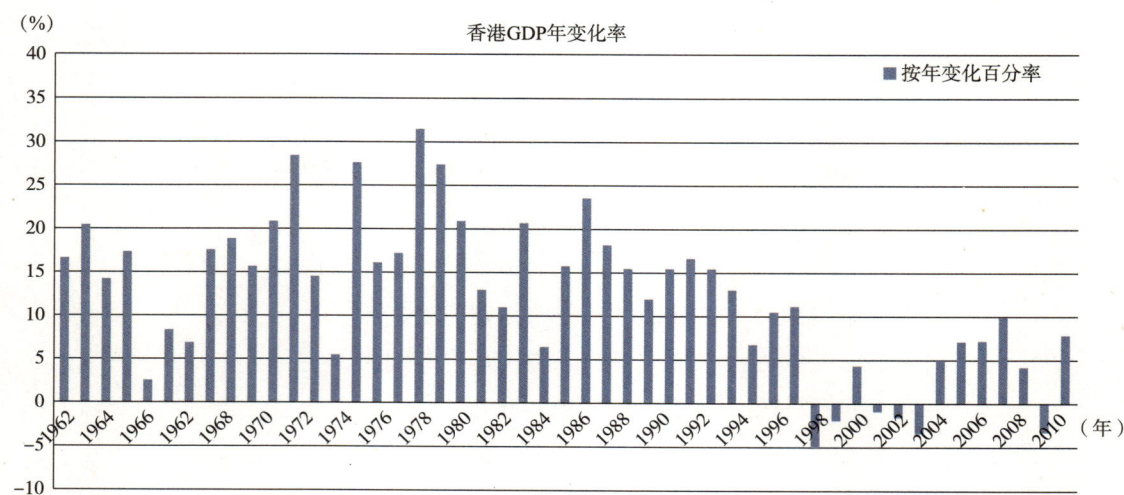

不断增加，人口增长开始向外围新界地区，新界超越九龙和港岛成为人口分布最多的区域；第三阶段1997年至今，这一阶段香港经济经历了亚洲金融风暴的危机后又逐渐复苏，人口增长继续集中在新界地区，但增速有所放缓。每一个发展阶段，香港都面临不同的交通发展挑战。总体上，香港一直秉承"公交优先"交通发展策略，通过交通与土地利用有效协调和交通系统供需两端的有力支撑，打造了世界一流的城市公共交通系统，保障了城市快速发展和经济复苏（图30-4）。

30.2.1 第一阶段（20世纪50年代初至20世纪70年代末）

（1）城市发展及交通问题

这一阶段香港经济快速起飞。香港一方面重点发展轻型加工业拓展欧美市场，另一方面抓住西方发达国家与中国关系解冻的机会，重新强化转口贸易港地位，并全面推进金融业、房地产业、旅游业等重点产业，形成经济多元发展格局。至20世纪70年代末，中国香港被称为亚洲"四小龙"（图30-5）。

这一阶段香港人口翻了一番，由1950年大约220万人增至1976年440万人。不仅如此，人口在空间上的分布呈现极大的不均衡，1976年77%的人口集中在港岛和九龙约120km²的狭小地区。人口快速增长和收入水平不断提升，导致小汽车拥有量增长迅猛，到1974年左右香港的机动车拥有量突破20万辆。道路增长明显跟不上机动车增长，港岛和九龙地区交通迅速陷入拥堵状态，高峰期拥堵尤为严重（图30-6）。

图30-5 香港启德机场1958年

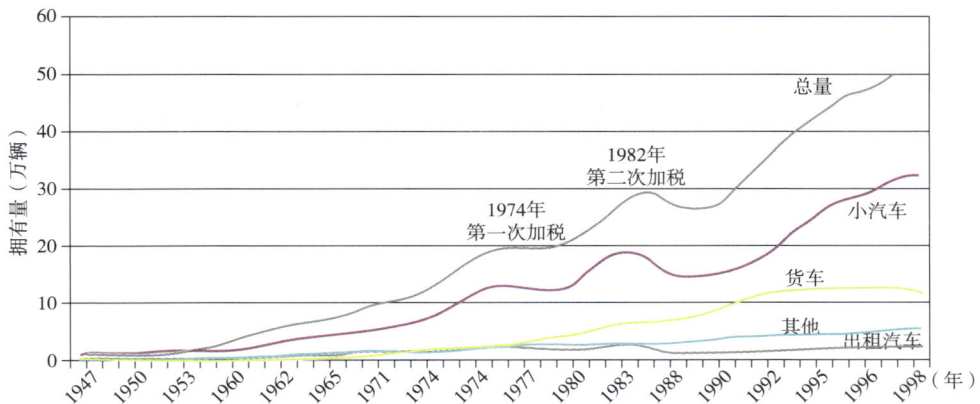

图30-6 香港历年机动车拥有量（1947~1998）

20世纪60年代初随着香港经济复苏，中国内地移民不断涌入，政府面对庞大住宅和工业用地需求的压力公布了新市镇发展大纲。新市镇基本位于新界地区，第一代新市镇荃湾（包括葵涌和青衣）、沙田和屯门建设工程于20世纪70年代初动工；第二代大埔、粉岭/上水和元朗于20世纪70年代后期动工建设。随着新市镇的发展，新界人口由1961年40多万人迅速增长值1976年的95万人，增幅高于同一时期的港岛和九龙地区。外围地区人口增长也增加了中长距离的出行需求，彼时香港尚未形成覆盖全域的高快速交通网络，新界与港岛、九龙之间的交通联系十分不便。

（2）整体交通发展策略

面对市区（指港岛和九龙）集聚发展和城市扩张导致的交通问题，香港开始在行政、规划、管理和建设等方面构筑整体交通发展策略。

首先，初步建立了城市交通行政管理体系。1965年香港交通咨询委员会成立，为市民建立了城市交通方面的沟通渠道。1968年当时隶属于布政司署的交通事务处（现运输署前身）成为独立部门，并于1975年正式改名为运输署，主要负责香港运输研究和规划工作。

其次，逐步探索城市交通规划编制体系。1964~1966年开展了首次香港交通运输调查研究。1965年、1966年港府又聘请顾问公司进行香港大众运输研究及香港远期道路研究，勾画出香港公交系统与道路系统蓝图。在上述研究报告之后，港府在1976年完成第一次整体运输研究，并于1979年发表首份运输政策白皮书，之后每隔10年左右香港运输署都要进行了一次整体运输研究（图30-7，图30-8）。

图30-7 70年代的香港道路

图30-8 运输政策白皮书（1979年）

第三，初步搭建了交通需求管理政策框架。为了抑制机动车的过快增长，香港于1974年开始增收牌照税。之后，限制机动车的拥有和使用成为香港交通需求管理的一项重要举措，包括调节牌照税、燃油税、停车费和隧道过路费等经济杠杆政策被持续且系统地运用，以及可能反映机动车真实使用成本，抑制小汽车出行。1974年实施牌照税后的4~5年间，机动车保有量成功控制在20万内辆。

第四，启动了全域重大交通基础设施建设。在道路和铁路相关规划研究的指导下，香港开始建设覆盖全域的高快速路网和轨道网络。红磡海底隧道和狮子山隧道分别于1972和1978年通车，屯门公路——香港首条高速公路分阶段开放通车，港岛与九龙、九龙与新界之间联系得到加强；1979年香港首条地铁线路观塘线投入运营，首段线路联系九龙的观塘和油麻地，帮助缓解了九龙的交通拥堵。尤其值得一提的是，这一阶段港府积极储备待建轨道线路站点周边用地，成为后来"轨道+物业"模式得以成功的先决条件之一（图30-9、图30-10）。

（3）公共交通发展行动及效果

这一阶段地面巴士是香港公共交通的主体。香港巴士运营历史永久，最早的巴士集团九龙巴士和中华巴士分别于1921年和1924年成立，并于1933年获得巴士专营权。20世纪60年代城市道路逐渐拥堵，香港为提高地面巴士服务主要采取了以下措施：1）改革巴士经营体制，变区域专营权威路线专营权，加强巴士集团之间的竞争；2）1969年引入公共小型巴士，丰富巴士功能体系，至1976年小巴总数固定在4350辆上限；3）赋予巴士独立路权，1974年首条巴士专用道在港岛坚道实施。1978年地铁尚未投入服务前，香港专营巴士和小

图30-9 红磡海底隧道通车之初

图30-10 观塘线通车（1979年）

巴每日客运量达到166万人次，占公共交通系统总客运量的72%。

地面巴士外，彼时香港公共交通系统还包括铁路、轮渡和的士。其中铁路包括九广铁路、电车和山顶缆车，均于1910年前建成，1978年铁路每日客运量达到16万人次，占公交总运量的7%。轮渡在沟通港岛和九龙方面一直扮演着重要角色，特别是在海底隧道未建成前；的士也在公交系统中发挥着举足轻重的作用，1978年轮渡和的士每日客运量分别达到19万和30万人次，占公交总运量的8%和13%。1978年香港公共交通系统的机动化分担率已经达到约47%，但在这样一个人口高度集中、道路资源极为有限的城市，公共交通系统显然应该发挥更大的作用。1979年公布的首份运输政策白皮书提出了三大发展原则，其中第二条便是扩充和改善公共交通服务，而第三条使用道路系统要合乎经济原则，其内涵包括公交优先和抑制小汽车使用。

30.2.2 第二阶段（20世纪80年代初至1997年）

（1）城市发展及交通问题

20世纪80年代初香港抓住中国内地改革开发的重大机遇，全面向内地转移制造业以减轻成本压力，形成"前店后厂"的产业布局，获得管理及转口贸易利润。与此同时，香港立足于全面国际化大力拓展国际服务业务，极大提高了城市的国际竞争力，经济也保持了强劲发展势头。

这一时期香港人口继续保持快速增长，但由于港岛和九龙人口饱和，新界成为人口主要增长区，特别是伴随着新市镇开发，新界地区的人口由1981年的130万增至1996年的300万人，增幅高达130%。在20世纪70年代，第一批和第二批新市镇启动建设的基础上，第三代新市镇将军澳、天水围和沙田扩展部分马鞍山的建设工程于80年代启动，而最后一个新市镇北大屿山（东涌及大蚝）则于90年代初开始发展，至1996年新市镇的人口已达到260万人，占新界总人口的87%（图30-11）。

理想中新市镇的基本模式是建立一个能自给自足和均衡发展的社区，居民类型构成合理，土地利用混合发展，配套设施和交通运输系统完善，提供充足且多元的就业机会。而在实际发展过程中，新市镇逐步演变成为市区配套的"卧城"，其原因包含以下两个方面：一方面新市镇缺乏工商业积极进入，产业结构以工业为主，随着工业向内地迁移，大量产业工人开始到市区寻找工作机会；另一方面市区岗位增长和居住人口饱和，也导致大量的就业者选择到外围的新市镇居住。两方面的共同作用打破了原先自平衡率较高的交通形态，衍生出大量的向心性通勤交通需求，成为城市交通系统面临的主要挑战之一（图30-12，图30-13）。

图30-11 香港新市镇计划（红色为已经建设的新市镇）

图30-12 沙田新市镇（1983年）

图30-13 沙田新市镇（1987年）

另一方面，虽然这一阶段市区人口略有下降，但岗位的不断集聚仍然产生了大量的通勤和商务出行，加剧了城市交通拥堵（图30-14）。

（2）整体交通发展策略

1979年首份交通白皮书为后续十年交通发展提出了三大原则：改善道路设施、扩充及改善公共交通服务、使用道路系统要合乎经济原则。

首先，改善道路设施。20世纪80年代初香港迎来干线公路建设高峰期，现在已建成的9条干线公路中有6条陆续在20世纪90年代前通车，分别为1号干线、2号干线、4号干线一部分、5号干线、7号干线和9号干线。大部分干线公路都是为了配合新市镇发展而建设的，例如2号干线东区海底隧道和7号干线将军澳隧道分别于1989年和1990年通车，打通了将军澳新市镇与港岛联系，推动了新市镇发展。另外，启德隧道和香港仔隧道的打通支撑了香港增进国际交流和发展旅游业等基本城市战略（图30-15）。

其次，扩充及改善公共交通服务。由于道路基础设施的建设远远跟不上城市发展和交通需求增长速度，市区和主要放射型公路交通拥堵严重，当局意识到在土地资源紧缺的情况下，大力发展公共交通是维持城市交通正常运转的必由之路。一方面香港积极建设大容量

图30-14 1988年的港岛CBD

图30-15 香港历年道路里程(1978~1988年)

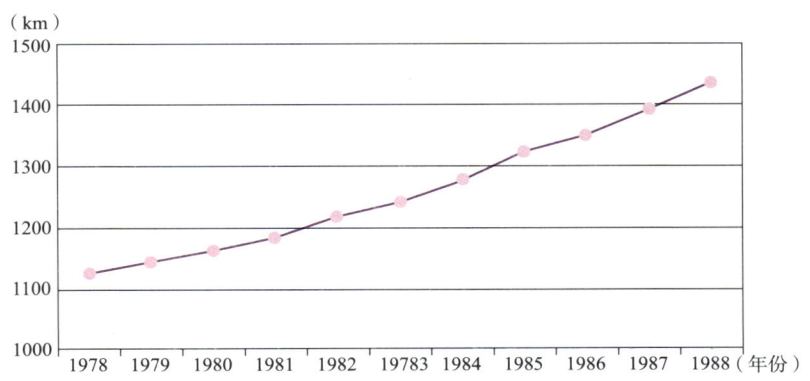

公共交通基础设施，至20世纪80年代中后期基本形成了由港岛线、荃湾线、观塘线和九广铁路组成的大运量轨道骨架网络。其中荃湾线和港岛线分别于1982年和1985年投入运营、观塘线首段在1979年建成后，东延段（观塘至调景岭）也于1989年投入运营，九广铁路于1983年实现了全面电气化，运输能力得到大幅提升。然而，单是基础设施建设并不能保障公交分担率的提升，为了让公共交通成为绝大多数居民出行的最优选择，必须加强公共交通与土地利用的结合（图30-16，图30-17）。

如今香港让世界为之惊叹的轨道客运强度和运营效率，正是得益于这一阶段一系列促进土地和交通结合而精心安排的规划行动和政策措施。一方面地铁线路的布局尽可能与客流需求走廊相契合，支撑现实的交通需求；另一方面，大力实施轨道引导城市发展（TOD）策略，通过轨道站点覆盖区重新规划和设计，包括功能混合、密度提升、道路优化、地面

图30-16 荃湾线

图30-17 九广铁路

图30-18 元朗—屯门轻轨

图30-19 居民巴士

公交再组织及步行系统建设等，形成以公共交通和步行组织社会生活的城市形态。这其中最值得称道的两点，便是"轨道+物业"地铁建设模式以及公交导向的站点周边步行系统建设，前者是促进土地利用和交通协调发展的关键并实现了地铁可持续发展，而后者体现出香港从居民出行链角度提升公交吸引力的智慧。

除了大运量轨道系统，元朗至屯门轻轨于1988年投入使用，加强了两大新市镇的横向联系。地面公交服务也得到了相应改善，空调车的引进优化车内环境，居民巴士服务引入则方便了新界偏远地区与市区联系（图30-18，图30-19）。

第三，使用道路要符合经济原则。一方面小汽车的使用继续受到抑制。虽然1974年征收牌照税后机动车快速增长得到遏止，但和任何经济杠杆措施一样，其效力随着居民收入的增加而不断下降，20世纪70年代末伴随着新市镇发展机动车又迎来了新一波快速增长，为此香港不断调整交通需求管理政策，继续通过提高牌照税（1982年又一次提升）、燃油税和差异化停车管理抑制小汽车拥有和使用。另一方面，公交专用道也在逐渐推广，以更为合理地分配道路空间。

1979年香港首份运输政策白皮书对香港交通建设产生了深远影响，但也存在一些不足之处，包括基建落后于土地发展，未能有效减轻市区交通拥堵，公交运输服务有待进一步加强以及新市镇发展卧城化等。为此香港于1989年开展了第二次整体运输研究（CTS-2）并于次年颁布了第二份运输政策白皮书，其重点包括形成面向21世纪的重大基建网、改善公共交通服务质量、发展新交通管理技术、合理使用道路空间等（图30-20，图30-21）。

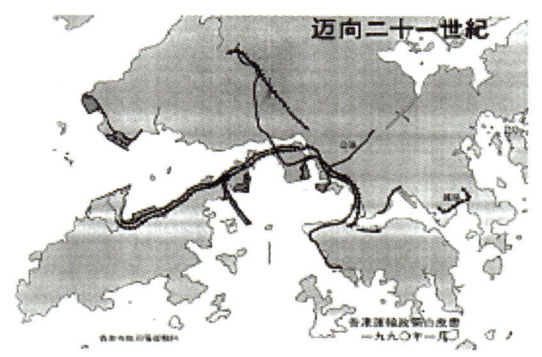
图30-20 荃湾线

图30-21 8号干线青马大桥

1990～1997年间，香港继续完善干线公路和轨道交通等重大基建网，市区通往青衣和北大屿山的3号干线和8号干线于1997年通车，同一交通走廊的轨道东涌线和机场快线也于1998年投入运营。公交服务也不断得到改善，适用于残疾人士的低地板车辆开始推广使用，地铁接驳巴士服务也得到广泛加强。高新技术也广泛运用了交通管理，1992年首个自动收费系统应用于香港仔隧道，1997年前自动收费系统陆续应用于交通繁忙的红磡海底隧道、东区海底隧道、狮子山隧道和西区海底隧道，对抑制机动车出行增长起到了积极效果。1997年八达通系统投入使用，有效降低了各类公共交通工具间的综合换乘成本。1995年屯门公路设置公交专用道，公交专用道范围由城市主干道拓展到干线公路，地面公交路权得到了更为有效的保障。

（3）公共交通发展行动及效果

这一阶段香港公共交通发展取得了突出成就，有太多值得展开论述的方面。这里着重介绍TOD策略中非常关键的两个方面——"轨道+物业"模式和公交导向的步行系统建设，因为其中蕴含的智慧超出了一般公共交通发展的视野。

1）"轨道+物业"模式

简言之，香港"轨道+物业"模式是政府以低价授予地铁建设单位车站上面土地和临近车站土地的唯一开发权。地铁公司招标房地产公司联合开发，地铁获取土地溢价及开发利润（现金+物业）支撑地铁可持续发展。这一模式中香港政府无需给予地铁公司现金补贴，而是以政府批地的形式给予了实物捐助。

这一阶段港铁物业发展主要特点：一是物业和地铁开发时序紧密结合，基本上地铁通车后物业开业也紧随其后，保证了相互间的客流支持；二是顺应城市发展需求，中心区轨道物业类型以写字楼为主，市区外围地区及新界地区轨道物业以住宅和配套商业为主；三是基本上所有物业均紧邻地铁车站，若非车站或车厂上盖物业，也位于车站200m范围内。中心区物业开发的典型案例包括荃湾线终点中环站的环球大厦，地铁站于1982年运营，物业先于1年开业，由于是地铁上盖物业且区位极佳，环球大厦高达5.9亿的交易额创下了当时的记录。同时期市区类似的物业项目还包括金钟站上盖项目海富中心以及旺角站上盖项目旺角中心一期，均在地铁站运营前后开业；为解决新增人口居住问题并带动外围地区发展，同期港铁还在荃湾线和观塘线部分站点开发了一些大型居住项目，例如九龙湾站上盖项目德福花园于1980年入伙，共计提供了5000多套住宅，并配备了大型购物商场。同期，市区外围地区（就当时而言）住宅项目包括太古站上盖康怡花园、杏花邨等，新市镇大型住宅包括荃湾站上盖绿杨新邨、葵兴花园、葵芳花园等，上述住宅项目均配套了大型商场。特别是新市镇轨道上盖的物业有效应对了城市扩张、产业升级产生新居住需求，为新市镇发展注入了新活力（图30-22，图30-23）。

20世纪80年代初，港铁公司还处于净亏损状态（基于收入与联合运营和折旧资本成本以及债务还本付息之间的差异），但物业开发缓解了港铁的负债压力。一方面物业开发在1980～1990年间提供了可观的直接收益，使港铁公司在1987年后实现了盈利。另一方面物业开发为地铁培育了大量的客流，使得港铁运营性收入逐步扭亏为盈。1990～1997年虽然物业开发放缓，但港铁运营性利润随着客流增长逐年上升，保证了这一时期港铁公司仍处于盈利状态（图30-24）。

在像香港这种人口稠密、拥挤的城市中，快速、高效、可靠的特点大运量轨道交通服务对站点附近土地价格提升作用明显，站点周边土地溢价有时甚至高出几个数量级。通过"轨道+物业"模式，公交系统的业主运营商可以收回对城市轨道交通的投资成本，甚至从物业开发中获取利润。

图30-22 金钟站海富中心项目

图30-23 德福花园项目

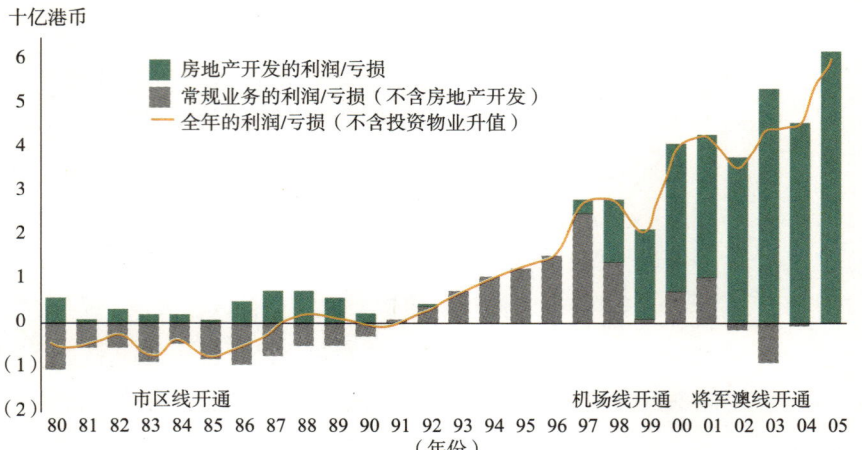

图30-24 港铁公司历年收益（1980～2005年）

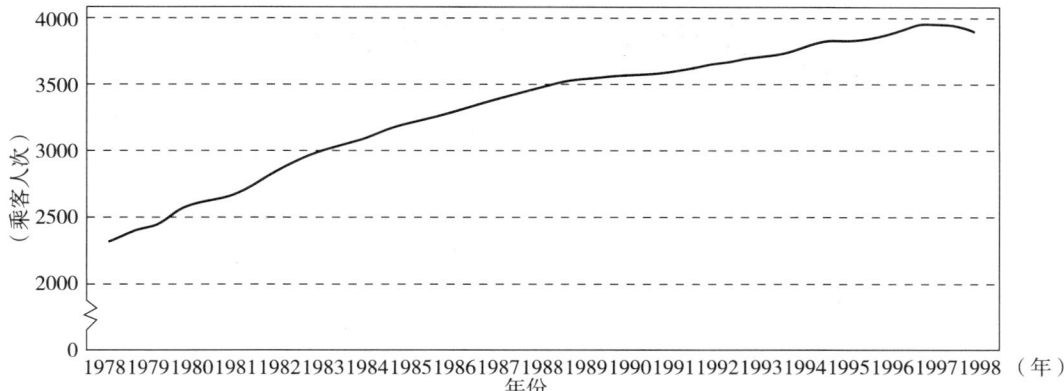

图30-25 香港历年公共交通乘客量（1978~1998年）

"轨道+物业"模式带来的效益远不止实现了地铁建设运营的可持续，其促进了以轨道站点为核心的紧凑型社区的形成。"TOD社区"沿轨道线路呈珠链式分布，功能上分为办公主导型、居住主导型和混合型等多种形态，各类社会活动得以便捷地利用轨道交通开展，从而使整个城市的运转高度依赖以轨道交通为骨干的公共交通系统。这就是瑟夫洛描述的一类典型的"公交都市"，真正实现了公共交通与城市发展的和谐（图30-25）。

当然，"轨道+物业"模式需要灵活的土地政策支撑、对地铁公司管理机制要求相当高，同时要求相关咨询服务市场发达、市场机制成熟完善。轨道物业开发年度规模不宜过大，否则有可能冲击房地产市场。另外，物业开发收益回收需要一定的周期，不太适用于资金要求太密集的情况。

2）公交导向的步行系统建设

上述"TOD社区"的成功运转不仅有赖于轨道建设及其站点核心腹地正确的物业开发方式，而且受益于一个以公交出行为导向的步行系统设计。瑟夫洛2005年的一篇研究文章指出，"轨道+物业"与以公交为导向的步行设计组合产生了美妙的协同效应——除了乘客量大幅增加，租金也成比例上升。其研究的案例表明，一般的"轨道+物业"项目住房价格溢价在5%~17%左右，而引入了以公交为导向的步行设计后，溢价超过30%。

这一阶段诞生了许多经典的以公交为导向的步行系统，从类型上可分为人行天桥系统和地下步行系统两大类（图30-26，图30-27）。

人行天桥系统方面，最著名的当属位于港岛的中区人行天桥系统，其将香港中心区上环、香港和中环地铁站之间的多栋建筑物通过天桥紧密联系在一起，形成了全天候、安全、舒适的步行环境。然而这一伟大的设计最初并非基于"公交导向"，20世纪70年代香港置地公司在为方便其物业怡和大厦行人往来，修建了一条横跨干诺道并连接太古大厦、康乐大厦和邮政总局的人行天桥，80年代初地铁及交易广场建成后，政府为加强地铁站的步行接驳，在此基础上将天桥系统向西发展，而一些位于皇后大道中的大厦（如中汇大厦和渣打银行大厦）也兴建了天桥连接置地的物业，最终形成了一个围绕轨道站点向周边放射的人行天桥系统。这一案例充分表明了政府、地铁公司和企业相互配合对"轨道社区"步行系统建设的重要性（图30-28）。

同期建成的类似天桥系统还有包含金钟廊（香港首个天桥商场、港铁上盖物业）在内的金钟步行系统、联系旺角东站（九广铁路）、旺角站（西铁线）及沿途建筑的旺角行人天桥系

图30-26 人行天桥系统

图30-27 地铁地下商业街

图30-28 香港中区行人天桥系统（中环系统）

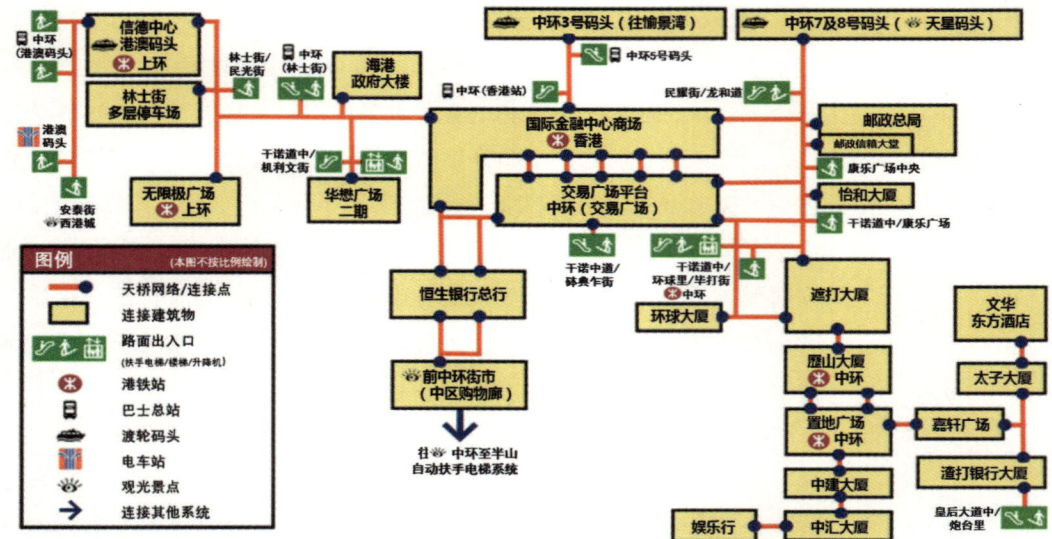

统等，上述天桥系统均配合地铁站运营同步建设并逐步由多家主体共同完善（图30-29、图30-30）。

地下步行系统则是通过地铁车站的出入口联系周边建筑物及购物中心的地库或大堂，乘客无须走出户外便可以直接进入建筑物及购物中心内部。和人行天桥系统一样，地下步行系统的形成也是渐进式的：一般先是港铁公司为提升其物业价值而主动连接车站和其所属物业，而后其他业主与港铁公司和港府协商，将其地下空间延伸到车站或是出入口地下通道上。香港有如"蜘蛛网"式的轨道站点地下步行系统并非完全的自发行为，相关规划和政策指导在其形成过程中也扮演了重要的作用。如今，包括中环站、旺角站、尖沙咀站在内的多个地铁站出入口数量超过10个，通过地下通道直接联系站点周边的数十栋建筑。地下步行系统和人行天桥系统并非二选一的项目，在一些人行密集的地区，两者可共同使用以形成更为丰富和立体的步行空间，例如中环和旺角一带（图30-31）。

和轨道上盖开发一样，全天候步行系统（天桥或是地下）已成为香港轨道站点的标配项目，但凡有轨道站点的地方，便可以见到便捷的步行系统无缝衔接周边的主要建筑。从交通

图30-29 中区人行天桥系统

图30-30 金钟廊天桥商场

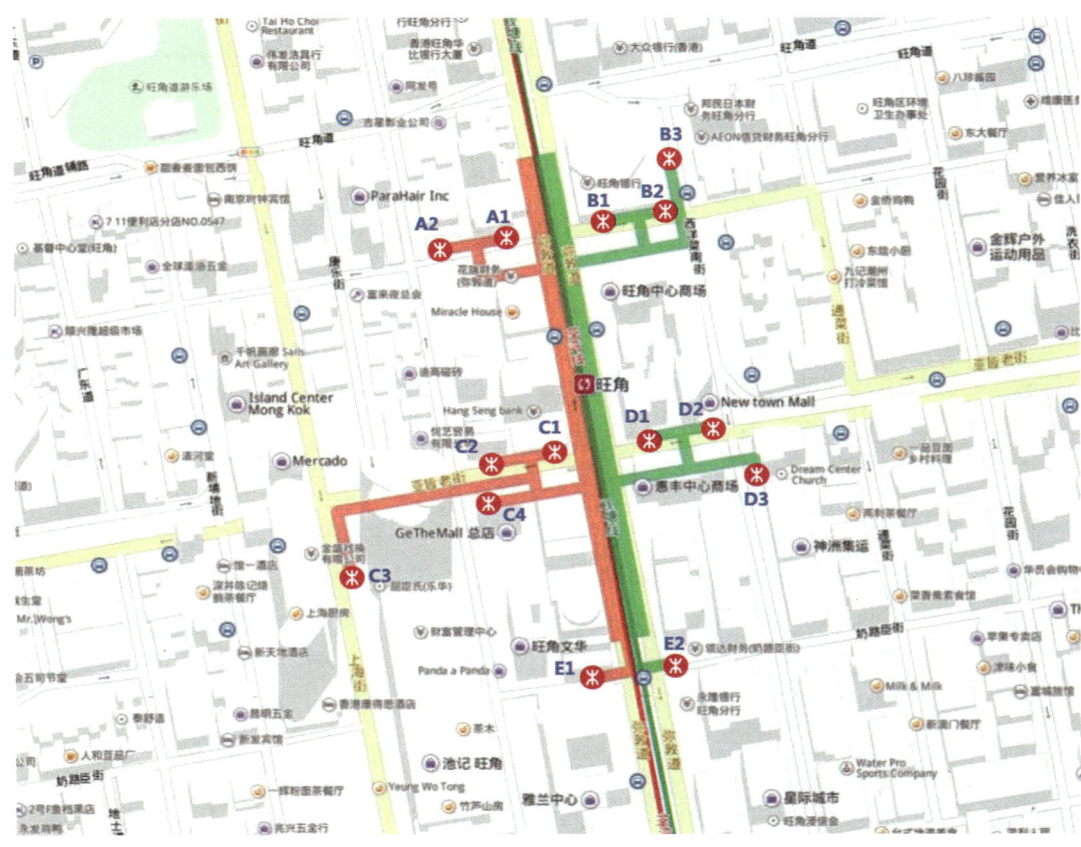
图30-31 旺角站出入口分布图

的角度，这些"公交导向"的步行系统提供了高品质步行环境，有效解决了站点"最后一公里"问题，构成了完整的公交出行链，使搭乘公交出行成为绝大多数居民最优的出行方式。从经济的角度，这些步行系统为沿途物业提供了非常可观的客流，创造了巨大的商业价值，使得港铁公司和私人业主都有动力去推动这种"城市肌理"的形成。从城市发展的角度，这种"城市肌理"将商业、办公、服务等各类活动与轨道交通紧紧联系在一起，成为附着于公交出行链之上的公交活动链，居民可以便捷的利用公共交通参与各类活动，甚至在一次公交出行中完成多项活动，而八达通则由"公交一卡通"发展成多店通用的电子货币，一种以公共交通组织社会生活的新型城市形态也随之形成（表30-1）。

香港历年各类公共交通方式乘客量和份额（1978~1998年）　　　　　表30-1

年份 Year	铁路(1) Railway(1)	渡轮 Ferry	巴士 Bus	小巴 Minibus	的士 Taxi	怀村巴士(2) Residential coach(2)	合计 Total
1978	156 461 (6.8%)	193 019 (8.3%)	1 117 370 (48.2%)	546 770 (23.6%)	304 045 (13.1%)	(0.0%)	2 317 665 (100.0%)
1983	592 902 (19.8%)	144 456 (4.5%)	1 333 060 (44.5%)	520 196 (17.4%)	401 179 (13.4%)	1 905 (0.1%)	2 993 698 (100.0%)
1988	935 209 (26.7%)	123 322 (3.5%)	1 413 024 (40.3%)	579 667 (16.5%)	445 056 (12.7%)	7 882 (0.2%)	3 504 160 (100.0%)
1993	1 222 548 (33.1%)	85 762 (2.3%)	1 259 828 (34.1%)	634 065 (17.1%)	464 950 (12.6%)	31 345 (0.8%)	3 698 499 (100.0%)
1998	1 277 660 (32.5%)	62 739 (1.6%)	1 427 967 (36.4%)	640 483 (16.3%)	477 109 (12.2%)	39 328 (1.0%)	3 925 287 (100.0%)

注：临时数字。
（1）包括地下铁路，九广铁路营办的重型铁路及轻便铁路、电车及山顶缆车。
（2）屋村巴士服务在1982年开办。

30.2.3 第三阶段（1997年至今）

（1）城市发展及交通问题

1997年香港回归祖国，同年爆发的"东南亚金融危机"以及2001年"9·11"事件都对香港产生巨大影响。经济开始萧条，人口增长速度也逐步放缓，香港为自己缺乏产业支撑的外向型经济结构付出了代价。得益于内地经济持续快速增长带来的红利，2004年后香港经济开始复苏，迅速走出了"东南亚金融危机"和"9·11"事件阴影。如今，香港仍然是世界上最具经济活力和竞争力的城市。2000年，世界遗产组织将香港评为世界上最自由的经济体，在世界经济论坛提供的一份最新调查表明，香港的成长竞争力在世界上名列第13，目前的竞争力名列18，宏观经济环境排名第4。香港依然是公认的国际金融中心、全球航运中心以及世界级旅游中心（表30-2）。

香港2005年的发展资料　　　　　表30-2

人口	6 935 900
面积（km²）	1107（总计）；262（城市化地区）
密度（人/km²）	6266（总计）；26 473（城市化地区）
国内生产总值（亿美元）	177.7
人均国内生产总值（美元）	25 622
经济结构（三大产业比例）	0.7∶13.1∶86.2

资料来源：（1）香港特别行政区政府统计处，2006年，香港统计数字一览。
（2）香港特别行政区香港年鉴，2005年（http://www.yearbook.gov.hk/2005/en/index.htm）。

香港回归祖国后，香港与内地之间的经贸往来更为频繁，跨境交通需求也持续增长，主要关口拥堵成为制约城市发展的主要交通问题之一。虽然人口增速放缓，但城市向外扩张的脚步并没有完全停止，新界人口依然维持增长态势，并于2001超过港岛和九龙的总和，城

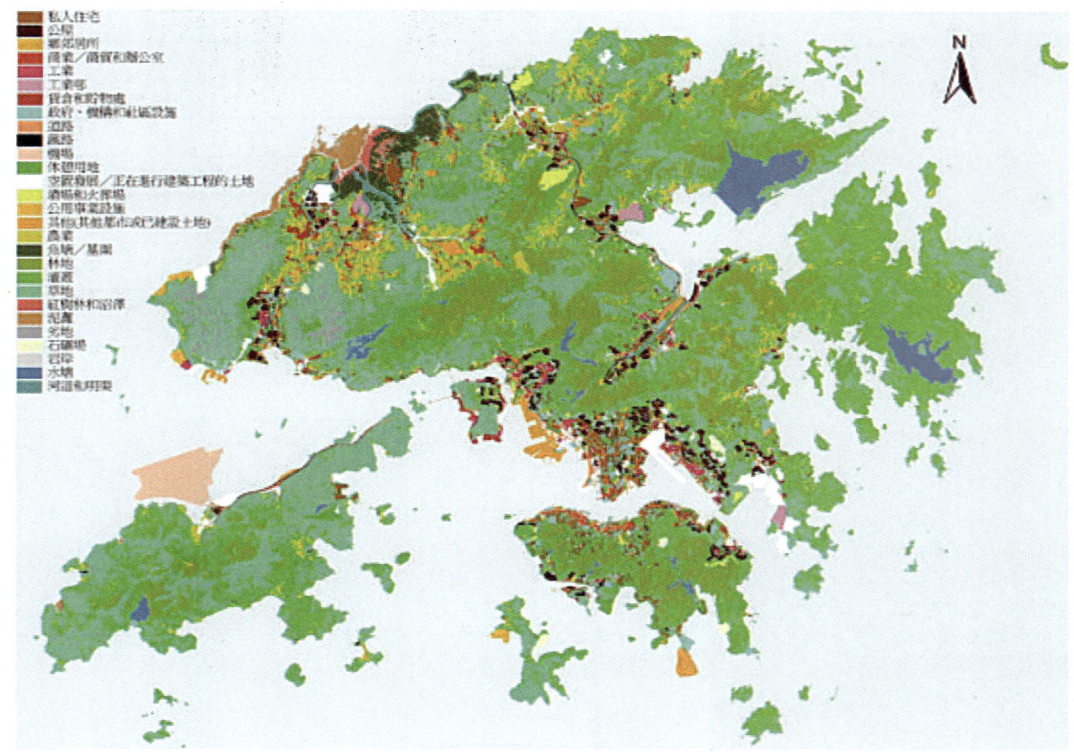

图30-32 2000年香港土地利用分布图

市交通拥堵的情况仍在持续（图30-32）。

（2）整体交通发展策略

1999年香港完成了第三次整体运输研究（CTS-3），制定了长远运输发展策略，但未发表白皮书。第三次整体运输研究提出了五项重点建议：

1）妥善融合运输与城市规划，适时及具有成本效益地提供运输基础设施，并充分考虑环境因素。这一阶段交通基础设施建设速度逐步放缓，重大基建项目紧密配合城市发展的需要建设。首先，在机场外移战略实施及1998年香港国际机场启用的背景下，联系新机场的8号干线公路于1997年开通并于2005年得到完善，轨道机场快线及东涌线也与机场同步投入使用，加强了港岛与大屿山地区及机场的交通联系，机场快线于2005年延伸至机场北部的亚洲博览馆。其次，为进一步加强香港与内地交通联系，2007年10号干线公路与深圳湾口岸同步开通，东铁线（九广铁路）落马洲支线也于2007年与福田口岸同步运行。第三，继续支撑新市镇的发展，2002年将军澳线开通加强了将军澳新市镇与市区联系，2003年西铁线的开通将元朗、天水围和屯门等新市镇纳入全市轨网，2004年马鞍山线开通也加强了沙田马鞍山地区轨道服务。第四，支持重点产业发展，例如2005年迪士尼线配合迪士尼乐园同步开通，更好地服务旅游业发展（图30-33）。

2）更充分运用铁路，让铁路成为客运系统的骨干。随着将军澳线等更多轨道线路的陆续开通，轨道交通网络效应逐步体现，轨道分担率不断提高，占公共交通份额也于2005年超过了专营巴士，成为分担率最高的公交方式（图30-34）。

3）完善公共交通服务和设施，地面巴士主要为发展中地区及接驳轨道车站提供服务。具体内容包括重整及改善公共交通服务的协调以迎合乘客需要、减少不必要的竞争和重复

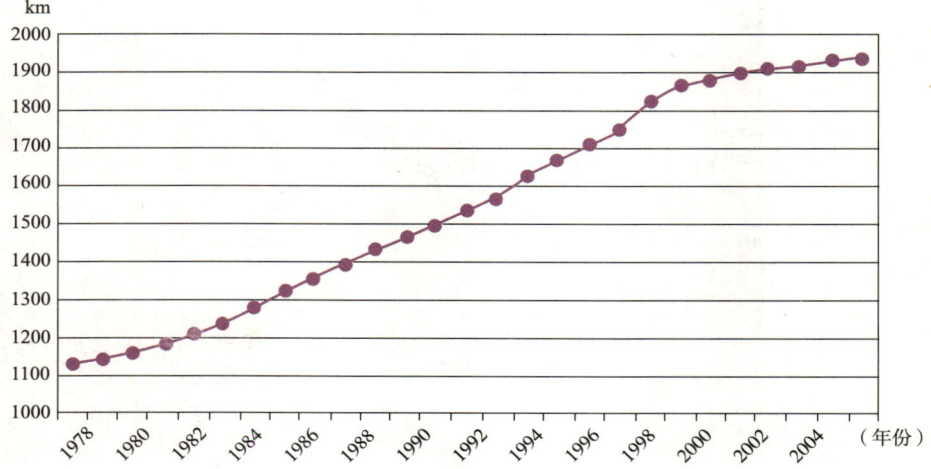

图30-33 香港历年道路里程（1978~2004年）

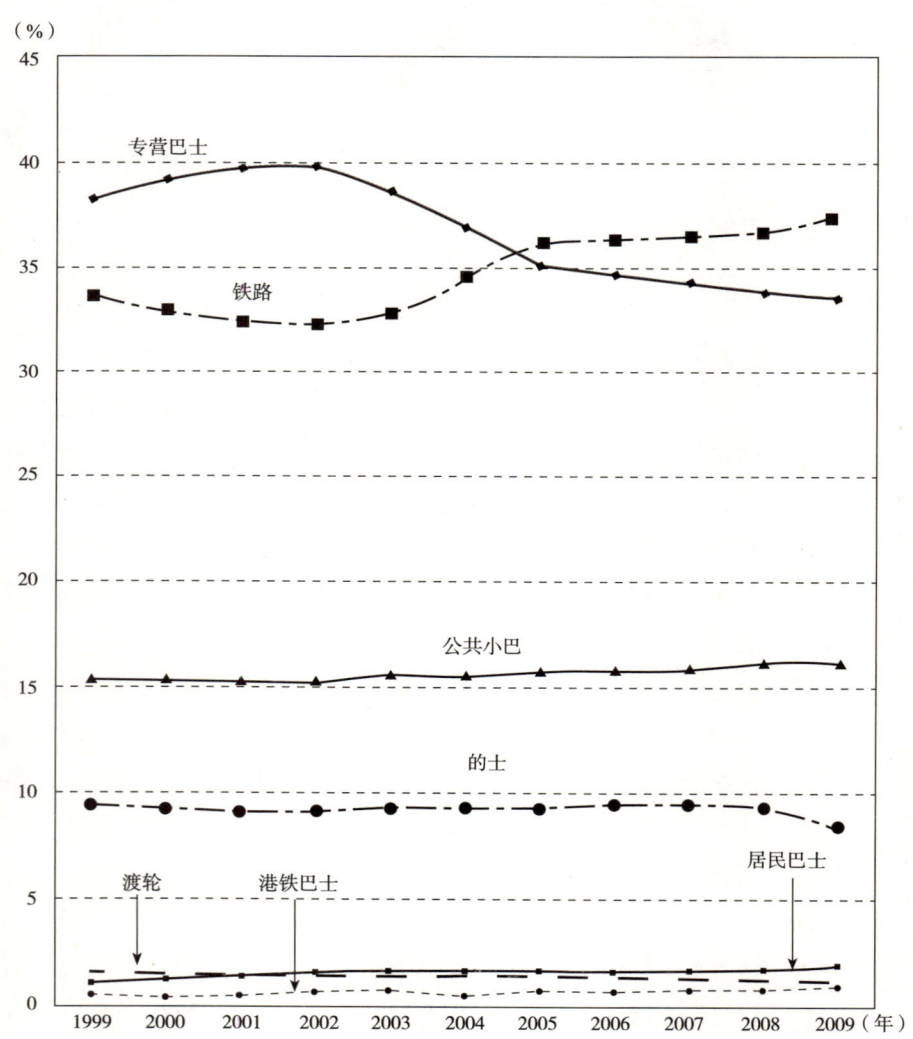

图30-34 香港历年各类公共交通方式份额（1999~2009年）

服务、提供更方便和舒适的公交换乘站、制定鼓励公共交通机构提供服务水准的机制、维持各交通机构的竞争以确保乘客有选择机会等。虽然专营巴士份额有所下降，但公共小巴、居民巴士和港铁巴士的份额却在不断提升，显示出地面巴士在轨道欠覆盖地区及接驳轨道站点方面发挥了更大作用（图30-35，图30-36）。

4）更广泛运用新科技来管理交通。建设功能更齐全、覆盖面更广的区域交通控制系统，通过交通控制中心统一控制交通信号并提供交通信息服务。在交通管理方面，伴随着更先进技术的应用，对小汽车拥有限制也得到了加强。1997年香港开始执行有效的驾驶执照政策，2006年开始实施车牌拍卖政策，这些措施的实施以及经济危机的影响共同遏制了机动车增长的势头，1997年后机动车总数趋于平稳（图30-37）。

5）更环保的运输措施。包括的推行石油气（LPG）出租车计划、投入更多清洁燃料小巴车、逐步更换柴油巴士并要求新增巴士排放达到欧盟标准等。

（3）公共交通发展行动及效果

这一阶段，香港一方面在"轨道+物业"模式下继续完善轨道网络建设，强化轨道交通的骨干作用，另一方面调整地面公交服务，同时打造更为丰富的轨道站点接驳系统，最终形成了一个适用于香港这种高密度、高度城市化地区的一体化公共交通体系。

图30-35 双层专营巴士

图30-36 红色公共小巴

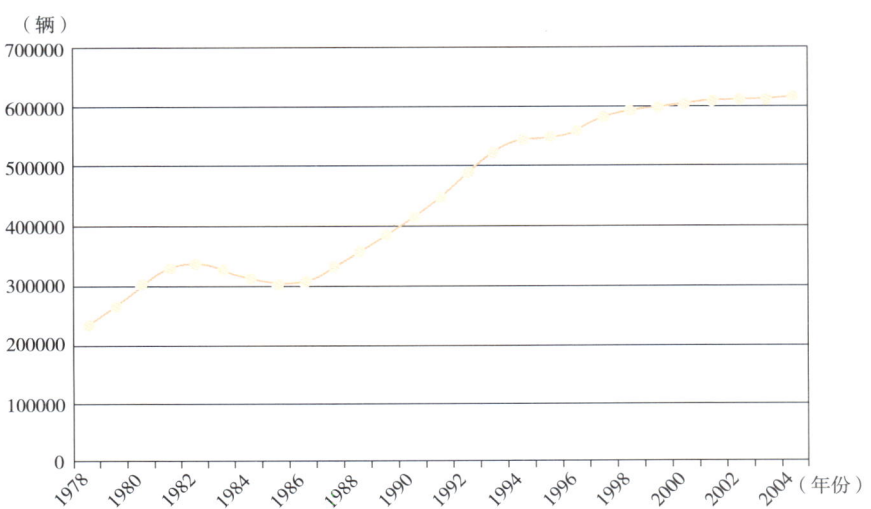

图30-37 香港历年机动车保有量（1978~2004年）

1)"轨道+物业"模式

20世纪90年代末,港铁公司开始在东涌线和机场快线沿线积极从事物业开发。特别是在九龙站、奥运站等西九龙地区站点上盖物业项目,为港铁带来了巨大的利润,而青衣站、东涌站等站点的物业开发项目也成为轨道物业开发的典范,为北大屿山新市镇发展注入了活力。此外,位于港岛的国际金融中心也是在这一时期完成的轨道物业,是目前香港最高的建筑。虽然新线(机场线和东涌线)开通影响了运营收益,但物业开发维持了港铁公司持续盈利的势头。在2001~2005年期间,物业开发创造了地铁公司一半以上的收入。相比之下,主要以车票收入组成的铁路收入仅占总收入的28%。总之,地铁公司参与的与物业相关的活动,即开发、投资和管理,产生的收入占总收入的62%,超过用户票价收入的两倍。到2007年左右机场线的资本负债完全还清,从那时起机场线上物业项目产生的资金收入可以用于承担将军澳及其他计划扩展的费用(图30-38、图30-39)。

图30-38 青衣站上盖开发项目

图30-39 九龙站上盖开发项目

如表30-3所示,总结了2006年地铁公司的"轨道+物业"项目的投资组合。按照设计,港铁公司一直奉行多元化的项目投资组合,以防止公司在香港的经济周期中波动。除了物业开发项目,港铁公司还通过股权、持有的现金、物业管理、咨询、广告和其他资产(例如,电讯租赁、便利零售商店)所有权对所持有的资产进行了多元化投资。因此,如果香港的房地产市场软化,地铁公司就可通过其所持有的其他资产缓冲;如果土地市场走强,地铁公司就可通过物业开发项目的租赁和股权参与到其中。

港铁公司截止到2006年的轨道物业开发量　　　　　　表30-3

线路	土地利用类型					
	住宅	商业	办公室	宾馆/服务式公寓	政府和机构	停车场号
	(单位)	建筑面积(m²)	建筑面积(m²)	建筑面积(m²)	建筑面积(m²)	建筑面积(m²)
市区线	31682	314923	208866	0	143034	6012
机场线	28650	306640	611963	291722	24770	14360
将军澳线	8914	55814	5000	58130	0	1691
总计	69246	677377	825829	349852	167804	22063

体制改革激发了港铁公司更大的进取心，成为这一时期港铁经营方面获得成功的关键因素之一。2000年港铁公司23%的股份在证券交易中提供给了私人投资者，成为香港上市公司。私人股东的存在令港铁公司产生了强大的市场纪律，促使公司管理者具有更多的创业精神和商业头脑。然而，香港特别行政区的大股东地位确保了在日常决策中，地铁公司考虑更广泛的公众利益。因此，"轨道+物业"不仅是一种财务模式，还是一种为更广泛的城市规划目标服务的工具，例如促进以公交为导向的城市发展（TOD）。

这样的制度设计确保港铁公司的根本任务是建设、运营和维护一个现代化的、安全的、可靠的、高效的大规模轨道运输系统（而非单纯物业开发）。轨道也在城市塑造中起到了至关重要的作用。2002年，大约有280万人（占香港人口的41%）住在地铁站500m范围内。1/5的家庭住在车站200m范围内。

"轨道+物业"模式使整个社会都获得了可观的回报。据估计，1980年到2005年期间，香港特别行政区收到了近140亿港元（用2005年港元）的净财政收入。这是以已获收益（土地溢价、市值、股东现金股利和首次公开发售所得款项共计171.8亿港元）与注入股权资本价值（批地的32.2亿港元）之间的差异为基础的。因此，香港政府享有巨大的财政回报，而且没有预付给地铁公司任何现金，就促使建成了世界一流的铁路网络。当然，140亿港元只是直接财政收益。间接效益——例如通过增加密度获得更高的乘客量，减少城市无计划扩张、减少空气污染和能源消耗等——增加的净社会收益远远超过了140亿港元。

2）一体化公共交通体系

从最早"叮当车"（老式有轨电车）的问世，到后来地面巴士成为公交主体，到现在轨道交通以一种大运量、独立路权的形式占据骨干地位，香港的公共交通体系不断发展，在综合交通运输中发挥着越来越重要的作用。随着轨道交通的不断发展，公共交通体系中的其他交通方式也在相应调整自己的角色，以更好地适应和满足新的公交出行要求。

专营巴士开始逐步减少与地铁重复竞争的线路，并逐渐将重心转向发展中地区。公共小巴在总车辆数受限（1976年规定总数限制在4350辆），但其通过调整功能，增强地铁接驳和公交服务薄弱地区的覆盖，实现了公交系统中份额的稳步增长。1982年诞生的居民巴士和1985年成立的九铁巴士（港铁巴士前身），自成立之初起定位就是服务于发展中地区或为地铁提供接驳（港铁巴士为新界西北地区提供西铁和轻轨接驳服务），其在公交系统中的份额也随着地铁骨干作用的凸显而逐步上升（图30-40、图30-41）。

除了地面公交配合轨道发展的功能调整，这一阶段大规模建设的公共交通交汇处也有效加强了公交体系的一体化服务。公共运输交汇处设有多种交通工具公交车、铁路、小巴、出租车的中途站及终点站，方便乘客由公交车转乘其他公交车或由一种交通工具转乘另一种交通工具前往相关目的地。公共交通交汇处通常紧靠轨道车站设置（典型案例包括香港站、屯门站、大围站、坑口站、东涌站等公共交通交汇处），或是位于大型屋苑内（如蓝湾半岛下的小西湾公共交通交汇处）。为节约用地，约40%的公共交通交汇处结合轨道物业或居民楼一体布设，也更加方便乘客利用或换乘（图30-42，图30-43）。

图30-40 香港老式电车

图30-41 港铁巴士

图30-42 葵涌村公共交通交汇处

图30-43 小西湾公交交汇处

虽然专营巴士份额有所下降，但公共小巴、居民巴士和港铁巴士份额的增长确保地面公交在公交系统的总份额维持在50%以上。1978年在公交系统中份额高达8.3%的轮渡（跨越维港联系九龙和港岛的水上交通工具）随着多条跨海隧道的陆续打通而逐渐没落，但在一些偏远地区其仍然是居民跨越海峡的主要交通工具（表30-4）。

香港各类公共交通方式历年份额（1999~2009年） 表30-4

年份 Year	铁路 Railways	专营巴士 Franchised buses	公共小巴 Public light buses	的士 Taxis	居民巴士 Residents' services	渡轮 Ferries	港铁巴士 （西铁线/轻轨） MTR buses (for West Rail Line/Light Rail)	山顶缆车 Peak tramway	总计 Total
1999	33.6%	38.3%	15.4%	9.4%	1.1%	1.5%	0.6%	0.1%	100%
2000	33.0%	39.2%	15.3%	9.3%	1.3%	1.5%	0.4%	0.1%	100%
2001	32.4%	39.7%	15.3%	9.1%	1.4%	1.4%	0.5%	0.1%	100%
2002	32.3%	39.8%	15.2%	9.0%	1.6%	1.4%	0.6%	0.1%	100%
2003	32.6%	38.7%	15.6%	9.3%	1.7%	1.4%	0.7%	0.1%	100%
2004	34.6%	36.9%	15.5%	9.3%	1.6%	1.4%	0.5%	0.1%	100%
2005	36.3%	35.1%	15.7%	9.2%	1.6%	1.4%	0.7%	0.1%	100%
2006	36.3%	34.7%	15.8%	9.4%	1.6%	1.4%	0.7%	0.1%	100%
2007	36.6%	34.4%	15.8%	9.5%	1.6%	1.3%	0.8%	0.1%	100%
2008	36.7%	33.9%	16.1%	9.4%	1.7%	1.3%	0.8%	0.1%	100%
2009	37.5%	33.6%	16.3%	8.4%	1.9%	1.2%	0.9%	0.1%	100%

香港公共交通服务的一体化不仅体现在各种公交方式的合理分工和有机衔接，而且体现在依托公交和慢行打造"TOD"社区的智慧，即前面着重介绍的公交导向步行系统规划和设计。在这一阶段，香港继续在有条件的新建站点周边推进公交导向步行系统建设，典型的案例包括奥运站、东涌站、上水站的人行天桥系统以及九龙站的地下步行系统等。正如前面所述，轨道站点周边全天候步行系统将办公、居住、商业、娱乐等各种场所和轨道站点、公共交通交汇处等交通设施紧密衔接，形成了以公共交通组织社会活动的城市形态。

2002年香港居民机动化出行中公共交通（包括轨道、地面公交、的士和轮渡等）分担率高达89%，成为世界上公交机动化分担率最高的城市。如此之高的公交分担率建立在高品质一体化的公共交通服务之上，使得利用公交的出行活动产生了巨大效益，2002年的调查数据表明，香港居民超过一半的机动化出行中仅用半个小时甚至更少。公共交通能够如此有效和成功地替代小汽车，在世界范围内实属罕见（表30-5）。

2002年香港机动化出行分担率　　表30-5

交通工具	所有出行目的（%）	住所上下班（%）	住所上下课（%）
专利巴士	33	37	31
铁路	25	30	22
地下铁路	17	22	13
九广铁路	6	6	4
轻便铁路	2	2	5
公共小巴	12	13	12
私家车辆	11	7	3
特别用途巴士	9	6	28
的士	7	4	2
电车	2	2	1
渡轮	1	2	1
合计	100	100	100

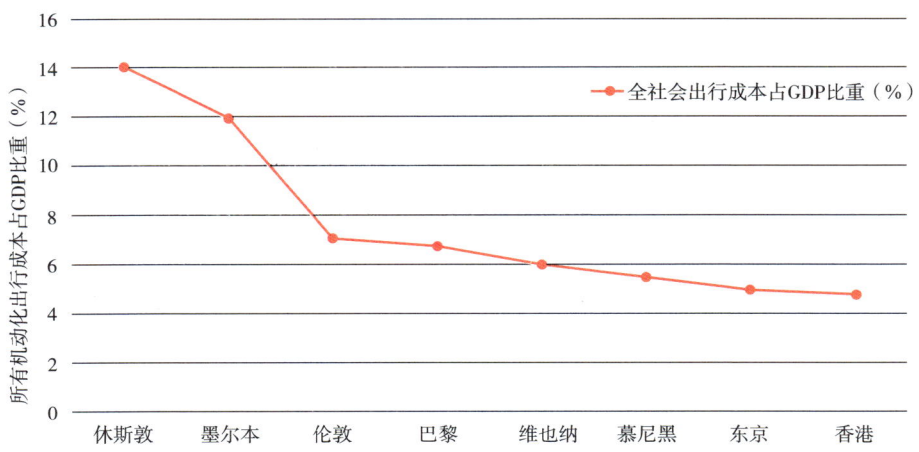

图30-44 2002年全球部分城市机动车出行成本占GDP百分比

较高的公交利用水平也大幅下降了机动车出行的成本。如图30-44所示，2002年香港机动车出行平均大约浪费国内生产总值（GDP）的5%。这与倾向于以汽车为导向的城市，诸如休斯敦和墨尔本等，形成了鲜明的对比，这些城市的机动车出行浪费了超过七分之一的国内生产总值。甚至是相较于众多更大的拥有广阔铁路网的全球城市，诸如伦敦和巴黎，香港居民也享有较为节约的出行成本。

2009年香港公共交通平均每日载客量超过1100万人次，成为发展公共交通最为成功的国际大都市之一。今后，香港将继续秉承优先发展公共交通理念，坚持城市与交通协调发展原则，不断改善基础设施、优化公交服务和管理道路使用，为城市可持续发展提供卓越的交通条件（图30-45）。

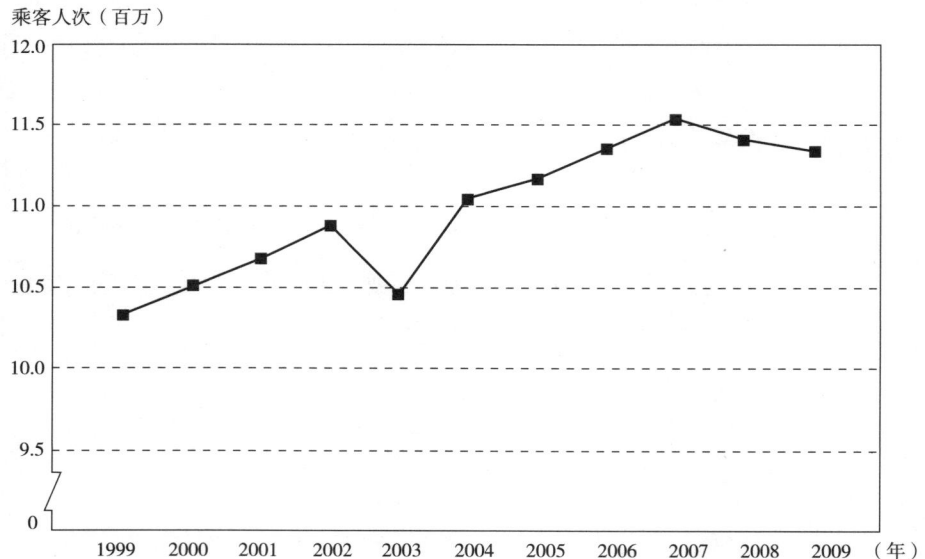

图30-45 香港公共交通历年日乘客量（1999~2009年）

30.3 案例总结

经过五六十年的发展，香港逐步构建起以轨道交通为骨干、地面公交为主体、小汽车和其他交通方式为补充的城市客运交通体系，公交分担率达到90%，其中的许多成功经验值得深入学习和借鉴：

（1）"推"和"拉"双重作用造就香港的公交成就。香港如此之高的公交分担率不仅归功于公共交通系统各种先进的规划理念和发展手段（拉的作用），而且有赖于严厉的小汽车限制政策（推的作用）。用好两种作用要掌握恰当的"时机"，在大运量轨道交通运行之前，香港已经出台了小汽车限制的相关措施，适时控制了居民对小汽车的过渡以来，为公共交通主体由地面公交升级到轨道交通赢得了时间。之后每一次大规模轨道交通建成的同时，都伴随着更为严厉的小汽车限制措施，不断促使居民使用公共交通出行。

（2）公共交通与土地利用紧密配合。特别是通过"轨道+物业"模式，一方面通过公共交通引导城市发展，塑造了轨道站点周边高密度紧凑开发的城市形态；另一方面高密度城市开发项目不仅为公共交通提供了大量的潜在用户，而且上盖开发产生的溢价收益有效反哺轨道交通建设和运营，实现了轨道交通的可持续发展。该模式的成功不仅有赖于完善的土地运作政策、有效的监督管理机制和健康的房地产市场，而且需要前瞻性地提前储备站点周边用地。不容忽视的是，香港公交导向的城市建设是政府、包括港铁在内的多家企业及民众共同建设的，政府通过出台各种政策，有力地促进了城市开发围绕轨道站点集聚，"轨道+物业"只是其中的一个策略。

（3）以"公共交通+慢行"组织社会生活。在公交导向城市开发基础上，通过公交导向的步行系统设计，将轨道站点和周边各类建筑紧密衔接，形成"公交+慢行"出行链，便捷地实现通勤、通学、购物、娱乐、休闲等各类活动。全天候的人行天桥系统和地下步行系统提供了舒适的步行环境，将主要目的地与轨道站点连成一体，已成为香港轨道站点建设的标配。各类业态和活动依附于步行系统之上，大幅提高了公共交通出行的效用，使居民养成了对公共交通的依赖。

（4）一体服务的公共交通系统。公共交通的竞争力一方面体现在系统与外部的衔接性（即上述公交导向的城市开发和步行设计），另一方面也取决于自身的服务水平。香港在构建以轨道交通为骨干的公共交通体系过程中，地面公交适时地调整功能和线路布局，为轨道提供补充、延伸和接驳服务，公共交通交汇处地建设使各类公交方式无缝衔接，提高了换乘便捷性，进一步提高了公共交通的竞争力。大运量的轨道交通支撑了"强中心+外围组团"城市形态，地面公交、的士和轮渡有效弥补了轨道交通服务空白，构筑了世界一流的公共交通服务体系，产生了极大的社会效益。

第31章　中国台北

31.1　城市概况

台北都会区（又称大台北地区），涵盖台北市、新北市、基隆市三个行政区。总面积2324.917km²，人口700.9万人。台北市都心和新北市的溪北、溪南都心组成都会核心区（图31-1）。

其中，台北市行政区域面积272km²，人口265万，人口密度9753人/km²。高密度的核心区，人口密度和范围与北京二环内近似，在2万人/km²（图31-2）。

31.2　城市交通发展现状

31.2.1　现状和发展态势

2000年以来，台北市城市交通系统运行状况向好，从如下几个方面体现。

（1）机动车拥有率：汽车千人拥有量呈滞涨态势，机车（摩托车、电动自行车等二轮或三轮机动车）千人拥有量从2010年起转为负增长（图31-3，图31-4）。

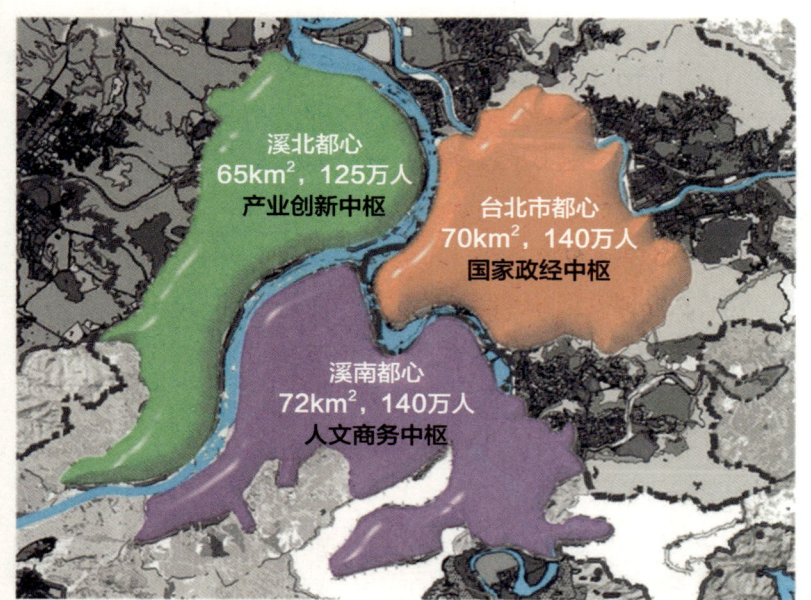

图31-1 台北都会区核心区示意图　　　　　　　　图31-2 台北市行政区划图

（2）道路高峰小时平均行驶速度：主要干道高峰小时平均行驶速度从2002年的27.6km/h上升至2011年的29.5km/h。

（3）公共交通系统日均载客量：公交日均载客量逐年增加，2011年达到330.7万人次/日，常规公交和轨道交通系统分别为175.6万人次/日、155.1万人次/日。

（4）绿色交通出行率：绿色交通出行比例从2000年的42%上升到2011年的57.5%。

截至2011年，台北市有10条投入运营的大众捷运系统，线网全长110km，101个站点，日均载客数155万人次；常规公交系统307条联营线路，22条小型路线，3746辆公交车，日均载客数170万人次；步行和自行车道路网有人行道面积250万m^2，自行车道总长248km（河滨111+市区137）；道路面积2092万m^2，道路面积率约7.7%，道路长度1545km。

31.2.2 发展目标和主要政策

台北市旨在打造"便捷安全、乐活宜居"的城市交通系统，提出了至2020年的几大主要发展目标：

（1）绿运输使用率（绿色交通出行比例）（包括公共交通及非机动车）从2011年的57.5%提升至2020年的70%；

（2）公共交通车辆100%低污染化；

（3）无障碍设施实现无缝衔接；

（4）交通事故负增长（每年-3%）。

其中，绿运输使用率的增长是其首要政策，具体举措包括：扩展捷运路网、实施公交换乘优惠、增设公共自行车系统、改善步行和自行车空间。

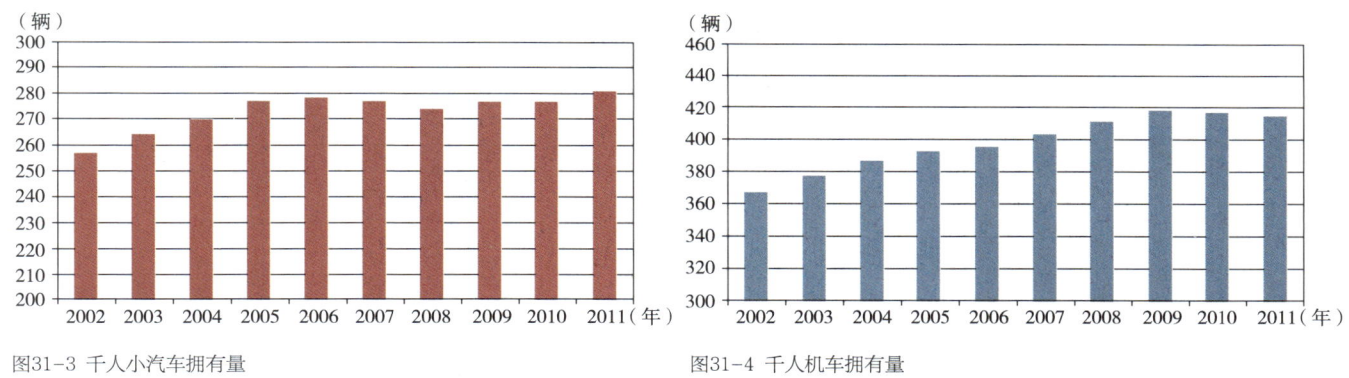

图31-3 千人小汽车拥有量　　　　　　　　　图31-4 千人机车拥有量

31.3 居民出行结构

台北市交通局通过台北市交通统计月报，年度台北市交通流量及特性调查及台北市主、次干道行驶时间及延滞调查，发布居民出行结构数据。

台北都会区三市的大众运输使用率（公共交通出行比例）在台湾整个地区居前列，明显高于其他县市，三市的公共交通出行比例均呈现持续稳定的增长，且台北市的私人机动车出行比例呈现逐年下降态势（图31-5，表31-1，表31-2）。

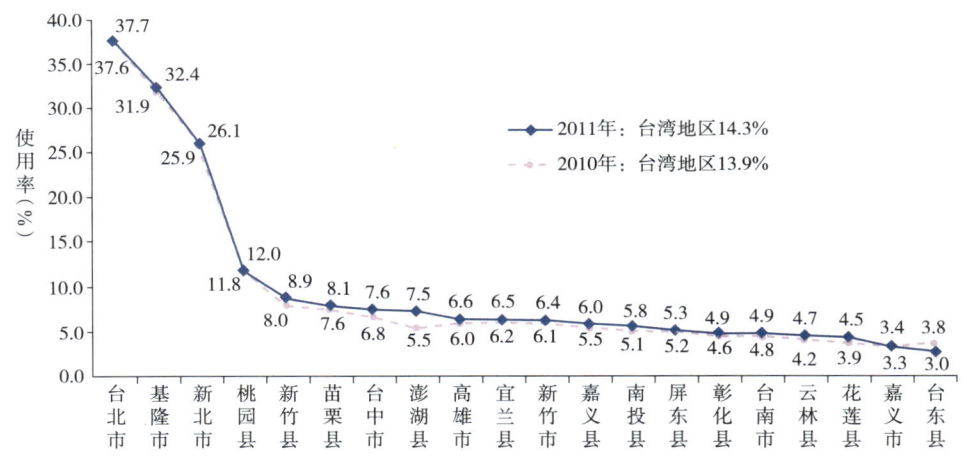

图31-5 2010年和2011年台湾各县市公共交通出行比例

台湾地区城市交通结构[①]　　　　　　　　　　表31-1

		台湾	台北市	基隆市	新北市
绿色交通使用率（公交和非机动车）(%)	2011	25.9	57.5	43.5	38.4
	2010	26.7	57.2	44.5	40.2
	2009	26.5	53.7	41.3	40.5
公共交通使用率	2011	14.3	37.7	32.4	26.1
	2010	13.9	37.6	31.9	25.9
	2009	13.4	34.1	29.4	24.9

续表

		台湾	台北市	基隆市	新北市
绿色交通使用率（公交和非机动车）（%）	非机动车使用率 2011	11.6	19.9	11.1	12.4
	2010	12.9	19.5	12.6	14.4
	2009	13.1	19.5	11.9	15.6
私人机动车使用率（%）	2011	74.1	42.5	56.5	61.6
	2010	73.3	42.8	55.5	59.8
	2009	73.5	46.3	58.7	59.5
最常公共交通使用率（%）[2]	2011	15.4	46.2	33.8	29.3
	2010	16	47.9	36	30.7
	2009	15.3	44.5	33.3	30.7

[1] 使用率计算方法为：所有旅次中使用到的交通工具次数中，公共交通、非机动车及私人机动车次数所占比率；
[2] 最常公共交通使用率计算方式为：居民勾选最常使用交通工具中公共交通所占比率。

1）公共交通包括：轨道交通（捷运）、快速公交、常规公交；

2）绿色交通包括：轨道交通（捷运）、快速公交、常规公交、非机动车。

历年台北市居民机动化出行结构　　　　　　　　　　表31-2

年份（年）	1996	2000	2002	2006
个体交通	66%	48%	40%	30%
汽车	30%	22%	20%	17%
摩托车	36%	28%	20%	13%
公共交通	24%	42%	50%	60%
出租车	10%	10%	10%	10%

数据来源：张学孔，台北快速公交发展回顾。

31.4 小结

台北市提供公共交通为主的政策有效抑制了私人机动车的发展，机动车保有量从2005年开始滞涨，2010年开始转入负增长。同期，绿色交通出行比例有明显上升。

在可持续发展的战略导向下，2012年，台北市改变单纯提升公共交通出行比例的考核体系，将非机动交通出行与公共交通共同纳入绿色出行范畴，改以提升绿运输使用率为目标，并致力于改善步行和自行车出行。